H. G. Sergl (Hrsg.)

Psychologie und Psychosomatik in der Zahnheilkunde

Psychologie und Psychosomatik in der Zahnheilkunde

Herausgegeben von
H. G. Sergl

PdZ spezial

Mit Beiträgen von
G. Blumenthal-Barby, A. A. Fabinger, A. Fleischer-Peters,
K. Hertrich, P. Joraschky, U. Klages, A.-M. Kluge,
G. Kreyer, A. Makuch, J. Margraf-Stiksrud, J. Röckl, Th. Schneller,
H. G. Sergl und B. Wöstmann

Mit 68 Zeichnungen
und 36 Fotos

Urban & Schwarzenberg · München–Wien–Baltimore

Anschrift des Herausgebers:

Prof. Dr. H. G. Sergl
Klinik und Poliklinik für ZMK
Poliklinik für Kieferorthopädie
Augustusplatz 2
55131 Mainz

Die Deutsche Bibliothek – CIP-Einheitsaufnahme

Psychologie und Psychosomatik in der Zahnheilkunde /
hrsg. von H. G. Sergl. Mit Beitr. von G. Blumenthal-Barby ...
[Zeichn.: Esther Schenk-Panic]. –
München ; Wien ; Baltimore : Urban und Schwarzenberg, 1996
(PdZ spezial)
ISBN 3-541-17431-5
NE: Sergl, Hans G. [Hrsg.]; Blumenthal-Barby, Gabriele

Lektorat: Ursula Illig, München
Redaktion: Ulrike Kriegel, München
Herstellung: Adolf Schmid
Zeichnungen: Esther Schenk-Panic, München
Einbandgestaltung: Dieter Vollendorf, München

Reproduktion: Kösel, Kempten
Satz: SPS, Adolf Schmid, Freising
Druck: Appl, Wemding
Bindung: Großbuchbinderei Monheim
Printed in Germany

ISBN 3-541-17431-5

Inhalt

Autorenverzeichnis

FRAU DR. G. BLUMENTHAL-BARBY
Universitätsklinikum Charité
Zentrum für Zahnmedizin
Abteilung für Oralchirurgie und
Zahnärztliche Röntgenologie
Schumannstr. 20/21
10117 Berlin

DR. A. A. FABINGER
Universitätsklinik für ZMK
Klinik und Poliklinik für
Mund-Kiefer-Gesichtschirurgie
Hugstetter Str. 55
79106 Freiburg/Br.

FRAU PROF.
DR. A. FLEISCHER-PETERS
Universitäts-Kieferklinik
Poliklinik für Kieferorthopädie
Glückstr. 11
91054 Erlangen

DR. K. HERTRICH
Universitäts-Kieferklinik
Poliklinik für Kieferorthopädie
Glückstr. 11
91054 Erlangen

PROF. DR. P. JORASCHKY
Psychiatrische Klinik
mit Poliklinik
Abteilung für Psychosomatik
Schwabachanlage 6
91054 Erlangen

DIPL.-PSYCH. U. KLAGES
Klinik und Poliklinik für
Zahn-Mund-Kieferkrankheiten
Augustusplatz 2
55131 Mainz

FRAU DR. A.-M. KLUGE
Universitätsklinikum Charité
Zentrum für Zahnmedizin
Abteilung für Oralchirurgie und
Zahnärztliche Röntgenologie
Schumannstr. 20/21
10117 Berlin

DR. G. KREYER
Kremser Str. 9
A 3550 Langenlois

FRAU PRIV.-DOZ. DR. A. MAKUCH
Universität Leipzig
Zentrum für ZMK
Poliklinik für Kieferorthopädie
und Kinderzahnheilkunde
Nürnberger Str. 57
04103 Leipzig

FRAU DR. J. MARGRAF-STIKSRUD
Fachbereich Psychologie
der Philipps-Universität
35032 Marburg

DR. J. RÖCKL
Universitätsklinik für ZMK
Poliklinik für Kieferorthopädie
Hugstetter Str. 55
79106 Freiburg/Br.

DR. TH. SCHNELLER
Medizinische Hochschule
Hannover
Zentrum für Öffentliche
Gesundheitspflege
Abteilung Medizinische
Psychologie
Konstanty-Gutschow-Str. 8
30625 Hannover

PROF. DR. H.G. SERGL
Klinik und Poliklinik für ZMK
Poliklinik für Kieferorthopädie
Augustusplatz 2
55131 Mainz

DR. B. WÖSTMANN
Zentrum für ZMK
Poliklinik für Zahnärztliche
Prothetik A
Waldeyerstr. 30
48149 Münster

Vorwort

Wenn sich Menschen unterhalten, und es kommt die Rede auf die Psychologie, kann man immer wieder eine interessante Beobachtung machen. Viele Menschen zeigen zwiespältige Gefühle, Interesse und Faszination auf der einen Seite, Scheu und Abwehr auf der anderen. Beides dürfte daraus zu erklären sein, daß sie manches darüber gehört haben, aber doch vieles nicht wissen oder zumindest nicht richtig verstehen. Nur die unvoreingenommene, eingehende Beschäftigung mit diesem Gegenstand kann Vorurteile abbauen und die Grundlage für einen angemessenen Umgang mit diesem Fachgebiet schaffen.

Daß angewandte Psychologie in der Medizin eine gewisse Bedeutung besitzt, ist leicht einsehbar und daher in der Bevölkerung weithin akzeptiert. So war es nur folgerichtig, als vor Jahren das Fach „Medizinische Psychologie" in das Studium der Medizin eingeführt wurde. Daß gleiches auch für die Zahnmedizin gelten soll, stößt aber immer noch auf Unverständnis, sogar bei vielen Medizinern. Der Blick in das Inhaltsverzeichnis dieses Buches sollte schnell eines Besseren belehren. Es gibt eine ganze Palette von Einzelaspekten, die die Aufmerksamkeit des Zahnmediziners verdienen. Den Eingeweihten, etwa den Mitgliedern des „Arbeitskreises Psychologie und Psychosomatik in der Zahn-, Mund- und Kieferheilkunde", sage ich damit nichts Neues. Aber der Kreis der Interessierten wächst.

Die Publizistik in diesem Grenzgebiet von Zahnmedizin und Psychologie hatte im letzten Jahrzehnt einen großen Aufschwung zu verzeichnen. Mit dem vorliegenden Buch hat sich der Herausgeber die Aufgabe gestellt, das dabei angesammelte Wissen dem interessierten Leser in kompakter Form anzubieten.

Das Fach Psychologie kennt verschiedene Richtungen, die im Laufe der historischen Entwicklung nacheinander oder nebeneinander Bedeutung erlangt haben. Diese verschiedenen Denkansätze lassen sich auch in der zahnärztlich-psychologischen Literatur nachweisen. Da das vorliegende Buch eine Sammlung von Beiträgen einzelner kompetenter Autoren ist, war es unausbleiblich, daß von daher eine gewisse Heterogenität der Darstellung eintritt, dies obwohl sich der Herausgeber bemüht hat, eine gemeinsame Linie zu finden und durchzuhalten. Dies mag man als einen Nachteil ansehen, es spiegelt andererseits – das ist daran das Positive – die Vielfalt der zahnärztlichen Psychologie eindrucksvoll wieder.

Neben der Psychologie ist im Buchtitel die Psychosomatik genannt. Genau betrachtet, gibt es nichts Seelisches ohne körperliche Funktionen. Die Zusammenhänge in beide Richtungen sind offenkundig. So könnte man Psychosomatik ebensogut unter eine weit gefaßte Psychologie subsumieren. Da aber andererseits der Begriff Psychosomatik für eine bestimmte Richtung in der Heilkunde steht, also zugleich Denkweise und Programm ist, durfte er in diesem Buch nicht fehlen. Gerade hier aber ist man mit dem sprachlichen Problem unscharfer Definitionen und fehlender begrifflicher Abgrenzungen konfrontiert.

Es war das Bemühen des Herausgebers und der betreffenden Autoren, etwas Ordnung in die Vielfalt zu bringen. Zwischen den einzelnen Beiträgen gibt es inhaltliche Überschneidungen. Einiges davon konnte durch Absprachen und Kürzungen eliminiert werden, anderes ist, um die Kohärenz eines Beitrags nicht zu gefährden, bewußt belassen worden.

Ich danke allen Autoren für ihre Bereitschaft, zum Gelingen dieses Werkes beizutragen. Dem Verlag Urban & Schwarzenberg gebührt mein Dank für die gute Zusammenarbeit und für das gelungene Bemühen um eine ansprechende Ausstattung des Buches. Ohne die kreative Hartnäckigkeit der Lektorin, Frau Illig, wäre das Buch sicher nicht zustande gekommen.

H. G. Sergl

Der Erlebnisraum Mund

von Hans Georg Sergl

Inhaltsübersicht

Einleitung

Der Mund ist das zentrale Betätigungsfeld des Zahnarztes. Ihn nur als anatomischen Ort zu kennen, an dem sich die Zähne als Objekte zahnärztlicher Verrichtungen befinden, würde dem wahren Umfang der Aufgaben, die sich dem Zahnarzt stellen, nicht gerecht. Der Mund hat eine in tiefe Schichten des Unbewußten reichende psychische Bedeutung, deren Kenntnis den Schlüssel für das Verständnis, sowohl bestimmter Symptombildungen als auch der Erlebnisweise des Patienten und damit gewisser Reaktionen während einer zahnärztlichen Behandlung darstellt. Nur ein Arzt, der auch diese Dimension erfaßt, kann dem leidenden Menschen in seiner Ganzheit gerecht werden. Es mag sein, daß viele Patienten durch die bloße Befreiung von Schmerzen und durch den sachgerechten Ersatz verlorener Zahnsubstanz zufriedenzustellen sind, in Problemfällen aber reicht das, wie sich immer wieder gezeigt hat, nicht aus.

Der Mund in der Phylogenese

Die psychische Bedeutung des Mundes baut sich, wie zu zeigen sein wird, im Zuge der individuellen Entwicklung des Menschen auf. Die Ontogenese aber ist eingebettet in den großen Entwicklungsablauf alles Lebendigen. „Mund" hatte bereits eine Bedeutung, lange bevor es die Gattung Mensch gab. Mund ist, bereits beim Einzeller, die Öffnung, die das Lebewesen befähigt, etwas in sich aufzunehmen, eine Grundvoraussetzung für Wachstum, Vermehrung und letztendlich **Arterhaltung.**

Die Gestalt des Mundes hat mit der phylogenetischen Entwicklung vielfältige Wandlungen erfahren. Mit zunehmender Komplexität des Aufzunehmenden, der Nahrung also, entwickelte sich auch das Mundorgan zu komplizierteren Formen. Hartgebilde, wie Hornzapfen und schließlich Zähne, als wichtigste Bestandteile eines Kauapparates ermöglichten die Zerkleinerung und die portionsweise Einverleibung von Nahrung. Sofern diese Nahrung in Exemplaren einer anderen Tiergattung besteht, erwies sich ein besonders entwickeltes Gebiß auch als geeignete Waffe für den Beutefang. So stellt sich die belebte Welt als eine unendliche Kette des Verschlingens und Verschlungenwerdens dar, wobei die **Urbedeutung des Mundes** stets die gleiche geblieben ist.

Es wäre gerade zu verwunderlich, wenn sich mit der **Höherentwicklung des Zentralnervensystems,** einer Voraussetzung für Bewußtsein, nicht auch ein **Urwissen** um die Bedeutung des Mundes als Niederschlag der genannten kontinuierlichen Erfahrungen entwickelt hätte. Man darf davon ausgehen, daß die Urbedeutung des Mundes als ein, tiefe Emotionen auslösendes, Erbe im Menschen, aber auch bei höheren Tiergattungen, vorhanden ist. Die **archetypischen Schichten des Unbewußten** haben wenig Verbindung zu unserem bewußten Ich, sind aber gleichwohl, oder in manchen Fällen gerade deswegen, emotionssteuernd wirksam.

Auf der Spurensuche nach den an die Oberfläche getriebenen Bruchstücken solchen „Urwissens" stoßen wir auf Märchen und Sagen, in denen das Maul des verschlingenden Meerungeheuers, des Drachens und anderer Fabelwesen, aber auch des Wolfs im Märchen vom Rotkäppchen beredte Zeugen sind. In Träumen taucht nicht selten das Motiv des Verschlungenwerdens auf, und unsere Umgangssprache benutzt ebenfalls Bilder, die wohl solchem Urwissen entspringen könnten, z.B. wenn von dem gähnenden Abgrund die Rede ist oder von der den Schiffbrüchigen verschlingenden Woge. Selbst im übertragenen Sinne bezeichnen wir die rasche „Einverleibung" als „Verschlingen", z.B. das Lesen eines Buches.

Eigenartig anmutend und schwer deutbar sind bestimmte Riten und Bräuche von Urvölkern, die sich auf den Mundbereich beziehen. Als solche sind zu nennen die z.B. in Niger anzutreffenden Dehnungen der Unterlippe (Abb. 1), die die Mundpartie stark ins

Abb. 1 Tellerlippen, beobachtet in Niger (nach [1]).

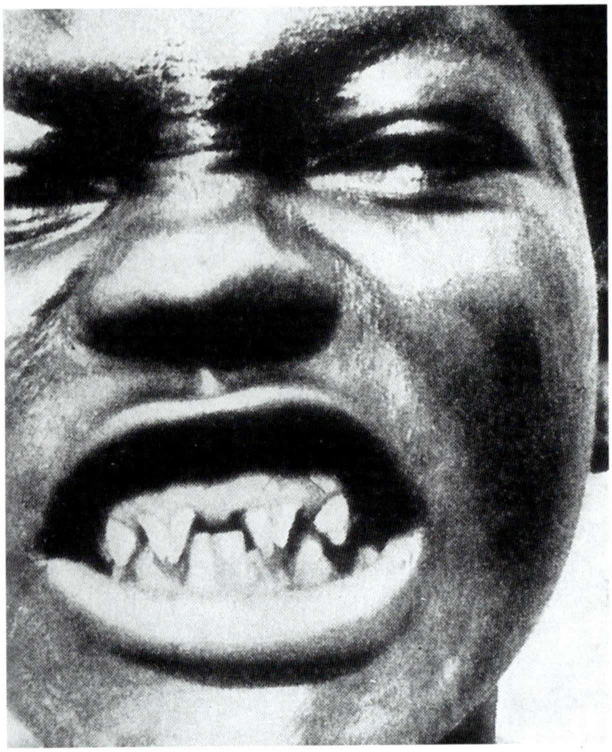

Abb. 2 Mädchen aus dem Stamm der Bahutu, mit Feilung der Zähne 11 und 21 (nach [3]).

Auge springen lassen [1], und die bei verschiedenen Stämmen vorkommenden und meist mit Initiationsriten im Zusammenhang stehenden Zahnfeilungen (Abb. 2 [4]). Auch diese Phänomene können als Hinweis auf die tief im Unbewußten verwurzelte Bedeutung des Mundes und der Zähne verstanden werden.

Das „Sinnesorgan" Mund

Die primäre Funktion des Mundes also ist klar, er dient der Nahrungsaufnahme. Nun könnte der Mund diese Funktion nicht mit der für die Existenzsicherung unabdingbar notwendigen Sicherheit und Perfektion erfüllen, wenn er nicht eine hochentwickelte **sensomotorische Ausstattung** hätte. Im Bereich der Mundhöhle und der Lippen befindet sich eine ganze Reihe von Sinnesorganen, die der Orientierung, Steuerung und Kontrolle dienen und z.T. mit höchster Sensibilität ausgestattet sind.

Die beteiligten Sinne sind der Tast- oder Drucksinn, für den die unterhalb der Epidermis liegenden Meißner-Tastkörperchen und die tieferliegenden Pacini-Körperchen als Rezeptoren dienen. Es gibt eigene Mechanorezeptoren für den Drucksinn in der Wurzelhaut der Zähne, besonders der geradezu als Tastorgane fungierenden Frontzähne. Ferner existiert ein Temperatursinn, für den die Krause-Endkolben (für Kälte) und die Rufini-Endorgane (für Wärme) als Rezeptoren angenommen werden. Die Schmerzsensibilität wird durch freie Nervenendigungen vermittelt, für den Kraftsinn sind die Muskelspindeln, die Golgi-Sehnenrezeptoren, aber auch die Pacini-Körperchen der Faszien, Muskelansätze und Gelenkkapseln als Rezeptoren zuständig. Der Geschmackssinn schließlich wird durch die sog. Geschmackskolben vermittelt, die die Wahrnehmung bestimmter chemischer Substanzen, die sich in der Nahrung befinden, ermöglichen. In unmittelbarer Nachbarschaft und deswegen häufig mit angesprochen sind der Geruchssinn der Nase und aufgrund der Schalleitung des Knochens das Gehör.

Angesichts dieser Anhäufung von Sinnesorganen ist es sicher keine Übertreibung, vom Mund als einem einzigartigen komplexen Sinnesorgan zu sprechen.

Die Sinne der Mundhöhle haben **lebenswichtige Funktionen.** Hier kommt die Nahrung erstmals in Berührung mit unserem Körper und unterliegt hier zugleich das letzte Mal unserer willkürlichen Einwirkung, d.h., das Aufgenommene kann noch vom Verdauungskanal zurückgehalten werden.

So geben der **Geschmackssinn** und der **Geruchssinn** Auskunft über die Beschaffenheit und die Zubereitung der Speisen und regen zusammen mit optischen Reizen den Appetit an oder rufen Ekel hervor. Die entsprechenden Empfindungen sollen uns vor Schädigungen schützen, z.B. vor Giften oder verdorbener Nahrung. Der **Temperatursinn** gibt, vor allem im Bereich der Lippen und der Zunge, Auskunft über die Zuträglichkeit der Temperatur. Aufgrund des **Drucksinns** von Zunge und Mundhöhle erfahren wir etwas über die mechanische Konsistenz, den Zerkleinerungsgrad und die Einspeichelung des Bissens und evtl. über das Vorhandensein von Fremdkörpern. Der **Kraftsinn** der Muskulatur gibt ebenfalls darüber Auskunft und steuert zugleich die Bewegungen der Zunge, der Kaumuskulatur und der mimischen Muskulatur. Für die sehr komplizierte Steuerung des Kauvorgangs kommt neben dem Kraftsinn der Muskulatur, der Sehnen und Kapseln, vor allem dem Drucksinn im Parodont der Zähne große Bedeutung zu.

Hat ein schädlicher Stoff oder ein Fremdkörper die Kontrolle der Mundhöhle passiert, so kann er evtl. noch im Rachen gestoppt und durch **Auslösung von Würge- und Brechreflexen** nach außen befördert werden. Dabei sind besonders der Geschmackssinn und der Drucksinn auslösend beteiligt.

Bei inneren Schädlichkeiten in der Mundhöhle, Entzündungsprozessen an den Zähnen und im Kieferbereich, ist der **Schmerz** ein wichtiges Warnzeichen. Defekte und scharfe Kanten an den Zähnen können aufgrund der hohen **Tastsensibilität** der Zungenspitze gut erkannt werden. Die intakte Sensibilität der Mundhöhle ist vor allem für den ungestörten Ablauf des Kauaktes unerläßlich. Schon bei einer einfachen zahnärztlichen Anästhesie wird das Einführen der Nahrung zum Problem – es kommt zum „Träufeln" der flüssigen Anteile, ebenso die Bolusbildung, während der es häufig zu Verletzungen an Zunge oder Wangen kommt.

Auch sekundäre Funktionen des Mundes hängen von der Funktionstüchtigkeit seiner sensomotorischen Ausstattung ab. So kommt für das Sprechen dem Kraftsinn der Zunge und natürlich der Sprechmuskulatur Bedeutung zu. Der Schluckreflex und der Saugreflex hängen vom Drucksinn der Gaumenbögen und der hinteren Rachenwand sowie der Lippen ab.

Wenn man den Mund als ein einziges komplexes Sinnesorgan bezeichnet, so muß das auch **psychologische** Relevanz besitzen. Denn mit unseren Sinnen treten wir mit der Außenwelt in Beziehung. Die Sinnesreize führen zu Empfindungen und diese zu einem psychischen Vorgang, den bewußten Wahrnehmungen.

Die zahnärztliche Behandlung, erlebt mit den Sinnen des Mundes

An dieser Stelle lohnt sich ein Exkurs in die Überlegung, wie der Patient die zahnärztliche Behandlung mit den Sinnen der Mundhöhle erlebt.

Die zahnärztliche Behandlung bringt eine Reihe von Empfindungen im Bereich der Mundhöhle mit sich, die für ihn neu und ungewohnt und überwiegend unangenehm sind.

Das Mundöffnen und insbesondere das Einsetzen eines Mundsperrers führen zu einer ungewohnten Dehnung von Lippen und Wangen. Beim Untersuchen und beim Abhalten der Zunge muß mit Instrumenten auf die Zunge gedrückt werden. Es gibt Berührungen an ungewohnter Stelle, z.T. mit Metall. Manches davon ist zugleich ein kalter oder heißer thermischer Reiz.

Berührungen und chemische Reize führen zu einem, vom Patienten ebenso unangenehm wahrgenommenen erhöhten Speichelfluß. Auch das Trokkenwerden von Schleimhaut bei lange geöffnetem Mund erweist sich als unangenehm. Manche Materialien lösen einen Würgereflex aus, z.B. bei der Abdrucknahme. Der Geruch und der Geschmack verwendeter Chemikalien können als eklig erlebt werden.

Ebenso lästig sind die von rotierenden Instrumenten ausgehenden Vibrationsreize und das akustisch wahrgenommene Bohrgeräusch. Auch das Anästhesiegefühl wird von den Patienten durchweg als störend empfunden. Natürlich ist auch die Schmerzhaftigkeit bei Verletzungen der Schleimhaut und beim Exkavieren und Beschleifen für den Patienten ein unangenehmes Erlebnis.

All dies ist für manche Patienten, besonders auch für Kinder neu, ungewohnt und deshalb besorgniserregend, für manche aber auch aufgrund negativer Vorerfahrungen bekannt und deswegen angstauslösend.

Der Mund innerhalb des Körperschemas

Aufgrund der hohen Sensibilität kommt dem Mund ein **besonderer Stellenwert** innerhalb des sog. Körperschemas zu. Körperschema ist „das Innewerden des eigenen Körpers in Gestalt eines räumlichen Vorstellungsbildes".

> Aus Sinnesempfindungen, Probierbewegungen und Bewegungserleben bildet sich ein Schema, in dem einzelne Teile und Glieder des Körpers unterschiedlich vertreten sind.

Wenn man die Augen schließt und darauf achtet, was man von dem eigenen Körper merkt, dürfte dies relativ wenig sein: Druckempfindungen an der Körperoberfläche jener Bezirke, die aufgrund der Schwerkraft auf einer Unterlage aufliegen. Darüber hinaus kann man feststellen, daß die Aufmerksamkeit selektiv auf bestimmte Körperregionen verlagert werden kann, so daß man von dort etwas spürt, was zuvor unbemerkt geblieben ist. Ebenso können durch Muskelanspannung Empfindungen erzeugt werden.

Unabhängig von diesen Aktualisierungen der Körperempfindungen entsteht aus der Vielzahl der Erfahrungen eine Vorstellung vom ganzen eigenen Körper. Diese Vorstellung muß jedoch nicht vollständig mit der Wirklichkeit übereinstimmen, wie z.B. im Fall der Phantomempfindung bei Amputierten.

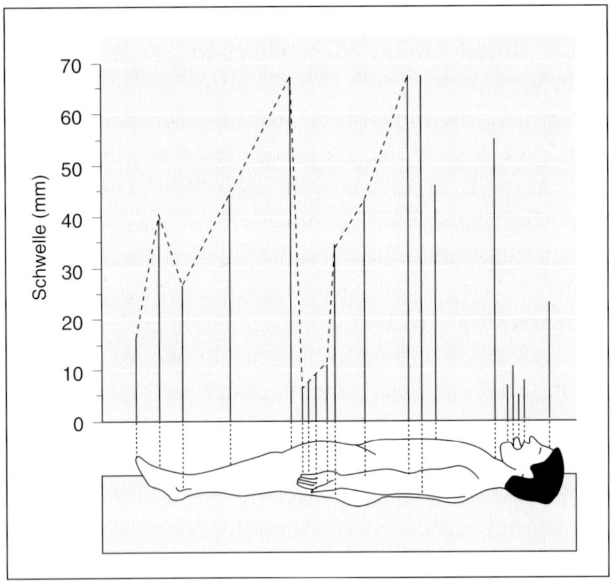

Abb. 3 Die Feinheit der Tastempfindung ist umgekehrt proportional der räumlichen Unterschiedsschwelle. Diese ist im Bereich des Mundes und der Hände besonders gering (aus [6]).

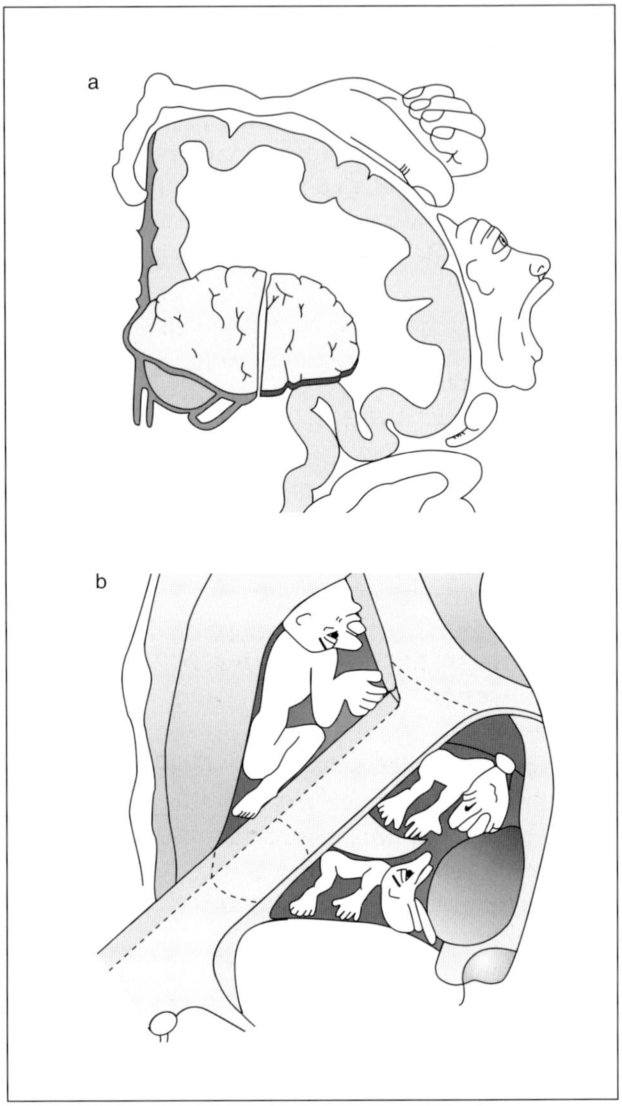

Abb. 4 Die Projektion der Körperoberfläche auf die Hirnrinde entsprechend der Größe der für sie in den sensorischen und motorischen Zentren reservierten Areale zeigt die starke Repräsentanz der Mundregion und der Handregion (a). Die Projektion der Körperoberfläche auf die sensiblen und motorischen Kerne des Thalamus und des Pallidums zeigt ebenfalls eine überdimensionale Repräsentanz von Mund und Hand (b) (aus [6]).

Die Körperregionen sind, wie gesagt, im Körperschema unterschiedlich vertreten. So werden der Rumpf, besonders der Rücken, und die nicht tastbaren Eingeweide kaum beachtet, während die Hände und der Kopf, hier wieder besonders der Mund und die Lippen, stark vertreten sind. Dies steht in guter Übereinstimmung mit der **hohen Sensibilität** der genannten Bereiche, ihrem hohen Differenzierungsvermögen (Unterschiedsschwellen) und ihrer **starken sensiblen und motorischen Repräsentanz** dieser Bereiche auf der Großhirnrinde und in bestimmten Bezirken des Stammhirns (Abb. 3, Abb. 4 [6]).

Das Körperschema wird auch beeinflußt durch das Wissen um den eigenen Körper und durch Phantasien, Wunschbilder und **Affekte,** z.B. Ängste im Hinblick auf den Verlust von Körperteilen und Störungen der Integrität. Derartige Gefühle können in das Unbewußte abgedrängt werden und sich in Trauminhalten bemerkbar machen.

In diesem Zusammenhang ist von Interesse, daß in der Psychoanalyse Freuds der Zahn als Phallussymbol gilt, und daß sich hinter den gar nicht seltenen **Träumen mit einer Zahnthematik,** insbesondere dem Zahnverlust, Kastrationsangst oder Angst vor Potenzverlust verbirgt [2, 3].

Das **Körperschema** kann rasch **beeinträchtigt** werden, indem sich ein Körperteil aufgrund einer dort lokalisierten starken Empfindung, z.B. eines Schmerzes, in zunehmendem Maße in das Bewußtsein drängt. Dazu reicht ein Schnitt in den Finger, ein kleiner Pickel, ein ungewohnter Bart. In sehr viel stärkerem Maße aber ist das der Fall bei einem Trauma und bei chronischen oder akuten Schmerzen. Aber auch bei einer entstellenden Veränderung des Aussehens, kann die betreffende Partie dominant werden.

Unter gewissen Voraussetzungen, etwa einer neurotischen Disposition, kann dieser psychische Vorgang des Erlebens und Selbstbewertens einer körperlichen Befindlichkeit psychopathologische Züge annehmen. Diesen Eindruck kann man zumindest gewinnen, wenn ein Patient eine kaum oder nicht erkennbare Normabweichung der Zahnstellung immer wieder als dramatisch und zunehmend stärker werdend darstellt. Auch ausgehend von einer neuen Füllung oder neuem Zahnersatz kann eine starke Fixierung des Bewußtseins auf die betreffende Region eintreten.

Da die Mundregion so stark im Körperschema repräsentiert ist, werden Erkrankungen und Schmerzen in diesem Bereich besonders ichnah empfunden. Das heißt, man kann sich ihnen psychisch schwer entziehen.

Der Mund in der psychischen Entwicklung des Menschen

Im Zuge der psychischen Individualentwicklung gewinnt der Mund auch deswegen eine so überragende Bedeutung, weil mit ihm und seinen Sinnesorganen die **frühesten Erfahrungen** des Menschen überhaupt gemacht werden, und weil sich – nach einer weithin akzeptierten Theorie FREUDS – Erfahrungen um so stärker auf die Persönlichkeitsentwicklung auswirken, je früher sie gemacht werden.

Die Mundregion ist nicht nur sensibel und motorisch sehr stark zentralnervös repräsentiert, die betreffenden Zentren des Gehirns und die zugehörigen Nervenbahnen differenzieren sich früher, sind früher reif und funktionstüchtig als die entsprechenden, für andere Bereiche zuständigen, Strukturen. Dies ist die entscheidende Voraussetzung dafür, daß auf der Basis eines **Verstärkungsmechanismus** – die Berührungen der Lippen und der Mundschleimhaut werden als lustvoll erlebt und die Bewegungen, die dazu führen, daher unmittelbar gespeichert – der lebenswichtige Vorgang des Saugens so rasch und sicher erlernt wird.

Weil aber die Natur diesen Vorgang der Nahrungsaufnahme so gut absichert, können sich auf der Grundlage der reichen funktionellen Ausstattung auch **Parafunktionen** entwickeln. Wenn die ebenfalls sehr sensiblen Finger mit den sensiblen Lippen in Berührung kommen, wird auch diese Bewegung gelernt. Das kann der Ausgangspunkt für die Entwicklung einer, besonders für die Kieferorthopädie, relevanten **Lutschgewohnheit** werden. Vieles spricht dafür, daß dieser Mechanismus, gleichsam als Funktionstraining, bereits intrauterin wirksam ist (Abb. 5, Abb. 6).

Das Körperschema baut sich, wie schon erwähnt, aus den Empfindungen und dem Bewegungserleben auf. Man kann annehmen, daß für den Säugling unmittelbar nach der Geburt der Körper im wesentlichen aus dem Mund besteht. Die Erfahrungen mit anderen Körperteilen, z.B. den Händen, kommen erst allmählich hinzu. Der Mund ist in dieser Zeit auch das absolut dominante Sinnesorgan. Hier beginnt der Aufbau der menschlichen Raumvorstellung. Der Mundraum ist der **Ur-Raum,** der Raum, der durch die Sinnesorgane der Mundhöhle einschließlich der Lippen erfaßt wird. Das heißt, die Welt des Neugeborenen endet mehr oder weniger an den eigenen Lippen.

Aber der Säugling lernt sehr rasch, auch mit dem immer wichtiger werdenden optischen und akustischen Sinneskanal. Lernen findet dabei vornehmlich in Verbindung mit **Motivbefriedigung** – in der ersten Zeit ist dies ausschließlich die Stillung des Nahrungsbedürfnisses – statt. Die Bedingungen, unter denen Motive befriedigt werden können, werden gelernt. So kommt es zum Aufbau einer mit Emotionen

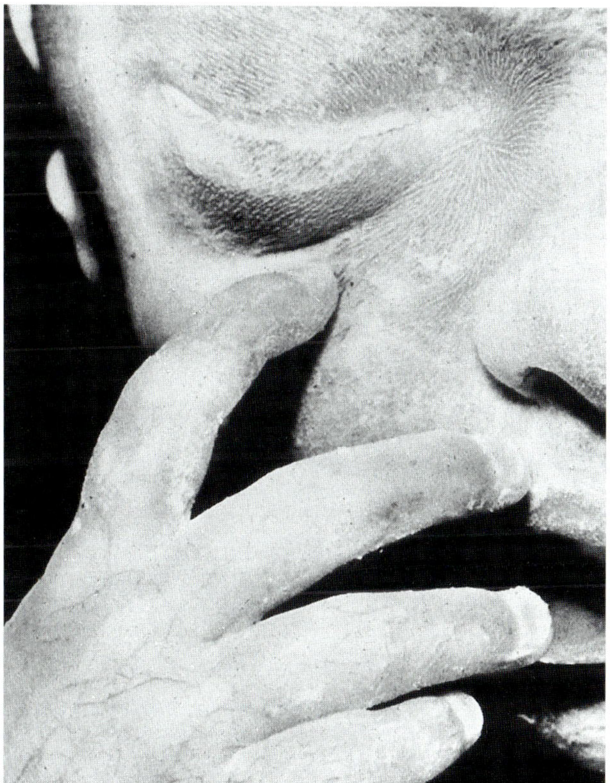

Abb. 5 Intrauterin besteht eine enge Lagebeziehung zwischen Hand und Mund.

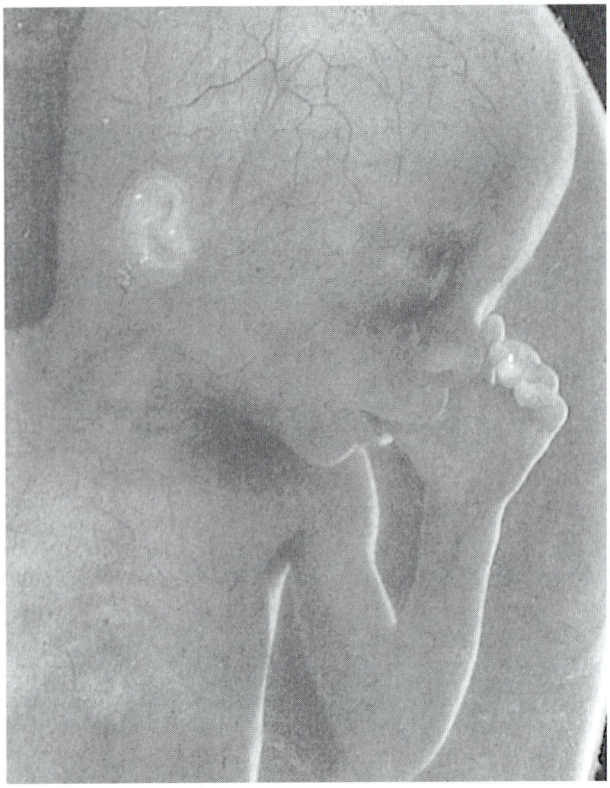

Abb. 6 Daumenlutschender Embryo (viereinhalb Monate) (aus [7]).

besetzten Umwelt. Indem das Individuum lernt, was es von bestimmten Reizkonstellationen hinsichtlich der Erfüllung seiner Wünsche erwarten darf, baut es die Welt der Objekte auf. Die Mutter ist dabei das erste und wichtigste Bezugsobjekt. Sie ist das immer wieder taktil, optisch und akustisch in Erscheinung tretende Objekt, das den Hunger stillt, streichelt, wärmt, schützend umfängt und zuredet.

Wie dominierend der Mund in der frühen Auseinandersetzung mit der Umwelt ist, wird auch dadurch deutlich, daß das Kleinkind die Gegenstände, deren es habhaft wird, zur Prüfung erst einmal in den Mund steckt.

Der Mund behält auch späterhin seine Bedeutung, die jedoch in dem Maß, in dem andere Bereiche ebenfalls Wichtigkeit erlangen, etwas zurücktritt. Das spiegelt sich auch in der Theorie Freuds über die **Organisationsphasen der Libido** wider. Der eher weit gefaßte Begriff der Sexualität, bedeutet bei Freud Lustgewinn aus der Berührung bestimmter Zonen des Körpers. Für die Energie, die den Menschen zu dem Streben nach Lust drängt, hat Freud den Begriff Libido geprägt. Die Organisationsphasen der Libido sind durch die spezifische Bedeutung bestimmter Körperregionen, der sog. erogenen Zonen, gekennzeichnet. In der ersten Entwicklungsphase, der für uns besonders relevanten oralen Phase, wird Lust vor allem durch den Mund, durch Saugen und Lutschen gewonnen. Für Freud ist das Fingerlutschen, da das Objekt der eigene Körper ist, ein autoerotischer Vorgang. Die orale Phase wird später abgelöst durch die anale und schließlich die genitale Phase.

Auch ohne Bezugnahme auf Freuds Theorie ist allein schon aus der Beobachtung der menschlichen Sexualpraktiken ersichtlich, daß der Mund als Urerfahrungsraum einen hohen Stellenwert auch im Sexualleben des Menschen besitzt, was abermals für seine besondere psychische Bedeutung spricht. Interessant ist dabei, daß entsprechend der räumlichen Nähe von Lippen und Zähnen und deren Zugehörigkeit zum selben Funktionskreis, auch Liebe und Aggression psychisch nicht weit voneinander entfernt sind. Die aggressive Seite scheint schon im normalen Sexualverhalten zuweilen durch, mehr noch zeigt sie sich, eigenartige und schwer verständliche Formen annehmend, in den ritualisierten sado-masochistischen Praktiken.

Der Zahn steht symbolisch auch für **Aggression,** und schon die Vorstellung von Aggression weckt Verletzungsängste. Der bis dahin friedlich schnullende Säugling fängt, kaum hat er die ersten Zähne bekommen, an zu beißen – für die Mutter die Zeit, spätestens dann abzustillen. Bei den oralen Gewohnheiten kennen wir nicht nur das als autoerotischen Vorgang gedeutete Lutschen, sondern auch Formen, die autoaggressive Züge tragen, wie das Beißen auf Lippen, Fingern und Nägeln und das Knirschen und Pressen der Zähne.

Das Urwissen auch um die aggressive Seite des Mundes macht manche anders nicht erklärbaren Urängste verständlich, die sich auch auf die sehr komplizierte psychische Sexualentwicklung störend auswirken können.

Im Mund selbst ändert sich im Laufe der Zeit einiges durch Wachstum und Entwicklung. Es brechen Milchzähne durch, es kommt zur Raumvergrößerung, Milchzähne fallen aus, es entstehen Lücken, neue Zähne wachsen nach. Im fortgeschrittenen Alter ändert sich die Situation durch Zahnverfall und zahnärztliche Versorgung, durch **Zahnverlust** und **Zahnersatz.**

Jede Veränderung bedarf einer Gewöhnung und psychischen Anpassung.

Der Mund hat also sowohl in der phylogenetischen als auch in der ontogenetischen psychischen Entwicklung des Menschen eine besondere Bedeutung gewonnen. Die Kenntnis dieser Tatsache sollte den Zugang zum besseren Verständnis bestimmter Phänomene erleichtern, wie z.B. der Entwicklung oraler Habits und Parafunktionen, unzureichender psychischer Anpassung an veränderte Situationen im Mundbereich (Zahnverlust und Zahnersatz), aber auch höchst eigenartiger Beschwerdebilder.

Auch das individuelle Erleben der zahnärztlichen Behandlung und die daraus resultierenden Reaktionen des Patienten sollten damit besser verstehbar sein.

Literatur

[1] Alt, K.W., Parsche, F., Pahl, W.M., Ziegelmayer, G.: Gebißdeformation als Körperschmuck – Verbreitung, Motive und Hintergründe. Zahnärztl. Mitt. 80, 2448 (1990).

[2] Freud, S.: Totem und Tabu. Fischer, Frankfurt–Hamburg 1956.

[3] Freud, S.: Die Traumdeutung. Fischer, Frankfurt–Hamburg 1961.

[4] Heinrich, E.: Zahn und Zahnersatz im bewußten und unbewußten Seelenleben und die Auswirkungen in der täglichen Praxis. Zahnärztl. Welt, zahnärztl. Reform 65, 14 (1964).

[5] Hensel, H.: Sinnesempfindung in der Mundhöhle. In: Häupl, K., Meyer, W., Schuchardt, K. (Hrsg.): Die Zahn-, Mund- und Kieferheilkunde. Urban & Schwarzenberg, München–Berlin 1958.

[6] Sergl, H.G.: Psychologie der Lutschgewohnheiten. Fortschr. Kieferorthop. 46, 101 (1985).

[7] Sergl, H.G.: Psychologische Aspekte der kieferorthopädischen Behandlung. In: Schmuth, G. (Hrsg.): Praxis der Zahnheilkunde, Bd. 11: Kieferorthopädie I, 3. Aufl. Urban & Schwarzenberg, München–Wien–Baltimore 1994.

Der Zahnarzt und sein Patient – Zahnarzt-Patient-Beziehung

von Hans Georg Sergl

Inhaltsübersicht

Einleitung

Vorträge und Kurse über die Zahnarzt-Patient-Beziehung erfreuen sich derzeit – allerdings mehr unter dem Begriff des Praxismarketing – großer Beliebtheit. Da immer weniger Geld auf immer mehr Zahnärzte verteilt werden muß, glaubt man sich einen Vorteil gegenüber konkurrierenden Kollegen verschaffen zu können, wenn man weiß, wie man Patienten beeindrucken und so an die Praxis binden kann.

Die Ausführungen dieses Kapitels sollten keinesfalls unter solchen Vorzeichen verstanden werden. Praxiserfolg bzw. Berufserfolg sollten nicht primär und schon gar nicht alleine am finanziellen Gewinn gemessen werden. Man kann auch eine Bilanz von persönlichen **„psychischen Kosten“** und **„psychischem Gewinn“** aufmachen. Unter diesem Gesichtspunkt kann es sehr wohl sein, daß der im Umgang mit Patienten geschulte Zahnarzt weniger psychische Kraft, etwa zur Verarbeitung von Ärger, Frustration etc., investieren muß und ein Mehr an Arbeitszufriedenheit, Anerkennung und Zuneigung von seiten seiner Patienten und Stolz auf bisherige Leistungen als Gewinn erhält.

Nach einer Erhebung von INGERSOLL erklären **Zahnärzte,** daß sie mit ca. 20% ihrer Patienten irgendwelche **Probleme** haben. Am häufigsten werden genannt: Angst der Patienten, Nichteinhalten der Termine, Nichtbefolgung von Anweisungen, Nichtbezahlen der Rechnungen. Manche Zahnärzte haben offensichtlich viele Probleme, andere wenige. Die Unterschiede könnten auf Persönlichkeitseigenschaften des Zahnarztes oder auf die Zusammensetzung des Klientels zurückzuführen sein [9].

Auch **Patienten** berichten über **Probleme** mit Zahnärzten, darunter unvermeidbare, die z.B. in der persönlichen Angst des Patienten begründet sind, aber auch Mißverständnisse, Unaufmerksamkeit und Fehler von seiten des Zahnarztes und seines Personals. 63% der Patienten erklären, daß sie mit ihrem Zahnarzt zufrieden sind, das bedeutet aber zugleich 37% Unzufriedene. Die am häufigsten genannten Beschwerden sind: schlecht ausgeführte, ineffektive und unnötige Behandlung, unaufmerksame, rohe und unfreundliche Art des Zahnarztes, zu hohe Rechnung, unfreundliches Personal und zu lange Wartezeiten [9].

Unzufriedenheit von Patienten führt, wie man weiß, häufig zu Reklamationen, zu Regreßforderungen und zu Prozessen. Wo häufig Probleme auftreten, ist die Wahrscheinlichkeit groß, daß der Zahnarzt etwas falsch macht. Wo selten Probleme auftreten, sich viele Patienten zufrieden zeigen und großer Zulauf trotz Konkurrenz besteht, darf man annehmen, daß der Zahnarzt vieles richtig macht, was nicht heißt, daß sich das Verhältnis nicht noch verbessern ließe.

Begriffsbestimmung

Zahnarzt-Patient-Beziehung ist wissenschaftstheoretisch gesehen ein Konstruktum. In unserem Sprachgebrauch gehen wir damit um wie mit einer einfach handhabbaren Realität. Wir treffen z.B. qualifizierende Feststellungen, indem wir sie als gut oder schlecht bezeichnen oder in Festreden ihre Verbesserung anmahnen. Gegen diesen sprachlichen Umgang ist so lange nichts einzuwenden, solange man nicht dabei stehenbleibt. Es gilt die Worthülse mit Inhalt zu füllen.

Das Konstrukt ist der Überbegriff für ein sehr komplexes Gefüge von Aktionen und Reaktionen, von Handlungen und verbaler wie nonverbaler Kommunikation.

In dieser Beziehung geschieht etwas mit uns und durch uns, was Gegenstand unserer Betrachtungen sein soll. Natürlich können Einzelaspekte des gesamten Gefüges herausgegriffen, betrachtet und untersucht werden. Von besonderem Interesse sind dabei die Ursachen für die Art und Qualität einer Beziehung. Wesentliches Charakteristikum des Ganzen aber ist, daß es sich um eine Interaktion mit wechselseitigen Abhängigkeiten handelt.

Zahnarzt-Patient-Beziehung als Interaktion

Diese Besonderheit wird in Abbildung 1 deutlich gemacht. Was zwischen den Beteiligten geschieht, hängt von inneren und äußeren **Eigenschaften der Personen** und von den **Umgebungsvariablen** ab.

Beide, Zahnarzt und Patient, sind sowohl **Sender** wie **Empfänger** von Informationen. Betrachten wir zunächst die Zahnarztseite.

Der Zahnarzt sendet Signale aus, die der Patient wahrnimmt. Bei diesen als „Verhalten“ zusammengefaßten Signalen handelt es sich um Handlungen sowie um verbale und nonverbale Äußerungen.

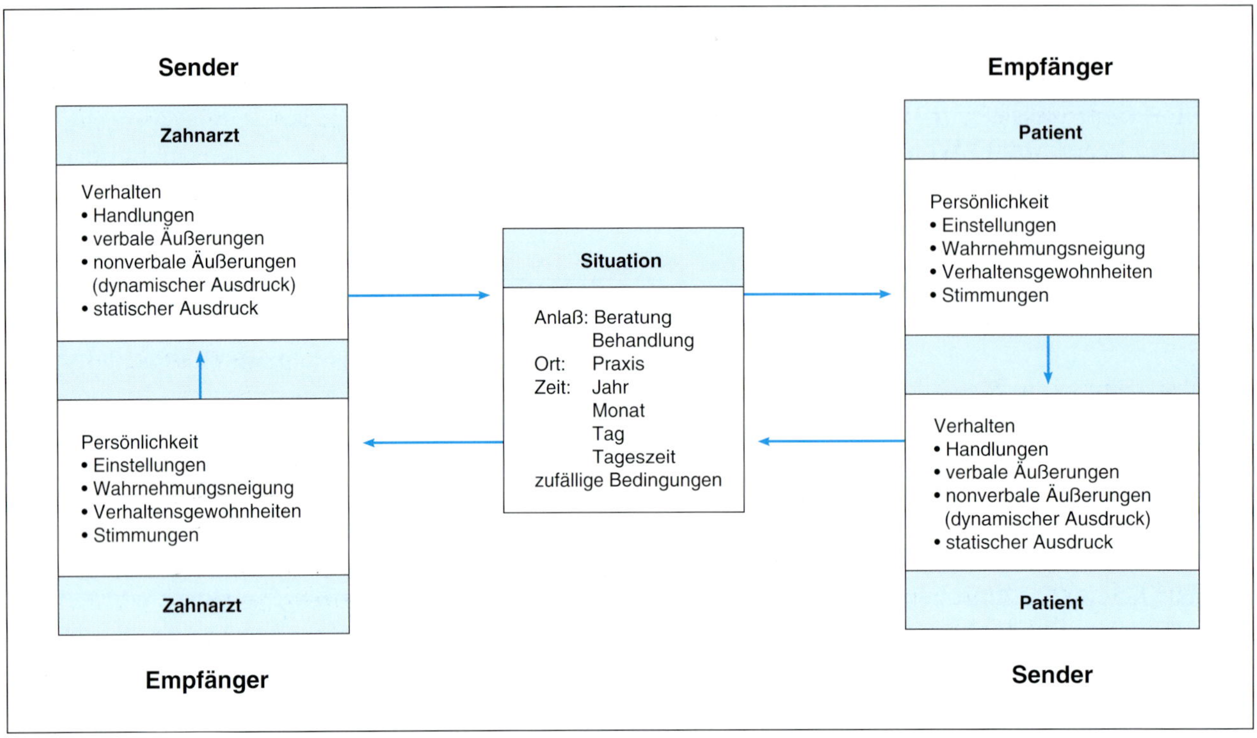

Abb. 1 Schema der Zahnarzt-Patient-Interaktion.

Letztere, die nonverbalen Äußerungen, sind Teil des gesamten **Ausdrucks,** zu dem neben dem dynamischen Anteil (Mimik, Gestik, Haltung, Stimme, Sprechweise) auch ein statischer Anteil gehört (Aussehen, Physiognomie, Frisur, Kleidung usw.).

Die Äußerungen des Zahnarztes sind das Ergebnis eines innerpsychischen Vorgangs, für den die **Persönlichkeit** dieses Menschen maßgeblich ist, genauer gesagt, seine Einstellungen, Verhaltensgewohnheiten, aber auch seine augenblicklichen Stimmungen.

Die Äußerungen geschehen in einer bestimmten **Situation,** die in erster Linie vom Anlaß bestimmt wird, der Tatsache nämlich, daß ein heilungssuchender Patient einen hilfeanbietenden Fachmann zum Zweck der Beratung oder Behandlung aufsucht. Die Behandlung geschieht in einem gewissen Zusammenhang und in einer bestimmten Umgebung.

Zum ersteren gehören die Sorgen und Ängste, die der Patient mitbringt, aber auch die Wahrnehmung der technisch-operativen Seite der Behandlung, die besondere Sitz- oder Liegeposition des Patienten, die Tatsache, daß beim Überschreiten der sog. Intimdistanz (Annäherung an den Patienten mit Abstand unter 1 m) in einem Intimbereich gearbeitet wird, und die eventuell mit der Behandlung verbundenen unangenehmen Schmerz-, Berührungs-, Temperatur-, Geschmacks- und Geruchsreize.

Umgebungsvariablen sind die Praxisräume und ihre Gestaltung. Das Ereignis findet in einer bestimmten **Zeit** statt (Jahr, Monat, Tag, Tageszeit). Und es kann die verschiedensten **zufälligen Bedingungen** geben, die die jeweilige Situation ausmachen (z.B. unmittelbar vorausgegangener Autounfall, Mißgeschick, heftiger Streit usw.).

Alles zusammen geht in das ein, was der Patient als Empfänger der Information wahrnimmt. Seine Wahrnehmung ist aber bereits von persönlichen Faktoren geprägt, von Vorerfahrungen, von Wahrnehmungsneigungen und Einstellungen.

Das alles bestimmt, zusammen mit Verhaltensgewohnheiten und momentanen Stimmungen, die **Reaktion des Patienten,** sein Verhalten, seine verbalen und non-verbalen Äußerungen, die gemeinsam mit Wirkungen seines statischen Ausdrucks als Signale abgegeben werden und unter ähnlichen situativen Bedingungen vom Zahnarzt wahrgenommen werden. Auch seine Wahrnehmung wird von Persönlichkeitsvariablen mit beeinflußt, was sich in seiner Reaktion auf die Wahrnehmung niederschlägt.

Hier beginnt der Kreis von vorne. Diese **interaktiven Kettenprozesse** können dann besonders verhängnisvoll sein, wenn **Aversionen** im Spiele sind, die nicht kontrolliert werden, sondern sich vielmehr gegenseitig aufschaukeln.

Der gesellschaftliche Rahmen

Bei der genaueren Beschreibung der möglichen Determinanten dieser Zahnarzt-Patient-Beziehung, ist es sicher wichtig, sich darüber klar zu werden, daß diese innerhalb eines gesellschaftlichen Rahmens steht (Abb. 2) [22].

Der Patient tritt in der **Rolle des Hilfesuchenden** an den Zahnarzt heran, normalerweise in einer zahnärztlichen Praxis. Der Zahnarzt in der **Rolle des hilfeanbietenden Fachmanns** tritt dem Patienten innerhalb seines Praxisteams gegenüber, dessen Zentrum er selbst darstellt und zu dem er ganz bestimmte funktionelle Binnenbeziehungen hat.

Die Beziehungen selbst spielen sich auf einer fachlichen Ebene, einer sozialpsychologischen, einer moralisch-ethischen und einer juristischen Ebene ab.

Wenigstens für einen Teil dieser Beziehungen – nämlich den juristisch-finanziellen – gibt es einen Dritten im Bunde, das Krankenkassensystem, was sich zuweilen störend auf die Unmittelbarkeit der Zahnarzt-Patient-Beziehung auswirkt.

Natürlich interessiert in diesem Zusammenhang die psychologische Ebene dieser Beziehung am meisten, aber es sollte an dieser Stelle zumindest festgehalten werden, daß es auch andere Ebenen gibt und daß diese miteinander interferieren.

So ist z.B. die **finanzielle Seite** von nicht unwesentlicher Bedeutung. Es ist im gesamten Geschäftsleben ein interessantes Phänomen, daß die menschliche Beziehung in eine kritische Phase eintritt, wenn es an das Bezahlen geht, zumindest wenn größere Summen im Spiele sind. Dies ist auch ver-

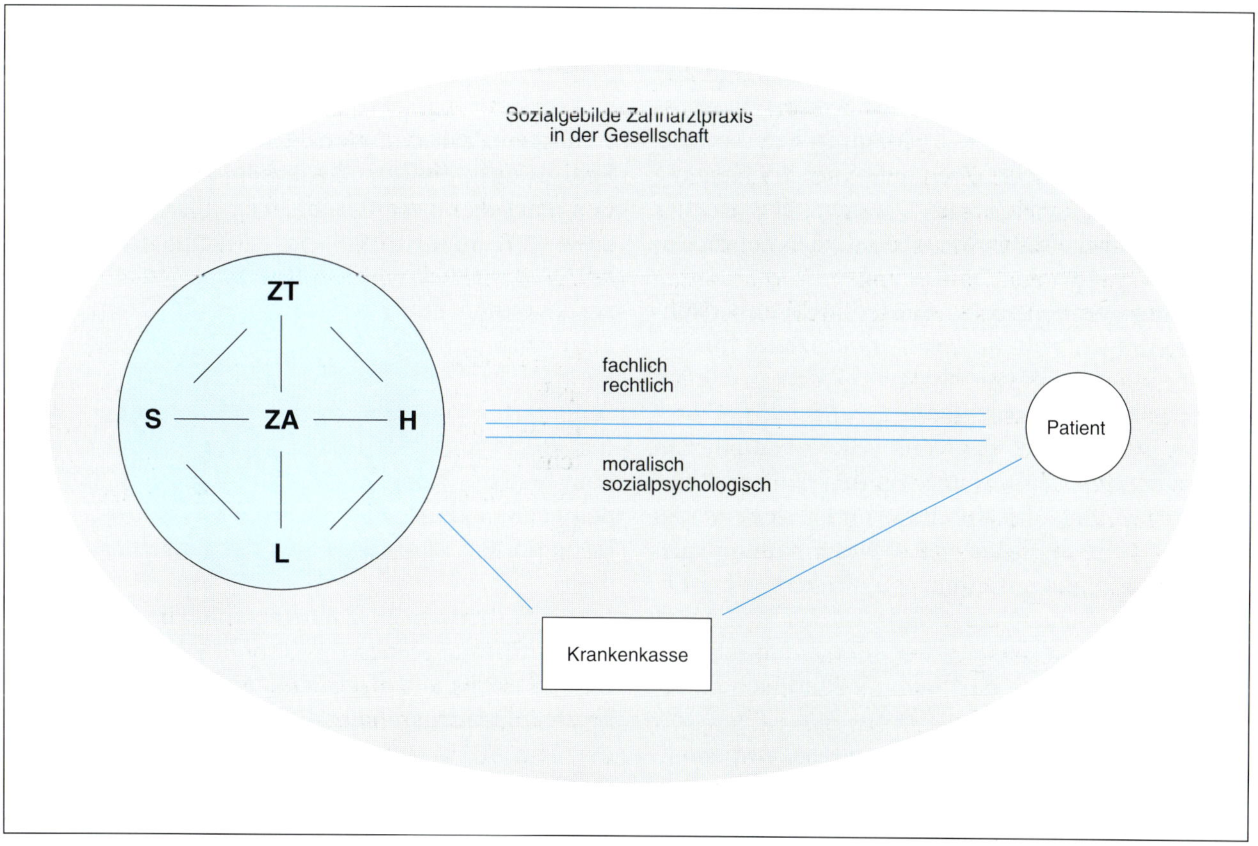

Abb. 2 Schema des Sozialgebildes „Zahnarztpraxis" und seiner Beziehungen (ZA = Zahnarzt, H = Helferin, S = Sekretärin, ZT = Zahntechniker, L = Lehrling).

ständlich, weil auf der Käufer- bzw. Konsumentenseite das dafür erforderliche Geld normalerweise hart erarbeitet und unter Konsumverzicht angespart wurde, weil es also auch einen Symbolwert besitzt, auch den der persönlichen Sicherheit. Wenn dann die Zahlung fällig wird, wächst die Neigung des Zahlungspflichtigen, die gelieferte Ware bzw. Dienstleistung als minderwertig und damit den Preis als nicht angemessen zu betrachten. Schon die alten Ärzte wußten dies, wenn sie davon sprachen, daß der Arzt für den Patienten drei Gesichter annimmt, das des „rettungsverheißenden Engels" vor der Behandlung, das des „allmächtigen Gottes" während der Behandlung und das des „Teufels" nach der Behandlung. Es ist gut, diese Tendenz zu kennen, um darauf vorbereitet zu sein. So sollte es besser möglich sein, den Patienten behutsam zu führen und ihm bei aufkommenden Zweifeln im Gespräch zur Seite zu stehen.

Wo heute bei Kostenübernahme durch die Krankenkasse die Unmittelbarkeit der finanziellen Beziehung aufgehoben ist, tritt auch dieses Problem in den Hintergrund. Dafür geht aber auch auf seiten des Patienten das Gefühl verloren, eine teure Leistung in Anspruch genommen und damit die Gemeinschaft der Versicherten belastet zu haben.

Die **juristische Seite** der Zahnarzt-Patient-Beziehung fließt unmittelbar in jedes Beratungsgespräch mit ein. Auch wenn wir, was die Arzthaftungsprozesse betrifft, noch keine amerikanischen Verhältnisse haben, so wächst doch auch hier die Neigung der Patienten, den Zahnarzt wegen tatsächlicher oder vermeintlicher Behandlungsfehler zu verklagen.

Patienten werden auch mitunter durch unbedachte Äußerungen von Kollegen in Prozesse hineingetrieben, die sie oft von vornherein nicht gewinnen können. Es soll hier nicht dem Grundsatz das Wort geredet werden, daß eine Krähe der anderen kein Auge aushackt, aber es muß auf den Umstand hingewiesen werden, daß durch die oft ebenso wichtigtuerischen wie sinnlosen und obendrein unkollegialen **Beschuldigungen anderer Zahnärzte** dem Patienten selbst Schaden zugefügt wird. Wie soll dieser noch in der Lage sein, Ärzten oder Zahnärzten zu trauen. Das bedeutet, daß auch die künftigen Beziehungen belastet werden.

Zuweilen ist die sogar nur nonverbal vorgenommene negative Kommentierung der Arbeit eines Kollegen („mein Zahnarzt hat die Hände über dem Kopf zusammengeschlagen") der Ausgangspunkt für eine psychopathologische Entwicklung, aus der der Patient ohne fremde Hilfe nicht mehr herauskommt. Der Zahnarzt tut daher gut daran, sich schuldzuweisender Bemerkungen gegenüber der Arbeit von Kollegen zu enthalten. Nur der, von einem Gericht, einer Staatsanwaltschaft oder der Zahnärztekammer, zum Gutachter bestellte Zahnarzt darf – sachlich und ohne Übertreibung – zur Verschuldensfrage Stellung nehmen.

Die Frage nach **unterlassener Aufklärung** spielt in Arzthaftungsprozessen eine zunehmend größere Rolle, weil Rechtsanwälte im Zweifelsfall immer auf unterlassene Aufklärung plädieren. Es verlangt vom Zahnarzt sehr viel Fingerspitzengefühl, in einem Beratungsgespräch den Patienten über Risiken und Nachteile einer Lösung hinreichend aufzuklären ohne ihm gleichzeitig den Weg zu einer vernünftigen und seinem Wohl dienenden Entscheidung zu verbauen.

Der gesellschaftliche Rahmen, innerhalb dessen diese, sich auf unterschiedlichen Ebenen abspielenden, Beziehungen ablaufen, ergibt sich aus der Tatsache, daß beide, Zahnarzt und Patient, Glied einer größeren Gemeinschaft sind, gegenüber der sie gewisse Verpflichtungen haben.

In diesem Zusammenhang ist auf das **generelle Spannungsverhältnis zwischen Individuum und Gesellschaft** zu verweisen. Der einzelne mit seinem unterschiedlich ausgeprägten Machtanspruch versucht seinen Freiheitsspielraum möglichst weit auszudehnen und stößt dabei an die Grenzen des Freiheitsbedürfnisses anderer. Die Gesellschaft kann, je nach Art ihrer Verfassung, bzw. der darin verankerten Normen, relativ viel dem freien Spiel der Kräfte überlassen oder stärker regelnd eingreifen. Ersteres bringt die Gefahr mit sich, daß die Schwachen dabei auf der Strecke bleiben, letzteres kann den Leistungswillen der Einzelperson lähmen.

Das Verhältnis von **Zahnarzt und Gesellschaft** ist nur ein Spezialfall des Verhältnisses von Individuum und Gesellschaft. Der Zahnarzt verhält sich in seinen Strebungen nicht anders als andere Vertreter der Gattung Mensch, nicht besser aber auch nicht schlechter, d.h., er sucht seinen individuellen Vorteil, der auch ein ideeller sein kann, und seinen individuellen Freiheitsspielraum. Genauso verhält sich der Patient.

In der Frage der Angemessenheit **gesundheitspolitischer Steuerungsmechanismen** kommt man nicht an der Tatsache vorbei, daß Gesundheit des Individuums nicht eine Ware wie jede andere ist, sie bedeutet zugleich auch Volksgesundheit und besitzt damit gesellschaftliche Relevanz. In der Gestaltung einer vernünftigen Gesundheitspolitik sollten sich Politiker und Standesvertreter von den Prinzipien der **Solidarität** und der **Subsidiarität** leiten lassen und versuchen, diese in einem ausgewogenen und der jeweiligen gesellschaftlichen und ökonomischen Situation angepaßten Verhältnis zur Geltung zu bringen. In eine einfache Formel gebracht, sollte das heißen: so viel Freiheit, Selbstverantwortung und Selbststeuerung wie möglich, so viel lenkender Eingriff des Staates wie zum Schutz sozial Schwacher und zur Gesunderhaltung des Sozialsystems nötig.

Spannungen und ideologisch geführte Diskussionen über Gesundheitspolitik wirken sich erfahrungsgemäß belastend auf die Zahnarzt-Patient-Beziehung aus. Ausgewogenheit des eigenen Standpunktes und Toleranz gegenüber anderen Meinungen sind wichtige Voraussetzungen, um Spannungen nicht in das Zahnarzt-Patient-Verhältnis hineintragen zu lassen.

Zu den Erfahrungen der jüngsten Zeit gehört, daß der Zahnarzt angesichts einer durch das geltende System dem Patienten anerzogenen Anspruchs- und Versorgungsmentalität einerseits und ökonomisch erzwungenen Restriktionen andererseits immer wieder in ein Dilemma gerät, das das Vertrauensverhältnis zum Patienten stört. Daher sollte auch im Bewußtsein des Patienten wieder Platz für den Gedanken sein, daß höhere Ansprüche nur bei höheren Eigenleistungen zu befriedigen sind.

Beide, Zahnarzt und Patient, haben **Verpflichtungen** gegenüber der Gesellschaft. So übernimmt der Zahnarzt mit dem Eintritt in den Beruf die Verpflichtung:

- an der zahnärztlichen Versorgung der Bevölkerung mitzuwirken (Versorgungsauftrag),
- seine Arbeit nach den besonderen berufsethischen Normen auszuführen,
- eine gewisse Sozialpflichtigkeit bei der Honorargestaltung zu akzeptieren.

Diese Pflichten ergeben sich erstens aus dem Prinzip der Arbeitsteiligkeit, die der Zahnärzteschaft eine Monopolstellung in dem sensiblen Bereich der Krankenversorgung verschafft, zweitens aus der Tatsache, daß der Zahnarzt als Angehöriger eines Heilberufes das Privileg besitzt, Menschen in besonderen Ausnahmesituationen – Krankheit, Schmerz, Angst – zu helfen, und drittens aus dem Umstand, daß diese Hilfe meist ein gutes Vertrauensverhältnis voraussetzt, und schließlich viertens auch daraus, daß der Staat das akademische Studium durch Bereitstellung sehr kostspieliger Studienplätze beträchtlich subventioniert.

Aber auch der Patient hat Pflichten gegenüber der Gesellschaft, nämlich:

- seine Gesundheit nicht mutwillig aufs Spiel zu setzen,
- an seiner Gesundung mitzuwirken,
- Leistungen des Gesundheitssystems nicht unnötig zu Lasten der Solidargemeinschaft in Anspruch zu nehmen.

Die **Einstellung des Patienten** gegenüber seinem Zahnarzt wird unter anderem auch vom **Bild des Zahnarztes in der Öffentlichkeit** beeinflußt. Fragt man Patienten, wie sie ihren eigenen Zahnarzt und seine Arbeit einschätzen, ergibt sich ein ganz überwiegend positives Bild [19, 26]. Das braucht nicht zu verwundern, wenn man bedenkt, daß der Zahnarzt seinem Patienten die Mundgesundheit, die Kaufähigkeit und die Unversehrtheit seines Aussehens sichert und sich meist auch um ein gutes Verhältnis zu seinem Patienten bemüht.

Ganz im Gegensatz dazu aber ist das Image des Zahnarztes in der Öffentlichkeit ziemlich schlecht, was den Zahnärzten nicht gleichgültig sein darf. Denn jede Medienkampagne gegen die Zahnärzte – und davon gab es in der Vergangenheit einige – stört das Vertrauensverhältnis zu dem Patienten und erschwert die Arbeit. Folgt man den Vorstellungen, die in Zahnarztkarikaturen im allgemeinen zum Ausdruck kommen, ist der Zahnarzt überwiegend gewalttätig, sadistisch, rachsüchtig, unfähig und vor allem geldgierig. Es ist bekannt, daß die Medien zur Übertreibung neigen, aber nicht alles, was gegen die Zahnärzte geschrieben und gesendet wurde, entspringt böswilliger Verleumdung. Leider haben manche Zahnärzte selbst die Angriffsflächen geboten.

Der einzelne kann zur Verbesserung des Images seines Berufsstandes beitragen, indem er gute Arbeit leistet, einen korrekten freundlichen Umgang mit den Patienten pflegt und weder durch einen überzogenen Lebensstil noch durch großspuriges Auftreten in der Öffentlichkeit Kritik auf sich zieht.

Der situative Rahmen

Bei der Darstellung des Zahnarzt-Patient-Verhältnisses als Interaktion wurde bereits auf die Bedeutung des situativen Rahmens hingewiesen.

Zu der Situation, in der die Begegnung zwischen Zahnarzt und Patient stattfindet, gehören Aspekte, die für die zahnärztliche Behandlung oder Beratung spezifisch sind – die daraus erwachsenden Probleme sind situationsimmanent – und Aspekte akzidenteller Art.

Die **Kernsituation** kann man ungefähr so beschreiben: Ein Patient kommt wegen eines Leidens in die Zahnarztpraxis. Er sitzt oder liegt auf einem Behandlungsstuhl, er sieht und spürt in und um sich herum eine bestimmte technische Ausrüstung und er erlebt, wie der Zahnarzt mit ihm spricht und diagnostische bzw. therapeutische Manipulationen an ihm vornimmt.

Wie diese Maßnahmen mit den Sinnen der Mundhöhle wahrgenommen werden, wurde schon im ersten Beitrag ausführlich dargestellt. Es bleibt zu ergänzen, daß die **visuellen Eindrücke** der gesamten Praxisumgebung und besonders der Behandlungseinheit den Patienten auf die Behandlung „einstimmen", teils weil sie unbekannt und ungewohnt, teils weil sie mit negativen Vorerfahrungen assoziiert sind. Vor allem Kinder reagieren darauf sehr nachhaltig.

Die Technik läßt sich nicht aus der Zahnarztpraxis verbannen, aber es gibt Möglichkeiten, den ängstigenden Eindruck des **Behandlungsraums** zu mildern, indem man das Technisch-Apparative optisch zurücktreten läßt und dem Raum durch Bild-, Blumen- und Fensterdekoration und durch die richtige Farbgestaltung (Ton in Ton mit warmen Farbtönen [27]) und Ausleuchtung eine angenehmere Atmosphäre verleiht.

Ein **Wartezimmer** mit bequemen Stühlen, die sich in Nischen befinden oder in Sitzgruppen angeordnet sind, mit ausgewähltem Lesematerial (keine Fachliteratur) Ablenkungsmöglichkeiten (z.B. Aquarium, Spiel- und Malutensilien für Kinder, eventuell auch Hintergrundmusik) ist geeignet, keine unnötigen Spannungen aufkommen zu lassen. Eine gute Praxisorganisation dient demselben Zweck [8, 10].

Im Erleben der Behandlungssituation hat die **räumliche Nähe** des Zahnarztes zum Patienten eine große Bedeutung. Menschen brauchen und verlangen normalerweise einen persönlichen Umraum. Es werden **fünf Distanzzonen** unterschieden:

- Die **„entfernte gesellschaftliche"** Distanz wird mit 2–4 m angegeben. So weit hält man sich nach Möglichkeit Menschen bei offiziellen Anlässen vom Leib.
- Als **„nahe gesellschaftliche"** Distanz gilt die Entfernung von 1,5–2 m. Diese Distanz wird z.B. bei Geschäftsgesprächen eingenommen.
- Die **„entfernte persönliche"** Distanz beträgt 1–1,5 m. In dieser Entfernung ist es noch schwer, einen Partner zu berühren. Sie kommt für Privatbegegnungen in Frage, z.B. beim Plaudern auf der Straße.
- Die **„nahe persönliche"** Distanz wird mit 60–100 cm angegeben. In dieser Entfernung gibt man einem Partner die Hand; sie erlaubt eine gewisse Art von Vertraulichkeit.
- Die **„intime"** Distanz reicht vom Hautkontakt bis ca. 60 cm. Diese nahe Distanz wird bei Freundschaften und Liebesbeziehungen eingenommen. Unter Männern löst sie Unbehagen aus, während sie in unserer Kultur zwischen Frauen eher als akzeptabel erachtet wird.

Die zahnärztliche Behandlung bedeutet zweifellos ein Überschreiten der Intimdistanz. Hinzu kommt das Arbeiten im Mund, der als eine Intimzone des Körpers gilt.

Schon das Berühren des Kopfes durch einen Fremden wird normalerweise als beeinträchtigend empfunden und fordert eine defensive Haltung heraus.

Der Zahnarzt sollte sich daher behutsam und langsam dem Patienten nähern. Der Händedruck, eine Berührung am Arm und eine allmähliche weitere **Annäherung** können das Behandlungserlebnis weniger unangenehm machen.

Bei Behandlungen in der Liegeposition kommt hinzu, daß sich der Patient dabei eingeengt fühlt – Zahnarzt und Helferin befinden sich über ihm, jede Fluchtmöglichkeit ist ihm genommen.

Die Liegeposition ist zugleich eine Unterlegenheitsposition.

Gesellschaftlich ist die geringere Position immer durch körperlich tiefer liegende Haltung ausgedrückt (Verbeugung, Kniefall, Kotau). Der Patient spürt auch, daß er aus dem Liegen heraus nicht in eine physische Selbstverteidigung übergehen könnte und fühlt sich daher ausgeliefert. Im Liegen verlieren auch Status- und Imponiersymbole, wie z.B. hohe Absätze, Schmuck, Kleidung, ihre Wirkung.

Neben der Unterlegenheit hat das Liegen in der zahnärztlichen Behandlungssituation noch eine andere unbewußte Bedeutung. Es fördert die **Regression** in eine frühere Entwicklungsstufe. Dieser Zusammenhang wurde von SIGMUND FREUD erkannt und für die Psychoanalyse genutzt, indem die Patienten während der therapeutischen „Sitzungen" auf einer Couch liegen sollten.

Zur Behandlungssituation gehört auch, daß mit der Behandlung für den Patienten **Unannehmlichkeiten** verbunden sind, vor allem Schmerz und Angst, und daß die Behandlung für den Zahnarzt oft schwierig und belastend ist und ein hohes Maß an Konzentration erforderlich ist. Das wiederum bedeutet, daß der Zahnarzt in dieser Zeit nicht gerade heiter und entspannt wirkt und sich nicht im Gespräch locker dem Patienten zuwenden kann.

Neben diesen situationsimmanenten Problemen gibt es mehr oder weniger zufällige, die mit der Zeit, der Tageszeit, der Jahreszeit usw., zusammenhängen. Der zirkadiane Rhythmus in der Leistungs- und Konzentrationsfähigkeit, Einflüsse der Umgebungstemperatur und der Witterung, körperliche Verfassung, vorausgegangene belastende Erlebnisse und die Erwartung bestimmter Ereignisse nach der Behandlung sowohl auf der Seite des Patienten wie auf der Seite des Zahnarztes können in diesem Zusammenhang eine Rolle spielen. Ein bevorstehendes Examen oder ein soeben erlittener Unfall z.B. können einen der Beteiligten erheblich beeinträchtigen und so das Zahnarzt-Patient-Verhältnis in der konkreten Behandlungssituation belasten.

Die Person des Patienten

Den wichtigsten Einfluß auf Art und Qualität des Zahnarzt-Patient-Verhältnisses übt die Person des Patienten aus. Der Zahnarzt als agierender Teil muß sie mehr oder weniger als gegeben hinnehmen und er muß versuchen, ihr in seinem eigenen Verhalten Rechnung zu tragen.

Die Menschen sind bekanntlich sehr verschieden. Sie unterscheiden sich in ihrem Charakter, ihren Einstellungen und Verhaltensgewohnheiten, ihren Anlagen, ihrer Intelligenz, ihrer Herkunft, ihrer Lebensgeschichte, ihrem Alter und Geschlecht und in vielen anderen Punkten, die für diese Beziehung bedeutsam werden können.

Entsprechend der zu respektierenden Individualität der Patienten ist von einer gewissen Bandbreite mehr oder weniger günstiger Verhältnisse für die Zahnarzt-Patient-Beziehung auszugehen.

Daneben gibt es jedoch Bedingungen, die in größerem Maß Probleme mit sich bringen, was dann auch berechtigt, von Problempatienten (s.u.) zu sprechen.

Relevante Unterschiede ergeben sich aus der Art, wie man mit dem Patienten ein Anamnesegespräch führen kann, wie er in der Beratung Erklärungen verstehen und auf Vorschläge eingehen kann, wie zuverlässig er im Einhalten der Termine ist, wie gut er Vertrauen entwickeln, Unannehmlichkeiten ertragen und Anweisungen befolgen kann und ob er letztendlich mit der Behandlung und ihrem Ergebnis zufrieden ist. Im folgenden sollen nur einige Persönlichkeitsattribute und ihre möglichen Auswirkungen herausgegriffen und besprochen werden.

Reife der Persönlichkeit

Es gibt Menschen, die in sich ruhen, die ein breites Spektrum von Interessen haben, die differenziert denken können, nicht fanatisch sind und Toleranz üben. Sie gehören zu den angenehmsten Patienten.

Häufiger treffen wir auf Menschen, die Probleme mit sich und ihrer Umwelt haben, die kein Vertrauen gewinnen können, die aus Ängstlichkeit ständig auf Sicherung ihres Status bedacht sind. Oft verbergen sie ihre Unsicherheit hinter großspurigem, arrogantem Auftreten, Zynismus, einem Redeschwall oder einer Mauer des Schweigens, hinter diversen Schablonen und eigenartigen Ritualen. Solchen Menschen fällt es schwer, sich zu öffnen. Alle ihre Beziehungen sind problembeladen – da macht die Beziehung zu ihrem Zahnarzt keine Ausnahme.

Die entscheidenden Schritte zur Reifung der Persönlichkeit liegen in der Kindheit und Jugend. Versäumnisse in der Erziehung können später kaum mehr nachgeholt werden.

Dem Zahnarzt bleibt nur, diesen Zusammenhang zu verstehen, insbesondere das Angstmotiv im Hintergrund zu erkennen. Er muß dem Patienten entgegenkommen und versuchen, ihm die Angst – gemeint ist nicht nur die Zahnarztangst – zu nehmen.

Unzureichende Ichstärke und, damit im Zusammenhang stehend, **mangelnde Frustrationstoleranz** können ebenfalls das Ergebnis eines Defizits in der Persönlichkeitsentwicklung sein. Die Folge ist, daß die Betreffenden Unangenehmes, wie z.B. Schmerz, nicht ertragen können. Bei derart überempfindlichen Patienten braucht der Zahnarzt außerordentlich viel Geduld und alle Möglichkeiten der Anästhesie.

Intelligenz und Bildung

Ein intelligenter und gebildeter Mensch ist zwar eher in der Lage, Erklärungen des Zahnarztes zu folgen und Zusammenhänge zu verstehen, eine Garantie für ein gutes Zahnarzt-Patient-Verhältnis bedeutet das jedoch nicht; Intellektuelle benutzen ihre Intelligenz oft als Waffe.

> Bei weit unterdurchschnittlich intelligenten und wenig gebildeten Menschen ist es Aufgabe des Zahnarztes, im intellektuellen Anspruch seiner Erklärungen und insbesondere in seiner sprachlichen Ausdrucksweise auf dieses Defizit Rücksicht zu nehmen.

Herkunft

Letzteres gilt vor allem auch gegenüber Menschen aus einer niedrigeren sozialen Schicht. Einem Zahnarzt, der eventuell selbst aus einer Akademikerfamilie stammt, fällt es schwer, nachzuempfinden, wie ein Hilfsarbeiter und seine Familie leben, denken, fühlen und sich verhalten. Da er im Beruf aber nicht nur Zahnarzt für eine Oberschicht sein kann, sollte er schon frühzeitig beginnen, Beobachtungen zu machen und seine **soziale Sensibilität** zu erhöhen.

Gegenüber **Ausländern** mit ganz andersartigem kulturellem Hintergrund ist dies besonders schwierig. Hier kommt erschwerend hinzu, daß man oft mit eigenartig anmutenden Tabus und Gebräuchen konfrontiert wird, die z.T. aus der Religion hergeleitet werden, etwa wenn eine Frau nach dem Islam nicht ohne Begleitung – meist ihres Mannes – einen Arzt oder Zahnarzt aufsuchen darf.

Alter bzw. Entwicklungsstand des Patienten

Die alters- bzw. entwicklungsabhängigen Unterschiede zwischen einzelnen Patienten dürften größer sein als die interindividuellen Differenzen zwischen Gleichaltrigen. Die Entwicklungspsychologie beschreibt longitudinal die altersspezifischen Entwicklungsstufen verschiedener Leistungen (z.B psychomotorischer, gestalterischer, intellektueller Leistungen), sowie verschiedener Denkstrukturen, Wahrnehmungsweisen und sozialer Verhaltensweisen, die sich im Zuge von Reifung und Lernprozessen ergeben.

Was davon für die Zahnarzt-Patient-Beziehung relevant ist, ergibt sich aus den **Anforderungen** an den Patienten. Der Patient soll ruhig auf dem Behandlungsstuhl sitzen, den Mund offen halten, Unangenehmes tolerieren, Auskünfte geben (Anamnese), Erklärungen verstehen und Anweisungen befolgen. Dazu bedarf es:

- intellektueller Fähigkeiten,
- logischer Denkstrukturen,
- Frustrationstoleranz,
- Selbststeuerung,
- Beachtung sozialer Normen,
- emotionaler Stabilität.

Es stellt sich also die Frage, wann diese dem Patienten zu Gebote stehen.

- Man kann davon ausgehen, daß die notwendigen intellektuellen Fähigkeiten und Denkstrukturen für „altersgemäße“ Erklärungen etwa ab dem vierten bis fünften Lebensjahr vorhanden sind und weiter zunehmen.
- Frustrationstoleranz und Selbststeuerung (Überwindung der Egozentrizität und des bloßen Lustprinzips) beginnen sich ungefähr ab dem 5. Lebensjahr allmählich zu entwickeln.
- Ab dem siebten bis achten Lebensjahr werden die sozialen Normen zunehmend introjiziert.
- Die notwendige emotionale Stabilität ist meist nach Überwindung der Einschulungsschwierigkeiten im Alter von sieben Jahren gegeben, sie kommt aber zur Zeit der Vorpubertät und der Pubertät nochmals ins Wanken [23].

Daraus läßt sich erklären, warum es so schwierig ist, **Kinder,** vor allem Kleinkinder, zahnärztlich zu behandeln. Natürlich gibt es, aufgrund individuell unterschiedlicher Entwicklungsdynamik, zwischen gleichaltrigen Kindern erhebliche Unterschiede. Dafür sind konstitutionelle Aspekte ebenso verantwortlich, wie prägende Umwelteinflüsse, vor allem der Erziehungsstil der Eltern.

Im **fortgeschrittenen Alter** kann es zu einem Rückbildungsprozeß kommen, der ebenfalls zur Ursache von Problemen im Zahnarzt-Patient-Verhältnis wird. Aufgrund organischer Veränderungen und damit im Zusammenhang stehender Funktionseinbußen kann eine Entdifferenzierung der Persönlichkeit einsetzen, die zu einem Nachlassen der Selbststeuerung und der Selbstkritik führt.

Die Patienten verlieren ihre soziale Angepaßtheit, werden aggressiv und verletzend. Aus der speziellen Lebenssituation und der erlebten Schwäche erwächst oft Mißtrauen, das sich gegen den Zahnarzt und sein Personal richten kann. Die Vereinsamung alter Menschen kann depressive Verstimmungen auslösen, die sich ebenfalls erschwerend auf die zahnärztliche Behandlung auswirken [21].

Das Geschlecht des Patienten

Es gibt Patienten und Patientinnen, die sich lieber von einer Zahnärztin bzw. einem Zahnarzt behandeln lassen [4]. Da hier Einstellungen, Prägungen und Sexualängste eine Rolle spielen, kann es, wenn man als Behandler **Probleme mit sexuellem Hintergrund** spürt, durchaus richtig und angemessen sein, der Patientin oder dem Patienten vorzuschlagen, zu einem gleichgeschlechtlichen Behandler, d.h. zu einer Kollegin bzw. zu einem Kollegen, zu wechseln.

In jedem Fall gilt in der Behandlungssituation ein absolutes **Tabu** für die Aufnahme sexueller Beziehungen. Gerade weil hier in einem Intimbereich gearbeitet wird, muß sich der Patient darauf verlassen können. Auch sollte sich der Zahnarzt bzw. die Zahnärztin durch die Anwesenheit von Personal davor schützen, daß Patienten mit eindeutigen sexuellen Wünschen eine peinliche Situation provozieren oder später mit entsprechendem Schuldvorwurf eine Verletzung des Tabus behaupten können.

Die Person des Zahnarztes

Nach dem beschriebenen Modell ist auch der Zahnarzt agierender und reagierender Teil des Interaktionsprozesses. So geht auch die Persönlichkeit des Zahnarztes mit ihren relevanten Eigenschaften als bestimmender Faktor in diesen Prozeß ein.

Wichtige Voraussetzung für ein gutes Zahnarzt-Patient-Verhältnis ist vor allem die **soziale Kompetenz** des Zahnarztes, d.h. die Fähigkeit, auf andere zuzugehen, mit ihnen angemessen zu kommunizieren und **Einstellungen,** wie z.B. Respekt und Mitgefühl gegenüber den Mitmenschen allgemein und den Leidenden im besonderen, zu zeigen. Aufgrund berufsbedingter Selektion und Sozialisation möchte man annehmen, daß diese Voraussetzungen bei jedem Zahnarzt gegeben sind. Aber auch der Zahnarzt ist nur ein Mensch. Auch er kann Defizite in der Persönlichkeitsentwicklung aufweisen, die sich in einem Mangel an Ichstärke, daraus erwachsenden Unsicherheiten und sozialen Ängsten, Egoismus, Eitelkeit und Machtstreben äußern können. Das heißt, die idealen Bedingungen für eine gute Beziehung fehlen.

Die nötige Einsicht des Zahnarztes vorausgesetzt, wäre es denkbar, daß er noch an seiner Persönlichkeit arbeitet und bessere Eigenschaften und Einstellungen entwickelt. Große, fundamentale Veränderungen sollte man davon allerdings nicht erwarten.

Schon eher ist es möglich, **temporäre Launen** zu bekämpfen, die den Umgang mit Patienten erheblich belasten können. Man kann sehr wohl trainieren, gleichsam eine seelische Schleuse zu passieren, in der man die schlechte Laune ablegt, bevor man an den Patienten herantritt.

Natürlich ist auch ein Zahnarzt nicht vor **seelischen Erkrankungen,** Neurosen oder Psychosen, gefeit. Dies selbst zu erkennen ist manchmal kaum möglich. Um so mehr sollte man offen sein für Hinweise von außen, wie z.B. Partnern, Freunden, Kollegen oder einer Selbsthilfegruppe, um dann zur genaueren Diagnostik und einer etwaig notwendigen Therapie professionelle Hilfe in Anspruch zu nehmen.

Burn-out-Syndrom

Eine Schwierigkeit haben alle helfenden Berufe – dazu zählen auch die Zahnärzte – gemeinsam. Die besonders pflichtbewußten Vertreter dieser Berufe sind häufig erschöpft und müde, neigen zu depressiven Verstimmungen, sind im Kontakt mit anderen oft gereizt, unausgeglichen und mißtrauisch und entwickeln gegenüber ihrer Arbeit eine zynische Haltung.

Dieses als „Burn-out-Syndrom“ bezeichnete Phänomen umfaßt eine Reihe körperlicher, psychischer und sozialer Symptome, es belastet die berufliche Arbeit und führt zu einer Enthumanisierung des Zahnarzt-Patient-Verhältnisses [24]. Um Patienten, besonders schwierigen Patienten, auch menschlich helfen zu können, benötigt der Zahnarzt psychische Energie. Wenn er selbst erschöpft ist, ist er zu dieser Hilfe nicht in der Lage.

Das bedeutet auch, daß der Zahnarzt sein eigenes Leben im Sinne von **Psychohygiene** in Ordnung halten bzw. wieder in Ordnung bringen sollte, denn auch persönliche Probleme können an den Kräften zehren. Die Möglichkeiten dazu sind in dem oben zitierten Artikel [24] ausführlich dargestellt.

Beruflicher Streß ist im Zahnarztberuf bis zu einem gewissen Grad unvermeidlich, aber durch persönliche Disziplin und Bemühungen um eine gute Praxisorganisation läßt er sich doch in Grenzen halten. Idealistischer Eifer im Dienste des Patienten ist zwar eine positive Eigenschaft, aber er sollte durch eine realistische Einstellung gelenkt sein, die das Risiko für die eigene Gesundheit mit berücksichtigt.

Da in **falschen Denkmustern** eine wesentliche Ursache des Burn-out-Syndroms liegt, können verhaltenstherapeutisch-kognitive Methoden hilfreich sein. Aus der Überzeugung heraus, sich selbst bestimmen zu können, sollte man zuallererst sich selbst Grenzen setzen, z.B. in bezug auf Arbeitswut und im Perfektionismus. Eigene Schwächen und Limitierungen sollte man mit Gelassenheit hinnehmen, und auch gegenüber den Ansprüchen anderer muß man einmal nein sagen können. Übertriebener Egoismus ist sozial unverträglich, aber das Gegenteil ist gesundheitsschädlich; man muß auch den eigenen Bedürfnissen Rechnung tragen. Freude, Geselligkeit, Entspannung und Erholung dürfen nicht vernachlässigt werden. Übungen zur körperlichen Fitneß und zur psychischen Entspannung (autogenes Training, progressive Muskelentspannung, Yoga) sollten feste Bestandteile des persönlichen Alltags sein.

Bei bereits eingetretenen persönlichen Schwierigkeiten, aber auch schon zur Prophylaxe könnte eine stützende berufliche Gemeinschaft hilfreich sein. Die Mitarbeit in einer **Balint-Gruppe** wäre z.B. sehr geeignet, persönliche Gefühle auszudrücken, Probleme zu erkennen und schädliche Mechanismen abzubauen [16].

Gestaltung des Zahnarzt-Patient-Verhältnisses

Die Notwendigkeit, sich um ein gutes Verhältnis zum Patienten zu bemühen, ergibt sich aus verschiedenen Überlegungen.

Abgesehen davon, daß der Patient einen Anspruch darauf hat, bringt es auch dem Zahnarzt entscheidende Vorteile in der Berufsausübung. So kommt es seltener zu Konflikten mit den Patienten, der Patient reklamiert seltener, es gibt weniger Regreßforderungen und Haftungsprozesse und der Patient zahlt pünktlicher die Rechnung.

Untersuchungsergebnisse sprechen dafür, daß sich Patienten, die mit der Behandlung zufrieden sind, besser an Instruktionen erinnern und sie befolgen. In einem als gut bezeichneten Verhältnis kommt es zu deutlicher Angstreduktion, zu weniger Schmerzäußerungen und zu schnellerer Prothesenadaptation. Der Patient gewinnt eine hohe Meinung von seinem Zahnarzt und empfiehlt ihn weiter [9].

Bemühungen sind erforderlich, weil die adäquate Einstellung zuweilen nicht a priori gegeben ist. Die Fähigkeit, richtig mit Menschen umzugehen, ist unterschiedlich ausgeprägt, läßt sich jedoch in jedem Fall verbessern. Ansatzpunkte für eine Verbesserung des Zahnarzt-Patient-Verhältnisses sind:

- Erkennen und Verstehen des Patienten,
- Emotionskontrolle,
- Erkennen eigener Probleme,
- Gewinnung adäquater Einstellungen,
- Einüben besserer Verhaltensweisen,
- Bemühung um Konfliktvermeidung und Konfliktlösung.

Erkennen und Verstehen des Patienten

Das Erkennen und Verstehen des Patienten ist Voraussetzung für den richtigen Umgang mit ihm. Dies geschieht natürlich nicht mittels psychodiagnostischer Verfahren, sondern nutzt die – verfeinerten – Möglichkeiten des Gesprächs, der Ausdrucksdeutung und der Verhaltensbeobachtung, die auch in den alltäglichen sozialen Kontakten stattfinden.

Das Gespräch, sonst die Via regia zur Seele des anderen, steht in der normalen Behandlungssituation im Hintergrund. Der Zahnarzt ist meist so auf seine Arbeit konzentriert, daß er zumindest in dieser Zeit keine anspruchsvollen Gespräche führen kann.

Um so mehr wird der Zahnarzt auf das **Verhalten** des Patienten achten, so weit es die Anforderungen betrifft, die die Behandlung an ihn stellt, d.h., ob er sich ruhig und kooperativ verhält, ob er die notwendigen Auskünfte gibt und Anweisungen befolgt und sich mit der Behandlung zufrieden zeigt. Entspricht das Verhalten nicht den Erwartungen des Zahnarztes, ist dies der erste Hinweis auf ein Problem, was den Zahnarzt zu erhöhter Aufmerksamkeit veranlassen sollte.

Bei der Verhaltensbeobachtung und der Verhaltensdeutung ist davon auszugehen, daß es neben vordergründigen Deutungen oft tiefere Gründe und unbewußte Motive gibt, d.h., das Verhalten ist nur zu verstehen, wenn man die Person des Patienten, die Umstände und Hintergründe, genauer kennt.

Wegen des Mangels an Gesprächsmöglichkeiten steht in der Behandlungssituation die **Ausdrucksdeutung** als Informationsquelle stark im Vordergrund. Die „Körpersprache", Haltung, Gang, Gestik, Mimik, Stimme, Sprechweise, aber auch das Äußere, wie Gepflegtheit, Haartracht, Kleidung usw., sind wichtige Aspekte. In diesem Zusammenhang sollten besondere Eigenarten, der Bewegungsumfang als Ausdruck der momentanen Stimmung, die Übereinstimmung von verbalen und nonverbalen Äußerungen als Hinweis auf deren Authentizität, und ganz besonders alle **Anzeichen der Angst** beachtet werden. Als Merkmale der Angst gelten u.a. Verkrampfungen in Armen und Beinen, Starrheit der Mimik und des Blicks, weite Pupillen, Blässe und Schweiß.

Neben den festen Anlässen für ein Gespräch, nämlich Begrüßung und Verabschiedung, Anamnese, Beratung und Anweisungen, tritt das **Gespräch** immer dann in den Vordergrund, wenn Probleme aufgetreten sind. Dann muß sich der Behandelnde direkt und persönlich mit dem Patienten und seinen Schwierigkeiten auseinandersetzen. In diesem Fall ist es zunächst wichtig, **aufmerksam zuzuhören.** Trotzdem kann es aus verschiedenen Gründen zu Informationsverlust kommen, z.T. auch durch Voreingenommenheit oder negative Gefühle auf seiten des Zahnarztes, ausgelöst durch kritische Äußerungen und unkooperatives Verhalten des Patienten.

Neben dem Inhalt muß auch darauf geachtet werden, wie gesprochen wird und was eventuell ausgelassen wird. Spontaneität oder Kontrolliertheit, Offenheit oder Verstellung (Verwendung von verschleiernden Floskeln und Schablonen) sind wichtige Aspekte im Patientengespräch.

Verstehen des Patienten bedeutet Hineinversetzen in die Person und in die Situation des Patienten. Dieses Mitfühlen darf jedoch nicht bis zum Mitleiden gehen.

Anderenfalls bestünde die Gefahr, daß der Zahnarzt selbst unsicher wird und die notwendigen Entscheidungen und Maßnahmen nicht mehr in der für das Wohl des Patienten notwendigen Entschlossenheit trifft.

Emotionskontrolle

Emotionen, insbesondere von der Stärke eines Affekts, sind schlechte Ratgeber und behindern adäquates Verhalten. Das Verständnis für den Patienten, sollte es ermöglichen, innerlich ruhig zu bleiben, Frustrationen gering zu halten sowie Ärger und Wut nicht ausufern zu lassen. Auch in dem „unverschämten" Patienten sollte zuallererst ein körperlich und vor allem seelisch hilfsbedürftiger Mensch gesehen werden.

Diese Haltung wird nicht von heute auf morgen gelingen. Aber, sofern der feste Wille dazu da ist, fällt es nach längerem Bemühen und geduldiger Selbstkontrolle zunehmend leichter.

Erkennen eigener Probleme

Sich selbst als Störfaktor zu erkennen, ist äußerst schwierig. In leichten Fällen fehlt die Einsicht, daß das Zahnarzt-Patient-Verhältnis besser sein könnte. In schwierigen Fällen wirken Abwehrmechanismen dem Erkenntnisprozeß entgegen. Das bedeutet, daß der Betreffende die Schuld für immer häufiger werdende Konflikte überall sonst sucht, nur nicht in seiner eigenen Person. In solchen Fällen kann man nur den Rat geben, wenigstens die Möglichkeit eigenen Verschuldens einzuräumen und sich vertrauensvoll an einen Berater oder Therapeuten zu wenden.

Gewinnung adäquater Einstellungen

Berufsethische Maximen, wie Achtung vor dem Menschen und Hilfsbereitschaft, in Festreden zu beschwören, ist nicht schwierig, sie im Alltag umzusetzen ist ungleich schwerer. Damit die Person des Kranken im Mittelpunkt ärztlichen Bemühens stehen kann, müssen oft erst **Vorurteile** abgebaut werden.

Der Patient hat Anspruch auf Zuwendung, unabhängig von Alter, Geschlecht, Beruf, soziale Stellung, Konfession, Parteizugehörigkeit, Rasse oder Nationalität.

Im Hinblick auf Randgruppen, wie z.B. Zigeuner, Obdachlose, Alkoholiker usw., ist das zuweilen ausgesprochen schwierig. Es gibt auch Patienten, die auf den ersten Blick unsympathisch erscheinen und manche bestätigen dieses Vorurteil noch durch ihr weiteres unangenehmes Verhalten. In solchen

Fällen bedarf es schon einer gewissen Charakterfestigkeit, sich nicht vorschnell zurückzuziehen. Keiner braucht seine Gefühle zu vergewaltigen, aber aus einer positiven Grundeinstellung heraus sollte man sich doch sehr bemühen, auch diesen Patienten eine faire Chance zu geben, damit ihnen die notwendige Hilfe zuteil wird.

Eine solche Einstellung kann nur die Frucht einer längeren Persönlichkeitsformung und idealistischen Berufsauffassung sein. Der einzige Rat, den man geben kann, ist, sich von Zeit zu Zeit Gedanken über das eigene Selbstverständnis zu machen.

Einüben besserer Verhaltensweisen

Einstellungen sind Verhaltenstendenzen, sie müssen sich in der Praxis erst erweisen. Man muß sich also darüber hinaus Gedanken über konkrete Verhaltensweisen machen, diese verbessern und praktizierend einüben, d.h. zur Gewohnheit werden lassen.

Im Zentrum steht immer die gute fachliche Arbeit. Der Patient erwartet von seinem Zahnarzt in erster Linie Kompetenz. Daher wird der Zahnarzt seine Patienten vor allem durch die Qualität seiner Arbeit überzeugen. Dazu gehört auch eine kompetente, auf die individuelle Situation des Patienten eingehende Beratung.

Gute Beratung ist eine Kunst, die fachliches Wissen, differenziertes Denken, ein sicheres Urteil und ein hohes Maß an Menschenkenntnis und Einfühlungsvermögen voraussetzt.

In der Beratung werden oft schon die Weichen gestellt für den Erfolg oder den Mißerfolg und die spätere Zufriedenheit des Patienten. [5].

Hier holt der Behandelnde den Patienten gleichsam dort ab, wo er sich mit seinen Gedanken, Nöten und Sorgen gerade befindet. Er nimmt ihn an der Hand, stützt ihn so weit notwendig und führt ihn auf einen guten Weg.

Die **Führung** setzt sich während der Behandlung bis zu deren Abschluß fort, indem der Zahnarzt seinen Patienten mit weiteren Informationen am Fortgang anteilhaben läßt. Er muß spüren, wenn der Patient beginnt, unsicher zu werden, und rechtzeitig verbal darauf reagieren [14]. Am besten, man gibt dem Patienten von Anfang an das Gefühl, daß er jederzeit eine Frage stellen darf. Viele Vertrauenskrisen könnten vermieden werden, wenn man den Dialog nicht abreißen ließe. Wegen der Wichtigkeit des ärztlichen Gesprächs und der Kommunikationstechniken [11] soll diesem Gegenstand ein eigener Beitrag gewidmet werden (s. S. 31 ff.).

Zum Gesamtverhalten gehört auch der **Ausdruck**. Der Zahnarzt bietet seinem Patienten ein bestimmtes Erscheinungsbild. Dieses sollte seine Kompetenz unterstreichen und auf den ersten Blick Sympathie wecken.

Zum **Erscheinungsbild** tragen auch Äußerlichkeiten bei. So sollten Kleidung, Frisur, Barttracht ordentlich und korrekt sein und zum jeweiligen Typ passen, was die Pflege eines persönlichen Stils nicht ausschließt. Sauberkeit und Seriosität sind Züge, die der Patient unbewußt erwartet und mit guter zuverlässiger Behandlung assoziiert. Insofern steht im Hinblick auf Praxiskleidung, Frisur, Make-up und Schmuck der Hygieneaspekt im Vordergrund.

Wie bereits an anderer Stelle angedeutet, haben für das Behandlungserlebnis des Patienten Geruch, Geschmack und taktile Reize eine gewisse Bedeutung. Bei dem engen Kontakt, die die Behandlungssituation mit sich bringt, sind Körpergeruch, Mundgeruch, „Raucherfinger", feuchte Hände, Attribute, die der Zahnarzt dringend vermeiden sollte. Soweit er selbst nicht genügend darauf achten kann, sollte er eine andere Person mit der Kontrolle beauftragen.

Dasselbe gilt für die Mitarbeiter. Die **Körpersprache** des Zahnarztes sollte Aufmerksamkeit und freundliche Zuwendung – ohne Aufdringlichkeit – signalisieren. Anzeichen von Gleichgültigkeit, Abweisung, Hochmut und Arroganz sollten unbedingt vermieden werden. Da der Patient in vielen Behandlungsphasen nicht sprechen kann, kommt der „Sprache der Augen" besondere Bedeutung zu. Der Zahnarzt sollte daher immer wieder den **Blickkontakt** mit dem Patienten suchen.

Bemühung um Konfliktvermeidung und Konfliktlösung

Der Zahnarzt muß sich darauf einstellen, daß es Patienten gibt, mit denen man außerordentlich leicht in Konflikt gerät. Untersuchungen haben ergeben, daß z.B. Regreßansprüche an den Zahnarzt meist dann gestellt wurden, wenn die Erwartungen des Patienten, ausgelöst durch enthusiastische Äußerungen des Zahnarztes, zu hoch waren.

Das psychologische Profil von Patienten, die Regreßansprüche stellten, wurde beschrieben als: „emotional unreif, abhängig, extrem in den Ansichten, rigide, autoritär, unfähig, Verantwortung zu übernehmen, und schnell dabei, andere zu verdächtigen und zu blamieren".

Das psychologische Profil von Zahnärzten, gegen die oft Regreßansprüche gestellt wurden, lautete: kennt seine Grenzen nicht, kann seine Limitierungen nicht eingestehen, warnt Patienten nicht vor möglichen Problemen, zieht Kollegen nicht zu Rate und weigert sich, mit Patienten zu diskutieren [9].

Man kann Konflikte weitgehend vermeiden, wenn man folgende **Richtlinien** beachtet:
- Den Patienten umfassend informieren, was die Behandlung für ihn bedeutet und was ihn erwartet.
- Keine unrealistischen Erwartungen des Patienten an das Behandlungsergebnis provozieren.
- Ein Vertrauensverhältnis aufbauen, es durch geschickte Führung des Patienten aufrechterhalten und so dem Patienten die Angst nehmen.
- Selbst keinen Streit beginnen.
- Den Patienten nur in konstruktiver Weise und unter Wahrung seines elementaren Grundbedürfnisses nach Ansehen kritisieren (z.B. wegen schlechter Mundpflege, unterlassenem Zahnarztbesuch). Der Zahnarzt sollte eine gute Absicht unterstellen und nach den Schwierigkeiten und Gründen für das Fehlverhalten fragen, dabei positive Ansätze sehen und Brücken für ein besseres Verhalten bauen. Ein vorsichtiger Hinweis auf negative Folgen für den Patienten ist ebenfalls möglich.
- Selbst wenig Anlaß zu Angriffen geben.
- Nicht überempfindlich auf Kritik anderer reagieren.
- Versuchen, Ärger zu vergessen.

Wenn es aber bereits zu einem Streit gekommen ist, sollte man folgendes beachten:
- Die eigene Position im Streit richtig einschätzen.
- Ruhe bewahren, sich nicht zu Beleidigungen oder Fehlverhalten hinreißen lassen.
- Mißverständnisse aufdecken.
- Ein klärendes Gespräch führen.
- Einen tragfähigen Kompromiß suchen.
- Eventuell andere um Vermittlung bitten.
- Eventuell Mitschuld eingestehen.
- Für eigene Fehler einstehen, sich entschuldigen.
- Sich andererseits kein Verschulden einreden lassen (es bleibt immer etwas hängen).
- Die Verhältnismäßigkeit der Mittel wahren, nicht dramatisieren und aufbauschen.
- Keinen Vernichtungskrieg führen und dem anderen den Rückzug unter Wahrung des Gesichts ermöglichen.
- Auch im Streit nicht den Humor verlieren.
- Notfalls auch einen Abbruch der Behandlung wegen mangelnden Vertrauensverhältnisses erwägen.

Ein wichtiger Aspekt ist jedoch, daß Konflikte nicht zwangsläufig dramatisch verlaufen und laut ausgetragen werden. Es gibt auch den **subtilen Machtkampf,** der unmerklich auf beiden Seiten ein immer stärker werdendes Spannungsgefühl aufkommen und den Vorrat an Vertrauen immer mehr schwinden läßt.

Bei den Patienten handelt es sich in diesen Fällen meist um intelligente, sensible Menschen. Oft setzen kleine Mißverständnisse oder eine momentane Gereiztheit des Zahnarztes wegen einer provokant klingenden Frage des Patienten einen Circulus vitiosus in Gang, der auch der Aufmerksamkeit eines psychologisch geschulten Zahnarztes lange Zeit entgehen kann.

Wenn im Hinblick auf einen bestimmten Patienten ein gewisses **Unlustgefühl** aufkommt, sollte sich der Zahnarzt immer fragen: was geht hier vor, was macht der Patient mit mir [17]. Bei vielen dieser Patienten, nicht bei allen, ist es möglich, in einer **Aussprache,** für die man sich Zeit nehmen muß, das entstandene Beziehungsproblem aufzuarbeiten und entweder zu lösen oder in aller Freundlichkeit wegen gestörten Vertrauens einen Behandlerwechsel vorzuschlagen.

Der schwierige Patient

Schwierige Patienten sind solche, die – unabhängig von der zahnärztlichen Aufgabenstellung – die Arbeit des Zahnarztes durch ihr Verhalten erschweren oder unmöglich machen, Konflikte provozieren, unzufrieden sind, den Behandlungserfolg negieren und Schuldvorwürfe gegen den Zahnarzt erheben, Patienten also, bei denen es Probleme gibt, die über das normale Maß hinausgehen (s. hierzu S. 245 ff). Zu den Personengruppen, aus denen sich „schwierige Patienten" vornehmlich rekrutieren, zählen:
- Kinder,
- alte Menschen,
- Angehörige bestimmter Berufsgruppen,
- chronisch Kranke,
- körperlich Behinderte,
- geistig Behinderte,
- Alkoholiker,
- Suchtkranke,
- psychisch Kranke (Neurotiker),
- Geisteskranke (Psychotiker),
- abnorme Persönlichkeiten (Psychopathen).

Schwierig sind die genannten Personen aus sehr unterschiedlichen Gründen.

Kinder

Die Behandlungsprobleme bei Kindern resultieren z.B. aus deren Egozentrizität und mangelnder Ichstärke, die es ihnen schwer macht, ihre Angst zu überwinden und Unangenehmes zu ertragen. Dementsprechend wehren sie sich gegen die Behandlung des Zahnarztes. Aufgrund mangelnder Einsicht, fehlt auch die Möglichkeit, wie mit einem Erwachsenen zu sprechen und durch logische Argumentation zu überzeugen (s. S. 104 ff).

Alte Menschen

Alte Menschen sind oft mißtrauisch. Dieses **Mißtrauen** erwächst aus der Unsicherheit, die sich als Folge verschiedenartiger Funktionseinbußen und schlechter Erfahrungen mit Mitmenschen in zunehmendem Maße einstellt. Wenn dann noch als Folge eines **geistigen Abbaus** eine Persönlichkeitsveränderung hinzukommt, kann es sein, daß solche alten Patienten eine querulatorische Art entwickeln und im Umgang mit dem Zahnarzt aggressiv und verletzend sind.

Angehörige bestimmter Berufsgruppen

Die Behauptung, daß Angehörige bestimmter Berufsgruppen zu den schwierigen Patienten zählen sollen, sei hier mit allem Vorbehalt erwähnt. Zwar werden in Befragungen von Zahnärzten unter der Rubrik „schwierige Patienten" relativ häufig Lehrer (= Besserwisser) genannt [12], doch kann dies keinesfalls als Regel gelten.

Chronisch Kranke und körperlich Behinderte

Chronisch Kranke und körperlich Behinderte haben in ihrem Leben viel Leid zu ertragen. Dieses Schicksal zehrt an den psychischen Kräften. Dementsprechend sind solche Patienten oft ungeduldig und reagieren meist empfindlicher als Gesunde.

Geistig Behinderte

Bei geistig Behinderten hängt die Behandelbarkeit sehr vom Grad der Behinderung ab. Debile sind oft liebe, gutmütige Patienten, während Menschen mit schweren geistigen Defekten oft nur in Narkose behandelt werden können.

Alkoholiker und Suchtkranke

Auch Alkoholiker und Suchtkranke sind nicht gleich. Das Ausmaß der Schwierigkeiten, die sich im Lauf der Behandlung ergeben können, steht in Zusammenhang mit dem Grad der Sucht, der persönlichen Haltung und der sozialen Angepaßtheit. Das Problem liegt zuweilen in der **Unberechenbarkeit,** insbesondere wenn z.B. ein Alkoholiker im Rauschzustand einen zahnärztlichen Notdienst aufsucht, was in Kliniken keine Seltenheit darstellt.

Neurotiker

Neurosen sind **erlebnisbedingte psychische Erkrankungen,** entstanden auf der Basis einer konstitutionellen Disposition. Neben seelischen sind auch körperliche Symptome möglich, die jedoch ohne organischen Befund auftreten.

Die Patienten leiden an ihrer Person oder an ihrer Umwelt. Sie fühlen sich ständig unterlegen, glauben im täglichen Leben zu versagen und befinden sich in einem permanenten Angstzustand. Ursachen sind traumatische Einzelerlebnisse, schwere Konflikte oder auch Serien von traumatischen Erfahrungen. Bekannte Formen sind die Phobien – u.a. auch die Zahnarztphobie –, die Zwangsneurosen (z.B. Waschzwang), die depressiven Neurosen und sog. Organneurosen (bestimmte Formen von Asthma, Schmerzen in der Herzgegend usw.).

Da die Übergänge zwischen „Normal" und der Neurose als Krankheit fließend sein können, ist der Zahnarzt häufig mit solchen Problemen konfrontiert. Schon die Anamneseerhebung kann sich bei diesen Patienten schwierig gestalten, weil das Beschwerdebild oft nicht den klassischen Symptomen einer bestimmten Krankheit entspricht. Die Patienten sind schwer zu führen und selten zufriedenzustellen. Auch die krankhaften Ängste sind ein Problem besonderer Art.

Psychotiker

Psychotiker gehören zu den eher seltenen Fällen in einer Zahnarztpraxis. Da diese Menschen oft ein unauffälliges Verhalten zeigen, sie auch während ihrer Krankheit nicht zwangsläufig immer in einem Heim untergebracht sind und zudem zwischen den Krankheitsschüben symptomfreie Phasen aufweisen, ist es durchaus möglich, daß der Zahnarzt einen Psychotiker behandeln muß.

Ein Psychotiker als Patient kann dem Zahnarzt erhebliche Schwierigkeiten bereiten, deshalb sollte er Grundlegendes über Psychosen wissen. Die gesamte Psychopathologie hier abzuhandeln würde allerdings den Rahmen sprengen. So müssen wir uns auf einen kurzen Abriß beschränken (s. auch S. 249 ff.).

Psychosen sind Geisteskrankheiten, die mit Einbußen der psychischen Funktionen einhergehen. Die Beeinträchtigungen erstrecken sich auf das Denken und die Gedächtnisleistung ebenso wie auf die Wahrnehmung und das Fühlen.

Nach einer traditionellen Einteilung kann man unterscheiden:

- **körperlich begründbare Psychosen:**
  - reversible Syndrome: Funktionspsychosen,
  - irreversible Syndrome: organische Defektsyndrome
- **endogene Psychosen:**
  - Zyklothymie
    a) Depressionen
    b) Manie
  - Schizophrenie

Körperlich begründbare Psychosen

Bekannte **Ursachen** körperlich begründbarer Psychosen sind z.B. Hirntumoren, zerebrale Gefäßerkrankungen, Zirkulationsstörungen, Hirntrauma, infektiöse Schädigung (Meningitis), Stoffwechselerkrankungen und Anfallsleiden.

Die **Symptome** betreffen vorübergehende Störungen der geistigen Funktionen beim Durchgangssyndrom sowie Intelligenz- und Persönlichkeitsdefekte beim organischen Defektsyndrom. Diese Formen spielen für den Zahnarzt eine weniger wichtige Rolle, weil sie aufgrund der Vorgeschichte meist klar erkannt werden.

Endogene Psychosen

Problematischer sind die endogenen Psychosen. So können z.B. Symptome einer **endogenen Depression** in der zahnärztlichen Diagnostik zu völlig falschen Schlußfolgerungen führen. Neben den depressiven Elementargefühlen, Schwermut, Traurigkeit, Angst und Schuldgefühl, und der Verarmung des übrigen Erlebens werden von den Kranken oft eigenartige leibliche Mißempfindungen geklagt, die sich unter anderem auch auf den Mund- und Kieferbereich beziehen können. Dazu kommen allgemeine Beschwerden, wie Mattigkeit und innere Unruhe, repetitive Erlebnisweisen, Antriebsschwäche und vegetative Funktionsstörungen, wie Schlaflosigkeit, Appetitlosigkeit, Gewichtsabnahme, Erlöschen der Libido, Schweißausbrüche, Schwindelanfälle, Tachykardie.

Es ist besonders wichtig, die ersten Anzeichen eines Schubes zu erkennen, weil man grundsätzlich nicht in eine beginnende Krankheitsphase zahnärztlich hinein behandeln darf. Eine prothetische Versorgung in dieser Phase müßte zwangsläufig scheitern.

Die Elementargefühle der **Manie** sind leibliches Wohlbefinden und eine gehobene fröhliche Stimmung bei gleichzeitiger Gefühlsverflachung. **Formen** der geistigen Ausgestaltung sind: manische Kritiklosigkeit, Großmannssucht, Sprunghaftigkeit im Denkablauf und gesteigertes Ichbewußtsein.

Maniker mit ihren hochtrabenden Plänen sind insofern problematische Patienten, weil sie unter Umständen Aufträge zu teuersten Restaurationen geben, die ihre finanziellen Möglichkeiten weit übersteigen.

Die **Schizophrenie** ist mit 1% Vorkommen in der Bevölkerung relativ häufig, das Auftauchen von Schizophrenen in einer zahnärztlichen Praxis entsprechend wahrscheinlich.

Im Vordergrund stehen **Wahnsymptome** als Folge inhaltlicher Denkstörungen, ungewöhnliche Beziehungssetzungen, Wahnwahrnehmungen, Wahneinfälle und Wahngedanken. Die Wahnthematik ist sehr verschieden, z.B. Verfolgungswahn, Beeinträchtigungswahn, Versündigungsideen, usw. Als Wahrnehmungsstörungen sind die verschiedenen Halluzinationen zu nennen, bei den Denkstörungen Phänomene, wie z.B. Gedankenentzug, Gedankenbeeinflussung, Gedankenausbreitung.

In der Zahnarztpraxis können diese Patienten durch ein ungewöhnliches Behandlungsbegehren auffallen. Da die Patienten oft hochintelligent sind und eine Fülle logisch erscheinender Argumente nennen, kann es sein, daß der Zahnarzt einen krankhaften Hintergrund erst sehr spät erkennt.

Abnorme Persönlichkeiten

Die Gruppe der abnormen Persönlichkeiten ist sehr heterogen. Die Patienten fallen durch **extreme Aus-**

prägung bestimmter Charakterzüge, z.B. Stimmungslabilität, Fanatismus, Geltungssucht, Querulantentum, auf. Bei all ihren sozialen Kontakten, so auch beim Zahnarzt, treten diese Menschen unangenehm in Erscheinung.

Umgang mit schwierigen Patienten

Das Wichtigste ist, die der Person des Patienten zugrundeliegende **Ursache** der Schwierigkeiten zu **erkennen,** um selbst ruhig bleiben zu können und sich nicht zu einer emotionalen Antwort verleiten zu lassen. Das erfordert bei Kindern, manchen alten Menschen, chronisch Kranken und körperlich und geistig Behinderten ein hohes Maß an Geduld, Güte und gezeigtes Wohlwollen sowie eine behutsame, aber entschlossene Führung.

Bei Neurotikern, Psychotikern und abnormen Persönlichkeiten ist darüber hinaus ein Wissen um das Grundleiden und erhöhte **Aufmerksamkeit** notwendig, um sich nicht zu vorschnellen und falschen Entscheidungen verleiten zu lassen. Im Zweifelsfall sollte man von einer Behandlung eher Abstand nehmen.

Gegenüber Schuldvorwürfen von Querulanten, die sofort Streit suchen oder Schizophrenen und Paranoikern, die ständig argwöhnen, man wolle sie schädigen, ist eine besonders **klare und distanzierte Haltung** angebracht, eventuell auch hier verbunden mit der klaren Erkenntnis, daß man in eine anspruchsvolle, komplizierte zahnärztliche Versorgung nicht eintreten sollte.

Auch die diffusen Beschwerdebilder von Depressiven verlangen genaue Beobachtung, einen analytischen Verstand und den festen Willen, sich zu nichts verleiten zu lassen, was nicht sinnvoll und fachlich vertretbar ist.

Standfestigkeit ist schließlich auch gegenüber den euphorischen Vorstellungen und Wünschen von Manikern oberstes Gebot.

Literatur

[1] Blum, R.H.: The management of the doctor-patient-relationship. McGraw-Hill, New York 1960.

[2] Corah, N.L., O'Shea, R.M., Bissell, G.D.: The dentist-patient relationship: perceptions by patients of dentist behavior in relation to satisfaction and anxiety. J. Amer. Dent. Ass. 111, 443 (1985).

[3] Feineisen, A.: Forme Deine Persönlichkeit. Bildpost, Berlin 1980.

[4] Fischer de Menéndez, G.: Zahnarzt oder Zahnärztin als Determinante in der Arzt-Patient-Beziehung. In: Sergl, H.G., Müller-Fahlbusch, H. (Hrsg): Jahrbuch der Psychologie und Psychosomatik in der Zahnheilkunde, Bd. 1. Quintessenz, Berlin 1991.

[5] Gutowski-Hesedenz, M., Sergl, H.G.: Die Struktur der kieferorthopädischen Erstberatung. Fortschr. Kieferorthop. 48, 262 (1987).

[6] Hall, E.J.: The silent language. Doubleday, New York 1959.

[7] Hendriks, J., Schneller, T.: Patientenführung, Beratung und Motivierung in der Zahnarztpraxis. Quintessenz, Berlin 1992.

[8] Hilger, R.: Arbeitssystem Zahnarztpraxis – Praxisgestaltung, Teamarbeit, Hygiene. Quintessenz, Berlin 1988.

[9] Ingersoll, B.D.: Psychologische Aspekte der Zahnheilkunde. Quintessenz, Berlin–Chicago–London–Sao Paulo–Tokyo 1987.

[10] Jäger, H.H.K.: Praxisorganisation professionell. Quintessenz, Berlin 1993.

[11] Klages, U., Sergl, H.G., Burucker, I.: Kommunikationsstile bei der kieferorthopädischen Routinebehandlung. Eine dimensions-analytische Untersuchung. In: Sergl, H.G., Müller-Fahlbusch, H. (Hrsg.): Jahrbuch der Psychologie und Psychosomatik in der Zahnheilkunde, Bd. 1. Quintessenz, Berlin 1991.

[12] Kreyer, G.: Die Angst des Zahnarztes vor seinem schwierigen Patienten. Österr. Zahnärzte Zeitung 41, 24 (1990).

[13] Molcho, S.: Körpersprache. Mosaik, München 1983.

[14] Müller-Fahlbusch, H., Marxkors, R.: Zahnärztliche Psychagogik. Hanser, München–Wien 1981.

[15] Röckl, J., Fabinger, A.A.: Die Arzt-Patient-Beziehung: Besonderheiten in der zahnärztlichen Praxis. In: Sergl, H.G., Müller-Fahlbusch, H. (Hrsg.): Jahrbuch der Psychologie und Psychosomatik in der Zahnheilkunde, Bd. 1. Quintessenz, Berlin 1991.

[16] Roth, J.K.: Hilfe für Helfer: Balintgruppen. 2. Aufl. Piper, München–Zürich 1985.

[17] Roth, J.K.: Der Zahnarzt behandelt seinen Patienten – und wie behandelt der Patient seinen Zahnarzt? In: Sergl, H.G., Müller-Fahlbusch, H. (Hrsg.): Jahrbuch der Psychologie und Psychosomatik in der Zahnheilkunde, Bd. 1. Quintessenz, Berlin 1991.

[18] Schneller, T.M.: Wege zur Erforschung der Zahnarzt-Patient-Beziehung. In: Sergl, H.G., Müller-Fahlbusch, H. (Hrsg.): Jahrbuch der Psychologie und Psychosomatik in der Zahnheilkunde, Bd. 1. Quintessenz, Berlin 1991.

[19] Schulte, W.: Zahnarzt und Gesellschaft. Zahnärztl. Mitt. 59, 584 (1969).

[20] Sergl, H.G.: Psychologie der Kinderbehandlung. Deutscher Zahnärztekalender. Hanser, München 1973.

[21] Sergl, H.G.: Psychologische Fragen bei der Behandlung alter Patienten. Zahnärztl. Prax. 26, 170 (1975).

[22] Sergl, H.G.: Zahnarzt und Gesellschaft. In: Ketterl, W. (Hrsg.): Zahnärztliche Praxisführung. Hanser, München–Wien 1991.

[23] Sergl, H.G.: Entwicklungspsychologie – was der Zahnarzt davon wissen sollte. Zahnärztl. Mitt. 84, 1084 (1994).

[24] Sergl, H.G.: Das Burnout-Syndrom. Deutscher Zahnärztekalender. Hanser, München–Wien 1995.

[25] Sergl, H.G., Müller-Fahlbusch, H.: Jahrbuch der Psychologie und Psychosomatik in der Zahnheilkunde, Bd. 1. Quintessenz, Berlin 1991.

[26] Veigel, H. Schulte, W.: Um das Ansehen unseres Standes. Zahnärztl. Mitt. 57, 811 (1967).

[27] Venn, A.: Gibt es einen Farbidealzustand für Praxisräume. Deutsche Zahnarztwoche 48, 11 (1994).

[28] Wieck, H.H.: Lehrbuch der Psychiatrie. Schattauer, Stuttgart 1967.

Kommunikation in der Zahnarztpraxis

VON ULRICH KLAGES UND HANS GEORG SERGL

Inhaltsübersicht

Einleitung

Der zahnärztliche Beruf verlangt zugleich technische Fertigkeiten und Kompetenzen im Bereich der mitmenschlichen Kommunikation. Der Patient kann den Wert einer zahnärztlichen Arbeit nicht beurteilen, er kann ihn nur von seinen langfristigen Wirkungen her einschätzen (z.B. der Dauerhaftigkeit einer Füllung), in die aber auch externe Faktoren eingehen. So ist der Patient als Konsument zahnärztlicher Dienstleistungen nicht selten mißtrauisch im Hinblick auf die Qualität und das Verhältnis von Kosten, Aufwand und Erfolg. Aus der Situation mangelnder oder fehlerhafter Kommunikation ergeben sich immer öfter Regreßansprüche.

Das häufig beklagte negative Bild des Zahnarztes in der Öffentlichkeit ist auch als Ausdruck gestörter Kommunikation anzusehen. Der Zahnarzt fühlt sich mißverstanden, die Öffentlichkeit unzureichend informiert. Zahnärztliche Arbeit als Dienstleistung erfordert Information und Aufklärung auch über Kriterien guter und schlechter Arbeit, damit Patienten Vertrauen entwickeln und Leistungen schätzen können.

Ein neuer Arbeitsbereich entwickelt sich in der Zahnheilkunde durch eine **Zunahme an Beratungstätigkeit.** Sie ergibt sich aus einer stärkeren Gewichtung der Prävention, die Fertigkeiten einer am einzelnen Patienten orientierten, individualisierten gesundheitlichen Aufklärung und Motivierung verlangt. Bisherige Erfahrungen zeigen, daß allgemeine Gesundheitspropaganda und standardisierte Information unwirksam sind. Der allmählich sich einstellende Erfolg der Prophylaxe-Bemühungen verringert zugleich den Anteil notwendiger restaurativer Leistungen.

Weiterhin sind seit geraumer Zeit psychologische Ursachen für chronifizierte Schmerzzustände und für mangelnde Gewöhnung an Zahnersatz wissenschaftlich anerkannt. Derartige Beschwerdebilder verlangen ein verstehendes Eingehen auf die Person des Patienten. Schließlich haben Organisationsforscher Kommunikationsabläufe innerhalb des Praxisteams als den wesentlichen Faktor gefunden, der Arbeitsprozesse fördert oder behindert.

Fünf Gesetze der Kommunikation

Die traditionelle Beschäftigung mit Sprache umfaßt die Beziehung zwischen Zeichen und Objekt (Semantik) und die Regeln zwischen sprachlichen Zeichen (Syntax). Eine Forschergruppe am Mental Research Institute in Palo Alto befaßte sich grundlegend mit dem Verhältnis zwischen Sprache und Verhalten (Pragmatik). Watzlawick, Beavin und Jackson [20] gehen davon aus, daß neben Regeln und Bedeutungen die zwischenmenschlichen Auswirkungen gesprochener Sprache von elementarem Interesse sind. Sie formulierten fünf Grundgesetze (Axiome) als Bedingungen der Möglichkeit von Kommunikation. Aus ihnen versuchen sie die Ursachen für alltägliche und klinische Störungen zwischenmenschlicher Beziehungen und Ansätze für ihre Behebung herzuleiten. Wegen ihrer grundsätzlichen Bedeutung sollen sie im folgenden näher erörtert werden.

Nicht-Kommunikation

Erstes Gesetz: Es ist unmöglich, nicht zu kommunizieren.

Kommunikation ist eine Form menschlichen Verhaltens. Zu Verhalten gibt es keine Negation, kein Nicht-Verhalten. Ebenso kann es keine Nicht-Kommunikation geben. Das ist das Problem eines Menschen, der vor anderen eine „Fassade“ aufbauen will. Er kommuniziert mit dem Interaktionspartner: „Ich will nichts von mir preisgeben.“ Er reagiert erstaunt, wenn ihm jemand zurückmeldet: „Ich glaube, Sie sind ein Mensch, der sein Innerstes zurückhalten will.“

In der Philosophie der Alltagssprache wird dieser Grundsatz der Kommunikation ausgedrückt durch eine Redewendung wie: „Keine Antwort ist auch eine Antwort.“ Sie kommt in der Situation zur Geltung, wenn ein Interaktionspartner wegen eines Vorkommnisses zur Rede gestellt wird. Keine Antwort könnte aussagen: „Ich habe einen Fehler begangen. Ich will nicht lügen, noch mich in eine unterlegene Position begeben, indem ich den Fehler zugebe.“ Ein solches Schweigen wird als „trotzig“ bezeichnet. Der Sprachgebrauch weist dem Schweigen eine kommunikative Funktion zu: es ist beredt, einverständlich, arrogant, widerspenstig.

Wie wirkt der schweigende Zahnarzt auf den Patienten? Eine Forschergruppe [11] hat sich mit dieser Frage beschäftigt. Ein Zahnarzt behandelte seine Patienten entweder sprachlich begleitend oder, indem er nur allernotwendigste Äußerungen vorbrachte. Patienten beurteilten den Zahnarzt unter der Schweigebedingung zwar als technisch kompetent, äußerten sich aber zugleich unzufrieden mit den menschlich-kommunikativen Fertigkeiten.

Eine weitere Untersuchung beschäftigte sich mit der Wirkung minimaler sprachlicher Äußerungen des Zahnarztes [15]. In der Kieferorthopädie wurden Gespräche zwischen Behandlern und Patienten auf Tonband aufgenommen. Neben anderen Ergebnissen ist vor allem eines beachtenswert: neutrale Beobachter schätzten den Zahnarzt um so dominanter ein, je weniger er sprach.

Dieses Resultat widerlegte die Erwartung der Untersucher. Ursprünglich war angenommen worden, je weniger der Zahnarzt redet, um so mehr Raum hat der Patient für eigene Äußerungen. Es hat sich dagegen gezeigt, daß Nicht-Sprechen eine Botschaft vermittelt. Aus der Sicht des Patienten kann das minimale Reden des Zahnarztes signalisieren: „Sprich nicht mit mir und störe mich nicht bei der Arbeit.“ Unter dieser Bedingung dürften Patienten auch kaum bereit sein, Informationen über sich preiszugeben.

Es ist also nicht ausreichend, daß der Zahnarzt Gesprächsfehler vermeidet, um eine günstige Beziehung zum Patienten zu bekommen, sondern daß er Interesse und Zuwendung durch sprachlich aktives Verhalten zeigt.

Inhalt und Beziehung

Zweites Gesetz: Jede Kommunikation hat einen Inhalts- und einen Beziehungs-Aspekt, derart, daß letzterer ersteren bestimmt und daher eine Metakommunikation ist.

Nicht selten macht man die Erfahrung, daß Äußerungen verschieden zu interpretieren sind. Bei internationalen Verträgen werden hochspezialisierte Übersetzungsteams und Sprachwissenschaftler engagiert, um Eindeutigkeit herzustellen. Trotzdem werden Verträge von zwei Parteien häufig unterschiedlich ausgelegt.

Stellen wir uns vor, ein Patient sagt nach einer Füllungsbehandlung: „Na, das ging ja schnell.“ Der Zahnarzt faßt dies als Ausdruck der Erleichterung auf. Als der Patient zum Folgetermin nicht erscheint, fragt er sich, ob er die Äußerung richtig verstanden hat. Möglicherweise war gemeint: „Das ging mir aber zu schnell. Ich fürchte, Sie haben unter Zeitdruck gearbeitet.“ Je nachdem, ob der Patient eine wohlwollende oder kritische Einstellung zum Behandler hat, ist der Satz unterschiedlich zu verstehen.

Dieser **Beziehungaspekt** liefert die **Übersetzungsregel (Metakommunikation)** für die Patientenäußerung. Da es über die Beziehung zwischen Zahnarzt und Patient in unserem Beispiel nur Vermutungen gibt, gibt es keine andere Möglichkeit als die Übersetzungsregel vom Patienten zu erfragen. Dieses „Gespräch über das Gespräch“ wird ebenfalls Metakommunikation genannt. Darin wird versucht, Beziehungen zu klären und Regeln zum Verständnis von Inhalten herauszufinden [7]. Wenn es zu einem weiteren Behandlungskontakt kommt, kann der Zahnarzt in unserem Beispiel fragen: „Als Sie das letzte Mal nicht kamen, habe ich mir überlegt, ob Sie über etwas verstimmt waren.“

Der Kommunikationsforscher Schultz von Thun [17] schlägt über Inhalt und Beziehung hinaus eine weitere Differenzierung der Botschaften einer Nachricht vor: **Selbstoffenbarung** und **Appell.** Der kompetente Hörer nimmt – in einem einprägsamen Bild ausgedrückt – mit „vier Ohren“ (Abb. 1) wahr. Sagt der Patient „Der Zahn tut immer noch weh“, so ist der Sachverhalt, daß in der Region des betreffenden Zahns Schmerzempfindungen wahrgenommen werden. Mit dem Beziehungsohr könnte der Zahnarzt dekodieren: „Ich fürchte, Sie haben etwas falsch gemacht.“ Das Selbstoffenbarungsohr hört: „Ich leide.“ Wird die Nachricht auf dem Appell-Ohr empfangen, wird sie übersetzt als „Tun Sie was dagegen“. Der Patient kann alle vier Botschaften gleichgewichtig meinen oder unterschiedlich gewichtet oder nur einen Aspekt.

Berater, wie Zahnärzte, haben **unterschiedliche Hörgewohnheiten.** Manche nehmen überwiegend den Appell wahr und suchen eine technische Lösung: „Das kriegen wir schon hin.“ Andere hören auf dem Selbstoffenbarungsohr und können mitfühlend darauf eingehen („Das ist schlimm.“ „Das entmutigt Sie.“). In bestimmten Situationen ist der Behandler empfindlich auf dem Beziehungsohr: „Sie sind nicht ganz zufrieden mit der Behandlung?“

Es ist wichtig anzumerken, daß die Schulung mit vier Ohren zu hören, noch nicht zu hilfreichen Reaktionen führt. Im Besitz dieser Fähigkeit, können auch falsche Konsequenzen gezogen werden. Auf den Appell könnte ein Zahnarzt reagieren: „Dann muß er gezogen werden. (Zur Helferin:)

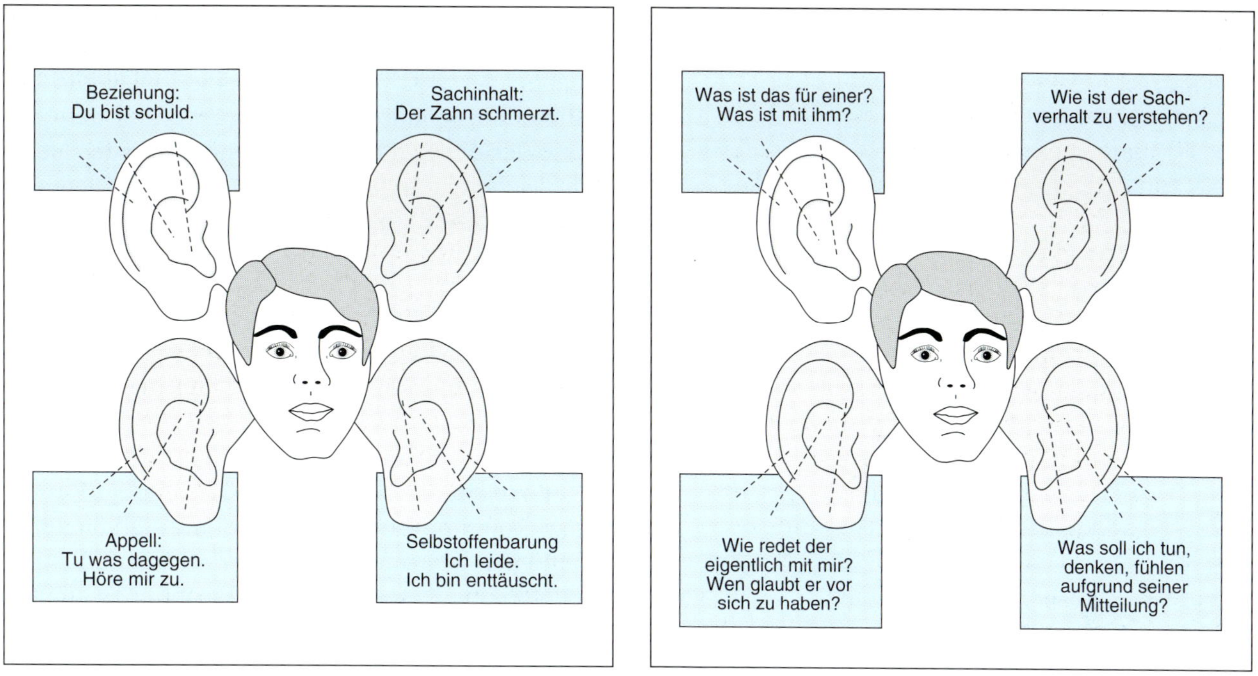

Abb. 1 Vier Aspekte einer Nachricht aus der Warte des Empfängers (nach [17]).

Notieren Sie: Auf ausdrücklichen Wunsch der Patientin."

Sensibilität auf dem Beziehungsohr kann mit der Besorgnis verbunden sein, der Patient wolle ihn angreifen. Besonders leicht neigt man dann dazu, sich auf die wahrgenommene Beziehungbotschaft hin zu verteidigen: „Das ist doch nicht meine Schuld." Die Selbstoffenbarungsebene kann zum Angriff benutzt werden: „Sie sind ziemlich empfindlich."

Es ist hilfreich, wenn der Zahnarzt erkennt, was für ein Hörer-Typ er ist und wie er reagiert (defensiv oder einfühlsam) um seine Hörgewohnheiten und Kommunikationsfertigkeiten zu erweitern.

Interpunktion

Drittes Gesetz: Die Natur einer Beziehung ist durch die Interpunktion seitens der Partner bedingt.

Kommunikation kann man sich am besten als **kreisförmigen Prozeß** vorstellen, in dem ununterbrochen Mitteilungen ausgetauscht werden (Abb. 2). Wie in dem klassischen Beispiel von der Henne und dem Ei lassen sich objektiv keine Ursache-Wirkungs-Beziehungen ausmachen, da jeder Äußerung wieder eine Äußerung des Kommunikationspartners vorausgeht.

Dagegen zeichnet sich der menschliche Verstand durch das Bedürfnis aus, kausale Ordnungen herzustellen. In der Sozialpsychologie konnte die Relativität kausaler Erklärungen festgestellt werden. Versagt z.B. eine Person bei einer Leistungsaufgabe, sehen Beobachter die Ursache in den Eigenschaften des Betreffenden (mangelnde Fähigkeit), während der Handelnde selbst die Ursache für sein Scheitern durch die Umstände erklärt (Art der Aufgabe, momentane Verfassung).

Bei **Konflikten** sieht jeder der beiden die Ursache für seinen Ärger in dem anderen – d.h., er setzt willkürlich eine Äußerung oder ein Verhalten des Partners als Beginn des Kommunikations-Prozesses fest (Interpunktion). Korrigiert keiner der beiden die Ursachenzuschreibung, setzt sich der Konflikt unendlich fort.

So wird ein Zahnarzt, der sich abweisend gegenüber einem Patienten verhält, angeben, der Patient sei einsilbig und ablehnend. Umgekehrt denkt der Patient, sein innerer Rückzug sei durch den Behandler verursacht.

Deutlich zeigt sich das Interpunktions-Gesetz in der gegenseitigen Wahrnehmung von Vorgesetzten und Mitarbeitern. Nicht selten ist es die Anschauung des Zahnarztes, daß Helferinnen zu wenig Verantwortung und Initiative zeigen würden – aufgrund dessen müsse er alles selber machen. Auf der anderen Seite klagen Helferinnen, der Praxisinhaber

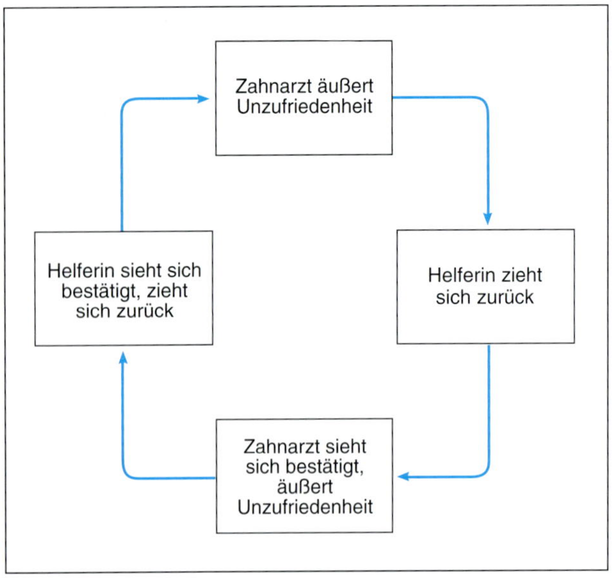

Abb. 2 Interpunktion von Ereignisfolgen.

mische sich in alles ein, kritisiere jede Eigenständigkeit – daher könne man nur nach Vorschrift arbeiten. Lösungen dieses prototypischen Konflikts sind erst möglich, wenn alle Mitglieder des Praxisteams bereit sind, probeweise die Ursache des Verhaltens in der eigenen Person zu sehen und durch Versetzung der Interpunktion Verantwortung zu übernehmen.

Digitale und analoge Kommunikation

Viertes Gesetz: Menschliche Kommunikation bedient sich digitaler und analoger Modalitäten. Digitale Kommunikationen haben eine komplexe und vielseitige logische Syntax. Analogen Kommunikationen fehlen aber die für die eindeutige Kommunikation erforderliche Syntax.

Digitale Kommunikation meint die Schriftsprache und die gesprochene Sprache. Sie bedient sich der Worte und Symbole, die einem Sachverhalt zugeordnet sind, ohne ihm ähnlich zu sein. Eine Vielzahl logischer Operationen sind mit digitalen Mitteln möglich: Negation, Konjunktion, Wenn-dann-Beziehungen, Über- und Unterordnungen usw.

Analoge Kommunikation benutzt Symbole, die den Inhalten ähnlich sind: Zeichnungen, Gesten und Mimik. Mit ihnen sind keine logischen Operationen möglich. Es ist z.B. unmöglich, mimisch „nicht-traurig" auszudrücken, wohl aber „freudig" – was inhaltlich nicht dasselbe ist. Zudem kann ein freudiger Gesichtsausdruck auch als überrascht, möglicherweise auch als überheblich, ironisch, aggressiv u.ä. interpretiert werden.

Freud [9] befaßte sich in seinen Arbeiten zur Traumdeutung mit der Bildersprache und der Vieldeutigkeit der Symbole. Aufgrund fehlender Negationszeichen kann jedes Symbol auch das Gegenteil ausdrücken.

Das vierte Gesetz ist eine Weiterführung des zweiten. Sachinhalte werden überwiegend digital, Beziehungsaspekte meist analog übermittelt.

Es ist zu fragen, warum auch Beziehungen nicht digital kommuniziert werden. Häufig stehen gesellschaftliche Konventionen und Furcht vor Konsequenzen einem Ausdruck von Beziehungsinhalten entgegen. Analoge Kommunikationen erlauben immer die Möglichkeit des Rückzugs. Auf die Frage: „Warum lächelst du?" kann jeder problemlos antworten: „Lächele ich?" „Das hat nichts mit dir zu tun." „Weiß ich nicht."

Gefühle anderen Menschen gegenüber sind ständigen Fluktuationen unterworfen, eine laufende Mitteilung des aktuellen Standes trägt eher zur Verwirrung als zur Klärung von Beziehungen bei.

Die Vieldeutigkeit analoger Kommunikation hat auch eine **Schutzfunktion.** Das Bemühen, aus der Mimik auf geheime Beziehungs-Botschaften zu schließen, wird als „Gedankenlesen" bezeichnet und ist die Ursache vieler Mißverständnisse. Es wird häufig bei Patienten gefunden, die unter depressiven Verstimmungen oder Benachteiligungsideen leiden.

Analoge und digitale Kommunikation sind überwiegend **konkordant.** Wenn sie im Widerspruch stehen, führt dies beim Gesprächspartner zur Verwirrung. Dies ist der Fall, wenn der Zahnarzt fragt „Wie geht es Ihnen?" und gleichzeitig auf die Karteikarte schaut. Der Patient wird die Diskrepanz als fehlendes Interesse deuten. Er wird nur zögernd antworten, immer leiser werden, bis er schließlich mitten im Satz steckenbleibt.

Symmetrie und Komplementarität

Fünftes Gesetz: Zwischenmenschliche Kommunikationsabläufe sind entweder symmetrisch oder komplementär, je nachdem ob die Beziehung zwischen den Partnern auf Gleichheit oder Unterschiedlichkeit beruht.

Die Zahnarzt-Patient-Beziehung beruht auf der Unterschiedlichkeit beider Partner. Dem Bedürfnis nach Hilfe steht die fachliche Kompetenz des Helfen-Könnens komplementär gegenüber. Die **Rollenpositionen** sind stabil und unumkehrbar. Sie bergen damit – wenn jeder seine Rollenverpflichtungen erfüllt – wenig Konfliktpotential in sich.

Symmetrisch ist die Beziehung zwischen Zahnarzt und Patient in ihren Rollen als Anbieter und Käufer von Dienstleistungen. In dieser Konstellation kommt es am ehesten zu Auseinandersetzungen.

Der Zahnarzt kann ihnen entgehen, indem er dem Patienten erlaubt, die leitende Funktion zu übernehmen: „Ich möchte Ihnen einen Behandlungsvorschlag machen. Sie entscheiden, ob Sie ihn annehmen wollen oder nicht."

WATZLAWICK et al. sprechen hier von **„metakomplementärer Interaktion"** [20]. Sie ist eine sehr geschickte Kommunikations-Strategie, da sie dem Patienten maximale Freiheit zugesteht, und gleichzeitig der Zahnarzt im überwachenden Sinn die Kontrolle behält.

Zwischen Helferin und Zahnarzt bestehen mehr Gemeinsamkeiten. Die Ausbildung betrifft dasselbe Fachgebiet, beide sind in der helfenden Rolle gegenüber dem Patienten. Hier kann es zu Konkurrenz und Konflikten kommen. Diese werden abgemildert durch die komplementäre Rollenverteilung als Arbeitgeber und Arbeitnehmer.

Zwischen den Helferinnen herrschen symmetrische Beziehungen. Hier besteht das größte Potential für Neid, Konkurrenz und Konflikte, da in symmetrischen Beziehungen alle Teilnehmer darauf achten, daß der Gleichheitsgrundsatz als Basis aller Interaktionen aufrechterhalten wird.

Dialogsteuerung: Hörer-Sprecher-Wechsel

Wenn die Teilnehmer einer Unterhaltung gefühlsmäßig stark beteiligt sind, verläuft das Gespräch für den Beobachter chaotisch: die Partner unterbrechen laufend ihre Wortbeiträge, häufig sprechen sie gleichzeitig [7]. Dem Außenstehenden erschließen sich ihre Inhalte nicht, es erscheint ihm unwahrscheinlich, daß die Interaktionspartner Nachrichten austauschen.

Diese Grenzsituation wirft die Frage auf, wie im Alltag überhaupt eine geordnete Kommunikation möglich ist. Mit diesem Thema beschäftigt sich die Linguistik unter dem Titel „Dialogsteuerung" [6].

Im Alltagsgespräch senden sowohl Hörer als auch Sprecher **Signale der Rollenbestätigung und des Rollenwechsels** aus. Als Hörer bestätige ich den sprechenden Partner durch Kurzsignale wie „hm", „ja", „gut", „ach so", „genau" (Abb. 3). Sie werden insbesondere in Pausen eingesetzt, die durch den Sprechrhythmus bedingt sind (nach Nebensätzen) oder durch psychologische Schwierigkeiten: Vergessen eines Begriffs, Blockaden, Hemmungen und Konzentrationsschwierigkeiten [19]. Sie signalisieren: „Sprich weiter. Ich höre dir zu."

Zum Beispiel Patient: „Mit dem Fädeln, das war nicht so leicht ..." (Pause). Zahnarzt: „Hm?..." Durch das „Hm" akzeptiert der Zahnarzt den Einwand, drückt Interesse und Neugierde aus. Auf der nichtverbalen Ebene hat das **Nicken** mit dem Kopf die Funktion, den Sprecher in seiner Rolle zu bestätigen.

Eine weitere Form ist die **Satzergänzung.** Die Kurzwiederholung eines Wortes bestätigt den Sprecher ebenfalls in seiner Rolle. Patient: „Nach unserem letzten Gespräch hatte ich keine Beschwerden. Später ..." Zahnarzt: „Später? ..." Die gleiche Funktion erfüllen kurze Bitten um Klärung. Patient: „Da hatte ich so ein merkwürdiges Gefühl im Gaumen ..." Zahnarzt: „Sie meinen ..." Hörersignale sind also linguistisch keine eigenen Geprächsbeiträge, sondern sie gliedern sich dem Erzählfluß des Sprechers ein.

Auf der anderen Seite hat der Sprecher die Möglichkeit, sich der **Aufmerksamkeit** des Hörers zu versichern. Sie können die Form der direkten Anrede annehmen: „Sie wissen ja ..." oder kurzer Interjektionen: „ne", „gell", „nicht wahr" (Abb. 4). Mit

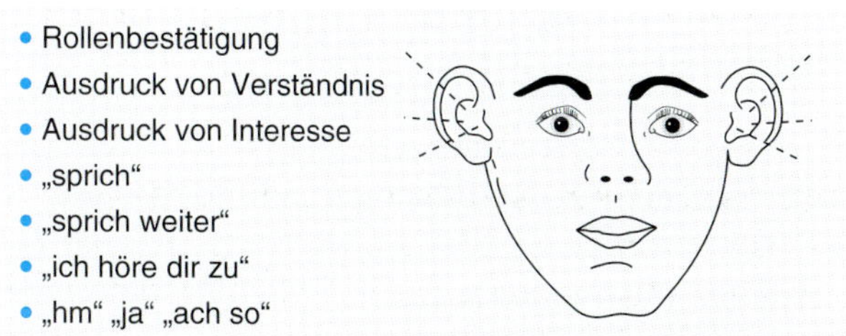

Abb. 3 Funktionen, Übersetzungen und Beispiele von Hörersignalen.

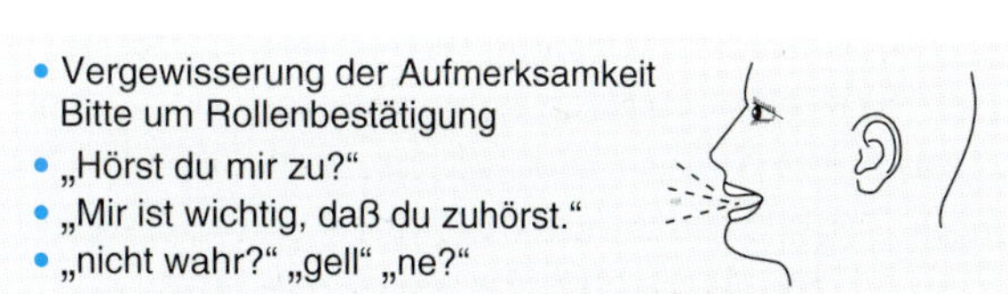

Abb. 4 Funktionen, Übersetzungen und Beispiele von Sprechersignalen.

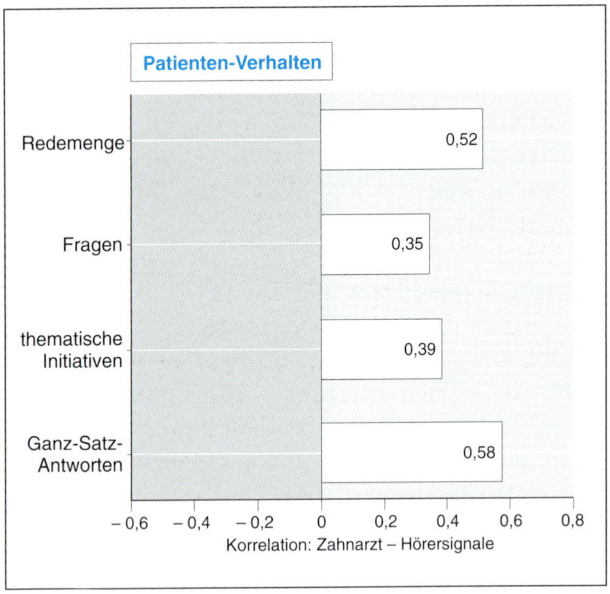

Abb. 5 Korrelationen zwischen Hörersignalen des Zahnarztes und Gesprächsbeiträgen des Patienten (nach [13]).

einem **Sprechersignal** wird ausgedrückt: „Hörst du mir zu?" Damit wird ein **Hörersignal** angefordert. Zahnarzt: „Und Sie wickeln die Zahnseide so um den Finger ... so ... nicht wahr?" Patient: „Ja." Erfolgt kein Hörersignal, wird der Sprecher in seinem Redefluß gestört. Er kann dies aufgreifen: „Sie sind gerade mit etwas anderem beschäftigt?" Durch direkte Anrede wird der Patient in die Information einbezogen und erfährt, daß dem Zahnarzt seine Aufmerksamkeit wichtig ist.

Gehemmte und konzentrationsgestörte Patienten können in ihrer Rede durch Hörersignale gefördert werden. In einer Studie zur Kommunikation zwischen jugendlichen Patienten (Alter zwischen zehn und 14 Jahren) und Kieferorthopäden wurden deutliche Zusammenhänge zwischen der Anzahl von Hörersignalen des Kieferorthopäden und der verbalen Beteiligung des Patienten gefunden (Abb. 5) [14, 16].

Auf der anderen Seite gibt es Patienten mit einem ausschweifenden **Rededrang.** Hier kann sich der Behandler ertappen, ungewollt Hörersignale zu senden. Die innere Kommunikation „Hoffentlich ist der Patient bald am Ende mit seiner Darstellung" wird häufig von einem höflichen „hm" gefolgt, womit der Patient in seinen Ausführungen verstärkt wird. Wenn der Zahnarzt durch ein knappes „ja!" oder ein fragendes „hm?" Dissens ausdrücken will, fühlt sich der Patient gedrängt, durch noch ausführlichere Darstellung die skeptische Haltung des Zuhörers zu überwinden. Eine günstigere Reaktionsmöglichkeit für den Zahnarzt ist, aufmerksam zu schweigen. Das Ausbleiben von Hörersignalen erleichtert es dem Patienten, sich in die Lage des Hörers zu versetzen und seinen Redefluß zu reflektieren („Rede ich zuviel?").

Sprechersignale sind ein wichtiges Mittel, um bei Instruktionen und Informationen den Kontakt zum Patienten zu halten, sich zu vergewissern, ob er aufmerksam ist und die Information verarbeitet.

Die Gefahr bei wiederholt vorgetragenen Informationseinheiten (etwa zur Mundhygiene-Unterweisung) ist, daß sie von Zahnarzt oder Helferin automatisch abgespult werden. Sprechersignale können helfen, den Informationsblock rhythmisch zu phrasieren und inhaltlich zu gliedern.

Rapport

Mit dem Begriff „Rapport" wird eine **gelungene Arbeitsbeziehung** zwischen Ratgeber und Hilfesuchendem bezeichnet [3]. Sie ist gekennzeichnet durch gegenseitige Offenheit und Verständnis.

Der Patient fühlt sich angenommen und arbeitet mit. Eine beobachtungnähere Definition besagt, Rapport bestehe, wenn der Patient mehr (relevante) Informationen gibt, als er gefragt wird [5]. Was kann der Zahnarzt tun, damit diese Atmosphäre der Offenheit und Kooperation resultiert?

Vier Faktoren werden angenommen, die eine gute Arbeitsbeziehung entstehen lassen:
- Respekt,
- Empathie,
- Lenkung,
- Offenheit.

Respekt und Wertschätzung

Eine Bedingung kooperativer Interaktion ist der gegenseitige Respekt der Partner. Wir sind gewohnt, daß der Interaktionspartner in der stärkeren Position Respekt verlangt: Eltern gegenüber Kindern, Lehrer gegenüber Schülern, Professoren gegenüber Studenten und so fort. Weit verbreitet sind Klagen von Autoritätspersonen über mangelnde Anerkennung – schon in der Antike beklagt sich Platon darüber. Dabei wird meist übersehen, daß Respekt sich wechselseitig bedingt.

Nach dem Gesetz der Interpunktion provoziert Abwertung des Interaktionspartners reziproke Geringschätzung. Wertschätzung löst wiederum spiegelbildlich Anerkennung aus. Daher ist es sinnvoll als Inhaber der stärkeren Rolle **Respekt als Vorschußleistung** einzubringen.

Nicht selten fällt es schwer, einen Patienten zu akzeptieren, der andere Ansichten zu seiner Versorgung wie zur Mitarbeit hat und zudem häufig klagt. Für diese Art von Patienten werden intern eine Vielzahl abwertender Begriffe geprägt. Es wird befürchtet, respektieren werde als akzeptieren aufgefaßt. Dagegen ist es angebracht, diese beiden Haltungen zu differenzieren. Respektieren heißt nicht, alle Verhaltensweisen und Meinungen des Patienten zu billigen. Im Gegenteil ist eine fruchtbare Auseinandersetzung erst auf der Basis gegenseitiger Wertschätzung möglich. Respektieren heißt in diesem Zusammenhang, den gegensätzlichen Standpunkt des Partners grundsätzlich für nachvollziehbar und auf der Basis seiner persönlichen Erfahrungen und persönlichen Voraussetzungen auch für logisch zu halten. Die eigene Meinung mag fachlich richtiger sein. Deshalb ist sie noch nicht überlegen und dem Patienten kann ich das Recht auf seine gegenteilige Anschauung zugestehen.

Das Gegenteil von Respekt ist **Manipulation.** Manipulieren heißt, sich in der überlegenen (richtigeren, moralischeren) Position zu fühlen und die des Partners abzuwerten. Daraus wird das Recht abgeleitet, anderen die eigene Überzeugung aufzudrängen, aufzuzwingen oder mit Tricks „unterzujubeln". Immer wenn ich dem anderen keine Wahlmöglichkeit lasse, manipuliere ich. Chambers und Abrams [5] listen zwölf Arten **„chauvinistischer" Äußerungen** aus der Zahnarztpraxis auf. Dazu zählen u.a.:

- Befehlen („Das sollten Sie unbedingt tun. Ich erwarte das."),
- Drohen („Sie sollten sich besser daran halten, oder Sie werden schon sehen, was passiert."),
- Beschämen („Ich glaube, in Wirklichkeit wollen Sie es gar nicht versuchen."),
- Unterstellen („Sie können natürlich den Wert des Verfahrens nicht beurteilen.").

Diese Art der Gesprächsführung beeindruckt kurzfristig, weil sie den Patienten überrumpelt. Sobald er die Praxis verläßt, wird sich jedoch Widerstand regen. Eine elementare Eigenschaft des Menschen ist das Bedürfnis, seinen Freiheitsspielraum zu behaupten (Reaktanz).

> Ein Grundsatz ist: Je größer der ausgeübte Druck des Zahnarztes, um so stärker ist der Widerstand des Patienten [13].

Empathie und Verständnis

Empathie ist als zentraler Prozeß in der menschlichen Kommunikation anzusehen. Sie erfordert die **Fähigkeit zum sozialen Perspektivenwechsel:** sich in die Gedanken, Wünsche und Gefühle anderer Personen hineinversetzen zu können.

Entwicklungspsychologen datieren die letzte Stufe der Ausformung der sozialen Sensibilität in die Zeit der Präadoleszenz [8]. Das Fehlen der Fähigkeit, sich in andere Personen hineinzuversetzen, führt zu Störungen im Sozialverhalten, wie sie für narzißtische und histrionische Persönlichkeitsstörungen kennzeichnend sind. Empathie ist somit keine psychotherapeutische Technik, sondern die **Bedingung von Kommunikation** überhaupt.

In der beruflichen Sozialisation verliert sich diese Fähigkeit teilweise. So zeigen nach einer oft zitierten Untersuchung Medizinstudenten im ersten Semester eine größere Geschicklichkeit in der sozialen Anamneseerhebung als kurz vor Studienabschluß [12]. Wie ist ein solches Ergebnis zu erklären?

Die berufliche Rolle des Arztes verlangt affektive Neutralität. Die Konfrontation mit Leiden und Schmerzen erfordert aus psychohygienischen Gründen die Entwicklung von Distanzierungsfertigkeiten. Dies kann zu Lasten der sozialen Sensibilität gehen. Dagegen ist zu sagen, daß Empathie als Mit-Denken, aber nicht als Mit-Leiden aufzufassen ist. Mitleid und Sympathie behindern (durch Bedauern und „fishing for compliments") die Interaktion im professionellen Beratungsprozeß.

Empathie und Verständnis äußern sich im **Zuhören-Können** [2]. Zuhören heißt nicht „Mülleimer spielen", sondern es ist ein aktiver Prozeß, bei dem sich der Berater in die Lebensumstände, Wünsche und Lebensleitlinien des Gesprächspartners hineindenkt, Widersprüche erkennt, Folgerungen zieht und dies dem Patienten in akzeptabler Weise rückmeldet.

Lenkung

Während der Zahnarzt beim Bemühen um Verständnis dem Patienten die Führung überläßt (metakomplementäre Interaktion), bedeutet Lenkung, daß er **Orientierung** und **Lösungsmöglichkeiten** anbieten kann.

Um Vertrauen fassen zu können braucht der Patient sowohl das Gefühl, daß der Zahnarzt ihn versteht als auch, daß er weiß, was zu tun ist [15].

Eine Untersuchung zur Kinderbehandlung demonstriert die Wirksamkeit des lenkenden Interaktionsstils [21]. Verglichen wurden die Reaktionen von kindlichen Patienten auf studentische Behandler mit permissivem, autoritärem und lenkendem Führungsstil. Auf Permissivität und autoritäres Verhalten reagierten die Kinder häufiger mit Nicht-Kooperation, während sie nach verständnisvoll-lenkendem Behandler-Verhalten deutlich kooperativer waren (Abb. 6).

In einer Untersuchung mit kieferorthopädischen Behandlern wurde in den Gesprächs-Transkripten eine Lenkungsdimension gefunden, die „Aktivität" genannt wurde. Sie umfaßte als Zahnarzt-Verhalten: Loben, Fragen zu Erwartungen und zur Durchführbarkeit von Behandlungsvorschlägen sowie spontanes Äußern von Gefühlen. Patienten reagierten gegenüber Behandlern, die hohe Ausprägungen auf dieser Dimension zeigten, mit intensiverer Gesprächsbeteiligung und Offenheit (Abb. 7) [15].

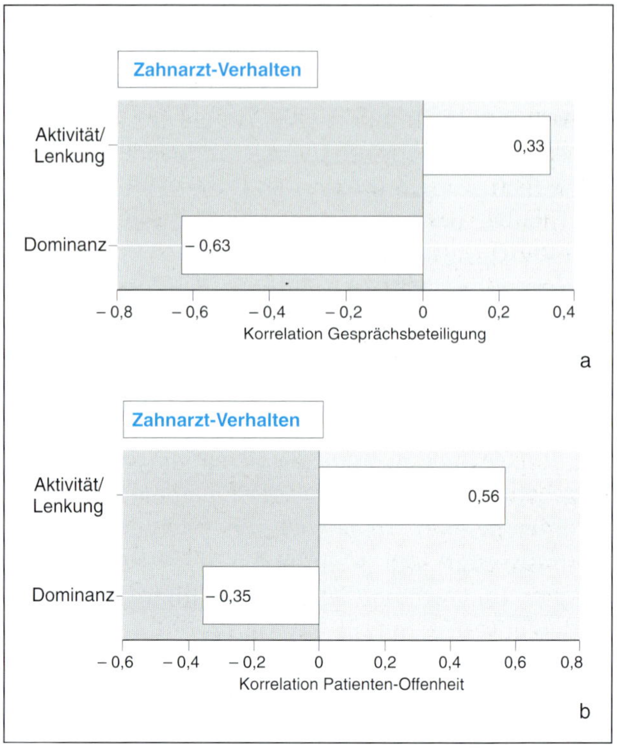

Abb. 7 Korrelationen von Gesprächsbeteiligung und Offenheit des Patienten mit Lenkung (a) und Dominanz (b) des Zahnarztes (nach [15]).

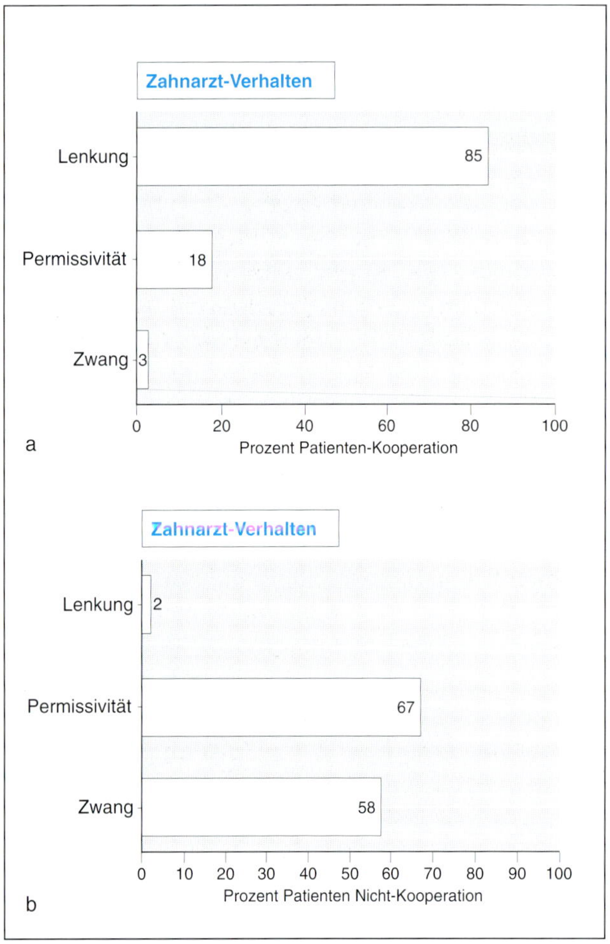

Abb. 6 Wahrscheinlichkeit von Kooperation (a) und Nicht-Kooperation (b) nach drei Klassen von Zahnarzt-Verhaltensweisen (nach [21]).

Lenkung als förderliches Behandlerverhalten ist zu unterscheiden von Dominanz (im Sinne einer Bestimmung von Inhalt und Verlauf des Gesprächs). Auf Dominanz des Zahnarztes reagierten die Patienten mit Einsilbigkeit und Verschlossenheit.

Offenheit des Behandlers

Es ist umstritten, inwieweit der Zahnarzt mit dem Patienten über sich selbst sprechen sollte. Empfehlungen umfassen die Erörterung seiner Hobbies, Vereine und des Familienlebens. Untersuchungen von Praxisgesprächen fanden die Erörterung nicht-krankheitsbezogener Themen anhängig von der sozialen Schicht [1]. Mit Patienten der Mittelschicht (der der Arzt selbst angehört) wird öfter über private Angelegenheiten gesprochen.

Für die private Selbstöffnung wurde argumentiert, daß der Zahnarzt auf diese Weise **menschlicher,** „dreidimensionaler" erscheinen und dem Patienten die freie Aussage erleichtern würde. Dagegen wird vorgetragen, daß die Zeit besser genutzt wäre, wenn der Patient zur Erörterung behandlungsrelevanter Themen ermuntert würde. Zudem ist Privatheit bei professionellen Kontakten nicht unbedingt förderlich, sie kann die Beratung hemmen, wo gegenseitig Rücksicht genommen wird und man dem Gesprächspartner zu gefallen sucht.

Vermittelnd ist zu berücksichtigen, daß sich der Zahnarzt auch in seiner professionellen Rolle transparent machen kann, indem er sich über die erfolgreiche Umsetzung von Mundhygieneinstruktionen freut, sich im anderen Fall enttäuscht zeigt und **Engagement** in seinen Behandlungsvorschlägen zeigt. Offenheit kann auch heißen, daß sich der Zahnarzt klar zur geringen Erfolgschance bestimmter Behandlungsbegehren äußert, z.B. wenn sich bereits mehrere Kollegen um die optimale Passung einer prothetischen Versorgung bemüht haben.

Gesprächsfertigkeiten

Das Beratungsgespräch erfordert Fertigkeiten, die über die des Alltagsgesprächs hinausgehen. Wenn der Patient sagt: „Mit Ihnen kann ich mich unterhalten wie mit einem guten Freund“, so hat der Berater etwas falsch gemacht. Aussprachen mit guten Freunden sind gekennzeichnet durch Unterstützung und Wohlwollen. Es fehlen die Elemente der Konzentrierung, Zielgerichtetheit, Lösungsorientierung, Akzentuierung bestimmter Aspekte, Vertiefung, Ordnung und Konfrontation.

In der Beratungsliteratur werden Listen von Einzelfertigkeiten zusammengestellt [10, 12] und in Trainingskursen für angehende Berater eingeübt. Im folgenden soll auf die meistgenannten „skills“ eingegangen werden. Der Leser kann sich überprüfen, wo und wie häufig er sie bereits verwendet und in welchen Situationen sie künftig hilfreich sein könnten.

Paraphrasieren

Eine Möglichkeit Verständnis auszudrücken ist, die Aussage des Patienten in eigenen Worten zu wiederholen. Damit gibt der Berater dem Patienten Rückmeldung darüber, wie er die Botschaft verstanden hat. Und der Patient hat die Chance, die Dechiffrierung seiner Nachricht zu korrigieren.

Paraphrasierungen sollten in einer **fragenden Intonation** geäußert werden, um den Patienten zu einer Stellungnahme über das Verständnis des Beraters oder zum Fortfahren einzuladen. Zum Beispiel Patient: „Ich konnte meine Spange nicht so tragen wie sonst ...“ Zahnarzt: „Du konntest sie nicht so tragen ...?“

> Von Paraphrasen wird gesprochen, wenn Sachinhalte wiederholt werden. Paraphrasierungen drücken dem Patienten ein deutliches Bemühen aus, ihn zu verstehen, und ein sich konzentrieren auf das Thema.

Zu häufig oder mechanisch angewandt, haben sie den gegenteiligen Effekt. Der Patient bekommt den Eindruck: „Sie plappern mir ja alles nach.“ Um diese Wirkung zu vermeiden, kann es auch helfen, den Akzent zu verschieben durch **unterschiedliche Formulierungen,** z.B. durch Negation des Gegenbegriffs. Patient: „Und dann hat mein Chef mich niedergemacht.“ Berater: „Er war nicht gerade wohlwollend.“

Eine andere Möglichkeit ist, Beschwerden in Wünsche und Ziele umzuformulieren. Patient: „Dieser Streß macht mich fertig.“ Zahnarzt: „Sie wünschen sich mehr Ruhe.“

Reflektieren

Wenn eine gute Beziehung zum Patienten besteht, kann es sinnvoll sein, mögliche gefühlsmäßige Anteile einer sachlichen Äußerung rückzumelden. Patient: „Das Mundhygieneprogramm hat mir nichts gebracht.“ Zahnarzt: „Sie sind da ziemlich enttäuscht.“

Damit wird die Aufmerksamkeit des Patienten von der Erörterung situativer Gegebenheiten auf die eigene Person gelenkt. Dies unterbricht Automatismen bei Routineschilderungen. Die Reflexion der eigenen Person bereitet den Weg für Änderungsmöglichkeiten.

Konfrontieren

Eine besonders wirksame Intervention, die die Aufmerksamkeit auf die eigene Person lenkt, ist die Konfrontation. Der Berater gibt dem Patienten eine Rückmeldung über dessen gestischen oder mimischen Gefühlsausdruck. Zum Beispiel „Sie wirken heute etwas abgespannt.“ „Sie trommeln dabei mit den Fingern?“

Es ist wichtig, daß der Berater dabei freundlich und verständnisvoll wirkt, damit der Patient nicht das Gefühl bekommt, „ertappt zu werden“. Schlecht formulierte Konfrontationen wirken aggressiv und rufen Widerspruch hervor. Helfen können **Relativierungen** (etwas, ein bißchen, heute) und der Bezug auf die **eigene Wahrnehmung** („ich habe den Eindruck, daß ...").

Bei der Konfrontation können sich Widersprüche zwischen Selbst- und Fremdwahrnehmung, zwischen Mimik und Gefühl, zwischen einer aktuellen und einer früheren Aussage ergeben: „Sie sagen, Sie schaffen das schon und schauen dabei etwas gequält." Auch wenn der Berater mit seinem Eindruck falsch liegt, kann die Konfrontation bei der inneren Auseinandersetzung des Patienten helfen. Zum Beispiel Berater: „Heute wirken Sie gelassen und locker." Patient: „So wirke ich immer nach außen. Innerlich fühle ich mich völlig zerwühlt."

Die Konfrontation ist zu unterscheiden von Antagonismus. Während Konfrontieren verständnisvoll und einfühlsam erfolgt, drückt der Antagonismus die Überlegenheit des eigenen Standpunktes und Abwertung des anderen aus.

Interpretieren

Eine Konfrontation, die weniger auf Beobachtung und mehr auf Schlußfolgerung beruht, wird als Interpretation bezeichnet. Interpretationen versuchen, Zusammenhänge herauszufiltern und Verhaltensweisen auf Motive und Einstellungen zurückzuführen.

Zum Beispiel: „Das hört sich so an, als ob Sie Ihr Beruf sehr belastet." Oder: „Sehen Sie da einen Zusammenhang zu Ihrem nächtlichen Knirschen?"

Interpretationen sollten vorsichtig eingesetzt werden – am besten in Form einer **Frage.** Wenn sie sich zu stark von der Beobachtungs-Ebene ablösen, fühlt sich der Patient überfordert und mißverstanden. Eine fundierte und vom Patienten nachvollziehbare Interpretation ist abzugrenzen von der „wilden" Spekulation, etwa: „Daß Sie mit den Zähnen knirschen zeigt, daß Sie unbewußte Aggressionen haben."

Zusammenfassen

Zusammenfassungen helfen bei der Ordnung der Gesprächsinhalte. Bei sich verzettelnden Vielrednern helfen sie, das Gesprächstempo zu verlangsamen und die Aufmerksamkeit zu fokussieren. Dem Zahnarzt ermöglichen sie, sich das Gesagte noch einmal zu vergegenwärtigen und durch Strukturierung sich besser merken zu können sowie mit der Aufmerksamkeit nicht abzugleiten, was beim reinen Zuhören leicht passiert.

Beispiele sind: „Wenn ich Sie richtig verstehe, treten die Kiefergelenksbeschwerden verstärkt am Wochenende oder im Urlaub auf, also in Erholungsphasen, und weniger während der Belastung selbst?" Oder: „Verstehe ich Sie richtig, Sie waren bisher bei drei Kollegen und keiner hat eine Lösung für Ihr Prothesen-Problem gefunden?"

Derartige Interventionen helfen, die Aufmerksamkeit von der Schilderung einzelner Begebenheiten und äußerer Details auf das zentrale Problem zu lenken. Als Abschluß eines Gesprächs ist es sinnvoll, den Verlauf noch einmal zusammenzufassen und Schlußfolgerungen für das weitere Vorgehen zu ziehen.

Schweigen

Schweigen und Gesprächspausen werden in der Alltagskonversation als unangenehm empfunden. Man sucht sie daher durch Wahl eines neuen Gesprächsthemas schnell zu überbrücken. Untersuchungen zum Kommunikationsverhalten haben ergeben, daß Gesprächspausen bis höchstens zwei Sekunden ertragen werden. Spätestens dann sieht sich einer der Partner genötigt, eine neue Gesprächsinitiative zu übernehmen [12].

Im Beratungsgespräch haben Pausen dagegen eine wichtige Funktion. Sie können dem Patienten die Chance geben, eine soeben gewonnene Erkenntnis zu reflektieren, Suchprozesse in Gang zu setzen oder eine Emotion zu durchleben. Initiativen des Beraters wirken in diesen Fällen hemmend auf den im Patienten ablaufenden inneren Prozeß. Hat der Berater den Eindruck, er verliert den Kontakt zu dem Patienten, kann er an das aktuelle innere Geschehen anknüpfen mit Fragen wie: „Möchten Sie mir sagen, was im Augenblick in Ihnen vor sich geht?" „Ich sehe, Sie sind innerlich bewegt, möchten Sie darüber reden?"

Bewußt kann der Berater Schweigen einsetzen, um einen Dissens auszudrücken. Die fehlende Bestätigung durch Hörersignale läßt den Patienten eher innehalten. Dies kann der Fall sein, wenn sich der Patient z.B. über schlechte Erfahrungen mit anderen Behandlern abwertend ausläßt oder wenn sich Patienten mit Fixierung auf ihre Opferrolle endlos beklagen. Hier ist es kontraindiziert, mit Hörersignalen zu reagieren (wie es meist automatisch geschieht), da durch sie der Sprecher ermutigt wird fortzufahren. Ebenso ist es falsch, Gegenpositionen zu vertreten, da sie Widerspruch herausfordern. Ein aufmerksam zugewandtes Schweigen hilft dagegen dem Patienten, den inneren Druck loszuwerden, um anschließend offener und neugieriger auf Rückmeldungen des Beraters zu sein.

Für manche Patienten ist Schweigen eine gewohnte Reaktion aus einem inneren Widerstand heraus. In diesem Fall fördert Schweigen nichts Neues zutage, außer der Einschätzung des Patienten, daß der Berater nicht weiter weiß. Eine solche blockierende Gesprächspause ist wenig fruchtbar und sollte den Berater zu einer Initiative veranlassen, z.B.: „Ich habe den Eindruck, Sie sind im Moment mit etwas Bestimmtem beschäftigt."

Wenn eine Interaktion in eine **Auseinandersetzung** zu gleiten droht, kann der Vorschlag einer Pause zur Beruhigung des Gesprächsverlaufs beitragen: „Ich glaube, es könnte gut tun, eine kleine Pause einzulegen, um sich verschiedenes zu überlegen. Sind Sie einverstanden?"

Als eine aufschlußreiche Analogie zum Gespräch wurde das Musikstück vorgeschlagen: Es hat schnelle und langsame Tempi, wird lauter und leiser, hat Pausen und unerwartete Auslassungen, die einen aufmerksamkeitssteigernden Effekt haben. Der Einsatz des Instruments nach einer gut plazierten Pause gehört zu den bleibenden Eindrücken eines Musikabends.

Die Kunst der zahnärztlichen Frage

Fragen des Behandlers können **unterschiedliche kommunikative Funktionen** haben. Dem Patienten wird Interesse, Wertschätzung und fachliche Kompetenz vermittelt. Je zielgerichteter und präziser der Zahnarzt fragt, desto mehr demonstriert er seine Kenntnisse von Krankheitsbildern und Wirkungen auf den Patienten.

Geschicktes Fragen verlangt Einfühlung in den Gesprächspartner, um den Eindruck von Unterstellungen, Suggestionen und daraus resultierenden Widerstand oder wertlose Antworten nicht aufkommen zu lassen.

Auf den ersten Blick dienen Fragen dem Informationsgewinn für diagnostische und therapeutische Schlußfolgerungen. Dabei muß sich der Zahnarzt auf die Offenheit und Selbstbeobachtungsfähigkeit des Patienten verlassen. Beide kann er durch richtiges Fragen fördern. Durch die Art des Fragens werden auch Rollenzuweisungen festgelegt: ob der Patient sich als Objekt der ärztlichen Tätigkeit sieht, oder als aktiv und mitverantwortlich im Prozeß des Diagnostizierens und Behandelns.

Offene Fragen

Die offene Frageformulierung gibt dem Patienten viel Raum in der Art und Ausführlichkeit der Antworten. Nicht jede offene Frage ist jedoch hilfreich für den Kommunikationsprozeß. Die Redewendung „Wie geht es Ihnen?" bedarf keiner besonderen Einfühlung. Sie kann als Eisbrecher zur Gesprächseröffnung einen Sinn haben, wirkt aber oft floskelhaft. Dem Patienten gibt sie zuviele Möglichkeiten der Beantwortung und kann ihn dadurch hilflos machen.

Fruchtbar sind offene Fragen, wenn sie **zielgerichtet** und **thematisch eingegrenzt** sind. Sie helfen bei diagnostischen und therapeutischen Problemen, die Einstellung des Patienten zu erörtern, die Beziehung zwischen Zahnarzt und Patient zu klären und durch den Patienten wahrgenommene Zusammenhänge deutlich zu machen.

So kann sich der Zahnarzt für psychosomatische Zusammenhänge bei einem Patienten mit temporomandibulären Schmerzen interessieren. Da nach seiner Erfahrung Patienten häufig abwehrend auf die Erörterung der Thematik reagieren, kann er zunächst versuchen, die Einstellung des Patienten hierzu herauszufinden. Er könnte sagen: „Häufig wird gesagt, daß diese Art von Schmerzen mit der aktuellen Belastung zusammenhängen. Wie ist Ihre Meinung dazu?" Das Vorausschalten einer Erläuterung oder Information macht die offene Frage erst zu einem wirksamen Instrument.

Wird einem Patienten mit Prothesenunverträglichkeit die Frage gestellt: „Sind Sie zufrieden mit der Behandlung?", so wird er wenig zur Erhellung der Zahnarzt-Patient-Beziehung beitragen. Eine offene Formulierung wäre: „Sie sind jetzt sechs Monate bei mir in Behandlung. Mich interessiert, wie Sie das bisherige Ergebnis sehen." Die offene Einladung dürfte eine eingehende Aussprache eher erleichtern.

Zur Erörterung von Zusammenhängen zwischen Beschwerden und Persönlichkeit können Selbstbeobachtungen des Patienten wichtige Beiträge liefern: „Sie haben sicherlich beobachtet, daß die Schmerzen manchmal stärker sind und auch teilweise etwas schwächer. Ist Ihnen schon einmal aufgefallen, in welchen Situationen solche Veränderungen auftreten?“ Die Frage ist in der Zielvorgabe sehr spezifisch, läßt aber dem Patienten **Raum zur Beantwortung** und schreibt ihm die Kompetenz zu, durch Selbstbeobachtung bei der Diagnostik mitarbeiten zu können.

Sondierende Fragen

Für die Diagnostik einer Störung sind zumindest **drei grundlegende Informationen** von zentraler Bedeutung:
- Lokalisation der Beschwerden,
- Qualität der Empfindungen,
- zeitliche Struktur.

Die entsprechenden Informationen werden über sogenannte **„W-Fragen“ (wo, wie, wann)** eingeholt. Sie werden auch als sondierende oder direkte Fragen bezeichnet. Aufgrund ihrer Spezifität lassen sie dem Patienten nur wenig Raum für seinen Gesprächsbeitrag. Sie lassen sich mit einem Satz oder einem Wort beantworten: „Wo sind Ihre Schmerzen?“, „Wie fühlt sich der Schmerz an?“, „Wann haben Sie die Schmerzen?“.

Sondierende Fragen strukturieren das Gespräch. Ausufernde Schilderungen lassen sich durch direkte Fragen auf das diagnostische Gleis zurückleiten: „Wann, sagten Sie, traten die Beschwerden erstmalig auf?“, „Wie stark waren sie damals?“, „Wie waren sie im Vergleich zu heute?“

Sondierende Fragen sollten mit offenen Fragen abwechseln. Zu häufige sondierende Fragen fixieren den Patienten in einer reaktiven Rolle, so daß er, zu eigenständigen Schilderungen ermuntert, antwortet „Fragen Sie, Herr Doktor!“

Dichotomische Fragen

Zur Abrundung der Diagnostik oder der Problemanalyse sind auch Symptomkomplexe abzuklären, die der Patient spontan nicht erwähnt. Sie können mit dichotomischen Fragen schnell erfaßt werden, z.B. bei einem Patienten mit temporomandibulärer Störung: „Haben Sie auch Schmerzen im Nacken (Rücken, Schulter, Hinterkopf, Übelkeit ...)?“, „Wenn Sie den Unterkiefer bewegen, haben Sie Schmerzen?“ oder begleitend zur passiven Mundöffnung „Schmerzt es jetzt?“. Der Patient kann nur mit „nein“ oder „ja“ antworten.

Die dichotomischen Fragen sind den **formalisierten Fragebögen** vergleichbar – mit den gleichen methodischen Problemen: der Patient unterdrückt weitere relevante Informationen oder Erläuterungen, er fragt sich, welche Antwort die „richtige“ ist, graduelle Abstufungen werden nicht erfaßt. Dichotomische Fragen geben wie ein formalisierter Fragebogen eine **Orientierungsinformation,** die wichtig für den Ausschluß von Symptomen ist. Im Fall einer positiven Antwort ist das angegebene Symptom weiter zu klären.

Bei komplexen Problemen sind dichotomische Fragen nicht geeignet: z.B. „Sind Sie häufig schlecht gelaunt?“ Der Patient ist mit einer Antwort überfordert. Besonders leicht können sich wertende Aspekte einschleichen: „Rauchen Sie zuviel?“, „Nehmen Sie häufig Beruhigungsmittel?“, „Haben Sie manchmal schlimme Gedanken?“. In diesem Fall wehrt sich der Patient, indem er „sozial erwünscht“ antwortet.

Katalogfragen

In vielen Fällen habe die Patienten nicht das Vokabular zur Symptombeschreibung, z.B: „Wie fühlt sich der Schmerz an?“ Antwort: „Er tut weh.“ Oder dem Patienten sind die möglichen Alternativen nicht klar: „Wann haben Sie die Schmerzen?“ – „Sehr oft.“

In dieser Situation kann es hilfreich sein, mit einer Katalogfrage die Palette der Möglichkeiten auszubreiten: „Ist der Schmerz eher klopfend, drückend, schneidend oder dumpf?“, „Treten die Schmerzen einmal im Jahr, monatlich, wöchentlich oder täglich auf?“. Der Patient entscheidet sich für eine der **angebotenen Alternativen.**

Ein Problem der Katalogfrage ist, daß nicht immer die ganze Spannbreite der Möglichkeiten vorgegeben werden kann. In dem Fall kann ergänzt werden: „Oder fällt Ihnen noch ein anderer Begriff ein, der Ihren Schmerz beschreiben könnte?“ Bei der zeitlichen Dimension ist die Spanne über den wahrscheinlichen Rahmen hinaus zu wählen. Vage Beurteilungen des Patienten können durch Katalogfragen konkretisiert werden. Patient: „Der Schmerz ist schlimmer.“ Der Zahnarzt kann einen Katalog von Möglichkeiten ausbreiten: „Strahlt er weiter aus, ist er intensiver, dauert er länger oder beeinträchtigt er Sie stärker?“

Berücksichtigt werden sollte, daß zu viele Alternativen den Patienten überfordern können.

Fragen des Patienten

Nicht nur der Zahnarzt benötigt Informationen zur Behandlung. Auch für den Patienten ist es wichtig, ein Arbeitsmodell für die Entstehung, Prävention und Behandlung von Zahnerkrankungen zu haben, damit er effektiv mitarbeiten kann. Der Zahnarzt kann von sich aus kaum alle Informationen geben, die aus der Sicht des Patienten wichtig sind.

Ein Patient, der nicht fragt, ist in der Regel auch nicht motiviert. Für den Zahnarzt ist es ein Alarmzeichen, wenn der Patient keine Fragen stellt und zu allem freundlich nickt. Es ist hilfreich, zu überlegen, wie er ihn zum Nachfragen anregen kann.

Oft steht hinter einer Frage nicht nur ein Informationsbedürfnis, sondern auch eine Besorgnis, die er nicht offen zu äußern wagt. Auf die Frage „Ist es wirklich notwendig, den Zahn zu überkronen?" hilft wohl kaum ein „Ja" des Zahnarztes. Wahrscheinlich möchte der Patient Behandlungsalternativen besprechen. Die knappe Antwort läßt ihn verstummen und möglicherweise den Behandler wechseln.

Für den Zahnarzt ist es wichtig zu reflektieren, was die **„Frage hinter der Frage"** ist. Siegrist [18] fand bei der Analyse von Visitengesprächen **fünf Formen unzureichenden Antwortens** auf Patienten-Fragen:

- Nicht-Beachten,
- Themen-Wechsel,
- Adressaten-Wechsel,
- vorgegebenes Nicht-Wissen,
- Beziehungskommentare.

Ein Beispiel für einen Beziehungskommentar ist: Patient: „Warum schmerzt der Zahn noch?" Zahnarzt: „Wir wollen Ihnen doch nicht weh tun."

Mit Vagheit und Nicht-Wissen wird reagiert, wenn die Zusammenhänge zu kompliziert erscheinen, etwa wenn der Patient nach der Behandlungsdauer in der Kieferorthopädie oder der Wirksamkeit bestimmter Maßnahmen fragt: „Die Frage könnte Ihnen der größte Experte nicht erklären." Oder: „Bin ich der liebe Gott?"

Es ist lohnend, sich die Zeit zu nehmen, um auf der sprachlichen Ebene des Patienten Zusammenhänge verständlich zu machen. Ein Patient, der mitdenkt und sich respektiert fühlt, wird auch langfristig eine gute Arbeitsbeziehung mit dem Behandler haben.

Literatur

[1] Bain, D.J.G.: Patient knowledge and the content of the consultation in general practice. Med. Educ. 11, 347 (1977).

[2] Baker, E.E.: Are you listening, doctor? N. J. Dent. 54, 201 (1984).

[3] Bandler, H., Grinder, G.: Metasprache und Psychologie. Jungfermann, Paderborn 1982.

[4] Bourne, T.: How to establish and maintain rapport with your patients. Dent. Managem. 23, 18 (1983).

[5] Chambers, D.W., Abrams, R.G.: Dental Communication. Appleton Century Crofts, Norwalk 1986.

[6] Duncan, S.: Some signals and rules for taking speaking turns in conversation. J. Pers. Soc. Psychol. 23, 293 (1972).

[7] Ehlich, K. (Hrsg.): Erzählen im Alltag. Suhrkamp, Frankfurt 1980.

[8] Edelstein, W., Keller, M., Wahlen, K.: Entwicklung sozial-kognitiver Prozesse: Eine theoretische und empirische Rekonstruktion. In: Geulen, D. (Hrsg.): Perspektivenübernahme und soziales Handeln. Suhrkamp, Frankfurt 1982.

[9] Freud, S.: Die Traumdeutung. Fischer, Frankfurt a.M. 1961.

[10] Froelich, R.E., Bishop, F.M.: Die Gesprächsführung des Arztes. Springer, Berlin 1973.

[11] Gale, E.N., Carlsson, S.G., Erikson, A., Jontell, M.: Effects of dentists' behavior on patients' attitudes. J. Amer. Dent. Ass. 109, 444 (1984).

[12] Geisler, L.: Arzt und Patient im Gespräch – Wirklichkeit und Wege. Pharma-Verlag, Frankfurt 1987.

[13] Klages, U., Sergl, H.G.: Theoretische Ansätze für eine bessere Motivierung der Patienten in der Kieferorthopädie. Fortschr. Kieferorthop. 48, 112 (1987).

[14] Klages, U., Sergl, H.G.: Kommunikationsanalysen in der kieferorthopädischen Beratung und Therapie. In: Müller-Fahlbusch, H. Sergl, H.G. (Hrsg.): Der psycho-pathologische Fall in der zahnärztlichen Beratung und Behandlung. Quintessenz, Berlin 1990.

[15] Klages, U., Sergl, H.G., Burucker, I.: Kommunikationsstile bei der kieferorthopädischen Routinebehandlung: Eine dimensionsanalytische Untersuchung. In: Sergl, H.G., Müller-Fahlbusch, H. (Hrsg.): Jahrbuch der Psychologie und Psychosomatik in der Zahnheilkunde, Bd. 1. Quintessenz, Berlin 1991.

[16] Klages, U., Sergl, H.G., Burucker, I.: Relations between verbal behavior of the orthodontist and communicative cooperation of the patient in regular orthodontist visits. Amer. J. Orthodont. 102, 265 (1992).

[17] Schultz von Thun, F.: Miteinander reden. Rowohlt, Reinbek 1989.

[18] Siegrist, J.: Asymmetrie und soziale Distanz. In: Huppmann, G., Wilker, F.W. (Hrsg.): Medizinische Psychologie – Medizinische Soziologie. Urban & Schwarzenberg, München 1988.

[19] Wamhoff, S., Wenzel, A.: Ein hm ist noch lange kein hm – oder – Was heißt klientenbezogene Gesprächsführung? In: Dittmann, J. (Hrsg.): Arbeiten zur Konversationsanalyse. Niemeyer, Tübingen 1979.

[20] Watzlawick, P., Beavin, J., Jackson, Don, D.: Menschliche Kommunikation. 4. Aufl. Huber, Bern 1974.

[21] Wurster, C.A., Weinstein, P., Cohen, A.J.: Communication patterns in pedodontics. Percept. Mot. Skills 48, 159 (1969).

Das Problem der Compliance

von Thomas Schneller

Inhaltsübersicht

Einleitung

In die sozialmedizinische Fachsprache sind in den letzten Jahren zwei aus dem Amerikanischen stammende Begriffe übernommen worden, die sich nur schwer eindeutschen lassen. Mit den Begriffen „Compliance" und „Coping" werden zwei Forschungsrichtungen beschrieben, die sich mit dem **subjektiven Krankheitsverhalten der Patienten** befassen.

Man hat erkannt, daß die besten medizinischen Diagnose- und Behandlungsverfahren nur dann mit Erfolg eingesetzt werden können, wenn der Patient bereit ist, diese Methoden zu akzeptieren (in der Zahnheilkunde zum Beispiel Lasergeräte, implantologische Verfahren, Amalgamalternativen) und anzuwenden (z.B. chemische Mundspülmittel oder elektrische Zahnbürsten). Wenn der Patient aber nicht dazu bereit ist und auch nicht überzeugt werden kann, bleiben viele medizinische Maßnahmen wirkungslos oder zumindest suboptimal [21].

Da heute viele Erkrankungen verhaltensabhängig sind (z.B. von der Art der Ernährung, dem Eingehen von Gesundheitsrisiken etc.) und auch die Behandlungen oft eine aktive Mitarbeit vom Patienten verlangen, ist die **Betrachtung des Patientenverhaltens** immer stärker in den Blickpunkt sowohl der Erkrankungsgenese als auch der Krankheitsverarbeitung gerückt.

Auch die Arzt-Patient-Beziehung hat sich verändert: Der Arzt kann nicht mehr einfach „verordnen", und der Patient nimmt es gläubig hin und führt es aus. Der Patient versteht sich auch mit einer Erkrankung noch als mündiger Bürger, der eine Erklärung zu seiner Erkrankung und eine Begründung haben möchte, warum er und wozu er etwas machen soll [21].

Mit vielfältiger und komplizierter werdenden zahnmedizinischen Techniken und Therapieverfahren steigt – unabhängig von forensischen Überlegungen – der **Informationsbedarf.** Der Zahnarzt erstellt vom Patienten den genauen oralen Befund. Zur optimalen Behandlung muß er aber auch dessen Einstellung zu seiner Erkrankung und seine Erwartungen an die Behandlung kennen.

> Der Patient muß aufgeklärt sein, wenn er zu einer Behandlung seine bewußte Einwilligung geben soll und wenn von ihm verlangt wird, daß er aktiv an der Behandlung mitarbeitet.

Dies bedeutet für beide Seiten eine erhöhte **Mitteilungsnotwendigkeit** und **Gesprächsbereitschaft.** Erst aufgrund einer gründlichen Anamnese und einer patientengerecht durchgeführten Aufklärung (ggf. Motivierung) kann es zu einer bewußten Entscheidung und Behandlungseinwilligung kommen. Bei einem solchen **„informed consent"** muß Klarheit darüber bestehen, was es für realistische Alternativen gibt und was auf den Patienten genau zukommt. Auch die Tragweite seiner Entscheidung sollte ihm bewußt sein [21].

Bedeutung der Begriffe Compliance/ Non-Compliance

> Mit Compliance wird das Ausmaß bezeichnet, in dem ein tatsächlicher Behandlungsvollzug mit dem optimalen Behandlungsvollzug übereinstimmt.

Mit dieser Definition von Compliance zeigte Linden [14] auf, daß mit dem Begriff Compliance mehr gemeint ist, als „die Bereitschaft des Patienten, bei diagnostischen und therapeutischen Maßnahmen mitzuwirken" [19]. Es geht nicht nur um die „Befolgung" von Anweisungen des Arztes.

Ein Beispiel soll die Problematik verdeutlichen helfen: Ein Zahnarzt bzw. seine Prophylaxe-Assistentin klären einen Patienten nur unvollkommen über seinen Gebißzustand und die Möglichkeiten auf, die der Patient zur Vermeidung weiterer Beschwerden selbst durchführen kann. Dementsprechend verschlimmern sich zum Beispiel die parodontalen Schäden, was bald zu irreversiblen Konsequenzen (z.B. Zahnverlust, Knochenabbau etc.) führen kann.

- Hat der Patient sich dieses Ergebnis selbst zuzuschreiben, weil er non-compliant war?
- Oder waren der Zahnarzt und die Prophylaxe-Assistentin non-compliant?
- Oder ist gar der Krankenkasse, den Gesundheitspolitikern oder einer mangelhaften zahnmedizinischen Universitätsausbildung die Schuld zu geben, daß vermeidbare Erkrankungen nicht häufiger vermieden werden?

Um nicht in sinnlose zirkuläre Schuldzuweisungen zu verfallen, wie sie in der Alltagspraxis häufig vorkommen („Die Patienten sind ja zu faul!"), schlug Linden [14] die Unterscheidung von **drei verschiedenen Complianceebenen** vor.

Verschiedene Ebenen der Verantwortung

Anspruchs-Compliance des Patienten

Mit Anspruchs-Compliance wird der Grad der Übereinstimmung zwischen dem konkreten therapeutischen Verhalten eines Patienten und seinen eigenen therapeutischen Ansprüchen bezeichnet.

Diese Anspruchs-Compliance ist auch in der Zahnmedizin ein großes Problem. Beispiele sind:
- unzureichende Inanspruchnahme von regelmäßigen Kontrollterminen beim Zahnarzt,
- Unfähigkeit, sich gesünder als bisher zu ernähren,
- mangelhafte Durchführung der häuslichen Mundpflege.

Viele Patienten würden gerne Erkrankungen vermeiden und präventive Maßnahmen konsequent durchführen, sie schaffen es jedoch nicht.

Therapeutische Compliance

Die therapeutische Compliance bezeichnet den Grad der Übereinstimmung zwischen dem Patientenverhalten und den vom Arzt vorgegebenen Behandlungsrichtlinien.

Dies entspricht der „klassischen“ Definition der Compliance: als Ausmaß, in dem ein Patient die Ratschläge und Anweisungen seines Arztes befolgt.

Damit ihm dies möglich ist, sollte jede vom Zahnarzt gegebene Vorbeuge- oder Therapiemaßnahme **konkrete Angaben** über den Umfang und die Art der Durchführung enthalten. Davon abweichendes Patientenverhalten könnte den gesamten Therapieverlauf in Frage stellen, z.B., wenn nachfolgende Behandlungstermine versäumt oder die gerade eben verbesserten häuslichen Pflegebemühungen wieder abgebrochen werden.

Therapeuten-Compliance

Die Therapeuten-Compliance gibt den Grad der Übereinstimmung zwischen den durchgeführten zahnärztlichen Maßnahmen und den geltenden zahnmedizinisch-wissenschaftlichen Standards an.

Ein Fehlverhalten des Zahnarztes kann dazu beitragen, daß eine Vorbeugungs- oder Behandlungsmaßnahme nicht in optimaler Weise ausgeführt werden kann. Gründe können z.B. sein:
- veraltete wissenschaftliche Standards,
- zu kurze Gesprächskontakte,
- Zeitnot,
- nicht optimale Wissensvermittlung oder Pflegedemonstration [14, 21].

Non-Compliance

Eine Non-Compliance liegt vor, wenn die Patienten-Compliance, die Therapeuten-Compliance oder die therapeutische Compliance nur teilweise oder gar nicht gegeben ist.

Im Einzelfall von teilweiser oder totaler Non-Compliance muß also darauf geachtet werden,
- wie es um die Anspruchshaltung und Mitarbeitsbereitschaft des Patienten bestellt ist,
- ob die Zahnarzt-Patient-Beziehung vertrauensvoll und tragfähig ist,
- ob die Therapie lege artis ausgeführt wurde.

Qualitätssicherung

Fragen der Qualitätssicherung drängen sich bei der Betrachtung dieses Themas unweigerlich auf:
- Wie kann man verhindern, daß Patienten suboptimal behandelt werden?
- Wie muß das Versorgungssystem gestaltet werden und was kann der Zahnarzt dazu beitragen, daß Patienten in den größtmöglichen Genuß von Gesundheitsförderungsmaßnahmen kommen und die jeweils bestmöglichen Therapie- und Rehabilitationsmaßnahmen erfahren?

Complianceforschung

Die in den letzten zwei Jahrzehnten stark ausgebaute Complianceforschung [4, 7, 22] untersucht die Bedingungen, die die Therapeuten- und Patienten-Compliance fördern oder hemmen, entwickelt objektive Einschätzverfahren der therapeutischen Compliance, versucht, das Ausmaß der Compliance bei verschiedenen Erkrankungen zu ermitteln, und untersucht, von welchen Bedingungen (Art der Erkrankung, Möglichkeiten der Behandlung, Arzt-Patient-Beziehung, Symptom-Wahrnehmung und subjektive Motive des Patienten) das Compliance-/Non-Complianceverhalten im Einzelfall abhängt.

Ebenso ist man bemüht, therapeutische, erzieherische und Verhaltensstrategien zur Verbesserung der Compliance zu entwickeln, um den immensen wirtschaftlichen Schaden, der aus der Nichteinhaltung therapeutischer Anweisungen oder der Nichtweitergabe vorhandenen Wissens resultiert, zu begrenzen.

Bedeutung der Compliance/ Non-Compliance in der Zahnheilkunde

Eine Befragung unter amerikanischen Zahnärzten [3] identifizierte **neun verschiedene Problemgruppen,** bei denen die Non-Compliance der Patienten zu schwerwiegenden Folgen für den Therapieerfolg und/oder das Behandlungsklima führen können:

- unzureichende Mundhygiene,
- Nichteinhalten von Terminen/Zuspätkommen,
- Nichtbezahlen von Rechnungen,
- unkooperatives Verhalten im Behandlungsstuhl,
- nachlässiger Umgang mit Prothesen,
- Nichtbefolgen von Anweisungen nach einem chirurgischen Eingriff,
- ungenaue Angaben zur eigenen Krankengeschichte,
- Nichttragen von Prothesen,
- zu seltenes Tragen von kieferorthopädischen Behandlungsgeräten.

Zu ähnlichen Ergebnissen kam auch eine vergleichbare deutsche Arbeit [28].

Ausmaß der Compliance/Non-Compliance in der Zahnheilkunde

Termineinhaltung bei Zahnarztbesuchen

Die Erweiterung des zahnärztlichen Therapiespektrums in den letzten Jahren hat zu einer Wandlung der Praxisführung und -organisation geführt. Wurden Anfang der siebziger Jahre noch viele Praxen als Notfallpraxen geführt, in der sich vorwiegend unangemeldet Patienten mit Schmerzen oder anderen akuten Anliegen einfanden, so wird heute durch die Einführung umfassender Sanierungskonzepte und Prophylaxeprogramme einer Terminvergabe über einen längeren Zeitraum sowie der Einhaltung des zeitlichen Ablaufs einer Behandlung große Bedeutung beigemessen. Die reibungslose Führung einer solchen „Bestellpraxis" setzt voraus, daß von der Seite der Patienten die Bereitschaft besteht, die Therapie und den Behandlungsablauf zu akzeptieren und einzuhalten.

Aus verschiedenen Studien ist bekannt, daß bei einem Teil der Patienten nicht die Bereitschaft oder die Fähigkeit besteht, einen vorgegebenen Therapieplan konsequent einzuhalten [3, 27]. Das Nichteinhalten von Terminen bedeutet einen Leerlauf in der Praxis und damit einen wirtschaftlichen Verlust. Zudem wird der Zahnarzt daran gehindert, die beabsichtigte Therapie konsequent zu Ende zu führen.

Obwohl viele Praktiker fast täglich mit dieser Problematik konfrontiert sind, wurde über die Ursachen, Zusammenhänge und Lösungsmöglichkeiten bisher nur wenig geforscht.

In einer Zahnarztpraxis wurde rückwirkend über einen Zeitraum von sieben Jahren überprüft, wie oft Terminversäumnisse vorkamen und welche Patienten-, Behandlungs- oder situative Faktoren darauf Einfluß nahmen [11]. Über die Ergebnisse dieser Studie soll im folgenden berichtet werden.

Unter dem Besuchs- oder Terminverhalten eines Patienten wird die Einhaltung/Nichteinhaltung eines abgemachten Behandlungstermins verstanden. Es kann unterschieden werden:

- Termine werden pünktlich eingehalten (= volle Termin-Compliance).
- Der Patient erscheint gelegentlich/immer unpünktlich (teilweise Non-Compliance).
- Der Patient sagt kurzfristig ab (teilweise Non-Compliance).
- Nichteinhaltung des Termins ohne Absage (Non-Compliance). Die Nichteinhaltung eines Termins kann wieder unterteilt werden in:
  - durch ungünstige Faktoren herbeigeführtes Terminversäumnis (Zufall, entschuldbar),
  - häufigeres Nichteinhalten, jedoch Weiterbehandlung (Ursache?),
  - Nichtwiedererscheinen (vollständiger Behandlungsabbruch).

400 Patienten wurden von insgesamt 4133 nach dem Zufallsprinzip ausgewählt. Diesen wurden über einen Zeitraum von sieben Jahren insgesamt 3444 Behandlungstermine gegeben. Davon wurden nur 178 Termine (= 5,2%) ohne Absage nicht eingehalten. Umgerechnet bedeutet das, daß:

- 71,0% der Patienten alle vergebenen Termine einhielten,
- 19,5% einen Termin nicht einhielten,
- 6,3% zwei Termine nicht einhielten,
- 3,3% drei oder mehr Termine nicht einhielten [11] (Abb. 1).

Es wurde ferner untersucht, ob **bestimmte Zeiten** (Uhrzeiten, Wochentage, Monate) Einfluß auf die Termineinhaltung haben. Es zeigte sich, daß Vor-

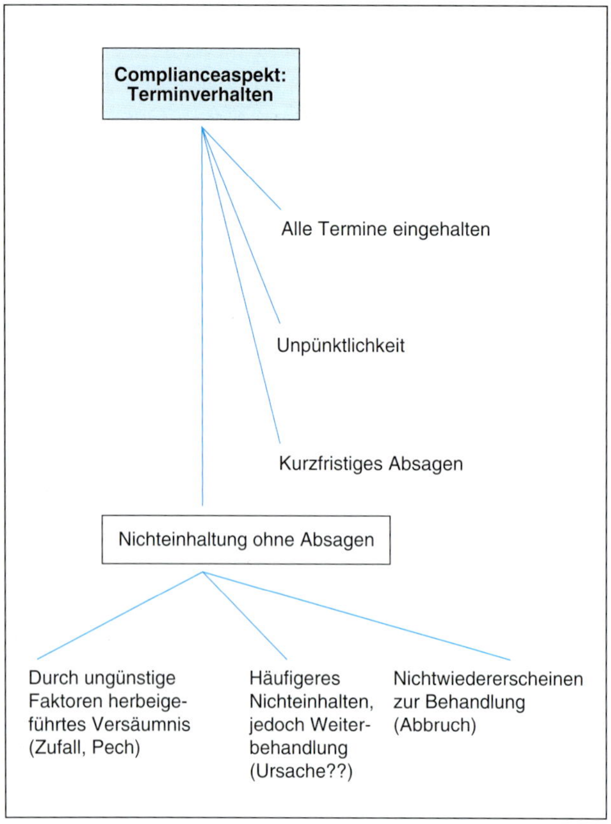

Abb. 1 Compliancemöglichkeiten des Terminverhaltens (nach [11]).

mittagstermine besser eingehalten wurden als Nachmittagstermine. Insbesondere die späten Nachmittagstermine zwischen 16.30 und 18.00 Uhr werden häufiger versäumt (8,2%). Hinsichtlich der Wochentage besteht am Montag eher die Tendenz, daß Behandlungstermine ausfallen (6,3%) als an den anderen Tagen (3,9–5,2%).

Pro Behandlungstag fielen in dieser Stadtpraxis mit jungem Praxisinhaber, hohem Umsatz, steigender Krankenscheinzahl sowie hoher Leistungserbringung pro Patient (Einordnung der Strukturdaten nach [17]) durchschnittlich 1,2 Termine unentschuldigt aus, was allerdings durch im Schnitt einen unangemeldeten Notfall- oder Schmerzpatient zeitlich gut ausgeglichen werden konnte.

Bedeutsame Unterschiede in der Termineinhaltung bestehen auch hinsichtlich der Behandlungsmonate. Liegen die Versäumnisse in den ersten drei Monaten Januar bis März mit 3,7%, 3,5% und 3,9% besonders tief, so sind sie in den Sommermonaten Juni und Juli (6,9% und 6,8%) sowie im Dezember (6,0%) überdurchschnittlich hoch (Abb. 2).

Zu vermuten war, daß besonders unangenehme Behandlungen (z.B. eine Zahnextraction) häufiger versäumt werden als einfache Kontrolltermine.

Tabelle 1 gibt hingegen darüber Auskunft, daß signifikant häufiger konservierende (7,3%) und Langzeitbehandlungen (5,8%) versäumt wurden als chirurgische Behandlungen (5,5%) oder Bißnahmen und Einproben (sonstige Behandlungen 2,3%). Am seltensten wurden verständlicherweise Schmerzbehandlungen versäumt (1,3%). Letzteres steht in Übereinstimmung mit der Compliance-Literatur in anderen medizinischen Bereichen. Arztbesuche erfolgen regelmäßiger, wenn ein erheblicher, vor allem akuter Leidensdruck besteht [7, 29].

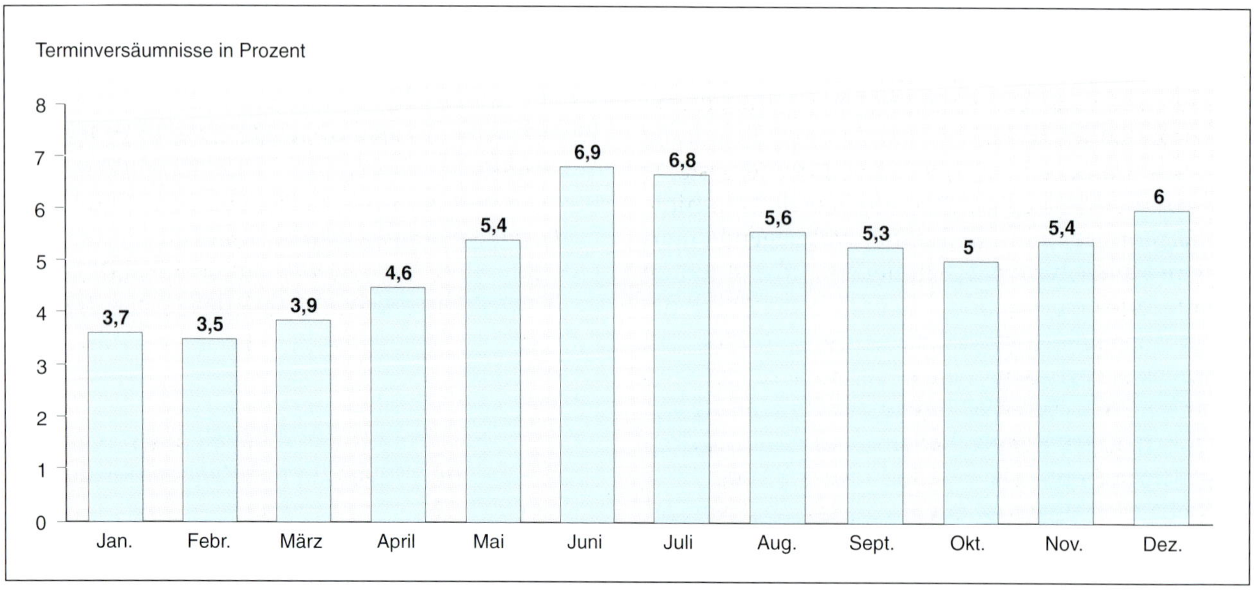

Abb. 2 Die Termineinhaltung beim Zahnarzt in Abhängigkeit vom Behandlungsmonat (nach [11]).

Tabelle 1 Die Termineinhaltung in Abhängigkeit von der Therapie (nach [11]).

Therapie	eingehaltene Termine		nicht eingehaltene Termine	
	n	%	n	%
Kontrollbehandlung oder Erstuntersuchung	2572	94,7	145	5,3
konservierende Behandlung	3441	92,7	269	7,3
Schmerzbehandlung	767	98,7	10	1,3
chirurgische Behandlung	448	94,5	26	5,5
Langzeitbehandlungen: PAR-OP/ Prothetik	734	94,2	45	5,8
sonstige Behandlungen	1648	97,7	39	2,3

Einfluß soziodemographischer Variablen auf die Termineinhaltung

Die Studie von KAUFMANN zum Complianceverhalten in der zahnärztlichen Praxis [11] lieferte auch erste Erkenntnisse über die Persönlichkeits- und Sozialstruktur regelmäßiger Zahnarztbesucher bzw. Terminversäumer und Behandlungsabbrecher.

Alter. Ältere Patienten sind deutlich häufiger unter den regelmäßigen Termineinhaltern zu finden als jüngere. Von den Jüngeren versäumen ein Drittel gelegentlich einen Termin. Behandlungsabbrecher gehören zu 46% der jüngsten Altergruppe (< 30 Jahre) an.

Geschlecht. Hinsichtlich der Geschlechtsverteilung gab es nur einige Tendenzen, jedoch keine signifikanten Ergebnisse. Männer versäumten eher einen Termin als Frauen, wohingegen Frauen eher geneigt waren, eine Behandlung abzubrechen und die Praxis zu wechseln.

Berufsstatus. Einfache Arbeiter und Angestellte neigten in stärkerem Maß dazu, einen Termin nicht einzuhalten bzw. eine Behandlung abzubrechen als mittlere oder leitende Angestellte, Akademiker und Beamte. Selbständige sowie Schüler und Studenten waren ebenfalls relativ häufig in jener Gruppe zu finden, die eine Behandlung abbrachen, während Rentner zu den treuesten Termineinhaltern gehörten.

Kassenzugehörigkeit. Patienten der RVO-Kassen neigten deutlicher als VDAK-Patienten und privat Versicherte zum gelegentlichen Terminversäumnis und Behandlungsabbruch. Patienten, die über das Sozialamt oder gar nicht versichert sind, neigten am häufigsten zum Behandlungsabbruch.

Wohnort. Die Entfernung der Praxis vom Wohnort spielte zumindest in dieser Vorstadtpraxis keine große Rolle. Die 68%, die innerhalb eines Radius von drei Kilometern um die Praxis wohnten, hielten ihre Termine nur etwas besser ein als Patienten, die von weiter her kamen.

Da die dargestellte Studie in nur einer Zahnarztpraxis durchgeführt wurde, konnte der Einfluß des Behandlers und seines Personals nicht berücksichtigt werden. Da aus anderen Studien bekannt ist, daß Persönlichkeitsmerkmale und kommunikative Verhaltensweisen des Zahnarztes auf die Patientenmitarbeit und das Behandlungsresultat Einfluß haben [10, 22], kann es sein, daß in anderen Praxen andere Mitarbeitsergebnisse der Patienten erwartet werden können. Das insgesamt positive Terminverhalten kann wahrscheinlich auf **drei Faktoren** zurückgeführt werden:

- Behandlungen und Termine werden mit den Patienten abgesprochen und möglichst nach Wunsch vergeben.
- Organisationsbedingte Belastungen und lange Wartezeiten werden vermieden.
- In dieser Praxis werden überdurchschnittlich viele finanziell bessergestellte Patienten behandelt (die Praxis liegt in einem eher vornehmen Vorort).

Behandlungsabbruch

In der Universitätszahnklinik in Köln wurden 1992 alle Patienten mit Kiefergelenk- und muskulären Beschwerden hinsichtlich des Befolgungsverhaltens und Behandlungsabbruchs analysiert [6].

Erfaßt wurden 278 Patienten, die in der sog. Kiefergelenksprechstunde vorgestellt wurden. Bei 138 von diesen wurde die Diagnose Myoarthropathie bzw. Bruxismus gestellt und eine weiterführende Behandlung empfohlen. Nur 62 (45%) ließen die vorgeschlagene Therapie (Aufbißbehelfe, okklusale Äquilibrierung, medikamentöse Behandlung, Injektion, Arthroskopie mit Lavage) durchführen. Die Mehrheit (n = 76; 55%) nahm die Behandlung gar nicht auf (n = 37) oder brach die vorgeschlagene Therapie vorzeitig ab (n = 39). Die Gründe für die hohen Non-Complianceraten wurden nicht genannt.

Ein **Vergleich** der Therapieabbrecher mit den Nichtabbrechern zeigte keine Unterschiede in der Ursache der Beschwerden, in der Zufriedenheit mit der Erstbehandlung und in der inzwischen eingetretenen Verbesserung. Nur bei Patienten mit Gelenkbefunden trat ohne Behandlung eine Besserung seltener ein (48%) als mit Behandlung (70%).

Die Tatsache aber, daß 36% der Patienten nach der Diagnose und Beratung in der Klinik hinterher noch mindestens einen weiteren Zahnarzt konsultierten, läßt doch auf eine gewisse Unzufriedenheit oder verbleibende Unsicherheit schließen. Von weiteren 114 Patienten dieser Studie, die zur Weiter- oder Mitbehandlung an andere Fach(zahn)ärzte überwiesen wurden, befolgten nur knapp über die Hälfte (56%) diesen Rat.

Vorsorgeverhalten (oral self care)

Sehr aufschlußreiche und auch für unsere heutigen Verhältnisse in Deutschland aktuelle Compliancestudien haben MILGROM et al. und WEINSTEIN et al. [17, 25] veröffentlicht. Sie untersuchten, wie anhaltend Prophylaxe-Instruktionen auf zahnärztliche Patienten mit hohem Plaquebefall wirkten. Die Studien sind deswegen so bedeutsam, weil sie nicht nur untersuchten, wie sich bei den Patienten nach den Instruktionen das Vorsorgeverhalten und die Plaquebesiedelung entwickelten, sondern weil sie auch die Qualität der Instruktionen und der Arbeitsbeziehung zwischen Behandler und Patient mit in ihre Untersuchungen einbezogen.

Von insgesamt 109 erwachsenen Patienten, die in 19 Zahnarztpraxen präventiv behandelt wurden, hatten 71 zu Beginn der Studie hohe Plaquewerte. Interessanterweise bekamen diese Patienten hinsichtlich der Dauer und der Inhalte die gleichen Prophylaxe-Instruktionen wie die 38 Patienten mit primär niedrigen Plaquewerten. Allein aufgrund dieser Tatsache kann man davon ausgehen, daß die Risiko-Patienten eine unzureichende Unterstützung bekamen, da das Prophylaxeprogramm nicht individuell auf ihre Bedürfnisse zugeschnitten wurde.

Sechs Wochen nach den Prophylaxe-Instruktionen zeigten 20 der 71 Risikopatienten signifikante Plaquereduktionen auf vertretbare Werte, während sich bei 51 Patienten nichts verändert hatte. Die **Erfolglosen** konnten wie folgt charakterisiert werden:

- Sie waren im Durchschnitt **älter** als die Erfolgreicheren (52 vs. 44 Jahre).
- Sie berichteten häufiger über **Probleme bei der häuslichen Mundhygiene** (z.B. durch Streß in der Vorwoche).
- Ein größerer Teil von ihnen hatte Schwierigkeiten hinsichtlich der **Gewichtskontrolle** (vergebliche Versuche der Einhaltung einer Diät).

Fast alle Patienten glaubten – meistens irrtümlicherweise – ihre Zahn- und Mundpflege hätte sich verbessert; es fehlte ihnen also eine Kontrollmöglichkeit. Ebenso überschätzten die Behandler den Erfolg ihrer Patienten: sie glaubten, zwei von drei ihrer Patienten hätten sich die notwendigen Pflegefertigkeiten angeeignet, vier von fünf Patienten würden zuhause die neuen Pflegefertigkeiten wenigstens ausprobieren und zwei Drittel würden sogar die neuen Pflegetechniken über längere Zeiträume beibehalten.

Die **Art der Instruktionen** und der **kommunikative Stil** der Behandler hatten ebenfalls Einfluß auf Erfolg oder Versagen der Prophylaxe: Jene Behandler hatten mehr erfolgreiche Patienten, die sich nach den bisherigen Zahnpflegetechniken des Patienten erkundigten, die die zu verwendenden Mundpflegetechniken anschaulich demonstrierten und einüben ließen und schließlich jene, die eine größere Zugewandtheit zum Patienten zeigten.

Insgesamt zeigten fast alle Behandler zuwenig von jenen Kompetenzen, die für wirksame Verhaltensänderungen empfohlen werden [8, 24]. Dieses Ausbildungsdefizit erscheint noch gravierender, wenn die Recall-Ergebnisse der Nachuntersuchung 24 Wochen nach den Prophylaxe-Instruktionen betrachtet werden: nur noch neun der 71 Risikopatienten (13%) hatten jetzt noch verbesserte Plaquewerte. Dies spricht eindeutig dafür, daß nach dem Erlernen einer neuen Zahnpflegetechnik die Erfolgsüberprüfung nicht erst Monate später erfolgen darf.

Am besten hat sich ein regelrechtes **Mundpflege-Training** für Erwachsene bewährt, bei dem in wöchentlich aufeinanderfolgenden Sitzungen schrittweise alle Fertigkeiten und Kenntnisse gelehrt werden, bis das im Einzelfall notwendige Maß erreicht ist oder die Mitarbeitsbereitschaft erschöpft ist [24].

Dabei müssen Auswahl und Aufbereitung der Instruktionen und Demonstrationen an die zahnmedizinischen Ausgangsbedingungen, an die Einsicht, die Handlungsbereitschaft und die jeweilige Lebenssituation des Patienten angepaßt werden [15, 24]. Häufig

- werden die Anforderungen an die Patienten zu hoch geschraubt,
- wird zuwenig auf die Ausgangslage der Patienten eingegangen,
- werden zu viele neue Pflegetechniken auf einmal vermittelt,
- wird zuwenig praktisch demonstriert und in der Praxis geübt,
- wird zuwenig **mit** dem Patienten gearbeitet, statt dessen **für ihn**.

Dies hat einerseits mit mangelnder Ausbildung und fehlendem Problembewußtsein, andererseits aber auch mit (noch) fehlenden bzw. nicht ausreichenden Anreizen zu tun.

Um gründlich überzeugen, motivieren und richtig beraten sowie die notwendigen Fertigkeiten dem Patienten demonstrieren zu können, bis er durch eigene Übungen in der Praxis unter der Kontrolle der Prophylaxe-Assistentin eine hinreichende Kompetenz und Sicherheit erreicht hat, bedarf es neben **guten Vermittlungskompetenzen** und **geeigneten Demonstrationsmaterialien** (am besten eine intraorale Kamera oder ein beleuchteter Vergrößerungsspiegel sowie verschiedene Gebißmodelle) vor allem **Zeit.**

Bis jetzt ist aber noch keine befriedigende Regelung gefunden worden, wie der notwendige Aufwand leistungsgerecht vergütet werden kann. Steht diese Vergütung nicht in Aussicht, leidet die Motivation und damit die Compliance der Anbieter. Wie eingangs erwähnt, helfen gegenseitige Schuldzuweisungen nicht weiter; wichtig ist, daß alle Seiten den Kern des Problems erkennen und am gemeinsamen Ziel zusammen arbeiten. Mehr „professionelle Prophylaxe" jedenfalls kann nicht die Lösung sein, da sie nur vergleichsweise wenigen Patienten angeboten werden kann und als Regelprophylaxe sowohl vom Finanzvolumen als auch von der Personalkapazität und -struktur her nicht zu verwirklichen sein dürfte.

Compliance in der Kieferorthopädie

Kieferorthopäden mußten sich schon früher und intensiver als andere Zahnärzte um Compliancefragen kümmern, da:

- ihre Patienten überwiegend Kinder und Jugendliche sind,
- lange Behandlungszeiträume erforderlich sind,
- die kieferorthopädischen Apparate während der Therapie regelmäßig nach Anweisung getragen werden müssen,
- Kontroll- und Behandlungstermine eingehalten werden müssen,
- eine sehr gute Zahnpflege stattfinden muß, damit der Schaden nicht größer als der Erfolg der Behandlung ist.

Entsprechend zahlreich sind die vorliegenden Untersuchungen.

Zum Ausmaß der Non-Compliance in der Kieferorthopädie wird folgendes genannt [16]: Nach Schätzungen von zwei Dritteln der deutschen Kieferorthopäden kommen Mitarbeitsprobleme im Laufe einer kieferorthopädischen Behandlung bei 30–60% ihrer Patienten vor, ein Drittel schätzt den Anteil mit 10–20% geringer ein. Zum Therapieabbruch entweder durch den frustrierten Arzt oder durch den Patienten selbst kommt es in 0–15% der Behandlungsfälle.

Als besonders **kritische Phase** wird der Eintritt ins Pubertätsalter angesehen. Hier gibt es dann vermehrte Schwierigkeiten:

- mit dem Tragen der Behandlungsgeräte,
- mit der Mundhygiene und der Pflege der Behandlungsgeräte,
- mit dem Einhalten von Behandlungs-/Kontrollterminen.

Entsprechend nannten die meisten Kieferorthopäden, befragt nach den unangenehmen Aspekten ihrer beruflichen Tätigkeit, hauptsächlich Kooperationsprobleme mit Kindern und Jugendlichen [16]. Im einzelnen wurde genannt: Angewiesen sein auf die Mitarbeit der jugendlichen Patienten, sie ständig motivieren zu müssen, ihre Unzuverlässigkeit und fehlende Behandlungseinsicht sowie mangelnde elterliche Unterstützung.

Da allen Kieferorthopäden aus Erfahrung der Zusammenhang zwischen einer ausreichenden Kooperation des Patienten und dem Therapieerfolg klar ist und sie auch um die Bedeutung der familiären

Unterstützung für die Kooperationsbereitschaft des kindlichen Patienten wissen, ist es interessant zu sehen, welche **Strategien** zur Erreichung dieser Compliance eingesetzt werden.

MICHEELIS [16] fand in intensiven Gesprächen heraus, daß ältere Kieferorthopäden eher direkte Forderungen nach Gehorsam stellen nach dem Motto: „Du must einfach meine Anweisungen befolgen!“, während jüngere dazu tendieren, die Bereitschaft zur Mitarbeit über die Einsicht des Kindes/Jugendlichen zu erreichen (Motto: „Du must verstehen, wofür wir das machen. Die Behandlung ist gut für Dich selbst und nicht für Deine Eltern oder für den behandelnden Arzt.“).

Auf auftretende Kooperationsstörungen reagieren die meisten Kieferorthopäden nach einem **abgestuften Plan** [16]:

- direkte Einwirkung auf den Patienten mittels Erklärung, Hinweise auf die Konsequenzen, Ermahnungen, Androhung des Behandlungsabbruchs,
- Einschaltung, Verständigung, Besprechung mit den Eltern,
- Informierung der Krankenkasse.

Wenn dies alles nichts fruchtet, wird die Behandlung entweder seitens des Arztes abgebrochen oder zumindestens „vorläufig unterbrochen“, oder es wird noch einmal nach einem „Kompromiß“ mit dem Ziel der Behandlungsfortführung gesucht.

Solche Erfahrungen lösen bei den Kieferorthopäden emotionale Betroffenheit (Enttäuschung, Traurigkeit, Hilflosigkeit) aus, die mit kognitiven Bewältigungsbemühungen gekoppelt ist. Die Ärzte suchen nach eigenen Fehlern und versuchen, zu einem Verständnis des Scheiterns der Behandlung unter Berücksichtigung der persönlichen und/oder familiären Umstände des Patienten zu kommen.

Eine Würzburger Arbeitsgruppe [1] untersuchte den **Einfluß verbaler** und **nonverbaler Kommunikationsmuster** zwischen Kieferorthopäde und Patient mittels Videoaufzeichnungen sowohl bei Erstberatungen als auch bei Kontrollsitzungen. Die Studie zeigt ebenso deutlich die Vorteile guter Kommunikationsfähigkeiten für die Mitarbeit des Patienten wie andererseits die hilflosen Lenkungsversuche, wenn die Beziehung zwischen Arzt und Patient nicht gut gestaltet werden konnte.

Bei Patienten mit guter Compliance war die Gesamtdauer der Sitzungen am niedrigsten, eine patientenzentrierte Haltung des Kieferorthopäden (zugewandte Körperhaltung, Blickkontakt, Fragen und Bewertungen zur Behandlung anstelle von reinen Informationen und einseitigen Instruktionen) hingegen am ausgeprägtesten. Mit unkooperativen Patienten wurde weniger und einseitiger (überwiegend Arztmonolog) gesprochen.

Wie auch die Mainzer Arbeitsgruppe um SERGL und KLAGES [12] empfiehlt die Würzburger Gruppe um WITT und BARTSCH [1], daß auch kieferorthopädische Interventionsgespräche stärker Elemente reiner Beratungsgespräche annehmen sollten.

Der Kieferorthopäde tut gut daran, zur Erhöhung und Erhaltung der Patientenmitarbeit stärker den Patienten die Richtung des Gesprächs bestimmen zu lassen, auf seine vorgebrachten Anliegen und Probleme verständnisvoll einzugehen und ihm auch nonverbal seine ungeteilte Aufmerksamkeit zu schenken.

Compliance im Bereich der Parodontologie

Parodontologen teilen allgemein die Auffassung, daß ein zufriedenstellendes Therapieergebnis die aktive Mitarbeit des Patienten verlangt [2]. Vom Patienten durchgeführte Plaquekontrolle ist für den Therapieerfolg von höchster Bedeutung [13].

In einer Gesamterhebung aller niederländischer Parodontologen [2] ergaben sich **drei Problemfelder**, die die Zahnärzte und ihre „Dental Hygienists“ am häufigsten wahrnehmen:

- Probleme, die aus der Kommunikation mit dem Patienten resultieren (43,5%),
- Mangel an Kooperation seitens des Patienten (30,4%/Hygienists: 50%),
- Patient ist nicht zu besserer häuslicher Mundpflege bereit (30,4%/Hygienists: 42,9%).

Mit den als problematisch erkannten Patienten versuchen die meisten Parodontologen zunächst das Problem zu besprechen (78,3%). Seltener verweisen sie ihn an die Dental Hygienist oder an einen Kollegen.

Als **Gründe** für die mangelnde Mitarbeit ihrer Problempatienten gaben die Parodontologen bzw. Dental Hygienists an:

- persönliche, auch finanzielle Probleme (54%/Hygienists: 79%),
- fehlende Bereitschaft, eine adäquate Mundpflege durchzuführen (42%/Hygienists: 64%),
- mangelndes Verständnis der Therapieempfehlungen (50%/Hygienists: 43%),
- unbefriedigendes Verständnis der eigenen Gesundheitsprobleme (46%/Hygienists: 36%),

– Mangel an manueller Geschicklichkeit zur Mundpflege (25%/Hygienists: 14%).

Befragt, wie sie denn die Mitarbeit/Compliance ihrer Patienten einschätzen, urteilten die meisten Parodontologen nur nach dem klinischen Zustand (Blutungs- oder Plaque-Indizes), während Dental Hygienists häufiger zusätzlich auch Informationen vom Patienten einholten.

Das **Ausmaß** weitgehender Non-Compliance schätzen über 95% der Parodontologen auf unter 20% ihrer Patienten ein; umgekehrt hielten 58% der Parodontologen und 50% der Dental Hygienists 61–100% ihrer Patienten für sehr gute Mitarbeiter. Allerdings glaubten nur 25% der Parodontologen und nur 7% der Dental Hygienists, daß sich die meisten ihrer Patienten (81–100%) wirkliche Sorgen um ihren oralen Zustand machen. Dieses Ergebnis ist besonders betrüblich, da man weiß, daß die Compliance eines Patienten eng mit dem Gefühl der Bedrohung durch eine (schwerwiegende) Erkrankung wächst [4].

Teilweise lassen sich die Mitarbeitsergebnisse der Patienten durch die **Art der Informierung** erklären. Es hat sich eingespielt, daß Parodontologen ihre Patienten meist über die Diagnose, die vorgesehene Behandlung und deren Prognose (29%) informieren, noch häufiger auch über die Art der Erkrankung und über die Kosten der Therapie (83%), während die Dental Hygienists sich in erster Linie für die Aufklärung über die Ursachen und Symptome der Parodontitis und die Mundhygiene-Instruktionen zuständig fühlen (77%).

Versteht der Patient diese Informationen nicht, werden sie meistens in einfacheren Worten noch einmal wiederholt (92%/Hygienists: 86%), vor allem die Dental Hygienists benutzen dann verstärkt auch den Handspiegel, erläuternde Abbildungen oder Dias (67%/Hygienists: 86%). Schriftliche Informationen bekommen zusätzlich 54% der Patienten vom Zahnarzt und die Dental Hygienists geben sie sogar in 93% der Fälle.

Psychologisch bedeutsam ist sicherlich der Umstand, daß 33% der Parodontologen, aber nur 7% der Dental Hygienists die notwendigen Informationen unabhängig vom Kooperationsniveau des Patienten geben, während 50% der Dental Hygienists ihre Instruktionen dem Interesse der Patienten anpassen (Zahnärzte: 21%). Auch aus der Schweiz wird gemeldet, daß auch die Arbeit erfahrener Dental Hygienists noch viel zu sehr schematisiert und nicht an der oralen Situation und der Persönlichkeit des Patienten orientiert abläuft [15].

In einer Verbesserung der Ausbildung, in einer stärkeren Beachtung der Bereitschaft zur Mitarbeit und in einer wirklich kausalen Ausrichtung der vorbeugenden Maßnahmen liegen sicherlich noch große Potentiale zur Erhöhung der Patienten-Compliance.

Schaub [20] wies darauf hin, daß nicht nur das Patientenverhalten für die hohen Erkrankungsraten an Zahnfleischentzündungen verantwortlich zu machen ist, sondern auch die fehlenden diesbezüglichen Normen sowohl in der Gesellschaft als auch unter den Zahnmedizinern.

Im Bewußtsein der Bevölkerung spielen bislang parodontale Erkrankungen kaum eine Rolle. Wenn aber Kenntnisse über diese häufige Erkrankungsart kaum vorhanden sind, ist es kein Wunder, wenn auch das notwendige Verhalten und die Motivation zur Prophylaxe ungenügend ausgeprägt sind.

Schaub nennt **vier Gründe** für die ungenügende Compliance der Zahnärzte auf dem Gebiet der Parodontologie:

- Aus Unkenntnis der Patienten wird nach Parodontal-Behandlungen kaum gefragt.
- Parodontologie wurde bis vor kurzem in der Ausbildung vernachlässigt.
- Die Diagnostik, Prognose und Behandlung von Parodontalproblemen ist schwieriger und unsicherer als die von Karies.
- Die parodontale Behandlung ist weniger mechanisch, es muß mehr mit dem Patienten gesprochen werden. Information, Instruktion und Motivation sind absolut notwendig.

Compliance im prothetischen Bereich

Ein Prothetik-Patient gilt als kooperativ, wenn er zu den notwendigen Planungs-, Behandlungs- und Kontrollsitzungen in die Zahnarztpraxis kommt, wenn er die Behandlungsmaßnahmen (Zahnextraktion, Abformung, Anpassung, Eingliederung) unterstützt, zu Hause die empfohlenen Übungen zur Wiedererlangung der Kau- und Sprechfunktion regelmäßig durchführt und die empfohlenen Regeln zur Mund- und Prothesenpflege beachtet.

Dies alles kann der Patient nur, wenn er vom Zahnarzt über die Möglichkeiten und Alternativen informiert und beraten wurde, wenn er auf die einzelnen Behandlungsschritte vorbereitet wurde und wenn er auf die Übungen zur Erleichterung der Eingewöhnung hingewiesen wurde und ihm Trage- und

Pflegeempfehlungen bekannt sind. Auch in diesem Bereich ist die Compliance des Zahnarztes eine Voraussetzung für die Compliance des Patienten.

Als Kriterium für Non-Compliance gilt meist lediglich, daß der Patient den eingegliederten herausnehmbaren Zahnersatz nicht trägt. Dies kann jedoch von verschiedenen Faktoren abhängen (Abb. 3) [23].

Im Zentrum der Darstellung steht die anzustrebende Inkorporation der Prothese(n). **Inkorporation** bedeutet die Annahme oder Aufnahme eines Gegenstandes in den Körper; in der Zahnheilkunde also die Annahme der Prothese als Zahnersatz. In der Prothetik muß dabei zwischen einer **morphologisch-anatomischen** und einer **psychologischen Komponente** unterschieden werden.

Die psychische Inkorporation kann erst dann als gelungen betrachtet werden, wenn das Fremdkörpergefühl verschwunden ist und der Patient die Überzeugung gewonnen hat, daß sein körperlicher Defekt funktionell und kosmetisch beseitigt wurde.

Die Prothesen-Inkorporation wird ganz wesent-

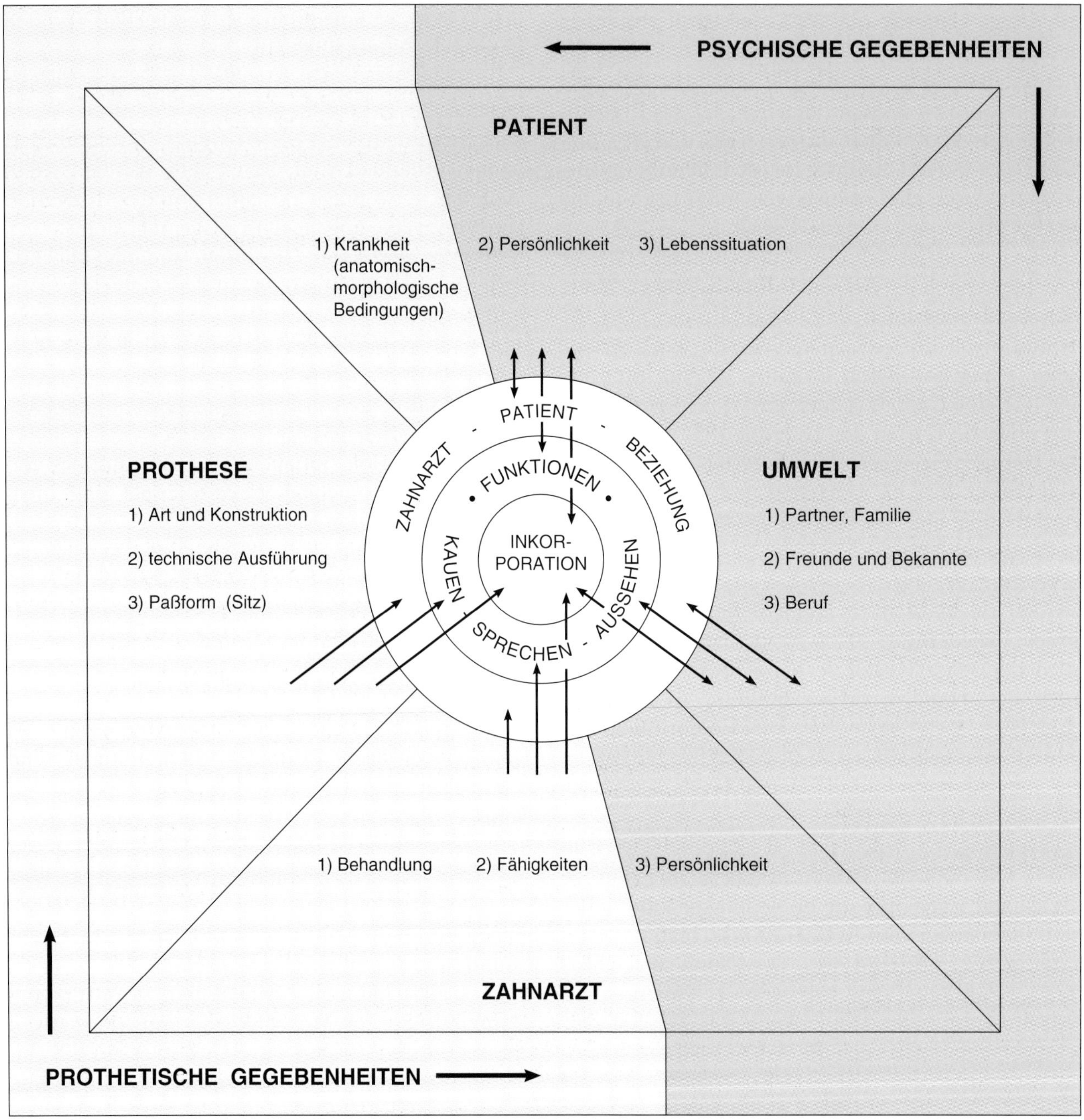

Abb. 3 Erweitertes Modell der die Protheseninkorporation beeinflussenden Faktoren (nach [23]).

lich von der Funktionstüchtigkeit des Zahnersatzes (keine Konstruktions- oder ausführungstechnischen Mängel) und von der Qualität der Zahnarzt-Patient-Beziehung beeinflußt (vgl. die äußeren Ringe im Zentrum der Abb. 3).

Diese wiederum stehen in Wechselwirkung zu den **vier Hauptfaktoren:**
- Patient (Ausgangslage, Persönlichkeit, Lebenssituation),
- Umwelt des Patienten (Familie, soziales Umfeld, Beruf),
- Zahnarzt (Art der Behandlung, Fähigkeiten, Persönlichkeit),
- Prothese (Art, Konstruktion, Material, Ausführung, Sitz).

Alle diese Faktoren lassen sich zu **zwei Metafaktoren** bündeln:
- zahnmedizinisch-prothetische Gegebenheiten,
- psychologische Gegebenheiten.

Es wird somit deutlich, daß es sich bei der Prothesen-Inkorporation (oder bei der Prothesen-Adaptation, wie man sie auch häufig nennt) um ein multifaktorielles Geschehen handelt, bei dem die Wechselwirkungen verschiedener Einflußfaktoren darüber entscheiden,
- ob der Prozeß der Prothesenadaptation sofort und ohne Mühen gelingt,
- ob er verzögert und mit Schwierigkeiten gelingt,
- ob er gar nicht gelingt.

Eine **vierstufige Klassifikation** der Reaktionen auf den Zahnverlust und die Eingliederung des neuen Zahnersatzes erscheint sinnvoll [5]:
- **Stufe 1:** Zahnverlust und Zahnersatz werden ohne weiteres akzeptiert.
- **Stufe 2:** Die Patienten erleben den Zahnverlust als Verlust von Lebensqualität; sie akzeptieren die Prothesen physisch, aber nicht psychisch.
- **Stufe 3:** Die Zahnlosigkeit und/oder der Zahnersatz werden als Katastrophe erlebt. Der Patient ist unfähig, den Zahnersatz psychisch oder physisch zu akzeptieren. Solche Patienten beklagen

Tabelle 2 Einfluß verschiedener Variablen auf die Adaptation und Zufriedenheit mit herausnehmbarem Zahnersatz (nach [22]).

Merkmalsgruppe	**Variable**	**Einfluß**
Patientenmerkmale	Alter	kein direkter Einfluß
	Geschlecht	möglich
	Schulbildung	möglich
	Berufstätigkeit	wahrscheinlich
	vorhergehende Erfahrungen mit Zahnersatz oder der Zahnmedizin	wahrscheinlich
	Bedeutung der Zähne und des Zahnverlustes	möglich
	Einstellungen zum und Erwartungen an den Zahnersatz	wahrscheinlich
	Persönlichkeitsmerkmale wie Intelligenz, soziale Anpassungsfähigkeit etc.	möglich
	emotionale Störungen, Depressionen	wahrscheinlich
	körperliche Gesundheit, Bewältigung von chronischer Krankheit	möglich
	Einflüsse der sozialen Umwelt	möglich
	situative Faktoren	wahrscheinlich
Zahnmedizinische Merkmale	anatomische Verhältnisse in der Mundhöhle	wahrscheinlich
	prothetische Behandlung	wahrscheinlich
	Zahnarzt (Alter, Geschlecht etc.)	möglich
	Zahnarzt-Patient-Beziehung	wahrscheinlich

sich häufig und erwarten ein Übermaß an Zuwendung.

- **Stufe 4:** Diese Patienten tragen ihren Zahnersatz nicht und erscheinen auch nicht mehr in der Praxis. Sie sind emotional überwältigt und isolieren sich von der Gesellschaft. Sie sind oder werden chronisch depressiv.

Verschiedenen Studien zufolge [23] fallen 60–70% der Patienten unter Stufe 1, 20–30% unter Stufe 2, während 5–10% der Patienten mit ihren Prothesen total unzufrieden sind (Stufe 3 und 4).

Geklagt wird nicht nur über Druckstellen und Schmerzen, ein Fremdheitsgefühl und schlechten Prothesenhalt oder -sitz, sondern auch über Schleimhautbrennen, Gelenkschmerzen und Brechreiz. Meist bereiten die Unterkieferprothesen (Schmerzen, schlechter Halt) wesentlich mehr Probleme als die Oberkieferprothesen (Aussehen, Kaufunktion).

Dafür werden oft oral-anatomische, sehr häufig aber auch psychologische Patientenmerkmale verantwortlich gemacht. Soziodemographische Variablen wie Alter, Geschlecht, familiäre Situation und soziale Schichtzugehörigkeit werden ebenso diskutiert wie Erwartungen, Einstellungen, bestimmte Persönlichkeitsmerkmale und psychische Erkrankungen der Patienten. Eine Übersicht über die derzeit diskutierten Einflußvariablen gibt Tabelle 2.

Dem Zahnarzt kommt somit die Verantwortung zu, diese psychologischen Faktoren bereits vor der Behandlung richtig einzuschätzen und im Behandlungsplan entsprechend zu berücksichtigen.

Bei den wirklich gravierenden Fällen von Prothesenunverträglichkeit und -unzufriedenheit sind es nur selten die Prothesen, sondern meist die psychischen Faktoren (Erwartungen, Einstellungen, Befürchtungen, Belastungen) des Patienten, die während der Anamnese nicht in Erfahrung gebracht wurden und auf die somit auch nicht gezielt eingegangen werden konnte (s. auch S. 187 ff.).

Einflußfaktoren auf die Patienten-Compliance

Bei der Darstellung der zahlreichen, das Mitarbeitsverhalten der Patienten beeinflussenden Variablen kann man leicht den Überblick verlieren. Verschiedene Modelle wurden entwickelt, um die Einflußvariablen auf die Compliance der Patienten und auch die Folgen der Compliance/Non-Compliance deutlich zu machen [2, 8, 22]. Abbildung 4 zeigt schematisiert die Haupteinflußfaktoren auf, die in der Person des Patienten, der des Behandlers, in der Art und Bedrohlichkeit der Erkrankung sowie in der Komplexität der Therapiemöglichkeiten und in verschiedenen situativen Variablen gesehen werden können.

Maßnahmen zur Verbesserung der Compliance

Zu den einfachen, aber wirkungsvollen Maßnahmen zur Förderung der Mitarbeit gehört, sicherzugehen:

- daß der Patient die Anforderungen verstanden und behalten hat,
- daß der Patient sein Problem erkennt und die Verantwortung dafür übernimmt,
- daß der Patient nicht überfordert wird.

Besser ist, weniges tatsächlich und richtig umzusetzen, als vieles falsch zu machen oder ganz zu unterlassen.

Bewußter Patient: Informieren als ärztliche Aufgabe

Ein Zahnarzt, der sich nur um die oralen Probleme und die zahnmedizinische Behandlung im engeren Sinne kümmert, dabei den Patienten als lebendiges Wesen mit Wünschen, Bedürfnissen, Erwartungen und Gefühlen außer acht läßt, wird wegen des ausbleibenden Vertrauensverhältnisses

- ziemlich schnell seine Patienten wieder verlieren,
- eine gute Mitarbeit der verbleibenden Patienten nie erreichen,
- Klagen und Schadensersatzansprüche auf sich ziehen.

Daher ist es eine in unserer Zeit immer wichtiger werdende Notwendigkeit für den Zahnarzt, auf alle emotionalen und sozialen **Bedürfnisse seiner Patienten** zu achten und einzugehen. Dies schließt ein:

- daß er dem Patienten sorgfältig zuhört,
- ihn zu Fragen anregt und diese auch beantwortet,
- daß er die Ängste und Zweifel seiner Patienten hinsichtlich ihrer Erkrankung und der Behandlung anerkennt und angemessen darauf eingeht,
- daß seine Sorge und fürsorgliche Haltung gegenüber dem Patienten als Person erkennbar und erfahrbar wird [8, 22].

Verantwortungsprinzip – Problemeignerschaft – soziale Normen

Nur äußerst selten macht ein Patient etwas nur seinem Zahnarzt zuliebe oder wegen der schönen

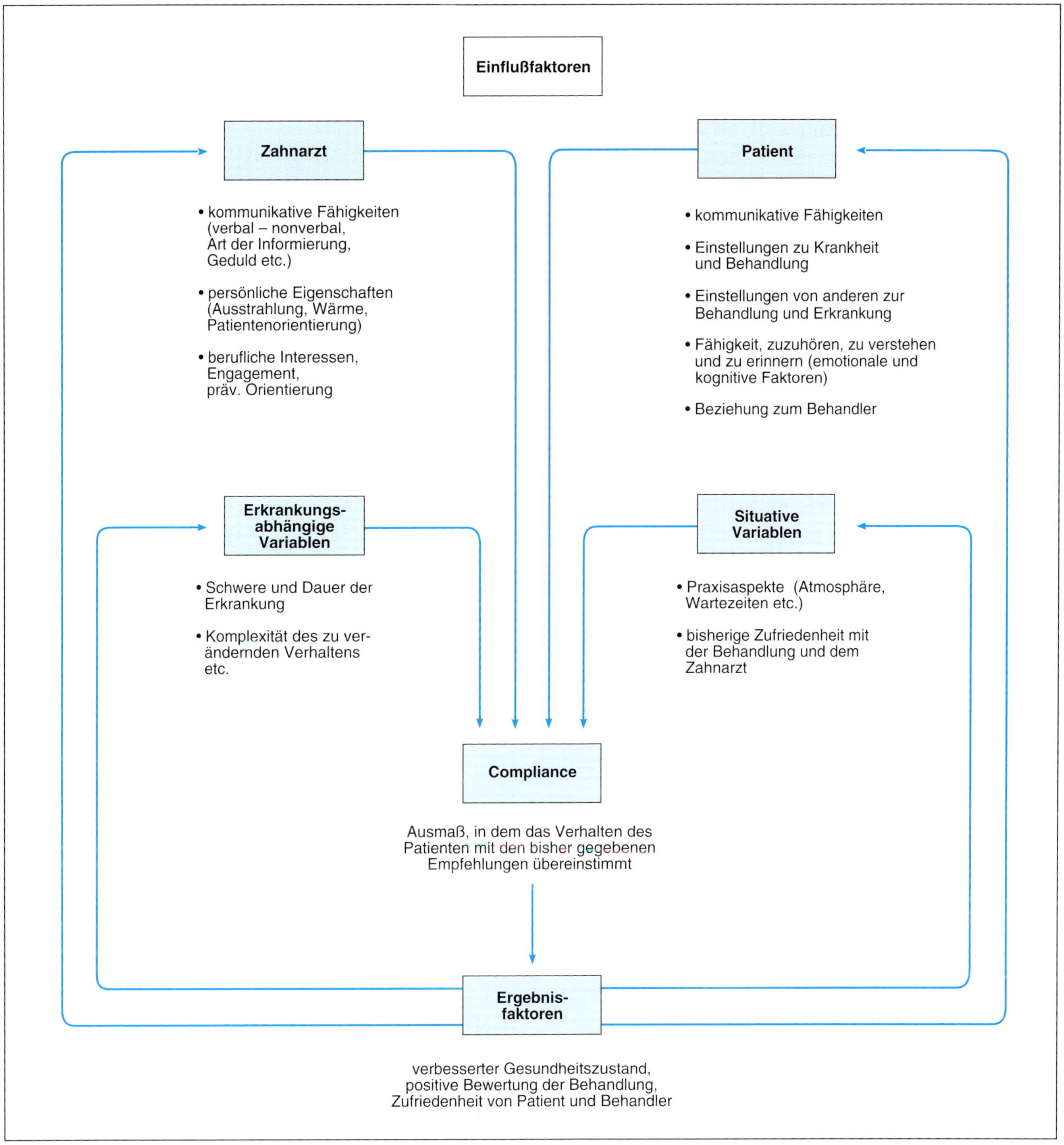

Abb. 4 Faktoren, die die Patienten-Compliance beeinflussen und aus ihr resultieren.

Augen der Helferin. Wenn er sich zu einer Handlung entschließt, oder gar eine eingefahrene Gewohnheit ändert, dann nur für sich selbst, für sein Vergnügen, zur Stillung seiner Bedürfnisse, eine bessere Lebensqualität, für seinen eigenen Geldbeutel etc. **(hedonistisches Prinzip)**.

Wenn er aber nur ein geringes Gesundheitsbewußtsein hat, kann er nur schwerlich zu der Einsicht gelangen, wie wichtig die häusliche Mundpflege, die tägliche Fluoridzufuhr oder die zahnärztlichen Kontrolluntersuchungen sind.

Falsche Einstellungen (z.B. „Zahnfleischbluten ist normal") müssen korrigiert und das Bewußtsein für den großen Wert der Gesundheit muß vielfach erst geschaffen werden.

Die Entwicklung von Wertvorstellungen, die schließlich handlungsbestimmend werden können, geschieht nach folgendem **dreistufigen Modell** (Abb. 5).

Auf einer untersten Stufe müssen zunächst ausreichende Kenntnisse über Fakten gesammelt werden, damit eine Person sich ein Konzept – z.B. von der Entstehung einer Krankheit – bilden kann. Aus mehreren, miteinander weitgehend übereinstimmenden Konzepten bilden sich schließlich Werte oder Werthaltungen aus, die nicht nur rein objektiv-sachliche Kognitionen sind, sondern auch eine persönliche, subjektiv gefärbte Beurteilung und Bewertung der Konzepte enthalten.

So wurde beispielsweise bei ca. 40jährigen Parodontopathie-Patienten mit konstant schlechter Mundhygiene herausgefunden, daß sie das Zähnebürsten als zeitraubend und lästig empfanden. Nachdem ihnen elektrische Zahnbürsten gegeben worden waren, konnte im Durchschnitt in den nächsten drei Jahren 10% weniger Plaquebefall festgestellt werden [9]. Obwohl die Pflege mit der elektrischen Zahnbürste ähnlich lange dauerte, hielten die Patienten sie doch für einfach und zeitsparend. Somit kann allein mit der Änderung einer negativen in eine positive Einstellung dem Zähnebürsten gegenüber eine Verbesserung der Compliance bewirkt werden.

Prinzip der dosierten Diskrepanz

Dem Patienten die manchmal traurigen Tatsachen drastisch vor Augen zu führen, halten einige Zahnärzte für ein wirksames Mittel zur Motivierung. Durch einzelne Fälle, bei denen diese Maßnahme tatsächlich erfolgreich war, fühlen sie sich bestärkt. Von der psychologischen Forschung ist jedoch eher das Gegenteil gefunden worden: Neuigkeiten oder Verhaltenserwartungen, die zu stark vom Altbekannten und Gewohnten abweichen,

- erzeugen Ängste und Abwehr,
- werden nicht verstanden oder schnell wieder „verdrängt“,
- hinterlassen oft einen mutlosen Patienten.

Es sollte dem Patienten also nicht plötzlich eröffnet werden, daß

- nun mehrere Zähne gezogen werden müssen und eine Prothese angefertigt werden muß,
- die ganzen Amalgam-Füllungen durch Gold-/Keramik-Inlays ersetzt werden müssen,
- ein mäßig zahnbewußter Patient zur Vermeidung einer baldigen Parodontal-Operation nun plötzlich dreimal täglich drei Minuten lang die Zähne nach einer komplizierten Technik putzen soll und dazu einmal täglich auch noch Zahnseide benutzen soll.

Besser ist es, dem Patienten seine Probleme sachlich aufzuzeigen (evtl. zunächst nur einen Teil), ihn zu fragen, wie er darüber denkt, und ihm zu signalisieren, welche Behandlungen möglicherweise bald auf ihn zukommen werden. Statt Überrumpelung ist in den meisten Fällen ein **abgestuftes Vorgehen** sinnvoller.

Gravierende Behandlungen sollten – wenn möglich – rechtzeitig angekündigt werden, damit der Patient Zeit zur emotionalen Auseinandersetzung hat und es auch seine Entscheidung wird. Statt eine Behandlung „anzuordnen“, sollte lieber eine Empfehlung ausgesprochen werden. Prophylaxe-Anforderungen sollten ebenfalls schrittweise an den Patienten herangetragen werden.

Zunächst sollte der Patient das Verhalten umstellen, das den geringsten Eingriff in seinen Tagesrhythmus verlangt. Neue, zusätzliche Tätigkeiten sollten möglichst an schon durchgeführte Verhaltensweisen gekoppelt werden.

Wenn beispielsweise ein Patient sich neuerdings nach dem Frühstück die Zähne putzen möchte und dies zunächst häufiger vergißt, sollte man eine Tätigkeit eruieren, die er sonst gewohnheitsmäßig nach dem Frühstück durchführt, z.B. das Schließen des Schlafzimmerfensters oder das Durchblättern der Zeitung. Im Sinne von „Grandma's Law“ („Wenn Du Dein Essen aufgegessen hast, dann darfst Du auch spielen!“) sollte man mit dem Patienten festlegen, sich erst die Zähne zu putzen, bevor das Fenster geschlossen bzw. die Zeitung gelesen wird.

Selbstkontrollmethoden

„Viele Compliance-Probleme entstehen nicht dadurch, daß ein Patient etwas anderes will als der Arzt, sondern dadurch, daß er nicht kann, was er eigentlich möchte. In diesen Fällen gehört es zur Aufgabe des Arztes, dem Patienten zu helfen, seine Schwierigkeiten mit der Behandlung zu überwinden und mehr Selbstkontrolle zu erreichen“ [14].

Gegen das „Vergessen“ gibt es zahlreiche Erinnerungsmöglichkeiten und **Gedächtnisstützen:** beispielsweise ein vorübergehender Aufkleber auf dem Badezimmerspiegel, die Zahnseide gleich neben

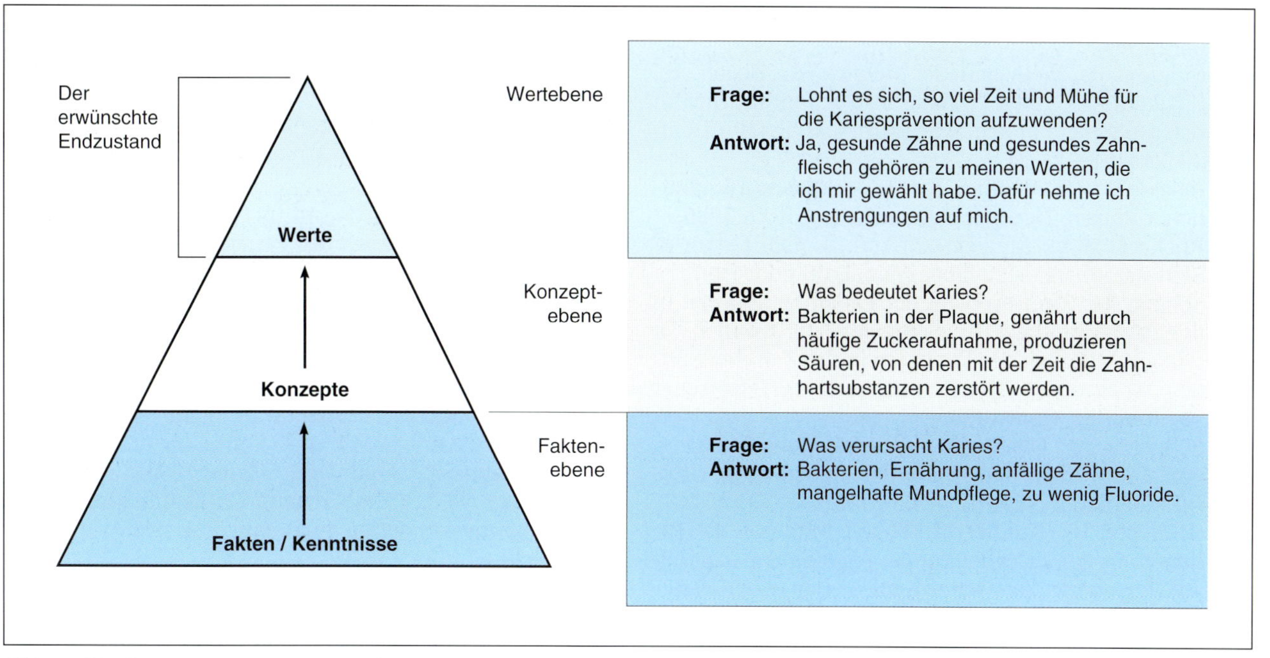

Abb. 5 Die Beziehungen zwischen Grundkenntnissen und Fakten, Konzepten und Werten (Einstellungen) am Beispiel der Mundgesundheit (nach [22]).

dem Zahnputzbecher, der Eintrag des Zahnarzttermins in den Terminkalender.

Der Patient kann auch mit sich selbst oder evtl. einem Dritten eine Art **Vertrag** abschließen. Trägt z.B. ein Kind seine kieferorthopädische Klammer wie vorgeschrieben, darf es auf den entsprechenden Tag eines Wochen- oder Monatskalenders einen „smiley“ kleben. Bei Erreichen einer bestimmten Anzahl von Tagen mit Einhaltung der Trageanweisung winkt dann eine besondere – zuvor vereinbarte – Belohnung.

Literatur

[1] Bartsch, A., Witt, E., Marks, M.: Wirkung von Information und Kommunikation im kieferorthopädischen Beratungs- und Behandlungsgespräch. Teil II: Kommunikationsstil und Compliance. Fortschr. Kieferorthop. 56, 7 (1995).

[2] Berndsen, M., Eijkman, M.A.J., Hoogstraten, J.: Compliance perceived by Dutch periodontists and hygienists. J. clin. Periodont. 20, 668 (1993).

[3] Corah, N.L., O'Shea, R.M., Skeels, D.K.: Dentist's perceptions of problem behaviors in patients. J. Amer. dent. Ass. 104, 829 (1982).

[4] DiMatteo, M.R., DiNicola, D.D.: Achieving patient compliance. Pergamon, New York 1982.

[5] Freedman, N., Landesman, H.M., Wexler, M.: The influences of fear, anxiety, and depression on the patients adaptive responses to complete dentures. J. prosth. Dent. 58, 687 (1987).

[6] Friedrich, R.: Zur Häufigkeit des Behandlungsabbruchs bei Schmerz-Dysfunktions-Patienten. Dtsch. Zahnärztl. Z. 49, 533 (1994).

[7] Haynes, R.B., Taylor, D.W., Sackett, D.L. (Hrsg.): Compliance-Handbuch. Oldenbourg, München 1982.

[8] Hendriks, J., Schneller, Th.: Patientenführung, Beratung und Motivierung in der Zahnarztpraxis. Quintessenz, Berlin 1992.

[9] Hellstadius, K., Asman, B., Gustafson, A.: Improved maintenance of plaque control by electrical toothbrushing in periodontitis patients with low compliance. J. clin. Periodont. 20, 235 (1993).

[10] Hirsch, R.B., Levin, B., Tiber, N.: Effects of dentist authoritarism on patient evaluation of dentures. J. prosth. Dent. 29, 745 (1973).

[11] Kaufmann, G.: Die Terminversäumnisse von Patienten in einer zahnärztlichen Praxis. Eine Untersuchung zur Complianceproblematik. Med. Diss., Hannover 1991.

[12] Klages, U., Sergl, H.G., Burucker, I.: Relations between verbal behavior of the orthodontist and communicative cooperation of the patient in regular orthodontic visits. Amer. J. Orthodont. 102, 265 (1992).

[13] Kristoffersen, T., Meyer, K.: The maintanance phase in periodontally therapy. In: Lindhe, J. (Ed.): Textbook of clinically periodontology. Munksgaard, Copenhagen 1983.

[14] Linden, M.: Ärztliche Gesprächsführung. Leitfaden für die Praxis. Hoechst AG, Aktuelles Wissen, Reihe Psychiatrie, Frankfurt 1983.

[15] Lutz, F.: Imfeld, Th., Saxer, U.: Dentalhygiene aus der Sicht von DH-Patienten. Schweiz. Monatsschr. Zahnmed. 105, 198 (1995).

[16] Micheelis, W.: Der Kieferorthopäde und sein Patient.

Eine medizinsoziologische Studie. Roderer, Regensburg 1989.
[17] Milgrom, P., Weinstein, P., Melnick, S., Beach, B., Spadafora, A.: Oral hygiene instruction and health risk assessment in dental practice. J. publ. Hlth Dent. 49, 24 (1989).
[18] Reichertz, P.L., Walther, K.: Strukturdaten zahnärztlicher Praxen. Deutscher Ärzte-Verlag, Köln 1986.
[19] Roche Lexikon Medizin. 2. Aufl. S. 325, Urban & Schwarzenberg, München–Wien–Baltimore 1987.
[20] Schaub, R.: Zum Problem der Patientenmitarbeit in der Parodontologie. In: Schneller, Th., Kühner, M. (Hrsg.): Mitarbeit des Patienten in der Zahnheilkunde. Aspekte der Complianceforschung. Deutscher Ärzte-Verlag, Köln 1989.
[21] Schneller, Th.: Das subjektive Bewältigungsverhalten von Zahnverlust und Protheseneingliederung. IDZ-Informationen Nr. 6/92, Köln 1992.
[22] Schneller, Th., Kühner, M. (Hrsg.): Mitarbeit des Patienten in der Zahnheilkunde. Aspekte der Complianceforschung. Deutscher Ärzte-Verlag, Köln 1989.
[23] Schneller, Th., Bauer, R., Micheelis, W.: Psychologische Aspekte bei der zahnprothetischen Versorgung. IDZ-Materialienreihe, Bd. 12. 2. Aufl. Deutscher Ärzte-Verlag, Köln 1992.
[24] Weinstein, P., Getz, T., Milgrom, P.: Prävention durch Verhaltensänderung. Strategien einer präventiven Zahnheilkunde. Deutscher Ärzte-Verlag, Köln 1989.
[25] Weinstein, P., Milgrom, P., Melnick, S., Beach, B., Spadafora, A.: How effective is oral hygiene instruction? Results after 6 and 24 weeks. J. publ. Hlth Dent. 49, 32 (1989).
[26] Wetzel, W. E.: Geleitwort. In: Schneller, Th., Kühner, M. (Hrsg.): Mitarbeit des Patienten in der Zahnheilkunde. Aspekte der Complianceforschung. Deutscher Ärzte-Verlag, Köln 1989.
[27] Wilson, T.G.: Compliance. A review of the literature with possible applications to periodontics. J. Periodont. 58, 706 (1987).
[28] Windels, K.: Psychosoziale Probleme in der Zahnarztpraxis. Ergebnisse einer Befragung niedergelassener Zahnärzte. Med. Diss., Mainz 1991.
[29] Woolgrove, J., Cumberbatch, G.: Dental anxiety and regularity of dental attendance. J. Dent. 14, 209 (1986).
[30] Woodgrove, J., Gelbier, S., Cumberbatch, G.: Increasing dental attendance by using personalized reminders. Communit. Dent. Health 5, 389 (1988).

Schmerz und Schmerzbewältigung

von Ulrich Klages

Inhaltsübersicht

Psychologie des Schmerzes

Schmerz ist nach der Definition der International Association for the Study of Pain „eine unangenehme Sinnes- und Gefühlserfahrung mit tatsächlicher oder möglicher Gewebeschädigung oder die in Begriffen einer solchen Schädigung beschrieben wird“ [20]. Bemerkenswert an dieser Definition ist die Bestimmung von Schmerz als **subjektives Phänomen.** Eine Gewebeschädigung kann, aber muß nicht Voraussetzung des Schmerzes sein. Zugleich wird festgelegt, daß der Schmerz in der Sprache einer Schädigung beschrieben wird. Damit wird Schmerz als körperliche Erfahrung bestimmt – im Unterschied zu seelischem Schmerz. Weiterhin werden eine Sinnes- und eine Gefühlskomponente des Schmerzerlebens unterschieden.

Psychophysiologische Aspekte des Schmerzes

Die **Gate-Control-Theorie** von Melzack und Wall [42] versucht, die Interaktion von neurophysiologischen und psychischen Prozessen bei der Schmerzwahrnehmung in ein Modell zu integrieren (Abb. 1).

Drei Instanzen sind danach an dem Erleben von Schmerzen beteiligt:
- die Nozizeption,
- der spinale „Tormechanismus“,
- das Zentralnervensystem.

An der Peripherie der Haut, der Viszera und der Muskelspindeln werden Schmerzreize von spezialisierten Nozizeptoren und von multimodalen Rezeptoren empfangen und weitergeleitet. Die Reize können thermischer, chemischer oder mechanischer Natur sein.

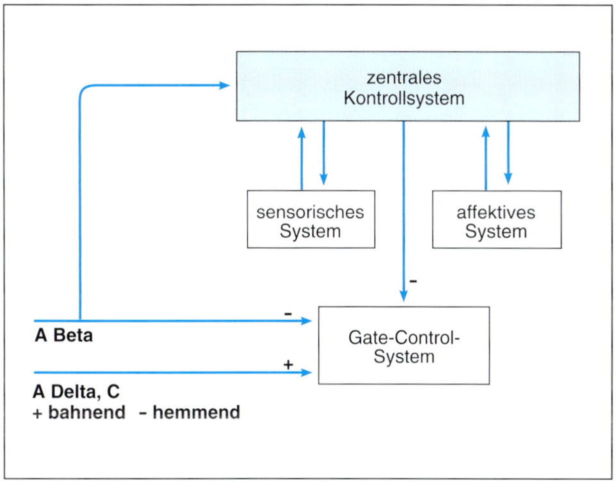

Abb. 1 Gate-Control-Modell des Schmerzes: periphere und zentrale Komponenten der Schmerzwahrnehmung und -verarbeitung (nach [42]).

Im Rückenmark wird ein **Tor** (ein einprägsames Bild ist auch ein Wehr) angenommen, das je nach Öffnungszustand Schmerzen weiterleitet oder blokkiert. Kommen Erregungen dort an, die über dicke mechanosensitive schnell-leitende A-Beta-Fasern aus der Peripherie dorthin gelangten, wird das Schmerztor geschlossen. Gleichzeitig leiten dünne A-Delta- und C-Fasern langsamere Impulse zur Öffnung des Schmerztores weiter. Mit der Dauer der Reizung schwächt sich die hemmende Wirkung ab und die bahnende Wirkung setzt sich durch.

Der Öffnungzustand des spinalen Schmerztores durch bahnende Effekte der dünnen Fasern soll die Chronifizierung und das Auftreten von Reizen in von der Schädigung nicht-betroffenen Regionen (räumliche Fluktuation) verständlich machen. Der Mechanismus der spinalen Schmerzhemmung durch dicke Fasern soll die analgetischen Effekte mechanischer Hautreizung durch Akupressur, transkutane Nervenstimulation und Massage erklären.

Neben der **afferenten** wird eine **deszendierende Schmerzhemmung** angenommen. Kollaterale der A-Beta-Fasern aktivieren ein zentrales Kontrollsystem im frontalen Kortex. Dort sind frühere Schmerzerfahrungen und Situationsbewertungen gespeichert.

Die Schmerzen werden im Hinblick auf ihren **Bedrohungscharakter** beurteilt. Werden situative Anforderungen hoch eingeschätzt und das Gefährdungspotential der Schädigung demgegenüber niedriger (wie bei einer Verletzung im Wettkampf oder in lebensbedrohlichen Situationen), so werden hemmende absteigende Hinterseitenstrangbahnen aktiviert, die das Schmerztor schließen. Die absteigende Hemmung erklärt das Phänomen der „Streßanalgesie“ [36]. In Situationen des Wettkampfs und der Herausforderung werden häufig keine Schmerzen empfunden. Sie setzen oft erst in der Ruhephase (nach der Belastung, am Feierabend, am Wochenende) ein.

Weitere bei der Schmerzwahrnehmung beteiligte Strukturen sind das **affektive** und das **sensorische System.** Nachdem aus der Peripherie Schmerzimpulse das Schmerztor des Rückenmarks passiert haben, werden sie über Vorderseitenstrangbahnen weitergeleitet zur Formatio reticularis, die Aufmerksamkeit, Atem, Schlaf und Erregungsniveau reguliert. Schließlich wird das limbische System aktiviert, das Affekte wie Niedergeschlagenheit, Wut und Angst sowie die dazugehörigen Verhaltensimpulse, Rückzug, Aggression und Flucht, moduliert.

Im somatosensiblen Kortex werden Schmerzimpulse in raum-zeitlichen Dimensionen lokalisiert. Affektives, sensibles und zentrales Kontroll-System interagieren untereinander und resultieren in einer komplexen Bewertung durch das zentrale Kontrollsystem.

Die Gate-Control-Theorie ist in vielen Punkten kritisiert worden [13] und wurde in Einzelheiten revidiert. Als Modell hat sie jedoch eine bedeutende heuristische Funktion für die Entwicklung von Forschungshypothesen. In der Arbeit mit Patienten hilft die Gate-Control-Theorie, das gegenwärtige Wissen über den Schmerz anschaulich zu erläutern und die **psychischen Anteile** des Schmerzes in einer für den Patienten akzeptablen Weise darzustellen. Wissenschaftshistorisch haben Theorien die Funktion, gegenwärtiges Wissen zu systematisieren [35]. Die Gate-Control-Theorie wird dann ihre Aufgabe erfüllt haben und abgelöst werden, wenn eine neue Theorie besser in der Lage ist, zur jeweiligen Zeit verfügbare Daten und Beobachtungen über den Schmerz in ein Modell zu integrieren.

Lernprozesse und Schmerz

Signal-Lernen

Das Prinzip des Signallernens besagt, daß unbeteiligte Reize, die bei einem körperlich-affektiven Zustand gegenwärtig sind, diesen Zustand wieder auslösen können.

Zum Beispiel führt der Genuß eines verdorbenen Fisches bei einer bestimmten Person zu Übelkeit **(biologische Reaktion)**. Wenn derselben Person, nachdem sie sich erholt hat, nunmehr frischer Fisch vorgesetzt wird, kann schon der Anblick erneut Übelkeit auslösen **(gelernte Reaktion)**. Beim Schmerzerleben kann dieser Lernprozeß ebenfalls wirksam werden.

Schmerz ist ein **Streßreiz** und als solcher mit einem erhöhten physiologischen Erregungsniveau (über die Formatio reticularis) gekoppelt. Die emotionale Mitbeteiligung äußert sich bei Akutschmerz meist im **Angstaffekt.**

> Signal-Lernen findet statt, wenn ein Patient bei einer körperlichen oder sozialen Aktivität eine Schmerzattacke erlebt und das Ereignis mit Angst und körperlicher Erregung gekoppelt wird. Der Gedanke an die Situation löst bereits im Ansatz die Erregung aus.

Die Schmerzerwartung ist um so intensiver, je ängstlicher und schmerzempfindlicher der Patient ist. Wenn er in der Folge die befürchtete Situation aufsucht oder die Aktivität ausübt, kommt es aufgrund der Erregung **reflexiv** zu **Muskelverspannungen,** die in Schmerzen resultieren, die Beteiligung der affektiven Komponente führt zu einer **verstärkten Schmerzwahrnehmung,** die wiederum muskuläre Reflexe auslöst (positive Rückkopplung).

Patienten mit Schmerzangst vermeiden Situationen und Tätigkeiten, die an Schmerzen erinnern. Der Angstanteil kann sich nicht durch Gewöhnung verringern. Der Patient hat wenig Möglichkeiten, Schmerzerwartungen und tatsächlichen Schmerz zu vergleichen. LETHEM et al. fassen die Wirkweise der Komponenten in einem „Angst-Vermeidungsmodell übersteigerter Schmerzwahrnehmung“ zusammen [37]. Der „Schmerzkonfrontierer“ korrigiert seine Schmerzwahrnehmung während der Vermeider sie auf hohem Niveau aufrechterhält oder steigert.

Weitere **Folgen der Schmerzvermeidung** sind einseitige Fehlbelastungen des Körpers, Rückbildung der Muskulatur und Übergewicht. Diese drei Konsequenzen der „Schonhaltung“ bewirken wiederum eine Erhöhung des nozizeptiven Inputs.

Lernen am Erfolg

Nach dem Gesetz des Lernens am Erfolg werden Verhaltensweisen, die einen angenehmen Zustand (Belohnung) oder die Beendigung eines unangenehmen Zustands zur Folge haben, „verstärkt“, d.h., die Auftretenswahrscheinlichkeit des Verhaltens erhöht sich.

FORDYCE [11] analysierte die Wirksamkeit dieses Lernprinzips bei chronischen Schmerzpatienten. Bezugspersonen schenken dem kranken Familienmitglied Aufmerksamkeit und Zuwendung, wenn es klagt oder im Ausdrucksverhalten mimisch und gestisch zeigt, daß es Schmerzen hat. Sie unterstützen diesen Menschen, nehmen Arbeiten ab, verhindern daß er sich anstrengt – oft über das notwendige Maß hinaus. Die **Reaktionen der Umgebung** erfolgen in der besten Absicht und entsprechen den allgemeinen Normen prosozialen Verhaltens. **Verstärkerwirkung** bekommen sie dann, wenn der Schmerzpatient im gesunden Zustand wenig Aufmerksamkeit und Zuwendung erhält.

Der Patient selbst erfährt bei Beendigung von Aktivitäten, die schmerzen, unmittelbar Erleichterung. Als Konsequenz vermeidet er Aktivität und soziale Kontakte. Eine längerfristige Folge ist, daß der Patient immer weniger Erfolgserlebnisse durch Aktivität und Kontakt erlebt. Hieraus kann sich ein depressiver Zustand entwickeln, der häufig bei Schmerzpatienten beobachtet wird.

Modell-Lernen

Eine dritte Lerngesetzmäßigkeit ist die des Modell-Lernens. Im Prozeß der sozialen Entwicklung ahmen Kinder Verhaltensweisen von Erwachsenen nach, die belohnt werden oder erfolgreich scheinen. In Familien werden spezifische Verhaltensweisen im Umgang mit Schmerz beobachtet, die über Generationen weitergegeben wurden. Schmerzpatienten berichten häufig von Familienmitgliedern, die an einer ähnlichen Schmerzsymptomatik leiden **(Schmerzfamilien)**.

Kulturelle Ausprägungen des Schmerzverhaltens sind ebenfalls durch Modell-Lernen zu erklären. So wird berichtet, daß in Amerika Patienten südeuropäischer Abstammung eher ein expressives klagsames Schmerzverhalten zeigten, während Patienten irischer Herkunft den Schmerzausdruck stark zurückhielten [36].

Kognitives Lernen

Nach dem kognitiven Lernmodell wird die Reaktion auf ein Ereignis durch Prozesse der Informationsverarbeitung vermittelt, die sich in Gedanken, Vorstellungen, inneren Selbstgesprächen über die Situation und die eigene Person äußern.

Diese Prozesse können bewußt oder automatisiert-unbewußt ablaufen. Ein Beispiel sind sog. **„kognitive Fehler"** von depressiven Patienten, wie Übergeneralisierung, dichotomes Denken oder falsches Schlußfolgern. Bei Patienten mit chronischer Polyarthritis wurden Zusammenhänge zwischen diesen Denkstilen und Depressivität sowie Funktionseinschränkungen gefunden [51].

Eher inhaltliche Aspekte erfaßt das **Konzept irrationaler Einstellungen.** Danach werden negative Emotionen und unangepaßte Verhaltensweisen vermittelt durch negative Selbstbewertungen, Abhängigkeitsüberzeugungen, Neigung zur Selbst-Beschuldigung und niedrige Frustrationstoleranz [21]. Irrationale Einstellungen zeigten bei Patienten mit entzündlichen rheumatischen Erkrankungen in stärkerem Maße einen Zusammenhang mit Schmerzerleben und -vermeidung als soziale Belastung [24, 25] oder Emotionalität [23]. Weitere wichtige Konzepte für das Schmerzerleben sind die Hilflosigkeit gegenüber der Krankheit, katastrophisierende Gedanken und der Glaube, die Krankheit durch eigene Anstrengung beeinflussen zu können.

Psychodynamische Erklärungsprinzipien

Für die Erklärung von Schmerzen ohne nachweisbare organische Schädigung wurden aus der Sicht psychodynamischer Theorien **drei Konzepte** entwickelt, die am besten von ihrer Funktion her zu verstehen sind. Schmerz ist Mittel zur:

- Selbstwerterhaltung,
- Konfliktentlastung und Kommunikation,
- körperlichen Affektregulierung [19].

Selbstwerterhaltung

Das Schmerzsyndrom kann helfen, eine Krise des Selbstwertgefühls zu verhindern oder einzugrenzen.

> Das körperliche Symptom kann das Versagen von Überlebensregeln, die Widerlegung von Annahmen zum Wert der Person und zur eigenen Invulnerabilität in existentiellen Krisen überdecken.

Klinisch wird in dieser Patientengruppe eine Häufung arbeitssüchtiger Menschen angetroffen. Vorhersehbares berufliches und familiäres Scheitern bedroht das Konzept der Selbstdefinition über die Leistung. Psychogener Schmerz bietet sich als Ausweg an, den Selbstwert aufrechtzuerhalten.

Physische Auslöser der Krankheit können Unfälle, Stürze oder medizinische Behandlungen sein, die Hilflosigkeitserlebnisse reaktivieren. Häufig wird diese Form der **Kompensation** bei Patienten mit narzißtischen Persönlichkeitsstörungen gefunden, die durch eine besondere Empfindlichkeit gegenüber Bedrohungen des eigenen Selbstwerts gekennzeichnet sind [59].

Konfliktentlastung und Kommunikation

Ein weiteres **psychodynamisches Erklärungsprinzip** ist das der Konfliktentlastung durch die Entwicklung einer psychogenen Schmerzsymptomatik.

Hoffmann und Egle fanden bei 700 Patienten **vier Bereiche der Abwehr** unerträglicher Gefühle und Konflikte [19]:

- Patienten mit einer Vorgeschichte von Mißhandlungen in der Kindheit wehren die belastende Erinnerung ab und drücken den alten Schmerz in einer aktuellen Symptomatik aus.
- Schmerzerleben führt zu einer Entlastung von Schuldgefühlen, die aus abgewehrten aggressiven Impulsen herrühren – dieses Prinzip wirkt insbesondere bei depressiven Patienten.

- Schmerzen lenken die Aufmerksamkeit von belastendem ängstlichem und depressivem Erleben ab.
- Schmerzen sind Ausdruck gehemmter aggressiver Gefühle.

Zugleich kommt dem Schmerz eine **kommunikative Funktion** zu. Körpersprachlich wird damit Schwäche und Hilflosigkeit ausgedrückt und so die Hilfe und Unterstützung von Bezugspersonen herausgefordert. Die Ausdrucksfunktion wird besonders deutlich bei Patienten mit histrionischer Persönlichkeitsstörung, die ein „Muster eines übermäßigen Verlangens nach Aufmerksamkeit" zeigen [59].

Körperliche Affektregulierung

Emotionen setzen sich aus affektiven und körperlichen Anteilen zusammen. Unter bestimmten Bedingungen erleben Menschen nur den körperlichen Anteil: das Herzklopfen und den Schweißausbruch, aber nicht den Angstaffekt. Das fehlende Affekterleben beraubt den Betreffenden der Möglichkeit, durch Selbstberuhigung und Kommunikation die Erregung zu dämpfen – die Erregung bleibt unverstanden und besorglich.

Dadurch kann es zu einer **vegetativen Dauerspannung** kommen, die sich in habituell erhöhtem Muskeltonus äußern kann, der zu Schmerzen führt. Diese Form der Schmerzgenese wird insbesondere bei Patienten mit Hypochondrie (Fehlinterpretation körperlicher Zeichen als Beweis für eine Krankheit [59]) beobachtet.

Psychologische Interventionen bei chronischem Schmerz

Biofeedback-Verfahren

> Die Biofeedback-Behandlung ist ein Verfahren, das eine erhöhte Sensibilität für körperliche Prozesse und Kontrolle zum Ziel hat.

Über eine Feedback-Apparatur werden **bioelektrische Signale** physiologischer Funktionen wie Pulsfrequenz, Hautwiderstand, muskuläre Spannung oder Vasodilatation in einen akustischen und/oder optischen Reiz umgewandelt und dem Patienten zurückgemeldet, der damit Informationen über sonst nicht wahrnehmbare körperliche Veränderungen erhält.

Der Patient bekommt die Aufgabe, z.B. die Tonhöhe zu senken. Ohne dazu instruiert zu sein, bedient er sich seiner kognitiven Selbstkontrollkompetenzen über beruhigende Vorstellungen oder Selbstgespräche. In der Schmerzbehandlung wird das elektromyographische (EMG) Feedback für myogenen Kopf- oder Rückenschmerz und das Vasokonstriktions-Feedback für vaskulären Kopfschmerz (Migräne) als kausal konzipierte Therapie eingesetzt. Die Biofeedback-Therapie kann als alleinige Intervention in 6–8 Sitzungen durchgeführt werden.

Eine zweite Anwendungsmöglichkeit erfolgt im Rahmen eines komplexeren kognitiv-verhaltenstherapeutischen Ansatzes. Flor und Hermann beschreiben ein Biofeedback-Behandlungs-Programm mit Streßbewältigung, Imaginationstraining und Veränderung negativer Selbstgespräche [9].

Eine dritte Einsatzmöglichkeit ist für Patienten gegeben, die Schwierigkeiten haben, autogenes Training oder Muskelentspannung nach Jacobson zu erlernen. Für Patienten mit „somatischem Krankheitsmodell" besitzt Biofeedback eine hohe Überzeugungskraft.

Nicht-apparative Entspannungsverfahren

Die bekanntesten Verfahren sind autogenes Training und progressive Muskelentspannung nach Jacobson.

Das **autogene Training** erfordert eine Übungszeit von sechs Monaten. Es überfordert Patienten mit Konzentrationsschwierigkeiten und mit Widerstand gegen die direktive Art der Selbstsuggestion oder die eingesetzten Vorstellungsbilder („Arme schwer wie Blei").

Das **Muskelentspannungstraining** ist demgegenüber in sechs Wochen zu erlernen, bereits in der ersten Sitzung werden deutliche Wirkungen erlebt. Es stellt keine hohen Anforderungen an die Imaginationsfähigkeit. Der Patient hat allein die Aufgabe, die Empfindungen beim Anspannen und Entspannen der Muskeln zu beobachten. Bei muskulär bedingten Schmerzssyndromen besitzt die Muskelrelaxation eine hohe inhaltliche Plausibilität. Gegenüber Biofeedback-Therapien besitzt sie die gleiche Wirksamkeit und ist somit das ökonomischere Verfahren.

Als vermittelnde Wirkvariable bei Biofeedback- und Entspannungsverfahren wird eine Verbesserung der „Selbstwirksamkeit" angenommen. Aufgrund der Trainings-Erfahrung entwickelt der Patient eine stärkere Überzeugung, körperliche Prozesse und Befinden beeinflussen zu können. Nicht eindeutige Zusammenhänge zwischen der Reduktion der tonischen Muskelspannung im EMG und der Schmerzverringerung werden als Beleg der Hypothese angenommen [48].

Aufmerksamkeitslenkung

Laboruntersuchungen zum Prozeß der Informationsaufnahme und -speicherung ergaben, daß Aufmerksamkeit nur bedingt teilbar ist [44]. Werden z.B. einer Versuchsperson über zwei Kopfhörer unterschiedliche Informationen angeboten („dichotomisches Hören"), kann sie sich nur an die Information eines Kanals erinnern.

Die klinische Erfahrung zeigt, daß Aufmerksamkeit auch eine große Rolle beim Schmerzerleben spielt. Häufig werden Schmerzen unter reizarmen Bedingungen (nachts, am Wochenende, im Urlaub) sowie von Patienten mit wenig Interessen und sozialen Kontakten stärker erlebt.

Drei Klassen von Ablenkungstechniken können zur Schmerzkontrolle eingesetzt werden:
- äußere Aufmerksamkeitslenkung,
- Ablenkung durch Vorstellungsbilder,
- Schmerzfokussierung [8, 34].

Die äußere Aufmerksamkeitslenkung kann gefördert werden durch Aufbau von Interessen, Beschäftigung mit Hobbys, soziales Engagement. Bei Patienten, die aufgrund der Schmerzen zum Vermeidungsverhalten neigen, sind Interventionen in dieser Richtung von besonderer Bedeutung.

Innere Vorstellungsbilder können im Rahmen von Entspannungübungen entwickelt werden. Der Patient wird angeregt, sich an angenehme Erlebnisse zu erinnern. Ein plastisches inneres Bild kann gefördert werden, indem körperliche, visuelle, akustische und olfaktorische Empfindungen in der vorgestellten Situation angesprochen werden [48].

Bei dem Verfahren der Fokussierung wird der Patient angeregt, sich die sensorischen (räumlich-zeitlichen) Qualitäten des Schmerzes aus der Position eines neutralen Beobachters (z.B. eines Arztes) zu vergegenwärtigen. Damit distanziert sich der Patient von seinem Erleben und kann die affektive Qualität ausblenden.

Hypnose

Hypnose kann als kognitiver Zustand (Trance) erhöhter Aufmerksamkeit und Reaktionsbereitschaft oder als sozialpsychologisch zu erklärende Erscheinung ausgeprägter Motiviertheit und Mitarbeit beschrieben werden [45]. Hypnotische Phänomene sind dadurch gekennzeichnet, daß sie durch willentliche Kontrolle nicht erzeugt werden können.

Die Induktion von Trance erzeugt allein noch keine Anästhesie. Hinzukommen müssen **anästhetische Suggestionen.** Sie folgen dem beschriebenen Prinzip der Aufmerksamkeitslenkung. Patienten werden angeleitet, nicht-schmerzhafte Körperempfindungen wie Schwere, Spannung, Wärme zu registrieren und zu verfolgen (sog. „Parästhesien"). Der Hypnotisand wird angeregt, Schmerzen langsam Zentimeter um Zentimeter zu verschieben („Symptomverschiebung"). Der Patient kann angeleitet werden, den schmerzenden Körperteil „abzuspalten" oder aus seinem Körper „herauszutreten" und sich an einen anderen Ort zu begeben, um dort angenehme Erfahrungen zu machen (**„Dissoziation"**). Oder dem Patienten wird angeboten, den Schmerz als elektrophysiologischen Vorgang zu imaginieren (**„Neuinterpretation"**).

Kontrollierte Untersuchungen ergaben, daß Hypnose wirksamer ist als Nichtbehandlung oder Placebo. Hypnotische Anästhesie wurde auch durch die Gabe des Opium-Antagonisten Naxalon nicht beeinflußt – im Gegensatz zur Placebo-Therapie. Das Ergebnis stützt die Interpretation der Hypnose als kognitives Phänomen der Aufmerksamkeits-, Wahrnehmungs- und Informations-Verarbeitungs-Änderung [36]. Die berichtete Schmerzreduktion durch anästhetische Suggestionen unterschied sich unter Hypnose und unter Entspannungs-Bedingung jedoch nicht [45].

Kognitive Verhaltenstherapie (KVT)

Die kognitive Verhaltenstherapie (KVT) ist indiziert bei Schmerzpatienten mit ausgeprägtem seelischen Leiden und Einschränkungen sozialer Funktionen, die über das Maß hinausgehen, das durch eine organische Schädigung oder funktionelle Störung erklärbar ist. Die angenommene Ursache ist bei der Indikationsstellung von geringerer Relevanz.

Standardisierte Gruppenprogramme zur Schmerzbewältigung wurden für Patienten mit myogenem Kopfschmerz [18], Migräne [33], Rückenschmerz [9], chronischer Polyarthritis oder Spondylitis ankylosans entwickelt [34, 48]. Gemeinsame Bausteine sind die Elemente Entspannung, Aufmerksamkeitslenkung, kognitive Umstrukturierung und Verhaltensübung.

Die KVT geht davon aus, daß innere Bewertungen, Gedanken, Überzeugungen das Schmerzerleben und -verhalten beeinflussen [57]. Über

Schmerztagebücher lernen Patienten Fluktuationen der Schmerzintensität und Zusammenhänge mit situativen und gedanklichen Einflußfaktoren erkennen. Die Angemessenheit von Situationsbewertungen wird im „sokratischen Dialog" geprüft, alternative Bewertungen werden entwickelt. Wenn sich soziale Defizite aufgrund langdauernden Vermeidungsverhaltens erkennen lassen, können Problemlösungsfertigkeiten und soziale Kompetenzen in der Vorstellung, im Rollenspiel und schließlich im Alltag geübt werden.

Therapieprogramme für Patienten mit Streß als Faktor der angenommen Ätiologie (Diathese-Streß-Modelle: myogener Kopfschmerz, Migräne) enthalten zusätzliche Bausteine zur Streßbewältigung [33] mit den Elementen:
- Identifizierung von streßauslösenden Situationen,
- Analyse der Auslösesituation (erlebte Bedrohung, wahrgenommene verfügbare Kompetenzen),
- Entwicklung alternativer Verhaltensmöglichkeiten über Neubewertungen der Situation, Selbstberuhigung, kreative Problemlösungen.

KVT als **Einzeltherapie** kann stärker auf die individuellen Bedingungen des Patienten eingehen. In der verhaltensdiagnostischen Phase wird eruiert, ob das problematische Schmerzverhalten überwiegend durch Defizite von Schmerzkontrollkompetenzen, durch Hilflosigkeitskognitionen, soziale Defizite, exzessive/defizitäre Aktivität oder durch Konsequenzen des Schmerzes (Aufmerksamkeit, Zuwendung) aufrechterhalten wird. Die funktionale Analyse eruiert Beziehungen zwischen den Problembereichen, aufgrund deren ein Behandlungsplan zu entwickeln ist.

Eine bedeutsame Frage ist die der **Indikation** für eine psychologische Schmerztherapie. Problematisch ist eine „negative Indikation": Wenn die somatische Therapie nicht greift, erfolgt eine Überweisung zur Psychotherapie. Günstig dagegen ist eine positive Indikationsstellung; sie wird erleichtert durch normierte psychologische Fragebögen. Sie erlauben die Feststellung, ob die affektive Schmerzbelastung, das Vermeidungsverhalten [28], Depressivität oder irrationale Einstellungen [21] über der statistischen Norm liegen und ob kognitive Schmerzkontrolle oder Aktivität statisch auffällig defizitär sind.

Ein weiteres Problem, das in der Psychodiagnostik bisher eher vernachlässigt wurde und heute zunehmend an Bedeutung gewinnt, ist das der **Komorbidität mit Persönlichkeitsstörungen** [2]. Schmerzpatienten leiden häufig nicht nur an ihrer körperlichen Krankheit, vielmehr muß zusätzlich nicht selten die Diagnose einer narzißtischen, histrionischen, zwanghaften oder selbstunsicheren Persönlichkeit gestellt werden [59]. Die Schmerzkrankheit kann dann die Funktion haben, soziale Beziehungen und individuelle Überlebensregeln zu stabilisieren. In diesem Fall ist die Behandlung langwieriger, als der ursprüngliche Optimismus bei verhaltenstherapeutischer Schmerzbehandlung erwarten ließ.

Psychoanalytisch orientierte Therapie

Bei der Behandlung von Schmerzpatienten kommen eine gegenüber der klassischen Psychoanalyse stärker strukturierte und „niederfrequente" Einzeltherapie sowie analytische Gruppentherapie zum Einsatz.

Als **Ziele** psychoanalytisch orientierter Behandlung werden angegeben [6]:
- Verständnis der Schmerzsymptomatik aus ihrem biographischen Zusammenhang – Patienten mit psychogenem Schmerz weisen nicht selten eine Lebensgeschichte mit emotionaler Deprivation und Mißhandlung in der Kindheit auf.
- Bewußtmachen von Selbstwert- und Aggressionskonflikten – die Schmerzsymptomatik kann, wie bereits erörtert, eine selbstwertstützende und spannungableitende Funktion haben.
- Begreifen von Identifizierungen mit signifikanten Bezugspersonen – häufig hat eine elterliche Figur Modellwirkung für die Entwicklung des Schmerzverhaltens.

Als in Gruppenbehandlungen wirksam wird die Wiederholung pathologischer Beziehungsmuster beschrieben, die gedeutet und begreifbar gemacht werden. Weiterhin werden Nachreifungsprozesse durch Identifikation mit dem Gruppenleiter bei unzureichendem väterlichen Vorbild berichtet. Die Lernprozesse erlauben in diesem Fall, den Schmerz in seiner stützenden Funktion aufzugeben.

Schmerz in der Zahnmedizin

Schmerzen im Mund-/Gesichtsbereich stellen ein bedeutendes Problem des Gesundheitswesens dar. Eine umfangreiche Studie aus den USA versuchte die Prävalenz verschiedener orofazialer Schmerzsymptome zu erfassen [38]. Hierzu lagen die Daten von 42 000 Befragten vor. Von diesen gaben 9000

(= 22%) an, in den letzten sechs Monaten mehr als einmal mindestens ein Schmerzsymptom im Mund-/Gesichtsbereich erlebt zu haben.

Abbildung 2 gibt die Prävalenzen für die **fünf Schmerztypen** wieder. Am häufigsten (12%) wurden Zahnschmerzen beim Kauen und Beißen angegeben, gefolgt von Schmerz/Irritation im Mundbereich (8,4%). Schmerzen des Kiefergelenks wurden von 5% berichtet, Gesichtsschmerz von 1,4%. Schließlich gaben 0,7% der Befragten (d.h. 1270 Personen) ein Brennen auf der Zunge oder in anderen Bereichen des Mundes an.

Die Zahlen machen deutlich, daß der Zahnarzt zunehmend als Schmerzspezialist gefragt ist. Einige der Schmerzzustände können mit den bewährten zahnärztlichen Prozeduren behoben oder gemildert werden, andere sind eher chronischer Natur und erfordern Beratungskompetenzen und eine interdisziplinäre Zusammenarbeit.

Schmerz bei zahnärztlicher Behandlung

Prävalenz und Ätiologie

In einer repräsentativen Meinungsbefragung der Bevölkerung der Bundesrepublik Deutschland im Jahre 1966 gaben 70% der Befragten an, sich an ein besonders schmerzhaftes Behandlungserlebnis beim Zahnarzt erinnern zu können [50].

Im folgenden Jahrzehnt vollzog sich nach Einschätzung des Autors der Studie eine erhebliche Veränderung der zahnärztlichen Behandlungstechnik, die zu einer wesentlichen Verkürzung der Behandlungszeit und zu einer entscheidenden Verminderung von Erschütterungssensationen führten. Zugleich seien die Lokalanästhetika verbessert und die Verträglichkeit gesteigert worden.

Trotz der Fortschritte stieg in einer Wiederholung der Repräsentativumfrage zehn Jahre später der Anteil der Personen, die sich an schmerzhafte Behandlungen erinnern konnten auf 79% (Abb. 3). Zugleich erhöhte sich der Anteil der Befragten, die angaben, trotz der Betäubung Schmerzen zu haben, von 26% auf 35%. SCHULTE schließt aus den Daten, daß der Schmerz weniger behandlungsbedingt und stärker an die Person des Patienten gebunden sei. Die Patienten seien innerhalb von zehn Jahren empfindlicher und ängstlicher geworden. Aufgabe des Zahnarztes sei es, dem durch Aufklärung entgegenzuwirken.

Weitere 15 Jahre später gibt VASSEND vergleichbare Zahlen für die norwegische Bevölkerung aus einer Befragung von über 2000 Personen an [58]. 30% der Befragten gaben leichte Schmerzen beim letzten Zahnarztbesuch an, weitere 30% Schmerzen in mittlerer Stärke oder darüber. 60% berichteten zumindest eine sehr schmerzhafte Episode beim Zahnarzt erlebt zu haben.

GROSS schließt an die Interpretation von SCHULTE an, der eine Persönlichkeitsdisposition für eine verstärkte Schmerzwahrnehmung in Betracht zog. Er schlug das Konstrukt „Schmerzempfindlichkeit" [15] vor und entwickelte zur Messung dieser Eigenschaft eine Skala (Tabelle 1). Sie erfaßt Ängste und Befürchtungen über Schmerzen. Zusammenhänge mit der Angst vor Injektionen und vor dem Bohren wurden gefunden.

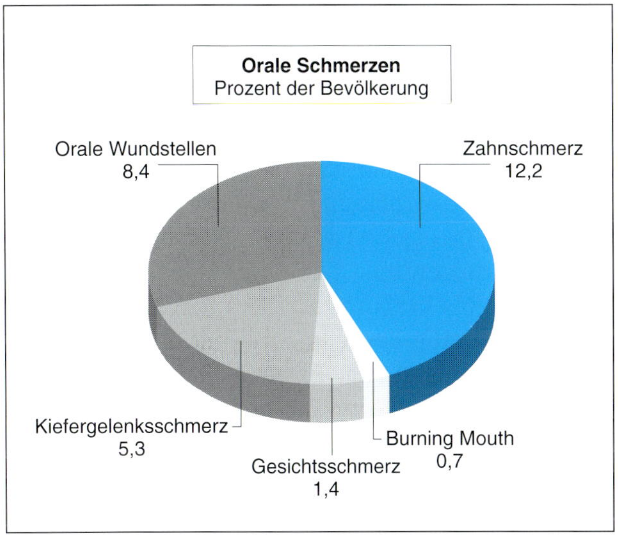

Abb. 2 Prävalenz von fünf orofazialen Schmerzsymptomen im National-Health-Interview (nach [56]).

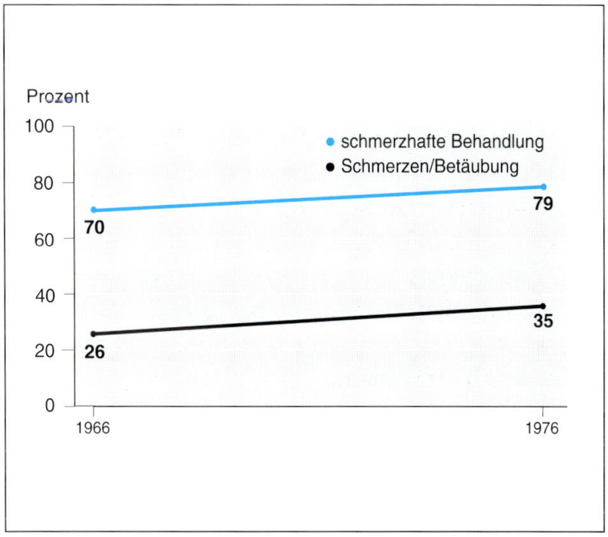

Abb. 3 Häufigkeit von Schmerzangaben bei der zahnärztlichen Behandlung in den Jahren 1966 und 1976 (nach [50]).

Tabelle 1 Die Items der Schmerzempfindlichkeits-Skala von GROSS [15].

- Es ist wichtig für mich, Schmerz zu vermeiden.
- Wenn ich merke, daß mein Herz schnell schlägt, befürchte ich starke Schmerzen.
- Ich ängstige mich, wenn ich Schmerzen habe.
- Wenn ich Schmerzen habe, werde ich kurzatmig.
- Wenn ich Schmerzen habe, befürchte ich, daß ich ernsthaft krank sein könnte.
- Es ängstigt mich, wenn ich nicht fähig bin, vom Schmerz abzuschalten.
- Ich bin empfindlicher für Schmerz als andere.
- Ich mache mir Sorgen, wenn ich Schmerzen habe.
- Ich bekomme Angst, wenn Schmerzen andauern.

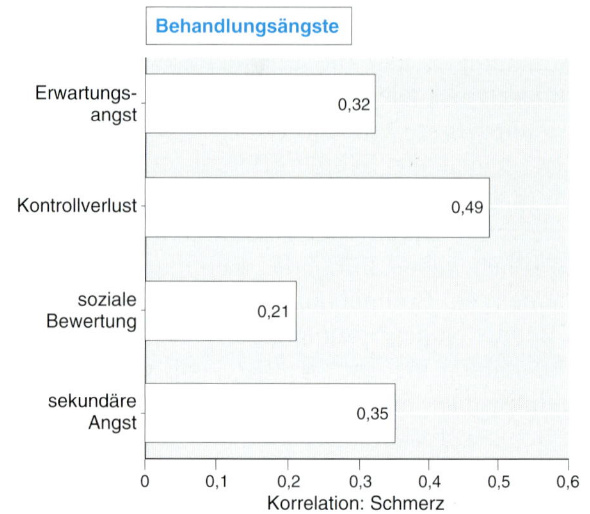

Abb. 4 Pearson-Korrelationen zwischen vier Formen von Ängsten und Behandlungsschmerz bei 162 Zahnarztpatienten (nach [30]).

Eine verbreitete Annahme ist die eines Zusammenhangs zwischen Angst und Schmerz. Eine Studie zur zahnärztlichen Behandlungsangst [30] widmet sich dieser Fragestellung. Unterschieden wurden **vier Arten von Ängsten:**
- die Beunruhigung, die zeitlich vor der Behandlung auftritt **(Erwartungsangst)**,
- die Angst, die Kontrolle über sich zu verlieren **(Kontrollverlustangst)**,
- die Angst, vor dem Zahnarzt einen schlechten Eindruck zu machen **(Bewertungsangst)**,
- die Angst, die bei der Wahrnehmung körperlicher Erregung auftritt **(sekundäre Angst)**.

Wie Abbildung 4 zeigt, standen die vier Formen der Angst in deutlichem Zusammenhang mit dem erlebten Schmerz während der Behandlung.

Psychologische Schmerzkontrolle

Die Reduktion körperlicher Aktivation über ein **Entspannungsverfahren** ist eine klinisch bewährte Methode der Schmerzkontrolle.

LITT et al. berichten über deren Anwendung in der Oralchirurgie [39].

70 Patienten vor der ersten Extraktion eines dritten Molaren wurden vier Versuchsbedingungen zugeteilt:
- Standardvorbereitung,
- orale Prämedikation,
- Entspannungstraining,
- Selbstwirksamkeitsförderung.

Der letzten Bedingung lag die Beobachtung zugrunde, daß die Entspannung weniger wirksam ist, wenn Patienten nicht überzeugt sind, daß sie autonome Funktionen regulieren können. Um den Glauben an die Wirksamkeit der Bemühungen zu stärken, wurde den Patienten dieser Bedingung eine falsche positive Rückmeldung über eine simulierte Biofeedback-Installation gegeben.

Als Entspannungs-Verfahren wurde eine modifizierte Form des autogenen Trainings erläutert, das die Patienten eine Stunde vor der Behandlung einüben konnten. Direkt nach der Extraktion schätzten die Patienten den Grad des sensorischen, des affektiven Schmerzes, der Spannung und Nervosität ein. Die Ratings wurden summiert zu einer Skala, die „Distreß“ genannt wurde.

Abbildung 5 gibt die Ergebnisse für die vier Bedingungen wieder. Sie sprechen für eine Effektivität der Entspannung im Vergleich zu Prämedikation und Standardvorbereitung. Zusätzlich wirkte der Glaube an die eigene Fähigkeit (Selbstwirksamkeit) schmerzreduzierend.

Ein weiteres Verfahren der Schmerzkontrolle, das Patienten häufig spontan anwenden, ist die **Aufmerksamkeitslenkung.** In einer Untersuchung zur Praxisausstattung zählte zu den am häufigsten genannten Vorschlägen der Wunsch nach Ablenkungsmöglichkeiten im Warte- und im Behandlungs-Bereich [31]. Der Zahnarzt kann Hilfen geben, indem er visuelle und akustische Ablenkungsreize anbietet. Bilder und Musik können den

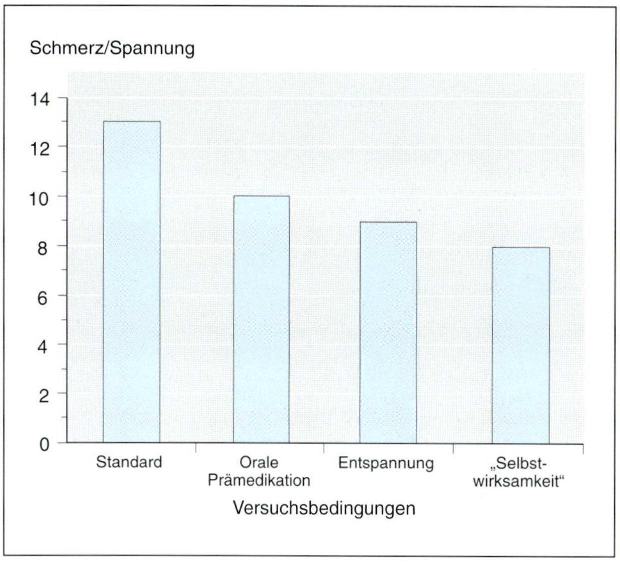

Abb. 5 Schmerz/Spannung während der Zahnextraktion unter vier Versuchsbedingungen.

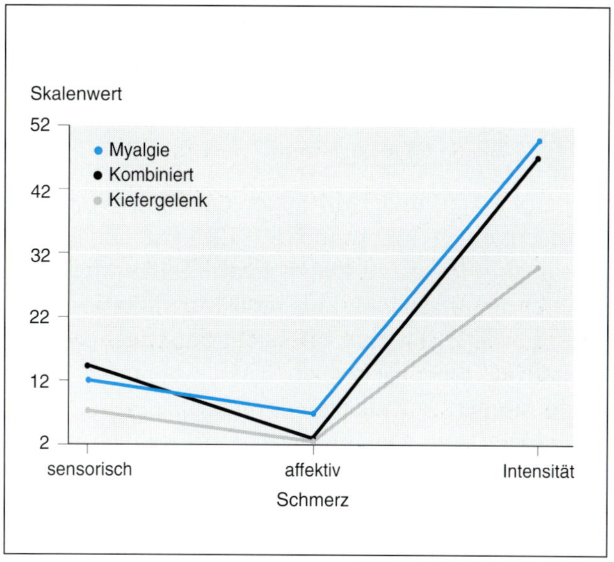

Abb. 6 Schmerzausprägungen bei drei Typen von temporomandibulären Störungen (nach [41]).

Patienten in seinen Bemühungen zur Aufmerksamkeitskontrolle unterstützen.

Temporomandibuläre Störungen

Diagnostik und Prävalenz

Unter den Begriff „temporomandibuläre Störungen“ (TMS) werden Krankheitsbilder unterschiedlicher Ätiologie und Erscheinungsweise zusammengefaßt. Jegliche Schmerzen im Mund-/Gesichtsbereich und Funktionsstörungen des Kauorgans wurden ursprünglich als einheitliches Krankheitsbild angesehen. Ihm wurden Symptome wie Muskel- und Gelenkschmerzen bei Palpation und in Ruhe, Gelenkgeräusche, Einschränkungen der Mundöffnung sowie Ohrenschmerz, Schwindel, Übelkeit und Ohrgeräusche zugeordnet [32].

Der großen **Breite von Symptombereichen** entspricht eine Vielfalt von Begriffen zur Kennzeichnung der Krankheit: Costen-Syndrom, orofaziales Schmerzsyndrom, temporomandibuläres Schmerz-Dysfunktionssyndrom, myofaziales Schmerzsyndrom, kraniomandibuläre Störung und schließlich temporomandibuläre Störung. Die Übersicht läßt zwei Gruppen von Begriffen erkennen: solche mit explizitem Bezug auf den Schmerz als Bestandteil der Erkrankung und solche ohne diesen Verweis.

Zur Verwirrung über das Krankheitskonzept trugen epidemiologische Studien bei, die eine Prävalenz mindestens eines Symptoms von 26% bis 57% bei repräsentativen Befragungen Gesunder ergaben [32]. Klinische Untersuchungen von Nicht-Patienten steigerten die Prävalenz auf bis zu 75%. Derartige Ergebnisse stellen die Behandlungsdürftigkeit temporomandibulärer Störungen zur Diskussion.

Eine erste Orientierung bietet eine **Grob-Differenzierung der Symptome** unter dem Gesichtspunkt der Ätiologie: es wurde ein myogener und ein arthrogener Schmerzzustand sowie ein Mischtyp unterschieden. Eine Reihe von Untersuchungen zur Schmerzbeschreibung und zu psychologischen Merkmalen der Patienten scheint diese Differenzierung zu unterstützen.

Als Beispiel soll eine Untersuchung von McCreary et al. [41] wiedergegeben werden (Abb. 6). Sie fanden, daß Myalgie-Patienten das größte Ausmaß von Schmerzintensität und affektivem Schmerz angaben, während Patienten mit arthrogenem Schmerz die geringsten Ausprägungen an Schmerzintensität und affektivem, sensorischem Schmerz angaben.

Weitere Klassifikationen wurden von verschiedener Seite vorgeschlagen, von denen das System der Universitäty of Washington (aus der Klinik für orofazialen Schmerz und temporomandibuläre Störungen) die neueste ist. Auf sie soll im folgenden näher eingegangen werden [56].

Das System möchte Entscheidungskriterien für klinische Diagnosen angeben und basiert auf klinischer Erfahrung und einer Literaturübersicht, u.a. einer Klassifikationsliste der American Academy of Craniomandibular Disorders [5]. Kennzeichen des Systems sind die Zulässigkeit einer Mehrfachdiagnostik, die nach Meinung der Autoren der Komplexität der Störungen am ehesten gerecht wird, sowie eine praxisgerechte Stützung auf klinische Untersuchungsmethoden.

Das Diagnosesystem stellt als bisher einziges statistische Daten zur Prävalenz in einer klinischen Stichprobe (n = 209) und TMS-Fällen einer bevölkerungsrepräsentativen Stichprobe (n = 120) vor. Die folgenden Ausführungen zu **sieben Krankheitsbildern** sollen sich hauptsächlich auf diese Klassifikation stützen. Tabelle 2 gibt eine Übersicht der Diagnosen innerhalb des Störungsbereichs TMS. Abbildung 7 zeigt die klinischen Prävalenzen der Diagnosen.

- **Myalgie:** Die Diagnose setzt als obligatorische Kriterien die Angabe von orofazialem Schmerz durch den Patienten sowie Palpationsschmerz einer Stärke von mindestens 2 (auf einer Skala von 0 bis 3) bei zwei von sechs Muskelgebieten voraus (Masseter, Temporalis, Faszien des Temporalis, Suprahyoideus, Stylohyoideus und lateraler Pterygoideus). Dabei können zwei Schweregrade unterschieden werden (Myalgie Typ I und Typ II).
  88,7% der Klinikstichprobe (s. Abb. 7) und 77,5% der Bevölkerungs-Fall-Stichprobe erfüllen die Kriterien einer Myalgie. Das heißt, nur bei 11,3% der Patienten konnte kein Muskelschmerz eruiert werden. Der rein arthrogene Schmerz scheint demnach in der Klinik ein eher seltenes Phänomen zu sein.
- **Myofaziales Schmerz-Dysfunktions-Syndrom (MSD)**: Die Diagnose erfordert zusätzlich zu den Myalgiekriterien das Symptom einer Mundöffnung von weniger als 40 mm.
  Aus der Klinikstichprobe erfüllen 46,6% (s. Abb. 7) der Patienten die Kriterien einer MSD. Da die MSD die Diagnose einer Myalgie voraussetzt, ist festzuhalten, daß über die Hälfte der Muskelschmerzpatienten eine funktionelle Einschränkung der Mundöffnung aufweisen. 29,2% der TMS-Fälle aus der Bevölkerungsstichprobe erfüllen die Kriterien einer MSD.
- **Reversible Diskusdislokation:** Obligatorisch sind Klickgeräusche im Kiefergelenk bei vertikaler Bewegung sowie lateraler oder protrusiver Exkursion. Schmerz ist kein obligatorisches Diagnose-Kriterium. Er ist als akzessorisches Symptom konzipiert: als „gelegentlicher milder Schmerz" in der Funktion.
  Die Diagnose trifft auf je 30% der Klinik-Patienten (s. Abb. 7) und der TMS-Fälle der Bevölkerungsstichprobe zu. Zusätzlich trifft die Diagnose bei 14% der nicht als „Fälle" identifizierten Personen der repräsentativen Stichprobe zu. Der Krankheitswert der Diagnose erscheint auch hier der Diskussion würdig.
- **Irreversible Diskusdislokation:** Zusätzlich zu den Gelenkgeräuschen erfordert die Diagnose eine eingeschränkte Mundöffnung von weniger als 35 mm. Sowohl in der klinischen als auch in der Bevölkerungs-Fall-Stichprobe kommt die Diagnose mit 1% äußerst selten vor.
- **Posttraumatische Störung:** Neben der Vorgeschichte eines Traumas sind Palpations- und Bewegungsschmerz erforderliche Diagnosekriterien. Die Diagnose war ebenfalls von geringer Bedeutung in der Washingtoner TMS-Klinik: sie wurde nur bei einem Patienten gestellt (0,5%).

Tabelle 2 Klassifikation von TMS-Störungen in Anlehnung an das Washingtoner Diagnose-System [56].

Temporomandibuläre Störungen
• Myalgie
• myofaziale Schmerz-Dysfunktion
• Diskusdislokation – reversibel
• irreversible Diskusdislokation
• posttraumatische Störung
• entzündliche Gelenkerkrankung
• degenerative Gelenkerkrankung

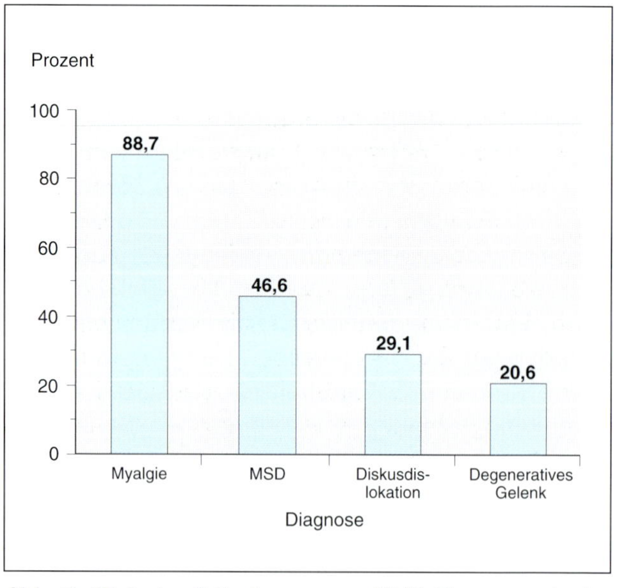

Abb. 7 Klinische Prävalenzen von TMS-Diagnosen in der Washingtoner Klinik (nach [56]).

- **Entzündliche Gelenkerkrankung:** Erforderliche Kriterien sind Schmerzen im Gelenk bei Palpation, während der Funktion und bei passivem Öffnen. Sie tritt in Verbindung mit systemischen Erkrankungen (chronische Polyarthritis) auf und ist durch Laborbefunde zu belegen. Die Diagnose konnte bei keinem der untersuchten Patienten gestellt werden. Es ist anzunehmen, daß sich Patienten mit entzündlichen Gelenkerkrankungen eher rheumatologisch behandeln lassen.
- **Degenerative Gelenkerkrankung:** Neben dem Schmerz ist die Feststellung eines harten Reibegeräusches bei Bewegung des Unterkiefers erforderlich. Die Diagnose tritt in der Klinikstichprobe mit 20% wiederum häufiger auf und entspricht dem Vorkommen der Diskusdislokation. Unter den TMS-Fällen der Bevölkerungsstichprobe traf die Diagnose auf 5% zu.

Wenn die Befunde aus der Washingtoner Klinik zu verallgemeinern sind, hieße das, daß der muskuläre Schmerz mit nahezu 90% bei fast allen TMS-Patienten zu finden ist. Rein arthrogener Schmerz träte demgegenüber mit etwa 10% sehr selten auf. 20% der Patienten hatten eine degenerative Gelenkerkrankung, die (aus den Daten zu schließen) überwiegend von muskulärem Schmerz begleitet war. Bei einigen Patienten trat Funktionsschmerz im Gelenk als Zusatzsymptom bei Diskusdislokation auf (Fallzahl nicht erfaßt).

Zunehmend wird in Frage gestellt, ob die Myalgie als ein auf die Kaumuskulatur beschränktes Beschwerdebild auftreten kann. So fand PÖLLMANN die Beteiligung weiterer muskulärer Strukturen und kommt zu dem Schluß [46], daß die TMS als Teilsymptom einer generalierten Weichteilerkrankung einzuschätzen sei.

In epidemiologischen Studien wurden bei TMS-Fällen weitere Schmerzen, insbesondere im Nacken-, Rücken- und Schulterbereich gefunden [52].

Abbildung 8 zeigt die Angaben von Patienten mit TMS zu weiteren Schmerzen in den letzten drei Monaten (Spannungskopfschmerz, Migräne, Nacken-Rücken- und Kreuzschmerz, [12]). Sie machen deutlich, daß der Zahnarzt nicht nur die lokale Beteiligung des temporomandibulären Systems in seine Behandlungsplanung einbeziehen sollte, sondern auch die Zusammenarbeit mit Rheumatologen, Orthopäden oder Schmerztherapeuten erwägen kann.

Streß-Muskelhyperaktivitäts-Modell

Bei verschiedenen myogenen Schmerzzuständen (Rückenschmerz, Spannungskopfschmerz) wurden

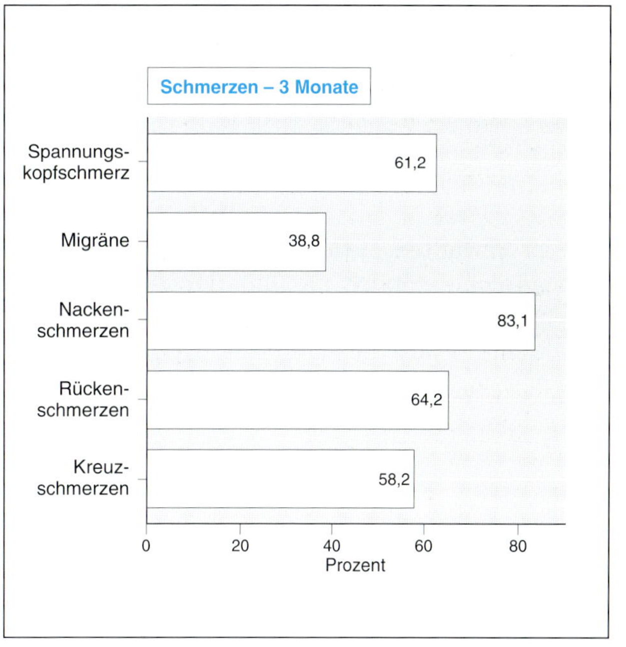

Abb. 8 Angaben von TMS-Patienten zu weiteren Schmerz-Symptomen während der letzten drei Monate (nach [12]).

Zusammenhänge zwischen subjektiver Belastung und muskulärer Anspannung der affizierten Muskelgruppen berichtet. Für die TMS wird der gleiche pathogenetische Prozeß angenommen.

In Laborstudien wurden Hypothesen des Modells getestet. Als Stressoren wurden eingesetzt: lösbare und unlösbare Rechen- und Anagramm-Aufgaben oder Dias mit bedrohlichen Inhalten (Verletzungen, Operationen). Von der schmerzbetroffenen Muskelgruppe wurde über Oberflächenelektroden ein Myogramm abgeleitet. Verglichen wurden Werte der Ruhe-, der Streß- und/oder der Erholungsphase.

Zur Illustration sollen die Ergebnisse von zwei Untersuchungen kurz geschildert werden. MONTGOMERY und RUGH ließen die Probanden an einer Reaktionsaufgabe mit unterschiedlichen Aufgabengeschwindigkeiten teilnehmen [43]. Auf bestimmte Leuchtsignale sollten festgelegte Knöpfe gedrückt werden. Die Aufgabe setzte sich aus drei Blöcken mit je zehn Versuchsdurchgängen und dazwischengeschalteten Erholungsphasen zusammen. Verglichen wurde die EMG-Aktivität des rechten Masseter von TMS-Patienten und Kontrollpersonen. Abbildung 9 zeigt die Werte über die drei Untersuchungs-Blöcke. Danach unterscheiden sich die EMG-Werte im ersten Aufgabenblock nicht. Im zweiten und dritten Block sinkt bei den Gesunden die Muskelspannung und bleibt bei den Patienten auf dem gleichen hohen Niveau. Das Ergebnis weist darauf hin, daß die Zusammenhänge relativ komplex sein dürften. Patienten passen sich danach im Zeitverlauf weniger an eine belastende Situation an als Nicht-Patienten.

Einen lebensnäheren und Individuum-spezifischeren Stressor setzten FLOR et al. in ihrer Untersuchung ein. Versuchspersonen wurden gebeten, sich an ein unangenehmes Ereignis (Stressor) sowie an eine Fernsehsendung (Neutralbedingung) zu erinnern [10]. Verglichen wurden TMS-Patienten mit und ohne radiologischem Befund,

Rückenschmerzpatienten und Gesunde. Abbildung 10 zeigt die Ergebnisse von vier Untersuchungsphasen für den rechten Masseter. Die beiden TMS-Gruppen unterscheiden sich in der Ruhephase nicht von der Rückenschmerz- und der Gesunden-Stichprobe, liegen jedoch in der Streß- und in der Neutralphase deutlich über den Vergleichsgruppen – ebenso wie in der Erholungsphase.

Auf der **Verhaltensebene** nimmt das Streß-Muskelhyperaktivitäts-Modell parafunktionelle Kaubewegungen als Ursache von Muskelverspannungen an. Abbildung 11 gibt die Häufigkeit parafunktioneller Gewohnheiten und von morgendlichen Beschwerden, die auf nächtliches Knirschen hinweisen, in einer TMS-Stichprobe von FRIGGE [12] wieder (n = 62).

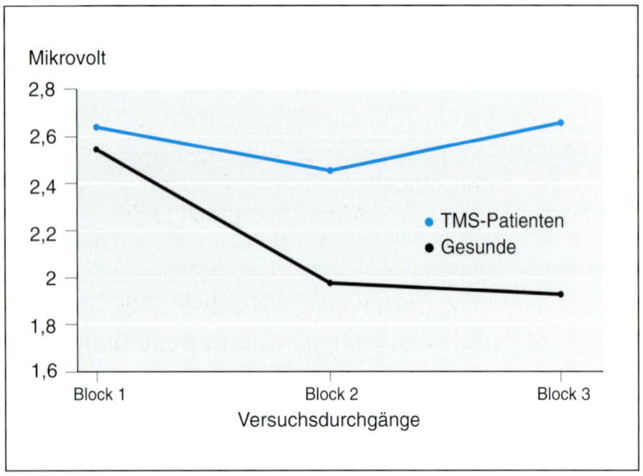

Abb. 9 EMG-Veränderungen im zeitlichen Verlauf über drei Blöcke von Versuchsdurchgängen (nach [43]).

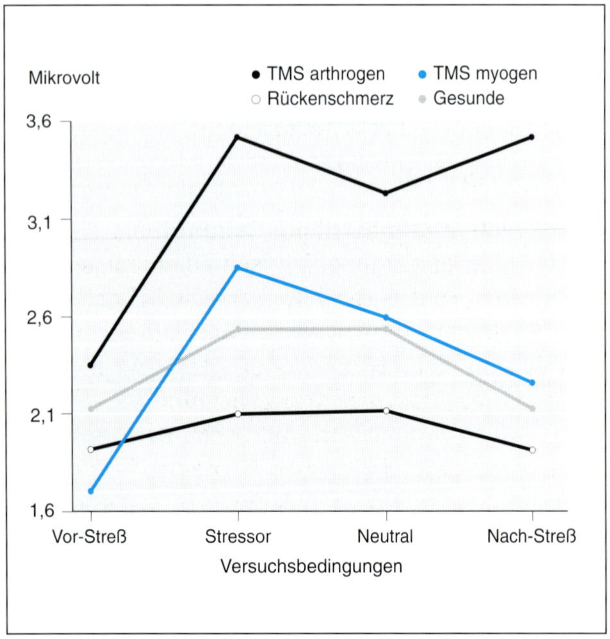

Abb. 10 EMG-Veränderungen (rechter Masseter) unter zwei Versuchsbedingungen sowie in der Vor- und Nach-Streßphase bei zwei TMS-Patienten-Gruppen und zwei Kontrollgruppen (nach [10]).

Als Auslöser von Parafunktionen werden von verschiedenen Autoren okklusale Disharmonien angenommen. Anzeichen sind offener Biß, Kreuzbiß, fehlende Zähne, Gesichtsasymmetrie (strukturelle Instabilität) sowie einseitige Zahnkontakte, Interferenzen bei lateralen Bewegungen (funktionelle Instabilität) [49].

Auf der **Ebene der Persönlichkeit** wird eine psychische Vulnerabilität gegenüber Streßeinflüssen angenommen. Verschiedene Autoren berichten, TMS-Patienten neigten zu größerer Ängstlichkeit, Depressivität und Ärger. Als Beispiel sind in Abbildung 12 die Ergebnisse einer Untersuchung von BEATON et al. wiedergegeben [1].

Gesunde Männer und Frauen wurden mit TMS-Patienten auf einem Fragebogen mit zehn Unterskalen verschiedener Streßsymptome verglichen. Patienten gaben eine größere Zahl von Habit-Mustern sowie stärkere Ausprägungen von Muskelanspannung, Depression, Angst und Ärger an.

Nach dem Konzept der kognitiven Therapie wird angenommen, daß dysfunktionale Einstellungen Streßsymptome vermitteln. Dazu zählen eine negative Bewertung des eigenen Selbst, die Überzeugung, sich von anderen Personen abhängig machen zu müssen, die Einstellung, sich für vergangene Mißerfolge beschuldigen zu müssen und die Ansicht, Frustrationen nicht ertragen zu können. Abbildung 13 demonstriert die Ergebnisse einer Korrelationsstudie [29] zwischen irrationalen Einstellungen und Kiefergelenks-/Gesichtsschmerz in Belastungssituationen bei einer Stichprobe von stationär behandelten TMS-Patienten (n = 72).

Eine weitere Persönlichkeitsdispostion, die das Schmerzerleben beeinflußt, ist das **Verhalten in Schmerzsituationen.** Auf Anzeichen von Schmerz können Patienten mit der Vermeidung sozialer Kontakte reagieren oder sich bemühen, sich mit Aktivitäten abzulenken, sie können versuchen, über Entspannung den Schmerz zu beeinflussen. Wahrgenommene soziale Unterstützung und Aufmerksamkeit können eine verstärkende Wirkung auf den Schmerz haben.

Abbildung 14 vergleicht das Schmerzverhalten von TMS-Patienten, die in einer Schmerzklinik Behandlung suchten, mit TMS-Patienten in ambulanter zahnärztlicher Betreuung [29,12]. Sie unterschieden sich im Grad der Chronifizierung (durch-

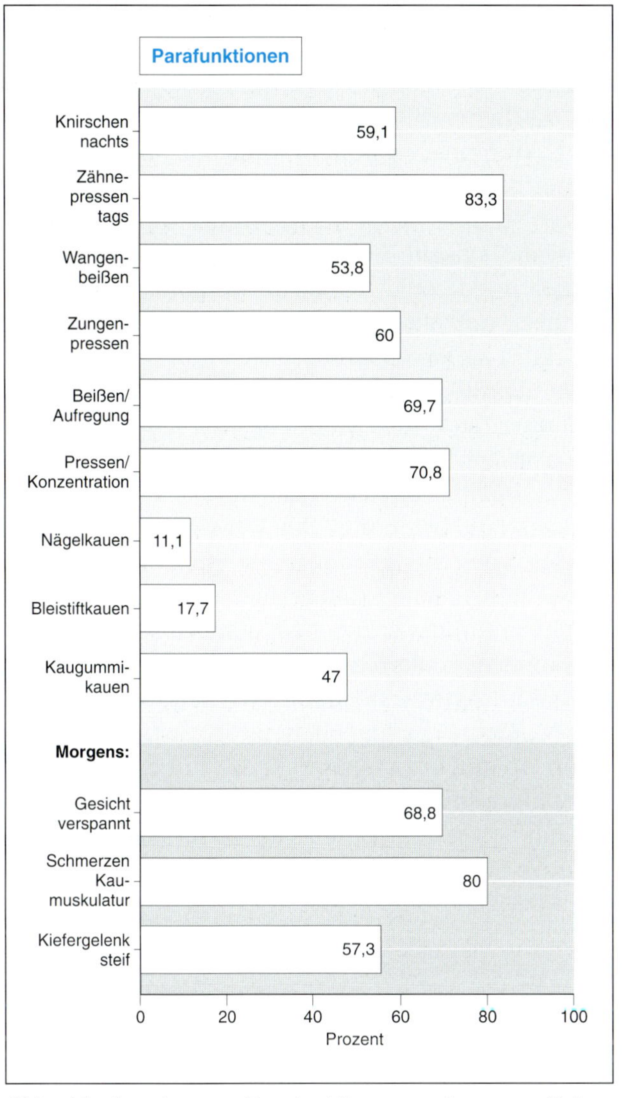

Abb. 11 Angaben zu Parafunktionen und morgendlichen Beschwerden bei 62 Zahnarztpatienten mit TMS (nach [12]).

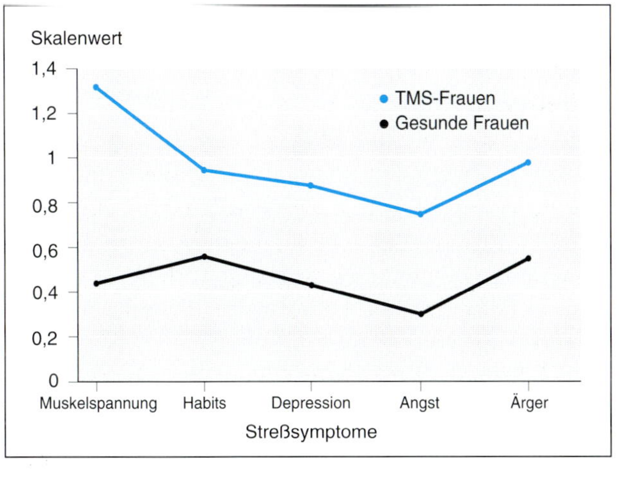

Abb. 12 Angaben zu Streßsymptomen von weiblichen TMS-Patienten und Kontrollpersonen (nach [1]).

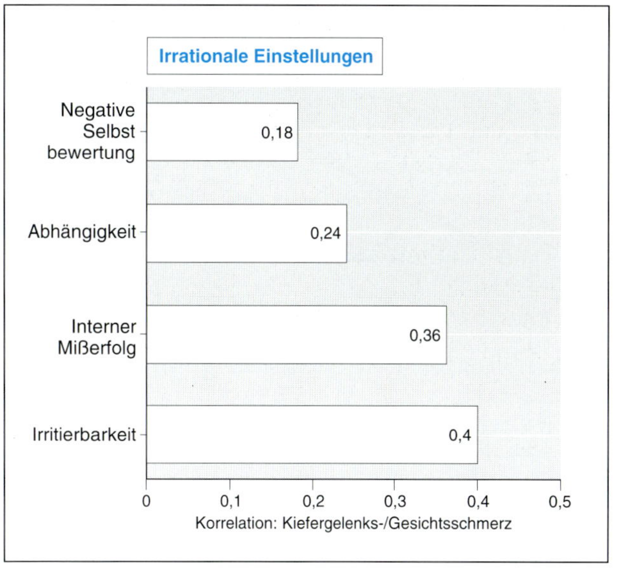

Abb. 13 Pearson-Korrelationen zwischen irrationalen Einstellungen und Angaben zu Kiefergelenks-/Gesichtsschmerzen in Belastungssituationen (nach [30]).

schnittlich 14,2 Jahre versus 3,4 Jahre). Die Graphik zeigt, daß Klinik-Patienten stärker vermeiden, weniger Aktivität bei Schmerzen angeben und weniger kognitive Kontrolle ausüben.

Abbildung 15 gibt die Zusammenhänge zwischen dem Schmerzverhalten und dem Schmerz bei Muskelpalpation (Masseter, Temporalis, Trapezius) in der zahnärztlichen Untersuchung wieder. Je stärker die Patienten vermeiden, desto höheren Schmerz empfinden sie bei der Muskelpalpation, je mehr sie den Schmerz kognitiv beeinflussen können und mit Aktivität reagieren, desto geringeren Schmerz empfinden sie bei der Untersuchung [12].

Therapie der TMS

Konservative zahnärztliche Behandlung. TMS-Patienten werden zahnmedizinisch zu einem geringen Teil invasiv, in der Regel konservativ behandelt [5]. Das Spektrum konservativer Maßnahmen umfaßt Aufbißschienen, Hitze- oder Kälte-Applikation, weiche Diät, Massage, Krankengymnastik, transkutane Nerven-Stimulation und Beratung.

Randolph et al. [47] geben über einen 1–7jährigen Zeitraum nach einem solchen umfassenden Behandlungspaket eine Erfolgsrate von 84% bei Akutpatienten (Abb. 16) und von 65% bei chronischen Patienten (mehr als 4 Monate Krankheitsdauer) an. In einer Übersichtsarbeit über zehn Studien werden vergleichbare Werte angegeben [47]. Nicht berücksichtigt werden in den meisten Untersuchungen Rückfälle während des Katamnese-Zeitraumes.

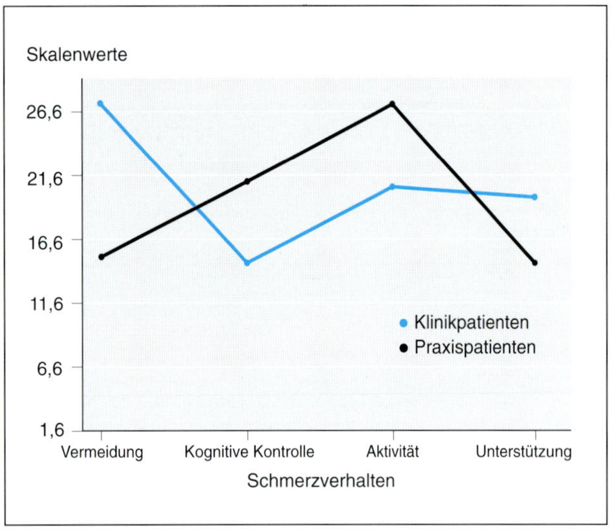

Abb. 14 Schmerzverhalten von TMS-Patienten in stationärer und in ambulanter Behandlung.

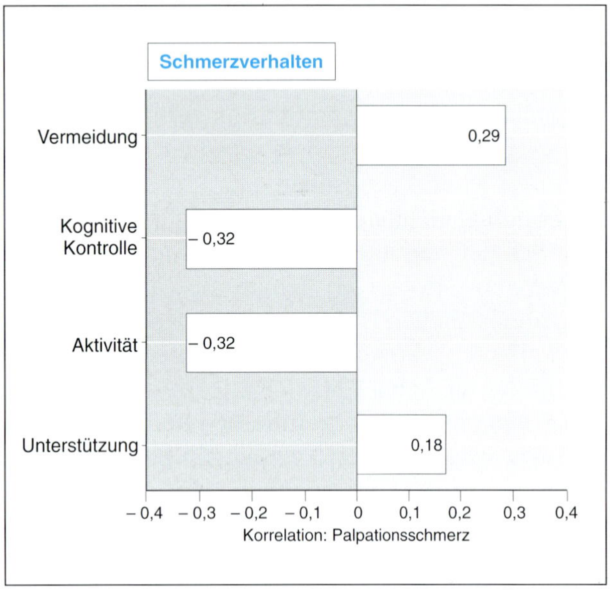

Abb. 15 Pearson-Korrelationen zwischen Schmerzverhalten und Schmerz bei Muskelpalpation bei 62 TMS-Patienten (nach [12]).

Feinmann [7] berichtet über eine Vier-Jahres-Katamnese von Patienten, die konservativ behandelt wurden und zusätzlich Antidepressiva sowie regelmäßige Beratungen zu Streßbewältigung und zur Änderung der Lebensstils erhielten. 34% der Patienten blieben in regelmäßigem Kontakt mit der Klinik, 13% erhielten Langzeit-, 26% intermittierende antidepressive Medikation.

Die Erfolgsrate betrug 70% der Patienten, die angaben, schmerzfrei zu sein. Von diesen berichteten 50% Rückfälle während der Vier-Jahres-Periode. Die Autorin schließt aus ihren Daten, daß Beratung und Medikation sehr effektive Instrumente zur Therapie der TMS seien. Dabei sei zu berücksichtigen, daß die Behandlung aufgrund der Rückfallneigung der Erkrankung in hohem Maße das Gesundheitssystem beanspruche, für einen großen Teil der Patienten sei eine Langzeitbetreuung erforderlich.

Psychologische Behandlung der TMS. In Laborstudien wurde eine große Anzahl unterschiedlicher Schmerzkontrolltechniken geprüft, die Eingang in die klinische Praxis fanden.

Bei der äußeren Aufmerksamkeitslenkung lernen Patienten, sich auf Merkmale der Umgebung zu konzentrieren oder sich durch körperliche und soziale Aktivität abzulenken. Innere Aufmerksamkeitslenkung beinhaltet die Entwicklung entspannender Vorstellungsbilder, auf die der Patient in Schmerzepisoden zurückgreifen kann.

Schmerzfokussierung bedeutet, daß der Patient die Aufmerksamkeit auf sensorische Aspekte (Ausbreitung, Rhythmus) richtet, Schmerzfluktuationen und Momente des Nachlassens der Schmerzen registriert. In einem zweiten Schritt kann er sich durch Vorstellungsbilder vom Schmerz distanzieren.

Beim Selbstinstruktionstraining lernt der Patient, negative Selbstgespräche zu beobachten, sie auf den Realitätsgehalt zu prüfen und durch hilfreichere Selbstanweisungen zu ersetzen.

Stam et al. [53] untersuchten die Effekte eines Schmerzbewältigungsprogramms mit den beschriebenen Elementen bei zwei Gruppen, die sich durch die Definition der Behandlung als Entspannungstraining oder als Hypnose unterschieden. Abbildung 17 zeigt einen Rückgang der täglichen Schmerzspitzen (auf einer Skala von 0 bis 100) bei der Hypnose-Gruppe in der ersten Woche, danach blieben die Werte konstant. Die Entspannungsgruppe wies da-

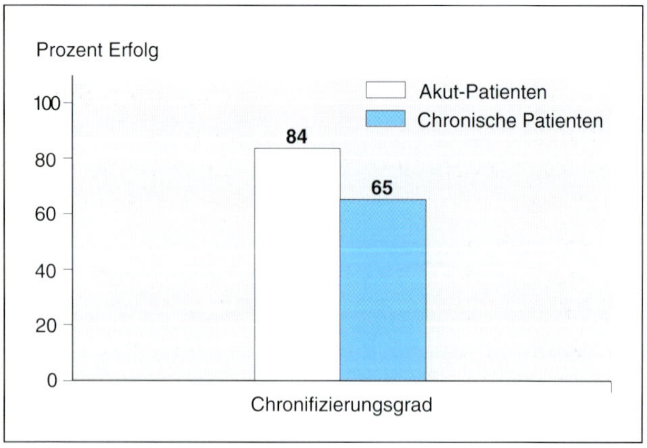

Abb. 16 Erfolgsraten von TMS-Patienten mit unterschiedlichem Chronifizierungsgrad bei konservativer zahnärztlicher Behandlung (nach [47]).

gegen eine kontinuierliche Abnahme der Schmerzen auf, während sie in der Kontrollgruppe anstiegen.

Der größere Erfolg der Entspannungsgruppe könnte dadurch zu erklären sein, daß die Patienten Veränderungen eher auf eigene Anstrengung und Fertigkeit attribuierten, während Hypnose-Patienten mögliche Veränderungen eher auf den Behandler attribuierten.

Das Behandlungskonzept der **Streßbewältigung** geht von einem situativ-kognitiven Ansatz aus. Patienten führen ein Tagebuch und protokollieren Schmerzepisoden, situative Auslöser sowie begleitende Gedanken, Gefühle und die Streßintensität. Je nach individueller Problemlage lernt der Patient entweder neue Fertigkeiten, die den Streß mildern, oder es werden streßerzeugende Gedanken und Bewertungen geprüft und adaptive Kognitionen entwickelt, oder er lernt, sich mit Streßphantasien zu konfrontieren, statt sie zu vermeiden.

Stenn et al. [54] führten mit TMS-Patienten ein Streßbewältigungsprogramm durch und registrierten nach jeder Sitzung die muskuläre Aktivität des Masseters und den subjektiven Schmerz. Abbildung 18 zeigt eine deutliche Verminderung der Muskelspannung und der Schmerzintensität über sieben Sitzungen.

Beim **EMG-Biofeedback-Verfahren** wird dem Patienten das elektrisch umgewandelte Muskelaktionspotential des Masseter akustisch über die Tonhöhe und/oder visuell z.B. über die Anzahl erleuchteter Lämpchen zurückgemeldet. Der Patient lernt, Variationen sonst nicht wahrnehmbarer Veränderungen der Muskelspannung zu registrieren und durch kognitive Aktivität zu beeinflussen (Vorstellungen und Selbstgespräche). Die Fähigkeit zur Beobachtung und Steuerung des Muskeltonus soll auf die Alltagssituation übertragen werden.

Biondi und Picardi [3] geben eine Übersicht über zwölf Studien zur Anwendung des Masseter-, Temporalis- oder Frontalis-EMG-Biofeedbacks bei TMS-Patienten, die insgesamt für eine Wirksamkeit des Verfahrens sprechen.

Eine Variante stellt das **nächtliche Biofeedback bei Bruxismus** dar. Der Patient legt beim Schlafengehen eine EMG-Oberflächenelektrode für einen Massetermuskel an. Steigt die EMG-Aktivität über ein bestimmtes Niveau, wird der Patient geweckt, der daraufhin die dysfunktionellen Kaubewegungen unterbricht. Das Verfahren hat sich in mehreren Untersuchungen als wirkungsvoll erwiesen. Der apparative Aufwand stellt aber eine routinemäßige Anwendung vor Probleme.

Casas et al. [4] gingen der Frage nach, ob der Effekt eines verringerten nächtlichen Muskeltonus auch mit anderen Methoden zu erreichen ist. Sie verglichen TMS-Patienten unter den Bedingungen nächtliches Feedback, Streßbewältigung und einer Kombinationsbehandlung. Gegenüber einer Kontrollgruppe erwiesen sich alle Behandlungen als gleich effektiv (Abb. 19). Streßbewältigung ergab eine etwas höhere Reduktion der Muskelspannung, die Addition von nächtlichem Alarm ergab keine

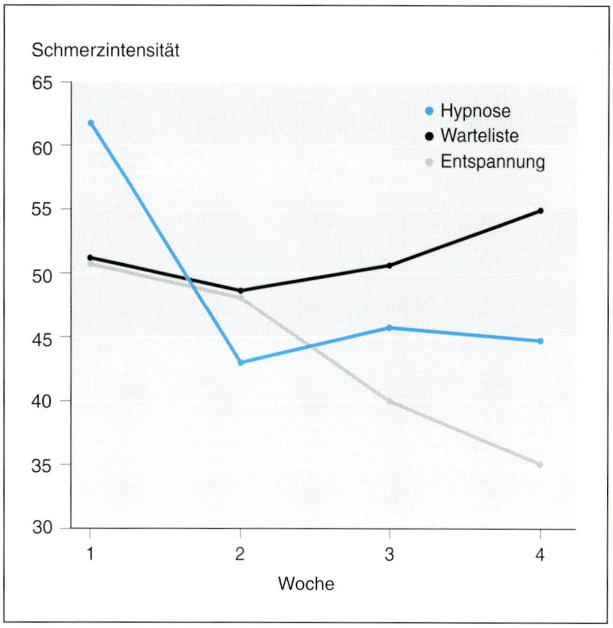

Abb. 17 Veränderungen der durchnittlichen Schmerzspitzen während eines Schmerzbewältigungs-Trainings, das als Hypnose oder als Entspannungstraining deklariert wurde (nach [53]).

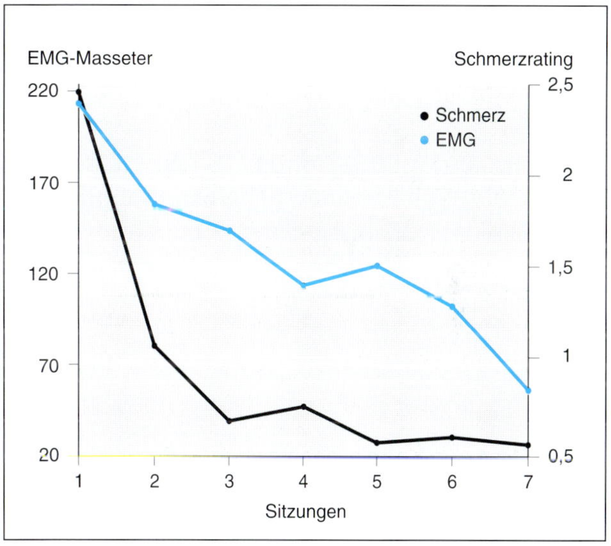

Abb. 18 Veränderungen des EMG und der Schmerzintensität im Verlauf von sieben Sitzungen eines Streßbewältigungstrainings (nach [54]).

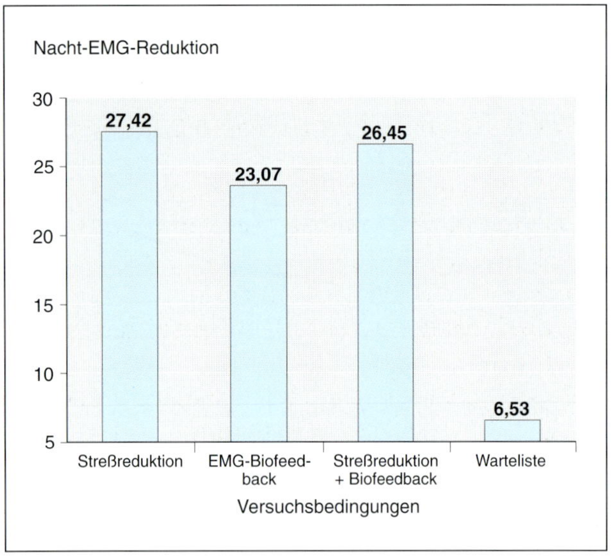

Abb. 19 Veränderungen der nächtlichen EMG-Aktivität von TMS-Patienten unter vier Versuchsbedingungen (nach [4]).

weitere Verbesserung. Daraus ist zu schließen, daß eine Verminderung der Anspannung während des Tages sich auf die EMG-Aktivität während des Schlafes auswirkt.

Das „Burning Mouth"-Syndrom

Diagnostik, Prävalenz und Ätiologie

Das Burning-Mouth-Syndrom (BMS) ist gekennzeichnet durch **brennende Schmerzempfindungen** im Mundbereich, insbesondere der Zunge, aus verschiedensten Ursachen. Weitere gebräuchliche Begriffe für die Störung sind: Glossodynia, orale Dysästhesie oder Glossopyresis.

In dem amerikanischen „National Health Interview" des Jahres 1989 wurde eine Prävalenz von 0,7% gefunden, was hochgerechnet einer Anzahl von über einer Million Betroffener in den USA entspricht. Gleiche Bedingungen vorausgesetzt wäre in der Bundesrepublik Deutschland mit mindestens einer halben Million BMS-Patienten zu rechnen.

In der Zahnarztpraxis scheint die Störung nicht ungewöhnlich zu sein: eine Prävalenz von 5% unter den Zahnarztpatienten wurde berichtet [55]. Die Mehrheit der Betroffenen wird als über 50jährig und weiblichen Geschlechts beschrieben.

Vom Schmerz befallen werden neben der Zunge der Gaumen, die Lippen, die bukkale Mukosa, sowie gebißtragende Strukturen. Der Beginn wird bei zwei Dritteln als schleichend beschrieben [16]. Der Schmerz ist überwiegend morgens vorhanden und steigt bis zum frühen Abend an.

Die Erscheinungsweisen des Schmerzes bei BMS-Patienten wurden von Grushka et al. [17] untersucht. Sie verglichen Patienten mit BMS, mit reversibler und mit irreversibler Pulpitis auf dem McGill-Schmerzfragebogen. Abbildung 20 zeigt, daß die Schmerzausprägungen von BMS-Patienten in der Mitte zwischen den Vergleichsgruppen liegen. Die Einzelauswertung ergab als charakteristische Schmerzbeschreibungen für das BMS: Brennend (85%) empfindlich (51%), lästig (51%), ermüdend (37%) und quälend (37%).

Grushka et al. [17] berichten über eine eingehende psychophysiologische Untersuchung mit BMS-Patienten. Sie verglichen Schwellenwerte für Wahrnehmungsreize, Diskriminationsreize, Wärme-Veränderungen, für Hitzeschmerz sowie die Toleranz für Hitzeschmerz von BMS-Patienten und Kontrollpersonen für acht orale Bereiche. Einzig die Hitzeschmerz-Toleranz der Zungenspitze unterschied zwischen den beiden Gruppen. Dieser Bereich war von 80% der Patienten als schmerzhaft angegeben worden. Während BMS-Patienten 30 Sekunden lang einen Hitzereiz von 46,4 °C an der Zungenspitze ertrugen, konnten Kontrollpersonen fast zwei Grad mehr tolerieren (Abb. 21). Die Hitzetoleranz der Unterlippe, die nur bei 17% der Patienten betroffen war, differierte nur um 1 °C (nicht signifikant).

Eine Vielzahl von Ursachen wird als Erklärung für die brennenden Schmerzempfindungen im Mund herangezogen. Sie lassen sich gruppieren in lokale Faktoren, systemische Faktoren und psychogene Faktoren.

Zu den **lokalen Ursachen** zählen Kontaktallergien durch prothetisches Material, weiterhin mechanische Irritation ebenfall durch prothetische Versorgung. Orale Infektionen (Candida albicans) werden von verschiedenen Autoren als signifikante Ursache angeführt. Schließlich können Habits der Zunge und andere parafunktionelle Gewohnheiten zum BMS beitragen.

Unter den **systemischen Ursachen** wird am häufigsten die Menopause zitiert, die mit vasomotorischen Veränderungen, psychologischen Symptomen (Depression, Müdigkeit, Irritierbarkeit) und weiteren Beschwerden (wie Kopfschmerz, Schlaflosigkeit) einhergeht. Hämatologische Befunde werden bei 2% bis zu 58% als verursachend angesehen, u.a. werden perniziöse Anämie und Eisenmangel angegeben. Die Speichelzusammensetzung wurde als Faktor, der zur Entwicklung von BMS beiträgt, ebenso diskutiert wie die Xerostomie, die als Nebenwirkung vieler Medikamente, insbesondere von Psychopharmaka, auftritt.

Häufig werden **psychologische Ursachen** zitiert. Unter anderem wird eine psychiatrische Diagnose für 50% einer klinischen BMS-Stichprobe berichtet [16]. Grushka [17] fand in einer Kontrollgruppen-Studie, daß BMS-Patienten depressiver, ängstlicher

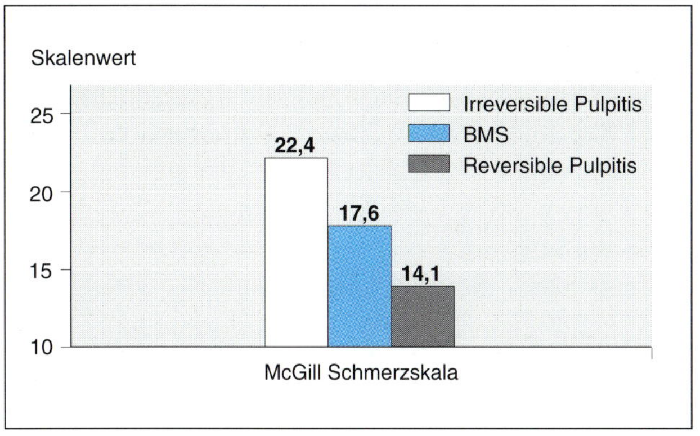

Abb. 20 Schmerzausprägungen von Patienten mit BMS, mit reversibler und irreversibler Pulpitis (nach [16]).

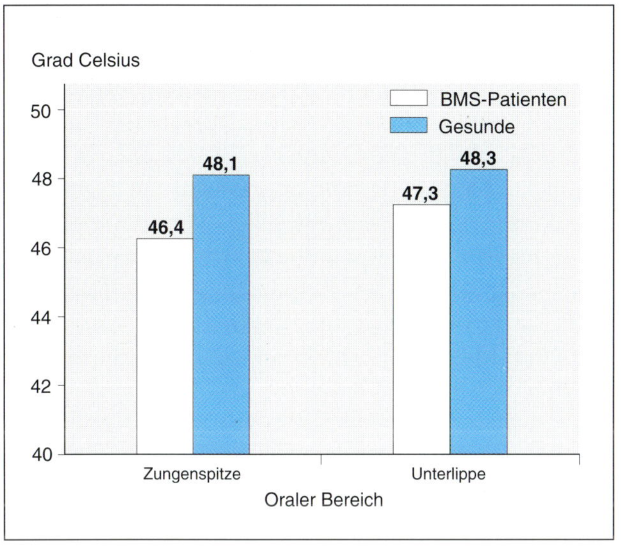

Abb. 21 Hitzeschmerztoleranz der Zungenspitze und der Unterlippe bei BMS-Patienten und Kontrollpersonen (nach [17]).

und besorgter über körperliche Symptome waren. Die psychische Belastung war um so höher, je mehr Schmerzen die Patienten angaben. In der Regel sind die Angaben über psychische Ursachen eher anekdotisch. Nicht zu entscheiden ist, ob auffällige psychische Symptome Ursache oder Folge der BMS sind. Aus der klinischen Erfahrung wird berichtet, daß BMS-Patienten häufig unter Angst über die unbekannte Natur der Erkrankung, insbesondere unter Krebsangst, leiden.

Psychologische Therapie

Für eine psychologische Behandlung des BMS gibt es **drei mögliche Ansatzpunkte.**

- Wenn das BMS mit oralen Habits verbunden ist, kann eine Behandlung mit Selbstbeobachtung und Protokollierung der Gewohnheiten, mit Identifizierung von Auslösern und Kognitionen sowie der Entwicklung von Verhaltensalternativen in Verbindung mit Entspannung eine Kontrolle der Habits ermöglichen.
- Bei Chronifizierung des Zustandes kann ein Schmerzkontrolltraining mit Aufmerksamkeitslenkung, Neuinterpretation von Schmerzempfindungen und positiven Selbstgesprächen dem BMS-Patienten bei der Bewältigung der Krankheit helfen.
- Depressionen, Ängste und Besorgnisse über die ungeklärte Natur der Erkrankung (u.a. Krebsängste) die als Folge der Krankheit auftreten, können über eine kognitive Therapie mit Identifizierung dysfunktionaler Kognitionen behandelt werden.

Atypischer Gesichtsschmerz und atypische Odontalgie

Atypischer Gesichtsschmerz ist charakterisiert durch:
- tägliche Schmerzen,
- Beschränkung auf eine Gesichtshälfte,
- Fehlen physischer Zeichen,
- unauffällige Laborwerte [13].

Bemängelt wird von verschiedenen Autoren, daß der atypische Gesichtsschmerz eine Ausschlußdiagnose darstelle und den „Papierkorb für alle unerklärbaren Schmerzen im Gesicht" bilde [14].

Demgegenüber ist die atypische Odontalgie zumindest anatomisch eindeutig umgrenzt. Graff-Radford und Solberg [14] schlagen eine Reihe diagnostischer Entscheidungskriterien vor. Obligatorisch ist ein kontinuierlicher oder fast kontinuierlicher Schmerz im dentoalveolären Bereich. Auszuschließen sind myofazialer Trigger-Schmerz, vaskulärer Schmerz, Verletzungs-Schmerz und Neuralgien. Radiologisch sind keine Hinweise auf Normabweichungen zu entdecken. Die Schmerzdauer soll länger als drei Monate sein. Hyperästhesie bei Palpation wird gefunden. Anästhetische Blockaden haben unklare Wirkung.

Als Ursache atypischer Gesichts- und Zahnschmerzen werden von vielen Autoren **psychische Ursachen** vorgeschlagen. Berichtet wird z.B., daß bei zwei Dritteln einer Patienten-Stichprobe psychiatrische Störungen nach dem diagnostischen und statistischen Manual für psychische Störungen (DSM-III-R) gefunden wurden [14].

In ihrer eigenen Untersuchung fanden Graff-Radford und Solberg dagegen bei Patienten mit atypischer Odontalgie keine auffälligen Testwerte in

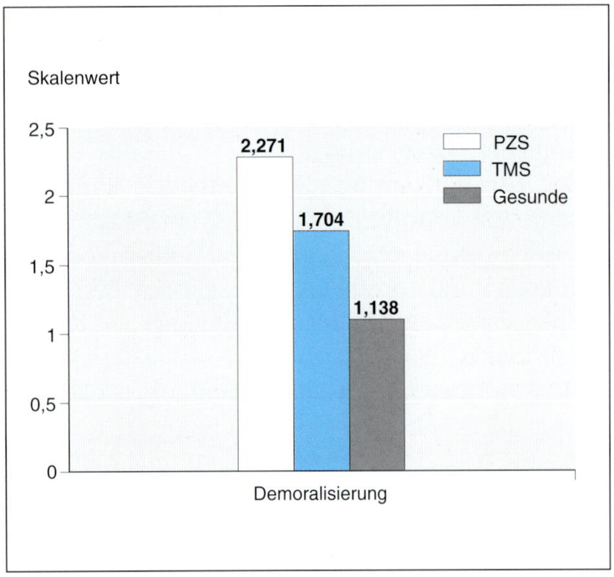

Abb. 22 Werte auf der Demoralisierungsskala bei PZS-, TMS-Patienten und Gesunden (nach [40]).

dem „Minnesota Multiphasic Personality Inventory". Sie schließen daraus, daß Störungen, die nach dem bio-medizinischen Modell nicht erklärbar sind, nicht automatisch als psychisch zu klassifizieren sind. Die Autoren plädieren dafür, daß erst bei Vorliegen einer psychiatrischen Diagnose wie Somatisierungsstörung, Konversionsstörung oder Depression eine individuelle psychologische Ätiologie in Betracht gezogen werden kann.

Für eine psychologische Behandlung ergeben sich **zwei Indikationsmöglichkeiten:**

- Das Vorliegen mangelnder Schmerzbewältigungsfertigkeiten mit ausgeprägtem Vermeidungsverhalten und einer deutlichen Beeinträchtigung der täglichen Lebensroutine.
- Die Feststellung einer psychiatrischen Diagnose nach einem anerkannten Klassifikationsschema (z.B. DSM-III-R: dysthyme Störung, Hypochondrie, Somatisierungs-Störung) [59].

Phantom-Zahnschmerz

Der Begriff „Phantom-Zahnschmerz" (PZS) wurde von Marbach [40] geprägt. Seitdem ist er in der Literatur gebräuchlich und Gegenstand wissenschaftlicher Aufmerksamkeit.

Phantom-Zahnschmerz tritt nach Zahnextraktion bei geschätzten 3% der Patienten auf. PZS tritt häufiger bei Personen auf, die vor der Zahnextraktion bereits an Zahn- oder Gesichtsschmerz gelitten haben.

Der Schmerz wird als konstant, dumpf, tief mit spontanen scharfen Schmerzspitzen beschrieben. Der Schlaf ist in der Regel nicht beeinträchtigt. In der Amputationschirurgie sind Parästhesien, Schmerzen und andere ungewollte Sensationen im Amputationsbereich bekannt, die Monate dauern und allmählich verschwinden. 2–10% der Patienten berichten jedoch von Dauerschmerzen, für die sie Hilfe suchen.

Über die **Neuro-Physiologie** des Phantom-Schmerzes gibt es bisher nur Vermutungen. Angenommen werden sowohl periphere abnorme Impuls-Generationen der durchtrennten Nerven als auch eine zentrale Sensibilisierung als Reaktion auf das Ausbleiben afferenter Impulse. Marbach [40] warnt vor endodontischen und chirurgischen Maßnahmen bei den PZS-Patienten und plädiert für drei Wege der Medikamenten-Gabe: Nervenblockade über Injektionen, orale und intranasale Applikationen.

Auf der **psychischen Seite** werden eine ausgeprägte Demoralisierung und psychische Beeinträchtigung als Folge der Schmerzen (Abb. 22) im Vergleich zu TMS-Patienten und Gesunden berichtet. Die Werte von PZS-Patienten lagen auf der gleichen Höhe wie die weiblicher depressiver Patienten.

Als **psychologische Behandlungsmöglichkeiten** sind die Erarbeitung von Schmerzkontroll-Fertigkeiten und Hilfen bei der Bewältigung der Krankheit denkbar.

Literatur

[1] Beaton, R.D., Nakawa-Kogan, H., Morrison, K.N.: Self-reported symptoms of stress in temporomandibular disorders: Comparisons to healthy men and women. J. Prosth. Dent. 65, 289 (1991).

[2] Beck, A., Freeman, E.: Kognitive Therapie der Persönlichkeitsstörungen. Beltz, Weinheim 1993.

[3] Biondi, M., Picardi, A.: Temporomandibular joint pain-dysfunction syndrome and bruxism: etiopathogenesis and treatment from a psychosomatic integrative viewpoint. Psychother. Psychosom. 59, 84 (1993).

[4] Casas, J.M., Beemsterboer, P., Clark, G.T.: A comparison of stress-reduction behavioral counseling and contingent nocturnal EMG feedback for the treatment of bruxism. Behav. Res. Ther. 20, 9 (1982).

[5] Clark, G.T.: Three principles of treatment for managing temporomandibular disorders. In: Clark, G.T., Solberg, W.K. (Eds.): Perspectives in Temporomandibular Disorders. Quintessence, Chicago 1988.

[6] Egle, U.T., Hoffmann, S.O.: Psychoanalytisch orientierte Therapieverfahren bei Schmerz. In: Basler, H.D., Franz, C., Kröner-Herwig, B., Rehfisch, H.P., Seeman, H. (Hrsg.): Psychologische Schmerztherapie. 2. Aufl. Springer, Berlin 1993.

[7] Feinmann, C.: The long-term outcome of facial pain treatment. J. Psychosom. Res. 37, 381 (1993).

[8] Fernandez, E., Turk, D.C.: The utility of cognitive coping strategies for altering pain perception: A meta-analysis. Pain 38, 123 (1989).
[9] Flor, H., Hermann, C.: Psychophysiologische Verfahren (Biofeedbackverfahren) in der Behandlung chronischer Schmerzsyndrome. In: Geissner, E., Jungnitsch, G. (Hrsg.): Psychologie des Schmerzes. Psychologie Verlags Union, Weinheim 1992.
[10] Flor, H., Birbaumer, N., Schulte, W., Roos, R.: Stress-related electromyographic responses in patients with chronic temporomandibular pain. Pain 46, 145 (1991).
[11] Fordyce, W.E.: Behavioral Concepts in Chronic Pain and Illness. Mosby, St. Louis 1976.
[12] Frigge, E.: Psychologische Untersuchungen zu Patienten mit Kiefergelenks-Schmerz-Dysfunktions-Syndrom. Diss., Mainz 1995.
[13] Gerber, W.D., Hasenbring, M.: Chronische Gesichtsschmerzen. In: Basler, H.D. et al. (Hrsg.): Psychologische Schmerztherapie. Springer, Berlin 1993.
[14] Graff-Radford, S., Solberg, W.K.: Is atypical odontalgia a psychological problem. Oral Surg Oral Med. Oral Pathol. 75, 579 (1993).
[15] Gross, P.R.: Is pain sensitivity associated with dental avoidance? Behav. Res. Ther. 30, 7 (1992).
[16] Grushka, M. Sessle, B.J., Miller, R.: Pain and personality profiles in burning mouth syndrome. Pain 28, 155 (1987).
[17] Grushka, M., Sessle, B.J., Howley, T. P.: Psychophysiological assessment of tactile, pain and thermal sensory functions in burning mouth syndrome. Pain 28, 169 (1987).
[18] Holroyd, K.A., Schlot, B, Zenz, H.: Perspectives in Research on Headache. Hogrefe, Lewiston 1983.
[19] Hoffmann, S.O., Egle, U.T.: Psychodynamische Konzepte bei psychogenen und psychosomatischen Schmerzzuständen. In: Basler, H.D. et al. (Hrsg.): Psychologische Schmerztherapie. Springer, Berlin 1993.
[20] International Association for the Study of Pain.: Pain terms: A list with definitions and notes for usage. Pain 6, 249 (1979).
[21] Klages, U.: Fragebogen irrationaler Einstellungen. Hogrefe, Göttingen 1988.
[22] Klages, U.: Statistische Untersuchungen zur Entwicklung eines multifaktoriellen Schmerzfragebogens. Schmerz Pain Douleur 10, 134 (1989).
[23] Klages, U.: Affektivität, irrationale Einstellungen und Schmerz bei Patienten mit chronischer Polyarthritis. Der Schmerz 4, 37 (1990).
[24] Klages, U.: Life events and irrational attitudes in patients with rheumatoid arthrits: Relations to pain, disability, and general health condition. Int. J. Psychosom. 38, 21 (1991).
[25] Klages, U.: Life change, irrational attitudes, and disease impacts in patients with ankylosing spondylitis. Int. J. Psychosom. 40, 77 (1993).
[26] Klages, U.: Zur Klassifikation von Patienten mit Spannungskopfschmerz: Irrationalität, Selbstkommunikation, Streßreagibilität und Schmerz. Der Schmerz 8, 43 (1994).
[27] Klages, U.: Zur psychologischen Klassifikation von Patienten mit Spondylitis ankylosans. Psychoth. Psychos. Med. Psychol. 44, 65 (1994).
[28] Klages, U.: Fragebogen zum Schmerzverhalten (FSV). In: Wiener Testsystem. Schuhfried, Mödling (Austria) 1994.
[29] Klages, U., Sergl, H.G.: Streßreaktionen, irrationale Einstellungen und Kiefergelenksdysfunktionen. In: Müller-Fahlbusch, H., Sergl, H.G. (Hrsg.): Der psycho-pathologische Fall in der zahnärztlichen Behandlung und Beratung. Quintessenz, Berlin 1980.
[30] Klages, U., Sergl, H.G.: Angst vor der Angst bei der zahnärztlichen Behandlung. Vortrag auf der 6. wissenschaftlichen Jahrestagung des Arbeitskreises Psychologie und Psychosomatik in der Zahn-Mund- und Kieferheilkunde. Leipzig 1994.
[31] Klages, U., Sergl, H.G., Voth, W.: Die Beurteilung des zahnärztlichen Praxisumfeldes aus der Sicht des Patienten. Vortrag auf der 6. wissenschaftlichen Jahrestagung des Arbeitskreises Psychologie und Psychosomatik in der Zahn- Mund- und Kieferheilkunde. Leipzig 1994.
[32] Kleinknecht, R. A., Mahoney, E.R., Alexander, L.D.: Psychosocial and demographic correlates of temporomandibular disorders and related symptoms: an assessment of community and clinical findings. Pain 29, 313 (1987).
[33] Knapp, T.W.: Migräne. Beltz, Weinheim 1983.
[34] Köhler, H.: Psychologische Schmerzbewältigung bei chronischer Polyarthritis. Diss., Tübingen 1982.
[35] Kuhn, T.S.: Die Struktur wissenschaftlicher Revolutionen. Suhrkamp, Frankfurt 1967.
[36] Larbig, W.: Schmerz: Grundlagen – Forschung – Therapie. Kohlhammer, Stuttgart 1982.
[37] Lethem, J., Slade, P.O., Troup, J.P.G., Bentley, G.: Outline of a fear-avoidance model of exaggerated pain perception. Beh. Res. Ther. 21, 401 (1983).
[38] Lipton, J. A., Schio, J. A. Larach-Robinson, D.: Estimated prevalence and distribution of reported orofacial pain in the United States. J. Amer. Dent. Assoc. 124, 115 (1993).
[39] Litt, M.D., Nye, C., Shafer, D.: Coping with oral surgery by self-efficacy enhancement and perceptions of control. J. Dent. Res. 72, 1237 (1993).
[40] Marbach, J. J.: Is phantom tooth pain a deafferentation (neuropathic) syndrome? Oral Surg. Oral Med. Oral Path. 75, 225 (1993).
[41] McCreary, C.P., Clark, G.T., Merril, R.L., Flack, V., Oakley, M.E.: Psychological distress and diagnostic subgroups of temporomandibular disorders. Pain 44, 29 (1991).
[42] Melzack, R., Wall, P.D.: The Challange of Pain. Basic Books, New York 1983.
[43] Montgomery, G.T., Rugh, J.D.: Psychophysiological Responsivity on a laboratory stress task: methodological implications for a stress-muscle hyperactivity model. Biofeedb. Self-Regul. 15, 121 (1990).
[44] Neisser, U.: Kognitive Psychologie. Klett-Cotta, Stuttgart 1974.
[45] Peter, B.: Hypnose. In: Basler et al. (Hrsg.): Psychologische Schmerztherapie. Springer, Berlin 1993.

[46] Pöllmann, L.: Kiefergelenksbeschwerden – eine weichteilrheumatische Erkrankung? Z. Rheumatol. 77, 9 (1985).
[47] Randolph C.S., Greene, C.S., Moretti, R., Forbes, D. Perry, H.T.: Conservative management of temporomandibular disorders: A post treatment comparison between patients from a university clinic and from private practice. Am. J. Orthod. Dentofac. Orthop. 98, 77 (1990).
[48] Rehfisch, H.P., Basler, H.D., Seemann, H.: Psychologische Schmerztherapie bei Rheuma. Springer, Berlin 1989.
[49] Schiffman, E.L., Fricton, J.R., Haley, D.: The relationship of occlusion, parafunctional habits and recent life events to mandibular dysfunction in a non-patient population. J. Oral Rehab. 19, 201 (1992).
[50] Schulte, W.: Das Ansehen unseres Standes, der Schmerz-, Angst-, Anästhesie-Komplex – vor zehn Jahren und heute. Zahnärztl. Mitt. 7, 381 (1977).
[51] Smith, T.W., Peck, J.R., Milano, R.A., Word, J.R.: Cognitive distortion in rheumatoid arthritis: Relation to pain and disability. J. Consult. Clin. Psychol. 56, 412 (1988).
[52] Solberg, W.K.: Epidemiological findings of importance to management of temporomandibular disorders. In: Clark, G.T., Solberg, W.K. (Eds.): Perspectives in temporomandibular disorders. Quintessence, Chicago 1987.
[53] Stam, H.J., McGrath, P.A., Brooke, R.I.: The effects of a cognitive-behavioral treatment program on Temporo-Mandibular Pain and Dysfunction Syndrome. Psychosom. Med. 46, 534 (1984).
[54] Stenn, P.G., Mothersill, K.J., Brooke, R.I.: Biofeedback and a cognitive behavioral approach to treatment of Myofacial Pain Dysfunction Syndrome. Behav. Ther. 10, 29 (1979).
[55] Tourne, L.P.M. Fricton, J.R.: Burning Mouth Syndrome – Critical review and proposed clinical management. Oral Surg. Oral Med. Oral Pathol. 74, 158 (1992).
[56] Truelove, E.L., Sommers, E.E., Le Resche, L., Dworkin, S.F., Korff, M. von: Clinical diagnostic criteria for TMD: New classification permits multiple diagnosis. J. Amer. Dent. Assoc. 123, 47 (1992).
[57] Turk, D.C., Meichenbaum, D.W., Genest, M.: Pain and Behavioral Medicine: A Cognitive-Behavioral Perspective. Guilford, New York 1983.
[58] Vassend, O.: Anxiety, pain and discomfort associated with dental treatment. Behav. Res. Ther. 31, 659 (1993).
[59] Wittchen, H.U., Saß, H., Zaudig, M, Köhler, K.: Diagnostisches und statistisches Manual psychischer Störungen DSM III.R. Beltz, Weinheim 1989.

Angst und Angstabbau

von Jutta Margraf-Stiksrud

Inhaltsübersicht

Einleitung

Angst vor der zahnärztlichen Behandlung ist die Folge spezifischer Erfahrungen eines Menschen und deren komplexer, ständig stattfindender Verarbeitung. Inhalte solcher Erfahrungen sind Schmerzen im Gesicht- oder Mundbereich, unangenehme Erlebnisse mit Zahnärzten oder zahnärztlichen Behandlungen, aber auch die Beobachtung anderer Personen, die solche Erfahrungen machen. Die Verarbeitung dieser Ereignisse, die während des gesamten Lebens auftreten können, geschieht in Abhängigkeit von den persönlichen Voraussetzungen des Betroffenen – beispielsweise wie ängstlich oder tolerant gegenüber Schmerzen er ist oder welche Einstellungen er gegenüber Zahnärzten und Zahngesundheit hat.

Die Entstehung, Vermeidung und Reduktion von Zahnbehandlungsangst kann vor dem Hintergrund von Erkenntnissen über Funktion, Auftreten, Auslösern und Verlauf von Angst generell erklärt werden. Im folgenden wird zunächst das Phänomen Zahnbehandlungsangst beschrieben. Anschließend werden allgemeine Konzepte zum Verständnis von Angst auf die zahnärztliche Situation übertragen. Schließlich werden Prinzipien und Methoden erläutert, die einen erfolgreichen Angstabbau ermöglichen.

Erscheinungsformen der Zahnbehandlungsangst

Obgleich Angst wichtige Funktionen ausübt, den Organismus vor Gefahren warnt und schützt und schnelle, effiziente Reaktionen hervorbringt [10, 11], scheint sie in der zahnärztlichen Praxis wenig nützlich, im Gegenteil: sie belastet nicht nur den Patienten, sondern häufig auch das gesamte zahnärztliche Team. Einerseits ist es verständlich, wenn Menschen danach streben, Schmerzen zu vermeiden und sich gegen Unangenehmes und Bedrohliches zu wehren, andererseits haben die geplanten Maßnahmen nicht das Ziel, den Patienten zu verletzen und zu gefährden. Sie dienen gerade dazu, seine Gesundheit und sein Wohlbefinden zu erhalten oder wiederherzustellen. Obwohl dies alle Patienten eigentlich „wissen“, können manche es trotzdem nicht über sich bringen, unangenehme Maßnahmen dafür in Kauf zu nehmen. Gerade die anscheinend aussichtslose Beeinflussung von Angstgefühlen durch die „Vernunft“ macht es Zahnärzten schwer, ängstliche Patienten zu behandeln und treibt Patienten dazu, nötige Zahnarztbesuche jahrelang hinauszuschieben.

Umfragen und epidemiologische Untersuchungen zeigen, daß 5–10% der erwachsenen Bevölkerung aus Angst dem Zahnarzt fernbleiben. Bei Kindern sind extreme Angstintensitäten bei bis zu 15% berichtet worden. Dies gilt nicht nur für Deutschland, sondern läßt sich in ähnlicher Größenordnung auch für das europäische Ausland und die USA zeigen [34, 37, 45, 48, 49]. Wesentlich höher ist die Anzahl derer, die mit starker bis mittlerer Angst zum Zahnarzt gehen, und faßt man auch Gefühle des Unbehagens und der Anspannung als milde Formen von Angst auf, so sind bis zu 75% der Bevölkerung davon betroffen. Die Ergebnisse einer Untersuchung von Micheelis [35] zeigen, daß solche kaum als Angst anzusehenden unangenehmen Empfindungen nicht als wenig behandlungsstörend abgetan werden können: gerade Unruhe, Unwohlsein und Körperverkrampfungen werden als Anzeichen von Angst wahrgenommen, und zwei Drittel der befragten Zahnärzte fühlen sich dadurch mittelmäßig bis stark belastet.

Unterschiedliche Angaben über die Größenordnung des „Problems Zahnbehandlungsangst“ entstehen dadurch, daß die befragten Patienten verschiedene Auffassungen darüber haben, ob ihre Gefühle und Gedanken angesichts einer Zahnbehandlung mit Angst zu bezeichnen sind, und auch nicht alle Zahnärzte stimmen darin überein, welche Verhaltensweisen ihrer Patienten auf Angst hindeuten. „Angst“ ist offensichtlich keine einheitliche Alles-oder-Nichts-Reaktion, sondern kann variierende Intensitäten annehmen und sich in mehreren Formen äußern.

Zur genaueren Beschreibung und Erfassung von Angst ist es üblich und hilfreich, mindestens folgende drei Bereiche zu unterscheiden, in denen Auswirkungen von Angst erkennbar werden:

- physiologische Reaktionen,
- motorische oder Verhaltens-Reaktionen,
- subjektive, d.h. vom Betroffenen erlebte Gefühlsreaktionen und Gedanken.

Eine differenziertere Aufgliederung liefert z.B. Glanzmann [14].

Physiologische Anzeichen von Angst können Schweißausbruch, Erröten/Erbleichen, Zittern, Herzklopfen, Atembeschleunigung, Magenbeschwerden, Gänsehaut und Harndrang sein. Hinzu kommen mimische Reaktionen, wie beispielsweise weit geöffnete Augen, hochgezogene Augenbrauen, geöffneter Mund.

Im **Bereich der Motorik** fallen fahrige oder hektische Bewegungen von Händen bzw. des gesamten Körpers auf, Schreien oder Weinen, Redefluß, auch offene Abwehr wie um sich schlagen, treten, weg-

Tabelle 1 Ratingskalen für kooperatives und ängstliches Verhalten von Kindern (nach [51], vom Verfasser übersetzt).

Kooperation	Ängstlichkeit
0 Völlige Kooperation, beste Arbeitsbedingungen, kein Weinen oder Protestieren.	0 Entspannt, lächelt, will und kann sich unterhalten.
1 Leise, sanfte Protestäußerungen oder stilles Weinen als ein Zeichen für Unbehagen. Das Kind unterbricht aber nicht die Behandlung. An Behandlungselemente angepaßtes Verhalten, d.h. leichte Anspannung bei der Injektion, „au", „mm" wenn es wehtut beim Bohren usf.	1 Unbehaglich, ernst. Während belastender Maßnahmen protestiert es kurz und leise, um sein Unbehagen anzuzeigen. Die Hände bleiben unten oder leicht erhoben, um Unbehagen zu signalisieren. Das Kind ist bereit und in der Lage, die Ereignisse so hinzunehmen, wie sie erfolgen. Gespannter Gesichtsausdruck, kann Tränen in den Augen haben.
2 Protest wird deutlich und kräftig vorgebracht. Kind weint und gibt Handsignale. Sein Protest führt zu unangenehmen, ablenkenden und störenden Unterbrechungen der Behandlung. Das Kind ist aber noch in der Lage, Anforderungen zu folgen und weiter mitzuarbeiten.	2 Das Kind wirkt furchtsam. Stimmlage, Fragen und Antworten verraten Angst. Während belastender Maßnahmen protestiert es, weint still. Die Hände sind gespannt und erhoben, aber es greift nicht in das Geschehen ein. Das Kind versucht, die Ereignisse einigermaßen zu akzeptieren und gibt sich Mühe, seine Angst zu kontrollieren.
3 Protest führt zu echten Problemen für den Behandler. Das Kind kann sich widerstrebend Anforderungen fügen, dies erfordert jedoch besondere Anstrengungen seitens des Behandlers.	3 Kommt nur widerstrebend in den Behandlungsraum bzw. -stuhl. Kann die Bedrohlichkeit von Maßnahmen nicht einschätzen oder unterscheiden. Deutlicher verbaler Protest, weint. Widerstand steht in keinem Verhältnis zur tatsächlichen Bedrohung. Ist nur mit großem Widerstreben bereit, die Situation zu ertragen.
4 Protest unterbricht die Behandlung. Der Zahnarzt muß seine volle Aufmerksamkeit dem Verhalten des Kindes widmen. Nach längerem Bemühen kann weitere Mitarbeit schließlich erwirkt werden, körperliche Gewalt ist nicht erforderlich.	4 Die Angst hält das Kind davon ab, Einzelheiten der Situation wahrzunehmen. Es weint ununterbrochen und ohne Zusammenhang zu den Behandlungsmaßnahmen. Deutliche körperliche Abwehrbewegungen. Das Kind kann durch Ansprache und intensive Beruhigung erreicht werden und versucht schließlich mit großer Anstrengung und Widerstand die bedrohliche Situation zu ertragen.
5 Genereller, umfassender Protest. Kind ist nicht zur Mitarbeit bereit und hört nicht auf Anweisungen. Körperliche Gewalt wäre erforderlich, um Mitarbeit zu erzwingen.	5 Das Kind kann keinen Kontakt mehr zur Umgebung finden und ist völlig von seiner Angst erfüllt. Es weint andauernd und laut, ist nicht in der Lage, auf Ansprache zu reagieren. Zeigt keinerlei Ansätze, sich auf die Situation einzulassen und versucht aktiv aus dem Behandlungsraum bzw. -stuhl zu entkommen. Wäre nur mit körperlicher Gewalt festzuhalten.

laufen, oder Maßnahmen, die dem Selbstschutz dienen sollen – in der zahnärztlichen Behandlung beispielsweise den Mund nicht aufmachen, Kopf wegdrehen, Hände des Behandlers festhalten. Ebenfalls in den Bereich der Verhaltensreaktionen gehören auch besonders starre Körperhaltung, verkrampfte Hände, Anklammern an den Stuhl, Schließen der Augen – also eher „statische", u.U. weniger leicht zu beobachtende Merkmale.

Im **subjektiven Erleben** der Betroffenen zeigt sich Angst als intensives, unangenehmes Gefühl, das als stark beeinträchtigend empfunden wird. Angst ist be-

	3minütige Beobachtungsintervalle									
	1	2	3	4	5	6	7	8	9	10
Trennung von der Mutter										
(3) schreit										
(4) klammert sich an die Mutter										
(4) weigert sich, Mutter zu verlassen										
(5) muß in den Behandlungsraum getragen werden										
Verhalten im Behandlungsraum										
(1) unangemessenes Mundschließen										
(1) würgen										
(2) setzt sich nicht hin										
(2) versucht, die Instrumente wegzuschieben										
(2) beschwert sich										
(2) Überreaktion auf Schmerz										
(2) weiße Fingerknöchel										
(2) ablehnende Haltung										
(2) hält die Augen geschlossen										
(3) schreit bei der Injektion										
(3) verlangt, die Behandlung zu beenden										
(3) weigert sich, den Mund zu öffnen										
(3) starre Haltung										
(3) dauerndes Weinen										
(3) Zahnarzt spricht mit lauter Stimme										
(4) Festhalten erforderlich										
(4) tritt										
(4) steht auf										
(4) dreht sich weg										
(5) schiebt die Instrumente weg										
(5) weigert sich, sich in den Stuhl zu setzen										
(5) fällt in Ohnmacht										
(5) verläßt den Stuhl										

Abb. 1 Einschätzungsskala des Verhaltensprofils (nach [30], vom Verfasser übersetzt).

Tabelle 2 Subjektive Angstmessung.*

	Indikatoren	Methoden, Einsatzbereich
1	freie Beschreibung	Interview, Gespräch, Aufsätze, gezeichnete Bilder
2	Intensitätsgrade der Angst in Zahlen (1 – ...) oder Worten (gar nicht – extrem)	„Angst-Thermometer", Vorgabe von Situationen, Angstauslösern
3	Polaritätenprofile mit Eigenschaften (angenehm – unangenehm)	„Semantische Differentiale", globale Beurteilungen von Zahnarzt und Behandlungssituation
4	Fragebogen zu Zahnarztangst, Ja-Nein-Angabe oder abgestufte Antworten	Dental Anxiety Scale (DAS) [6], Dental Anxiety Inventory (DAI) [44], Dental Fear Survey (DFS) [20], Visual Analogue Scale [50]
5	Fragebogen zu genereller Furcht und Angst, z.T. durch Fragen nach Zahnarztangst ergänzt, Fragebogen zu Angstneigungen (Ängstlichkeit als Disposition)	State-Trait-Anxiety-Inventory (STAI) [43], Interaktions-Angst-Fragebogen (IAF) [4], Fear Survey Schedule for Children (FSS-FC) [39]

* Alle diese Methoden wurden und werden in vielen Untersuchungen zur Zahnarztangst eingesetzt. Auf eine genaue Angabe der jeweiligen Quellen, die eine Fülle von Zitierungen nötig machte, wird jedoch aus Gründen der Übersichtlichkeit verzichtet.

klemmend, mitunter quälend und macht es unmöglich, an etwas anderes als an die Bedrohung, den Grund für die Angst zu denken. Personen mit Angst nehmen ihre Umgebung nur noch eingeschränkt wahr. Ihre Aufmerksamkeit richtet sich auf die eigenen, meist negativen körperlichen Empfindungen. Sie verlieren ihr Gefühl für Zeit und denken nicht an später, nur an den Augenblick. Ihre Fähigkeit, Probleme zu lösen oder Aufgaben zu erfüllen, verbessert sich nur bei ganz einfachen Sachverhalten. Schwierige Anforderungen können sie schlechter meistern, als sie dies ohne Angst könnten. Daher mißverstehen sie leicht Ratschläge oder Anweisungen von außen oder können nicht darauf eingehen.

Ist das Angstgefühl stark genug, werden alle anderen Handlungen unterbrochen und der Betroffene richtet seine gesamte Aufmerksamkeit und Tätigkeit auf Maßnahmen, die das Angstgefühl beenden sollen. Die drastischste Methode dazu ist die Flucht aus der ängstigenden Situation, wobei auch in Ohnmacht zu fallen eine Form der Flucht darstellt. Eine anschauliche Beschreibung von Angstreaktionen bei Kindern gibt z.B. Wetzel [52].

Die geschilderten Auswirkungen von Angst sind nicht immer eindeutige Hinweise auf das Vorhandensein genau dieses Gefühls. Sie treten nicht immer alle gleichzeitig auf, und manche Reaktionen können auch Folge anderer Gefühle (z.B. Ärger) oder körperlicher Zustände (z.B. Erschöpfung) sein. Weiterhin führt nicht jeder, der Herzklopfen oder zitternde Hände verspürt, dies auf Angst zurück und mancher, der über große Angst berichtet, verhält sich trotzdem kooperativ und tapfer. Daher wird meist erst von Zahnbehandlungsangst gesprochen, wenn Anzeichen in allen drei genannten Bereichen zusammenkommen.

Weil Angstgefühle vor der Zahnbehandlung manchen Patienten nicht angemessen, „vernünftig" erscheinen, leugnen sie solche Empfindungen vor sich oder vor anderen. Sie spielen sie herunter oder versuchen, sie zu übersehen, weil sie sie anders nicht überwinden können. Besonders Männern wird dieses Verhalten zugeschrieben. Ebenso scheinen Zahnärzte es gelegentlich leichter zu finden, auf Angstreaktionen der Patienten nicht einzugehen, sich zu verhalten, als ob nichts wäre. Möglicherweise wissen sie nicht, wie sie mit der Angst ihrer Patienten umgehen können. Beide Verhaltensweisen, das Ignorieren der eigenen Angst und das Übersehen von Angstsignalen anderer, erhöht jedoch durch die bestehende Unsicherheit die Spannung der Situation und belastet so die Behandlung zusätzlich.

Dental Anxiety Scale
1. Stellen Sie sich vor, Sie müssen morgen zum Zahnarzt. Wie fühlen Sie sich? a) Ich betrachte das als eine relativ erfreuliche Begegnung. b) Es macht mir nichts aus. c) Mir ist ein wenig unbehaglich zumute. d) Ich befürchte, daß es schmerzvoll und unangenehm werden könnte. e) Ich habe starke Angst und bin sehr besorgt, was der Zahnarzt wohl mit mir anstellen wird.
2. Stellen Sie sich vor, Sie sitzen beim Zahnarzt im Wartezimmer. Wie fühlen Sie sich? a) entspannt b) ein wenig unbehaglich c) angespannt d) ängstlich e) so ängstlich, daß ich Schweißausbrüche bekomme und mich regelrecht krank fühle.
3. Stellen Sie sich vor, Sie sitzen im Behandlungsstuhl. Der Zahnarzt bereitet den Bohrer vor, um damit an Ihren Zähnen zu arbeiten. Wie fühlen Sie sich? a) entspannt b) ein wenig unbehaglich c) angespannt d) ängstlich e) so ängstlich, daß ich Schweißausbrüche bekomme und mich regelrecht krank fühle.
4. Stellen Sie sich vor, Sie sitzen im Behandlungsstuhl, um Ihre Zähne reinigen zu lassen. Der Zahnarzt stellt die Instrumente zum Bearbeiten der Zähne und des Zahnfleiches zusammen. Wie fühlen Sie sich? a) entspannt b) ein wenig unbehaglich c) angespannt d) ängstlich e) so ängstlich, daß ich Schweißausbrüche bekomme und mich regelrecht krank fühle.

Abb. 2 Dental Anxiety Scale (nach [6], Übersetzung aus [18]).

Wenn mit Angst angemessen umgegangen werden soll, so daß sie verringert oder ganz vermieden werden kann, muß deren Ausmaß und Auswirkungen zunächst erkannt werden. In der zahnärztlichen Praxis können genaue Beobachtungen oder Befragungen hierzu beitragen.

Zur systematischen Erforschung von Zahnbehandlungsangst und zur Aufdeckung der ihr zugrundeliegenden Ursachen war darüber hinaus die Entwicklung von **Verfahren zur Messung von Angst** notwendig. Diese sollen einerseits die genannten unterschiedlichen Bereiche erfassen, in denen sich Angst zeigen kann, und andererseits eine Schätzung der Angstintensität ermöglichen. Die Kenntnis solcher Verfahren kann dazu beitragen, auch in der alltäglichen zahnärztlichen Praxis genauer und klarer die Merkmale von Angst zu entdecken.

Erfassung physiologischer Reaktionen

Vornehmlich zu Forschungszwecken dienen die Messung von galvanischem Hautwiderstand, Atem- oder Herzfrequenz oder Muskeltonus als Indikatoren physiologischer Erregung. Selten werden auch Blut- oder Speicheluntersuchungen zur Prüfung streßanzeigender Substanzen (Cortisol) durchgeführt.

Verfahren zur Erfassung motorischer Reaktionen

In diesem Bereich werden hauptsächlich Beobachtungsmethoden eingesetzt, das heißt, eine oder mehrere Personen schätzen „von außen" ein, welche Reaktionen eine Person in einer bestimmten Situation zeigt. Dabei können die eingeschätzten Kategorien einzelne der bereits oben genannten Verhaltensweisen betreffen (Weinen, Körperbewegungen, Flucht, Abwehr), oder es kann ein Gesamteindruck gezeigten Verhaltens auf einer Skala beurteilt werden.

Die Interpretation offenen Verhaltens bei Erwachsenen ist nicht unproblematisch. Sie kontrollieren ihr Verhalten stärker als Kinder, so daß Unruhe und häufige Bewegungen oft nicht aus Angst gezeigt werden, sondern z.B. eher bei Zeitdruck. Andererseits kann gerade der Eindruck von Ruhe und Passivität täuschen, da die Patienten tatsächlich an-

Dental Fear Survey

Bitte stufen Sie Ihre Gefühle oder Reaktionen mittels der folgenden Skala ein:

1	2	3	4	5
nie	ein- oder zweimal	einige Male	oft, häufig	fast immer

❑ 1. Hat Angst vor zahnärztlicher Behandlung Sie schon jemals veranlaßt, einen Zahnarztbesuch hinauszuschieben?

❑ 2. Hat Angst vor zahnärztlicher Behandlung Sie schon jemals veranlaßt, einen Termin abzusagen oder nicht wahrzunehmen?

Bitte stufen Sie Ihre Reaktionen bei der Durchführung einer Zahnbehandlung nach folgender Skala ein:

1	2	3	4	5
nicht im geringsten	ein bißchen	etwas	viel	sehr viel

❑ 3. Meine Muskeln spannen sich an
❑ 4. Meine Atmung wird schneller
❑ 5. Ich schwitze
❑ 6. Mir ist übel und mein Magen tut weh
❑ 7. Mein Herz schlägt schneller

Bitte stufen Sie ein, wieviel Angst oder unangenehme Gefühle jede der folgenden Situationen bei Ihnen auslöst. Benutzen Sie obige Skala.

❑ 8. Einen Zahnarzttermin verabreden
❑ 9. Sich der Zahnarztpraxis nähern
❑ 10. Im Wartezimmer sitzen
❑ 11. Sich in das Behandlungszimmer setzen
❑ 12. Der Geruch der Praxisräume
❑ 13. Wahrnehmen, wie der Zahnarzt hereinkommt
❑ 14. Die Betäubungsspritze sehen
❑ 15. Den Einstich spüren
❑ 16. Den Bohrer sehen
❑ 17. Den Bohrer hören
❑ 18. Die Vibrationen des Bohrers spüren
❑ 19. Die Zähne reinigen lassen
❑ 20. Zusammen genommen: Wieviel Angst haben Sie vor der zahnärztlichen Behandlung?

Abb. 3 Dental Fear Survey (nach [20], Übersetzung aus [18]).

gespannt und starr sind [18]. Aufgrund dieser Interpretationsprobleme werden Verhaltensbeobachtungen meist bei Kindern eingesetzt [26].

Eine oft verwendete Methode ist die „Einschätzungsskala des Verhaltensprofils“ (Behavior Profile Rating Scale) von Melamed (Abb. 1). Hier kann in kurzen Abständen eingeschätzt werden, wie sich das Verhalten im Verlauf einer zahnärztlichen Behandlung darstellt.

Hilfreich kann es auch sein, „kooperatives“ und „ängstliches“ Verhalten getrennt einzuschätzen, da mangelnde Kooperation oft, aber nicht immer mit Angst zusammenhängt. Eine sechsstufige Skala schlugen Venham et al. vor (Tabelle 1). Die Beschreibungen auf jeder Stufe können gut benutzt werden, um die eigenen Wahrnehmungen bei der Beobachtung der Kinder zu präzisieren, wenn eine globale Einschätzung – wie ängstlich ist das Kind? – vorgenommen werden soll.

Verfahren zur Erfassung subjektiver Angstgefühle

Tabelle 2 zeigt die unterschiedlichen Methoden, mit denen subjektiv empfundene Angstgefühle angesichts der zahnärztlichen Behandlung beschrieben werden können.

Eine „Messung“ der Zahnarztangst im eigentlichen Sinne stellen vor allem die Methoden zu Punkt 4 dar. Hiervon sind die DAS (Dental Anxiety Scale) und das DFS (Dental Fear Survey) vielfach überprüft und werden häufig verwendet. Die Abbildungen 2 und 3 zeigen diese beiden Skalen. Für sehr kleine Kinder, die solche Fragebögen noch nicht bearbeiten können, ist die Skala von Venham et al. ein gutes Beispiel (Abb. 4).

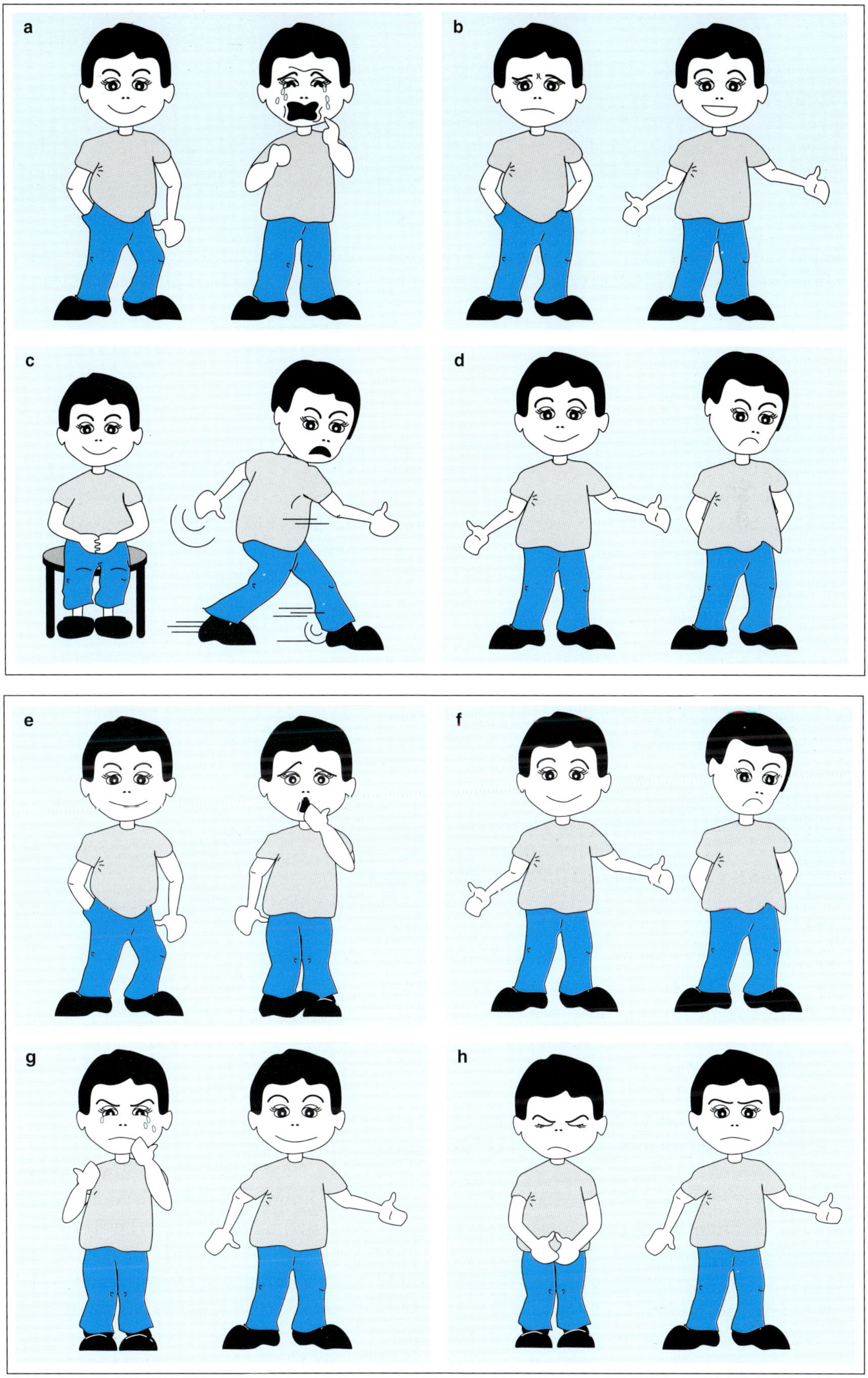

Abb. 4 Visual Analogue Scale, für Vorschulkinder (nach [50]).

Entstehung von Zahnbehandlungsangst

Über die Hintergründe der Entstehung von Zahnbehandlungsangst gibt es eine Reihe von plausibel klingenden Annahmen. Die wichtigsten lauten:

- Angst beim Zahnarzt entsteht, weil unangenehme und schmerzhafte Maßnahmen vorgenommen werden.
- Angst vor der Zahnbehandlung ist bei Erwachsenen vorhanden, weil sie in ihrer Kindheit schlechte Erfahrungen gemacht haben.
- Zahnbehandlungsangst tritt vorwiegend bei Personen auf, die generell besonders ängstlich sind.

Um zu einer angemessenen Vorstellung darüber zu kommen, wie es im Einzelfall zur Behandlungsangst kommen kann, müssen diese für sich genommen einleuchtenden Postulate jedoch ergänzt werden, da sie nicht alle wichtigen Faktoren der Angstentstehung berücksichtigen und keine Erklärung darüber enthalten, wie die psychologische Verbindung zwischen solchen Entstehungsfaktoren und Zahnbehandlungsangst aussieht.

Theorien zur Angstentstehung

Angst ist eine Emotion, die von Kindern schon sehr früh gezeigt wird. Obgleich es zumindest bis zum Erwerb einzelner sprachlicher Begriffe dauert, bis ein Kind selbst seine Angst mitteilt (dies kann schon im zweiten Lebensjahr vorkommen), sind bei jüngeren Kindern bereits Verhaltensweisen zu beobachten, die an Angstreaktionen erinnern. Dies sind Weinen und Schreien, Fluchtbewegungen, mimisches Ausdrucksverhalten. Ob solche Reaktionen mit Angst bezeichnet werden oder eher als Anzeichen von nicht näher spezifiziertem Unbehagen gesehen werden, ist zunächst zweitrangig. Vermutlich entwickelt sich eine ganze Reihe negativ getönter Emotionen aus diesem allgemeinen Unbehagen, das ein Säugling noch nicht differenzierter auszudrücken vermag und das der außenstehende Beobachter nur mit Hilfe von Situationshinweisen interpretieren kann.

Die angesprochenen Verhaltensreaktionen, die als Zeichen von Angst angesehen werden können, zeigen sehr kleine Kinder sowohl bei körperlich beeinträchtigenden, internen Erlebnissen (Schmerz), als auch bei deutlichen Veränderungen der Umwelt, z.B. bei plötzlichem lautem Lärm, Verlust von Bodenkontakt, schnellen Bewegungen auf das Kind zu. Angst und die darauf folgenden Reaktionen stellen offenbar eine Art **biologischen Schutzmechanismus** dar, der den kindlichen Organismus vor Gefahr bewahren soll.

Im Laufe der Entwicklung kann eine Vielzahl weiterer **angstauslösender Situationen** beobachtet werden:

- Konfrontation mit Fremden im achten/neunten Lebensmonat,
- Trennung von der Mutter, Konfrontation mit Tieren, Dunkelheit bei Vorschulkindern,
- Schule, soziale Situationen, Prüfungen bei älteren Kindern.

Erfährt das Kind Schmerzen, so läßt sich regelmäßig feststellen, daß es die Quelle dieser Empfindung zu meiden versucht, sobald es jene zu erkennen glaubt, oder aber Angstreaktionen zeigt, wenn es sich dieser Quelle nähern soll. So kann Angst vor Impfungen, Arztbesuchen, Angst vor körperlicher Strafe, manchmal auch Angst vor Tieren (beispielsweise nach einem Biß) entstehen.

Unter lernpsychologischer Betrachtungsweise, zunächst nach den Prinzipien der klassischen Konditionierung, werden Reize, die in raum-zeitlicher Nähe zum Schmerz auftreten, zu konditionalen Stimuli für Angst. Die Reaktion auf den Schmerz – also Schreien, Flucht – wird bereits durch die konditionalen Stimuli ausgelöst. Ein Kind braucht nur eine Spritze, einen weißen Kittel zu sehen, um Vermeidungsverhalten zu zeigen – es „spürt“ den Einstich gewissermaßen bereits.

Erwachsene berichten nicht selten darüber, daß ihnen allein das Bohrgeräusch aus einem geöffneten Fenster einer zahnärztlichen Praxis Zahnschmerzen verursacht.

> Je häufiger und intensiver das Schmerzerleben in engem Zusammenhang mit zahnärztlichen Behandlungsmaßnahmen auftritt, desto größer ist die Wahrscheinlichkeit, daß nicht mehr nur die schmerzhafte Maßnahme selbst, sondern die gesamte Situation, die beteiligten Personen, u.U. sogar die verbale Bezeichnung „Zahnarzt“, Angstreaktionen auslöst.

In der Regel führt die **spontane Ausführung von Vermeidungsverhalten** zur erfolgreichen Beendigung des Schmerzerlebens. Die Kinder ziehen die Hand vor dem heißen Ofen zurück, sie gehen auf die andere Straßenseite, wenn sie einen Hund sehen oder verstecken sich, wenn Schläge drohen. Aus der Sicht der Konditionierungstheorie wird ihr Vermeidungsverhalten verstärkt – eine positive Konsequenz (Ausbleiben von Schmerz) folgt auf das gezeigte Verhalten. Das Vermeidungsverhalten nach dem Auftreten von konditionierten Angststimuli wird so „belohnt" und damit wahrscheinlicher, wenn die Angstauslöser erneut auftreten (operante Konditionierung).

Diese **„Zwei-Faktoren-Theorie"** der Angstentstehung kann als gutes Erklärungsmuster für Zahnbehandlungsangst angesehen werden, da Schmerz hier eine wichtige Rolle spielt. Immer wieder bestätigen empirische Untersuchungen, daß die Erfahrung von Schmerz regelmäßig von zahnbehandlungsängstlichen Personen als Ursache für ihre Angst angegeben wird [3, 25]. Trotzdem enthält die Theorie wenig Anhaltspunkte darüber, warum Kinder Behandlungsangst zeigen, ohne jemals Schmerzen beim Arzt erfahren zu haben. Es bleibt auch unklar, wieso es überhaupt möglich ist, Schmerz auszuhalten, ohne die Flucht zu ergreifen.

Solche Fragen lassen sich eher klären, wenn über die rein lernpsychologische Betrachtungsweise von Stimulus und Reaktion hinaus beachtet wird, mit welchen Gedanken Menschen diese Erlebnisse verbinden.

Es zeigt sich nämlich, daß es wenig ausschlaggebend für das Empfinden von Angst ist, wenn einem die o.g. konditionalen Stimuli (Spritze, Zahnarzt) begegnen, ohne daß gleichzeitig die **Erwartung** besteht, daß diese in kurzer Zeit Schmerz oder andere massiv unangenehme Erlebnisse auslösen werden. In der Regel löst es kaum Angst aus, im Fernsehen eine Zahnbehandlung anzuschauen, eine Spritze nach der eigenen Behandlung zu sehen oder dem Zahnarzt auf der Straße zu begegnen. Insofern scheint es unabdingbar für das Entstehen von Angst, daß der Betroffene zwischen den Hinweisen (konditionale Stimuli) und dem erwarteten schmerzhaften Erleben eine direkte Verbindung herstellt. Dies wird als die **Wahrnehmung von Kontingenzen** [1] bezeichnet.

Es ist damit angedeutet, daß es sogar vorkommen kann, daß eine solche wahrgenommene Kontingenz zu Angstreaktionen führt, die „objektiv" sinnlos sind. Typisches Beispiel dafür ist die Angstreaktion von Kindern auf den Zahnarzt, obwohl er in der vorgesehenen Behandlung keine schmerzhaften Eingriffe vornehmen will. Die Angstreaktion wird dadurch ausgelöst, daß das Kind erwartet (weil es den Zusammenhang von Schmerz und Zahnarzt als kontingent erlebt hat), daß es zu Schmerzen kommen kann. Diese Überzeugung läßt sich bei jüngeren Kindern kaum auflösen, und selbst bei älteren Kindern und Erwachsenen sind die subjektiven Erwartungen mitunter so stark, daß beruhigende Beteuerungen von seiten des Zahnarztes eine ängstliche Anspannung nicht beseitigen können. Tatsächlich zeigt sich, daß ängstliche Kinder und Erwachsene meist mehr Schmerz in einer Behandlung erwarten (vorher erfragt), als sie (im nachhinein gefragt) tatsächlich erfahren haben [5, 16, 17], während nicht ängstliche den zu erwartenden Schmerz vorher realistisch einschätzen.

Eine weitere wichtige Ergänzung zur Zwei-Faktoren-Theorie der Angstentstehung betrifft die Rolle des **unkonditionalen Stimulus,** des Schmerzes. So „automatisch" eine Fluchtreaktion auf direktes Schmerzerleben folgt, so regelmäßig kann man auch feststellen, daß – zumindest ältere Kinder und Erwachsene – diese Reaktion nicht zeigen. Sie ertragen Schmerz bis zu einem gewissen Grad und berichten darüber, daß sie dies mit Hilfe bestimmter Gedanken leisten – z.B. denken sie an etwas anderes oder sprechen sich Mut zu. Solange der erlebte oder erwartete Schmerz eine gewisse Intensität nicht übersteigt, bleibt eine Angstreaktion aus. Personen, die nicht zahnbehandlungsängstlich sind, sagen häufig, daß z.B. der „kleine" Einstich beim Spritzen ihnen nichts ausmacht. Sie bewerten den erfahrenen Schmerz als gering oder aushaltbar. Insofern hängt die Entstehung von Angst auch davon ab, wie der Betroffene die erwartete unangenehme Erfahrung und seine eigenen Reaktionen darauf bewertet.

Diese kognitiven Funktionen der Erwartung und Bewertung erweisen sich als sehr einflußreich für die Wahrnehmung der Kontingenzen zwischen Hinweisreizen in der Situation (Angststimuli) und der eigenen Reaktion (Angst). Erwartung und Bewertung hängen eng mit den konkreten Erfahrungen zusammen, die der Betroffene mit bestimmten Situationen gemacht hat. Die Informationen aus diesen Erfahrungen werden gespeichert und bei der nächsten ähnlichen Gelegenheit abgerufen, um das eigene Handeln darauf abzustimmen.

Dieser lebenslange Lernprozeß wird ergänzt durch zahlreiche weitere Faktoren. So können die Bewertungen wichtiger Anderer für die eigene Bewertung von Erfahrungen ausschlaggebend sein. Kinder übernehmen häufig Erklärungen und Deutungen von ihren Eltern: z.B. der Zahnarzt ist ungeduldig gewesen, Zahnbehandlungen tun immer weh, das Bohren ist die Strafe für schlechtes Zähneputzen usw.

Ebenfalls werden die Erwartungen und Bewertungen über Zahnbehandlungen mehr und mehr mit anderen Überzeugungen verknüpft, die eine Person über sich selbst hat (z.B. „ich bin eben ein ängstlicher Typ" oder „ich kann Schmerz nicht gut aushalten") oder über Themen, die mit der zahnärztlichen Behandlung irgendwie zusammenhängen (Zahnärzte sind Sadisten; Ärzte wollen doch nur Geld verdienen; gesunde Zähne sind nicht das Wichtigste auf der Welt).

Bevor die Beteiligung solcher Faktoren etwas näher betrachtet wird, soll jedoch die Rolle von Erwartungen und Bewertungen für den Prozeß der Angstentstehung in der konkreten Situation der Zahnbehandlung noch genauer analysiert werden. Dabei werden stets auch Bedingungen diskutiert, die die Bewältigung von Angst ermöglichen.

Angstkontrolle

Die Theorie der Angstkontrolle [7, 8] beruht auf der Voraussetzung, daß ein bedrohlicher Reiz nicht sofort beseitigt oder vermieden wird, sondern sich die Person gleichzeitig mit dem Bedürfnis, die Gefahr zu vermeiden, an die Gefahr annähert.

Nur dann nämlich ist sie dazu gezwungen, sich mit der durch Annäherung ausgelösten Erregung auseinanderzusetzen, was bei ausbleibender Annäherung gar nicht erst notwendig wird (z.B. bei Patienten, die zum Zahnarzt gehen müßten, dies aber unterlassen, um damit verbundene Angstgefühle von vornherein zu vermeiden). Hat eine Person zum ersten Mal ein sehr unangenehmes Erlebnis im Zusammenhang mit einem bestimmten Reiz, z.B. die Schmerzen beim Bohren, so hat sie erst dann die Möglichkeit, auf dieses Ereignis zu reagieren, wenn es eintritt. Bei wiederholtem Annähern an diesen Reiz lernt sie Hinweise auf die bevorstehende Gefahr zu erkennen. Sie entwickelt ein Bedürfnis, die aufkommende Angst bereits zu hemmen, bevor sie ihr Maximum erreicht hat. Diese Angsthemmung wirkt um so stärker, je größer das Ausmaß an Angst ist.

Gelingt es einem Individuum nicht, bereits früh geeignete Maßnahmen zur Herabsetzung seiner Angst einzuleiten, muß es immer drastischere Mittel ergreifen, um sich vor weiterem Angstanstieg zu schützen. In einer **hierarchischen Anordnung von Systemen der Erregungshemmung** versucht die Person zunächst kognitiv (z.B. durch beruhigende Selbstgespräche), dann verhaltensmäßig (z.B. durch Vermeidungsverhalten, Dauerreden, Flucht) und dann physiologisch (Harn lassen, in Ohnmacht fallen) ihre Angst einzudämmen. Grund für das Mißlingen wirksamer, d.h. abgestufter Angsthemmung kann einerseits das Fehlen geeigneter kognitiver Mechanismen zur schrittweisen Bewältigung von Angst in einer konkreten Situation sein, andererseits extrem intensives unangenehmes Erleben bei fehlender Erfahrung mit einer Situation, so daß bei deren Wiederauftritt sofort maximale und damit unangemessene Angsthemmung wirksam wird.

Ist eine Person dagegen in der Lage, zu jedem beliebigen Zeitpunkt einer Annäherungsphase geeignete Hemmungsmechanismen einzusetzen, so hat sie ihre Angst auf einem niedrigen Niveau unter Kontrolle.

Epstein spricht von einem **moduliertén Angstkontrollsystem.** In dieser Theorie ist zentral, daß einerseits ein Aufbau von Erwartungen (Hinweise auf Gefahren) Angst erzeugt und andererseits eine gewissermaßen natürliche, „triebhafte" Tendenz zur Hemmung der Angst existiert, die durch geeignete, erlernbare Maßnahmen erreicht wird [7, 8].

Unerfahrene Personen (vor allem Kinder), die zum ersten Mal beim Zahnarzt sind, erfahren den Schmerz unvorbereitet und reagieren sofort mit maximaler Angsthemmung (Vermeidungsverhalten, Flucht, Schreien). Je nachdem wie intensiv dieses Erlebnis ist, welche Hinweise auf bevorstehenden Schmerz das Kind identifiziert und welche Vorbereitungsmaßnahmen ihm zur Verfügung stehen, wird sein Verhalten bei künftigen Besuchen entweder darin bestehen, noch nicht einmal den Behandlungsraum zu betreten, oder aber darin, im Verlauf der Behandlung seine Angst zu hemmen, zu kontrollieren. Die Zusammenhänge sind in der Abbildung 5 zusammengefaßt.

Mit diesen theoretischen Überlegungen, die z.T. empirisch durch Untersuchungen an Fallschirmspringern geprüft sind, stehen Befunde in Einklang, wie sie beispielsweise von Micheelis und Bauch [34] berichtet werden: Erwachsene, erfahrene Patienten schätzen die Erwartung einer „morgen" stattfindenden zahnärztlichen Untersuchung ebenso stark ängstigend ein wie unmittelbar bevorstehendes Bohren. Nach Epsteins Annahmen ist diese „vorgezogene" Angst nicht „erstaunlich" (wie Micheelis und Bauch kommentieren), sondern erwartungsgemäß und könnte bedeuten, daß sich die Patienten innerlich früh auf eine Behandlung einstellen. Im Wartezimmer sinkt die Angst dann ab, während bei den invasiven Maßnahmen (Spritzen, Bohren) die Erregung wieder ansteigt. Einen ganz ähnlichen Erregungsverlauf berichten auch Sergl et al. [42] in einer Fallbeschreibung zu Zahnbehandlungsangst und Murray et al. [36] bei Kindern.

Die Theorie der Angstkontrolle beleuchtet, in welcher Weise die meist als wichtig gefundene „Erfahrung" mit Zahnbehandlung und Angst zusammenhängen könnten. „Schlechte" Erfahrungen bedeuten, daß es einem Menschen nicht gelungen ist, ein moduliertes Angstkontrollsystem aufzubauen. Wo-

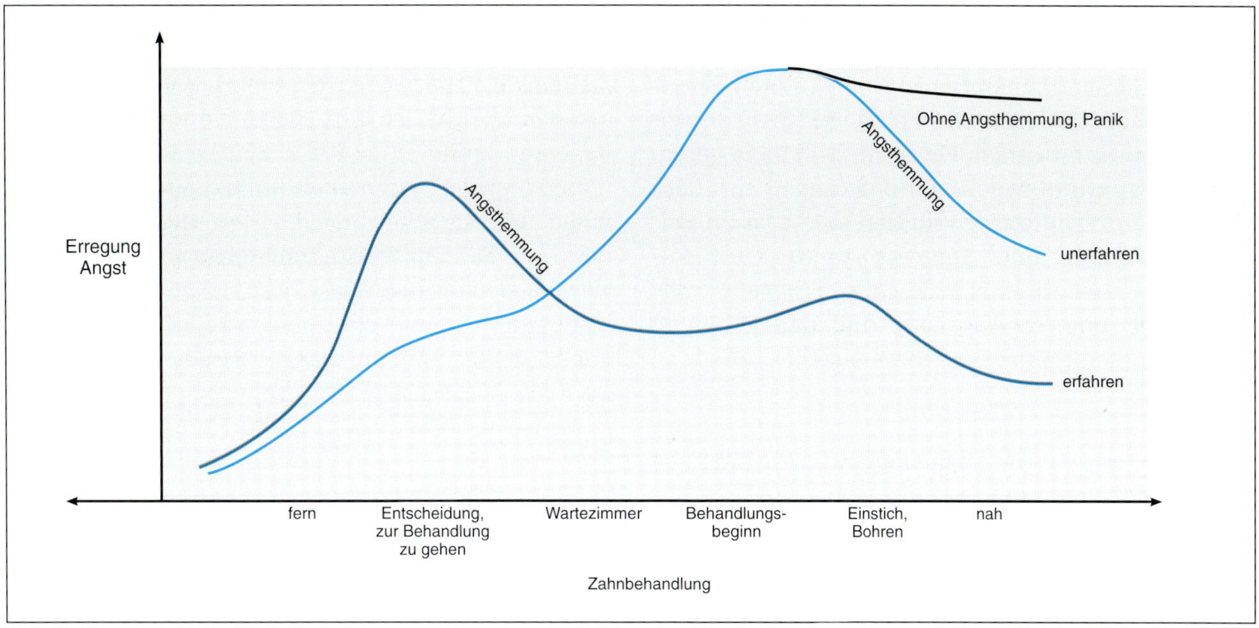

Abb. 5 Angstentstehung und Angstkontrolle (nach [8]).

mit dies zusammenhängt, sollen die folgenden Überlegungen klären.

Angst und Vorhersehbarkeit

Die Bedeutung von Hinweisen für die Auslösung von Angst wird auch von SELIGMAN [41] betont. Die Hinweise **(konditionale Stimuli)** informieren eine Person darüber, wann ein unangenehmes Ereignis eintritt, das damit vorhersehbar wird. Ein konditionaler Stimulus erlaubt einer Person immer dann ohne Angst zu sein, wenn der Stimulus ausbleibt. SELIGMAN nennt dieses Ausbleiben ein **Sicherheitssignal** und postuliert, daß Menschen danach streben, solche Sicherheitssignale ausfindig zu machen, die eine relative Garantie für ungestörte Entspannung darstellen.

Angst kann dadurch ausgelöst werden, daß eine Person eine **aversive Stimulation** erfahren hat und erwarten muß, daß diese sich jederzeit wiederholt. Sie kann keine sicheren Hinweise entdecken, wann dieses aversive Erlebnis eintritt und wann nicht. Ein solches unvorhersehbares unangenehmes Ereignis produziert nach SELIGMAN **chronische Angst,** die keine Phasen der Entspannung zuläßt. Nach SELIGMAN entsteht Angst durch unvorhersehbare, Furcht durch vorhersehbare aversive Stimulation. Der Vorteil der Furcht liegt neben der erwähnten Erholung während der Entspannungsphasen vor allem auch in der sparsamen Verwendung von Bewältigungsreaktionen. Insofern haben Personen „Furcht" vor einer Zahnbehandlung, von der sie wissen, daß sie kommt (der Termin ist ausgemacht), aber „Angst" während der Zahnbehandlung, da sie aversive Reize (Schmerz) erwarten, aber nicht unbedingt wissen, wann diese eintreten. Zwischen einzelnen Zahnarztbesuchen spüren Menschen keine Behandlungsangst, sie sind in „Sicherheit". „Begrenzte" Angst, vor bestimmten Instrumenten etwa, wäre damit eigentlich Furcht. Obwohl in Untersuchungen häufig nicht genau zwischen Angst und Furcht unterschieden wird, ist dies in SELIGMANS Konzept sinnvoll.

Angstbewältigung bedeutet in diesem Modell, daß das Individuum zunächst genaue Informationen erhalten muß, die die Ereignisse für es vorhersehbar machen. Dadurch wird Angst gewissermaßen in „kräfteschonende" Furcht umgewandelt. Der Patient weiß jetzt, wann es bedrohlich wird und wann nicht. Vorhersagbarkeit der Ereignisse geht über das Konzept der Erwartung hinaus, ist jedoch nur ein erster Schritt zum Abbau von Furcht. Hinzu müssen die angemessenen Reaktionen auf Furcht kommen. Im Kapitel über Angstabbau (S.104 ff.) wird darauf zurückzukommen sein.

EPSTEIN zeigte mit seiner Unterscheidung von erfahrenen und unerfahrenen Personen, daß durch Gewöhnung (Habituation) Angsthemmung möglich ist [7, 8]. SELIGMAN nimmt mit seinem Konzept der Vorhersehbarkeit an, daß reine Gewöhnung kein effizientes Lernverhalten ist. Ein Individuum lernt nämlich immer genauer, welcher Hinweis welchen aversiven Reiz ankündigt. Dieser ist damit vorhersehbar und kann angemessener beantwortet werden [41].

In der zahnärztlichen Behandlung können Personen nun häufig Anzeichen, Hinweise für bedrohliche Ereignisse erkennen. Da sie aber oft nicht genau wissen, wann und welche Empfindungen auf diese Hinweise erfolgen werden, fühlen sie Angst. Möglicherweise fehlen ihnen auch die von SELIGMAN sogenannten Sicherheitssignale, also Hinweise darüber, wann eine schmerzhafte und unangenehme Empfindung mit Sicherheit nicht eintritt.

Angst und Angstverarbeitung

In der Theorie der Angstentstehung nach LAZARUS [23] wird angenommen, daß ein Hinweis allein eher selten nur eine bestimmte Reaktion auslöst. Häufiger besteht eine Vielzahl von Signalen, die eine Person dazu veranlaßt, diese „Stimuluskonfiguration" zu analysieren und zunächst deren Elemente gegeneinander abzuwägen, bevor sie zu einer Bewertung der Bedrohlichkeit der Situation kommt (**„primary appraisal"**). Angst tritt auf, wenn eine Bedrohung erkannt wird, die einen persönlichen Schaden für die eigene Person zur Folge hat. Im Modell von LAZARUS wird den Formen der Bewältigung besondere Aufmerksamkeit geschenkt. Das, was in EPSTEINS System Angsthemmung genannt wurde, wird hier als Copingprozeß genauer analysiert. Das Ausmaß von Angst wird durch die Maßnahmen beeinflußt, die das Individuum nach dem Erkennen einer Bedrohung ergreift. Das Individuum stellt zunächst seine ihm zu Verfügung stehenden Kräfte und Möglichkeiten der Stärke der Bedrohung gegenüber. In diesem kognitiven Prozeß führt schließlich das Erkennen der Unzulänglichkeit eigener Ressourcen zu Angst (**„secondary appraisal"**). Hier wird besonders deutlich, wie sehr das Erleben von Angst und die Ausführung von Angstreaktionen davon abhängt, welche Möglichkeiten das Individuum hat oder sieht, auf die bevorstehende Bedrohung einzuwirken, sei es direkt (durch Vermeidung, Angriff) oder durch innere Abwehrmechanismen (Coping).

Obwohl nach LAZARUS das Erkennen einer Bedrohung von Angst begleitet wird, ist das Andauern von Angst nur durch unwirksame, d.h. die Bedrohung nicht reduzierende Copingversuche, zu erklären. Gerade weil in der zahnärztlichen Situation offene Bewältigungsversuche (Angriff und Flucht) nicht erwünscht sind, kommen als günstige Maßnahmen nur **intrapsychische Bewältigungsversuche** in Frage. In Abbildung 6 ist der gesamte Prozeß noch einmal graphisch verdeutlicht.

Die Entstehung und der Verlauf von Angstgefühlen erscheint nun besser durchschaubar, weil sie nicht mehr nur als „automatische" Reaktion auf Schmerz angesehen werden. Es wird plausibel, warum erfahrene Patienten in der Regel besser mit belastenden Situationen umgehen können als unerfahrene, daß Erwartungen und Überzeugungen wirksamer Angst hervorrufen, als die Zahnbehandlung selbst, und daß die Bewertung der eigenen Reaktionsmöglichkeiten (Angsthemmung, Coping) entscheidend dafür ist, ob eine unangenehme Situation ausgehalten wird oder nicht.

Zahnärztliche Behandlung als Situation kombinierter Angstauslöser

Zur Vereinfachung und Verdeutlichung des komplexen Systems der Angstentstehung wurde bisher angenommen, daß der Schmerz als wichtigster, geradezu biologischer Repräsentant einer Bedrohung

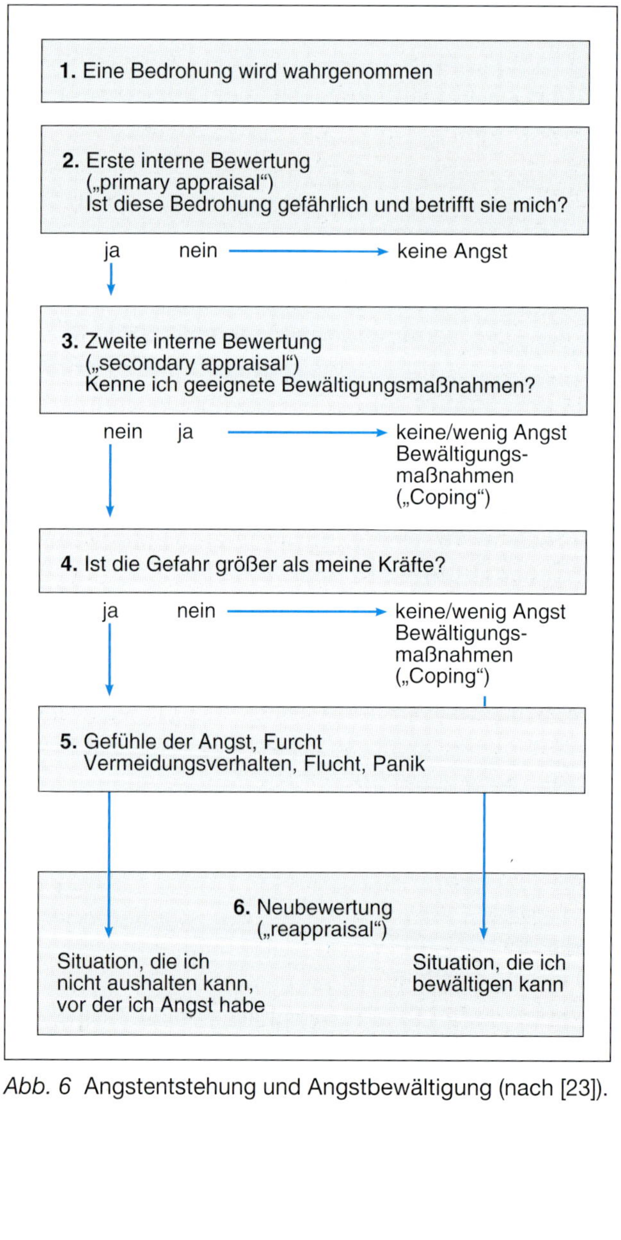

Abb. 6 Angstentstehung und Angstbewältigung (nach [23]).

oder Schädigung Ursprung von Angstreaktionen darstellt. Diese Annahme ist gerade für zahnärztliche und generell medizinische Ereignisse von großer Bedeutung. Wie bereits erwähnt (s. S. 96 ff.), gibt es jedoch auch eine Reihe von Angstauslösern, die nicht in Verbindung mit Schmerz oder physischer Bedrohung stehen. In den kognitiven Theorien zur Angstentstehung wurde bereits deutlich, daß eine Bedrohung durch Bewertungsprozesse zustande kommt, d.h., neutrale Ereignisse werden nur als Bedrohung wahrgenommen, wenn negative Konsequenzen damit in Zusammenhang gebracht werden.

Diese negativen Konsequenzen sind jedoch nicht auf physische Schädigungen eingeschränkt, sondern können auch bei psychischen Beeinträchtigungen erfahren werden. Frühe Erfahrungen negativer Konsequenzen sind Strafen durch die Eltern, verbale Drohung, Beschimpfen, Herabwürdigen. Später kommen solche Erlebnisse auch mit Gleichaltrigen und anderen Erwachsenen vor (Kindergarten, Schule), und werden ergänzt durch Ausgrenzung (nicht mitspielen lassen), schlechte Noten, Auslachen. Aus den dargestellten kognitiven Prozessen der Angstentstehung wird klar, daß es eines intensiven Erlebens, evtl. auch einer Häufung solcher negativen Konsequenzen bedarf, denen sich das Kind zusätzlich machtlos gegenübersieht, um massive Angst auszulösen. Prüfungsangst bei wiederholtem Versagen ist ein bekanntes Beispiel, ebenso die Beobachtung, daß Kinder – evtl. vorübergehend – Schulangst mit Vermeidungsverhalten zeigen, wenn ein Lehrer oder Mitschüler sie besonders attackieren. Die Berücksichtigung solcher psychischer Angstauslöser, die meist mit einer **Bedrohung des Selbstwerts** einer Person verbunden sind, kann auch für die zahnärztliche Behandlung von Bedeutung sein. Die Situation, die durch das Risiko von Schmerz für Angstentstehung prädestiniert ist, wird u.U. zusätzlich belastend durch

- negativ getönte Äußerungen des Zahnarztes („schimpfen“, Bemerkungen über Hygiene),
- verbale Drohungen von Eltern mit dem Zahnarzt,
- erwartete Verachtung, falls während der Behandlung „Schwäche“ gezeigt wird.

Auch wenn in der Regel solche Bedingungen allein keine ausgeprägte Angst auslösen, tragen sie jedoch dazu bei, zahnärztliche Behandlungen als bedrohlich einzuschätzen und Vermeidungsverhalten wahrscheinlicher zu machen.

Bei einer Untersuchung an Erwachsenen [13] zeigte sich, daß zu den zehn am meisten **angstauslösenden Verhaltensweisen des Zahnarztes** in der Behandlungssituation folgende Aussagen gehörten:

- Ihr Zahnarzt sagt Ihnen, daß sie schlechte Zähne haben (dritter Platz).
- Der Zahnarzt lacht, wenn er Ihnen in den Mund schaut (siebter Platz).

Die meisten Kinder im Alter von acht bis zwölf Jahren empfinden folgende Verhaltensweisen als unangenehm (75–85%, [38]):

- Der Zahnarzt macht sich über ein Kind lustig, nennt es ein „Baby“ oder so ähnlich.
- Der Zahnarzt sieht einen dauernd an, wenn er arbeitet.
- Der Zahnarzt stellt Fragen, wenn man den Mund voll hat.
- Der Zahnarzt schimpft, wenn man nicht still sitzt oder nicht tut, was er sagt.
- Der Zahnarzt sagt auch dann: „Es tut nicht weh“, wenn es doch weh tut.

Persönlichkeitseigenschaften und Angst

Angst ist eine für jeden Menschen erfahrbare Emotion, die zudem in einer Intensität auftreten kann, die jedes „vernünftige“ Denken unmöglich zu machen scheint. Daher könnte es befremdlich klingen, das Gefühl Angst als so abhängig von kognitiven Prozessen anzusehen. Immerhin erklärt es die Unterschiede im individuellen Umgehen mit Angstgefühlen und Bedrohungen, wenn berücksichtigt wird, wie Menschen ihre Erfahrungen im nachhinein durchdenken, bewerten, woran sie sich erinnern und wie sie sich innerlich auf zukünftige Ereignisse vorbereiten. Gerade die unterschiedliche Intensität erlebter Angstgefühle wird dadurch verständlich.

Wie weiter oben schon erwähnt, werden diese Prozesse jedoch durch weitere Bedingungen begleitet, die nicht mehr nur in der angstauslösenden Situation liegen. Die Bewertung von Erfahrungen hängt auch von anderen Personen ab, besonders aber von den Eigenschaften der Person selbst, die diese Erfahrungen macht. Im Zusammenhang mit Angstentstehung und -bewältigung sind vor allem von Bedeutung:

- kognitive Kapazität, Entwicklungsstand,
- generelle Angstneigung, „Ängstlichkeit“,
- Einstellungen und Motive und
- emotionale Labilität, Neurotizismus.

Kognitive Kapazität, Entwicklungsstand

> Wenn Angst in unangemessener Intensität gezeigt wird oder Angsthemmung nicht moduliert ist, kann dies an der mangelnden Fähigkeit des Individuums liegen, bedrohliche Reize genau einzuschätzen.

Die Aufnahmekapazität sehr kleiner Kinder wird durch eine Vielzahl neuer Reize, die ständig auf sie einströmen, schnell ausgefüllt. Um die neuen Eindrücke zu ordnen und zu speichern, klassifizieren sie Erlebtes zunächst grob (bekannt – unbekannt; angenehm – unangenehm; hell – dunkel usw.). Differenzierte Abstufungen werden erst allmählich möglich. Die Gedächtnisspanne und die Zeitvorstellung entwickeln sich im Laufe der Kindheit so, daß erst Schulkinder Ereignisse zeitlich ordnen können. Obgleich manche Kinder sich an Einzelereignisse in frühen Jahren sehr gut erinnern können, haben sie andere völlig vergessen. Auch die Dauer und die seitdem verstrichene Zeit bleibt nicht gut im Gedächtnis. Insofern sind die Voraussetzungen, differenzierte Hinweise auf unterschiedlich starke Gefährdungen zu identifizieren, für kleinere Kinder nicht gegeben.

Ihre Reaktionen verlaufen daher ähnlich den Regeln der Zwei-Faktoren-Theorie der Angstentstehung: Sobald ein Reiz als bedrohlich erkannt ist, findet sofort maximale Angsthemmung (Flucht) statt. Gleichwohl lernen auch Kinder sehr bald, bestimmte Erwartungen aufzubauen, wenn sie wiederholt mit einer Situation, z.B. beim Zahnarzt, konfrontiert werden. Schulkinder können in etwa angeben, was auf sie zukommen wird und haben weiterhin den Vorteil, aus verbal gegebenen Informationen zunehmend besser weitere Hinweise entnehmen zu können.

Für die Ausführung angemessener Angstbewältigungsstrategien ist es erforderlich, Ereignisabläufe zu überblicken: Patienten müssen die Verbindung zwischen bedrohlichem Stimulus, eigenen Reaktionsmöglichkeiten und daraus folgenden Konsequenzen abschätzen können, um ihre Kräfte adäquat einzusetzen.

Je jünger Kinder sind, desto kürzer sind die Zusammenhänge, die sie überschauen können. Sie reagieren „impulsiv", sie denken nicht lange darüber nach, ob sie auch noch andere Handlungsalternativen haben und wozu diese dann führen würden. Erst Kinder ab etwa zehn Jahren können von ihrem kognitiven Entwicklungsstand her solche längeren Ereignisabfolgen und ihre eigenen Reaktionen darauf einschätzen. Erst dann besteht die Voraussetzung dazu, andere Bewältigungsformen (nicht Vermeidung) von Angst als zuverlässig wirksam zu erleben. Selbst Erwachsenen fällt es mitunter schwer, die ersten Handlungsimpulse in einer Situation zu unterdrücken und statt dessen intrapsychische Prozesse in Gang zu setzen. Sie tun dies meist dann, wenn sie die damit verbundenen Konsequenzen erreichen wollen (beispielsweise wenn Angst vor einer Injektion besteht und der Patient diese am liebsten vermeiden möchte, aber „durchhält", damit er später beim Bohren keine Schmerzen mehr empfindet).

Generelle Angstneigung/Ängstlichkeit

Mit Ängstlichkeit wird die Neigung bezeichnet, auf zahlreiche Situationen mit Angst zu reagieren.

Diese Disposition besteht aus zumindest **zwei Hauptanteilen:** zum einen auf physische Gefahren und zum anderen auf Bedrohungen des Selbstwerts mit Angst zu reagieren [14]. In vielen Skalen zur Messung der Angstneigung ist nur diese zweite Komponente enthalten [43]. Es zeigt sich, daß diese Form von Angstneigung keine regelmäßigen Zusammenhänge zur Zahnbehandlungsangst aufweist, weder bei Kindern [29, 32, 33] noch bei Erwachsenen [48].

Vor dem Hintergrund der Annahme, daß die Zahnbehandlung eine Situation kombinierter Angstauslöser darstellt, kann davon ausgegangen werden, daß ängstliche Personen auf die selbstwertbedrohlichen Anteile besonders aufmerksam reagieren und hier ein Grund liegen könnte, warum Zahnarztbesuche auch ohne Erfahrung von Schmerz als belastend empfunden werden.

Einen Hinweis darauf, daß Ängstlichkeit nicht generell, sondern allenfalls als Kumulation häufiger negativer Erfahrungen mit physischen Bedrohungen für Zahnbehandlungsangst mit verantwortlich ist, geben Murray et al. [36]. Sie untersuchten Kinder nach, die aus früheren Zahnbehandlungen bekannt waren und fanden bei Behandlungsängstlichen häufiger auch Ängste vor medizinischen Eingriffen und vor Verletzungen.

Einstellungen und Motive

Die Bereitschaft, sich überhaupt in zahnärztliche Behandlung zu begeben, hängt von der Einstellung des Patienten zur Bedeutung seiner Mundgesundheit ab. Ist diese ihm besonders wichtig, kann grundsätzlich mehr Energie in die Überwindung von Vorbehalten – dazu gehören auch Angstgefühle – investiert werden. Die Fähigkeit, Angst zu bewältigen, ist zudem von der Einstellung zu sich selbst abhängig: die Überzeugung, Schwierigkeiten zu meistern, unterstützt intrapsychische Copingversuche, negative Gedanken (ich kann so etwas nicht aushalten) behindern sie.

Wichtig in diesem Zusammenhang ist auch die **Einstellung zum Zahnarzt als Person.** Ohne Ursache und Wirkung in den Vordergrund zu stellen, zeigen Untersuchungen, daß nicht nur Angstgefühle für den Besuch des Zahnarztes ausschlaggebend sind, sondern auch die Art und Weise, wie der Zahnarzt wahrgenommen wird: Personen, die unregelmäßig zum Zahnarzt gehen, sehen ihn eher als „indifferent" in seiner Haltung und bezeichnen ihn seltener als vorsichtig, sympathisch und vertrauenswürdig [24].

Emotionale Labilität, Neurotizismus

Neurotizismus wird im Zusammenhang mit Persönlichkeitseigenschaften auch als emotionale Labilität bezeichnet. Die Neigung, emotional intensiv und u.U. schwankend auf Eindrücke zu reagieren, zeigt starke Ähnlichkeit zur generellen Ängstlichkeit einer Person. Neurotizismus umfaßt Eigenarten wie Feindseligkeit, Impulsivität, Verletzbarkeit, Deprimiertheit [2].

Diese aus der Persönlichkeitspsychologie stammenden Auffassungen von überdauernden Merkmalen einer Person können nur sehr indirekt mit Zahnbehandlungsangst in Zusammenhang gebracht werden. Nur insofern, als solche Reaktionstendenzen die Wahrnehmung einer Bedrohung beeinflussen (evtl. intensivieren), die Bereitschaft zur Angstbewältigung verändern (evtl. verringern) oder auf die Auswahl von Bewältigungsstrategien einwirken (sie evtl. einschränken), könnten „emotional labile" Menschen vermehrt zur Behandlungsangst neigen.

Nicht mit dieser Persönlichkeitseigenschaft verwechselt sollte es werden, wenn bei einem Patienten von einer **neurotischen Störung** gesprochen wird. Bei diesen Auffälligkeiten, die ursprünglich im psychoanalytischen Kontext beschrieben wurden, handelt es sich um krankheitswertige Reaktionen einer Person. In diesem Sinne wird die Zahnbehandlungsangst gelegentlich als Anzeichen einer neurotischen Störung gesehen.

FREUD hat in seinen Theorien über Angstentstehung eine Unterscheidung von Realangst und neurotischer Angst vorgenommen. **Realangst** wird von ihm als Affektzustand mit spezifischem Verlauf gesehen, der durch die vom Individuum empfundene Unfähigkeit entsteht, auf drohende Gefahren von außen adäquat zu reagieren. Diese Konzeption scheint nicht weit von der modernen Angsttheorie entfernt. **Neurotische Angst** entsteht, verkürzt gesagt, durch innerpsychische Konflikte. Sie hat in ihrem Ausmaß keine Entsprechung mehr in der Bedrohung von außen, sondern wird durch Gefahren für das Ich bestimmt, die aus unbewußten Impulsen stammen. In der psychoanalytischen Vorstellung sind Mund und Zähne eng mit sehr frühen Entwicklungsstufen des Menschen verbunden (orale, anale Phase). Daher können zahnärztliche Behandlungen durch die Bedrohung dieser symbolisch wichtigen, sehr „ichnahen" Körperregion Konflikte ansprechen, die aus diesen frühen Lebensjahren des Betroffenen stammen.

Um eine neurotisch begründete Angst zu beseitigen, ist eine Aufdeckung und Lösung dieser Konflikte notwendig. Auch für eine Reihe anderer Faktoren, die in der zahnärztlichen Behandlung eine Rolle spielen, liefern psychoanalytische Auffassungen Erklärungsangebote (Zahnarzt als Autoritätsperson – Vaterersatz, Symbolik zahnärztlicher Instrumente). Obgleich es u.U. in Einzelfällen sinnvoll erscheinen mag, solche komplizierten psychischen Prozesse in Verbindung mit übersteigerter Zahnarztangst anzunehmen, ist die praktische Konsequenz dieser Ansicht meist so aufwendig (analytische Behandlung), daß sie nur bei sehr wenigen Patienten durchführbar erscheint. Außerdem legt die Annahme einer neurotisch bedingten Angst nahe, daß der Betroffene unter einer Störung seiner Persönlichkeit bzw. Persönlichkeitsentwicklung leidet, die weit über seine Reaktionen auf die Zahnbehandlung hinausgeht. In empirischen Untersuchungen ließ sich jedoch nicht zeigen, daß Patienten mit übersteigerter Angst vor „dem Zahnarzt" überwiegend neurotische Persönlichkeiten aufweisen.

Problematisch kann es allerdings sein, wenn Patienten mit starker Angst bei der Behandlung reagieren, bei denen Angst Teil einer psychischen Krankheit ist, unter der diese Patienten leiden. Generalisierte Angstsyndrome, Panikattacken oder eine ausgeprägte Behandlungsphobie, ebenso Angstreaktionen in Verbindung mit Depression und psychotischen Störungen erfordern die genaue Kenntnis der Krankheitsbilder, um zu einem Verständnis der gezeigten Angstsymptome zu gelangen. Deren Beschreibung führt an dieser Stelle zu weit, zumal die Behandlung der Patienten in der Regel die Möglichkeiten der zahnärztlichen Praxis allein übersteigt. Hier ist die Zusammenarbeit mit Psychologen oder Psychiatern erforderlich.

Grundlagen des Angstabbaus

Durch die Erläuterung des Prozesses der Angstentstehung und der ihn begleitenden Faktoren wird es durchschaubar, an welchen Stellen dieses Prozesses Maßnahmen zum Angstabbau – im folgenden kurz Interventionen genannt – einsetzen können. Angstentstehung erfolgt bei Kindern und Erwachsenen nach ähnlichen Gesetzmäßigkeiten – Angstauslöser werden erkannt und mit negativen, bedrohlichen, durch eigene Kraft nicht abwendbaren Folgen in Verbindung gebracht. Trotzdem wird dieses Grundmuster durch zahlreiche, individuell verschiedene Bedingungen „moduliert", geregelt. Eine globale, wichtige Bedingung ist der Entwicklungsstand, das Alter des Patienten. Dadurch wird es sinnvoll, unterschiedliche Maßnahmen zum Abbau von Angst für Kinder und Erwachsene zu beschreiben. Ganz genau besehen, müßte man diese beiden Altersstufen noch in Untergruppen aufteilen, um zu einer optimal altersangemessenen Intervention zu gelangen (Vorschulkinder, Schulkinder, Jugendliche, Erwachsene, ältere Menschen). Um die wichtigsten Schritte beispielhaft zu erläutern, genügt jedoch die grobe Unterscheidung in zwei Altersgruppen.

Angstabbau bei Kindern

Um einen geeigneten Ansatzpunkt zur Verringerung von Angstreaktionen ausfindig zu machen, ist es immer notwendig, deren Verlauf genau zu beobachten.

> Da ein Mensch, vor allem ein Kind, in panischer Angst nicht zugänglich ist (s. S. 89 ff.), müssen alle Interventionen beginnen, während das Kind noch keine Angst hat. Schreiende, kämpfende Kinder zu behandeln, ist kaum zu legitimieren – zahnmedizinische Indikationen dazu dürften sehr selten existieren, psychologische gibt es nicht.

Die Wahrscheinlichkeit, die Angst durch Zwang womöglich noch zu verstärken, ist sehr hoch. Auf die Behandlung von extrem ängstlichen Kindern im Notfall wird am Ende des Abschnitts kurz eingegangen.

Die sicherste Methode, um die unmittelbaren Angstreaktionen von Kindern einzudämmen, damit eine Intervention begonnen werden kann, ist die Beendigung der(s) Behandlung(sversuchs), notfalls ein Wechsel ins Wartezimmer.

Zur **Vorbereitung einer Intervention** muß der zahnärztliche Behandler sich folgende Informationen durch Beobachtung oder Befragung verschaffen:

- Hat das Kind schon Erfahrungen mit der zahnärztlichen Behandlung gemacht, wenn ja, welche?
- Was genau löst die Angst des Kindes aus?
  Ein spezielles Instrument, ein Behandlungsabschnitt, eine besondere Maßnahme, die Person des Zahnarztes oder anderer Praxismitglieder, Drohungen der begleitenden Betreuungspersonen, das Behandlungszimmer, der Stuhl, die gesamte Situation.
- Wie und wann reagiert das Kind auf diese Auslöser?
  Verbal, motorisch, Ausdrucksverhalten, physiologisch – sofort, allmählich steigend, verzögert, wechselnd.
- Welche Verhaltensweisen sind beim Kind erkennbar, mit denen es seine Angstreaktionen zu hemmen versucht?
  Starre, viel Reden, Zeit gewinnen, den Zahnarzt ablenken usw.

Mit diesen Informationen kann sich der Behandler ein Bild davon machen, welche „Reize" das Kind als bedrohlich bewertet. Deutliche Anzeichen von Angst zeigen immer an, daß es sich nicht in der Lage sieht, diese Bedrohungen zu ertragen. Prinzipiell sind **zwei generelle Maßnahmen** daraus ableitbar – entweder solche, die die Bedrohlichkeit der Reize verändern, oder solche, die die Bewältigungsmöglichkeiten des Kindes stärken.

Veränderung der Bedrohlichkeit der Reize

Viele der gängigen Ratschläge zum Angstabbau zielen auf diesen Aspekt ab. Meist wird die einfachste Form der Veränderung, die **Vermeidung des Reizes,** als günstigste Methode angesehen. Die gründlichste Form des „Angstabbaus" wäre die Vermeidung des primär angstauslösenden Reizes, des Schmerzes. Daher müssen alle Empfehlungen ernst genommen werden, die Behandlungen oder zahnärztliche Besuche vorschlagen, bevor Schmerz eine Rolle spielt. Dies beseitigt bzw. verhindert Angstreaktionen jedoch nur, so lange über die Vorgänge des klassischen Konditionierens noch keine weiteren Behandlungsaspekte als Angstauslöser fungieren.

Als nächste Möglichkeit bietet sich daher an, auf diese anderen **Angstauslöser zu verzichten,** also beispielsweise keine Spritze zu verwenden, den weißen Kittel auszuziehen oder drohende Eltern aus dem Behandlungszimmer zu schicken. Nicht immer und nicht alle Angstauslöser lassen sich jedoch völlig vermeiden. Wenn man kein Anästhetikum injiziert, kann es zu Schmerzempfindungen kommen, ohne

Bohrer ist eine ordnungsgemäße Kariesentfernung selten möglich und ebenso schwierig ist die Behandlung außerhalb des Behandlungsstuhls. Daher wird als weitere Methode versucht, diese **Angstauslöser zu verändern.** Es ist inzwischen üblich geworden, zumindest bei jungen Kindern keine klassische Injektionsnadel zu verwenden, sondern Geräte, bei denen die Nadel nicht sichtbar ist. Wenn ein spezieller Zahnarzt als „Angstauslöser" wirkt, kann ein Wechsel des Behandlers angeraten sein.

All diese Mittel erscheinen jedoch unvollständig, da das Ziel der Maßnahmen langfristig nicht die Veränderung der Behandlungssituation und ihrer speziellen Anforderungen sein kann, sondern es sollen die Angstempfindungen des Kindes günstig beeinflußt werden. Daher zielen Methoden des Angstabbaus im engeren Sinne darauf ab, die Annahme der Kinder zu verändern, daß bestimmte Aspekte der Zahnbehandlung es bedrohen.

Einen ersten Schritt dazu bieten Versuche, die (meist angstauslösenden) Instrumente genau zu erklären und mit dem Kind anzuschauen, ohne diese im Mund einzusetzen. Die Unterscheidung von Spiegel (rund) und Sonde (spitz) zeigt dem Kind, daß nicht alle glänzenden Gegenstände „pieksen". Das kitzelnde Gefühl des Rosenbohrers auf dem Fingernagel vermittelt – evtl. zum ersten Mal – die Erfahrung, daß nicht immer Schmerz mit diesem Gerät verbunden ist. Ein ruhiger, geduldig erklärender Zahnarzt zeigt dem Kind an, daß von diesem nicht notwendig nur Negatives ausgeht. Entsprechend den vorgestellten Angsttheorien zielen diese Maßnahmen darauf ab, dem Kind die differenzierte Wahrnehmung von Hinweisreizen und Sicherheitssignalen zu erleichtern.

Auf dieser Basis wirkt die bekannte **„tell-show-do"-Methode.** Durch Erklären und Zeigen vor der eigentlichen Behandlung wird versucht, dem Kind eine möglichst angemessene Einschätzung darüber zu vermitteln, was auf es zukommt. Diese Einschätzung darf jedoch nicht darin bestehen, daß nach allen Demonstrationen doch nur Schmerz zu erwarten ist, sonst können Angstreaktionen damit nicht beseitigt werden. Gut geeignet ist diese Methode jedoch vor allem dann, wenn Kinder falsche, ungenaue oder gar keine Vorstellungen darüber haben, was auf sie zukommt, beispielsweise durch Drohungen von Eltern oder Geschwistern, oder durch frühere invasive Behandlungen, oder durch fehlende eigene Erfahrung. Nach den theoretischen Ausführungen zur Angstentstehung (s. S. 96 ff) wird jedoch deutlich, daß eine wirksame Veränderung der Annahmen, wie bedrohlich etwas ist, nur dann möglich ist, wenn Personen – und das gilt gerade für Kinder – nicht nur erwarten, sondern persönlich und direkt erfahren haben, daß auf bestimmte Reize tatsächlich keine negative Konsequenz (Schmerz, Drohung) erfolgt. Nur dann nämlich besteht auch in der Überzeugung der Kinder eine Kontingenz zwischen Konsequenz (war nicht schlimm) und vorhergehendem Reiz (der Bohrer). Folgt nach genauen und geduldigen Erklärungen des Zahnarztes, denen das Kind aufmerksam lauscht und glaubt, bei der Behandlung dann doch ein für das Kind extrem unangenehmes Gefühl, wird sich die Einschätzung der Bedrohlichkeit des Instruments nicht verändern. Die eigene Erfahrung gilt mehr als die Argumente des Erwachsenen, der darüber hinaus seine Glaubwürdigkeit verloren hat.

Um diese wichtige Gesetzmäßigkeit zu nutzen, wird deshalb in den eher psychologisch kontrollierten Methoden des Angstabbaus versucht, die Kontingenzwahrnehmung zwischen Hinweisreiz und ausbleibendem Schmerz durch die eigene Erfahrung zu verfestigen. Die bekannte Intervention der **systematischen Desensibilisierung** zur Beseitigung von Angst betont, wie wichtig es ist, daß die Patienten zu keinem Zeitpunkt der Maßnahme nennenswerte Angst empfinden. Sonst werden die dargebotenen Reize „automatisch" wieder mit Angst assoziiert und eine Veränderung ihrer Bedrohlichkeit kann nicht erfolgen. Deshalb beginnt die systematische Desensibilisierung mit der Präsentation von Stimuli, die (fast) keine Angst auslösen. Weiter oben wurde betont, wie wichtig es ist, mit Kindern Interventionen zu beginnen, wenn sie keine Angstreaktionen zeigen. Es wird klar, daß dies nicht nur für eine erforderliche Ansprechbarkeit nötig ist, sondern auch, um Angstempfindungen von der Situation „ablösen" zu können.

Wie bei der Tell-show-do-Methode beginnt die systematische Desensibilisierung mit der Konfrontation von angstauslösenden Reizen in einem Kontext, der keine Angst auslöst, also beispielsweise Zeigen der Geräte, ohne daß das Kind im Stuhl sitzt. Solange das Kind keine Angstreaktionen zeigt und man sicher ist, daß keine negativen Konsequenzen erfolgen können, kann die Intensität der Reize allmählich immer weiter gesteigert werden. Nach den Regeln der operanten Konditionierung sollte statt der „Verstärkung" der Angstreaktion (durch Vermeidungsverhalten) die Mitarbeit des Kindes nach jedem neuen Schritt positiv hervorgehoben werden (z.B. verbale Bestätigung, Lob). Falls die Angstreaktionen des Kindes sich wieder andeuten, muß sofort ein Zurückgehen zu einer weniger bedrohlichen Phase erfolgen. So erfährt das Kind schrittweise, daß mit bestimmten Reizen keine negativen, sondern neutrale und evtl. positive Konsequenzen verbunden sind. Ein Beispiel für systematische Desensibilisierung in der zahnärztlichen Behandlung von Kindern gibt beispielsweise WETZEL [52]. Nicht selten ertragen ängstliche Kinder nach einer solchen systematischen Einführung in sehr kleinen Schritten vor allem Kontrolluntersuchungen im Mund. Für die Bewältigung stärker belastender Situationen, bei denen unangenehme Empfindungen unvermeidlich sind, reicht jedoch diese Methode nicht aus. Hier kann ein Abbau von Angst nur erfolgreich sein, wenn die zweite „Station" im Prozeß der Angstentstehung, die Bewertung der eigenen Möglichkeiten, mit der Bedrohung fertigzuwerden, verändert wird.

Verbesserung der Bewältigungskompetenz

Kinder „üben" von klein auf den Umgang mit Angst. Sie erfahren zunächst, daß meist die Erwachsenen, besonders die Mutter, für sie Bedrohungen und unangenehme Gefühle beseitigen. Im Verlauf der Entwicklung lernen Kinder, selbst auf ihre Umwelt Einfluß zu nehmen – sie wollen alleine essen, sich alleine anziehen, selbst elektrische Schalter bedienen. Sie erleben, daß ihre eigenen Handlungen wirksam sind, daß sie Konsequenzen haben, die für das Kind erwünscht sind (das Licht geht an, es kann selbst Schokolade holen). Vor diesem Hintergrund entsteht auch das Vermeidungsverhalten bei Schmerz oder Angst: Vermeidung des schmerzinduzierenden Reizes kann das Kind selbst leisten. Wie schon weiter oben erwähnt, ist gerade diese direkte Verbindung eigener Handlung (Vermeidung) und erwünschtem Erfolg (Schmerz tritt nicht auf) sehr verstärkend für zukünftige Handlungen.

Kinder machen im Laufe ihrer Entwicklung unzählige solcher Erfahrungen, bei denen sie lernen zu erkennen, welche Rolle sie dabei spielen können, ihre Umwelt nach eigenen Wünschen zu beeinflussen. Ein positiver Effekt dieser Erfahrungen ist der Erwerb vieler Kompetenzen, die für das Kind lebenswichtig sind. Diese Kompetenzen schließen auch den Umgang mit Widerständen aus der Umwelt ein. Solche Widerstände kommen in vielen Bereichen des Lebens vor (Eltern setzen Grenzen, andere Personen setzen ihre Bedürfnisse durch, Stühle sind zu hoch, Autos zu schnell, Süßigkeiten zu teuer usf.), die hier interessierenden „Widerstände" sind jedoch die Bedrohungen, die das Kind erlebt. Die Kompetenz, Bedrohungen zu bewältigen, wird nur schrittweise erlernt. Obgleich es für das Kind reizvoll ist, selbst Handlungen auszuführen, wird dies nur verstärkt, wenn es Erfolg hat. Eine erfolgreiche Bewältigung kann ein kleines Kind nur bei kleinen Bedrohungen selbst erreichen, da seine „Ressourcen", seine Möglichkeiten begrenzt sind. So ist ein Kleinkind durchaus in der Lage, sich gegen einen Gleichaltrigen zu wehren, der ihm sein Spielzeug wegnehmen will. Gegen einen Arzt, der eine schmerzhafte Spritze verabreicht, hat es keine Chance. Hier besteht seine Ressource allenfalls aus Schreien.

Angemessene Bedrohungsbewältigung lernt ein Kind durch Ausprobieren eigener Möglichkeiten. In Versuch und Irrtum werden wirksame Maßnahmen erkannt und vervollkommnet. Darüber hinaus nutzt es Informationen, die ihm durch wichtige Bezugspersonen und andere Kinder gegeben werden. Es beobachtet, wie andere Erfolg erzielen und ahmt dieses Verhalten nach. Die Fähigkeit zur Nachahmung macht den Lernprozeß schnell und effektiv: Ein bei anderen beobachteter Mißerfolg erspart dem Kind einen eigenen Versuch.

Sinnvolle Maßnahmen zur Reduktion von Angst könnten demzufolge darin bestehen, dem Kind adäquate Fertigkeiten beizubringen, die eine Bewältigung der Bedrohung leisten. Um den u.U. langen Prozeß des Selbst-Ausprobierens (mit der Gefahr des Mißerfolgs) abzukürzen, kann das erwähnte **Nachahmungslernen** genutzt werden. Wirksame Methoden der Angstreduktion bei jüngeren Kindern bestehen darin, den Kindern bsw. im Film oder in einer Gruppensprechstunde vorzuführen, wie andere mit der Bedrohung „Zahnbehandlung", „Bohrer" oder „Spritze" umgehen. Kinder imitieren die Verhaltensweisen des gezeigten Modells, das keine Angstreaktionen äußert („mastery-model") und lernen so schnell angemessenes Verhalten bei der zahnärztlichen Maßnahme.

Ob das Modell nachgeahmt wird, hängt vor allem davon ab, wie ähnlich es dem Kind ist – ist es von einem anderen Geschlecht oder Alter kann es sein, daß das beobachtende Kind meint, nur Jungen könnten das (wenn es selbst ein Mädchen ist) oder nur große Kinder könnten das (wenn es selbst jung ist). Durch **Modellernen** erreichte Angstbewältigung kann nur so lange wirken, bis das Kind in der eigenen Zahnbehandlung neue, unerwartete (vorher nicht gesehene) und negative Eindrücke erhält. Für diese Situation konnte das Modell keine Informationen geben. Daher wurde versucht, Modelle vorzuführen, die zunächst Angst zeigen, die sie aber im weiteren Verlauf bewältigen („coping-model"). Diese Methode scheint unterschiedliche Wirkung auszuüben – manchmal reduziert sie Angst dauerhafter als die erste Methode, manchmal induziert sie Angst. Es scheint davon abzuhängen, ob die Kinder die Mittel erkennen, mit denen das „coping-model" seine Angst in den Griff bekommt [21, 29, 31–33].

Bei etwas älteren Kindern kann demzufolge Kompetenz effektiver gesteigert werden, wenn ihnen solche Mittel, ihre Angst zu „kontrollieren", direkt vorgestellt, gezeigt und mit ihnen geübt werden. Es existieren eine Reihe solcher Methoden, die Menschen als unterschiedlich hilfreich empfinden. Die folgende Aufstellung zeigt, was häufig zur Eindämmung von Angstgefühlen (und auch zur Schmerzbewältigung) eingesetzt wird:

- **Ablenkung:**
  - sich intensiv etwas schönes vorstellen („Imagination"),
  - Musik hören,
  - Bilder anschauen (fernsehen),
  - Augen schließen.
- **Anspannung:**
  - Zähne zusammenbeißen,
  - Fäuste ballen,
  - mit den Füßen trampeln.
- **Entspannung:**
  - tief durchatmen,
  - Muskelspannung lockern,
  - autogenes Training.
- **Kognitive Techniken:**
  - zählen,
  - Rechenaufgaben lösen,
  - Gedicht aufsagen,
  - auf die Uhr schauen,
  - eigene Empfindungen umdeuten,
  - motivierende Selbstinstruktion (du hältst es noch aus) [18, 26].

Solche Maßnahmen sind **intrapsychische Techniken,** weil sie statt offenen Fluchtverhaltens ausgeführt werden. Die Fähigkeit, solche Techniken einzusetzen, wird als Selbstkontrolle bezeichnet, da eine Person „freiwillig" darauf verzichtet, spontane, unwillkürliche Vermeidungsreaktionen zu zeigen. Wie auf S. 102 erwähnt, hängt die Fähigkeit zur Selbstkontrolle, gewissermaßen als Gegenpol der Impulsivität, vom Alter der Kinder ab.

Wenn es gelingt, dem ängstlichen Kind solche Techniken zu vermitteln, sollte es deren Wirksamkeit zunächst bei sehr geringen Angstgefühlen ausprobieren. Erst wenn es sicher ist, daß es damit seine Gefühle gut unter Kontrolle hat, wird es von seiner Technik überzeugt sein, sie für effektiv halten und bereit sein, sie weiter einzusetzen. Das Kind erfährt allmählich, daß es selbst in der Lage ist, mit der zahnärztlichen Situation (und seiner Angst) fertig zu werden: es hat eine neue Kompetenz erworben. Wenn es den Erfolg wahrnimmt und darin durch entsprechende Rückmeldung (Lob) von Zahnarzt und Eltern unterstützt wird, stabilisiert sich diese neue Fähigkeit und kann u.U. vom Kind selbst weiterentwickelt werden. Bei wiederholten, ähnlich erfolgreichen Erfahrungen gewinnt das Kind eine sog. **„Kontrollüberzeugung"**, d.h., es ist sich sicher, daß es selbst in der Lage ist, die Bedrohlichkeit eines Ereignisses zu beeinflussen [46]. Dieser Einfluß zeigt sich für das Kind durch die positiven Effekte der intrapsychischen Bewältigungstechniken (kognitive Kontrolle).

Deutlicher als kognitive Kontrolle reduziert die sog. **Verhaltenskontrolle** Angst, vor allem bei kleineren Kindern, aber auch bei älteren. Damit ist gemeint, daß Kinder durch ihr Verhalten eine Bedrohung beeinflussen – im extremen Fall durch die schon häufig angeführte Vermeidung. Verhaltenskontrolle während der zahnärztlichen Behandlung kann jedoch auch stattfinden, ohne daß das Kind wegläuft: Die beliebten „Stopzeichen", also eine Unterbrechung des Bohrens, z.B. wenn das Kind die Hand hebt, stellen für das Kind eine solche Verhaltenskontrolle dar, sofern der Behandler zuverlässig darauf reagiert. Nachteile der Verhaltenskontrolle gegenüber kognitiver Kontrolle bestehen jedoch darin, daß sie die Arbeit des Zahnarztes u.U. behindert und beim Übergehen der Stopzeichen jede Kontrollüberzeugung zusammenbricht, was wieder eine Erhöhung der Angst zur Folge haben kann. Bei der kognitiven Kontrolle ist das Kind nicht auf die „Mitarbeit" des Zahnarztes angewiesen, es kontrolliert die Ereignisse aufgrund eigener Kompetenzen.

Die bisher geschilderten Verfahren sind für Kinder geeignet, die Angst in jeder denkbaren Intensität zeigen, vorausgesetzt sie sind nicht zusätzlich beeinträchtigt dadurch, daß sie unter einem **akuten Behandlungsbedarf** stehen, der ein Aufschieben angstbesetzter Maßnahmen unmöglich macht. Allein hier kann es ratsam sein, Kinder durch eine Prämedikation zu beruhigen, um den Eingriff zu ermöglichen. Gegen die Annahme, in solchen Fällen evtl. auch unter Narkose behandeln zu müssen, sprechen gute Erfolge hypnotischer Maßnahmen. Kinder, die aufgrund der Umstände nicht in der Lage sind, sich selbständig zu entspannen und ihre Angst auch mit pädagogisch-psychologischer Hilfe nicht bewältigen können, sind unter Hypnose oft behandelbar. Diese Technik stellt jedoch eine Hilfe für den Behandler dar, die – sachgerecht angewendet – dem Patienten nicht schadet [40]. Die Bewältigungskompetenzen des Kindes werden damit jedoch nicht gefördert, so daß Hypnose allein noch keine Maßnahme zum Angstabbau darstellt.

Ein **allgemeines Vorgehen** für den Abbau von Angst bei Kindern könnte zusammenfassend lauten:

- Klären, wovor das Kind Angst hat, und ob dies auf falschen oder fehlenden Informationen beruht.
- In kleinen Schritten und in kindgemäßer Sprache erklären – zeigen, was in der Untersuchung/Behandlung getan wird.
- Rückversichern, daß das Kind nicht in Angst gerät und Fortschritte verstärken.
- Dem Kind „Tips" geben, wie es unangenehme Momente besser aushalten kann. Die Techniken mit ihm „trocken" üben, erst allmählich an die Ernstsituation heranführen. Eventuell Verhaltenskontrolle (Stopzeichen) als Übergang verwenden.
- Erfolg auf die Leistung des Kindes zurückführen.
- Überflüssige Angststimuli vermeiden: nicht notwendige Instrumente weglassen, nur wenige Maßnahmen auf einmal, weitgehend schmerzfrei arbeiten.

Angstabbau bei Erwachsenen

Bei der Behandlung Erwachsener fehlen manche Schwierigkeiten, die bei der Kinderbehandlung bestehen. Erwachsene haben eine größere Erfahrung mit Bedrohungen und Schmerzen. Ihre Palette an Reaktionsmöglichkeiten ist meist größer als die der Kinder, und sie haben gelernt, spontane Impulse zu kontrollieren.

Es existieren jedoch auch **Besonderheiten,** die gerade den Angstabbau bei Erwachsenen erschweren. Dies sind:

- Meist bereits länger andauernde, fast ritualisierte Angstgefühle im Zusammenhang mit zahnärztlichen Behandlungen.
- Mangelnde Bereitschaft, gegen diese Angstgefühle etwas zu tun, sie u.U. sogar zu negieren.
- Größere Vorsicht, sich einer anderen Person anzuvertrauen, die ihnen neue und andere Reaktionen näherbringen will, da sie an eigene Handlungsentscheidungen gewöhnt sind.

Die Ausgangssituation bei der Angstbehandlung Erwachsener kann unterschiedlich sein. Am häufigsten kommen Erwachsene mit nur **milden Angstgefühlen** in die Praxis. Ein angemessenes Vorgehen kann jedoch auch diese noch weiter reduzieren. Seltener sind **deutliche Anzeichen von Angst,** die wiederum verschieden vom Patienten bewertet werden: Manche nehmen ihre Angst wahr und reagieren dankbar, wenn der Zahnarzt Vorschläge zum Angstabbau macht. Andere überfordert es, ihre unangenehmen Gefühle mit Angst in Verbindung zu bringen, und sie werden noch abweisender. Darüber hinaus gibt es Patienten, die genau angeben, vor welchen speziellen Maßnahmen sie Angst haben.

Eher selten dürfte es vorkommen, daß Patienten mit **sehr großer Angst** zum Zahnarzt kommen. Dies geschieht meist nur in Notfällen und u.U. in Begleitung und durch Unterstützung von Partnern. Diese Patienten werden ihre Angst nicht leugnen können, ihre Behandlung ist jedoch durch die besondere Angstintensität, evtl. in Verbindung mit Schmerzen, besonders schwierig.

Methoden des Angstabbaus bei Erwachsenen können gut in Abhängigkeit von den geschilderten verschiedenen Angstintensitäten dargestellt werden.

Erwachsene mit milden Angstanzeichen

Entsprechend den theoretischen Erläuterungen zur Entstehung von Angst kann man annehmen, daß milde Zeichen von Angst gezeigt werden, wenn der Patient eine Bedrohung wahrnimmt – darin hat er nach möglicherweise zahlreichen Zahnarztbesuchen inzwischen eine gewisse Routine – und meist weiß, daß er diese unter mehr oder weniger unangenehmen Gefühlen aushalten wird. Er kann sich in etwa die Schmerzintensität während der Injektion vorstellen, er kennt das Gefühl des Bohrens, Extraktionen sind evtl. noch unbekannt, werden aber in Verbindung mit einer Anästhesie als aushaltbar eingeschätzt. Während der Behandlung auftretende Schmerzen werden mit Hilfe einer erprobten intrapsychischen Bewältigungstechnik (s.o.) überstanden.

Im Laufe seiner Erfahrungen mit der zahnärztlichen Behandlung hat der Patient seine Angstkontrolle weitgehend optimiert. Die meisten Behandlungsschritte und Maßnahmen des Zahnarztes kann er in etwa vorhersehen, und die gesamte Einschätzung der Situation führt zur Hoffnung, sie bewältigen zu können. Milde Angstanzeichen bedeuten hier, daß eine gewisse Unsicherheit über diese Kompetenz trotz aller Erfahrung mit Zahnärzten nach wie vor besteht. Der Patient ist „auf der Hut", vergleicht ständig die Ereignisse mit seinen Erwartungen und prüft seine Reaktionen darauf. Geschieht etwas Unerwartetes, kann er plötzlich stärkere Angstsymptome zeigen.

Dieses im Prinzip recht gut funktionierende Regulationssystem kann der Behandler dadurch unterstützen, daß er auch dem erwachsenen Patienten laufend Informationen gibt, vor allem über ungewöhnliche, bisher bei ihm noch nicht angewendete Maßnahmen und deren Wirkung. Diese Informationen erlauben es dem Patienten, sich innerlich auf die nächsten Schritte einzustellen und seine eigenen Reaktionen richtig einzuschätzen. Das erhöht die Sicherheit für den Patienten auch darüber, daß er zwar den Zahnarzt nicht „kontrollieren" kann (dieser muß nach fachlichen Gesichtspunkten selbständig handeln), dieser aber nachvollziehbare Handlungen vornimmt. Je besser ein Patient seinen Zahnarzt kennt, um so eher handelt dieser für den Patienten vorhersehbar. Falls ein Zahnarzt das Vertrauen des Patienten rechtfertigt, indem er keine unzumutbaren oder quälenden Maßnahmen ohne Vorbereitung durchführt, überläßt der Patient seinem Arzt problemlos die Handlungsentscheidungen, da er sicher ist, daß dieser nichts extrem Nachteiliges tun wird. Diese **Form des Vertrauens** stellt ebenfalls eine Form der kognitiven Kontrolle dar: Zwar beeinflußt der Patient selbst nicht die Ereignisse direkt, aber er ist überzeugt, daß der „stellvertretend" für ihn handelnde Zahnarzt ebenso stark danach trachtet, Unangenehmes und Schmerz zu vermeiden, wie der Patient selbst. Diese wenig aufwendige Methode der genauen Information über die Behandlungsmaßnahmen, bei der in keiner Weise auf Angst des Patienten eingegangen werden muß, hat vor allem drei sehr günstige **Wirkungen** auf den Behandlungsablauf:

- Wenig ängstliche Patienten bleiben während der Behandlung entspannter.
- Das Vertrauen zum Zahnarzt und damit dessen Handlungsfreiheit wird erhöht.
- Eine Anspannung des Behandlers wird vermieden, da er nicht mit plötzlichen Angstausbrüchen des Patienten rechnen muß.

Erwachsene mit stärkeren Angstanzeichen

Erwachsene, die während der Behandlung deutliche Anzeichen von Angst zeigen, weisen damit den Zahnarzt darauf hin, daß sie die Situation nicht beherrschen. Ist der Patient einem Gespräch über seine Angst zugänglich, kann der Behandler herausfinden, wodurch die Entstehung von Angstgefühlen in Gang gesetzt wurde.

Meist ist der Patient überzeugt, bestimmte Empfindungen oder Maßnahmen nicht aushalten zu können. Er hat die Situation nicht unter Kontrolle und fühlt sich hilflos und ausgeliefert. Es kann jedoch auch sein, daß er keine genaue Vorstellung darüber besitzt, was auf ihn zukommt, und er daher in erhöhter Erregung ist. Ebenso wie bei der Angst der Kinder können Instrumente und Eingriffe durch falsche oder ungenaue Informationen eine unangemessene Bedrohlichkeit für den erwachsenen Patienten erhalten. Falls diese mangelhaften Kenntnisse allein der Grund für Angst sind, können sie meist müheloser als bei Kindern durch Erläuterungen und Demonstrationen korrigiert werden.

Etwas aufwendiger wird es, wenn Patienten ungeübt darin sind, auch kleinere unangenehme Empfindungen zu ertragen. Auch Erwachsene können noch wenig Erfahrung mit den oben angeführten intrapsychischen Coping-Techniken haben. Ihnen fehlt vielleicht auch die Überzeugung, daß diese wirksam sind. Solche Patienten meinen oft, daß sie besonders empfindlich seien, oder führen eine Vielzahl von Gründen an, warum sie einen notwendigen Eingriff nicht tolerieren wollen. Die Information darüber, daß solche Techniken möglich sind und durch eigenes Ausprobieren und Üben erlernt werden können, ist für manche dieser Patienten zunächst überraschend. Falls sie bereit sind, dies in der zahnärztlichen Behandlung anzuwenden, kann deren Training zunächst in kurzen Behandlungsabschnitten und bei weniger belastenden Maßnahmen angewendet werden. Erfahren die Patienten, daß ihre Techniken nutzen, sind sie schneller und sicherer in deren Anwendung als Kinder. Angstzeichen verschwinden oft sofort. Dies ist der Grund, warum ablenkende Methoden wie z.B. Audioanalgesie wirken [27].

Patienten, die nicht bereit sind, mit dem Behandler über ihre Angst zu sprechen, stellen höhere Anforderungen an den Zahnarzt. Es muß hier durch Beobachten ermittelt werden, was im Gespräch mit anderen Patienten erfragt wird.

Auch ohne genaue Kenntnis des Hintergrunds der Angst sind **Informationen über die Behandlungsschritte** immer angezeigt. Die Beobachtung steigender Angst kann eine **Behandlungspause** angeraten erscheinen lassen, die dem Patienten eine Reduktion seiner Erregung ermöglicht. Steigt die Angst nach Wiederaufnahme der Behandlung an, so hängt sie vermutlich mit der anstehenden Maßnahme zusammen. Hilfen zur Angstbewältigung kann der Zahnarzt nur vorsichtig anbieten, indem er beispielsweise kurze Unterbrechungen vorschlägt, fragt, ob der Patient Musik hören will, oder weitere Informationen in Aussicht stellt. Die Wirksamkeit dieser Interventionen ist jedoch unsicher. Sie können nämlich nicht auf die individuellen Angstauslöser abgestellt werden, da diese nicht bekannt sind.

Bei solchen Patienten spielen häufig bestimmte Persönlichkeitseigenschaften oder Einstellungen, vielleicht Vorurteile gegenüber Zahnärzten, eine Rolle (s. S. 103), die ihnen ein offenes Gespräch erschweren. Mitunter werden diese Patienten zugänglicher, wenn der Behandler über mehrere Sitzungen hinweg gleichmäßig ruhig und geduldig auf sie eingeht. Nicht immer ist es jedoch möglich, im Rahmen der zahnärztlichen Praxis solchen Patienten gerecht zu werden. Dies würde auch eine hauptsächlich auf Angstreduzierung abzielende Intervention übersteigen.

Patienten mit extremen Ängsten

Extrem ängstliche Erwachsene ähneln in gewisser Weise den kindlichen Patienten. Sie reagieren auf die Situation offensichtlich völlig unangemessen und konnten in ihrer Vergangenheit keine Methode entwickeln, mit der zahnärztlichen Behandlung fertig zu werden. Meist sind diese Patienten sehr bereit, von ihrer als belastend erlebten Zahnbehandlungsangst befreit zu werden.

Hierzu sind unterschiedliche Methoden geeignet, die z.T. den geschilderten Interventionen mit Kindern ähneln. Sind negative, sehr schmerzhafte Erfahrungen mit einzelnen Instrumenten in Verbindung mit starken Zahnschmerzen in der Vergangenheit erlebt worden, kann ein schrittweiser Abbau der massiven Angstreaktionen (meist Vermeidung) durch **systematische Desensibilisierung** versucht werden. Leichter als bei Kindern ist hier die Ermittlung einer Hierarchie ansteigend angstauslösender Stimuli. Im gemeinsamen Gespräch kann ermittelt werden, was als besonders bedrohlich wahrgenommen wird. Beispiele für Angsthierarchien gibt u.a. Ingersoll [18]. Im folgenden ist eine solche **Reizhierarchie** nach Gale und Ayer [12] aufgeführt:

1) An den Zahnarzttermin denken.
2) Sich in das Auto setzen, um zum Zahnarzt zu fahren.
3) Telefonisch einen Zahnarzttermin abmachen.
4) Im Wartezimmer sitzen.
5) Die Zahnarzthelferin sagt, daß Sie an der Reihe sind.
6) Sich in den Behandlungsstuhl setzen.
7a) Der Zahnarzt breitet die Instrumente aus, unter anderem eine Sonde.
7b) Der Zahnarzt breitet die Instrumente aus, unter anderem eine Zange, die zum Zahnziehen benutzt wird.
8) Sie sehen die Sonde vor sich.
9) Die Sonde wird in Ihren Mund geführt.
10) Sie spüren die Sonde an Ihrem Zahn.
11) Sie bekommen eine Betäubungsspritze.
12a) Der Zahnarzt bohrt an Ihren Zähnen, und Sie haben Angst, daß die Wirkung der Betäubungsspritze nachläßt.
12b) Ihnen wird ein Zahn gezogen.
13a) Sie bekommen mehrere Betäubungsspritzen.
13b) Sie hören die knirschenden Geräusche, während Ihr Zahn gezogen wird.

Bei der schrittweisen Konfrontation mit diesen Angststimuli, zunächst noch außerhalb jeder Behandlung, lernt der Patient, seine Angst zu kontrollieren. Dies kann in klassischer Weise durch Einübung von Entspannungsverfahren – als Antagonisten von Angstgefühlen – geschehen [19], aber auch mit Hilfe anderer intrapsychischer Bewältigungstechniken. Wie bei Kindern ist es auch bei sehr ängstlichen Erwachsenen stets nötig, Fortschritte positiv zu betonen und bei stärker werdenden Angstzeichen in der Hierarchie zurückzugehen. Der Patient erfährt eine Kontrolle der Situation, indem er selbst entscheidet, wann und für welchen Angststimulus er als nächstes bereit ist. In der Regel kann durch diese Intervention Behandelbarkeit erreicht werden. Möglicherweise besteht bei dem betreffenden Patienten noch länger Unsicherheit darüber, ob er die Situation zuverlässig bewältigt. Daher sollten nach einer systematischen Desensibilisierung längere Zeit hindurch Zahnarztbesuche regelmäßig erfolgen, um die neue Kompetenz zu verfestigen. Eine Art Weiterentwicklung der systematischen Desensibilisierung stellt die sogenannte **Reizkonfrontationsmethode** dar. Sie wird bei Patienten angewendet, die

- ihre Angstgefühle selbst als der Situation nicht angemessen erleben,
- durch rationale Erklärungen nicht von ihren Ängsten befreit werden können,
- die Angst als außerhalb ihrer willentlichen Kontrolle erleben und
- die gefürchteten Situationen immer stärker meiden.

Kernpunkt der Reizkonfrontationsmethode besteht darin, den Patienten zum Erleben der Bedrohung zu führen, ohne daß er dabei seine ursprüngliche Angst erlebt.

Bedeutsam ist hier die direkte Konfrontation mit dem angstauslösenden Reiz. Das praktische Vorgehen besteht darin, mit dem Patienten eine Situation auszusuchen, in der er Angst in einem mittleren bzw. gerade noch erträglichen Ausmaß erlebt. Der Patient wird dann aufgefordert, fortlaufend seine Gefühle und Gedanken laut zu äußern und in der Situation so lange zu bleiben, bis er spontan ein Nachlassen der Angst erlebt und berichtet. Dieses Vorgehen wird dann bei stärker angstbesetzten Situationen wiederholt (graduierte Reizkonfrontation). Wichtig bei diesem Vorgehen ist die Vorbereitung und Motivierung des Patienten. Dazu gehört in vielen Fällen, daß dem Patienten ein Erklärungsmodell zur Entstehung seiner Angst in verständlicher Form angeboten wird. Es wird erläutert, daß unangemessene Reaktionen, z.B. seine Angst, durch ungünstige Umstände erlernt wurden, daß aber Angstbewältigung und angemessene Reaktionsweisen ebenso erlernt werden können. In Begriffen der Angstentstehungs- und -kontrolltheorie von Epstein heißt dies, daß die Reizkonfrontation versucht, aus unerfahrenen, in ihrer Angstkontrolle gestörten Personen, erfahrene, angemessen reagierende zu machen, indem sie sie bei der Annäherung an die Situation begleitet und dazu veranlaßt, ihr System der Angsthemmung neu zu erlernen und zu verbessern.

Eine weitere wichtige Methode des Angstabbaus besteht in der Konzentration auf intrapsychische Bewältigungstechniken. Hier wurden gute Erfahrungen mit Selbstinstruktionen gemacht. Im folgenden ist ein solches Behandlungsprogramm übersichtlich dargestellt (Abb. 7). Der Begriff **„Angstimpfungs"-Training** soll einen Vergleich mit der Immunisierung gegen bestimmte Krankheiten durch „Schutzimpfung" nahelegen, bei der kleine Dosen der Krankheitserreger den Organismus abwehrfähig machen.

Am Anfang steht das Gespräch des Behandlers mit dem Patienten. Wie bei der Reizkonfrontationsmethode wird dem Patienten zunächst ausführlich erklärt, wie es zu Angstgefühlen kommen kann, wie häufig Angst beim Zahnarzt ist und unter welchen Bedingungen ein Angstabbau möglich ist. In diesem Gespräch soll neben der Motivierung auch erreicht werden, daß dem Patienten eine phasenweise Bewältigung seiner Angst verdeutlicht wird.

In der zweiten Phase, der Einübung, werden individuell abgesprochene Bewältigungstechniken trainiert. Um Schmerz oder Angst zu bewältigen, werden beispielsweise folgende **Selbstinstruktionen** vorgeschlagen:

- „Ich überlege mir genau, was ich jetzt machen kann."
- „Ich denke nicht an den Schmerz, sondern daran, was ich tun will."
- „Ich versuche nicht, den Schmerz auszuschalten, ich behalte ihn nur im Griff."

Solche Selbstinstruktionen können bei der Vorbereitung auf einen erwarteten Schmerz, bei der Begegnung mit diesem Schmerz, beim Umgang mit Empfindungen in kritischen Augenblicken und im Anschluß an das Schmerzerleben eingesetzt werden.

Wenn diese Selbstinstruktionen vom Patienten unter Vorstellung schmerzhafter Erlebnisse gut beherrscht werden, können diese neuen Techniken in der dritten Phase, dem Anwendungstraining, eingesetzt werden. Hier sollte wie bei der systematischen

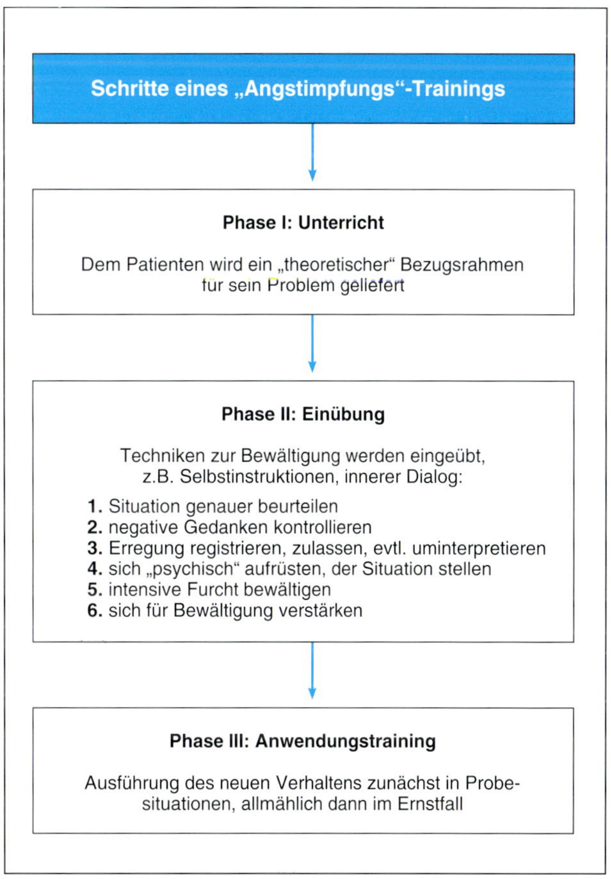

Abb. 7 Angstimpfungs-Training (nach [28]).

Desensibilisierung zunächst mit weniger schmerzhaften Situationen begonnen werden, die dann allmählich bis zur echten Behandlungssituation gesteigert werden.

Die letztgenannten Interventionen sind prinzipiell auch in der zahnärztlichen Praxis durchführbar. Sie nehmen mehr Zeit in Anspruch und passen daher nicht immer in den alltäglichen Praxisablauf. Vorbereitende Behandlung kann auch außerhalb der Praxis erfolgen, z.B. durch Angehörige oder Psychologen. Vervollständigt werden kann der Angstabbau jedoch nur „in vivo", also in der tatsächlichen zahnärztlichen Behandlung, so daß in jedem Fall der Zahnarzt einbezogen werden muß.

Zahnärzte und Zahnbehandlungsangst

Die ständige Konfrontation mit ängstlichen Patienten in der Behandlungspraxis führt dazu, daß jeder Zahnarzt sich mit diesem Problem „arrangieren" muß. Wie dies erfolgt, war Gegenstand zahlreicher Untersuchungen. Bereits eingangs wurde erwähnt, daß viele Zahnärzte sich durch die Angst ihrer Patienten belastet fühlen [22, 35]. Als typische **Folgen dieser Belastung** werden genannt:

- besondere Vorsicht bei der Behandlung,
- Abgespanntheit,
- Müdigkeit,
- Nervosität,
- muskuläre Verspannungen,
- mangelnde Konzentration auf die Arbeit,
- evtl. sogar Behandlungsabbruch [47]
- oder auch ein Gefühl der Überforderung [9].

Neben dem Motiv, dem Patienten zu helfen, sind diese ungünstigen Effekte der Behandlungsangst auf die Arbeitssituation des Zahnarztes ein wichtiger Grund für dessen Interesse an Maßnahmen zum Angstabbau. In der Vergangenheit wurde daher eine Vielzahl von Methoden, die z.T. oben geschildert wurden, ausprobiert. Das Wissen um die Grundlagen der Angstentstehung soll jedoch eine Orientierung darüber ermöglichen, welche dieser Versuche eher Aussicht auf Erfolg haben und unter welchen Umständen Interventionen zum Scheitern verurteilt sind. Wenn Zahnärzte danach gefragt werden, welche Maßnahmen zum Angstabbau sie selbst für geeignet halten, geben sie beratende und erklärende Gespräche an, Lokalanästhesie, ansprechende Raumgestaltung, optische und akustische Ablenkung, psychotherapeutische Fortbildung und Hinzuziehen eines Psychotherapeuten [47].

Alle diese Interventionen haben eine gewisse Berechtigung, sind für sich genommen jedoch entweder zu wenig auf den individuellen Patienten bezogen (Raumgestaltung, Ablenkung), sehr spezifisch für Schmerzvermeidung (Anästhesie) oder unnötig anspruchsvoll (Psychotherapie). Tatsächlich ist die wichtigste der angegebenen Maßnahmen das Gespräch, wobei auch dieses in angstreduzierender Weise eingesetzt werden sollte (vgl. Informieren, „tell-show-do"-Methode, Eingangsphase des Angstimpfungs-Trainings), um mehr zu bewirken als eine allgemeine Ablenkung.

Der Umgang mit Angstpatienten wird auch durch bestimmte Eigenheiten des Zahnarztes selbst bestimmt. Wright et al. [53] befragten Zahnärzte, wie häufig sie bestimmte Tätigkeiten (Tabelle 3) bei der Behandlung von Kindern verwendeten. Es zeigte sich, daß weibliche Zahnärzte und solche, die Mitglied in einer „Arbeitsgemeinschaft Kinderzahnheilkunde" waren, häufiger die Maßnahmen unter 1, 2, 6 bzw. 14 und 19 zeigten. Zahnärzte, die aus einer Liste mit Einstellungen gegenüber Umgangsweisen mit kindlichen Patienten Aussagen wählten wie „Bei der Behandlung von Kindern ist es wichtig, seine Autorität zu behalten"; „Ein unkooperatives Kind sollte erst dann aus der Behandlung entlassen werden, wenn wenigstens ein Teil der vorgesehenen Maßnahmen durchgeführt werden konnte"; „Die meisten Kinder müssen einfach lernen, mit der Zahnbehandlung fertig zu werden und sollten nicht übermäßig verhätschelt werden" (die die Autoren als eher autoritäre Haltung interpretieren), verwenden dagegen seltener die Tätigkeiten 2, 7, 8, 19, 20 und häufiger 11, 16, 17. Zahnärzte mit Annahmen zum Grund der kindlichen Angst wie „Kinder mit Angst oder Verhaltensauffälligkeiten kommen häufiger aus Familien mit sozialen oder wirtschaftlichen Schwierigkeiten" oder „Bei Kindern mit Angst oder Verhaltensauffälligkeiten sind meist umfangreichere Maßnahmen erforderlich als bei gewöhnlichen Kindern" gaben an, mehr Tätigkeiten wie 9, 12 und 20 und seltener 1 und 13 durchzuführen. Wenig entscheidend für den Umgang war dagegen das Alter des Zahnarztes oder strukturelle Bedingungen der Praxis (Anzahl der Kinder am Patientengut, Patiententermine pro Tag, Anzahl der Arbeitsstunden pro Woche).

Auch Tönnies et al. [47] fanden Bezüge zwischen Einstellungen der von ihnen befragten Zahnärzte und ihren Reaktionen auf Angstpatienten. Zahnärzte mit eher „personenzentrierter" Haltung (verständnisvoll, einfühlsam, offen, gesprächsbereit) fühlten sich durch ängstliche Patienten weniger belastet.

Tabelle 3 Zahnärztliche Maßnahmen bei ängstlichen Kindern (nach [53], vom Verfasser übersetzt).

1. Stattet Wartezimmer mit Spielmaterial aus.
2. Verbringt mit dem Kind Zeit vor der Behandlung und außerhalb des Behandlungsraums.
3. Macht vor, was das Kind tun soll (erklären – zeigen – tun).
4. Zeigt einen Film, der den Behandlungsablauf erklärt.
5. Schenkt dem Kind ein Spielzeug nach der Behandlung.
6. Erlaubt dem Kind, bei der Behandlung Spielzeug im Arm oder einen Spiegel zu halten.
7. Läßt Eltern während der Behandlung im Behandlungsraum bleiben.
8. Verwendet Videos und Tonbänder bei der Behandlung.
9. Verabredet kurze, zeitlich begrenzte Behandlungen.
10. Erlaubt dem Kind, die Hand zu heben, eine Klingel zu drücken o.ä., um die Behandlung zu stoppen, wenn es sie nicht mehr aushalten kann.
11. Hält die Kinder sanft fest, um sie vor Verletzung zu schützen.
12. Veranlaßt die Begleitperson, das Kind festzuhalten.
13. Verwendet psychologische Methoden, z.B. positive Verstärkung und gutes Zureden.
14. Lehrt das Kind, sich durch besondere Atemtechniken zu entspannen.
15. Verwendet Beruhigungsmittel.
16. Verwendet Mundsperren oder Kofferdam, um unkooperatives Verhalten zu kontrollieren.
17. Verwendet die Hand-über-den-Mund-Technik, um Überreaktionen zu kontrollieren oder die Aufmerksamkeit des Kindes zu gewinnen.
18. Überweist ängstliche Kinder oder solche mit Verhaltensauffälligkeiten an Kollegen.
19. Schiebt die Behandlung auf, bis das Kind älter ist.
20. Führt die Behandlung unter Anästhesie durch.

Anschaulich beschrieben wird eine solche patientenorientierte, offenbar schon vor vielen Jahren geübte, Einstellung mancher Zahnärzte durch ein Zitat von HEINRICH: „Gerade der Kampf gegen die Angst ist eine unserer dankbarsten Aufgaben. Er gibt uns die einzigartige Gelegenheit, in persönliche Fühlung mit dem Patienten zu kommen, seine Dankbarkeit zu erwerben und das Band des Vertrauens fest zu knüpfen. Die Angst verliert das manchmal Unbegreifliche, wenn sie als natürliche Folge einer besonderen menschlichen Haltung erkannt wird, die wir zwar nicht ändern, wohl aber erträglich machen können." [15, S. 118]. Im „Kampf gegen die Angst" scheint nicht nur die Ermittlung der besten Angstabbautechniken, sondern auch ein besonderes Selbstverständnis des Zahnarztes erforderlich zu sein, um Erfolg zu haben.

Zusammenfassung

Zahnbehandlungsangst belastet Zahnärzte und Patienten. Sie ist bei Kindern und Erwachsenen verbreitet und führt zu negativen Folgen für die Mundgesundheit der Patienten. Physiologische Erregung mit Anspannung, Zittern und Schweißausbrüchen, Behandlungsverweigerung (bei Kindern) oder Behandlungvermeidung (bei Erwachsenen), Beschwerden, Empfindlichkeit und Klagen treten in Folge von Angst auf.

Aus der Analyse der Prozesse, in denen Angst entsteht und bewältigt wird, können sinnvolle Maßnahmen abgeleitet werden, die Angst bei Kindern und Erwachsenen reduzieren. Sie bestehen einerseits aus Methoden, die angstauslösende Behandlungselemente weniger belastend gestalten (Anästhesie, Aufklärung, Erweiterung der Handlungsmöglichkeiten des Patienten), und andererseits aus Maßnahmen, die die Belastbarkeit des Patienten erhöhen (Kontrolle, intrapsychische Bewältigungstechniken). Der Einfluß von Persönlichkeitseigenschaften der Patienten und von Einstellungen der Zahnärzte auf Zahnbehandlungsangst wird diskutiert.

Literatur

[1] Bandura, A.: Sozial-kognitive Lerntheorie. Klett, Stuttgart 1979.
[2] Bartussek, D., Schmitt, M.: Persönlichkeit. In: Schorr, A.: Handwörterbuch der angewandten Psychologie. Deutscher Psychologen Verlag, Bonn 1993.
[3] Becker, P.: Der Interaktions-Angst-Fragebogen. Beltz, Weinheim 1982.
[4] Berggren, U.: General and specific fears in referred and self-referred adult patients with extreme dental anxiety. Behav. Res. Ther. 30, 395 (1992).
[5] Carlsen, A., Humphris, G. M., Lee, G. T. R., Birch,

R. H.: The effect of pre-treatment enquiries on child dental patient's post-treatment ratings of pain and anxiety. Psychology & Health 8, 165 (1993).
[6] Corah, N.: Development of a dental anxiety scale. J. dent. Res. 48 , 596 (1969).
[7] Epstein, S.: The nature of anxiety with emphasis upon its relationship to expectancy. In: Spielberger, C. D. (Hrsg.): Anxiety: Current trends in theory and research, Bd. 2. Academic Press, New York 1972.
[8] Epstein, S.: Toward a unified theory of anxiety. In: Maher, B. A. (Hrsg.): Progress in experimental personality research, Bd. 4. Academic Press, New York 1967.
[9] Fleischer-Peters, S., Zschiesche, S., Fischer de Menéndez, G.: Die Angst des Arztes in der Konfrontation mit Problempatienten. In: Sergl, H. G., Müller-Fahlbusch, H. (Hrsg.): Angst und Angstabbau in der Zahnmedizin. Quintessenz, Berlin 1989.
[10] Fröhlich, W. D.: Angst. dtv, München 1982.
[11] Fröhlich, W. D.: Angst: Bedeutung, Wirkung und Bewältigung. In: Sergl, H. G., Müller-Fahlbusch, H. (Hrsg.): Angst und Angstabbau in der Zahnmedizin. Quintessenz, Berlin 1989.
[12] Gale, E. N., Ayer, W. A.: Treatment of dental phobias. J. Amer. dent. Ass. 78, 1304 (1969).
[13] Gale, E. N.: Fears of the dental situation. J. dent. Res. 51, 964 (1972).
[14] Glanzmann, P.: Methoden zur Messung von Angst und Ängstlichkeit. In: Sergl, H. G., Müller-Fahlbusch, H. (Hrsg.): Angst und Angstabbau in der Zahnmedizin. Quintessenz, Berlin 1989.
[15] Heinrich, E.: Unsere Patienten und wir. 2. Aufl. Lehmanns, München 1935.
[16] Heitkemper, T., Layne, C., Sullivan, D. M.: Brief treatment of children's dental pain and anxiety. Perceptual and Motor Skills 76, 192 (1993).
[17] Humphris, G. M., Mair, L., Lee, G. T., Birch, R. H.: Dental anxiety, pain and uncooperative behavior in child dental patients. Anxiety-Research 4, 61 (1991).
[18] Ingersoll, B. D.: Psychologische Aspekte in der Zahnheilkunde. Quintessenz, Berlin 1987.
[19] Klages, U., Sergl, H. G., Barth, V.: Untersuchungen über die Wirkung eines Entspannungstrainings auf die Angst vor zahnärztlicher Behandlung. In: Sergl, H. G., Müller-Fahlbusch, H. (Hrsg.): Angst und Angstabbau in der Zahnmedizin. Quintessenz, Berlin 1989.
[20] Kleinknecht, R. A., Klepac, R. A., Alexander, L. D.: Origins and characteristics of fear of dentistry. J. Amer. dent. Ass. 86, 842 (1973).
[21] Klorman, R., Hilpert, P. L., Michael, R., LaGana, C., Sveen, O. B.: Effects of coping and mastery modeling on experienced and inexperienced pedodontic patients' disruptiveness. Behav. Ther. 11, 156 (1980).
[22] Kreyer, G.: Die Angst des Zahnarztes vor seinem schwierigen Patienten. Österreichische Zahnärzte-Zeitung 41, Heft 6, 24 (1990).
[23] Lazarus, R. S., Averill, J. R.: Emotion and cognition: with special reference to anxiety. In: Spielberger, C. D. (Hrsg.): Anxiety: Current trends in theory and research, Bd. 2. Academic Press, New York 1981.
[24] Liddell, A., May, B.: Some characteristics of regular and irregular attenders for dental check-ups. Brit. J. clin. Psychol. 23, 19 (1984).
[25] Lindsay, S., Jackson, C.: Fear of routine dental treatment in adults: its nature and management. Psychology & Health 8, 135 (1993).
[26] Margraf-Stiksrud, J.: Verhaltensanalyse und Angstbewältigung bei Kindern mit Zahnarztangst. In: Sergl, H. G., Müller-Fahlbusch, H. (Hrsg.): Angst und Angstabbau in der Zahnmedizin. Quintessenz, Berlin 1989.
[27] Mayer, R.: Die Audio-Analgesie – eine besondere Form des Angstabbaus. In: Sergl, H. G., Müller-Fahlbusch, H. (Hrsg.): Angst und Angstabbau in der Zahnmedizin. Quintessenz, Berlin 1989.
[28] Meichenbaum, D.: Intervention bei Streß. Anwendung und Wirkung des Streßimpfungstrainings. Huber, Bern 1991.
[29] Melamed, B. G., Hawes, R. R., Heiby, E., Glick, J.: Use of filmed modeling to reduce uncooperative behavior of children during dental treatment. J. dent. Res. 54, 797 (1975).
[30] Melamed, B. G., Siegel, L. J.: Behavioral medicine. Practical applications in health care. Springer, New York 1980.
[31] Melamed, B. G., Siegel, L. J.: Reduction of anxiety in children facing hospitalization and surgery by use of filmed modeling. Journal of Consulting and Clinical Psychology 43, 511 (1975).
[32] Melamed, B. G., Weinstein, D., Hawes, R., Katin-Borland, M.: Reduction of fear-related dental management problems with use of filmed modeling. J. Amer. dent. Ass. 90, 822 (1975).
[33] Melamed, B. G., Yurcheson, R., Fleece, E. L., Hutcherson, S., Hawes, R.: Effects of film modeling on the reduction of anxiety-related behaviors individuals varying in level of previous experience in the stress situation. Journal of Consulting and Clinical Psychology 46, 1357 (1978).
[34] Micheelis, W., Bauch, J.: Mundgesundheitszustand und -verhalten in der Bundesrepublik Deutschland. Deutscher Ärzte-Verlag, Köln 1991.
[35] Micheelis, W.: Merkmale zahnärztlicher Arbeitsbeanspruchung. Broschüre 3 des Forschungsinstituts für die zahnärztliche Versorgung (FZV), Köln 1984.
[36] Murray, P., Liddell A., Donohue, J.: A longitudinal study of the contribution of dental experience to dental anxiety in children between 9 and 12 years of age. Journal of Behavioral Medicine 12, 309 (1989).
[37] Neverlien, P. O.: Normative data for Corah's Dental Anxiety Scale (DAS) for the Norwegian adult population. Community Dent. Oral Epidem. 18, 162 (1990).
[38] Olson, W. C.: Entwicklung und Erziehung. Beltz, Weinheim 1972.
[39] Scherer, M. W., Nakamura, C. Y.: A fear survey schedule for children (FSS-FC): A factor analytic comparison with manifest anxiety (CMAS). Behav. Res. Ther. 6, 173 (1968).
[40] Schmierer, G., Schmierer, A.: Hypnose in der zahnärztlichen Praxis. In: Diehl, B. J. M., Miller Th.: Moderne Suggestionsverfahren. Hypnose, Autogenes Training, Biofeedback, Neurolinguistisches Programmieren. Springer, Berlin 1990.
[41] Seligman, M. E. P.: Helplessness. On development, depression and death. Freeman, San Francisco 1975.

[42] Sergl, H. G., Klages, U., Geurtsen, W.: Angst vor dem Zahnarzt – Fallbeschreibung. In: Sergl, H. G., Müller-Fahlbusch, H. (Hrsg.): Angst und Angstabbau in der Zahnmedizin. Quintessenz, Berlin 1989.
[43] Spielberger, C. D., Gorsuch, R., Lushene, R.: The State-Trait-Anxiety-Inventory. Consulting Psychologists Press, Riverside 1970.
[44] Stouthard, M. E., Mellenbergh, G. J., Hoogstraten, J.: Assessment of dental anxiety: A facet approach. Anxiety Stress and Coping 6, 89 (1993).
[45] Strian, F.: Angst: Grundlagen und Klinik. Springer, Berlin 1983.
[46] Thompson, S. C.: Will it hurt less if I can control it? A complex answer to a simple question. Psychol. Bull. 90, 89 (1981).
[47] Tönnies, S., Heering-Sick, H.: Patientenangst im Erleben von Zahnärzten mit unterschiedlichen Persönlichkeitshaltungen. In: Sergl, H. G., Müller-Fahlbusch, H. (Hrsg.): Angst und Angstabbau in der Zahnmedizin. Quintessenz, Berlin 1989.
[48] Tullmann, G. M., Tullmann, M. J., Rogers, B. J., Rosen, J. B.: Anxiety in dental patients: A study of three phases of state anxiety in three treatment groups. Psychological Reports 45, 407 (1979).
[49] Vassend, O.: Anxiety, pain and discomfort associated with dental treatment. Behav. Res. Ther. 31, 659 (1993).
[50] Venham, L., Bengston, D., Cipes, M.: Children's response to sequential dental visits. J. dent. Res. 56, 454 (1977).
[51] Venham, L., Murray P.: Personality development on the preschool child's response to dental stress. J. dent. Res. 56, 428 (1977).
[52] Wetzel, W. E.: Die Angst des Kindes vor dem Zahnarzt. Ihre Ursachen und ihre Behebung. Hanser, München 1982.
[53] Wright, F. A. C., Giebartowski, J., McMurray, N. E.: Determinants of dentists' management of difficult child patients. Journal of Behavioral Medicine 13, 175 (1990).

Erziehung zur Mundgesundheit – Grundlagen und praktische Hinweise

VON ALMUT MAKUCH

Inhaltsübersicht

Einleitung

Prävention von Zahnerkrankungen hängt weitgehend vom Verhalten der beteiligten Personen ab. Unter Berücksichtigung pädagogisch-psychologischer und ätiologisch-epidemiologischer Aspekte muß die Ausbildung gesundheitswichtiger Verhaltensweisen mit dem Ziel stabiler Gewohnheiten, so früh wie möglich in der Entwicklung beginnen.

Plaquefreie und damit gesunde Zähne werden im wesentlichen durch die Tätigkeit „Zähneputzen“ erlangt. Dabei sind es vor allem zwei wichtige Komponenten, die beachtet und systematisch entwickelt werden sollten (Abb. 1):

- die **motorische Befähigung,** „Zähneputzen“ ausführen zu können,
- das **Bedürfnis** bzw. die **Motivation,** Zähne putzen zu wollen.

„Zähneputzen“ wird von der überwiegenden Anzahl von Autoren als ganzheitliche Handlung betrachtet, ohne dabei methodisch und inhaltlich die Altersstufen zu berücksichtigen. Die Kinder müssen sich diese Handlung aber erst nach und nach auf dem Weg des „verteilten Lernens“ [33] aneignen. Es fehlt bislang eine didaktisch-methodische Vorgehensweise unter Berücksichtigung der altersgemäßen physischen und psychischen Voraussetzungen.

Die motorische Befähigung zur Zahn- und Mundpflege

Feinmotorik und ihre Bedeutung für die Zahngesundheit

Beim Kleinkind und jüngeren Vorschulkind werden Normen und Lebensgewohnheiten nur entwickelt und praktiziert, weil sie Eltern und Erzieher fordern [23]. Werden dabei die erforderlichen motorischen Fertigkeiten vernachlässigt, ist mit der Entstehung der erwünschten Verhaltensweise bzw. Gewohnheit kaum zu rechnen [21]. Das gilt auch für den Erwerb von Gewohnheiten zur Zahn- und Mundpflege.

> Um erfolgreiches Zähneputzen zu ermöglichen, müssen die Fertigkeiten zum Zähneputzen systematisch entwickelt, regelmäßig gebraucht und konsequent kontrolliert werden.

Die heute empfohlenen Zahnreinigungstechniken sind im allgemeinen auf die feinmotorischen Fähigkeiten und anatomischen Bedingungen des Erwachsenen abgestimmt (z.B. die Methoden nach Charters, Stillmann, Bass oder auch die Roll- und Sulkular-Methode). Die hierzu erforderlichen Prona-

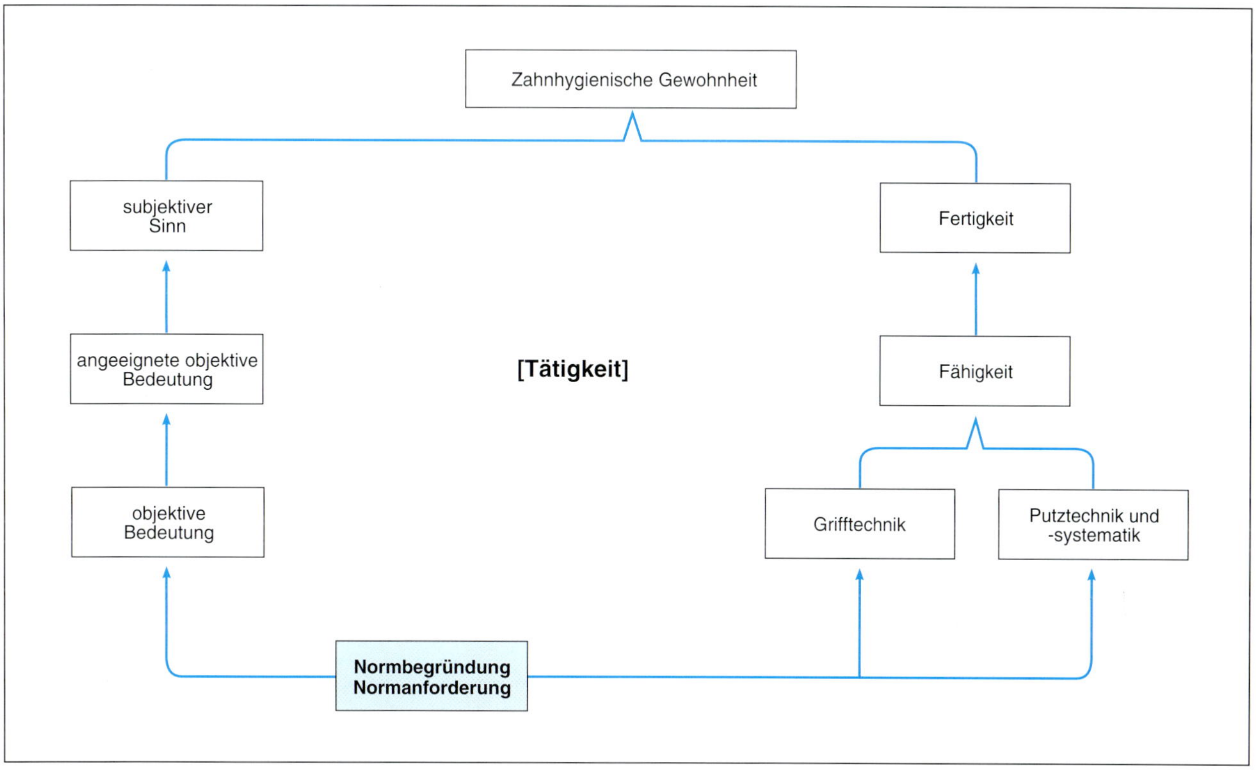

Abb. 1 Entwicklung zahnhygienischer Gewohnheiten.

tionsbewegungen oder gar die empfohlenen Rüttelbewegungen sind für das Kindesalter ungeeignet.

Im jüngsten Vorschulalter beginnt sich die Feinmuskulatur erst zu entwickeln. Zu hohe feinmotorische Anforderungen würden die Mitarbeit des Kindes rasch zum Erliegen bringen. Bereits das richtige Ergreifen der Zahnbürste im stabilen Faustgriff bereitet den Kindern Schwierigkeiten. Ungünstig wirken sich hier Zahnbürsten in Form von Miniaturausgaben einer Erwachsenenzahnbürste aus. Auch das Drehen der Zahnbürste im Mund beim Übergang von der unteren zur oberen Zahnreihe und beim Wechsel von der linken zur rechten Seite ist relativ schwierig.

Zähneputzen ist für die Altersgruppen der jüngsten und jüngeren Vorschulkinder eine relativ komplizierte Handlung. Mit der Vervollkommnung der feinmotorischen Koordinationsleistung der Hand, ist das Vorschulkind des mittleren und älteren Alters den Anforderungen der zu erlernenden Putztechnik immer besser gewachsen. Kinder der älteren Kindergartengruppe sind dann im allgemeinen in der Lage, jede Putztechnik zu erlernen [16, 56]. Aus diesen Überlegungen wird ersichtlich, daß es gerade für das Kleinkind- und jüngere Vorschulalter sehr schwierig ist, altersgerechte und zur Selbständigkeit im Zähneputzen führende Zahnreinigungsformen zu empfehlen, die auch noch karies- und gingivitisvorbeugend wirksam sind.

Allgemeine Charakteristik von feinmotorischen Fertigkeiten

Die Bedeutung der Ausbildung von Fertigkeiten ist zunächst darin zu sehen, daß sie eine **bewußtseinsentlastende Funktion** im Rahmen der Tätigkeitsregulation haben. Das heißt, wenn psychische Inhalte und Prozesse immer wieder für die Regulation einer bestimmten Handlung notwendig sind, verfestigen sie sich, und schließlich können Handlungen automatisiert ablaufen.

> Damit sind Fertigkeiten gleichzeitig eine wichtige Voraussetzung für die Entstehung von Gewohnheiten, die neben den automatisierten engumschriebenen oder komplexen Handlungen eine bedürfnisartige Realisierungstendenz aufweisen [27, 58].

Für den raschen Erwerb von automatisierten Handlungsvollzügen ist das Üben bzw. das **ständige Wiederholen** erforderlich. Durch die besondere Koordination der Muskeln werden die Bewegungen gleichförmiger und geschmeidiger [17], und es wird nur ein Minimum an nervalem [27] und motorischem Energieaufwand notwendig. Das bedeutet eine Ökonomisierung der Bewegung [17, 49]. Außerdem ist mit dieser Automatisierung eine Senkung des Einflusses psychischer Faktoren verbunden.

Motorische Fertigkeiten und Handlungsautomatismen werden vor allem durch das „motorische Lernen“ erworben. Unerläßlich für das Auslösen und Regulieren dieser willkürlichen Bewegungen ist die Wechselwirkung von sensorischen und motorischen Vorgängen. Besondere Bedeutung kommt hierbei der Koordination von Auge und Hand zu. Im Verlauf des Lernprozesses wird die visuelle Kontrolle des Bewegungsablaufes (äußerer Regelkreis) zugunsten eines inneren Regelkreises (Kinästhetik der Hand) reduziert [27, 35, 49].

Im Prozeß des motorischen Fertigkeitserwerbs werden in der Regel **drei Phasen** unterschieden [3, 4, 15, 35, 49]:

- Der Hauptinhalt der ersten Phase ist die Vermittlung der zu erwerbenden Fertigkeit und der Erwerb ihres Grundablaufes in Grobform bzw. in **Grobkoordination**. Der Erfolg dieser Phase hängt vor allem davon ab, daß der Lernende vielseitig angesprochen wird (erstes und zweites Signalsystem).
- Charakteristisch für die zweite Phase ist die Verfeinerung und Differenzierung des Bewegungsablaufes und damit die Herausbildung seiner **Feinkoordination**. Wesentliche Voraussetzung für diesen Prozeß ist das durch Fremd- und Eigenkorrektur geförderte systematische Üben und die daraus resultierende bewegungsspezifische Erfahrung, in deren Gefolge sich zugleich auch Teilautomatismen bilden.
- Schließlich wird in der dritten Phase das ursprünglich vollständig bewußtseinspflichtige Handlungsprogramm automatisiert. Es ist die **Fertigkeit** entstanden. Sobald beim Ausüben der Fertigkeit jedoch Schwierigkeiten auftreten, wird das Handlungsprogramm wieder auf die Ebene der bewußten Widerspiegelung gehoben, und die Handlung wird im Hinblick auf Ursachen der Störung in ihrem Verlauf analysiert.

Entwicklung der Motorik

Obwohl durch Lernen und Üben eine fortschreitende Differenzierung der Motorik erzielt werden kann, ist die Berücksichtigung deren reifungsbedingten Entwicklungsstandes eine unabdingbare Voraussetzung, wenn es um die altersgerechte pädagogische Beeinflussung geht [54]. Deshalb ist an dieser Stelle eine Übersicht zur motorischen Entwicklung angezeigt.

Bei der **Geburt** bestehen neben einigen angeborenen Reflexen noch ungeordnete Bewegungen. Erst im Verlaufe des ersten Lebensjahres kommt es zur Ausbildung erster koordinierter, gezielter Bewegungen. Dabei entwickelt sich das Greifen [36, 43, 47], die aufrechte Haltung und der aufrechte Gang. Die Hände werden frei, und es ist unilaterales Greifen möglich. Zunehmend erhält das Kind mehr Entwicklungsstimuli [49].

Die motorische Vervollkommnung erfolgt nicht in allen Körperregionen zugleich, sondern es ist eine absteigende – zephalo-kaudale – Entwicklungstendenz (vgl. Sequenzregel nach GESELL) zu beachten, d.h., bei der Aufrichtung des Körpers und bei den einzelnen Formen der Fortbewegung sind die Arme den Beinen jeweils um eine Stufe voraus.

Für die Bewegungsentwicklung ab dem **zweiten Lebensjahr** und im Verlauf der Vorschulzeit ist eine zeitliche Reihenfolge beim Erwerb von Bewegungsfertigkeiten nicht mehr so deutlich.

Bei **dreijährigen Kindern** bilden sich eine große Zahl von koordinierten Bewegungskomplexen heraus, die die aufrechte Körperhaltung und die ganzkörperliche Bewegungstätigkeit ermöglichen. Die Bewegungsfertigkeiten der Finger, Hände und Arme vervielfachen sich im Umgang mit Gegenständen und machen zielgerichtete und willkürliche Tätigkeit möglich. Von wesentlicher Bedeutung ist hierbei die Koordination von Auge und Hand [41]. Das Kind beginnt, gerade und spiralige Striche und Punkte sowie geschlossene Kreise auf Papier zu kritzeln. Durch die zunehmende Aktivität der Hände und Finger wandert der Bewegungsschwerpunkt langsam vom Schultergelenk über das Ellenbogen- zum Handgelenk und schließlich in die Fingergelenke [39]. Das äußert sich so, daß bei den dreijährigen Kindern der gesamte Körper mitzeichnet (auch mit Zähne putzt). Die noch großen ungesteuerten Bewegungen, die aus dem Schultergelenk kommen, lassen beim Zeichnen die Rundformen dominieren (Priorität der Kreise) [41]. Die Hebelwirkung des Armes begünstigt eine gebogene Bewegung. Kontrovers ist deshalb die Anforderung der Auf- und Abbewegung für die vertikale Zahnputztechnik.

Das Ergreifen von Gegenständen ist stark abhängig von deren Form. So werden kompakte abgerundete Griffe sicher im Faustgriff erfaßt (Abb. 2 und Abb. 3), während ein schmaler kantiger nur im ungelenken Pinzettengriff ergriffen werden kann [57]. Diese Feststellung ist von großer Bedeutung für die Gestaltung von Zahnbürstengriffen. Zunehmend wird es möglich, daß der Oberarm relativ unbewegt bleibt und bestimmte Bewegungen vom Handgelenk übernommen werden. So sind einfache Drehbewegungen möglich, die wichtig für das Benutzen von Schlüsseln und das Auf- und Zuknöpfen sind [49, 55].

Im Alter von **vier Jahren** nehmen die Fertigkeiten bei der Benutzung von Gebrauchsgegenständen schnell zu, wodurch die Selbständigkeit erheblich gesteigert wird. Es kommt zur Zusammensetzung

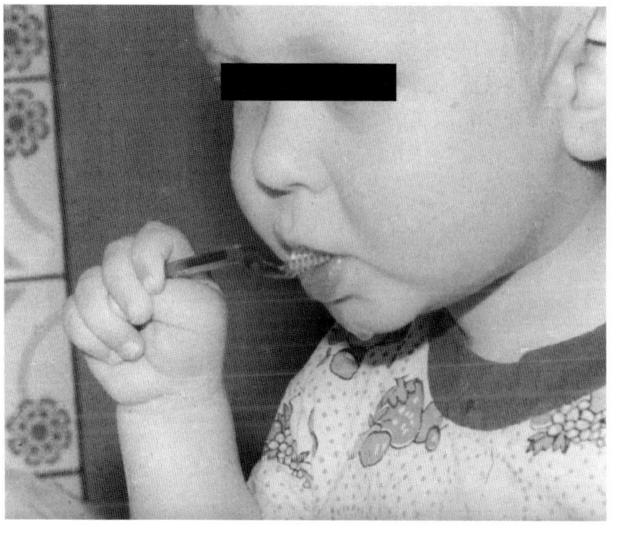

Abb. 2 Ergreifen des schmalkantigen Griffs der Kinderzahnbürste und Kompensation durch Unterklammern des Daumens.

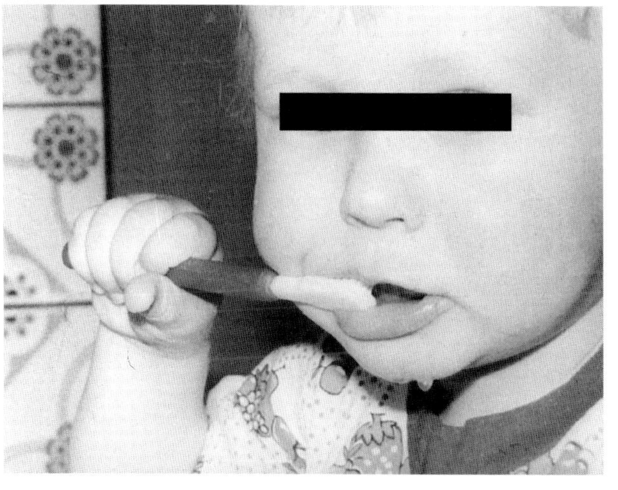

Abb. 3 Jüngeres Vorschulkind ergreift die Zahnbürste mit verdicktem rundem Griff im Palmargriff.

ganzer Handlungsfolgen. Der Kraftaufwand kann zunehmend besser auf das Objekt abgestimmt werden [34, 47]. Die größer gewordene Geschicklichkeit zeigt sich auch in der Fähigkeit zum sachgerechten Umgang mit Pinsel und Buntstiften und auch der Zahnbürste. Das Kind zeichnet Kreuze und Kreise in voller Darstellungsabsicht [9, 12, 22, 41]. Dieses absichtsvolle „Kreisemalen“ könnte somit auch für das Erlernen der Rotationstechnik bei der Zahnreinigung bedeutsam werden. Immer besser steuern sprachliche Instruktionen von Erwachsenen die Handlungen bzw. können diese hervorrufen.

Das Alter von **fünf Jahren** ermöglicht die Koordination und Kombination ursprünglich getrennter motorischer Systeme und komplexe Bewegungen, z.B. Ballfangen. Hierbei müssen z.T. sensorische und geistige Operationen gekoppelt werden [20, 35, 48, 55]. Aufgrund des gewachsenen Leistungsbewußtseins sind Bewegungs- und Geschicklichkeitsspiele möglich. Kleine Zeichenbewegungen sind allerdings auch jetzt noch schwierig [41].

Am **Ende der Vorschulzeit** hat das Kind einen motorischen Entwicklungsstand erreicht, der dem des Erwachsenen schon sehr ähnlich ist. Es kann gehen, klettern, laufen, springen, werfen und fangen; es beherrscht diese Bewegungen meist schon in guter Koordination. Sie bedürfen allerdings noch der Verfeinerung [35].

Bedürfnis und Motivation zur Zahn- und Mundpflege

Altersgerechte Motivierung bei Kindern

Das Bedürfnis nach einer sauberen Mundhöhle ist biologisch nur unzureichend angelegt. Es besteht lediglich ein natürliches Bedürfnis, die Mundhöhle von „spürbaren“ größeren Speiseresten zu säubern. Nur diese reizen das Sensorium der Mundhöhle und des Zahnsystems. Leider gilt dies nicht für den gefährlichen Zahnbelag [40]. Im Rahmen des Sozialisationsprozesses muß deshalb eine Sensibilität für die Plaquefreiheit als Voraussetzung für das Bedürfnis danach erst entwickelt werden.

Da ein sachgerechtes und effektives Zähneputzen die Kinder keinen unmittelbaren Erfolg erleben läßt, muß etwas gefunden werden, was unmittelbar **verhaltensauslösend** wirken könnte. Der Erfolg des Zähneputzens kann zunächst durch externe Verstärker erreicht und belohnt werden. Für eine entsprechende altersgerechte Motivierung zum Zähneputzen bietet sich deshalb an, folgende bereits **etablierte Bedürfnisse** des Kindes zu berücksichtigen [5, 25, 37]:

- kindliches Zuwendungsbedürfnis,
- Bedürfnis nach sozialer Anerkennung,
- Bedürfnis, etwas im Interesse der Gruppe zu tun,
- Bedürfnis nach lustvoller Betätigung,
- Bedürfnis nach Selbsteinschätzung und Selbstbehauptung im Wettbewerb mit anderen (Tabelle 1).

Neben dem altersgerechten wegbegleitenden Einsatz von **externen Verstärkern,** ist natürlich auch die anschauliche und emotional ansprechende Form der Vermittlung von Inhalten der Zahngesundheitserziehung wichtig, ehe ganz allmählich durch positiv bewertete Erfahrungen („Mutti, Mutti! Er hat überhaupt nicht gebohrt!“) die Handlung „Zähneputzen“ subjektiv bedeutsam und somit intern verstärkt wird, wodurch sie gleichzeitig eine qualitative Steigerung erfährt. In diesem Vermittlungsprozeß ist es unerläßlich, die kindlichen Formen des Denkens und Lernens zu berücksichtigen.

Entwicklungspsychologische Besonderheiten des Denkens bei Vorschulkindern

Für die Zahngesundheitserziehung bei Vorschulkindern sind einige entwicklungspsychologische Aspekte des Denkens von besonderer Relevanz. Sie sollen infolgedessen exemplarisch erörtert werden.

Tabelle 1 Externe Verstärker in den verschiedenen Lebensaltern.

Lebensalter	externe Verstärker
Kleinkind/jüngeres Vorschulkind	soziale Verstärkung durch Lob und Zuwendung
Vorschulkind	positive Emotionen durch Selbsttätigsein (im freien oder gelenkten Spiel)
jüngeres Schulkind	soziale Vergleiche im Wettbewerbsverhalten

Anthropomorphes Denken

Vorschulkinder zwischen dem dritten und fünften Lebensjahr neigen dazu, zunächst alles Unbelebte und Belebte, später nur noch das Belebte zu personifizieren, so „weint eine Wolke“ oder „lacht die Sonne“. Es wird deshalb auch vom anthropomorphen Denken gesprochen [48, 51].

In dem gutmeinenden Glauben, diese kindgemäße Denkungsweise auch für (gesundheits-)erzieherische Zwecke nutzen zu können, werden nun vom Erwachsenen ganz bewußt Versuche unternommen, z.B. auch Krankheitsursachen zu personifizieren. Die bekanntesten für den zahnmedizinischen Bereich sind das „Zahnwehmännlein“, der „Zahnteufel“ und „Karius und Baktus“. Sinn dieser **„Personifizierung“** ist es, so früh wie möglich Kausalitäten zu vermitteln und das in möglichst emotional ansprechender Form.

Allerdings sind damit Probleme verbunden. Die Darstellung von Krankheitsursachen kann als Bedrohung aufgefaßt werden, die Zuwendung positiver Emotionen kann sich auf die falschen Personen richten und die märchenhafte Gestaltung überlagert die eigentliche Sachinformation, die so nicht optimal gespeichert wird.

Für ein selbstverantwortliches Gesundheitsverhalten ist es aber gerade wichtig, daß das Kind allmählich in die Lage versetzt wird, **selbsthandelnd** bestimmte Erfahrungen zu sammeln. So können schon jüngere Vorschulkinder durchaus die Ursache für kranke Zähne – den Schmutz auf den Zähnen – selbst erkennen, wenn sie sich gegenseitig in den Mund schauen, die Speisenreste auf den Zähnen kleben sehen und diesen Schmutz durch Zähneputzen selbst entfernen. Ein „Zahnwehmännlein“ ist unter diesem Aspekt eigentlich nicht mehr erforderlich.

Je eher der Erwachsene beginnt, auf einfache Art echte Erklärungen zu geben, desto eher wird das Bedürfnis dem Kindes nach Begründung kausaler Zusammenhänge – dem „Warum“ – befriedigt und desto eher erwirbt es auch ein wissenschaftliches Weltbild [9, 28].

Egozentrisches Denken

Eine weitere Denkweise sollte unbedingt berücksichtigt werden. Zunächst sind Vorschulkinder nicht in der Lage, sich in die Rolle eines anderen hineinzuversetzen, den Blickwinkel eines anderen einzunehmen oder die aktuelle Sichtweise als eine unter anderen Möglichkeiten zu begreifen [44]. Erst allmählich werden diese sogenannten „Dezentrierungsleistungen“ vom Kind erworben. Damit werden dann erst Vergleiche, Kontrollen und Korrekturen, z.B. untereinander beim Zähneputzen in der Gruppe, möglich.

Parallel zu dieser Dezentrierung im sozialen Bereich verläuft die Dezentrierung des Denkens als Voraussetzung für logisches Denken. Sie hängt vor allem von den entsprechenden Erfahrungsmöglichkeiten des Kindes ab. So putzt ein Kind, wenn es nicht ausdrücklich anderes lernt, bei geschlossenen Zahnreihen nur die Zahnflächen, die es sieht: die frontalen Außenflächen und die linken Außenflächen. Auch der Einsatz von Gebißmodellen ist im jüngeren und mittleren Vorschulalter aus diesem Grunde ungeeignet, kann sich doch das Kind noch gar nicht vorstellen, solche Zähne selbst zu besitzen. Besser wäre hier, wenn überhaupt erforderlich, die Demonstration an einem „Modellkind“ oder einer Modellperson, die einen anerkannt hohen Status genießt (s. S. 124). Es kann allerdings nur nachgeahmt werden, was dem eigenen Entwicklungsstand nicht zu weit vorgreift [38].

Denken in Begriffen

Beim Lernen und Denken in Begriffen werden die Anforderungen systematisch größer und komplizierter. Es gilt dabei, die Orientierung auf die „Zone der nächsten Entwicklung“ entwicklungsfördernd einzubeziehen [59, 60]. Die begriffliche Form der Vermittlung von Wissen wird ständig begleitet von der praktisch-handelnden Vermittlung (s. S. 126).

Kindliche Tätigkeit und ihre Bedeutung für die Zahngesundheit

Das Spiel als dominierende Tätigkeitsform im Vorschulalter

Im allgemeinen wird die Vermittlung gesundheitserzieherischer Inhalte über Bücher, Bilder, Malhefte und Modelle zwar anschaulich vermittelt, es besteht aber trotzdem die Gefahr, Zahngesundheitserziehung auf die „Papierebene“ zu verlagern. Denn das selbständig handelnde Sammeln von Erfahrungen unterbleibt; die typischen kindgemäßen Formen des unbewußten Lernens im Spiel und durch das Spiel werden damit nicht ausreichend berücksichtigt. Kindgemäß würde aber bedeuten, die Spieltätigkeit und ihre Elemente (u.a. Regel, Rolle) für diesen Vermittlungsprozeß zu nutzen.

Das Besondere des kindlichen Spiels besteht im Gegensatz zu anderen menschlichen Tätigkeitsformen darin, daß es durch den Reiz der Spielhandlung, also dem Spielprozeß selbst motiviert wird und nicht durch ein angestrebtes Ergebnis. Die mit dem Spiel verbundenen Lernprozesse, die zur Einhaltung von Regeln und zur Rollenübernahme erforderlich sind, laufen schneller und auf höherem Niveau ab als jene außerhalb der Spielsituation. „So zu sein wie ...", „so zu tun, als ob ..." sind ganz wesentliche Spielmotive. Unter diesen Bedingungen gelingt es dem Kind wesentlich besser, Schwierigkeiten zu meistern, Kräfte zu trainieren, Wissen und Können zu festigen. Verantwortlich dafür ist der mit Lustgewinn und Befriedigung verbundene Vollzug der Spielaktivität. So kann mit einer allgemeinen **Verstärkung** des dabei geäußerten Verhaltens gerechnet werden [7, 8, 19, 42, 50, 52].

WYGOTSKI [59] spricht sogar davon, daß das Kind im Spiel immer eine Entwicklungsstufe voraus ist. Vor allem das jüngere Vorschulkind lernt leichter und einprägsamer, wenn das zu Vermittelnde in eine Spielsituation oder eine andere produktive Tätigkeit wie Malen, Basteln u.ä. eingebunden ist [13, 14, 26, 46, 48].

Erst gegen Ende der Vorschulzeit ist das Kind in der Lage, seine Aufmerksamkeit längere Zeit willkürlich zu lenken, d.h., die Spielmotive werden allmählich von echten „perspektivischen Lernmotiven" abgelöst. Es ist deshalb naheliegend, das Spiel auch für die Vermittlung von Inhalten und Fertigkeiten der Zahngesundheitserziehung im entsprechenden Altersbereich zu nutzen [31]. Dazu wurden evaluierte Spielprogramme für die Vorschulkinder jüngeren und mittleren Alters entwickelt. In ihnen wurden zwei wesentliche Aspekte verwirklicht:

- Ein **inhaltlicher Aspekt,** der sich auf den Umfang und die Differenziertheit des zu vermittelnden Wissens bezieht (Sachwissen, einfaches Zusammenhangswissen, komplexes Zusammenhangswissen).
- Ein **methodischer Aspekt,** der die Wahl der altersgerechten Vorgehensweise bei der Wissensvermittlung betrifft (vom Nebeneinanderspiel im Gruppenverband zum Miteinanderspiel).

Mit den einzelnen Spielen werden „spezielle" Lernziele verfolgt. Sie sind mit unterschiedlicher Gewichtung in „übergeordnete" Lernziele der jeweiligen Altersgruppen einzuordnen. Solche **übergeordneten Lernziele** betreffen die Förderung von:

- Muttersprache,
- Begriffsbildung,
- Wahrnehmungsleistung,
- auditiver Aufmerksamkeit,
- Sensomotorik,
- Konzentrationsfähigkeit,
- Leistungsmotivation.

Das Besondere der Spielmethode ist hierbei, daß sie im Sinne einer gruppenprophylaktischen Maßnahme durchgeführt werden kann, aber immer am individuellen Entwicklungs- und Aktivierungsniveau eines jeden Kindes bis ins Schulalter hinein ansetzt. Damit hilft sie, nicht nur gesundheitserzieherische Ziele zu erreichen, sondern wirkt sich darüber hinaus auch ganz allgemein entwicklungsfördernd aus.

Möglichkeiten des Erwerbs von Fertigkeiten zur Zahn- und Mundpflege

Nutzung der Spieltätigkeit

In der Entwicklung der Handlungsmotivation zum Zähneputzen kann neben dem Bekräftigungslernen (Lob und Zuwendung) und dem Imitationslernen („so zu sein wie") vor allem auch das Bedürfnis nach lustvoller Betätigung genutzt werden. Das „lustige Rascheln der fleißigen Zahnbürste" stimuliert die Kinder ebenso, wie das anregende Ziel, „schöne glatte" Zähne zu haben, anstelle eines „Zahnpelzchens" (als gefühlsbetonte Beschreibung von Zahnbelag).

Um den Vorgang des Zähneputzens vor allem in der Spieltätigkeit zu fördern, bietet sich die Weitergabe der **Rolle einer Modellperson** (Erzieherin, zahnärztliche Helferin, u.ä.) an jeweils ein Kind an, welches jetzt als „Frau X" mit den Kindern seiner Gruppe Zähne putzen darf. Eingebunden in die erstrebenswerte Rolle der Modellperson [18] festigt sich vor allem für den jeweiligen Spielführer bereits erworbenes Wissen zur Normanforderung, da er mit eigenen Worten den Vorgang des Zähneputzens rekapitulieren muß. Gleichzeitig erfolgt eine **Förderung der sozialen Kompetenz,** da auf die richtige Ausführung in der Gruppe zu achten ist.

Eine andere Möglichkeit, die Handlung Zähneputzen kindgemäß zu stimulieren, besteht in der Nutzung der anregenden Wirkung der **Musik** auf die Entwicklung der Motorik [1, 2, 11, 53]. Die emotionale Ansprechbarkeit von Kindern auf Rhythmen der Sprache und der Musik kann zur Motivierung der Kinder und zur zeitlichen Steuerung des Zähneputzens angesehen werden. Über einen kindgemäß gefaßten Text erfolgt darüber hinaus eine inhaltliche Beeinflussung (z.B. das elmex®-Zahnputzlied; Musik: M. Hollmann; Text und Idee: A. Makuch).

Didaktisch-methodische Empfehlungen

Da effektives Zähneputzen komplizierte feinmotorische Koordinationsleistungen erfordert, Fähigkeiten also, die vom jüngeren Vorschulkind erst allmählich erworben werden müssen, ist es günstig, den Vermittlungsprozeß in **mehrere Stufen** zu unterteilen. Damit kann vom Umfang bzw. von der Schwierigkeit der Aufgabe her den Vorkenntnissen und der Befähigung des Vorschulkindes – vom jüngeren bis älteren Lebensalter – entsprochen werden. Das heißt, daß mit jeder Stufe ein höheres Maß an feinmotorischen Koordinationsleistungen bei gleichzeitiger Erhöhung der Anzahl der zu reinigenden Gebißabschnitte abgefordert wird [30, 32]. Voraussetzung ist, daß die bereits erlernte Putztechnik als Fertigkeit gesichert ist, ehe auf die nächste Teilhandlung übergegangen wird (Tabelle 2). Im einzelnen sollte folgendermaßen vorgegangen werden:

- Für jüngste und jüngere Vorschulkinder sind nur Reinigungsbewegungen möglich, die noch keiner genauen Koordination bedürfen. Als geeignete Putztechnik bietet sich deshalb zunächst die **Horizontaltechnik** an. Mit dieser Technik soll die Säuberung der Kauflächen erfolgen, da hier, wie epidemiologisch nachgewiesen, die ersten kariösen Läsionen zu erwarten sind. Die Einteilung des Gebisses in vier Abschnitte berücksichtigt dabei gleichzeitig die altersgemäße Auffassungsfähigkeit von der Anzahl der zu reinigenden Flächen.
- Im Alter von ca. viereinhalb Jahren, wenn die Kraftdosierung der Bewegung vorwiegend über das Handgelenk gesteuert wird und die Darstellungsabsicht an Bedeutung gewinnt, kann die **Rotationstechnik** zur speziellen Säuberung der vestibulären Flächen unter gleichzeitiger Einbeziehung der marginalen Gingivaanteile eingeführt werden. Die Kinder werden aufgefordert, „Kreise“ oder „Bälle“ auf die Zähne zu malen. Sie erlernen so spielend die Rotationsmethode. Das Zahnputzprogramm erweitert sich um drei weitere Segmente, so daß das Kind ab diesem Alter die richtige Reihenfolge und Putztechnik an sieben Abschnitten zu beachten hat.
- Für Kinder der älteren Gruppe ist es dann durchaus möglich, die Reinigung der sechs **Innenflächenabschnitte** in das Reinigungsprogramm mit aufzunehmen. Das Kind muß nun den Handlungsablauf an 13 Segmenten vornehmen. Aufgrund der verhältnismäßig günstigen Selbstreinigung der Oralflächen der Zähne kann auf deren spezielle Säuberung nach Meinung verschiedener Autoren in diesem Alter allerdings noch verzichtet werden.
- Das **Öffnen des Mundes** muß mit den Kindern gelernt und geübt werden, damit die Reinigung der Kauflächen schon beim Kleinkind und jüngeren Vorschulkind gewährleistet wird und nicht erst zu einem Zeitpunkt, zu dem die Kauflächenkaries nicht mehr zu verhindern ist. Das ist deshalb so wichtig, weil Kinder dieses Alters nur das putzen, was sie sehen, nämlich die frontalen Außenflächen und die für den Rechtshänder leicht zugänglichen linken Außenflächen. Das Aufsetzen der Zahnbürste auf die Zahnreihe und die Bürstenführung, also die willkürliche Bewegung, muß unter visueller Kontrolle – Bedingung ist ein **Spiegel** – erfolgen. Nur über diese Auge-Hand-Koordination (äußerer Regelkreis) bildet sich allmählich die kinästhetische Empfindung (innerer Regelkreis) für die Bürstenführung heraus. Einem didaktischen Grundprinzip folgend – dort lernen, wo kontrollierbar – sollen die Kinder

Tabelle 2 Altersgerechte Zahn- und Mundpflege-Schema des verteilten Lernens für Vorschulkinder im Alter von 3;0–4;4 und 4;5–5;4 und 5;5–6;10 Jahren.

Vorschulalter	**Anforderung**
3;0–4;4	4 Kauflächenabschnitte mit Horizontaltechnik
4;5–5;4	4 Kauflächenabschnitte mit Horizontaltechnik + 3 Außenflächenabschnitte mit Rotationstechnik
5;5–6;10	4 Kauflächenabschnitte mit Horizontaltechnik + 3 Außenflächenabschnitte mit Rotationstechnik + 6 Innenflächenabschnitte mit Rot-Weiß-Technik übergehend zur Rolltechnik

mit dem Erlernen der Bürstenführung im gut einsehbaren Unterkiefer beginnen. Bei gleichbleibender Handgelenkstellung kann diese Putzbewegung durch Drehung des Bürstenkopfes auf den nicht einsehbaren Oberkiefer projiziert werden. Damit entfällt vor allem die Vernachlässigung des Oberkiefers rechts.

- Die **Bürstenhandhabung** muß geübt werden. Es ist darauf zu achten, daß die Kinder die Bürste sicher im sogenannten Palmargriff – Faustgriff – fassen. Das setzt eine geeignete Gestaltung des Bürstengriffes voraus. Dabei sind dicke runde Griffe zu bevorzugen, da sie den anatomisch-physiologischen Voraussetzungen der kindlichen Hand eher entsprechen als dünne.
- Alle Putztechniken sollten immer am letzten Zahn der jeweiligen Seite beginnen. Damit entfallen die nicht nur für das Kind schwierigen Drehbewegungen im Handgelenk beim .Wechsel auf die kollaterale Seite und das unangenehme Hängenbleiben der Zahnbürste unter dem Jochbogen – bekannt auch als „Jochbogenproblem“, wenn von anterior nach posterior geputzt wird.
- „Handführungen“ des Kindes (Methode der „passiven Bewegung“) sollten auf ein Mindestmaß beschränkt bleiben, da diese durch die vom Kind erzeugten Gegenbewegungen das selbständige Erlernen der Bürstenführung behindern.
- Bei den jüngeren Vorschulkindern, bei denen noch die motorisch-taktile Orientierung vorherrscht, muß für den Fertigkeitserwerb die Ausführung der erwünschten Bewegung von leicht verständlichen **sprachlichen Hinweisen** begleitet werden.
- Alle an diesem Erziehungsprozeß Beteiligten – Eltern, Kindergärtnerinnen und zahnärztliches Personal – müssen die gleichen, dem Alter entsprechenden Anforderungen an Putztechnik und Putzsystematik stellen. Denn die **Einhaltung einer ganz bestimmten Putzsystematik** ist für folgende Aspekte von Bedeutung (s. S. 120):
  - Entwicklung von Handlungsautomatismen bzw. Fertigkeiten,
  - vollständiges Erfassen aller zu reinigenden Flächen mit der entsprechenden Reinigungstechnik,
  - Einhalten einer bestimmten Putzzeit,
  - Möglichkeit einer didaktisch-methodischen Vorgehensweise für den gesamten Zeitraum gruppenprophylaktischer Maßnahmen.

Die Putztechnik ist also mitverantwortlich für den erfolgreichen und damit positiv bewerteten Vollzug der Handlung „Zähneputzen“.

Ideal ist es, wenn diese Vorgehensweise über die **gesamte Vorschulzeit** gewährleistet werden kann. Dann dienen die ersten vier Schuljahre nur noch der Festigung und Optimierung der erworbenen zahnhygienischen Gewohnheiten. Im anderen Falle gilt diese Form des verteilten Lernens weiterhin, da auch im jüngeren Schulalter nur durch eine systematische Steigerung der Anforderungen die gewünschten zahnhygienischen Gewohnheiten entwickelt werden können.

Möglichkeiten der Entwicklung der Motivation zum Zähneputzen

Für die Entwicklung der Motivation zum Zähneputzen gelten ähnliche Bedingungen wie für den Erwerb der Fertigkeiten. Die Anforderungen müssen auch hier systematisch komplexer werden und eine entsprechende Steigerung erfahren. Dabei gilt wiederum die Orientierung auf die „Zone der nächsten Entwicklung“.

Nutzung der Spieltätigkeit beim Vorschulkind jüngeren Alters

Für das jüngere Vorschulkind bedeutet dies zunächst, beim Einsatz der Spieltätigkeit die **motorisch-taktile Orientierung** zu berücksichtigen, indem man es z.B. zahnschonende und zahnschädigende Lebensmittel, aber auch die Organe der orofazialen Körperregion ertastend kennenlernen, dann beschreiben bzw. benennen läßt. Durch den Einsatz der Sprache als handlungsauslösendes und -begleitendes Medium wird bereits eine höhere Stufe der Orientierungstätigkeit angesprochen. Die praktisch handelnde Vermittlung von Wissen wird durch die begriffliche Form der Vermittlung begleitet. Auf diese Weise sind die Begriffe „gesunder/lachender Zahn“, „kranker/trauriger Zahn“ herauszubilden. Die Schaffung entsprechender Zahnmodelle soll den Kindern die prägnanten Merkmale von „gesund“ und „krank“ veranschaulichen, also bereits ein einfaches Ordnen zulassen, ohne daß dabei das Kind bereits rückschließt, „solche Zähne“ selbst zu besitzen. Allmählich lassen sich durch diese Zahnsymbole derartige Dezentrierungsleistungen fördern.

Das Vorhandensein eines „Zahnpelzchens“, aber auch dessen Verschwinden durch das Zähneputzen können die Kinder live erfahren, wenn z.B. aus Anlaß eines Puppenfestes Süßes genascht wurde und die klebrigen Speisereste auf den Zähnen zu erkennen sind, diese aber durch anschließendes Zähneputzen verschwinden.

Bei der bewußten Beeinflussung der Begriffsbildung im Zusammenhang mit der oralen Hygiene muß weiterhin beachtet werden, daß jüngere Vorschulkinder nur einen einzigen Aspekt bei der Merkmalszuordnung berücksichtigen können und sich dabei vorwiegend an vordergründig anschaulichen Merkmalen orientieren. Dem Kind dürfen anfänglich nur ganz einfache und **eindeutige Zuordnungen** abverlangt werden, damit die wesentlichen Merkmale in ihrer Bedeutung begriffen werden: „Der Zahn freut sich über ... eine Möhre"; „der Zahn ist traurig über ... ein Bonbon".

Bei Spielwiederholungen, aber auch beim Beobachten seiner Mitspieler lernt das Kind dann noch andere Aspekte kennen. Da die Herausbildung von Begriffen außerdem stark an die **emotionale Erlebnisqualität** gebunden ist, gehen die Überlegungen weiter, z.B. beliebte Handpuppen für die Vermittlung von bereits genannten Gefühlsqualitäten wie „lustiges Rascheln der Zahnbürste", „ekliger Geschmack", „Zahnpelzchen" versus „glatter/sauberer Zahn" einzusetzen, was die Kinder zugleich für die Problematik „Zahngesundheit" sensibilisiert. Aus dem gleichen Grund ist der Einsatz eines Zahnputzliedes zu erwägen, dessen bekannte Melodie die Kinder emotional anspricht. Zum Zweck des Spiels können in den Text „Fehler" eingebaut werden, was gleichzeitig höhere Anforderungen an das bereits erworbene Wissen stellt.

Durch die spielerische Beschäftigung mit den **Gütekriterien** „richtig/gut" und „falsch/schlecht" werden die Voraussetzungen für Leistungsmotivation geschaffen. Wie in anderen einfachen Zuordnungsspielen fügen die Kinder einzeln und nacheinander die zu bewertenden Gegenstände dem entsprechenden Zahnmodell (lachend oder weinend) hinzu. Auch in der Gruppe ist ein solches Spiel möglich: Jedes Kind, das ein entsprechendes Bild als Symbol am Körper trägt, soll ohne fremde Hilfe sich dem gesunden oder kranken Zahn zugehörig wissen und so schnell wie möglich zu diesem rennen.

Nutzung der Spieltätigkeit beim Vorschulkind mittleren Alters

Für Kinder des mittleren Vorschulalters sind die Voraussetzungen für die **optische Orientierungstätigkeit** vorhanden. Dieser Aspekt muß beim Einsatz des Spiels entsprechend berücksichtigt werden. Die gesundheitsfördernde und gesundheitsschädigende Bedeutung von Lebensmitteln kann auf **anschaulich-handelnder Ebene** erlernt werden. Es kann z.B. das Erkennen zahnfreundlicher Dinge durch Klatschen bzw. zahnschädigender durch Stampfen angezeigt werden. Das setzt voraus, daß die richtige Zuordnung in der Vorstellung erfolgte, ehe sie sich in der entsprechenden motorischen Reaktion äußert.

Zuordnungsleistungen sind nun nach mehreren Merkmalen möglich. Zum Beispiel kann sich ein Zahn über Obst und Gemüse und eine saubere Zahnbürste freuen, entsprechend wird ein Zahn von Bonbons und Limonade und einer „zerstrubbelten" Zahnbürste traurig. So ist es möglich, daß über die Organisation einer gegenständlichen Tätigkeit die Generalisierungsfähigkeit gefördert wird. Den Kindern wird deutlich, daß „alles, was Zucker enthält", schädlich für die Zähne ist. Dabei ist notwendig, auf die Veränderungen von Merkmalen hinzuweisen, z.B. aus der gesunden Milch wird durch Hinzufügen von süßem Kakaopulver etwas Schädliches. Gerade an den beliebten süßen Getränken müssen die Kinder die „versteckten" Zucker entdecken.

Die Kombination mehrerer Regeln fordert für Kinder des mittleren und älteren Vorschulalters **komplexere Zuordnungsleistungen.** Die Kinder geben z.B. durch Paarbildung zu erkennen, was gut bzw. schlecht für die Zähne ist. Ein drittes Kind greift in die Spielhandlung ein, indem es die Konsequenzen verdeutlicht: Wenn sich Obst mit Gemüse zusammengefunden hat, dann freut sich der Zahn, dagegen muß unbedingt eine Zahnbürste eingreifen bei Schokolade und Bonbons. Die erhöhten Leistungsanforderungen im Spiel ermöglichen nun die Koordination mehrerer Aspekte.

Beweglichkeit im Denken im Sinne der Orientierung auf die nächste Zone der Entwicklung kann mit „Wortverwechslungen" und „Fehlergeschichten" [24, 45, 48] günstig beeinflußt werden. Hier zeigt sich, inwieweit die Kinder mit bereits vorhandenem Wissen umgehen bzw. in ihr Begriffssystem einordnen können. Gleichzeitig zeigt und fördert ein Sprachspiel auch die Ordnung sprachlichen Wissens.

Die **zunehmende soziale Kompetenz,** vor allem in Bewährungssituationen, kann im konfliktbehafteten Rollenspiel genutzt werden, wenn z.B. den „Puppeneltern" zum Puppenfest Keks und Apfelstückchen zur Wahl gegeben werden. Entscheiden sie sich für Süßigkeiten, so muß als Konsequenz das Zähneputzen genannt bzw. ausgeführt werden, werden keine Süßigkeiten genommen, entfällt dieses.

Da sich im Verlauf der späteren Vorschulzeit die Bedeutung der Spielmotive verringert und die der **Lernmotive** zunimmt, muß dies auch bei der Zahngesundheitserziehung berücksichtigt werden. Gekoppelt an die Entwicklung der Leistungsmotivation [48] wird das willkürliche Einprägen (Lernen) dem unwillkürlichen Einprägen ebenbürtig. Die Leistungsmotivation kann besonders beim Wettbewerb der Kinder um die saubersten Zähne gefördert werden. Der Phantasie sind dabei keine Grenzen gesetzt.

Kann diese Vorgehensweise über die gesamte Spanne der Vorschulzeit gewährleistet werden, sind die pädagogischen Aufgaben für die Gesundheitsförderung im jüngeren Schulalter dann in der Erhaltung und Stabilisierung der oralpräventiven Normen zu sehen.

So ist denn auch für das Jugendalter, in dem sonst damit zu rechnen ist, daß wünschenswertes Oralhygieneverhalten vernachlässigt wird und die Forderungen von seiten der Erwachsenen weitgehend ignoriert werden, eine günstige Basis geschaffen.

Es ist zu betonen, daß alle Maßnahmen zur Gesundheitsförderung einer systematischen, pädagogischen Steuerung bedürfen. Nur im Zusammenwirken der Erkenntnisse von Zahnmedizin, Psychologie und Pädagogik ist dies sinnvoll und erfolgreich möglich.

Literatur

[1] Abel-Struth, S.: Hörwelt und Musik. In: Die Eingangsstufe des Primarbereichs: Spielen und Gestalten. Klett, Stuttgart 1975.

[2] Abel-Struth, S.: Musikalischer Beginn im Kindergarten und Vorschule. Bärenreiter, Kassel 1972.

[3] Anderson, J.R.: Acquisition of cognitive skill. Psychol. Rev. 89, 369 (1982).

[4] Anderson, J.R.: Cognitive psychology and its implications. J. exp. educ. 23, 47 (1980).

[5] Bartsch, B., Bartsch, N., Waldschmidt, I.: Zahngesundheitserziehung im Kindergarten: Lernangebote. Verein für Zahnhygiene, Darmstadt 1983.

[6] Bartsch, N.: Didaktische Probleme in der Zahngesundheitserziehung. In: Zahngesundheitserziehung in der Grundschule. Dtsch. Ausschuß für Jugendzahnpflege, Jülich 1988.

[7] Boguslawskaja, S.M.: Das Lernen des Vorschulkindes. In: Saporoshez, A. W., Elkonin, D.B. (Hrsg.): Zur Psychologie der Persönlichkeit und Tätigkeit des Vorschulkindes. Volk und Wissen, Berlin 1974.

[8] Callies, E.: Spielendes Lernen. In: Spielen und Gestalten: Die Eingangsstufe des Primarbereiches. Klett, Stuttgart 1975.

[9] Clauß, G., Hiebsch, H.: Kinderpsychologie. Volk und Wissen, Berlin 1962.

[10] Dietrich, U.: Untersuchungen zu motorischen Adaptationsprozessen und zur Veränderung physiologischer Merkmale im Übungsverlauf bei Kindern. Diss., Marburg 1980.

[11] Donath, U.: Untersuchungen zur Herausbildung und Gestaltung musikalischer Tätigkeiten im Kindergarten. Diss., Berlin 1980.

[12] Dorfmüller, M.: Angewandte Psychologie für das kranke Kind. Urban & Schwarzenberg, München–Wien–Baltimore 1977.

[13] Elkonin, D.B.: Psychologie des Spiels. Volk und Wissen, Berlin 1980.

[14] Elkonin, D.B.: Zur Psychologie des Vorschulalters. Volk und Wissen, Berlin 1967.

[15] Fitts, P.M.: Perceptual motor skill learning. In: Melton, A.W.(Hrsg.): Categories of human learning. Academic Press, New York 1964.

[16] Graehn, G.: Methodische Hinweise: Gesundheitserziehung in der Kinderstomatologie. Dtsch. Hygienemuseum, Dresden 1983.

[17] Hacker, W.: Psychische Regulation von Arbeitstätigkeiten. Verlag der Wissenschaften, Berlin 1986.

[18] Heckhausen, H.: Motive und ihre Entstehung. In: Weinert, F.E.(Hrsg.): Pädagogische Psychologie: Funkkolleg. Fischer, Frankfurt a.M. 1986.

[19] Hoppe, H.: Pädagogische Funktionen und Implikationen des Kinderspiels. In: Kreutzer, K.J. (Hrsg.): Handbuch der Spielpädagogik. Schwann, Düsseldorf 1983.

[20] Jetter, K.: Kindliches Handeln und kognitive Entwicklung. In: Müller, H.-J., Decker, R., Schilling, F. (Hrsg.): Motorik im Vorschulalter. Hofmann, Schorndorff 1975.

[21] Keiser, W.: Entwicklung von Fertigkeiten und Gewohnheiten. In: Autorenkoll. (Hrsg.): Psychologische Grundlagen der Persönlichkeitsentwicklung im pädagogischen Prozeß. Volk und Wissen, Berlin 1985.

[22] Kiphard, E.J.: Der Wechselbezug zwischen psychomotorischer und psychosensorischer Entwicklung im frühen Kindesalter. In: Müller, H.-J., Decker, R., Schilling, F. (Hrsg.): Motorik im Vorschulalter. Hofmann, Schorndorff 1975.

[23] Kossakowski, A., Ettrich, K.: Psychologische Untersuchungen zur Entwicklung der eigenen Handlungsregulation. Verlag der Wissenschaften, Berlin 1973.

[24] Launer, I., Jahn, C.: Spielverfahren in der Beschäftigung. Neue Erz. im Kindergarten. 37, 30 (1984).

[25] Ljublinskaja, A.A.: Kinderpsychologie. Volk und Wissen, Berlin 1985.

[26] Lohde, H.-R.: Die Entwicklung von Motiven in der Tätigkeit. Neue Erz. im Kindergarten. 15, 3 (1962).

[27] Lomow, B.: Methodologische und theoretische Probleme der Psychologie. In: Beiträge zur Psychologie. Volk und Wissen, Berlin 1987.

[28] Ludwig, W.: Grundriß der Gesundheitserziehung. Volk und Wissen, Berlin 1978.

[29] Makuch, A.: Die Gestaltung des Zahnbürstengriffs für Kleinkinder und jüngere Vorschulkinder. Stomatol. DDR. 40, 86 (1990).

[30] Makuch, A.: Zähneputzen beim Vorschulkind. Videofilm. Karl-Marx-Univ., Leipzig 1989.

[31] Makuch, A.: Stomatologische Gesundheitserziehung im Vorschulalter (Theoretische und empirische Studien aus medizin-psychologischer Sicht). Diss., Leipzig 1990.

[32] Makuch, A.: Zähneputzen – eine komplizierte motorische Leistung unserer Kinder. In: Neue Erz. im Kindergarten. 42, 125 (1989).

[33] Mandl, H., Friedrich, H.F., Hron, A.: Psychologie des Wissenserwerbs. In: Weidenmann, B., Krapp, A. (Hrsg.): Pädagogische Psychologie. Urban & Schwarzenberg, München–Weinheim 1986.

[34] Markosjan, A.A.: Probleme der Entwicklungsphysiologie. Volk und Wissen, Berlin 1982.

[35] Meinel, K.: Bewegungslehre. Volk und Wissen, Berlin 1960.

[36] Mengi, Y.: Chronologische Darstellung der normalen Entwicklung im Säuglings- und Kindesalter. Krankengymnastik 25, 2 (1973).

[37] Mladek, G. Motivationspsychologische Komponenten der Herausbildung stomatologischen Gesundheitsverhaltens von Vorschulkindern. In: Beiträge zur Theorie und Praxis der Medizinischen Psychologie für Stomatologen. Karl-Marx-Univ., Leipzig 1988.

[38] Montada, L.: Lernpsychologie. In: Aebli, H., Montada, L., Steiner, G. (Hrsg.): Erkennen, Lernen, Wachsen. Klett, Stuttgart 1975.

[39] Mühle, G.: Entwicklungspsychologie des zeichnerischen Gestaltens. Springer, Heidelberg 1975.

[40] Müller-Fahlbusch, H.: Die Motivation des Patienten zur Mundhygiene – eine psychologische Betrachtung. Dtsch. zahnärztl. Z. 34, 291 (1979).

[41] Nickel, H.: Körperbeherrschung und Psychomotorik. In: Entwicklungspsychologie des Kindes- und Jugendalters. Huber, Bern–Stuttgart–Wien 1982.

[42] Oerter, R.: Spielverhalten. In: Oerter, R. (Hrsg.): Moderne Entwicklungspsychologie. Auer, Donauwörth 1976.

[43] Peiper, A.: Die Eigenart der kindlichen Hirntätigkeit. Thieme, Leipzig 1961.

[44] Rauh, H.: Entwicklung des Denkens. In: Weinert, F.E. (Hrsg.): Pädagogische Psychologie: Funkkolleg. Fischer, Frankfurt a.M. 1986.

[45] Repina, T.A.: Die Entwicklung der Gefühle im Vorschulalter. In: Saporoshez, A.W., Elkonin, D.B. (Hrsg.): Psychologie der Persönlichkeit und Tätigkeit des Vorschulkindes. Volk und Wissen, Berlin 1974.

[46] Saporoshez, A.W.: Einige Probleme der Theorie der Vorschulerziehung. Neue Erz. im Kindergarten 20, 23 (1967).

[47] Scheithauer, G.: Beitrag zur Entwicklung der motorischen Funktion der Hand beim gesunden und cerebralparetischen Kind. Krankengymnastik 25, 200 (1973).

[48] Schmidt, H.-D., Schneeweiss, S.: Schritt um Schritt: Die Entwicklung des Kindes bis zum 7. Lebensjahr. Volk und Gesundheit, Berlin 1986.

[49] Schmidt-Kolmer, E.: Frühe Kindheit. In: Beiträge zur Psychologie. Volk und Wissen, Berlin 1986.

[50] Smilansky, S.: Wirkungen des sozialen Rollenspiels auf vernachlässigte Vorschulkinder. In: Flitner, A. (Hrsg.): Das Kinderspiel. Piper, München 1974.

[51] Sodian, B.: Wissen durch Denken? Über den naiven Empirismus im Denken von Vorschulkindern. Aschendorff, Münster 1986.

[52] Sutton-Smith, B.: Forschen und Theoriebildung im Bereich von Spiel und Sport. Z. Pädagogik 21, 325 (1975).

[53] Teichert, J.: Untersuchungen zur rhythmischen Ansprechbarkeit und motorischen Darstellungsfähigkeit bei Mädchen des 1.–5. Schuljahres. Diss., Leipzig 1964.

[54] Trautner, H.M.: Lehrbuch der Entwicklungspsychologie. Hogrefe, Göttingen–Toronto 1978.

[55] Vogt, U.: Die Motorik 3- bis 6jähriger Kinder: Ihre Abhängigkeit vom biologischen Entwicklungsstand und sozialen Umweltfaktoren. Hofmann, Schorndorff 1978.

[56] Wetzel, W.-E.: Möglichkeiten und Grenzen der Oralhygiene bei Vorschulkindern. Zahnärztl. Mitt. 6, 845 (1984).

[57] Wetzel, W.-E.: Untersuchungen zur Eignung verschiedener neuerer Zahnbürsten bei Kleinkindern. Oralprophylaxe 7, 41 (1985).

[58] Wrage, K.: Kariesstatistische Untersuchungen bei 3- bis 6jährigen Kindern im Landkreis Ückermünde. Diss., Greifswald 1969.

[59] Wygotzki, L.S.: Denken und Sprechen. Akademie-Verlag, Berlin 1964.

[60] Wygotzki, L.S.: Das Spiel und seine Rolle für die psychische Entwicklung des Kindes (Vorlesung 1933). Ästhetik und Kommunikation 4, 16 (1973).

Auswirkungen von Normabweichungen auf die Psyche

von Jutta Margraf-Stiksrud und Annette Fleischer-Peters

Inhaltsübersicht

Einleitung: Begriff der Normabweichung – zahnheilkundliche und psychologische Aspekte

Beim Variationsreichtum menschlichen Aussehens ist die Definition von Normabweichung mit Schwierigkeiten verbunden. In der Zahnheilkunde wird die Normabweichung nach ihrem Krankheitswert beurteilt. Beeinträchtigt die diagnostizierte Abweichung die „normalen" Funktionen körperlicher Organe über ein bestimmtes Ausmaß hinaus, ergibt sich eine Behandlungsnotwendigkeit, die „Abweichung" wird als Krankheit angesehen. Dazu ist es notwendig, zunächst Richtlinien für „normale" Funktion zu erstellen, um Art und Ausmaß von Abweichungen bestimmen zu können.

Als Normen für ein gesundes Kauorgan gelten vollständige Zahnzahl, kariesfreies Gebiß bzw. behandelte Defekte, entzündungsfreies Parodont, harmonische Zahnbögen, anatomisch korrekte Okklusion, intaktes Kiefergelenk.

Abweichungen von diesen Richtlinien werden aus zahnärztlicher Perspektive heutzutage als behandlungsbedürftig angesehen, da vor allem langfristig selbst kleinere Abweichungen wie z.B. kariöse Defekte oder Zahnfehlstellungen zu Beschwerden und Funktionseinbußen führen können. Dabei werden die zahnheilkundlichen Normvorstellungen auch von aktuellen therapeutischen Möglichkeiten und vom Kenntnisstand über Krankheitsentstehung und -entwicklung geprägt.

Obgleich der intraorale Befund im Zentrum des Interesses der Zahnheilkunde liegt, gehört auch die Behandlung von solchen Fehlbildungen und Erkrankungen zu ihrem Aufgabengebiet, die sich außerhalb des Mundes, im Bereich des Gesichts manifestieren. Behandlungsfortschritte auf dem Gebiet der Kieferorthopädie und der Kieferchirurgie lassen zunehmend die Frage nach **ästhetischen Normen** aufkommen, die für Therapieentscheidungen zu berücksichtigen sind. Dies betrifft sowohl die generelle Indikation von Eingriffen als auch Art und Umfang der Behandlung. Als Anhaltspunkt dienen dabei an Fernröntgenseitbildern gewonnene kephalometrische Daten.

Bei Therapiemaßnahmen, die das äußere Erscheinungsbild verändern, beanspruchen die Patienten ein verstärktes Mitspracherecht. Da sie häufig ästhetische Gesichtspunkte stärker gewichten als funktionelle Überlegungen, werden Behandlungsentscheidungen u.U. zusätzlich kompliziert.

So tritt der durch wissenschaftliche Erkenntnisse und Möglichkeiten der Behandlung definierten „objektiven" Norm abweichungsfreier Morphologie und störungsfreier Funktion die „subjektive" Norm des Patienten entgegen, die durch persönliche Wünsche, Vorstellungen und Erfahrungen geprägt ist.

Ob ein Patient sein Aussehen, seine Zahnstellung oder die Anzahl kariöser Defekte als „normal" oder als abweichend ansieht, hängt wenig von meßbaren Unterschieden zu einem Ideal, z.B. dem der Eugnathie ab. Vielmehr sind Vorstellungen zu diesen Sachverhalten relevant, die die **Bezugsgruppe des Patienten** vorgibt, wobei diese in den ersten Lebensjahren Eltern und Familienmitglieder, später Altersgenossen, Partner und Freunde sein können. Es ist entscheidend, wie diese wichtigen Personen im Leben des Patienten ein besonderes Merkmal im Gesicht oder eine Zahnfehlstellung bewerten.

Werden Abweichungen als positiv, besonders anziehend, die Individualität unterstreichend bezeichnet oder aber als völlig irrelevant betrachtet, wird der Patient keinen Anlaß zur Behandlung sehen. Erhält er aber ständig Rückmeldungen über auffällige, zu Spott oder Verachtung Anlaß gebende Besonderheiten, wird er selbst kleinere, u.U. klinisch nicht behandlungswürdige Abweichungen als belastend empfinden.

Da Menschen unterschiedliche ästhetische Empfindungen besitzen, ist die tolerierte Variation des menschlichen Aussehens bezüglich eines Schönheitsideals recht groß. Zudem ist dieses „Schönheitsideal" beständig Wandlungen unterworfen, die kulturelle, politische, gesellschaftliche Strömungen widerspiegeln.

Es gibt jedoch Erscheinungen der menschlichen Physiognomie, die nicht mehr nur als unschön, als „normale" Abweichung, sondern als Entstellung angesehen werden und regelmäßig zu negativen Bewertungen durch die Umwelt führen. Eine Lippen-Kiefer-Gaumen-Spalte ruft selbst bei einer Mutter, die sich sehr auf ihr Kind gefreut hat, zunächst Entsetzen hervor.

Solche Entstellungen werden als besonders bedrohlich und abstoßend empfunden, da der **natür-**

liche „Code" gestört ist, durch den wir uns gegenseitig als Menschen erkennen und Informationen abrufen, die uns den Umgang miteinander erleichtern. Eine durch die Spalte entstellte Mundregion, fehlende Gesichtsteile (Nase, Augen), tiefe Hautverfärbungen erschweren die Identifikation eines menschlichen Gesichts und, noch bedeutsamer, verändern und verzerren mimisches Ausdrucksverhalten. Eine unbefangene, natürliche Kommunikation kann erst wieder erreicht werden, wenn das dem entstellten Menschen eigene Ausdrucksverhalten im Gewöhnungs- und Übungsprozeß besser gedeutet werden kann.

Die Norm, von der bei diesen als Entstellung empfundenen Veränderungen abgewichen wird, ist nicht mehr „nur" ein ästhetisches Ideal, sondern das menschliche Aussehen in seinen Grundelementen. Der universellen Bedeutung der Bestandteile des menschlichen Gesichts entspricht die universelle, meist allerdings negative Einschätzung ihrer Abweichung in Anordnung, Anzahl und Form.

Normabweichungen haben unmittelbare Auswirkungen auf die Psyche eines Menschen, wenn er selbst eine solche Besonderheit gegenüber anderen Menschen wahrnimmt oder überzeugt ist, eine solche zu besitzen. Dabei sind die „objektiven" Abweichungen weniger bedeutsam als die subjektive Einschätzung des Patienten. Von Normabweichungen können indirekte Auswirkungen auf das Befinden ausgehen, wenn sie dem Betroffenen zwar nicht wichtig oder nicht bewußt sind, wichtige Bezugspersonen jedoch wegen dieser Merkmale anders mit dem Patienten umgehen, als wenn er sie nicht besäße. Dies betrifft vor allem die Entwicklung sehr junger Kinder mit Entstellungen oder Behinderungen.

Eine Klassifikation von Normabweichungen, die für zahnärztliche Tätigkeiten relevant sind bzw. zur Behandlungsindikation führen, muß sich vor diesem Hintergrund weniger nach dem Ausmaß funktioneller Beeinträchtigung richten als nach den Determinanten, die deren psychische Verarbeitung regulieren. Hierbei sind von Bedeutung:

- In welchem Lebensalter liegt der **Beginn** der Abweichung bzw. wann wird sie dem Betroffenen bewußt?
- Welche **Ursachen** hat die Abweichung (endogene oder exogene)?
- Welcher **Schweregrad** körperlicher Symptome ist festzustellen bzw. zu erwarten?
- Welchen zeitlichen **Verlauf** nimmt die Abweichung?
- Welches **Behandlungsziel** ist zu erreichen?

Beginn

Das Auftreten der Abweichung bereits bei der **Geburt** führt dazu, daß das heranwachsende Individuum und seine Umwelt von Anfang an auf diese Besonderheit reagieren und Erfahrungen mit dieser Abweichung (auch therapeutische Maßnahmen) die gesamte Persönlichkeitsentwicklung formen. In welcher Weise dies in Abhängigkeit von bestimmten Krankheitsbildern geschieht, wird im folgenden noch erläutert.

Tritt – z.B. infolge eines Unfalls – eine Schädigung erst im **späteren Leben** des Patienten auf, werden Auswirkungen auf die Psyche vor allem im Hinblick auf die Bewältigung dieser neuen, meist bedrohlichen Situation zu verzeichnen sein. Das Bewältigungsverhalten wird ganz wesentlich von den Persönlichkeitseigenschaften beeinflußt, die der Betroffene vor dem schädigenden Ereignis ausgebildet hatte. Der Prozeß der Verarbeitung kann seinerseits langfristige Auswirkungen auf die Persönlichkeit des Patienten ausüben.

Ursachen

Die Ursachen für eine Normabweichung sind mitbestimmend für die Art ihrer Verarbeitung. Unbeeinflußbare Ursachen entlasten von eigener Schuld oder der anderer. Wenn man sich für das Zustandekommen einer Anomalie oder Erkrankung verantwortlich fühlt, führt dies nicht nur zu präventivem Verhalten, sondern häufiger zu retrospektiven Schuld- und Versagenszuschreibungen.

Schweregrad

Eine Reihe von Normabweichungen wird nicht von weiteren körperlichen Beeinträchtigungen begleitet. So leiden Patienten mit Zahnfehlstellungen häufig nicht an akuten Beschwerden, allenfalls kommt es bei andauernd ungünstigen Kräfteeinwirkungen langfristig zu Lockerung der Zähne, Kiefergelenkbeschwerden oder Abrasionen.

Andere Anomalien bringen funktionelle Einbußen mit sich (offener Biß, Progenie, Frontzahnstufe). Normabweichungen des Gesichts können aber auch Teil eines umfassenden Krankheitssyndroms sein (z.B. Down-Syndrom) und nur eine unter vielen, oft bedrohlicheren Störungen darstellen.

Zerstörungen von Gesichtsteilen durch Unfälle oder Tumoren gehören zu den schwerwiegendsten Beeinträchtigungen, da das Leben des Patienten akut oder langfristig gefährdet sein kann. Je nachdem, wie sehr sich die Normabweichung auf die alltäglichen Lebensvollzüge des Patienten auswirkt, sind auch die Einflüsse auf sein Erleben der Abweichung mehr oder weniger bedeutsam.

Verlauf und Behandlungsziel

Rücken Normabweichungen ins Bewußtsein des Betroffenen, hängt seine Reaktion wesentlich davon ab, ob er eine positive Beeinflussung der Abweichung für möglich hält. Befürchtete fortschreitende negative Entwicklungen (z.B. bei Tumorpatienten) lösen andere Verhaltensweisen aus als die Hoffnung, mit Hilfe der ärztlichen Kunst (z.B. nach Unfällen) eine zunehmende Verbesserung zu erreichen. Von diesen Krankheitsbildern deutlich unterschieden ist die psychische Situation von Patienten, bei denen eine Normabweichung therapeutisch überwunden werden kann (z.B. LKG-Patienten), allerdings verbunden mit hohem Einsatz von Geburt an. Im Vergleich dazu bedeutet der zeitlich begrenzte Therapieeinsatz und die meist günstige Prognose bei kieferorthopädischen Behandlungen eine geringere Belastung für den Patienten.

Die folgenden Kapitel berichten über Auswirkungen von Normabweichungen auf die Psyche, indem sie diese psychologischen Determinanten zahnärztlich relevanter Krankheitsbilder als Ordnungsgesichtspunkt wählen. Dabei werden zunächst von Geburt an bestehende bzw. früh entwickelte Anomalien betrachtet, die Einfluß auf die Persönlichkeitsentwicklung des Kindes nehmen. Anschließend folgen vom Entwicklungsverlauf weitgehend unabhängige Störungen, die jederzeit auftreten können (Krankheiten, Unfälle) und schließlich Auffälligkeiten, die meist erst im höheren Lebensalter zu beobachten sind (z.B. Tumoren). Innerhalb der einzelnen Abschnitte werden jeweils Ursachen, Schweregrad, Therapieverlauf und Behandlungsergebnis angesprochen.

Angeborene bzw. früh entwickelte Normabweichungen

Lippen-Kiefer-Gaumenspalten

Unter den angeborenen Fehlbildungen des Schädels und Gesichts sind Lippen-Kiefer-Gaumenspalten für den zahnmedizinischen Bereich besonders wichtig. Im Unterschied zu einer Reihe von anderen Fehlbildungen im Kopfbereich besteht bei den betroffenen Kindern **kein Intelligenzdefekt,** da die Entwicklung des Gehirns meist nicht beeinträchtigt ist. Obgleich bei der Behandlung der Spalten weitere mögliche Störungen (beispielsweise des Gehörs) beachtet werden müssen, entwickeln sich die Patienten aus der Sicht der sie umgebenden Personen völlig normal, mit Ausnahme der unübersehbaren Fehlbildung im unteren Gesichtsbereich.

Diese Bedingungen erlauben eine genaue Betrachtung der Auswirkung einer entstellenden Normabweichung im Gesicht, die vom Anfang des Lebens an besteht, ohne Überlagerung oder Vermischung mit Einflüssen durch weitere körperliche Beeinträchtigungen oder geistige Behinderungen.

In den ersten Lebensjahren, bevor das Kind sein Gesicht im Spiegel als eigenes Abbild erkennt (mit zwei bis drei Jahren), wirkt die Normabweichung nur durch die Reaktion der Umwelt auf das Kind. Die wichtigste Funktion dabei übernimmt die Person, mit der das Kind am häufigsten zusammen ist und von der es gepflegt wird; in der Regel ist dies die Mutter. Ihr Verhalten bestimmt die grundlegende Lebensfähigkeit des Kindes.

Dabei ist klar, daß Zuwendung und Fürsorge positive Wirkungen auf das Kind ausüben, während Ablehnung und Vernachlässigung stets negative Folgen haben. Die genaue, vor allem langfristige Wirkung des mütterlichen Verhaltens auf die psychische Entwicklung des Kindes ist jedoch komplex und im Einzelfall schwer nachweisbar. Bevor einige Ergebnisse hierzu vorgestellt werden, soll zunächst die Situation der Mütter bzw. Eltern von Spaltkindern näher dargestellt werden.

Situation der Eltern bei der Geburt eines Spaltkindes

Die Geburt eines Spaltkindes stellt eine **hohe emotionale Belastung** für die Eltern dar (Abb. 1). Diese muß aber gleichwohl bewältigt werden, um dem Kind während seiner Entwicklungsjahre dabei zu helfen, seine Auffälligkeit zu akzeptieren und den langwierigen Behandlungsprozeß durchzustehen.

Befragte Eltern, vor allem Mütter, geben an, daß sie einige Monate brauchten, um mit den Besonderheiten ihres Kindes fertig zu werden [30, 34, 35]. Sie durchleben in dieser Zeit Phasen, die ganz ähnlich wie bei der Bewältigung anderer Lebenskrisen ablaufen (Schock; Verleugnung/Unglaube; Wut, Angst, Traurigkeit; Schuldsuche, Schuldgefühle; Anpassung, Akzeptanz [5]).

Deshalb ist es dringend notwendig, daß Eltern in dieser Zeit durch Ärzte und Fachleute Informationen, Beratung und Hilfe erhalten, indem sowohl therapeutische Möglichkeiten besprochen, als auch falsche Schuldzuweisungen berichtigt und Angst- und Trauergefühle akzeptiert werden [16].

Dabei sollte die Mutter nach Vorbereitung durch Betreuungspersonen ihr Kind möglichst gleich nach der Geburt sehen. Bevor sich falsche Hoffnungen und Befürchtungen aufbauen, kann sie ihr Kind gleich kennenlernen und ihre Situation zu bewältigen versuchen.

Damit Eltern ihrem Kind später in angemessener Weise die Ursache für seine Anomalie erklären können, nach denen es stets fragen wird, sollte schon ganz früh, am besten in der Phase der Suche nach Schuld und Ursache, offen und klärend über Entstehungsbedingungen von Spalten gesprochen werden.

Eltern sind nicht selten durch vermeintliche Schuldzuweisungen, durch Vorstellungen eines schicksalhaften Stigmas oder gar einer mythischen Bestrafung emotional belastet. Dem sollte durch **intensive Information** und Aufklärung entgegengewirkt werden. Dabei ist großes Gewicht auf die Darlegung der therapeutischen Möglichkeiten zu legen,

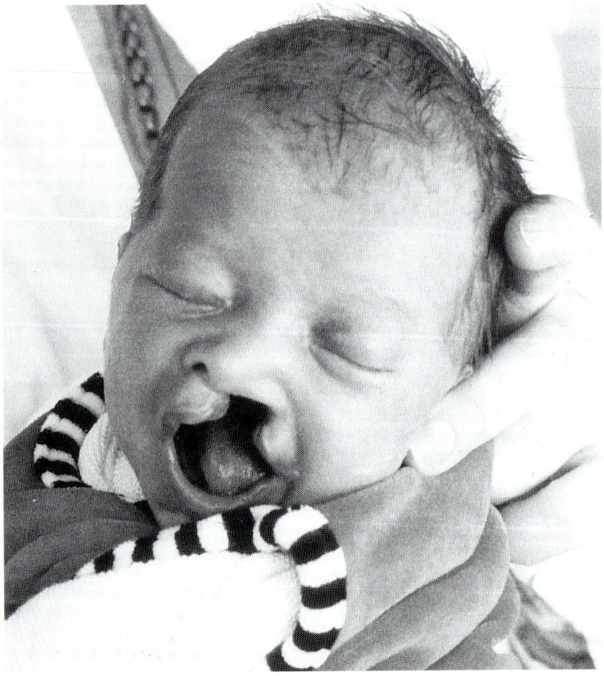

Abb. 1 Neugeborenes mit Lippen-Kiefer-Gaumenspalte.

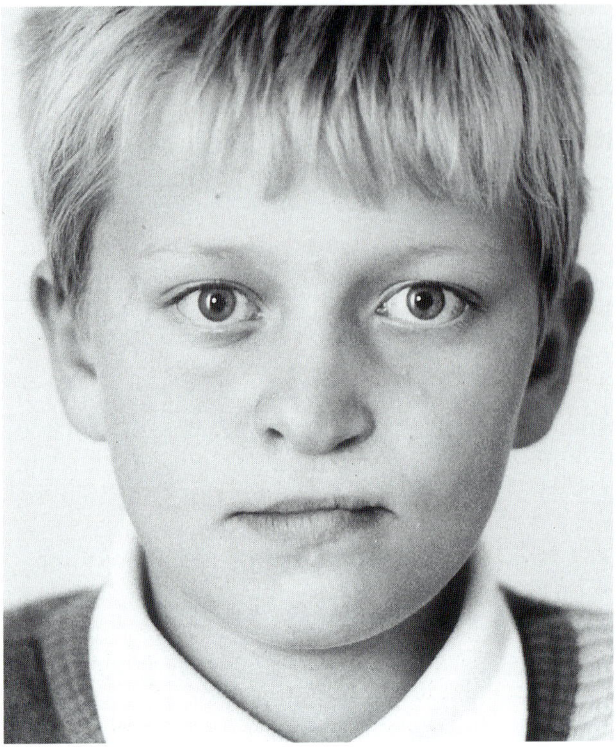

Abb. 2 Derselbe Patient wie in Abbildung 1 im Alter von neun Jahren.

ebenso auf die gute Prognose im Hinblick auf Ästhetik und Funktion und auf die notwendigen Schritte zu deren Verwirklichung. Die aktive Rolle, die Eltern für eine gelingende Rehabilitation spielen, kann sowohl ihnen selbst, als auch dem Kind als Bewältigungshilfe dienen (Abb. 2).

Um zu erfassen, inwieweit Mütter von Spaltkindern ihre Säuglinge bzw. Kleinkinder anders behandeln als Mütter unauffälliger Kinder und andere Einstellungen zu ihrem Kind haben, wurden in einer Untersuchung Mutter und Kind in Spiel- und Lernsituationen beobachtet [25, 26]. In einer Nachuntersuchung nach drei Jahren konnte ferner geprüft werden, inwieweit die untersuchten Variablen Einfluß auf das Verhalten der Kinder in Schule und Kindergarten und auf ihre Selbsteinschätzung hatten.

Bei Kleinkindern konnten keine Unterschiede in den Reaktionen einerseits zwischen Spaltpatienten und gesunden Kindern und andererseits dem Verhalten der jeweiligen Mütter gefunden werden. Obgleich Mütter von Patienten subjektiv über eine stärkere Belastung berichteten als Mütter gesunder Kinder, führten sie diese eher auf die intensive Betreuung der Kinder (Fütterung, aber auch Klinikaufenthalte und Pflege) zurück als auf das Aussehen der Kinder oder die Reaktionen der Umwelt.

Als diese Kinder ca. drei Jahre älter waren und in Kontakt zu Kindergarten und Schule traten, zeigte sich jedoch bei Spaltkindern eine erhöhte Neigung, sich sowohl anderen Kindern als auch ihren Müttern gegenüber **auffällig** und problematisch zu verhalten. Mütter berichteten dies vor allem von Mädchen.

Schulkinder mit operierten Spalten zeigten allerdings keine geringeren Selbsteinschätzungen als ihre gesunden Altersgenossen. Wohlbefinden, emotionale Ausgeglichenheit und förderndes Verhalten der Mutter senken die Wahrscheinlichkeit einer Verhaltensstörung. Insgesamt empfinden die Mütter geringere Unterstützung und weniger Verständnis im sozialen Umfeld von Kindergarten und Schule, als dies für die lebenszeitlich früheren familiären und freundschaftlichen Kontakte der Fall war.

Persönlichkeit des Spaltpatienten

Eine operierte LKG-Spalte, die einen Makel im Aussehen darstellt, kann sich auf verschiedene Bereiche der Persönlichkeitsentwicklung auswirken. Besonders häufig wurden untersucht:
- kognitive Kapazitäten (Intelligenz),
- psychopathologische Tendenzen (Depressivität, emotionale Labilität),
- soziale Beziehungen (Kontaktfreude, Freundschaften und Partnerschaften) [19, 30].

Die Vermutung, daß eine Spalte generell negative, behindernde, einschränkende Konsequenzen für die o.g. Bereiche mit sich bringen könnte, konnte nicht bestätigt werden.

Untersuchungen an Grundschulkindern, Jugendlichen und Erwachsenen erbrachten jeweils geringe bis keine Unterschiede hinsichtlich der **intellektuellen Fähigkeiten** von Spaltträgern gegenüber gesunden Kontrollpersonen. Gefundene Unterschiede beziehen sich regelmäßig auf die Anteile der Intelligenz, die durch Gebrauch von Sprache entwickelt und trainiert werden und damit bildungsabhängig sind. Die bei Spaltträgern **erschwerte Sprachentwicklung,** die besonderer therapeutischer Aufmerksamkeit bedarf und früh unterstützt werden sollte, könnte hier eine Moderatorvariable sein. Für eine verminderte Ausbildung intellektueller Fähigkeiten im Bereich sprachabhängiger Leistungen könnte auch verantwortlich sein, daß in der Regel Erziehungspersonen (Kindergärtner, Lehrer) bei Spaltträgern eine geringere Intelligenz vermuten und sie weniger in Bildungsabläufe (Unterricht) einbinden und weniger fördern. Auch die Überlegung, daß ein Gesicht mit Operationsnarben im Mund-/Nasenbereich und leichten Asymmetrien weniger attraktiv aussieht und daher für den Träger Selbstwertprobleme bis zur Ausbildung **pathologischer Persönlichkeitszüge** mit sich bringt, konnte so nicht bestätigt werden. Erwachsene Spaltträger, die mit unterschiedlichen klinischen Verfahren auf Merkmale wie Depressivität, Paranoia, Schizoidie, emotionale Labilität untersucht wurden, zeigten keine klinisch auffälligen Werte. Allerdings lassen sich eine Reihe von typischen Selbsteinschätzungen feststellen, die als Risiko für die Ausbildung psychischer Krankheiten betrachtet werden könnten.

Erwachsene Spaltträger. Erwachsene Spaltpatienten beschreiben sich häufig als besonders anpassungsbereit, geduldig und fügsam [10], friedlich und freundlich [21]. Sie geben an, mit sich insgesamt zufrieden zu sein, – häufig sogar über ein positiveres Selbstwertgefühl zu verfügen als Kontrollpersonen.

Nur ein kleiner Teil ihrer körperlichen Merkmale (meist Zähne, Sprache, Nase und Lippen) wird als weniger zufriedenstellend bezeichnet. Den Einfluß der Spalte auf soziale Bereiche wie Schule, Kontakte mit Freunden, Beruf halten sie für gering. Die Patienten empfinden sich selbst als eher zurückhaltend in sozialen Situationen, als unauffällig, nicht gestört und ins soziale Leben gut integriert.

Diese Befunde überraschen insofern, als von einer offensichtlichen Entstellung ein negativer Einfluß auf die Persönlichkeit erwartet wird. Man geht davon aus, daß bis zum Zeitpunkt der Befragung (Erwachsenenalter) eine gelungene Bewältigung und Verarbeitung etwaiger Probleme die positive Selbstdarstellung bedingt. Die z.T. **deutlichen Erhöhungen im Selbstwertgefühl** deuten eine Bewältigungsform an, die wiederholt erlebte negative Erfahrungen abwehrt und leugnet, indem sie diesen durch Betonung eigener positiver Aspekte zu begegnen versucht. Um solchen Vorgängen im Laufe der Persönlichkeitsentwicklung von Spaltträgern nachzuspüren, wurden auch Jugendliche, Schulkinder und Vorschulkinder untersucht.

Jugendliche Spaltträger. Bei Jugendlichen wird häufig ein ähnliches Bild wie bei Erwachsenen angetroffen. Je nachdem, welcher Aspekt der Selbsteinschätzung erfragt wird, sehen sich Spaltträger in ähnlicher Weise mit typischen Problemen Jugendlicher konfrontiert wie ihre Altersgenossen (Aussehen, Freunde, Eltern, Schule) und berichten über ein ebenso hohes Selbstwertgefühl und Selbstzufriedenheit [14].

Kinder mit LKG-Spalten. Bei Schulkindern sind die Befunde unterschiedlicher. Einige Ergebnisse weisen auf eher unauffällige Werte hinsichtlich Zufriedenheit, Angst, Glücklichsein hin und zeigen, daß die Spalte nicht als Krankheit angesehen, sondern als persönliches Merkmal akzeptiert wird. Andere Untersuchungen berichten über erhöhte Besorgtheit bezüglich Aussehen, vor allem bei Mädchen, über stärkere Zurückhaltung in sozialen Situationen, über die Tendenz, Konflikten auszuweichen und sich unauffällig zu verhalten. Im Kindergartenalter sind bei Spaltkindern vermehrt negative Äußerungen über das eigene Aussehen, Trauer und Ärgergefühle und weniger Anerkennung und Hilfe durch andere nachzuweisen.

Die Uneinheitlichkeit der Aussagen, die wesentlich durch die Verwendung unterschiedlicher Methoden bei der Erfassung von Persönlichkeitsaspekten der Spaltpatienten bedingt ist, erschwert eine zusammenfassende, einheitliche Bewertung der Wirkung einer Spalte auf die Entwicklung des Patienten. Offenbar stellen die Bedingungen in der frühen Kindheit und auch in der Schulzeit eine hohe Belastung dar, die bereits frühzeitig bei den betroffenen Kindern Bewältigungsstrategien in Gang setzt, besonders soziale Zurückhaltung und Anpassungsbereitschaft.

Für die kritische Zeit der Adoleszenz verfügen die Patienten dann offenbar schon über geeignete Verhaltensweisen, die Freund- und Partnerprobleme infolge des eigenen Aussehens nicht größer erscheinen lassen als es auch bei anderen Jugendlichen der Fall ist. Erwachsene Patienten schließlich haben ihren „Platz" im sozialen Gefüge gefunden, der sie zu weitgehend angepaßten, unauffälligen Personen macht (Abb. 3).

Eine Frage bleibt dabei offen, nämlich wie es zu der gefundenen „Überhöhung" des Selbstwerts kommt. Möglicherweise dient dies als „Reserve" gegenüber negativen Erfahrungen, die auch im Erwachsenenalter noch zu befüchten sind.

Soziale Beziehungen

Soziale Beziehungen, Freundschaften, Heirat und berufliche Stellung von erwachsenen Spaltträgern standen häufig im Zentrum von Untersuchungen über die Auswirkungen dieses Merkmals. Dabei richtete sich die Aufmerksamkeit sowohl auf die Einschätzungen der Betroffenen als auch auf die Ansichten und Einstellungen von Angehörigen. Zusätzlich wurden andere, zufällig ausgewählte Personen über ihre Meinung zu Gesichtsfehlbildungen befragt.

Abb. 3 Derselbe Patient wie in Abbildung 1 im Alter von 17 Jahren nach Abschluß der Therapie.

Patienten fühlen sich zwar häufig eher abgelehnt oder zurückhaltend behandelt, insgesamt aber glauben sie, in ihren näheren sozialen Kontakten nicht weniger angenommen zu sein und positive Erfahrungen zu machen als andere Menschen.

Demgegenüber berichten Kontrollpersonen, die nicht Ehepartner oder Eltern von Spaltpatienten waren, daß sie diese zwar als Berufskollegen, Nachbarn, auch als Freunde akzeptierten. Je „intimer" im Sinne **körperlicher Nähe** der Kontakt zu Personen mit Spalten ausfiel (Tanzpartner, Reisebegleiter, Ehepartner), desto stärker wurde dieser abgelehnt [20]. Beobachtungen zeigen, daß Personen zu solchen mit auffälligen, häßlich oder entstellend wirkenden Gesichtsmerkmalen – z.B. beim Warten an einer Bushaltestelle – größere Distanz halten als zu unauffälligen anderen.

Patienten mit LKG-Spalten erfahren offenbar im Laufe ihres Lebens verschiedene Formen von Ablehnung durch die Umwelt. Von der häufig durch Mütter berichteten, offenen und feindseligen Ablehnung des Babys durch die Umwelt am Anfang seines Lebens erfährt das Kind in der Regel nichts. Später werden negative oder ablehnende Reaktionen durch den Schutz der Familie von den Kindern ferngehalten, bis der Eintritt in den Kindergarten und die Schule die Kinder mit mehr oder weniger offen vorgetragener Neugier oder Abwehr konfrontiert. In dieser Zeit muß das Kind, manchmal unter schwierigen Bedingungen – hier spielt elterliche und erzieherische Unterstützung eine große Rolle – lernen, mit den negativen Rückmeldungen zurechtzukommen.

Neben der oben genannten selbstschützenden Verhaltensweise der Selbstaufwertung und der **hohen Anpassungsbereitschaft** neigen Patienten mit Spalten offenbar dazu, weniger hohe Anforderungen an Freundschaft und Gemeinschaft mit anderen zu stellen als andere. Auch eher oberflächliche Kontakte mit anderen werden als Freundschaften empfunden. Dabei werden Gleichgeschlechtliche häufiger als Freunde genannt als Personen des anderen Geschlechts.

Obgleich retrospektiv keine Schwierigkeiten bei Verabredungen mit Freunden im Jugendalter genannt werden, sind Spaltpatienten weniger oft verheiratet als andere Personen. Sind sie verheiratet, wird ihr „Makel" von Personen, die über diese Tatsache informiert wurden, als weniger abstoßend empfunden.

Insgesamt spielt bei der Reaktion der sozialen Umwelt auf Spaltpatienten eine Rolle, inwieweit eine Person trotz der Spalte bzw. der nach der Operation zurückgebliebenen Narben und Gesichtsunregelmäßigkeiten als attraktiv angesehen wird. Dies hängt auch vom **Ausmaß** und der von **Art der Spalte** ab. Sichtbare Lippenspalten wirken in der sozialen Interaktion meist ungünstiger und werden von den Patienten selbst belastender empfunden als reine Gaumenspalten [3]. Träger von Gaumenspalten sind durch sprachliche Beeinträchtigungen in der sozialen Kommunikation häufig stärker beeinträchtigt, was ihre sozialen Beziehungen unter diesem Aspekt besonders erschwert.

In Studien, die psychische Auswirkungen in Abhängigkeit von der Art der Spalte untersuchten, werden besonders Gaumenspaltenpatienten als früh (im Alter von drei Jahren) gehemmt und introvertiert beschrieben. Bei 7–12jährigen wurden mehr psychische Beschwerden und deutlich geringere Extraversion bei Gaumenspaltenkindern gefunden, die sich hier noch stärker von gesunden Kindern unterscheiden als Lippenspaltenkinder [23].

Dies weist auf die Notwendigkeit hin, die einzelnen Typen von Spaltbildungen hinsichtlich ihrer Auswirkungen künftig getrennt zu untersuchen. Allerdings gibt es keine lineare Beziehung zwischen der Schwere einer Fehlbildung und dem Ausmaß einer gestörten Persönlichkeitsentwicklung.

Für eine gesunde psychische Entwicklung des Patienten sind sorgfältige und frühzeitige Rehabilitationsmaßnahmen, die sprachliches Training möglichst vor Eintritt in die Schule und ästhetische Verbesserungen durch Operationen und kieferorthopädische Maßnahmen einbeziehen, unabdingbare Voraussetzungen.

Darin liegt bei allen Risiken, denen Spaltträger während ihres Heranwachsens ausgesetzt sind, eine große Chance im Vergleich zu anderen körperlichen Behinderungen oder Krankheiten: Die Beeinträchtigung kann bei optimaler Versorgung zunehmend geringer werden und zu einem fast unauffälligen Aussehen und guten Funktionsabläufen führen (s. Abb. 2 und Abb. 3). Somit bestehen gute Voraussetzungen, daß die psychischen Auswirkungen der Spalte allein sehr gering sein können.

All diese Bemühungen werden jedoch zunichte gemacht wenn:

- die Mutter und die Familie das Spaltenkind nicht annehmen können bzw. darin nicht genügend unterstützt werden,
- die soziale Umgebung die Kinder hänselt, ablehnt oder bedroht, ohne daß sie Beistand von anderen erfahren,
- aus Unkenntnis oder Angst der Kontakt zu Spaltträgern vermieden wird.

Die Entscheidung über eine gesunde oder eine gestörte Persönlichkeitsentwicklung hängt nicht von einem Faktor allein ab, sondern wird im Entwicklungsverlauf in Abhängigkeit von verschiedenen Einflüssen immer wieder neu getroffen.

Besonders hilfreich ist es, Faktoren zu kennen, die eine günstige Wirkung ausüben, indem sie eine positive Entwicklung selbst bei Konflikten fördern. Solche Faktoren sind z.B. eine gute Intelligenz des Kindes, eine positive Grundstimmung, körperliche Vorzüge (Haut, Haar) oder Tüchtigkeiten (Handgeschick, Talente), ein intaktes Elternhaus und gut informierte und gebildete Mütter und Väter sowie zahlreiche soziale Kontakte zu anderen Familien, Verwandten und Freunden.

Andere Kiefer-/Gesichtsfehlbildungen, die von Geburt an bestehen

Lippen-Kiefer-Gaumen-Spalten stellen vergleichsweise häufige Störungen der Embryonalentwicklung dar. Es gibt jedoch weitere Fehlbildungen mit regelmäßiger Beteiligung des Gesichts (Syndrome), die seltener vorkommen. Ebenso wie Spaltbildungen imponieren diese durch ihre entstellende Wirkung auf die Physiognomie und erfordern eine umfassende Behandlung, zumal meist weitere körperliche Funktionen gestört sind. Auch hier führen – bei geeigneter Therapie – nicht alle Anomalien zu Beeinträchtigungen der geistigen Entwicklung. Zu diesen Syndromen gehören ausgeprägte Asymmetrien, Störungen von Wachstum und Entwicklung der Mandibula und/oder der Maxilla, z.B. Treacher-Collins-, Goldenhar-, Crouzon-Syndrom (Abb. 4).

Untersuchungen über die Auswirkungen solcher Gesichtsanomalien auf die psychische Entwicklung der Kinder sind aufgrund des seltenen Auftretens dieser Fehlbildungen rar, und meist finden sich in den betreffenden Untersuchungsgruppen unterschiedliche Krankheitsbilder. Gemeinsame Merkmale sind die auffälligen Veränderungen des Gesichts, die meist normale geistige Entwicklung und das angeborene Auftreten. Häufig sind in solchen vergleichenden Untersuchungen auch Kinder mit Spalten berücksichtigt. Insgesamt sind die betroffenen Kinder und Familien mit ähnlichen Problemen konfrontiert wie sie bei Lippen-Kiefer-Gaumen-Spalten auftreten. Das **Ausmaß der Belastung** dürfte allerdings erheblich durch die Tatsache erhöht sein, daß:

- fast regelmäßig längere (monatelange) Klinikaufenthalte der Kinder, vor allem in der Zeit nach der Geburt erforderlich sind,
- die Eltern sich im Falle genetischer Vorbelastung häufig schuldig fühlen,
- meist eine schlechtere Prognose (im Vergleich zu Spaltträgern) besteht,
- die Eltern dieses Schicksal nur mit wenigen anderen teilen und daher isolierter sind als Eltern eines Spaltkindes.

Trotzdem können die Ergebnisse von Untersuchungen mit Kindern aller Altersstufen – ausreichende medizinische Betreuung und stützender familiärer Hintergrund vorausgesetzt – psychische Entwicklungsdefizite nicht eindeutig belegen. Es kommt offensichtlich sehr auf den einzelnen Fall an.

Tendenziell zeigen die Mutter-Kind-Interaktionen in den frühen Lebensjahren aber keine gravierenden Besonderheiten im Vergleich zu solchen bei gesunden Kindern. Mütter sind häufig kontrollierender und aktiver im direkten Umgang mit ihren Kindern, sie vermeiden häufiger als Mütter gesunder Kinder, Kopf oder Körper ihrer Kinder zu berühren. Säuglinge mit den oben genannten Fehlbildungen des Gesichts lächeln weniger, Dreijährige passen sich den Anforderungen und Maßnahmen der Mutter bereitwilliger an als Kinder einer Kontrollgruppe [1, 2]. Bis zum Schuleintritt zeigen sich bei den Kindern keine Entwicklungsdefizite hinsichtlich kognitiver, motorischer oder emotionaler Merkmale.

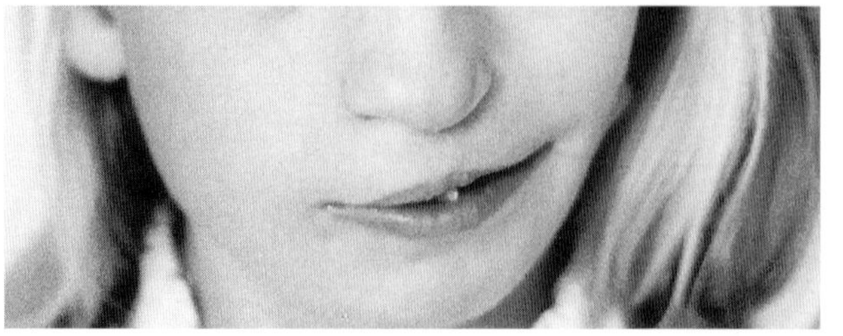

Abb. 4 Patientin mit ausgeprägter Asymmetrie bei Goldenhar-Syndrom.

In einer Gruppe von sechs- bis 16jährigen Kindern mit unterschiedlichen Fehlbildungen wurde der Einfluß symmetrischer vs. asymmetrischer Gesichtsformen auf die Depressivität, emotionale Anpassung und Verhaltensauffälligkeiten der Patienten untersucht [17]. Es zeigte sich eher bei Kindern mit symmetrischen Fehlbildungen ein Risiko, auffällige Verhaltensweisen und psychische Probleme zu entwickeln. Alle untersuchten Kinder neigten dazu, ihre Probleme mit Gesundheit und Aussehen zu verleugnen und sich so gegenüber negativen Reaktionen anderer zu schützen. Dabei konnte tendenziell bestätigt werden, daß ältere Kinder (Jugendliche) sich durch ihr Aussehen stärker beeinträchtigt fühlten als jüngere Schulkinder.

In einer Untersuchung, in der neben Spaltpatienten auch Jugendliche mit zerebralen Paresen befragt wurden, konnte zwar die häufig gefundene Tatsache bestätigt werden, daß auch durch Auffälligkeiten im Gesicht behinderte Patienten kein generell niedrigeres Selbstwertgefühl oder ein negativeres Selbstkonzept haben als gesunde Jugendliche [13], sie aber einzelne Aspekte deutlich ungünstiger wahrnehmen als nicht belastete Personen. Sie leiden unter ihrer mangelnden Ausstrahlung, Jungen empfinden eine geringere schulische Durchsetzungsfähigkeit und Mädchen, besonders die mit zerebralen Paresen, eine geringere soziale Akzeptanz. Insgesamt kann trotz der spärlichen empirischen Daten angenommen werden, daß der Schweregrad äußerlicher Veränderungen nicht direkt das Ausmaß psychischer Beeinträchtigung bestimmt.

Allerdings sind die **Risikofaktoren,** mit denen Eltern, Therapeuten und Kinder von Anfang an konfrontiert werden und die bewältigt werden müssen, noch zahlreicher als bei Spaltpatienten. Hierzu gehören vor allem:
- Folgen der Seltenheit und der hohen Variabilität der Syndrome (weniger Kenntnisse bei Eltern, Umwelt, vor allem auch beim ärztlichen Team),
- die im Hinblick auf ein möglichst „normales" Aussehen u.U. eingeschränkten therapeutischen Möglichkeiten,
- zusätzliche Belastungen, die durch weitere körperliche Symptome auftreten.

Normabweichungen und geistige Behinderung

Einer Analyse der Auswirkungen von Normabweichungen auf die Psyche geistig Behinderter sind Grenzen gesetzt. Zunächst müßte entschieden werden, welcher Aspekt einer Normabweichung Ziel der Untersuchung sein soll: Die Tatsache der geistigen Behinderung als solche stellt eine bedeutende Normabweichung dar, die für den Betroffenen und die betreuenden Personen zentraler sein dürfte als Normabweichungen in der äußeren Erscheinung.

Beim Versuch, Auswirkungen besonderer äußerer Merkmale des Gesichts auf die Entwicklung geistig Behinderter festzustellen, fällt es darüber hinaus schwer, diese im Vergleich zu „normalem" Aussehen zu betrachten. Verschiedene Formen geistiger Behinderung führen u.U. zu verschiedenen, typischen physiognomischen und mimischen Erscheinungsformen, gehören zum betreffenden Syndrom und werden nicht als herausragende Abweichung, sondern im Kontext der Behinderung gesehen.

Schließlich verlangt die Befragung und Untersuchung geistig Behinderter aufwendige Untersuchungsmethoden, da der Selbstbericht und die Mitteilungsfähigkeit der Patienten erheblich eingeschränkt sein können. Die Methode der Fremdbeobachtung der Patienten, besonders im Entwicklungsverlauf, führt nur zu unzuverlässigen Informationen über Merkmale wie Selbstwertgefühl, soziale Kompetenz und Kontaktfähigkeit. Solche Persönlichkeitsaspekte werden ganz wesentlich z.B. durch die Notwendigkeit ständiger Betreuung geprägt oder überdeckt und lassen daher bei diesen Patienten kaum direkte Zusammenhänge zu abweichenden äußeren Merkmalen erkennen.

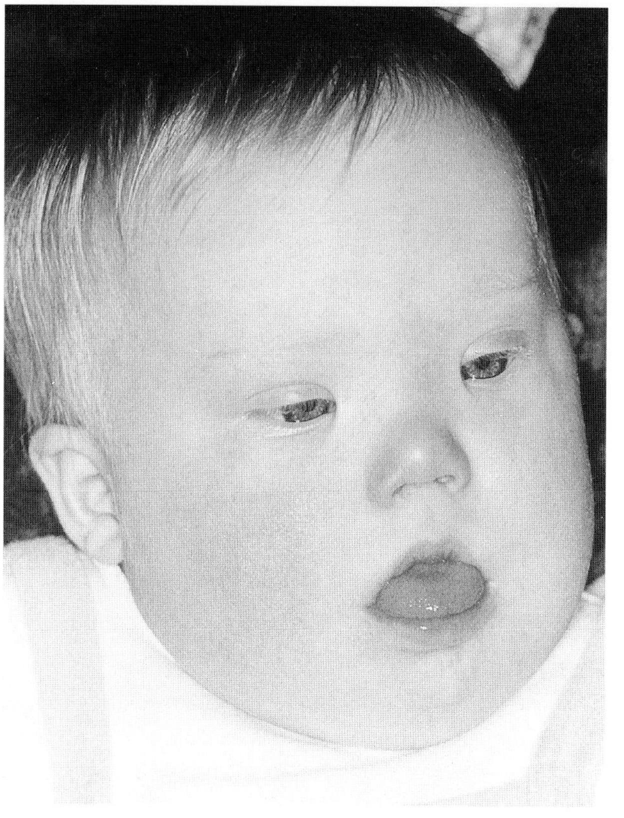

Abb. 5 Neugeborenes mit den typischen Symptomen des Down-Syndroms.

Unter den Patienten mit geistiger Behinderung gibt es eine große Gruppe, die durch eine frühe zahnmedizinisch-kieferorthopädische Betreuung funktionell und ästhetisch wesentlich profitieren kann – nämlich Kinder mit **Down-Syndrom** (Abb. 5). Hier werden mit Hilfe entsprechender Gaumenplatten und spezieller Übungen die Muskel- und Zungenfunktion der Mundregion trainiert. Diese Maßnahmen mildern den durch die schlaffe Muskulatur und die herausragende Zunge mitbedingten Eindruck, ein geistig behindertes Kind vor sich zu haben. Dem Kind wird zum Mundschluß und damit zu einem attraktiveren Aussehen verholfen, was Betreuungspersonen, aber auch Fremden, den entwicklungsfördernden positiven Kontakt mit dem Kind erleichtert (Abb. 6).

Obgleich Kleinkinder mit Down-Syndrom gegenüber z.B. LKG-Spaltkindern zu Beginn ihres Lebens zunächst als viel weniger gestört und belastend empfunden werden, verstärkt sich deren Problematik mit zunehmendem Alter durch die wachsende Diskrepanz zur normalen kindlichen Entwicklung, während bei LKG-Spaltkindern eine Entwicklung hin zur „Normalität" stattfindet.

Abb. 6 Mädchen mit Down-Syndrom (Mitte) und seine Schwestern.

Trotz der geschilderten Schwierigkeiten beim Versuch, Auswirkungen von unattraktivem, entstellendem Äußeren auf geistig Behinderte festzustellen, sollte nicht vorschnell angenommen werden, solche Auswirkungen könnte es bei den Betroffenen aufgrund ihrer geringeren kognitiven Aufnahmefähigkeit nicht geben.

In jedem Fall gilt auch für Personen mit geistiger Behinderung ebenso wie für solche mit normaler Intelligenz, daß ein gepflegtes, attraktives Äußeres die positive Zuwendung durch die Umwelt erleichtert.

Insofern sollten gerade bei geistig Behinderten Möglichkeiten geprüft werden, wie das äußere Erscheinungsbild verbessert werden kann, um der besonders wichtigen, manchmal lebensnotwendigen Zuwendung durch andere Personen den Weg zu ebnen (s. Abb. 6). Wichtig erscheint dabei allerdings, daß die Eigenarten und Behinderungen des Patienten nicht – z.B. durch Operationen – völlig ausgelöscht werden. Hierdurch würde nämlich der wichtige Schutz vor zu hohen Anforderungen durch die Umwelt verloren gehen und Belastungen gewissermaßen „künstlich" herbeigeführt werden.

Früh entwickelte Abweichungen

Im Gegensatz zu angeborenen Fehlbildungen erscheinen Abweichungen, die sich im Laufe der Kindheit entwickeln (ohne gewaltsame äußere Einwirkungen, z.B. Unfälle), durch ihr allmähliches Zutagetreten weniger bedrohlich oder entstellend. Anomalien der Zahnzahl, Zahnform und Zahnstellung werden u.U. erst vom Fachmann, dem Zahnarzt oder Kieferorthopäden bemerkt. Die meisten Kieferanomalien manifestieren sich erst im Laufe des Wachstums.

Trotzdem können sich solche, zunächst weniger dramatisch erscheinenden Abweichungen auf die psychische Entwicklung des Kindes auswirken, sobald ihnen Aufmerksamkeit geschenkt wird – sei es durch das Kind selbst, sei es durch Eltern und Zahnärzte oder häufig auch durch Spott und Hänseleien Gleichaltriger.

Ein zusätzliches Gewicht kommt auch geringeren Normabweichungen in einer Gesellschaft zu, die steigenden Wert auf eine attraktive Erscheinung von Gesicht und Gestalt legt und es zum Ziel werden läßt, Kindern nicht nur gesunde und gepflegte, sondern auch regelmäßige und schöne Zähne zu erhalten bzw. zu verschaffen.

Auswirkungen typischer, kieferorthopädisch bzw. kieferchirurgisch behandelbarer Dysgnathien werden meist getrennt nach diesen unterschiedlichen Behandlungsmethoden betrachtet. Die Erfahrung von Operationen ist nämlich als zusätzliche psychische Belastung anzusehen und gilt somit gleichzeitig als Indikator oder Risikofaktor für eine schwerwiegendere Störung.

Anomalien der Zahnzahl, Zahnform und Zahnstellung

Bei LKG-Spalten sowie anderen angeborenen Kiefer-/Gesichtsfehlbildungen erleben die Patienten neben der Beeinträchtigung der Ästhetik meist auch eine deutliche Einbuße der Funktion von Nahrungsaufnahme und Sprechen, die der Therapie bedarf. Diese Funktionseinbußen sind bei Zahnstellungsanomalien dagegen oft nicht ausschlaggebend dafür, daß die Betroffenen einen Behandlungswunsch äußern.

Sowohl bei Kindern als auch bei erwachsenen Patienten steht in erster Linie die Verbesserung des Aussehens im Vordergrund [4, 18]. Auswirkungen auf die psychische Entwicklung ergeben sich daher hauptsächlich durch tatsächlich oder vermeintlich vorhandene entstellende Merkmale, die den Patienten im Umgang mit seiner Umwelt benachteiligen.

Bereits Kinder im Grundschulalter empfinden ein regelmäßiges, wenn auch nicht kariesfreies Gebiß als schöner und attraktiver als eines mit verschiedenen Fehlstellungen, wie Lücken, Engstand, Drehstand, Außenstand (Abb. 7a und b).

Gerade in diesem Alter sind Kommentare zu besonderen äußeren Merkmalen und Hänseleien sehr häufig. Dabei stehen Bemerkungen zu den Zähnen an vierter Stelle, nach Körperhöhe, Körpergewicht und Haaren [22]. Zwischen dem Ausmaß der Auffälligkeiten und den daraus folgenden negativen Kommentierungen einerseits und den Auswirkungen auf die Entwicklung des Kindes und seine Persönlichkeit andererseits ist jedoch kein linearer Zusammenhang nachweisbar.

Wie ein Kind solche Äußerungen anderer aufnimmt und verarbeitet, hängt von einer Reihe zusätzlicher Faktoren ab. Dabei können z.B. gute Freunde, schulischer Erfolg, unterstützende Eltern und Lehrer solche Hänseleien unbedeutend werden lassen. Außerdem erfährt das Kind Entlastung, sofern es unter seinen „schlechten Zähnen" leidet, indem es sich mit meist guten Erfolgsaussichten in kieferorthopädische Behandlung begibt.

Andererseits können negative, abwertende Kommentare von Gleichaltrigen unter bestimmten Umständen auch sehr bedeutsam für das Kind werden. Wenn **zusätzliche Belastungen** bestehen, z.B. Spannungen im Elternhaus, schlechte Schulleistungen, Isolation durch weitere Eigenarten des Kindes (Adipositas, Aggressivität, Tics), führt ein unattraktives Aussehen des Gesichts zu Rückzug und evtl. sozialer Angst. Dies ist insbesondere deshalb mit negativen Folgen verbunden, weil die genannten Belastungen nur in der Interaktion mit anderen (Eltern, Schulkameraden, Lehrer) gelöst werden können.

In der Regel existiert eine hohe Übereinstimmung in der Einschätzung der eigenen Zahnstellungs- bzw. Kieferanomalien mit dem Urteil der Zahnärzte, zumindest was deutliche Abweichungen angeht [9]. Insofern wird die Behandlungsmotivation, zumal wenn sie ästhetische Erwartungen mit einschließt,

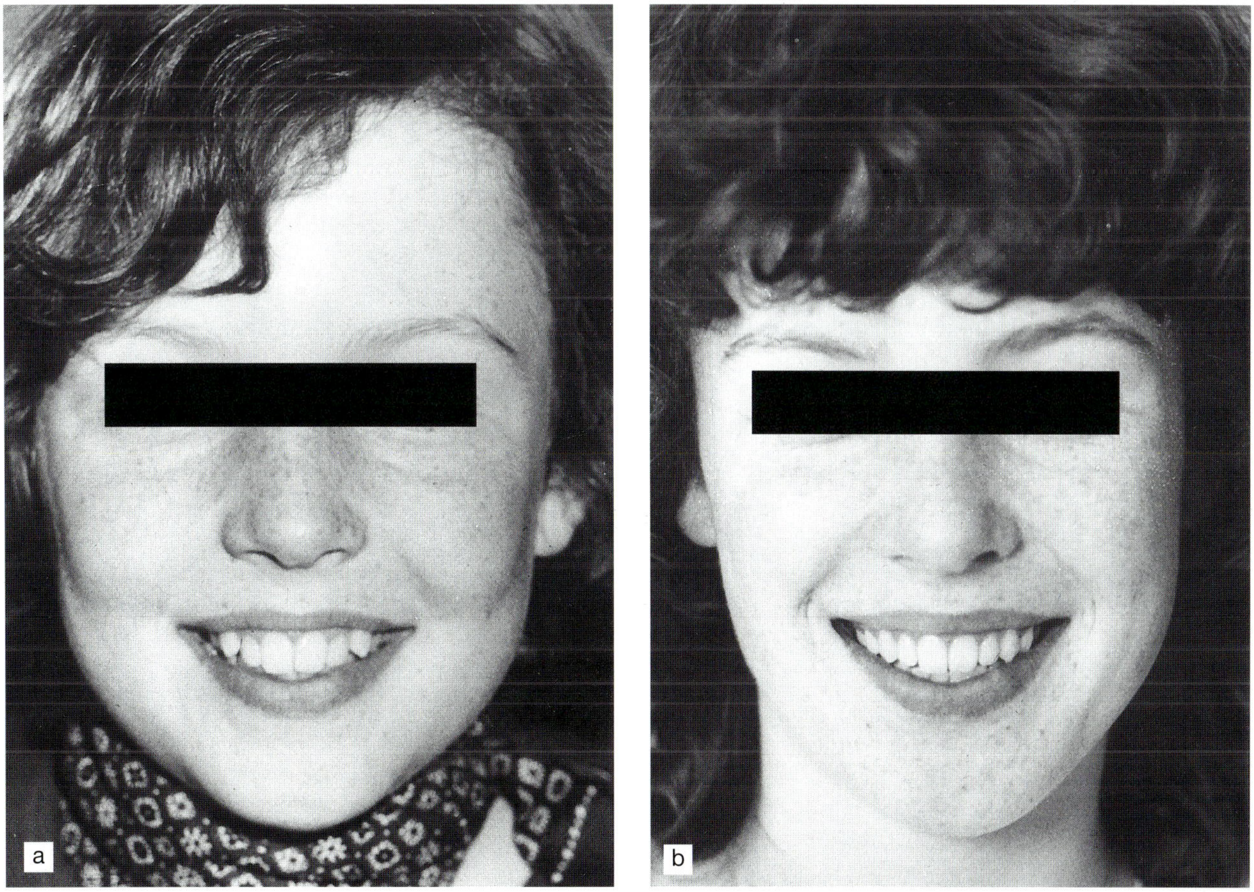

Abb. 7 a und b Verbesserte Gesichtsästhetik nach Beseitigung der Engstände.

bei genügender Aufklärung über den Verlauf und das Ziel der Therapie für einen Behandlungserfolg ausreichen.

Zu Problemen kann es kommen, wenn funktionelle Aspekte stärker im Vordergrund stehen, die der Patient (evtl. zur Zeit noch) als nicht belastend empfindet und solche Fehlfunktionen mit Apparaturen behandelt werden müssen, die das Aussehen des Patienten ungünstig verändern.

Während noch vor einigen Jahren das Tragen einer Multibandapparatur von vielen zumindest als absonderlich empfunden wurde und zu entsprechenden Kommentaren geführt hat, ist die Toleranz gegenüber dieser Maßnahme durch ihre häufigere Verwendung und der höheren Vertrautheit damit gestiegen. Belastender werden auch heute noch der **Gesichtsaußenbogen** (Headgear) und **extraorale Geräte,** wie z.B. Kopf-Kinn-Kappe und Delaire-Maske, die das Unterkieferwachstum bremsen bzw. das Oberkieferwachstum fördern sollen, empfunden. Hier führt die Therapie selbst vorübergehend zu ästhetischen Beeinträchtigungen, die bei anderweitig stark vorbelasteten Kindern eine Behandlung erschweren, evtl. sogar nicht angeraten erscheinen lassen.

Insgesamt lassen sich zwischen Zahnstellungsanomalien und Persönlichkeitsmerkmalen wie Selbstwert, soziale Durchsetzungsfähigkeit oder emotionale Stabilität wenig Zusammenhänge im Kindesalter und keine Beziehungen im Erwachsenenalter nachweisen. Die allgemeine Beobachtung, daß attraktive, schöne Personen erfolgreicher und beliebter sind, sollte bei dem komplexen Zusammenspiel einer ganzen Reihe von persönlichen Eigenarten, nicht nur dem Aussehen, kein hinreichender Grund sein, bei weniger attraktiven Personen gestörte soziale Beziehungen zu vermuten. Vorhersagen auf zu erwartende psychische Probleme lassen sich allein aus dem Aussehen eines Kindes oder Erwachsenen nicht treffen.

Kieferanomalien und operative Maßnahmen

Einige skelettale Dysgnathien führen, neben Funktionsstörungen, zu schweren Beeinträchtigungen der Gesichtsästhetik, die vor allem in der Profilbetrachtung auffallen. Da diese nach Abschluß des Wachstums konservativ kieferorthopädisch meist nicht mehr befriedigend behandelt werden können, ist in diesen Fällen eine operative Korrektur angezeigt. Wieder sind medizinische Indikationen hauptsächlich durch funktionelle und prophylaktische Überlegungen begründet, während der Patient ein vordringliches Interesse an ästhetischer Verbesserung mitteilt.

Zahlreiche Untersuchungen zeigen, daß bei sorgfältiger Vorbereitung der Patienten, entsprechender Begleitung und Nachbetreuung die überwiegende Mehrheit der Behandelten mit dem Ergebnis der Operation zufrieden ist [12]. Unmittelbar nach der Operation, die das Aussehen mitunter sehr verändert, erlebt der Patient u.U. einen **Verlust seiner ursprünglichen Identität** und hört wohl auch von anderen, daß er nicht mehr „wie er selbst" aussehe. Vor allem dann, wenn sehr nahestehende Personen das „neue Gesicht" ablehnen, kann hier eine emotionale Krise entstehen.

Da aber die neuen Gesichtsproportionen bei gelungenem Eingriff von den meisten Menschen als angenehm empfunden werden, kann der Betroffene sein neues, verbessertes Aussehen nach kurzer Zeit akzeptieren. Die Zufriedenheit steigt mit der seit dem Eingriff vergangenen Zeit an. Die Patienten berichten in entsprechend konstruierten Selbstbeschreibungsfragebogen von einem gestiegenen Selbstwert, von Verbesserungen der sozialen Kontakte, von aktiverer Teilnahme an gesellschaftlichen Veranstaltungen.

Bei der Bewertung dieser offensichtlich positiven Effekte eines operativen Eingriffs sollte nicht außer acht gelassen werden, daß es zur Bewältigung der mit der Operation verbundenen Belastung gehören kann, deren Ergebnisse als lohnend und den Einsatz rechtfertigend anzusehen.

Manche Patienten erscheinen mit dem **Wunsch nach operativer Korrektur** von Kieferanomalien zur Beratung und schildern die Nachteile ihres Aussehens als sehr gravierend. Falls zwischen den berichteten Beeinträchtigungen und dem zahnmedizinischen Befund eine deutliche Diskrepanz besteht, sollte dem Wunsch nach einer Operation nicht vorschnell nachgegeben werden. Hinter dem „eigenartigen" Behandlungsbegehren können zwei psychopathologische Ursachen stehen:

- **Dysmorphophobie,**
- **psychische Störung,** die sich u.a. in Unzufriedenheit im Zusammenhang mit dem eigenen Körperbild äußert.

Dysmorphophobie als angstbegleitete Vorstellung, verunstaltet zu sein, kann im Sinne einer wahnhaften Idee Ausdruck einer psychotischen Erkrankung sein. Ihre Behandlung darf keinesfalls in einer Gesichtsoperation bestehen, sondern in einer psychotherapeutischen Intervention [11].

Psychische Störungen (neurotische Konflikte, abnorme Persönlichkeitsentwicklungen) können als Symptom eine **Verzerrung der Körperwahrnehmung** einschließen. Inwieweit tatsächliche oder subjektiv empfundene negative Stigmatisierungen der Umwelt bei der Entwicklung der krankhaften Störung beteiligt waren oder ob andere Gründe für die Manifestierung der Vorstellung besonders häßlich zu sein vorliegen, kann nur im psychotherapeutischen Kontext diagnostiziert und bearbeitet werden. Auch hier ist nicht die Operation die richtige, zumindest nicht die primäre Heilmaßnahme.

Die Übergänge von einer aus funktionellen und ästhetischen Gründen eindeutigen Indikation zum operativen Eingriff über Grenzsituationen bis hin zur angedeuteten Kontraindikation sind fließend. Daher ist die Entscheidung mitunter schwierig. Hier sind generelle Empfehlungen nicht sinnvoll, stattdessen sollte eine sorgfältige Prüfung der beteiligten Faktoren im Einzelfall vorgenommen werden.

Normabweichungen durch Krankheit

Veränderungen und Verletzungen des Gesichts durch Unfälle oder Krankheiten unterschiedlicher Ursache können während der gesamten Lebenszeit auftreten. Ein solches Ereignis verändert plötzlich, z.B. durch Unfall, oder fortschreitend, z.B. durch Tumor, das Gesicht und verlangt vom Betroffenen eine unmittelbare **Anpassungs- und Bewältigungsleistung.** Diese wird bestimmt durch Eigenschaften und Kräfte der Persönlichkeit, die sich bis zum Zeitpunkt des Auftretens der Beeinträchtigung entwickelt und stabilisiert haben.

Früher führten in erster Linie die Tuberculosis luposa und Kriegsverletzungen zu schweren Gesichtsverstümmelungen. Heute entstehen diese mehr durch Verbrennungen und andere Unfälle, durch bösartige Tumoren, Fehlbildungen, großflächige Mäler oder Hämangiome. Durch die Verbesserung der Heilungschancen bei Tumoren und schweren Verletzungen nimmt die Zahl der Gesichtsversehrten ab. Zur Zeit kann man von folgenden Zahlen ausgehen:

- ein Schwerstversehrter auf 10 000 Einwohner,
- ein Schwerversehrter auf 1 000 Einwohner,
- ein mäßig, doch auffällig Gesichtsversehrter, der rehabilitationsbedürftig ist, auf 100 Einwohner [6].

Mit den Ursachen für das Auftreten von Gesichtsentstellungen scheint sich auch die Häufigkeit verändert zu haben, mit der man gesichtsversehrten Menschen im Alltag begegnet. Es muß jedoch eingeräumt werden, daß dies nicht unbedingt an einer gesunkenen Anzahl Betroffener, z.B. durch verbesserte medizinische Möglichkeiten, liegt oder daher rührt, daß die Gruppe der Kriegsversehrten inzwischen kleiner geworden ist. Vielmehr sind die Erwartungen an ein gesundes Aussehen in vielen Bereichen gesellschaftlichen Lebens sehr hoch und zwingen Erkrankte, Kontakte zu vermeiden und sich weitgehend in den privaten Bereich zurückzuziehen.

Unfallfolgen

Wenn infolge eines Unfalls bleibende Schäden im Gesicht entstanden sind, die nicht sofort oder nicht vollständig durch geeignete medizinische Maßnahmen gebessert werden können, wird sich der Betroffene mit seinem veränderten Aussehen und evtl. mit Einschränkungen des Sprechens, der Nahrungsaufnahme und des mimischen Ausdrucksvermögens auseinandersetzen müssen (Abb. 8).

Da die Ursache der Verletzung feststeht, geschieht diese Auseinandersetzung zunächst in Verbindung mit der **psychischen Verarbeitung des Unfallgeschehens.** Das traumatische Erleben kann für den Betroffenen so schwerwiegend sein, daß die Bewältigung von Angst, Schmerz und Schock psychische Kräfte bindet und es längere Zeit dauert, bis der körperlich gesundete Patient seine Aufmerksamkeit auf zurückgebliebene, vorläufig nicht heilbare „Reste" der Erkrankung richtet, z.B. Narben im Gesicht, Störungen der Symmetrie (Kiefer), ersetzte Gesichtsteile (Ohren, Nase, Zähne).

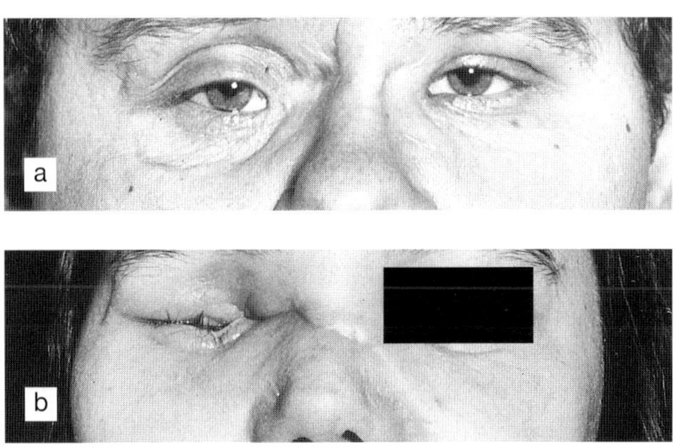

Abb. 8a und b Entstellung durch Narben nach Unfall.

Von der Bewertung des Unfalls hängt es ab, ob der Patient bereit ist, bestimmte **Erinnerungen** zu akzeptieren. Dabei spielt die Frage des „Verursachers" eine Rolle (selbst, Unbekannte, eigene Familie), ferner die Gründe für den Unfall (Absicht, Unachtsamkeit, Zufall, kriegerische Auseinandersetzungen) und das Ausmaß der zu ertragenden Gesichtsveränderungen.

Die beteiligten Faktoren und die jeweiligen Umstände sind von Patient zu Patient so verschieden, daß eine einheitliche Bewertung der psychischen Folgen solcher Gesichtsversehrungen kaum möglich ist. Die Informationen zur psychischen Situation der Betroffenen stammen daher meist aus Fallberichten. Fallberichte von Kindern, die z.B. aufgrund von Verbrennungen oder Frakturen im Gesicht Beeinträchtigungen ihres Aussehens erlitten haben, sind noch seltener zu finden als solche von Erwachsenen. Die Belastung der Kinder und ihrer Familien dürfte jedoch sehr hoch sein und interdisziplinäre Betreuung und Rehabilitation notwendig machen [7, 8]. Wegen fehlender empirischer Daten ist es nicht entscheidbar, ob ein schädigendes Ereignis in der Kindheit schlechter oder besser verkraftet wird als im Erwachsenenalter. Ebenso bleibt unklar, ob die erworbene Veränderung die kindliche Entwicklung ungünstiger oder weniger nachhaltig beeinflußt als eine von Geburt an bestehende Abweichung.

Fallberichte über Erwachsene lassen die Folgerung zu, daß vor allem drei Aspekte berücksichtigt werden müssen, wenn psychische Auswirkungen von entstellenden Unfallfolgen dargestellt werden:

- **Persönlichkeitsaspekte,** vor allem Belastungsverarbeitung („coping").
- die **soziale Situation** des Betroffenen, bestehend aus beruflicher Stellung und Arbeitsfähigkeit, familiärer/partnerschaftlicher Bindung, Freundeskreis und Kontakten,
- **medizinische Möglichkeiten und Grenzen** zur Besserung/Wiederherstellung eines unauffälligen Äußeren und guter Funktion.

Persönlichkeit des Betroffenen

Offenbar weitgehend unabhängig von charakterlichen Eigenarten vor dem Unfallereignis bestehen die Reaktionen der Betroffenen zunächst in Rückzug, negativen Gefühlen im Hinblick auf das eigene Aussehen und Niedergeschlagenheit. Ähnlich den Reaktionsweisen auf andere belastende Lebensereignisse (vgl. mütterliche Reaktionen auf die Geburt eines behinderten Kindes) werden die langfristigen Folgen für das psychische Befinden davon abhängen, welche **Formen der Auseinandersetzung** mit der neuen, unangenehmen Situation der Betroffene wählt.

Webb [32] weist darauf hin, daß z.B. zwei junge Männer mit Verbrennungsnarben im Gesicht und teilweisem Funktionsverlust der Hände in ähnlichen sozialen Situationen sehr verschiedene Lebenswege gingen: Der eine konnte keinen seiner vor dem Unfall gefaßten Pläne verwirklichen und es gelang ihm nicht, neue Perspektiven in beruflicher Hinsicht und bezüglich Wohnort und Freunde zu gewinnen. Der andere suchte aktiv nach alternativen Handlungs- und Lebensplänen und setzte sich mit Hindernissen auseinander. Während der erste junge Mann als „Behinderter" zwar in der geschützten Atmosphäre seiner Familie lebte, aber resignierte und verbitterte, erreichte der zweite öffentliches Ansehen trotz seines Aussehens, bekleidete hohe Ämter und bezeichnete sein Leben als erfüllt.

Welche Persönlichkeitseigenschaften im einzelnen für aktive oder resignative Bewältigung eines einschneidenden Ereignisses verantwortlich sind, ist aus Fallberichten schwer ablesbar. Webb [32] spricht hier von der besonderen Bedeutung von „Vorstellungskraft" und „Zielstrebigkeit".

Ebenso erscheint es praktisch kaum möglich, die Art des Bewältigungsverhaltens nach einem Unfall in Abhängigkeit von Eigenschaften vor dem Unfall vorherzusagen („prämorbide Persönlichkeitsstruktur"), da solche nach einem Unfallereignis nicht mehr unbeeinflußt erhoben werden können. Abgesehen davon, wie ein Betroffener zu seiner Haltung findet, um mit der neuen Situation fertig zu werden, kann er in der Suche nach Perspektiven und Möglichkeiten vom Rehabilitationsteam, von der Familie und vom Arbeitgeber unterstützt werden.

Soziale Situation

Von entscheidender Bedeutung für die Bewältigung entstellender Unfallfolgen sind die **Reaktionen der Umwelt** auf das veränderte Aussehen des Patienten. In seinem Zustand negativer Empfindungen, Niedergeschlagenheit und evtl. körperlicher Beeinträchtigungen durch den Unfall wird er die ersten Äußerungen – sowohl sprachlich, als auch mimisch – seiner unmittelbaren Umgebung mit besonderer, ängstlicher Aufmerksamkeit beobachten.

Drepper und Mitarbeiter [8, 24] folgern aus ihrer Arbeit mit gesichtsversehrten Menschen, daß die betreuenden Fachleute (die meist als erste mit dem frisch operierten Patienten zusammenkommen) von Anfang an offen auch unangenehme Gefühle ansprechen sollten, statt einer Begegnung auszuweichen und den Patienten zu isolieren, dem eine Konfrontation eher zu aktiver Bewältigung verhilft als Kontaktvermeidung.

Von größter Bedeutung sind die Reaktionen **nahestehender Personen.** Die Erfahrungsberichte Betroffener erwecken den Eindruck, als entscheide das Verhalten von (Ehe-)partner oder Eltern über positiven oder negativen Ausgang psychischer Bewältigung. In der ersten Phase der Rehabilitation dient die enge Familie als Spiegel und soziales Übungsfeld des Patienten, der seine neue äußere Identität finden, akzeptieren und neu bewerten muß. Familienmitglieder führen den Patienten „neu" in den Freundeskreis ein, ermutigen ihn zu Freizeitaktivitäten und begleiten ihn in der Öffentlichkeit. Diese Teilnahme an der sozialen Neueingliederung stellt jedoch hohe Anforderungen an die beteiligten Familienmitglieder, da sie dem Druck negativer Reaktionen aus der Umwelt ebenso ausgesetzt sind wie der Patient selbst, ohne ihn und sich davor schützen zu können. Die Gefahr des Rückzugs der gesamten Familie aus sozialen Aktivitäten ist in dieser Zeit hoch. Hier erscheint eine fachkompetente Unterstützung von seiten der Ärzte, Psychologen, Sozialpädagogen besonders wichtig.

Neben der familiären Anpassungsleistung muß der Patient jedoch auch noch ein weiteres soziales Feld zurückerobern. Nicht selten sind es **berufliche Schwierigkeiten**, die sich auf die Rehabilitation des Patienten negativ auswirken. Die Probleme bestehen nicht nur in Einschränkungen der körperlichen Leistungsfähigkeit, z.B. in sprachlichen Artikulationsschwächen. Belastend wirken vor allem Diskriminierungen aufgrund des Aussehens, die zu Versetzungen an Arbeitsplätze ohne mitmenschlichem Kontakt führen, zu Arbeitsplatzverlust oder zu ständigen Spannungen mit Kollegen. Hier sind den Handlungsspielräumen der Betroffenen enge Grenzen gesetzt. Nur der Mut von Kollegen und Arbeitgebern, die Arbeitsproduktivität nicht als von gefälligem Äußeren abhängig zu begreifen, gibt den Patienten eine Chance.

Gerade für den gesichtsversehrten Menschen, der aufgrund seines auffälligen Aussehens hohem emotionalem Druck ausgesetzt ist, besteht ein großer Bedarf an entspannender, aufbauender Freizeitaktivität [28]. Hier sollte der Patient unterstützt werden, geeignete Betätigungen zu finden. Allerdings profitiert nicht jeder von sozial isolierenden Beschäftigungen wie Lesen, Musik hören oder Angeln. Wenn aus gesundheitlichen Gründen bestimmte sportliche Aktivitäten ausgeführt werden sollen, muß der Patient oft zunächst eine Hemmschwelle zur sozialen Konfrontation überwinden, um etwas für sich tun zu können.

Die geschilderten Belastungsfaktoren, die über die lange Zeit der „Gewöhnung" der sozialen Umwelt an das neue Gesicht wirksam sind und in jeder neuen Situation reaktiviert werden, weisen auf die Wichtigkeit des „Gesichts" als menschliches „Kommunikationsmittel" hin. Kommen zu abweichenden äußeren Merkmalen, wie Defekten oder Narben, noch Einschränkungen mimischer Funktionsabläufe oder sprachlicher Artikulation hinzu, verstärken sich die zu bewältigenden Probleme. Dies verdeutlicht, wie entscheidend eine optimale medizinische Versorgung des Patienten ist.

Medizinische Möglichkeiten und Grenzen

Trotz Nutzung aller vorhandenen hilfreichen Ressourcen durch Patient, Familie und soziale Umwelt zur Bewältigung der entstellenden Folgen eines Unfalls bleibt meist die Tatsache einer mehr oder weniger beeinträchtigenden Auffälligkeit bestehen.

Die Erfahrungen der medizinischen Behandlungsteams weisen darauf hin, daß daher am Anfang der Rehabilitation immer eine möglichst optimale ästhetische und funktionelle Wiederherstellung stehen muß. Dazu gehört auch, daß dem Patienten frühzeitig so genau wie möglich Dauer, Häufigkeit und Erfolgsaussichten operativer Korrekturen erklärt und mehrfach verständlich dargestellt werden. Ebenso sollten ihm bald auch die **Grenzen des Möglichen** bewußt werden, um seine Bewältigungsmaßnahmen nicht zu verzögern.

Dabei kann es durchaus vorübergehend für den Patienten wichtig sein, die Realität zu verdrängen, um sich hierdurch vor Erfahrungen zu schützen, die er noch nicht aushalten kann. Die Aufgabe des Behandlungsteams besteht jedoch darin, den Patienten nach und nach an die Realität heranzuführen, damit er sie verkraften lernt.

Folgen von Gesichtstumoren

Obgleich die psychische Situation von Patienten, die an Gesichtstumoren erkrankt sind, einige Parallelen zu der der Unfallopfer aufweist, gibt es zwei Unterschiede, die für die langfristigen psychischen Auswirkungen von hoher Bedeutung sein dürften.

Zum einen verbindet sich mit der Diagnose eines Tumors immer die Befürchtung einer **lebensbedrohlichen Erkrankung** und damit die Auseinandersetzung mit Sterben und Tod. Auch wenn durch frühzeitige Behandlung und operative Beseitigung der erkrankten Bereiche die unmittelbare Todesgefahr gebannt ist, leben die Patienten mit der ständigen Angst vor einem Rezidiv und müssen immer wieder neu mit dieser latenten Bedrohung fertig werden. Reaktionen von Patienten auf die Diagnose „Krebs" sind vielfach beschrieben worden [31], sie unterscheiden sich wesentlich von denen anderer Erkrankungsgruppen.

Kranke mit Tumoren im Gesichtsbereich fürchten die entstellenden Versehrungen oft mehr als das Leben zerstörende Tumorwachstum (Abb. 9). Aus Angst vor sozialer Isolation wird deshalb nicht selten die rechtzeitige Frühbehandlung verpaßt.

Unter diesem Aspekt scheint die Art der Erkrankung (potentielle Lebensbedrohung) für die psychischen Folgen weniger bedeutsam als die Lokalisation des Kranheitsgeschehens (Gesicht). Die weitgehende Erhaltung des „Gesichts" und des Sehvermögens muß ein wesentliches Ziel der Behandlungsplanung sein.

Darüber hinaus existiert noch ein weiterer Unterschied zur Gruppe der Unfallopfer. Die Erkrankungsrate für Tumoren nimmt bei Personen im **höheren Lebensalter** zu, so daß Patienten mit Gesichtstumoren durchschnittlich älter (50–60 Jahre) sein dürften als Unfallgeschädigte (vgl. Verkehrsopfer, besonders Motorradfahrer). Dies legt die Prüfung der Frage nahe, welche Rolle das Alter, in dem eine Person eine Gesichtsschädigung erlebt, für die psychische Verarbeitung spielt.

Neben diesen Besonderheiten wirken sich die Folgen von entstellenden Gesichtstumoren jedoch ebenso wie die Folgen von entstellenden Unfällen auf das persönliche Bewältigungsverhalten, die soziale Situation und medizinische Maßnahmen aus.

Persönliches Bewältigungsverhalten

Die psychische Ausgangssituation von Patienten, bei denen eine Gesichtsoperation infolge eines bösartigen Tumors vorgenommen wurde, ist sicher außerordentlich belastend. Sie müssen nicht nur mit den Belastungen und Bedrohungen durch die medizinischen Eingriffe und Maßnahmen (Operationen, Schmerzen, Krankenhausatmosphäre, Isolation, körperliche Schwächung) fertig werden, sondern auch mit dem Wissen, daß ihr Leben akut bedroht ist. In dieser Lage kommt bald nach der Operation

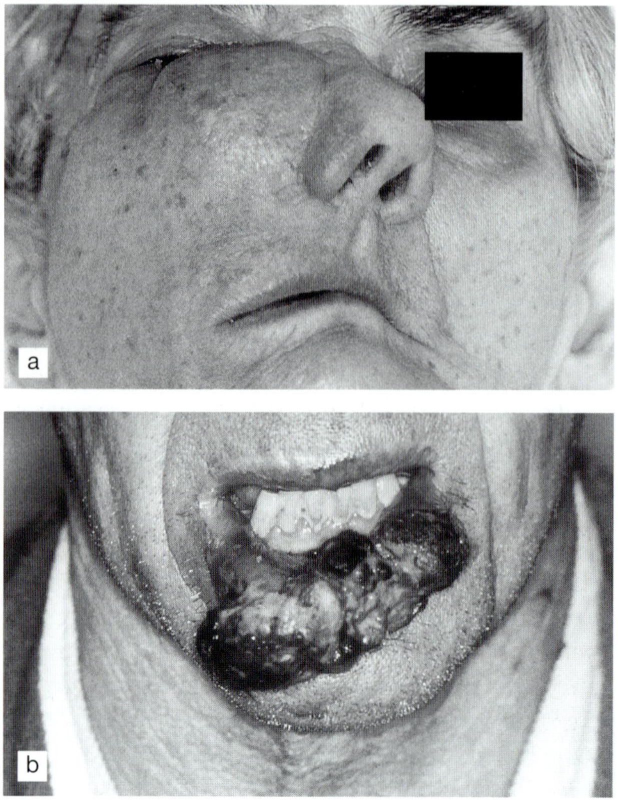

Abb. 9a und b Schwere Entstellung durch Tumor

ein zusätzlicher Belastungsfaktor hinzu, nämlich die u.U. massive Beeinträchtigung des eigenen Aussehens, die bis zum völligen „Gesichtsverlust" gehen kann.

Wirkt die Erfahrung eines abweichenden Äußeren für sonst gesunde Personen schon äußerst belastend, trifft dies Tumorpatienten in einem emotional labilen Zustand, der weitere Unsicherheit durch die Entstellung nach sich zieht. Bewältigungsmöglichkeiten für den Patienten bestehen daher primär in Verleugnung und Rückzug, die als Sofortmaßnahmen vor dem emotionalen Zusammenbruch schützen sollen.

In der Phase nach der Durchführung notwendiger operativer und restaurativer Maßnahmen muß sich der Patient mehr und mehr mit den Folgen dieser Eingriffe auseinandersetzen. In dieser Zeit haben die Bewältigungsformen mit denen der Unfallopfer eine gewisse Ähnlichkeit.

Auch hier finden sich Patienten, die durchaus aktiv neue Perspektiven für sich suchen, Trainingsprogramme zur Verbesserung ihrer sozialen Kompetenzen in Anspruch nehmen und ihr Leben nach der Erkrankung neu ordnen. Andere versuchen, sich wenig mit ihrer Krankheit auseinanderzusetzen, ihre Aufmerksamkeit auf andere Lebensbereiche zu lenken (Verleugnen) und möglichst so weiter zu leben wie bisher.

Beide Bewältigungsformen haben vergleichsweise günstige Einflüsse auf die Rehabilitation der Betroffenen [29], während Reaktionen wie andauernde Hilf- und Hoffnungslosigkeit oder „stoische Akzeptanz“ eher ungünstige Wirkungen zeigten. Tatsächlich sind die Patienten nicht selten von **Selbstmordgedanken** bedroht oder greifen zu **Drogen,** besonders Alkohol. Solche gravierenden negativen Folgen sind wahrscheinlicher, wenn in dieser existentiellen Not nicht durch Fachleute und Angehörige geholfen wird.

In der Literatur besteht keine Einigkeit darüber, ob eine Erkrankung mit entstellenden Folgen im höheren Lebensalter für das Selbstwertgefühl der Patienten bedrohlicher ist als eine Erkrankung in jüngeren Jahren oder von Geburt an. Einerseits wird argumentiert, daß ein attraktives Äußeres für ältere Personen weniger wichtig sei als für jüngere, da ältere Personen ja meist in stabilen sozialen Bezügen mit gegenseitiger Hilfeleistung lebten; daher sei eine solche leidvolle Erfahrung leichter zu bewältigen. Andere weisen darauf hin, daß ältere Patienten eine viel entscheidendere Zerstörung ihres über lange Jahre hinweg aufgebauten Selbstgefühls erführen und weniger verbleibende Lebenszeit und Flexibilität besäßen, um ein neues Selbstverständnis herzustellen, als jüngere Personen, die frühzeitig eine Abweichung im Gesicht als zu sich selbst gehörig akzeptieren müßten. Daher seien einer Rehabilitation von vornherein gewisse Grenzen gesetzt. In jedem Fall sind neben den eigenen Ressourcen des Patienten auch bei Gesichtsentstellungen infolge von Tumoren die sozialen Bezüge von entscheidender Bedeutung.

Soziale Situation

Ebenso wie für Unfallopfer bilden auch bei tumorerkrankten Familienmitglieder, vor allem Ehepartner, die wichtigste „Brücke zum Leben“. Patienten ohne Partnerbeziehung berichten von stärkeren Belastungen als Personen in festen Beziehungen [29].

> Gute Partnerbeziehungen ermöglichen dem Patienten einen Schonraum beim Aufbau neuer Kommunikationsformen.

Ehepartner begleiten den Patienten bei Verrichtungen außer Haus, bieten die Möglichkeit der Kommunikation und Ablenkung von der eigenen Krankheit und können zu neuen Aktivitäten ermutigen. Allerdings wird berichtet, daß der Bereich intensiver **intimer Kontakte** offenbar ebenso problembehaftet ist wie das Ertragen oberflächlicher, kurzfristiger Begegnungen mit fremden Personen, die oft von Neugier und Abwehr geprägt sind. Insgesamt scheint aber eine Einbettung in die gewohnten sozialen Bezüge der Familie für die meist schon älteren Tumorpatienten der wichtigste Stabilisierungsfaktor zu sein.

Dies gilt um so mehr, wenn die Patienten nicht mehr ins Berufsleben integriert sind. Hohe Belastungswerte finden sich nicht nur bei alleinstehenden, sondern auch bei arbeitslosen Personen. Wenn die Erkrankung eine Person im Rentenalter trifft, steht ihr die Entlastungsfunktion einer befriedigenden **Berufstätigkeit** nicht mehr zur Verfügung. Auch das unterstreicht die Bedeutung der Familie.

Medizinische Möglichkeiten und Grenzen

Die Tatsache, daß durch die Behandlung einer lebensbedrohenden Erkrankung ein Schaden im Gesicht entsteht, der für den Patienten neue, tiefgreifende Belastungen mit sich bringt, veranlaßte WEERDA zu folgenden pointierten Worten: „Was nutzt uns die gelungene Entfernung eines Gesichtstumors, wenn der Patient beim ersten Blick in den Spiegel aus dem Fenster springt?“ [33].

Die Problematik einer **Lebenserhaltung** um den Preis einer u.U. massiv eingeschränkten **Lebensqualität** bewegt Ärzte und Patienten in gleicher Weise. Noch vor einiger Zeit galt eine vollständige Entfernung des Tumors (und damit manchmal großer Teile des Gesichts) als oberstes, unzweifelhaftes Ziel. Berichte der betroffenen Patienten darüber, wie sie ihre Situation erleben, haben jedoch zu einer weniger entschiedenen Sicht- und Vorgehensweise geführt. Neben dem Nutzen der Maßnahme werden die mitunter hohen psychischen Kosten auf seiten der Patienten (massive Entstellung) stärker berücksichtigt.

> Es zeigt sich, daß Wohlbefinden und Lebensqualität trotz lebensbedrohlicher Erkrankung bei den Patienten größer ist, die an den Entscheidungen ihre Behandlung betreffend, beteiligt werden.

Dies betrifft vor allem die Information und Beratung von Patienten und Angehörigen bereits vor der Operation, wenn über den Umfang des Eingriffs befunden wird. Wenn dann der Patient einen Anteil an Verantwortung für verbliebene Risiken tragen will, kann dies aktive Bewältigung des Patienten in Gang setzen, weil er die Folgen seiner Entscheidung genau kennt. Auch die Mitarbeit an Rehabilitationsmaßnahmen hängt davon ab, wie gut der Patient auf den zu erwartenden Defekt vorbereitet wurde [27].

Trotz des Spielraums, den das Behandlungsteam dem Patienten zubilligt, wenn es um die Durchführung folgenschwerer Behandlungsmaßnahmen geht, ist es mit der ärztlichen Verantwortung nicht vereinbar, den Patienten, auch wenn er es wünscht, lieber sterben als mit einer Entstellung leben zu lassen. Gerade deshalb hat der Patient aber Anspruch auf eine sorgfältige Prüfung aller Möglichkeiten, Lebensqualität zu erhalten und auf eine intensive Vorbereitung und Begleitung bei der Bewältigung der Behandlungsfolgen. Voraussetzung hierfür ist eine tragfähige, **vertrauensvolle Arzt-Patient-Beziehung.**

Vergleich mit Normabweichungen in anderen Regionen des Körpers – die besondere Bedeutung des Gesichts

Es gibt gute Gründe, Normabweichungen im Gesicht im Hinblick auf ihre psychischen Auswirkungen anders zu bewerten als Anomalien in anderen Regionen des menschlichen Körpers. Jede Normabweichung, vor allem wenn sie zu einer Behinderung alltäglicher Lebensvollzüge führt, kann eine Belastung für den Betroffenen darstellen und sich in vielfältiger Weise auf seine Persönlichkeit auswirken. Ist das Gesicht des Patienten in Mitleidenschaft gezogen, kommt es jedoch zu spezifischen und oft sehr gravierenden psychischen Folgen. Der Betroffene kann sich einer intensiven Auseinandersetzung mit Abweichungen in diesem Teil seines Körpers nicht entziehen. Dies liegt vor allem daran, daß das Gesicht in unserem Kulturkreis stets unbedeckt bleibt und es das **bedeutendste Kommunikationsmittel** ist. Beeinträchtigungen können hier nicht so leicht kaschiert werden wie in den übrigen Bereichen des Körpers. Der Grund für die besondere Bedeutung von Veränderungen des Gesichts liegt also in dessen Funktion für den Menschen [15].

Physiognomische Aspekte bilden die Grundlage für die eigene **Identität.** Menschen werden mühelos durch das Betrachten ihres Gesichts „erkannt". Die Fähigkeit, aus Fotografien mit Gesichtern bekannte Personen auszuwählen, ist schon bei sehr jungen Kindern (zweijährige) vorhanden. Merkmale des Gesichts verändern sich wenig, allenfalls durch Haartracht (Bart), Brille oder Kosmetik sind leichte Variationen möglich. Dies ist bei grundsätzlicher Zufriedenheit mit dem eigenen Aussehen von Vorteil, wird aber bei vermeintlichen oder tatsächlichen Entstellungen zum Problem.

Die über Jahre hinweg gewachsene Vertrautheit mit dem eigenen Gesicht wird bei Unfällen oder verändernden Operationen unterbrochen und muß neu gewonnen werden. Als wichtiger, unverwechselbarer Körperteil gehört das Gesicht zum „Ich" eines Menschen, und sämtliche Erfahrungen mit diesem Bereich setzen „selbstbezogene" Gedanken und Gefühle in Gang.

Physiognomische Aspekte des Gesichts haben nicht nur die Eigenschaft, Menschen eindeutig zu kennzeichnen, sondern erwecken auch im Gegenüber einen **ersten Eindruck** von der Person. Dieser Eindruck ist nicht realistisch beschreibend (gleichmäßige Proportionen, dunkle Haut, volle Lippen), sondern enthält überwiegend unmittelbare komplexe Bewertungen (schön, abstoßend, intelligent). Dieser erste Eindruck beeinflußt zweifellos die Reaktion des Betrachters.

Die z.B. von Patienten mit auffälligen Gesichtsnarben beklagten abweisenden Haltungen von Personen, denen sie begegnen, haben mit der Unmittelbarkeit des ersten Eindrucks und der Spontaneität und Unkontrolliertheit des ersten Impulses zu tun. Allerdings bleibt die „Bewertung" eines Menschen in der Regel nicht bei diesem ersten Eindruck stehen. Erhalten die Personen Gelegenheit, sich kennenzulernen und miteinander zu sprechen, können die durch physiognomische Merkmale hervorgerufenen Einschätzungen völlig in den Hintergrund treten. Dies ist der Grund, warum der Kontakt mit Freunden und Familienmitgliedern von gesichtsversehrten Patienten meist als am wenigsten belastend empfunden wird. Voraussetzung hierzu sind Erfahrungen, die eine Wertschätzung des Patienten nicht aufgrund seines Aussehens, sondern verschiedener (unverändert) positiver Merkmale seiner Person beinhalten. Die Bewältigung abweichenden Aussehens im Kontakt mit anderen geschieht über diesen Weg.

Neben den statischen, physiognomischen Merkmalen des Gesichts haben auch die dynamischen Aspekte eine wichtige Funktion. Die **Gesichtsmi-**

mik, die durch eine differenzierte Muskulatur ermöglicht wird, dient in besonderer Weise der nonverbalen Kommunikation. Über die Gesichtsmimik, den Gesichtsausdruck, werden Gefühle und Stimmungen an andere Menschen weitergegeben. Die Fähigkeit zur Aussendung solcher Signale besteht von Geburt an und wird durch Lernprozesse beständig geübt, verfeinert und an die Erfordernisse der kulturellen Umwelt angepaßt.

Bei der Interpretation von Gefühlen aus dem Gesichtsausdruck eines anderen Menschen können jedoch Fehleinschätzungen entstehen. Besonders widersprüchliche Signale auf unterschiedlichen Ebenen, z.B. Gestik, Mimik und Sprache verunsichern den Empfänger und können negative Reaktionen (Angst, Rückzug, Ungeduld) hervorrufen. Ebenso können Schwierigkeiten bei der Interpretation von mimischem Ausdruck bei Personen fremder Kulturkreise entstehen, weil ein Deutungskonzept nicht bekannt ist.

Für die Aussendung von Informationen über die eigene Stimmung und die eigenen Gefühle ist das Gesicht weit wichtiger als der übrige Körper. Auch durch Haltung und Gestik werden dem Gegenüber Eindrücke vermittelt. Ohne die mimische Information fällt es jedoch schwer, diese eindeutig zu interpretieren; sie werden eher übersehen, wenn sie nicht zum Gesichtsausdruck passen.

Wenn durch charakteristische Gesichtsanomalien, Unfall- oder Operationsfolgen Gesichtsmuskeln in Mitleidenschaft gezogen werden, die den mimischen Ausdruck verändern oder einschränken, können dadurch beim Gegenüber Fehleinschätzungen, Verwirrung und Ratlosigkeit über die Gefühle und Stimmungen des Patienten ausgelöst werden. Bis zu gewissen Grenzen – je nach Grad der Beeinträchtigung und Intensität des Kontakts – kann aber die Bedeutung des Gesichtsausdrucks und der Mimik vom Betrachter neu gelernt werden.

Dies setzt voraus, daß der Kontakt mit dem Patienten gesucht wird und man ihn anschaut, wenn man mit ihm spricht. Auch dies ist bei oberflächlichen, alltäglichen Begegnungen weniger wahrscheinlich als im vertrauten Familien- und Freundeskreis.

Die Bereitschaft, den Patienten „zu verstehen", d.h. seine Empfindungen und Gefühle deuten zu können, stellt auch für das medizinische Behandlungs- und Rehabilitationsteam eine wichtige Aufgabe dar.

Ist neben dem Informations„kanal" Mimik auch noch das Kommunikationsmittel **Sprache** beeinträchtigt, was bei einer Reihe von Versehrungen der Fall ist, wird einerseits eine Deutung von Gefühlen schwieriger – weil das Hilfsmittel der mündlichen Kommentierung weniger leicht zur Verfügung steht – andererseits wird auch die Übermittlung sachlicher Informationen beeinträchtigt. Bitten um Hilfe, Bekanntgabe der eigenen Meinung, Beiträge zu Gesprächen und vieles mehr fallen den Patienten schwer oder werden schlecht verstanden. Der Kontakt zu anderen ist zusätzlich belastet und das Risiko für Rückzug und Isolation durch die Resignation des Patienten erhöht.

Die spezifische Bedeutung von Gesichtsverletzungen und -veränderungen liegt also in deren Folgen für die eigene Identität. Während Patienten mit LKG-Spalten, Dysgnathien und Unfallverletzungen mit Hilfe der ärztlichen Kunst auf zunehmende Verbesserungen hoffen können, müssen Tumorpatienten eher mit der Gefahr einer Verschlechterung leben. Gerade weil die Gesichtsästhetik und der mimische Ausdruck für spontane und gefühlsbezogene zwischenmenschliche Kommunikation unverzichtbar ist, zielen alle oben beschriebenen Reaktionsweisen und Bewältigungsmaßnahmen darauf ab, Störungen zu überwinden und zwischenmenschliche Begegnung zu gewährleisten.

Literatur

[1] Allen, R., Wasserman, G.A., Seidmann, S.: Children with congenital anomalies: the preschool period. J. Pediat. Psych. 15, 327 (1990).

[2] Barden, R.C., Ford, M.E., Jensen, A.G., Rogers-Salyer, M., Salyer, K.E.: Effects of craniofacial deformity in infancy on the quality of mother-infant interactions. Child. Dev. 60, 819 (1989).

[3] Broder, H., Strauss, R.P.: Self-concept of early primary school age children with visible or invisible defects. Cleft Palate J. 26, 114 (1989).

[4] Bremerich, A.: Die Rehabilitation von Dysgnathiepatienten aus der Sicht der Betroffenen. Zahnärztl. Prax. 2, 55 (1991).

[5] Chwalek, W., Wilker, F.W., Becker, S.: Bewältigungsverhalten und ärztliche Informationsvermittlung – eine Studie an Müttern, die ein Kind mit einer Lippen-Kiefer-Gaumen-Spalte geboren haben. Geburtsh. u. Frauenheilk. 50, 49 (1990).

[6] Drepper, H.: Gesichtsversehrte Menschen – Behinderte, die übersehen werden. Der Arzt im Krankenhaus 5, 287 (1979).

[7] Drepper, H.: Hinweise für Beratungsdienste zur Rehabilitation Behinderter. Rehabilitation 24, 25 (1985).

[8] Drepper, H., Ehring, F.: Rehabilitation von Patienten mit Entstellungen. In: Jochheim, K.A., Scholz, F.J. (Hrsg.): Rehabilitation, Bd. II. Thieme, Stuttgart 1975.

[9] Espeland, L. V., Stenvik, A.: Perception of personal dental appearance in young adults: relationship between occlusion, awareness, and satisfaction. Amer. J. Orthodont. 100, 234 (1991).

[10] Geier, R., Wittstock, C.: Psycho-soziale Untersuchungen an erwachsenen operierten Patienten mit einseitig-totalen Lippen-Kiefer-Gaumen-Segel-Spalten. Psychiatrie, Neurologie – med. Psychologie 38, 656 (1986).

[11] Hertrich, K., Fleischer-Peters, A., Joraschky, P.: Zur Dysmorphophobie in der Zahnheilkunde. Dtsch. zahnärztl. Z. 45, 387 (1990).

[12] Huse-Kleinstoll, G., Jipp, H., Küchler, T., Rudelt, H.-G., Schultz, F., v. Kerekjarto, M., Pfeiffer, G.: Die psychologische Bedeutung korrektiver chirurgischer Eingriffe bei Patientinnen mit Form- und Funktionsanomalien des Kiefers. Dtsch. Z. Mund-, Kiefer- u. Gesichtschirurg. 14, 147 (1990).

[13] King, G.A., Shultz, I.Z., Steel, K., Gilpin, M., Cathers, T.: Self-evaluation and self-concept of adolescents with physical disabilities. Amer. J. occup. Ther. 47, 132 (1993).

[14] Lohs, M., Rosemeier, H.P., Gabka, J., Weber, H.: Vergleich der Intelligenz und des Selbstbildes bei Jugendlichen mit und ohne Lippen-Kiefer-(Gaumen)spalten. In: Schneller, T., Fleischer-Peters, A. (Hrsg.): Anwendung psychologischer Methoden in der Zahnmedizin. Fachbuchhandlung für Psychologie, Verlagsabteilung, Frankfurt a. Main 1985.

[15] Margraf-Stiksrud, J.: Die Funktion des Gesichts für die psychische Entwicklung des Menschen. In: Sergl, G., Müller-Fahlbusch, H. (Hrsg.): Jahrbuch der Psychologie und Psychosomatik in der Zahnheilkunde, Bd. 2. Quintessenz, Berlin 1992.

[16] Müßig, D., Zschiesche, S.: Betreuung und Führung der Eltern neugeborener Kinder mit Lippen-Kiefer-Gaumenspalten – Das Erlanger Konzept. In: Sergl, H. G., Müller-Fahlbusch, H. (Hrsg.): Jahrbuch der Psychologie und Psychosomatik in der Zahnheilkunde, Bd. 2. Quintessenz, Berlin 1992.

[17] Padwa, B. L., Evans, C. A., Pillemer, F. C.: Psychosocial adjustment in children with hemifacial microsomia and other craniofacial deformities. Cleft Palate-Craniofacial J. 28, 354 (1991).

[18] Reinhardt, R., Sergl, H. G.: Der psychologische Hintergrund bei der Behandlung von Kieferanomalien im Erwachsenenalter – Behandlungsbegehren und Motivationsverlauf. Quintessenz 41, 1943 (1991).

[19] Richman, L.C., Eliason, M.: Psychological characteristics of children with cleft lip and palate: intellectual, achievement, behavioral and personality variables. Cleft Palate J. 19, 249 (1982).

[20] Sergl, H. G., Schmid, F.: Der Spaltpatient und seine Umwelt. In: Schuchardt, K. (Hrsg.): Fortschritte der Kiefer- und Gesichts-Chirurgie. Band XVI/XVII, 200, Thieme, Stuttgart 1973.

[21] Sergl, H. G.: Über die Persönlichkeit des Patienten mit Lippen-Kiefer-Gaumen-Spalte. In: Schuchardt, K. (Hrsg.): Fortschritte der Kiefer- und Gesichts-Chirurgie. Band XVI/XVII, 206, Thieme, Stuttgart 1973.

[22] Shaw, W. C.: The influence of children's dentofacial appearance on their social attractiveness as judged by peers and lay adults. Amer. J. Orthodont. 79, 399 (1981).

[23] Siebert, B., Schumann, D., Erler, U.: Aspekte der psychosozialen Entwicklung von Kindern mit Lippen-Kiefer-Gaumenspalten. In: Sergl, H. G., Müller-Fahlbusch, H. (Hrsg.): Jahrbuch der Psychologie und Psychosomatik in der Zahnheilkunde, Bd. 2. Quintessenz, Berlin 1992.

[24] Sommerfeld, S., Drepper, H.: Umwelterfahrung und Krankheitserleben gesichtsversehrter Patienten – Erkennen der Behinderung als Voraussetzung zur Rehabilitation. Rehabilitation 24, 151 (1985).

[25] Speltz, M.L., Armsden, G.C., Clarren, S.S.: Effects of craniofacial birth defects on maternal functioning postinfancy. J. Pediat. Psych. 15, 177 (1990).

[26] Speltz, M.L., Morton, K., Goodell, E.W., Clarren, S.K.: Psychological functioning of children with craniofacial anomalies and their mothers: Follow-up from late infancy to school entry. Cleft Palate-Craniofac. J. 30, 482 (1993).

[27] Strittmatter, G.: Wege zur Bewältigung seelischer Probleme nach Tumorbehandlung im Gesicht. Friedrich-Thieding-Stiftung des Hartmannbundes – Verband Ärzte Deutschlands e. V., Deutsche Krebshilfe (Hrsg.): Krebsnachsorge. 9. Fortbildungskongreß 25./26. Nov. 1988 in Neuenahr, 103.

[28] Strittmatter, G., Drepper, H.: Rehabilitation von Gesichts- und Hautversehrten durch verhaltenstherapeutische Desensibilisierung im Schwimmbad. Rehabilitation 23, 22 (1984).

[29] Tilkorn, M., Mawick, R., Sommerfeld, S., Strittmatter, G.: Lebensqualität von Patienten mit bösartigen Gesichts- und Hauttumoren – Entwicklung eines Fragebogens und erste Ergebnisse einer Studie. Rehabilitation 29, 134 (1990).

[30] Uhlemann, T.: Stigma und Normalität. Kinder und Jugendliche mit Lippen-Kiefer-Gaumenspalte. Vandenhoeck und Ruprecht, Göttingen 1990.

[31] Verres, R., Hasenbring, M. (Hrsg.): Psychosoziale Onkologie. Springer, Berlin 1989.

[32] Webb, M. S.: Disfigurement: Personal, psychosocial and ethical aspects. The Journal of Medical Humanities and Bioethics 8, 110 (1987).

[33] Weerda, H.: Problematik und Rehabilitation der Verstümmelungen im Gesichtsbereich. Z. Allg. Med. 53, 958 (1977).

[34] Zschiesche, S.: Gedanken zum Umgang mit Spaltpatienten. Fortschr. Kieferorthop. 43, 74 (1982).

[35] Zschiesche, S.: Die Geburt eines Spaltenkindes – ein deprimierendes Ereignis für die Familie. In: Schneller, T., Fleischer-Peters, A. (Hrsg.): Anwendung psychologischer Methoden in der Zahnmedizin. Fachbuchhandlung für Psychologie, Verlagsabteilung, Frankfurt a. Main 1985.

Psychosomatische Störungen und ihre Erkennung

von Anton Armin Fabinger und Johannes Röckl

Inhaltsübersicht

Einleitung und Begriffsbestimmung

Ein alltäglicher Vorfall in der zahnärztlichen Praxis: Eine gepflegte junge Dame, Verkäuferin im Kaufhaus nebenan, sucht wegen Schmerzen am linken oberen Sechsjahrmolaren die zahnärztliche Praxis auf. Die Inspektion ergibt eine tiefe Karies am Zahn 26. Der Schaden ist leicht zu beheben. Die Karies wird ausgebohrt und der Zahn mit einer Füllung versorgt. Die Patientin ist nach dem Abklingen der Lokalanästhesie beschwerdefrei.

Fragt man, ob es sich dabei um eine psychosomatische Erkrankung gehandelt hat, wird dies jeder – Mediziner oder Laie – verneinen. Eine eindeutige Ursache, das Loch im Zahn, hat den Schmerz verursacht. Dies entspricht dem somatischen Krankheitsmodell. Betrachten wir die Angelegenheit etwas differenzierter und stellen auch die notwendigen Bedingungen und Faktoren für das Entstehen einer tiefen Karies in Rechnung, so lassen sich durchaus Anteile finden, die im Bereich des Psychischen beheimatet sind.

Was führt eine junge Frau, die Wert auf ihr Äußeres legt, dazu, ihre Mundhygiene zu vernachlässigen? Fehlt ihr das nötige Wissen? Ist ihr der nicht sichtbare Teil ihres Körpers vielleicht nicht wichtig oder liegt gar eine Störung der Körperwahrnehmung vor? – Die Beantwortung dieser Fragen verdeutlicht, daß jede Erkrankung von verschiedenen Seiten beleuchtet werden kann, unterschiedliche Entstehungsbedingungen können ihr zugrunde liegen.

Ein zweiter Punkt wird aber genauso deutlich. Die Beantwortung obenstehender Fragen entwirft ein individuelles Bild der Kariesentstehung bei eben dieser Patientin und ist nicht übertragbar auf den nächsten Patienten. Bei diesem kann die Gewichtung der einzelnen Faktoren ganz anders ausfallen.

Somatische und psychische Anteile in ihrer individuellen Bedeutung sind die wesentlichen Bestandteile jeder Erkrankung. Die Seele beeinflußt sozusagen alle organischen Vorgänge. Die Betrachtung der psychosomatischen Zusammenhänge richtet dabei ihr Hauptaugenmerk weg von der an Krankheitsbildern orientierten Organpathologie und hin auf den Patienten und seine individuellen Besonderheiten. Nach Krankheitsbildern orientierte Psychosomatik vermag zwar einen informativen Überblick zu geben, erweist sich aber oft nicht als hilfreich, wenn es darum geht, individuelle Lernerfahrungen und Konfliktsituationen herauszuarbeiten.

Für ein differenziertes psychologisches Verstehen des Patienten, das auch gleichzeitig therapeutische Handlungsanweisungen erbringen soll, kommt daher nur ein Vorgehen in Frage, das sich an Hand wesentlicher psychologischer Kategorien Einblick in die Krankheit des Menschen verschafft. Diese Kategorien können psychoanalytischer, lerntheoretischer und sozialpsychologischer Natur sein.

> Im gängigen Sprachgebrauch ist psychosomatische Medizin die Lehre von körperlich in Erscheinung tretenden Krankheiten, die seelisch bedingt oder mitbedingt sind.

Darunter versteht man hauptsächlich:
- funktionelle Organbeschwerden,
- vegetative Störungen,
- Konversionsyndrome,
- psychosomatische Erkrankungen mit morphologischen Organveränderungen aber auch
- somatopsychische Störungen bei schweren körperlichen Erkrankungen wie z.B. Tumorleiden, altersdegenerativen und chronischen Erkrankungen.

In diesem Zusammenhang gewinnen heute Aspekte des Krankseins überhaupt zunehmend an Bedeutung. Dies ist sicherlich ein Verdienst Viktor von Weizsäckers, der die Bedeutung der Individualität des leidenden Menschen in das medizinische Denken wieder eingeführt hat [67].

> Psychosomatische Medizin will nicht vorrangig kausalgenetische Krankheitserklärungen geben, sondern den Sinnzusammenhang und Ausdruckswert krankhafter Erscheinungen im körperlich-seelischen Beziehungsgeflecht des einzelnen Menschen erhellen. In diesem nicht reduktionistischen Anspruch ist sie letztendlich Ganzheitsmedizin.

Diagnostik in diesem Rahmen muß somit objektive Krankheitsparameter, subjektive Vorstellungen der Krankheitsentstehung und -bewertung, biographische und lerngeschichtliche Erfahrungen und soziologische Parameter erfassen. Sie ist nicht wie in der rein naturwissenschaftlich orientierten Medizin unipolar gerichtet, sondern ergibt sich aus dem Ineinandergreifen von Diagnose und Therapie.

Auch in der Zahnheilkunde bedeutet jede diagnostische Maßnahme ein Stück Therapie für den

Patienten. So kann z.B. das Diagnostizieren einer schmerzhaften Apthe gerade den älteren Patienten die Angst und Unsicherheit hinsichtlich einer malignen Schleimhautveränderung nehmen und ist somit ein wichtiges Stück Psychotherapie.

Aktuelle Konzepte der psychosomatischen Medizin

Anders als die naturwissenschaftlich orientierte Medizin ist die Psychosomatik geprägt von Modellvorstellungen und Konzepten unterschiedlicher Schulrichtung. Entsprechend den jeweiligen Theorien zur Entstehung psychosomatischer Erkrankungen ist eine unterschiedliche Gewichtung der Diagnosestellung selbst und des jeweiligen diagnostischen Zugangs zu verzeichnen [26].

Bei der Diagnosestellung ist dabei zwischen **Status-** und **Prozeßdiagnose** zu unterscheiden. Folgen wir dem allgemeinen Lehrsatz: „Vor der Diagnose hat eine ausführliche Anamnese zu erfolgen", befinden wir uns eindeutig im medizinischen Modell und fordern eine Statusdiagnose. Diese ist aber für die Behandlung psychosomatischer Erkrankungen allein oft nicht ausreichend. Hier kommen prozessuale Faktoren besonders zum Tragen. Je nach Schulrichtung und Konzeptualisierung des Krankheitsgeschehens werden unterschiedliche Aspekte beleuchtet bzw. diese verschieden bewertet. Deshalb erscheint es notwendig, die wichtigsten Theorien zur Entstehung psychosomatischer Erkrankungen in ihren Kernsätzen kurz vorzustellen, um eine Einordnung der daraus gewonnenen Diagnoseinstrumente vornehmen zu können.

Psychoanalytische Konzepte

Die Psychoanalyse stellte als erste Wissenschaft mit dem Konversionsmodell Freuds einen nicht organmedizinischen Erklärungsansatz für das Zustandekommen psychosomatischer Erkrankungen vor. In der Zwischenzeit sind daraus weitere Verfeinerungen und neue Ansätze entstanden, die sich inhaltlich unterscheiden und verschiedene Aspekte in den Vordergrund stellen. Gemeinsam ist jedoch allen die diagnostische Bedeutung von Übertragung, Gegenübertragung und Widerstandsdeutung.

Das Konversionsmodell [21, 19]. Für das Entstehen eines Konversionssymptoms sind folgende Faktoren notwendig:

- Ein Triebwunsch ist mit äußeren oder inneren Normen in Konflikt und wird zur unerträglichen Vorstellung und deshalb aus dem Bewußtsein verdrängt.
- Wird dieser Wunsch reaktualisiert und kann die Verdrängung nicht mehr aufrechterhalten werden, erfolgt eine Verschiebung der psychischen Energie in den somatischen Bereich, die Konversion.
- Das Symptom hat Symbol- und Ausdruckscharakter. Für die Organwahl selbst ist meist ein körperlicher Faktor entscheidend.

Modell der De- und Resomatisierung [52]. Nach Schur [52] ist ein paralleler Verlauf der körperlichen und psychischen Entwicklung festzustellen. Mit zunehmendem Alter des Kindes wird die Beherrschung somatischer Funktionen immer differenzierter. Ebenso entwickelt sich der psychische Apparat. Primärprozeßhaftes Denken weicht Sekundärprozessen, und die Fähigkeit, Konfliktspannungen auszuhalten, steigert sich. Eine Desomatisierung der ursprünglichen, frühkindlichen Affektabfuhr ist festzustellen.

Findet eine neurotische Fehlentwicklung statt, so kann es bei späteren Konflikten zwischen Triebwunsch und Normanspruch zu einer Regression in primärprozeßhaftes Verhalten mit Resomatisierung, und als Ergebnis psychosomatischen Erkrankungen, kommen.

Voraussetzung ist also eine Fehlentwicklung im Desomatisierungsprozeß der Affektabfuhr und eine spätere Wiederbelebung der Konfliktsituation.

Konzept von Engel und Schmale [16]. Für die Entstehung einer psychosomatischen Krankheit sind sowohl spezifische wie auch unspezifische Faktoren notwendig. Ein realer oder phantasierter Objektverlust mit darauf folgenden Gefühlen der Hilf- und Hoffnungslosigkeit („giving up – given up") stellt den wichtigsten Punkt dar. Er ist gekennzeichnet durch Verzweiflung, Depression und Rückzug und rührt von einem Versagen der psychischen Abwehrmechanismen her. In Kombination mit prädisponierenden Faktoren auf der körperlichen Ebene, die individuell unterschiedlich sind, kann es zum Entstehen einer somatopsychischen-psychosomatischen Erkrankung kommen.

Voraussetzungen sind also: ein somatisches Entgegenkommen im Sinne eines Krankheitsprozesses, ein realer oder phantasierter Objektverlust und ein Versagen der reifen Abwehrmechanismen.

Alexithymiekonzept [39, 56]. Dieses hauptsächlich von französischen Analytikern betonte Konzept stellt bestimmte Verhaltensweisen und Eigenschaften heraus, durch die psychosomatische Patienten gekennzeichnet sind. Sie betreffen die affektiven, kognitiven und beziehungsgestaltenden Strukturen.

Kennzeichnend ist das Unvermögen, Gefühle auszudrücken, und eine bestimmte Art des Denkens, Handelns und Sprechens (pensée operatoire). Diese bestimmte Art ist phantasielos, unkreativ, wenig lebendig, reduziert auf funktionale Zusammenhänge. Die Patienten sind beruflich oft sehr erfolgreich und ihre Intelligenz sicherlich nicht eingeschränkt. Ihre Beziehungen zu anderen Personen sind oft von einer gewissen Leere gekennzeichnet. Auch zeigen sie sich oft in sozial erwünschter Weise. Lediglich an ihren Lebenspartner sind sie in symbiotischer Weise gekettet mit starkem Bedürfnis nach Harmonie. Dies macht sie in hohem Maße verletzlich und krankheitsanfällig.

Bio-psycho-soziales Modell Thure v. Uexkülls [61]. Dieses Modell ist eines der fachübergreifenden und integrativen Modelle, die den Anspruch erheben, psychosomatische Krankheit umfassend zu erklären. Es ergibt sich daraus die Möglichkeit, Vorgänge, die sich auf der physiologischen, der psychologischen und der sozialen Ebene ereignen, zueinander in Beziehung setzen zu können und daraus eine Erklärung der Krankheit zu gewinnen.

Aufbauend auf psychoanalytischen Erkenntnissen der menschlichen Entwicklung werden systemtheoretische Überlegungen (siehe z.B. [40]), handlungstheoretische Konzepte [67] und Konzepte der Streßforschung [53, 54] aufgegriffen und in das Modell integriert.

Es handelt sich um ein dynamisches Konzept, das auch die historische Dimension der „individuellen Wirklichkeit" Erkrankung erfaßt. Somato-psychische und psycho-somatische Effekte werden so in einem Regelkreismodell hierarchischer Ordnung, gegliedert nach organischer, psychologischer und sozialer Ebene, in ihrer wechselseitigen Bedingtheit erklärbar.

Krankheit wird verstanden als ungelöste Problemsituation auf einer oder mehreren dieser Ebenen des Modells. Die Diagnose selbst ist dementsprechend eine Spielregel für den Umgang zwischen Patient und Arzt mit wechselseitiger Rollenzuschreibung. Symptome hingegen werden verstanden als die Zeichen, die über den Zustand des Individuums informieren und nicht zielgerichtet sind [63].

Lerntheoretische Konzepte

Die Verhaltenstherapie ist ein relativ junges Gebiet der Psychotherapie, hat sich aber inzwischen einen festen Platz bei der Behandlung psychosomatischer Störungen gesichert. Der ursprüngliche Ausgangspunkt der Lerntheorien des klassischen und operanten Konditionierens ist einer Methodenvielfalt aus dem gesamten Spektrum der experimentellen psychologischen Forschung gewichen. Zielpunkte verhaltenstherapeutischer Beeinflussung sind nicht mehr nur beobachtbares Verhalten, sondern auch Erleben und kognitive Merkmale.

Entsprechend werden neben der direkten Verhaltensbeobachtung in freier oder vorgegebener Form **Selbstbeobachtung** und Selbstberichte als Methoden der Informationsgewinnung eingesetzt. Auch psychophysiologische Meßverfahren gelangen zum Einsatz. Das wichtigste diagnostische Verfahren aber ist das **Interview.** Diese Exploration dient der Erfassung der Probleme, ihrer Strukturierung und der Analyse der Bedingungsfaktoren für die Aufrechterhaltung des Problemverhaltens. Dazu wurden verschiedene Ansätze vorgestellt.

Behavioristische Konzepte [59, 64]. Klassisch behaviorale Ansätze gehen von beobachtbaren Merkmalen aus, die zu problematischen Verhaltensweisen führen, die eine Krankheit bedingen. Innerpsychische Vorgänge werden nicht geleugnet, aber als nicht direkt beobachtbare Entitäten nicht zur Erklärung herangezogen. Es wird versucht, die das Problemverhalten bedingenden oder aufrechterhaltenden Verhaltensweisen im Sinne des operanten oder klassischen Konditionierungskonzeptes zu isolieren und entsprechend zu modifizieren.

Kognitive Ansätze [5, 15, 38, 41]. Eine Erweiterung des klassischen Modells durch innerorganismische Variablen brachte eine Ausweitung der Erklärungsansätze mit sich. Nicht direkt beobachtbare kognitive Vorgänge werden als emotions- und motivationssteuernde Elemente zur Erklärung mit herangezogen. Vor allem irrationale Überzeugungen und logische Denkfehler werden als wichtige auslösende oder aufrechterhaltende Bedingungen psychischer und psychosomatischer Erkrankungen angesehen. Das Paradigma des sozialen Lernens [4] wird ebenfalls als Erklärungsmuster mit herangezogen.

Beobachtungslernen und Rollenübernahme durch soziale Verstärker können wichtige Komponenten im Bedingungsgefüge der Entstehung und Aufrechterhaltung von Krankheit sein.

Verhaltensmedizin [42, 65]. Verhaltensmedizin ist ein relativ neuer interdisziplinärer Zweig, der organmedizinische und verhaltenstheoretische Erklärungen miteinander verbindet. Biochemische, immunologische und pathophysiologische Theorien werden bei der Erklärung von Krankheitsbedingungen ebenso berücksichtigt wie kognitive, soziale und lerntheoretische Konzepte von Streßerleben [55] und Mechanismen des Umgangs mit Krankheit [33] rücken in den Mittelpunkt der Betrachtung.

Familientherapeutische Ansätze

Die Grundlagen der Familientherapie sind heterogen. Je nach Ursprung sind psychoanalytische, kommunikationstheoretische, systemische und konstruktivistische Theorien grundlegend. Entsprechend haben sich auch verschiedene Orientierungen entwickelt, wie etwa:
- psychoanalytische Familientherapie [46],
- strukturelle Familientherapie [43],
- entwicklungsorientierte Familientherapie [48],
- systemische Familientherapie [53].

Entsprechend der Grundorientierung rücken unterschiedliche Blickwinkel in das Zentrum der Aufmerksamkeit.
- Die **psychoanalytische** Richtung konzentriert sich auf die aktuelle Beziehungsdynamik hinsichtlich unbewußten Konfliktmaterials.
- Die **strukturelle** Richtung betont Strukturaspekte und hier besonders die Grenzziehungen und -verletzungen des Systems Familie und seiner Subsysteme.
- Der **entwicklungsorientierte** Ansatz bezieht sich vornehmlich auf die lebenszyklischen Probleme innerhalb der Familie.
- Der **systemische** Ansatz betrachtet Familie als selbstregulatives, kybernetisches Modell mit spezifischen Regelbildungen, die es zu hinterfragen gilt.

Die Gemeinsamkeit der so heterogenen Ansätze besteht darin, psychosomatische Störung als Ausdruck eines selbstregulativen Prozesses im Beziehungsgeflecht des sozialen Netzwerkes „Familie" zu betrachten und therapeutisch zu beeinflussen. Eine Einzelfalldiagnostik ist von dieser Warte aus schwer zu integrieren. Als „erkrankt" in diesem Sinne gilt immer das ganze System, wenngleich auch immer Einzelpersonen als Symptomträger vorhanden sind.

Benötigt die Zahnheilkunde ein eigenes psychosomatisches Konzept?

Bei aller Vielfalt der Schulen und Zugangsweisen zum psychosomatisch orientierten Denken stellt sich die Frage, inwieweit der Zahnarzt auf bereits bestehende Konzepte zurückgreifen kann. Oder ist es vielleicht notwendig, ein eigenes Zahnmedizin-spezifisches Konzept zu erarbeiten?

Trotz zunehmender Spezialisierung bleibt die Zahnheilkunde ein Teilgebiet der Medizin wie die anderen Fachgebiete auch. Diese beziehen sich hinsichtlich des psychosomatischen Geschehens auf allgemeingültige Konzepte und bringen ihr Fachwissen ein. So benötigt die Zahnheilkunde sicherlich kein eigenes psychosomatisches Konzept. Aber die Psychosomatik benötigt psychosomatisch denkende Zahnärzte, die ihr Fachwissen in konstruktiver Weise einbringen.

Gerade der hochsensible orofaziale Bereich mit seiner zentralen Bedeutung für die Interaktion mit der Umwelt, ist häufig von Störungen psychischer Natur betroffen.

Wir denken hierbei nicht nur an unspezifischen Schmerz, Myoarthropathien oder psychogene Protheseunverträglichkeit, sondern auch an Dyskinesie-bedingte Fehlbildungen während der Kiefer- und Zahnentwicklung.

Hierbei stellt sich die Frage, ob es für die genannten Störungen besonders geeignete Erklärungs- und Therapiekonzepte gibt. Eine Antwort darauf ist nicht leicht zu geben. Je nach Schulrichtung lassen sich für diese Störungen und ihre Therapie unterschiedliche Erklärungsansätze finden, die auch unterschiedliche therapeutische Ansatzpunkte nach sich ziehen. Persönliche Vorlieben und die therapeutische Vorbildung des Behandlers beeinflussen dann das weitere Vorgehen. Zusätzlich ist zu bedenken, daß nicht jeder Patient mit jeder Methode zurechtkommt. Das Leiden des Patienten mit seiner individuellen Vorgeschichte ist ebenfalls zu berücksichtigen. Ansätze differenzieller Indikationsentscheidungen, welcher Patient mit welcher Störung welche Therapiemethode erhalten soll, sind gegenwärtig noch nicht geklärt [22].

Erkennen und Diagnose

Die zahnärztliche Anamnese vergangener Tage beschränkte sich nahezu ausschließlich auf eine Erhebung somatischer Erscheinungen im orofazialen System, fällt es in diesem Bereich doch besonders leicht, kausale Zusammenhänge herzuleiten. Zudem stand seit je im mehr technischen Beruf des Zahnarztes die Mechanik im Vordergrund der Denkweise und der therapeutischen Intervention.

Dieser Aspekt führte auch beim Patienten zu solchen Vorstellungen vom Krankheitsgeschehen im zahnärztlichen Bereich. Letztendlich hat sich dieses mehr **mechanistische, lösungsorientierte Vorgehen** bei Patient und Behandler manifestiert. Auch ist es in der technischen Umgebung der zahnärztlichen Praxis besonders schwierig, ein weitergefaßtes Gesamtbild vom Patienten zu gewinnen.

Damit fehlt der grundlegende Einstieg zu einer patientenorientierten Haltung. Beziehungsgestaltung und Arbeitsbündnis definieren sich hierbei nicht so sehr über verbale Kommunikation, sondern über den Einsatz moderner Technik.

Ist der Zahnarzt in einem solchen „Setting" mit psychosomatischen Erscheinungen konfrontiert, führt sein vertrauter Lösungsansatz zwangsläufig zum Scheitern, da grundlegende Dimensionen der Krankheitsgenese nicht erfaßt werden. Bei einem solchen Therapieansatz ist es ihm meist nur möglich, psychopathologisches Geschehen nach dem Ausschlußverfahren zu diagnostizieren. Ätiologische Faktoren und Überlegungen bleiben verdeckt.

Dabei existieren durchaus Richtlinien und Handlungsanweisungen für das Vorgehen bei der Anamnese, aus denen sich auch diagnostische und differentialdiagnostische Kriterienkataloge herleiten, die ein solches Vorgehen erlauben und als angemessen erscheinen lassen [1, 45].

Gängige Anamneseschemata

Grundsätzlich sollte der anamnestische Prozeß aus der Sammlung, Systematisierung und diagnostischen Verarbeitung von Informationen bestehen. Diese Informationen beziehen sich auf **biographische Fakten,** sowie vergangene und gegenwärtige Sachverhalte. Dies sind sowohl offen beobachtbare, als auch verdeckte Ereignisse, körperliche Zustände sowie Verhaltens- und Erlebensweisen eines Individuums in seinem sozialen Umfeld. Neben dieser strukturierten Analyse soll die Anamnese auch **funktionelle Beziehungen** im Sinne von verursachenden, auslösenden, aufrechterhaltenden und beitragenden Bedingungen abklären [49].

Der anamnestische Prozeß sollte sich grundsätzlich an den Gütekriterien der Testerhebung orientieren: Objektivität, Reliabilität und Validität. Gerade diese sind aber bei einem solchen „Breitbandverfahren" nur schwer einzuhalten. Gerade die Validität unterliegt dem subjektiven Urteil des Explorators. Insbesondere zu Fragen der „subjektiven Lebenssituation", zu individuellen und speziellen Zusammenhängen des Krankheitsgeschehens ist eine Validierung im hermeneutischen Zirkel gängig und nötig.

Problematisch ist die dann vollzogene kausale Schlußfolgerung, die sich an Konstrukten theoretischer Systeme operationalisiert, deren Operationalisierungsgrad aber zu unspezifisch ist. Bis dato existiert keine umfassende, allgemein anerkannte Theorie psychosomatischer/psychoneurotischer Störungen aus der sich eine individuelle Diagnose- und Therapiestrategie ableiten läßt [11]. Nach wie vor ungeklärt ist auch die Frage nach der differenziellen Indikation verschiedener psychotherapeutischer Vorgehensweisen bei bestimmten Störungen, wenn auch die „etablierten" Therapieverfahren (Verhaltenstherapie, Psychoanalyse und Gesprächspsychotherapie) ihre Effektivität unter Beweis gestellt haben [22].

Daraus ergibt sich die Notwendigkeit, verschiedene Zugangsweisen zu wählen und auf die Problematik in der Zahnheilkunde hin zu spezifizieren.

Analytische Anamneseschemata

Das analytische Verständnis von psychischer Erkrankung und ihrer Therapie folgt weitgehend einem medizinischen Krankheitsmodell. Beschwerden werden als Symptome verstanden. Diese sind Symbole für bestimmte psychische Störungen, die auf spezifischen Konflikten und Strategien der Konfliktbewältigung oder Abwehr beruhen.

Die **Anamnese für den psychosomatischen Bereich** soll Aspekte der Organ-, Funktions- und Beziehungspathologie integrieren. Dazu wird die klinische Anamnese und das psychoanalytische Erstinterview verbunden. Es werden somit Daten über die **körperliche Symptomatik** und die **subjektive Wirklichkeit des Patienten** erhoben. Es wird versucht durch Einbeziehung der „szenischen Information", sowie der Phänomene Übertragung und Gegenübertragung, nicht nur die Ängste, Hoffnungen und Erwartungen, also das subjektive Erleben, zu erfassen, sondern auch die Objektbeziehungen und Widerstände des Patienten. Eine Empfehlung lautet dabei, es dem Patienten zu überlassen, was er sagen will. So kann dieser sich selbst am besten entfalten.

Ein Schema zur besseren Orientierung wird von Morgan und Engel [44] angegeben. Danach gliedert sich die Anamnese in neun Schritte (Tabelle 1).

Tabelle 1 Einzelschritte im Prozeß der Anamneseerhebung (nach [44]).

- Begrüßung
- Erkundigung nach dem Befinden und Bereitschaft, für den Patienten dazusein, signalisieren (Wie geht es Ihnen?)
- Aufforderung zur Selbstdarstellung (Was führt Sie hierher?)
- Darstellung der Symptomatik unter Berücksichtigung der Dimensionen:
  Lokalisation, Qualität, Intensität, zeitliche Zusammenhänge, Begleitumstände, verändernde Einflüsse und Begleitsymptome
- persönliche Anamnese, Umgang mit früheren Leiden
- Familien-, Entwicklungs- und Sozialanamnese
- jetzige Lebensumstände, biographische Anamnese
- Rekapitulation und systematische Übersicht
- Abschlußfrage (Gibt es noch irgend etwas, worüber Sie noch sprechen möchten?)

Von der Begrüßung des Patienten und der Herstellung einer angenehmen Gesprächsatmosphäre ausgehend, werden die Symptomatik und wichtige biographische Daten des Patienten exploriert.

Wichtig dabei ist, daß die Fragen möglichst offen gehalten werden und suggestives Fragen unterbleibt, so daß die „Selbstexploration" des Patienten gefördert wird. Daran schließt sich dann eine gründliche körperliche Untersuchung an.

Zur näheren Verdeutlichung des Vorgehens soll im folgenden ein vollständiges Gesprächsprotokoll eines Erstinterviews vorgestellt werden. Das Interview dauerte insgesamt 25 Minuten und umfaßte sämtliche wichtigen und für das Verständnis der Erkrankung notwendigen Punkte.

Fallbeispiel:
Es handelt sich um einen 56jährigen, verheirateten Mann, der unsere Sprechstunde auf Anraten seines behandelnden Zahnarztes aufsuchte. Der Vorbehandler hatte immer wieder mit dem bei der Behandlung auftetenden Würgereiz zu kämpfen und sah die prothetische Versorgung als sehr problematisch an. Auch der Patient selbst sah das Problem und wollte eine Änderung dieses Zustandes erreichen.
Auf die Eingangsfrage: „Was führt Sie zu mir?" berichtet der Patient:

Patient: Ich bin beim Dr. L. seit Jahren, er hat mir zwei Gebisse gemacht.
Behandler: Die tragen Sie nicht?
Patient: Nein, das geht gar nicht ... zuerst waren die Eckzähne noch dran, mit Haken waren sie da befestigt und so eine Platte am Gaumen. Die kann ich erstens nicht vertragen und zweitens haben die Eckzähne zu wackeln angefangen ... und dann hab ich den Eckzähnen noch die Schuld gegeben ... und dann hat er (Hauszahnarzt) gesagt, wir vergolden die Platte ... hat auch nix gebracht ...
Behandler: War's keine Allergie?
Patient: Ich weiß es nicht, er weiß es nicht, ich hab mit meinem Hausarzt gesprochen, dem Dr. S., der hat gesagt, das ist was psychiatrisches, ... nun gut, hab ich gesagt, ich bin ja schon Jahre bei der Frau Dr. J., Neurologin.
Behandler: Weshalb sind Sie bei Ihr?
Patient: Ich war früher Alkoholiker, seit elf Jahren trocken jetzt.
Behandler: Haben Sie das selbst geschafft oder waren Sie in einer Gruppe?
Patient: Ich war ein halbes Jahr in E. (PLK), seither ist fertig. Ich konnte das dort nicht in der Gruppe und dann hab ich's allein gemacht, meine Frau hat mich sehr unterstützt.
Behandler: Das ist sehr wichtig.
Patient: Ja, und dann war ich bei Frau Dr. J., ich nehme jetzt auch noch Tabletten.
Behandler: Was nehmen Sie da?
Patient: Zur Beruhigung, den Namen weiß ich gerade nicht ... also sonst nichts ... es hat schon angefangen, wo der Dr. L. den Abdruck gemacht hat ... und ganz früher schon, also als Kind so mit ca. zehn Jahren, da hat mir der Dr. W. einen Zahn gezogen, einen Backenzahn, ohne Spritze und alles, an den kann ich mich noch genau erinnern.
Behandler: Ich glaub, an den würde ich mich auch noch erinnern ... aber damals hat es auch nicht viel gegeben.
Patient: Nein, kaum Medikamente ... ich bild' mir ein, daß das vielleicht Schuld hat?
Behandler: Hm.
Patient: Aber ich hab im Moment auch seit einem Jahr Schwierigkeiten mit dem Mund insofern, aber keiner will das hören, daß ich den Herzschlag auf der Zunge fühle ... alle sagen, das ist normal, das geht wieder vorbei, keiner geht darauf ein.
Behandler: Das beunruhigt Sie sehr.
Patient: Ja, das ist immer, besonders, wenn ich mich in irgendetwas hineinsteigere.
Behandler: Wenn Sie sich aufregen?
Patient: Ja ... ich will Ihnen alles erzählen, sonst hat das keinen Wert, ich muß Ihnen reinen Wein einschenken, ich will ja wieder beißen können, ja ich will das ... und seit einem Jahr oder eineinhalb muß ich immer, wenn ich angespannt bin ... dann sprech ich so (kneift die Lippen zusammen und beißt auf die Zähne).
Behandler: Ist die Zunge manchmal dazwischen oder nur die Lippen?
Patient: Die mach ich am Abend dazwischen bevor ich einschlaf ... das macht ja die ganzen Zähne kaputt.
Behandler: Das macht die Zähne nicht besser.
Patient: Das sind alles so Sachen, jetzt woher kommt's ... also ich muß dazu sagen ...
Behandler: Haben Sie selbst eine Erklärung dafür?
Patient: Eine nervliche, sehr starke Beanspruchung, also nicht beruflich, sondern ... ich bin früher Maler gewesen, bin aber schon 20 Jahre nicht mehr im Beruf, war dann im Verkauf und das ist alles normal gelaufen ... vor zehn Jahren hab ich mir dann das Bein gebrochen, also die Kniescheibe mußte genagelt werden, habe dann auch wieder sagenhaft laufen können, also dann bin ich in den Verkauf, weil ich im Beruf nicht mehr arbeiten konnte, bekam vier Jahre Rente und dann kam der Meister Kohl und

nahm sie mir wieder ... ich hab die Rente nicht allein wegen dem Fuß gekriegt, sondern weil es schon vor zehn Jahren geheißen hat, es sei eine Zirrhose im Anzug ...
Behandler: Haben Sie noch Schwierigkeiten mit der Leber gehabt?
Patient: Ja, aber die Leberwerte sind wieder in Ordnung, und der Alkohol stört mich auch gar nicht mehr, ich geh in die Wirtschaft und trink mein Spezi ... Habe ja vier Jahre Rente gehabt und dann hat es geheißen, ich kann leichte Arbeit verrichten ... jetzt finden Sie Arbeit, leichte ...
Behandler: Fanden Sie eine?
Patient: Sehen Sie, das ist es jetzt, was ich ... das hat Nerven gekostet damals, ... durch Zufall hab ich über einen Kollegen eine Stelle bekommen bei der Stadt ... und dann hat das, ich hab ja nur stundenweise gearbeitet dort, morgens ... ich durfte da nur bis 450,– DM verdienen, ich hatte das ja noch zusätzlich zur Rente ... und dann halt, ging da nichts mehr ... meine Frau arbeitet halbtags im Büro, das hat uns nicht gereicht ... 1.000,– DM und ich 450,– DM, was ist das schon, unmöglich.
Behandler: Zu wenig.
Patient: Daraufhin hab ich dann gesagt ich muß eine Ganztagsstelle haben, und dann kam ich ins Museum und da bin ich jetzt fünf Jahre, und in vier Jahren werde ich, ich habe ja 50% Erwerbsminderung, ... mach ich eine Fliege, ist ja klar, mit 60 geh ich.
Behandler: Das haben Sie fest vor?
Patient: Was soll ich noch und das Geld ist nicht mehr, also und die Kollegen sind ja alle meist krank ... zum Glück fehlt's mir nicht im Kopf, sondern körperlich, es ist halt ein unheimlicher Streß, nichts zu tun, keine Aufgabe zu haben, nur rumzustehen ... sie können den ganzen Tag denken über alles, aber ich hab gesagt ich nehme den Job an ... ich habe jetzt zwar die Kassenberechtigung erhalten.
Behandler: Jetzt dürfen Sie auch kassieren?
Patient: Ja, das ist ja alles gut und recht, aber wenn halt der Hauptkassierer da ist, dann ist eben der an der Kasse ... und das kostet dann dermaßen Nerven, daß ich abends, wenn ich heimkomme, ich kann nichts essen, ich muß mich erst hinlegen, körperlich fix und fertig.
Behandler: So blöd es klingt, vom nichts tun.
Patient: Ja, genau, sie wissen, sie sind für nichts da wie immer „Guten Tag, guten Tag" und immer freundlich ... am Empfang, da kann man natürlich auch keinen Dackel hinstellen, ... mit den anderen können sie sich nicht genug unterhalten, wenn sie woanders hinkommen, und das machts halt schwer ... und seit einem Jahr jetzt ungefähr ist das mit den Zähnen, das ich unbedingt weg haben wollte ... mit dem Beißen ... ich war beim Homöopath, der hat's auch nicht geschafft, Diplom-Pychotherapeut oder was der ist sogar, aber der bringt's auch nicht weg.
Behandler: Ja, kommen wir vielleicht auf das Problem zurück. Was genau macht es schwierig und wie äußert sich das alles?
Patient: Die Anspannung ist zu groß, irgendwie komm ich nicht aus mir heraus.
Behandler: Und im Mund, wie äußert das sich da?
Patient: Im Mund das ist ... manchmal hab ich ein trockenes Gefühl, obwohl es nicht ein trockenes Gefühl, ... ich hab schon festgestellt, bei nervlicher Anspannung ist es schlimmer, es kann nur mit den Nerven zusammenhängen.
Behandler: Hm.
Patient: Also letztes Jahr im Urlaub, auf einmal war das Ding weg, ich hab meine Zähne getragen ... sagt meine Frau, Mensch das ist tadellos.
Behandler: Also es gibt Umstände, wo Sie die Prothese nicht stört, wie Sie gemerkt haben. Was an der Prothese hat Sie am meisten gestört?
Patient: Am Gaumen, ... wahnsinnig.
Behandler: Was ist da genau passiert? Können Sie das beschreiben?
Patient: Ich habe sie zwar reingemacht, aber ich konnte das Ding nicht drinbehalten, ich wäre verrückt geworden.
Behandler: Wie lange haben Sie es getragen?
Patient: Fünf bis zehn Minuten, dann hab ich's wieder rausgemacht, konnte nicht, ging nicht.
Behandler: Hm.
Patient: Es hat mir hinten alles zugemacht, nicht direkt die Luft abgestellt, aber ich meine, es ist irgendetwas, das mir hinten zudrückt.
Behandler: Da passieren ganz unterschiedliche Sachen ...
Patient: Gestern abend haben wir das Thema wieder besprochen, und zwar hat mein Sohn gesagt, ... der ist 28 Jahre schon, ist aber bei mir noch in der Wohnung.
Behandler: Der einzige?
Patient: Ja, der kostet auch immer Nerven, ja ... mehr Nerven wie alles andere.
Behandler: Die einzigen Söhne kosten gern Nerven.
Patient: Und dann hab ich eine alte Oma, die auch Nerven kostet, die wird jetzt 81 und ist auch noch in der Wohnung ... und jetzt kommen Sie.
Behandler: Das ist ein Haufen, ja..und Sie mittendrin ... drei Generationen unter einem Dach.
Patient: Und wenn man dann eine Arbeit hat, bei der man nicht abschalten kann, ... verstehen Sie, wenn sie schaffen können, aus sich heraus gehen können.
Behandler: Wo Sie sich abreagieren können.
Patient: Ja, und da staut sich's, ... und wenn dann noch was anderes dazukommt, dann ist fertig..
Behandler: Fix und fertig.
Patient: Ich möcht's, ich möcht's, hab ich schon geflucht, es geht nicht, irgendwo ist eine Sperre, aber wo sitzt die Sperre, was ist's ... gestern abend hat mein Sohn gesagt, wenn Du hinten putzt, da kann es schon sein, daß es Dich würgt, das ist normal ... und da hab ich gesagt, das ist dummes Zeug, ich hab ja hinten gar keine Zähne mehr, da brauch ich hinten ja gar nicht putzen ... und daraufhin hab ich gestern abend mal meine Zähne geputzt und das probiert und tatsächlich, hab ich's gleich gehabt, ob sie's glauben oder nicht.
Behandler: Also wenn Sie mit der Bürste hinten hin kommen?
Patient: Ich hab so geputzt, als hätte ich Zähne ... gestern hab ich das gemacht, weil ich gedacht habe, ich muß Ihnen ja was erzählen, ich muß mich vorbereiten auf das Gespräch ... aber sofort mußt ich aufhören, wenn ich hinten hinkomme, ist fertig.
Behandler: Ist das so, wie wenn's „dicht macht"?
Patient: Nein, eher wie ein Kloß, ... ich muß Ihnen ja sagen können ...
Behandler: Das war eine gute Idee.
Patient: Ja, sonst hat ja alles keinen Sinn, nicht, daß ich nicht mitarbeiten oder mithelfen will, aber wenn ich sage es geht nicht, wie beim Abdruck von Dr. L.
Behandler: Der hat doch die Prothese mal gemacht?
Patient: Ja, der ist mit der Hand hinein, ... ja, das war ja furchtbar, der hat müssen aufhören, ... er hat gesagt, er erstickt mich ... ich bin blau geworden, ich hab nicht mehr geatmet, das muß ich noch dazusagen, da können Sie fragen ... der mußte abbrechen.

Behandler: Ah ja ... Sie waren vorher beim Dr. G. in Behandlung ...
Patient: Ja, ... zuerst hat mir der Dr. H., da bin ich als Notfall gekommen, abends, ... da hab ich gesagt, der Zahn muß heraus, der hat dermaßen gewackelt, ... ich brauch keine Spritze ... dann hat er nur leicht betäubt und dann ...
Behandler: Ja.
Patient: Und da hab ich gesagt, geh ich in die Zahnklinik ... und dann hat mir der Dr. G. die 3 noch gezogen ...
Behandler: Ja, und das ging gut?
Patient: Ja, der hat mich zwei Tage krankgeschrieben.
Behandler: Und mit dem Würgereiz?
Patient: Nein, ... und der hat auch einen Abdruck gemacht, da waren die Zähne noch drin und das ging noch ... er hat mir zwar gesagt, das mit dem Nase atmen und so, da hab ich Otriven®-Tropfen genommen vorher, das wußte er aber nicht.
Behandler: Und das ging dann?
Patient: Er kam mit dieser Zange nicht ganz so hin, es war an der Grenze des Erreichbaren ... ich hab mich auch zusammengenommen bis dorthinaus, ... ich saß da ...
Behandler: Haben sich richtig angestrengt.
Patient: Ich war dann fix und fertig, nervlich auch.
Behandler: Ja, ... auch die Angst schon.
Patient: Der Zahnarzt ist für mich seit jeher so ein rotes Tuch gewesen, ... das war damals schon so, das vergess' ich nicht und das ist immer noch so.
Behandler: Es gibt also schon so eine Stelle von der man sagen kann, bis dahin geht's und erst wenn man drüber rausgeht wird es schwierig, ... insofern seh ich da schon eine Chance.
Patient: Ich hab dann auch mit einem Kollegen gesprochen, der hat auch die Platte drin, der kriegt seine Zähne kaum raus.
Behandler: Hm.
Patient: Nur, wenn man halt so einen pappigen Käse ißt, dann kann es sein, daß es ihm mal rausgeht.
Behandler: Ja, nur wenn Sie die Platte oben nicht tragen können, weil es Sie würgt ... ich meine jetzt haben Sie noch Zähne.
Patient: Ja, ja ... aber die müssen raus.
Behandler: Ja, ich habe mir das Röntgenbild angeschaut, die sehen nicht mehr sehr gut aus, sind nur noch wenig im Knochen.
Patient: Ja, es dreht sich ja darum, ich muß weiterdenken, jetzt muß der raus und in 2–3 Jahren der, dann haben wir wieder den ganzen Zirkus, dann können wir wieder von vorn anfangen ... das sind Überlegungen hin und her ...
Behandler: Ja.
Patient: Wer gibt denn gern was Eigenes her, das ist meine Frage.
Behandler: Die sind Ihnen schon wichtig!
Patient: Ich kämpf halt um jeden Zahn.
Behandler: Würd ich auch.
Patient: Auf die andere Art ist die andere Überlegung genauso korrekt.
Behandler: Klar.
Patient: Aber für das, nehme ich an, habe ich Sie, komm ich ja zu Ihnen ...
Behandler: Ich bin auch zuversichtlich, aber ich muß auch berufsmäßig zuversichtlich sein ...
Patient: Ja, selbstverständlich ... und ich will ja so gut wie möglich mitarbeiten ... entweder richtig oder gar nicht ... ich bin jetzt Jahre zum Dr. L. gegangen, und jetzt bin auch schon wieder ein halbes Jahr da, und jetzt probier ich das und wenn ich noch ein Jahr da bin ...
Behandler: Dafür, daß Sie Ihr Gebiß kriegen ...
Patient: Ich kann mir gar nicht vorstellen, daß ich Zähne hab.
Behandler: Wie lange haben Sie jetzt ohne gelebt? ... und die Prothese haben Sie auch bloß als Schaukastenobjekt.
Patient: zwei ... drei ... vier Jahre.
Behandler: So lange sind die Zähne schon weg?
Patient: Schon länger, die fehlen schon länger, ich hab schon lang keine Backenzähne mehr, ... das dürften schon zehn Jahre sein sogar..
Behandler: Ja, wie essen Sie momentan?
Patient: Was halt geht.
Behandler: Ist das ein Problem?
Patient: Ja, wenn ich halt hartes Fleisch hab, dann ess' ich's nicht ... die Frau kocht ja dementsprechend und wenn ich in der Wirtschaft bin und habe hartes Fleisch, dann reklamier ich ...
Behandler: Also kommen Sie so zurecht.
Patient: Ja, ich kann halt keine großen Brocken reinschieben, ... die schneid ich halt klein, da bin ich so dran gewöhnt.
Behandler: Das ist schon so, daß es gar nicht mehr auffällt.
Patient: Jetzt natürlich, nachdem die zwei auch noch fehlen ...
Behandler: Wird's schlechter?
Patient: Find ich schon, die Beanspruchung der anderen wird auch immer größer.
Behandler: Ja, das macht die nicht besser, insofern ist es schon recht, daß Sie dran gedacht haben, etwas zu tun.
Patient: Aber die Angst, ... die müßen Sie auch ... die ist immer da..
Behandler: Die sitzt Ihnen im Nacken.
Patient: Der Professor hat's mir auch gleich angesehen, hat gesagt, Herr H. bleiben Sie ganz ruhig ... aber das ist ein psychologischer Vorgang oder?
Behandler: Ja, Sie sind nicht der einzige, der Angst hat vor'm Zahnarzt.
Patient: Ja, ja, denk ich, ... ich vermute, daß es nervlich ist, mit den Nerven zusammenhängt.
Behandler: Sie merken, wenn Sie im Streß sind, wenn Sie aufgeregt sind, wird es mehr.
Patient: Wenn irgendetwas auf mich zukommt, und ich merk ich kann nicht, da kann es sein, da kommt dieser blöde Gedanke, kannst Du es bewältigen, kannst Du es nicht, obwohl ich gesagt hab, das machst Du nicht, ich kann's ... aber der Gedanke schon dran, Du kannst einen Fehler machen, ... verstehen Sie, ich bin zu diffizil.
Behandler: Und dann warten Sie schon drauf..
Patient: Wie soll ich mich jetzt ausdrücken, wie soll ich das genauer sagen, ... die Angst, ich könnte irgendwas falsch machen ... warum, das weiß ich nicht.
Behandler: Hm.
Patient: Selbst bei Sachen, die ich wirklich beherrsche.
Behandler: Hm.
Patient: Hängt immer so hinten ein wenig, ... klingelt da hinten ein wenig etwas ... und das nervt mich aber im Stillen ... ich weiß das ...
Behandler: Sie wissen, daß Sie es können, aber irgendwie geht's dann doch nicht, weil Sie denken, Sie könnten was falsch machen.
Patient: Ich weiß es, ... es ist ja nicht so, daß ich es nicht weiß.

Behandler: Ja, ich finde das auch schwierig, aber ich vertraue da auf was ganz anderes ... Sie haben schon mal etwas geschafft, wovon Sie wahrscheinlich auch nicht gedacht hätten, daß Sie das können.
Patient: Ja, ja ... einen Tag und eine Nacht bin ich ja dagelegen im Koma ... ich hab das alles hinter mir, gell, und ich hab alles ... kann keiner sagen ... das haben die auch gesagt, so von 1000 schaffen das vielleicht zwei oder drei, so wie sie's geschafft haben ... ohne Gruppe und alles ... ich habe gesagt, ich muß ... und ich bin sogar 14 Tage früher entlassen worden.
Behandler: Und diese Kraft haben Sie, da vertrau ich eigentlich drauf.
Patient: Ja.
Behandler: Und ein bißchen helf ich Ihnen auch dabei.
Patient: Ich weiß, ich weiß und ich habe auch zu Hause da in jeder Hinsicht Unterstützung ... wenn der Hausfrieden schief hängen würde oder so ... das hab ich alles schon hinter mir und ich kann das ... aber es ist ja doch so, jeder hat halt so Probleme, die er selber nicht lösen kann und wo der Wille da ist und es geht dann nicht.
Behandler: Die Hilfestellung dazu, die kann ich Ihnen anbieten, ... mir fällt da schon etwas ein, ..Sie müssen halt mitziehen.
Patient: Ist ja logisch, ich weiß, daß ich mitmachen muß.
Behandler: Den Willen dazu haben Sie und das haben Sie schon oft bewiesen, daß Sie da auch durchgehen.
Patient: Ja, beim Dr. L. hab ich auch den Willen gehabt, hab ich auch gesagt, ich muß, ich muß ... es ging nicht, und da hab ich eben gesagt, es geht nicht mehr ... wenn's einmal da hinten ist (deutet auf Gaumenregion).
Behandler: Hm
Patient: Aber mein Mund ist dermaßen gefährlich und diffizil ... also ich weiß nicht und je älter ich werde, desto schlimmer wird's ... also, wie gesagt eineinhalb Jahre hab ich das jetzt mit dem trockenen Gefühl im Mund, ... dabei ist der Mund aber nicht trocken, ich hab Speichel und alles, ... genauso ist es mit dem Pulsschlag auf der Zunge, das ist nur weg, wenn ich total entspannt bin, z.B. nachts oder morgens, wenn ich aufwache, dann ist es weg.
Behandler: Hm.
Patient: Aber das kann schon eine Stunde später wiederkommen, ... wenn irgendwas schief geht, da kann das schon wieder kommen, ... und wenn ich dann aufpasse, dann merk ich, daß es wieder da ist, ... das wird dann immer stärker das Gefühl, ... das ist aber kein Gefühl, das ist Tatsache ... Tatsache ...
Behandler: Je mehr Sie sich darauf konzentrieren, desto schlimmer wird's auch.
Patient: Das war dasselbe ... wie ich daher gegangen bin..
Behandler: Da hat es angefangen.
Patient: Da brauch' ich nur dran zu denken, ... wo ich dann die Treppe raufgegangen bin, hab ich gesagt, ich muß erst eine Zigarette rauchen ...
Behandler: Ja, ändert das irgendetwas am Gefühl der Trockenheit, am Pulsschlag auf der Zunge oder sonst irgendwie?
Patient: Nein, ... überhaupt nichts ... auch geschmacklich nicht.
Behandler: Haben Sie selber das Gefühl, daß Sie irgendetwas tun können dagegen? Gibt es irgendetwas, wo Sie das Gefühl haben, es wird besser?
Patient: Nicht daß ich wüßte.
Behandler: Sie haben vorher gesagt, Sie haben eine Zigarette geraucht ...
Patient: Ja dann, ... es geht nicht weg, aber es beruhigt mich ... es bleibt konstant.
Behandler: Ist ja schon mal ganz gut ... als Sie in E. waren, haben Sie da autogenes Training oder ähnliches gelernt?
Patient: Nein, ich hab alles abgelehnt, nur zugeschaut.

Danach werden dem Patienten noch die Grundzüge eines Entspannungstrainings erklärt, und er wird nach Hause entlassen.

Eine weitere Ausformulierung dieses Grundkonzeptes haben Adler und Hemmeler [2] vorgelegt. Dieses wurde von Demmel [10] auch für den zahnärztlichen Bereich übernommen. Es gliedert sich in zehn Einzelschritte (Tabelle 2). Besonderes Gewicht wird dabei auf die **Beschwerdeschilderung** gelegt. Ausgehend von der Schilderung der allgemeinen Beschwerden, wird das jetzige Leiden detailliert erfaßt. Die weiteren Punkte befassen sich mit der Einbettung des Leidens in persönliche und soziale Zusammenhänge.

Die folgenden Ausschnitte aus einem Gesprächsprotokoll, bei dem die Inhalte nach den oben genannten Punkten zusammengestellt wurden, sollen zur Verdeutlichung des dargestellten Schemas dienen.

Tabelle 2 Einzelpunkte des Anamneseschemas (nach [2]).

- Vorstellung und Begrüßung
- Gestalten einer günstigen Situation
- Landkarte der Beschwerden
- jetziges Leiden
  - zeitliches Auftreten
  - Qualität
  - Intensität
  - Lokalisation und Ausstrahlung
  - Begleitzeichen
  - intensivierende und lindernde Faktoren
  - Umstände
- persönliche Anamnese
- Familienanamnese
- psychische Entwicklung
- Soziales
- Systemanamnese
- Fragen und Pläne

Fallbeispiel:
Bei dieser Patientin (49 Jahre, geschieden, drei Kinder) bestand die hauptsächliche Symptomatik in einem reflektorischen Erbrechen bestimmter Speisen, dessen Genese nicht klar war. Daneben waren auch somatisch begründbare Schwierigkeiten vorhanden, wie ein parodontal insuffizientes Restgebiß und ein mangelhaftes Prothesenlager im Unterkiefer. Den Weg in die Klinik hatte sie im Rahmen der Begutachtung des vorhandenen Zahnersatzes gefunden. Bei den vorgestellten Ausschnitten aus dem Protokoll handelt es sich um den zweiten Patientenkontakt, in dessen Verlauf der familientherapeutisch ausgerichtete Kollege (Behandler 2) aus der psychosomatischen Klinik eingeführt wird.

Während des Erstkontaktes war eine ausführliche zahnärztliche Untersuchung erfolgt, sowie ein kurzes Erstinterview zu den derzeitigen Beschwerden geführt worden. Die Patientin wurde dann zwischenzeitlich an den Hauszahnarzt mit der Bitte um Sanierung und Unterfütterung der vorhandenen Prothese weiterverwiesen.

Gestalten einer günstigen Gesprächsatmosphäre:

Behandler 1: Guten Tag Frau G. Dies ist der Kollege G. aus der psychosomatischen Klinik, der sich heute an unserem Gespräch beteiligen will.
Wie ist es Ihnen seit der letzten Untersuchung ergangen? Was hat sich ereignet? Vielleicht schildern sie kurz, was in der Zwischenzeit passiert ist. Wie ich aus ihrer Miene entnehme, haben Sie uns nichts Erfreuliches mitzuteilen.

Jetziges Leiden:

Patient: Ja, ja, ... keine Hoffnung ... schlimmer als vorher ... seither ist es noch schlechter geworden, seit das Ding drin ist ... seit dem 26. ... ich kann nimmer.
Behandler 1: Können Sie gar nichts mehr essen?
Patient: Vorher waren vielleicht noch die zwei Zähne da, ... jetzt ist es ganz schlimm ... ein Brötchen eingetunkt am Morgen oder überhaupt, das geht noch ... ich hab jetzt mit dem Sohn noch zusammen ...
Behandler 1: Das hatten wir ja überlegt ...
Patient: Ja, ich hab mit dem Sohn geschaut, was wir gemeinsam essen, ... und er hat reingestopft und ich auch und er hat sich dann schon wieder geschöpft ... hab mir dann auch Gummibärchen gekauft, ... wie's was Festes ist, dann lupfts mir's hinten hoch ...
Behandler 1: Dann müssen Sie Brechen?
Patient: Ja, ... Wie ich das neue Gebiß dann gekriegt hab, da bin ich gleich heim abends und hab einen Wurstsalat gemacht ... aber drei Gabeln voll und dann war fertig ... ich glaub, das wird sich nicht mehr legen.
Behandler 1: Ja, da waren wir irgendwann mal soweit, daß wir gesagt haben, beim Anschauen fängt's schon an.
Patient: Aber die Schmerzen sind jetzt noch schlimmer, jetzt wache ich schon nachts auf ... und es ist ja nicht nur von oben, sondern auch von unten, wo der Kiefer brennt.
Behandler 1: Das fängt jetzt oben auch an.
Patient: Das war vorher schon, bloß nicht so schlimm wie unten. Ich vermute, daß es doch von unten her kommt ... jetzt ist es noch schlimmer, jetzt reibt die Prothese noch mehr, jetzt liegt sie über der Narbe ... ich finde, jetzt ist es noch schlimmer, jetzt wach ich schon nachts auf, das geht jetzt sogar noch weiter, ... jetzt ist's noch schlimmer ... Helago-oel®, das reibe ich immer ein tagtäglich, das lindert ... ob jetzt vor dem Essen oder danach, das hat damit nichts zu tun, ... das lindert ein bißchen den Schmerz ... nachher ist es wieder dasselbe.

Landkarte der Beschwerden:

Patient: Ja, dann haut der Kreislauf wieder ab.
Behandler 2: Meinen Sie, daß Sie kreislauflabil sind?
Patient: Ja, dann fang ich wieder an zu zittern.
Behandler 2: Zittern, auch Hinfallen?
Patient: Genau, das hat's auch schon gegeben, aber das geht jetzt nicht auf die Zähne alles.
Behandler 2: Aber das kommt noch belastend hinzu.
Patient: Ja genau, ich hab ein wenig niederen Blutdruck ... mit dem Kreislauf zu tun ...
Behandler 1: Die Ärztin hat mir einen Bericht geschickt, ... vom Röntgen und den Untersuchungen ... und da war also nichts ...
Patient: Ja genau, nur nervös, ja, nur nervös, ich muß halt Tabletten nehmen und Medizin.
Behandler 1: Nichts Auffälliges, „nervös bedingte Gastritis“.
Behandler 2: Ach so, das heißt auch weiter unten.
Behandler 1: Ja.
Behandler 2: Da kommt das auch.
Behandler 1: Was haben Sie immer genommen, ... Gelusil Lac®?
Patient: Ja genau, das nehme ich auch heute noch, wenn ich's brauch.
Behandler 1: Also dieser Reizmagen..
Behandler 2: Geht von oben bis unten.
Patient: Ich krieg schon's Magenweh, wenn ich nur ans Essen denke ... oder wenn ich irgend etwas esse ... Und dann bin ich zu der Ärztin hin, und auch das Brechen ist dann noch schlimmer geworden, und dann bin ich hin und habe gesagt, ich tue nur beobachten, und das Gebrochene ist nur halb gekaut, und das hab ich gesagt, und ich würde mich lieber mal auf den Magen untersuchen lassen. Und dann hab ich drauf bestanden, daß ich wegen dem Magen, und dann bin ich zu dem Dr. K., und dann wurde Ultraschall gemacht und da war nichts und dann wurde geröntgt, und dann hat er mir was verschrieben, und der Bericht ging an die Ärztin und das war's. Dann hab ich von der Krankenkasse einen Bescheid bekommen, ich soll mich mit der Zahnklinik in Verbindung setzen, wegen dem Kiefer und Allergietest, ... so ging das los, an und für sich.
Behandler 1: Sie waren zuerst zum Allergietest da, und da kam ja nichts heraus.
Patient: Den Grund haben sie immer bei den Zähnen gesucht die Zahnärzte, ... und dann wurde das Gold herausgenommen und die Plomben.

Persönliche Anamnese:

Patient: Ja, das mit den Zähnen war schon immer, und dann mußt ich auch schon immer wieder hierher (Zahnklinik) und mußte hier ziehen lassen, weil die Wurzeln, die gingen so ineinander und deshalb mußte ich sie ausziehen lassen.
Behandler 2: Sonst sind Sie so stark, aber die Zähne, das war irgendwie ein Schwachpunkt.
Patient: Ja, das war immer so ein Schwachpunkt und deshalb bin ich auch bei den Kindern so hinterher ... Die gehen auch laufend. Aber ich finde, an und für sich ... ich mußte immer gehen ... Wenn ich dran denke in der Schwangerschaft, die hat mich ein paar Zähne gekostet, da war wirklich nichts mehr zu machen.
Behandler 2: Das ist wie so ein Tribut an die Belastung des Lebens ... So ein Zahn nach dem anderen verloren gegangen.

Patient: Ja, ja , das ist aber auch schlimm, ... und dann früher durch das Anhängen mit den Haken, das hat mir die anderen Zähne erst recht kaputt gemacht, ... also das war ganz schlimm. Da hat man können genau drauf gehen, alle vier Wochen einer, und er hat müssen wieder was ziehen und meistens hat's dann hier geendet.
Behandler 1: Ja, Ihre Geschichte hier im Haus, die ist 15 Jahre alt.
Behandler 2: Dann kann man sagen bei Ihnen, der Verlust der natürlichen Zähne war irgendwie ein Zeichen, daß Sie ein schweres Leben hatten.
Patient: Ja, ich weiß nicht, das weiß ich nicht, ... kann man das so sagen ... aber ich hab es so mit Kalk und allem ... Also es ist ja nicht, daß wir nicht vitaminreich gegessen hätten oder so, ... Also, ich weiß nicht.

Familienanamnese:

Patient: Ja, vielleicht, ich mein, wir waren viele Kinder daheim, aber es hat jeder was zu Essen gekriegt ... Es ist aber auch unterschiedlich bei uns in der Familie, ich habe einen Bruder, wo auch schon alle draußen hat, dann hab ich eine Schwester, die fast noch alle, allerdings zwei oder drei überkront oder so ... So ist es auch wieder unterschiedlich.
Behandler 2: Sind die jünger als Sie?
Patient: Nein, ich bin die Jüngste.
Behandler 2: Wo man doch sagt, die Jüngsten, die haben's besonders gut.
Patient: Ja, ich bin die Jüngste von 14.
Behandler 2: Ja, da könnte man sagen, es ist kaum noch was übrig.
Patient: Ja, würde ich eher sagen ... Aber das ist echt unterschiedlich.
Patient: Nein, die Kinder, da hat auch keines Schwierigkeiten mit den Zähnen.
Behandler 2: Ja, ... also die scheinen ja auch alle gut versorgt zu sein ... durch Sie entweder oder durch den Partner ...
Patient: Also ich muß sagen, bei uns hat es noch nie ein böses Wort gegeben mit den Kindern.
Behandler 2: Ja.
Patient: Nein wirklich nicht, wir halten zusammen.
Behandler 2: Es ist der große Familienzusammenhalt da, aber ich dachte mehr so in die Richtung, die Kinder haben alle jemanden, aber ...
Patient: Nein, die brauchen mich schon auch.
Psychische Entwicklung:
Patient: Also die Tochter, die sagt jetzt schon, nicht daß Du mit Depressionen anfängst oder so mit Grübeln ... und da sag ich, was soll ich machen, jetzt sitz ich am Tisch und dann kommt's, ... nicht so allmählich ... Also seit ich jetzt das untere Gebiß hab, muß ich kämpfen ... Ja genau, ich hab immer noch mehr Hoffnung gehabt, aber seit die Zähne auch noch raus sind, ... jetzt ist die Hoffnung auch dahin ... Sie hat nur gesagt, bevor Du anfängst mit Depressionen oder Grübeln, ... ich bin dann halt aufgestanden.
Behandler 1: Kennt sie das irgendwoher von Ihnen, daß das so ist?
Patient: Ja, ich meine, es gibt schon so Momente, wo die mich dann wieder beruhigen.
Behandler 1: Ich dachte, vielleicht kennt sie das, hat das schon mal erlebt bei Ihnen oder sonst was.
Patient: Ach, ich meine, es gibt viele Schicksalsschläge im Leben.
Behandler 1: Ja.
Patient: Man verliert einen Elternteil oder sonst irgendwas, dann hat man ja, ... da tun sie dich aufrichten, ... ich meine, das gibt es schon.
Behandler 1: Ja, die kennt Sie schon genau.
Patient: Ja, die kennt mich genau.
Behandler 1: Die schaut Sie morgens an und sagt, fang nicht schon wieder so an.
Patient: Ja, genauso ist es , ... die wissen schon, wie's ist.
Behandler 2: Ach ja, das merkt jeder?
Patient: Ja, das merkt jeder, wenn ich einen schlechten Tag habe.
Behandler 2: Auf der anderen Seite sind Sie, glaub ich, auch eine zentrale Person in der Familie, wo sich eher andere an Sie anlehnen, als umgekehrt ...
Behandler 1: Das klingt heute alles so trostlos, ... Sie machen sich keine Hoffnung mehr ...
Patient: Nein, das mach ich mir nicht. Die Zähne sind ja jetzt alle raus ... unten ... oben geht's jetzt einigermaßen.
Behandler 1: Ich finde es toll, daß Sie die Prothese trotzdem drin haben.
Patient: Ich nehme das auch nicht raus nachts, sonst ... das fang ich schon gar nicht an.
Behandler 2: Ohne Zähne können Sie auch nicht sein.
Patient: Nein, dann gibt es wieder dieselbe Schwierigkeit morgens, ... die Stunde bis wieder alles richtig sitzt und ... Also wenn's mir mal aufs Gemüt geht, mach ich mir vielleicht doch eher Gedanken, ... und vor allen Dingen, man wird älter, und da denkt man, jetzt geht's vielleicht gar nicht mehr.

Soziales:

Behandler 1: Ja von der Familie sind ja nicht mehr viele da.
Patient: Die Tochter ist jetzt gerade wieder da, ja, die hat Brötchen mitgebracht.
Behandler 1: Sonst ist ja nur noch der Sohn da, ... der Mann ist nicht da ...
Patient: Genau.
Behandler 1: Wie lange sind Sie jetzt geschieden?
Patient: Seit 1982.
Behandler 2: Ach so.
Behandler 1: Insofern ist Frau G. Selbstversorger.
Behandler 2: Ja.
Behandler 1: Bis auf den Sohn, der noch im Haus ist.
Behandler 2: Wie alt ist der?
Patient: 24.
Behandler 2: Ach, ist noch im Haus, ... und er wird auch noch eine Zeitlang hier bleiben?
Patient: Der bleibt noch lang. Der andere war auch zu Hause bis er geheiratet hat,..die Tochter auch.
Behandler 2: Viele ziehen ja auch noch rein, wenn sie geheiratet haben.
Patient: Nein, ... aber die haben nicht so mit Freund und Freundin zusammen gewohnt, sondern bis sie geheiratet haben zu Hause, bis zu dem Tag, wo sie geheiratet haben, ... auch die Tochter.
Behandler 1: Und die kommen jetzt auch noch.
Patient: Ach um Gottes Willen, das ist kein Problem, ... im Gegenteil, wir werden eher beneidet, weil wir ein so tolles Verhältnis haben zueinander oder zusammenhalten.
Behandler 2: Na ein Glück, wenn das noch dazukäme, das wäre ja noch schlimmer.
Patient: Ja, das wäre noch schlimmer, ... also ich bin mit den Kindern noch nie ...
Behandler 2: Ja, es ist ja oft so, daß die Kinder in dem Alter ...

Patient: Also, was die Kinder anbelangt ... zwei Enkel schon da, ... die machen nur Freude.
Behandler 2: Und haben Sie jemanden, ... wen haben Sie?
Patient: Niemanden, brauche niemand, ... Kinder, ja, Kinder ... Kann mich an der Arbeit festhalten oder abreagieren, ... weiß nicht, ... hab meine Arbeit, meine Kinder, meinen Haushalt und den Bekanntenkreis, wo man auch mal hinkann, wo man sich aussprechen kann.
Behandler 1: Ja.
Patient: Auf dem Dorf, da ist das, da kennt jeder jeden, und da ist das, da kann man mit jedem reden, da ist das kein Problem.
Behandler 2: Ich dachte nur so.
Patient: Ich versteh Sie schon, was Sie meinen.
Behandler 2: Daß Sie nicht immer kämpfen müssen, daß Sie sich anlehnen können oder fallen lassen oder so.
Patient: Nein, das geht nicht ... aber vielleicht kommt das jetzt, ich weiß nicht, also ... bis jetzt hab ich mit den Kindern jedes Problem bereden können, irgendwie ...

Systemanamnese:

Behandler 2: Dann können Sie auch gar nicht so mit den Familienangehörigen essen.
Patient: Nein überhaupt nicht.
Behandler 2: Und wie machen die es, kochen die sich dann selber was oder sitzen Sie bloß dabei?
Patient: Nein, das kommt schon gar nicht zustande ... oder ich geh dann später hin, nach dem Essen ... die wissen das schon genau und sagen dann, ja du kannst nicht ... da komm ich dann später, wenn ich gegessen hab.
Behandler 2: Also, daß Sie dann nachher erst, wenn die fertig sind.
Patient: Ja, ... oder der Sohn, wo der Hochzeit gehabt hat, ... ich hab nur meine Suppe gegessen.
Behandler 2: Auf der Hochzeit ... wo's das Festessen immer gibt?
Patient: Ja, ja ...
Behandler 2: Oh, hm.
Patient: Ich werd mit dem schon fertig, da weiß ich schon, wie ich's machen muß ... oder im Geschäft war jetzt auch am Wochenende eine Schichtfeier ... ich weiß schon, was ich mir kann auf den Teller nehmen ... und da gibt's gar nichts, und die wissen das auch in der Küche.
Behandler 1: Ja. also so rund herum, da wissen es alle, bei der Frau G., da ist es schwierig.
Patient: Ja, oder wenn es abends einmal sowas gibt ... Grießbrei oder so, dann sagen alle, jetzt gibt's mal wieder was für Dich.
Behandler 1: Alle anderen haben sich auch schon daran gewöhnt, was da geht und nicht geht.
Patient: Die freuen sich auch, wenn ich mal mitessen kann, ... im Geschäft.

Zu bemerken bleibt, daß die strukturelle Reihenfolge dieses Interviews lediglich als Gedächtnisstütze für den Behandler gedacht ist. Die Abfolge des Gesprächs wird weitgehend vom Patienten bzw. der Interaktion zwischen ihm und dem Arzt bestimmt.

Verhaltensanalytische Modelle

Ein grundsätzlicher Unterschied in der Betrachtung psychischer und somit auch psychosomatischer Leiden ist in der Verhaltenstherapie im Gegensatz zum psychiatrischen Zugang das zugrundeliegende Krankheitsmodell und das darauf aufbauende therapeutische Vorgehen. In der Verhaltenstherapie wird ein **sozialwissenschaftliches Modell psychischer Störung** zugrundegelegt. Dies besagt, daß Verhaltensstörungen als Erscheinungen aufgefaßt werden können, die durch Umwelteinflüsse hervorgerufen, gesteuert und verstärkt werden. Eine weitere wichtige Unterscheidung ist die implizite Annahme, daß „normales" und „abweichendes" Verhalten den gleichen Lernprinzipien unterworfen sind, und die Eingruppierung dem jeweiligen sozialen und kulturellen Kontext unterliegt.

Psychische Störung und auch Normalität werden nur eingebettet in gesellschaftliche Lebenszusammenhänge verstehbar.

Im herkömmlichen medizinischen Krankheitsmodell wird dahingegen eine psychische Störung in Anlehnung an organmedizinische Pathologievorstellungen als Symptom einer inneren Krankheitsursache angenommen. Diesen abnormen, pathologischen Anteil gilt es zu finden und zu behandeln. In der Verhaltenstherapie werden dahingegen die Beschwerden nicht als Symptome betrachtet, sondern als dysfunktionale Probleme. Die Formulierung dieser Probleme erfolgt auf der Ebene konkreter Verhaltensweisen unter Einschluß von Kognitionen, Emotionen und psychophysischen Reaktionen.

„Verhaltenstherapeutische Bedingungsanalyse" [27, 50, 51]

Sie ist wichtiger Bestandteil der Problemanalyse. Es werden dabei Variablen gesucht, die das problematische Verhalten aufrechterhalten oder das Zielverhalten verhindern. Ganz im Sinne des lerntheoretischen Ansatzes wird dabei danach geforscht, was **mit dem Problemverhalten in funktionalem Zusammenhang** steht, dessen Änderung also mit einer Änderung des Problemverhaltens einhergehen könnte.

In der diagnostischen Verhaltensanalyse interessieren im wesentlichen die verstärkenden, diskriminativen oder auslösenden Stimuli. Es wird danach gefragt, welche Aspekte der Umgebung, in die das Verhalten räumlich und zeitlich eingebettet ist, die Auftrittswahrscheinlichkeit des Verhaltens beeinflussen, und wie sie das tun.

Zur Steuerung der einzelnen Schritte wurden verschiedene Schemata angegeben. Das erste im deutschsprachigen Raum wurde 1974 von SCHULTE

[50] vorgelegt (Tabelle 3). Es beinhaltet eine genaue Analyse des symptomatischen Verhaltens, aus der sich der funktionale Zusammenhang zwischen symptomauslösenden Bedingungen und Konsequenzen diesen Verhaltens gewinnen lassen. Folgen einer Veränderung des Symptoms werden ebenfalls für die Therapieplanung als relevant betrachtet.

Am Beispiel des ersten Interviews möchten wir aufzeigen, welche Informationen im verhaltensdiagnostischen Interview wichtig sind, und welche Schlüsse für die Therapieplanung daraus gezogen werden können.

- **Analyse des symptomatischen Verhaltens und Analyse der Einzelsymptome:**
  „Es würgt ihn, macht dicht", „Herzschlag auf der Zunge".
- **Qualitative und quantitative Beschreibung einer typischen Verhaltensweise:**
  Behandler: Was an der Prothese hat Sie am meisten gestört?
  Patient: Am Gaumen, ... Wahnsinnig.
  Behandler: Was ist da genau passiert? Können Sie das beschreiben?
  Patient: Ich habe sie zwar reingemacht, aber ich konnte das Ding nicht drinbehalten, ... ich wäre verrückt geworden.
  Behandler: Wie lange haben Sie es getragen?
  Patient: Fünf bis zehn Minuten, dann hab ich's wieder rausgemacht, konnte nicht, ... ging nicht.
  Behandler: Hm.
  Patient: Es hat mir hinten alles zugemacht, nicht direkt die Luft abgestellt, aber ich meine es ist irgend etwas, das mir hinten zudrückt.
- **Vorausgehende und nachfolgende Reizbedingungen:**
  Einsetzen der Prothese, Zähneputzen.
- **Relevante Organismusvariablen:**
  Frühere Alkoholabhängigkeit, jetzt in neurologischer Behandlung, derzeit noch unter Medikation.
- **Selbstkontrollversuche des Symptoms:**
  Patient: Ja, beim Dr. L. hab ich auch den Willen gehabt, hab ich auch gesagt, ich muß, ich muß ... es ging nicht, und da hab ich eben gesagt, es geht nicht mehr ... wenn's einmal da hinten ist (deutet auf Gaumenregion).
- **Genese des Symptoms:**
  Patient: Es hat schon angefangen, wo der Dr. L. den Abdruck gemacht hat ... und ganz früher schon, also als Kind so mit ca. zehn Jahren, da hat mir der Dr. W. einen Zahn gezogen, einen Backenzahn, ohne Spritze und alles ... an den kann ich mich noch genau erinnern.

Tabelle 3 Schema zur Erstellung einer funktionalen Bedingungsanalyse im Rahmen verhaltenstherapeutischer Arbeit (nach [50]).

1. Analyse des symptomatischen Verhaltens
1.1. Analyse der Einzelsymptome
   – qualitative und quantitative Beschreibung einer typischen Verhaltensweise
   – vorausgehende und nachfolgende Reizbedingungen
   – relevante Organismusvariablen
   – Selbstkontrollversuche des Symptoms
   – Genese des Symptoms
   – Erstellung eines vorläufigen funktionalen Bedingungsmodells

2. Zielanalyse
2.1. Analyse der momentanen Umweltbedingungen
   – relevante Aspekte der gesellschaftlichen und sozialen Umwelt und der äußeren Lebensbedingungen
   – Bedeutung der Symptome für den Verhaltensspielraum des Patienten, seine sozialen Beziehungen und seine Sozialpartner
2.2. Zielbestimmung
   – Folgen einer therapeutischen Veränderung der Symptome für den Verhaltensspielraum des Patienten, seine sozialen Beziehungen und für seine Sozialpartner
   – Auswahl der therapeutischen Ansatzpunkte mit dem Patienten

- **Erstellung eines vorläufigen funktionalen Bedingungsmodells:**
  Die Berührung der Gaumenregion führt zu Würgereiz. Dabei ist die Medikation mit Psychopharmaka, die zu einer verminderten Speichelsekretion führen kann, zu bedenken. Der Patient kann deshalb seine Teilprothese nicht tragen und ist beim Essen eingeschränkt.
- **Zielanalyse** mit Analyse der momentanen Umweltbedingungen, relevante Aspekte der gesellschaftlichen und sozialen Umwelt und der äußeren Lebensbedingungen:
  Patient: Habe ja vier Jahre Rente gehabt und dann hat es geheißen, ich kann leichte Arbeit verrichten ... jetzt finden Sie Arbeit, leichte ...
  Behandler: Fanden Sie eine?
  Patient: Sehen Sie, das ist es jetzt, was ich ... das hat Nerven gekostet damals, ... durch Zufall hab ich über einen Kollegen eine Stelle bekommen bei der Stadt ...
  Patient: Was soll ich noch und das Geld ist nicht mehr, also und die Kollegen sind ja alle meist krank ... zum Glück fehlt's mir nicht im Kopf, sondern körperlich, ... es ist halt ein un-

heimlicher Streß, nichts zu tun, ... keine Aufgabe zu haben, nur rumzustehen, ... sie können den ganzen Tag denken über alles, aber ich hab gesagt ich nehme den Job an ...

- **Bedeutung der Symptome für den Verhaltensspielraum des Patienten, seine sozialen Beziehungen und seine Sozialpartner:**
  Behandler: Ja, ... wie essen Sie momentan?
  Patient: Was halt geht.
  Behandler: Ist das ein Problem?
  Patient: Ja, wenn ich halt hartes Fleisch hab, da ess' ich's nicht ... die Frau kocht ja dementsprechend, und wenn ich in der Wirtschaft bin und habe hartes Fleisch, dann reklamier ich.
  Patient: Gestern abend haben wir das Thema wieder besprochen, und zwar hat mein Sohn gesagt, ... der ist 28 Jahre schon, ist aber bei mir noch in der Wohnung.
  Behandler: Der einzige?
  Patient: Ja, der kostet auch immer Nerven, ja ... mehr Nerven wie alles andere.
  Behandler: Die einzigen Söhne kosten gern Nerven.
  Patient: Und dann hab ich eine alte Oma, die auch Nerven kostet, die wird jetzt 81 und ist auch noch in der Wohnung ... und jetzt kommen Sie.
  Behandler: Das ist ein Haufen, ja ... und Sie mittendrin ... drei Generationen unter einem Dach.
  Patient: Und wenn man dann eine Arbeit hat, bei der man nicht abschalten kann, ... verstehen Sie, wenn sie schaffen können, aus sich herausgehen können.
  Behandler: Wo Sie sich abreagieren können.
  Patient: Ja, und da staut sich's, ... und wenn noch was anderes dazukommt, ist fertig.
- **Zielbestimmung und Folgen einer therapeutischen Veränderung der Symptome für den Verhaltensspielraum des Patienten, seine sozialen Beziehungen und seine Sozialpartner:**
  Normales Essen wird wieder möglich, die Aufmerksamkeit der Familie für das Symptomverhalten wird reduziert, ein Rückzug infolge der Prothesenschwierigkeiten ist nicht mehr möglich.
- **Auswahl der therapeutischen Ansatzpunkte mit dem Patienten:**
  Erlernen eines Entspannungstrainings und nachfolgende Desensibilisierung in vivo.

Entsprechend der Weiterentwicklung verhaltenstherapeutischer Methoden in den letzten Jahren erscheinen folgende fünf Bedingungsanalysen sinnvoll [51] (Tabelle 4):

Tabelle 4 Verhaltenstherapeutische Bedingungsanalysen, die unterschiedliche Schwerpunkte herausarbeiten.

- Analyse der Rahmenbedingungen
- Verhaltensanalyse
- Kognitionsanalyse
- Motivationsanalyse
- Beziehungsanalyse

- **Analyse der Rahmenbedingungen:** Problemrelevante Lebensumstände und belastende Lebensbedingungen (Stressoren) sowie problemrelevante körperliche Zustände (Behinderung, Krankheit). Diese Anteile des Interviews wurden schon aufgegriffen (frühere Alkoholerkrankung, Beinbehinderung, Medikation sowie Dreigenerationenhaushalt auf engem Raum und beruflicher Streß).
- **Verhaltensanalyse:** Die klassische funktionale Bedingungsanalyse wie oben beschrieben.
- **Kognitionsanalyse:** Analyse der Vorstellungen und Gedanken, die das Problemverhalten begleiten oder zu unerwünschten emotionalen Reaktionen führen.
  Patient: Aber mein Mund ist dermaßen gefährlich und diffizil ... also ich weiß nicht, und je älter ich werde, desto schlimmer wird's ... also, wie gesagt, eineinhalb Jahre hab ich das jetzt mit dem trockenen Gefühl im Mund, dabei ist der Mund aber nicht trocken, ich hab Speichel und alles, ... genauso ist es mit dem Pulsschlag auf der Zunge.
  Behandler: Hm.
  Patient: Aber das kann schon eine Stunde später wiederkommen, ... wenn irgendwas schiefgeht, da kann das schon wieder kommen, ... und wenn ich dann aufpasse, dann merk ich, daß es wieder da ist, ... das wird dann immer stärker das Gefühl, ... das ist aber kein Gefühl, das ist Tatsache ... Tatsache.
- **Motivationsanalyse:** Langfristige, mittelbare, eventuell vom Klienten nicht erkannte Folgen, die direkt oder indirekt das Handlungsziel beeinflussen. Im folgenden Beispiel wird der Patient bereits im Vorfeld durch seine Ängste daran gehindert, sein angestrebtes Vorhaben zu erreichen.
  Patient: Wenn irgend etwas auf mich zukommt und ich merk ich kann nicht, da kann es sein, da kommt dieser blöde Gedanke, kannst Du es bewältigen, kannst Du es nicht, obwohl ich gesagt

hab, das machst Du nicht, ich kann's ... aber der Gedanke schon dran, Du kannst einen Fehler machen, ... verstehen Sie, ich bin zu diffizil.

Behandler: Und dann warten Sie schon drauf.

Patient: Wie soll ich mich jetzt ausdrücken, wie soll ich das genauer sagen, ... die Angst, ich könnte irgendwas falsch machen ... warum das so ist, das weiß ich nicht.

- **Beziehungsanalyse:** Gefragt wird hierbei nach den Auswirkungen und der Funktion der Beschwerden des Klienten für seinen sozialen Lebensraum und nach den Auswirkungen einer Veränderung seiner Beschwerden.

Rückzug und Beachtung im familiären und beruflichen Kontext werden nach einer Änderung der jetzigen Symptomatik nicht mehr so, d.h. mit dem Mittel der „Prothesenschwierigkeit", zu erreichen sein. Auch die aggressiven Tendenzen werden nicht mehr entschuldbar.

Erweiterungen hinsichtlich der Datenerhebung auch auf Methoden anderer Therapierichtungen wurde von LAZARUS [32] vorgelegt. Die Bedeutung von Lebensplänen und daraus resultierenden Leitlinien für das aktuelle Verhalten ist z.B. in der Plananalyse von GRAWE und CASPAR [23] ein zusätzlicher Bestandteil der Informationsgewinnung.

Familientherapeutische Strategien der Informationssuche

Infolge der häufigen Verquickung psychosomatischen Geschehens mit Kommunikationsstörungen und festgefahrenen Verhaltensweisen im direkten und weiteren sozialen Umfeld des Betroffenen, sind zunehmend familientherapeutische Betrachtungsweisen dieser Störungen wichtig geworden. Wir stützen uns dabei auf einen systemischen Ansatz, wie er z.B. von SELVINI-PALAZZOLI et al. [53] vorgelegt wurde.

In dieser Ausrichtung wird der Patient mit seinem Symptom nur als ein Teil der Pathologie betrachtet. Um das Gesamtproblem zu erhellen, muß das **Verhalten aller Familienmitglieder,** in diesem Sinne des Systems, berücksichtigt werden. Das Symptom wird dabei nicht nur als Einschränkung, sondern auch als Lösungsversuch einer problematischen Situation verstanden.

Die Therapie zielt dementsprechend nicht auf eine Änderung der Persönlichkeit des Symptomträgers, sondern auf die Veränderung der Interaktionsmuster innerhalb des Systems Familie [66].

Entsprechend der Ausrichtung dieser Sichtweise konzentrieren sich die Fragen auf die Verknüpfung von Symptomatik und aktuellem Beziehungsgeflecht. Des weiteren wird sehr viel Wert auf potentielle Lösungsmöglichkeiten gelegt. Die Frage, wie der Klient oder seine Beziehungspartner erkennen werden, daß sich etwas geändert hat, ist ein zentraler Punkt. Dabei ist es wichtig, dieses Zielverhalten in möglichst konkreten Verhaltensweisen zu benennen [12].

Kriterienkataloge für das Vorliegen psychosomatischer Störungen

Im Routinebetrieb der täglichen Praxis erscheinen die angeführten Anamneseschemata zu lang und damit unpraktikabel. Mit zunehmender Übung jedoch gewinnt der Behandler die Fertigkeit, im Rahmen der Anamnese „zwischen den Zeilen zu lesen" oder, wie BALINT es nennt, „das Hören mit dem dritten Ohr" zu entwickeln [36]. Als Hilfsmittel und Gedächtnisstütze hierfür sind die folgenden Kriterienkataloge erarbeitet worden.

Kriterien für das Vorliegen einer psychosomatischen Störung nach MÜLLER-FAHLBUSCH [45]

Wie Tabelle 5 zeigt, sind Unstimmigkeiten zwischen der Beschwerdeschilderung und dem organisch faßbaren und erklärbaren Befund wichtige Hinweiskriterien für das Vorliegen einer psychischen Mitbeteiligung. Zusätzlich ist die Veränderung der Symptomatik in persönlich belastenden Situationen ein wichtiger Hinweis.

Der im folgenden berichtete Fall erlaubt eine inhaltliche Zuordnung zu den in Tabelle 5 genannten Kriterien:

Fallbeispiel:
Der 58jährige Patient sucht die Ambulanz mit der Bitte um Anfertigung einer neuen Prothese auf. Diese sei notwendig geworden, weil er auf die Materialien der alten Prothese, wie dies in verschiedenen Tests festgestellt wurde, allergisch sei. Er habe deshalb zeitweise starke Schmerzen, die auf den ganzen Kiefer ausstrahlen, manchmal auch auf den ganzen Kopf. Zusätzlich sei sein Kiefergelenk durch Überlastung in Mitleidenschaft gezogen, eine Arthrose sei bereits festgestellt worden. Er leide sehr stark unter den Beschwerden und sei ständig voller Sorge und Befürchtungen. Dies äußere sich auch in einem starken Spannungsgefühl, das verstärkt in sozialen Situationen auftrete. Aufgrund der Probleme mit der Prothese könne er auch nicht mehr an der Chorprobe teilnehmen und seine berufliche Tätigkeit, die mit Kundenkontakt verbunden ist, nur noch beschränkt ausüben.

Der intraorale und extraorale Befund sind unauffällig; insbesondere ein Hinweis auf allergische Erscheinungen ist nicht festzustellen. Im Röntgenbild (Kiefergelenkstomogramme) zeigt sich ein altersentsprechender Befund. Der Allergietest auf zahnärztliche Materialien ist negativ.

Tabelle 5 Kriterienkatalog für das Vorliegen einer psychosomatischen Störung oder psychischen Mitbeteiligung (nach [45]).

- auffällige Diskrepanz zwischen Befund und Befinden
- Diagnose ex non iuvantibus
- Fluktuation der Beschwerden
- Mitbeteiligung der Persönlichkeit
- Konkordanz der Beschwerden mit Situationen und Biographie

Der daraufhin durchgeführte Prothesenkarenztest ergibt keine Beschwerdelinderung. Es treten im Gegenteil neue Beschwerden auf: Schmerzen im Alveolarfortsatz des Oberkiefers links, allgemeines Unwohlsein, Beklemmungsgefühle in der Brustgegend und ein starker Leistungsabfall.

Auf die Frage nach früheren Ereignissen, bei denen eine Verstärkung der Symptomatik eingetreten sei, berichtet der Patient von „allergischen Schüben". Sie seien durch Manipulationen des behandelnden Zahnarztes an der Prothese aufgetreten. Diese habe er durch umständliche Reinigungsrituale mit Bimsstein und Abfeilen jeweils wieder lindern können. Die Familie, und hier besonders seine Frau, sei jedoch nicht mehr bereit, diese „Spielereien" mitzumachen. Es habe deswegen schon oft Streit gegeben, besonders auch dadurch, daß seine als lebenslustig bezeichnete Frau eine Einschränkung der sozialen Aktivitäten wegen der Prothesenproblematik ihres Mannes nicht mehr akzeptiere.

Während das oben genannte Schema aus der Kooperation von Psychiater und Prothetiker entwickelt wurde, war das Schema in Tabelle 6 ursprünglich auf das Vorliegen psychogener Schmerzzustände zugeschnitten.

Erkennen psychischer Faktoren nach ADLER *[1]*

Die Anhaltspunkte aus dieser Aufstellung erlauben eine Trennung der Symptomatik in **organische** und **nicht organische Anteile** am Krankheitsgeschehen. Es erscheint gerade für die tägliche Routinepraxis gut geeignet.

Das folgende Fallbeispiel zeigt die Vorteile einer exakten Anamneseerhebung gerade bei unklaren Schmerzzuständen im Mund-Kieferbereich auf. Das Schema nach Tabelle 6 gibt dabei eine gute Hilfestellung zur Diskriminierung organisch bedingter und psychogener Anteile dieser Erkrankungen.

Fallbeispiel:
Eine 67jährige Patientin wird an die Klinik überwiesen mit der Bitte, den Zahnersatz zu begutachten und gegebenenfalls eine Allergietestung auf Prothesenmaterialien durchzuführen.

Die Patientin gibt an, daß nach dem Eingliedern der letzten Prothese ein Brennen und Schmerzen im Mund- und Kieferbereich aufgetreten seien. Zusätzlich habe sie schmerzhafte Schwellungen der Lymphknoten unter der Achsel und in der Leiste beobachtet, sowie einen unerklärlichen Blutdruckanstieg. Insgesamt fühle sie sich krank und nicht mehr leistunsfähig. Die daraufhin durchgeführten fachärztlichen Untersuchungen hätten keine pathologischen Befunde ergeben, die die Beschwerden erklären könnten. Sie verspüre aber eine Linderung, wenn sie die Prothese herauslasse.

Der untersuchende Kollege äußert nach eingehender Untersuchung den Verdacht auf eine psychische Überlagerung der Beschwerden, da klinisch keine Hinweise für Fehler bei der Prothesengestaltung oder ein allergisches Geschehen zu finden sind. Auch ist die Patientin in der Klinik bekannt und schon mehrfach einer Allergietestung unterzogen worden. Zusätzlich zu der neuen Allergietestung wird ein Termin in der Schmerzsprechstunde vereinbart, und die Patientin gebeten, bis dahin ein Schmerztagebuch zu führen, in dem Auftreten, Verlauf und Begleitumstände der Schmerzen dokumentiert werden. Im folgenden ein kurzer Ausschnitt daraus:

30.10. Prothese eingesetzt.
1.11. Erste Anzeichen einer allergischen Reaktion. Brennen im Mund. Glieder-, und Gelenkschmerzen.
2.11. Es kommt zusätzlich zu einer leichten Schwellung der Lymphdrüsen unter dem Arm und in der Leistengegend. Am Abend zusätzlich Reizhusten.
3.11. Prothese herausgelassen. Gleichbleibender Zustand.
4.11. Prothese wieder eingesetzt. Die Schmerzen in den Hüften nehmen zu. Der Blutdruck erhöht sich auf 190.
5.11. Ein unerklärliches Müdigkeitsgefühl kommt am Tag und in der Nacht dann neben großer Schlaflosigkeit. Die Schmerzen im Hüftgelenk verlagern sich im linken Fuß abwärts bis zum Knöchel. In dieser Zeit beobachte ich, daß der Gaumen bis zum Mittag (wenn die Prothese morgens im Mund ist) sehr trocken wird. Dabei sammelt sich zäher Schleim im Hals, der zu Reizhusten führt.
9.11. Das Brennen im Oberkiefer wird stärker und dehnt sich auf den Rachen aus. Im Unterkiefer entsteht ein Ziehen in der Frontzahnregion. Blutdruck 210.
10.10. Prothese herausgelassen. Am rechten Schienbein will wieder eine Wunde aufbrechen.
11.10. Die Kirlian-Photografie bei Herrn H. ergibt einen „Allergieherd" im Kieferbereich. Auf seine Spritzen und Arznei hin tritt eine leichte Besserung ein.

In der Schmerzsprechstunde wird aufgrund des vorliegenden Berichts versucht, die Beschwerden im Mund genauer zu explorieren. Dabei ist festzustellen, daß das Brennen im Oberkiefer mit und ohne Prothese vorhanden ist. Lediglich längere Prothesenkarenz schafft leichte Linderung. Medikamente helfen ebenfalls nicht dauerhaft. Die Lokalisation wechselt vom Gaumen in den Rachenbereich und läßt sich nicht eindeutig bestimmen. Die Prothese wird eindeutig als Urheber beschrieben. Die ziehenden Beschwerden im Unterkiefer treten immer erst nach einiger Zeit des Prothesentragens auf und sind eng begrenzt auf den Bereich des linken Eckzahnes, der vor drei Jahren extrahiert wurde. Die Patientin sieht darin ein „Übergreifen" der Oberkieferschmerzen. Beide Schmerzsensationen können von ihr gegeneinander abgegrenzt werden.

Tabelle 6 Erkennen psychischer Faktoren (nach [1]).

Merkmal	organisch	nicht organisch
Lokalisation	eindeutig, umschrieben	vage, unklar, wechselnd
Affekte	passen zu geschilderten Beschwerden	inadäquat
Zeitdimension	eindeutige Phasen von Präsenz und Fehlen	dauernd da, gleich intensiv
Abhängigkeit von Willkürmotorik	vorhanden	fehlt
Reaktion auf Medikamente	pharmakokinetisch plausibel	nicht verständlich
Beschwerden und mitmenschliche Beziehung	unabhängig davon	damit verbunden
Schilderung der Beschwerden	Bild paßt	Bild inadäquat, z.B. dramatisch
Betonung der Ursache	psychisch	organisch
Sprache	einfach, klar, nüchtern	intelligenzlerisch, Ärztejargon
Affekte des Arztes beim Zuhören	ruhig, aufmerksam, einfühlend	Ärger, Wut, Langeweile, Ungeduld, Hilflosigkeit, Verwirrung

Röntgenologisch läßt sich ein kleiner sklerosierter Bereich entdecken. Die anschließende chirurgische Revision ergibt eine veränderte Knochenstruktur, die histologisch Zeichen einer abgelaufenen chronischen Osteomyelitis circumscripta zeigt.

In der Folgezeit bessert sich auch das Brennen im Oberkiefer.

Dieses Beispiel zeigt die Notwendigkeit einer exakten Anamneseerhebung und Befundung, da unklare Beschwerden oft allzu schnell als „psychogen“ abgetan werden. Persönlichkeitseigenschaften, wie weiter unten beschrieben, können das Beschwerdebild überlagern und zu einer Fehlinterpretation der Aussagen des Patienten führen. Zur genauen Unterscheidung eignet sich sehr gut das Führen eines **Beschwerdetagebuches,** das den Patienten dazu anleitet, Einzelheiten der Beschwerden herauszuarbeiten.

Psychologische Aspekte bei der zahnärztlichen Inspektion

Die Untersuchung im Mundbereich Erkrankter mit der Verdachtsdiagnose „psychosomatische Erkrankung“ erfordert neben der ausführlichen Anamnese auch eine genaue körperliche Untersuchung des Patienten. Die unangenehmen Gefühle, die die Inspektion und Untersuchung der Mundhöhle und auch des Kopf-Halsbereiches für den Patienten mit sich bringen, nimmt dieser in der Regel des therapeutischen Nutzens wegen in Kauf. Dies wird als das normale Arbeitsbündnis zwischen Zahnarzt und Patient definiert. Die frühe Klärung dieser Arbeitsbeziehung stützt die Autonomie des Patienten und ermöglicht ihm eine gute Zusammenarbeit.

Bei der zahnärztlichen Untersuchung, die ja in weiten Teilen ohne begleitendes Gespräch abläuft, wird der **nonverbale Kommunikationsanteil** für Patient und Behandler wichtig. In diesem Zusammenhang gewinnen Berührung, Bewegung, Gerüche, Geräusche und das Sehen als Kommunikationsträger Bedeutung. Zahnärzte sind in der Regel gut darauf vorbereitet, nonverbale Signale ihrer Patienten aufzunehmen. Gerade weil sie gute Beobachter sind, bemerken sie schnell Äußerlichkeiten im Auftreten, der Kleidung und im Gehabe der Patienten. Diese Wahrnehmungen sind natürlich nicht frei von Affekten wie Ablehnung, Erregung, Widerwillen, Freude, Ungeduld oder auch Mitleid. Diese Gefühlsregungen können ein wertvolles diagnostisches Mittel darstellen (s. Tabelle 6), sofern sie reflektiert werden und nach den zugrundeliegenden Motiven gefragt wird.

Für den Patienten selbst bedeutet die Untersuchungssituation einen nicht unerheblichen Streß. Frühere ungute Erfahrungen beim Zahnarzt können wieder reaktiviert werden und Angst auslösen, die zu **Abwehr** führt. Speziell bei jüngeren Patienten ist dies zu beobachten, wie folgendes Beispiel zeigt.

Fallbeispiel:
Ein 16jähriger Patient erscheint zusammen mit seiner Mutter in der kieferorthopädischen Sprechstunde mit der Bitte um Behandlungsübernahme. Der Vorbehandler habe die weitere Behandlung wegen schlechter Mundhygiene abgelehnt. Die telephonische Rückfrage beim Kollegen ergibt, daß der Patient schon über zwei Jahre wegen einer notwendigen Multibandbehandlung zur Mundhygiene angehalten wird. Trotz regelmäßiger Kontrollsitzungen verweigere der Patient die Mitarbeit.

Auffallend ist die Körperfülle von beiden. Eine direkte Kommunikation mit dem Sohn ist nicht möglich, da die Mutter ständig für ihn antwortet. Der Sohn benimmt sich auffallend kindisch und reagiert durch flegelhaftes Verhalten. Dies bringt die Mutter in Rage. Daraufhin wird der Sohn durch die Mutter durch abfällige Gesten massiv abgewertet. Jeder versucht auf seine Weise den Behandler für sich zu gewinnen. Die Mutter mehr verbal, der Sohn durch hilfesuchende Blicke.

Die Untersuchungssituation ist weiterhin gekennzeichnet von drei Merkmalen, die für die zwischenmenschliche Kommunikation von Bedeutung sind. Vom Behandler aber werden diese nicht mehr reflektiert, da sie für ihn zur Arbeitsroutine gehören. Zum einen ist dies die Untersuchung und Behandlung in liegender Position, die beim Patienten Gefühle der Unterlegenheit und des Ausgeliefertseins mobilisieren können. Ferner wird die Intimdistanz schnell durchbrochen. Als letztes gilt zu beachten, daß die Mundhöhle selbst einen Intimbereich darstellt, dessen Berührung Lust- und Unlustgefühle wecken kann.

Die Untersuchung sollte deshalb möglichst rational, frei von Aggressionen und entsexualisiert stattfinden.

Fallbeispiel:
Eine 35jährige Patientin sucht verzweifelt die Schmerzambulanz auf. Sie erscheint sehr gepflegt, jedoch stark untergewichtig. Schnell und ohne Unterbrechung erzählt sie ihre Krankengeschichte von mehrfach gescheitertem Zahnersatz. In diesem Zusammenhang erwähnt sie erregt und empört sexuelle Übergriffe durch den zuletzt aufgesuchten Zahnarzt.

Bei der nachfolgenden Untersuchung und Inspektion der Mundhöhle benimmt sie sich auffallend kokett und provozierend. In dieser Situation wirken ihr Gesichtsausdruck und der intensive Blickkontakt nicht angebracht.

Besonderes Augenmerk verdienen auch Situationen, in denen der Patient **heftige Gefühlsäußerungen** wie Weinen, Schluchzen oder Aggression zeigt. Dies sollte dem Behandler Hinweis sein, daß er ein sensibles Terrain betreten hat. Das Ansprechen der Affekte kann viel zur weiteren Klärung beitragen.

Fallbeispiel:
Eine Patientin ruft weinend in der Klinik an und bittet um einen Termin. Anfänglich ist aus den Äußerungen, die immer wieder von Schluchzen unterbrochen werden, nicht herauszuhören, welche Art der Behandlung sie wünscht. Lediglich, daß wir die letzte Instanz darstellten, die ihr noch helfen könne, war zu erfahren. Darauf angesprochen, daß sie wohl sehr verzweifelt sei und keinen Weg mehr sehe, berichtet sie spontan und flüssig von mehreren prothetischen Versorgungen. Diese Prothesen könne sie nicht ertragen. Sie habe dauernd das Gefühl ihre Lippen würden „verzogen". Jeglicher Versuch der Korrektur sei bisher fehlgeschlagen. Jetzt habe sie von unserer Sprechstunde erfahren und möchte dringend einen Termin.

Beim eindeutigen Vorliegen einer psychosomatischen Genese der Erkrankung sollte auf weitere vom Patienten geforderte somatische Untersuchungen verzichtet werden, auch auf die Gefahr hin, daß der Patient nicht mehr erscheint.

Charakteristische Merkmale der Persönlichkeit

Der Umgang mit den verschiedenen Persönlichkeitstypen und eventuell auch -störungen erfordert ein hohes Maß an Empathie und auch Basiswissen. Nicht jeder Patient ist gleich zu behandeln. Im folgenden sollen noch kurz persönlichkeitsimmanente Eigenheiten aufgezeigt werden. Diese sind in die Gesamtdiagnose mit einzubeziehen. Die Beschreibung der Persönlichkeitsmerkmale orientiert sich an den Störungsbildern der ICD-10 (Tab. 7) [14, 20, 69].

Diese Merkmale umfassen meist Verhaltensmuster, die sich in gleichförmigen Reaktionen auf unterschiedliche persönliche und soziale Lebenslagen zeigen. Diese Verhaltensmuster beziehen sich auf vielfältige Bereiche von Verhalten und psychischen Funktionen. Das heißt nicht, daß diese Verhaltensmuster überdauernd und stabil sind. Auch sie unterliegen Schwankungen und sind in gewissen Grenzen änderbar [20]. Im folgenden werden die häufigsten und auffälligsten Verhaltensmuster dargestellt.

Paranoide Persönlichkeit. Folgende Merkmale kennzeichnen diese Persönlichkeit: Sie ist übertrieben empfindlich und nachtragend. Zurückweisungen und Kränkungen werden nur schwer ertragen. Mißtrauen, Streitsüchtigkeit und Rechthaberei sind typische Züge. Oft sind starke Eifersuchtsgefühle

Tabelle 7 Typisierung der Persönlichkeit analog den Störungsbildern des Kapitels V der ICD-10 (nach [14]).

- paranoide Persönlichkeit
- schizoide Persönlichkeit
- dissoziale Persönlichkeit
- emotional instabile Persönlichkeit
- histrionische Persönlichkeit
- anankastische Persönlichkeit
- ängstliche Persönlichkeit
- abhängige Persönlichkeit

und die Tendenz zu starker Selbstbezogenheit zu finden. Der Patient denkt an Verschwörungen als Erklärung für Ereignisse in der näheren Umgebung.

Schizoide Persönlichkeit. Diese Persönlichkeit ist gekennzeichnet durch emotionale Kühle, flache Affektivität und ein Unvermögen zum Erleben von Freude. Anderen gegenüber können weder positive noch negative Gefühle gezeigt werden. Lob und Kritik rufen nur schwache Reaktionen hervor. Oft findet sich eine Vorliebe für einzelgängerisches Verhalten, Introvertiertheit und Flucht in die Phantasie. Ebenso ist exzentrisches Verhalten anzutreffen.

Dissoziale Persönlichkeit. Hier zeigt sich eine Diskrepanz zwischen dem aktuellen Verhalten und geltenden sozialen Normen. Der Patient ist unsensibel gegenüber den Gefühlen anderer. Soziale Normen, Regeln und Verpflichtungen werden oft mißachtet. Häufig sind geringe Frustrationstoleranz und eine niedrige Hemmschwelle für aggressives Verhalten anzutreffen. Typisch ist auch eine Neigung, andere zu beschuldigen und vordergründige Entschuldigungen für das eigene Verhalten anzugeben.

Emotional instabile Persönlichkeit. Diese Persönlichkeit zeigt die deutliche Tendenz, Impulse ohne Rücksicht auf die Konsequenzen auszuagieren. Die Stimmung ist wechselhaft und launisch. Die Impulsivität und mangelnde Selbstkontrolle führen oft zu explosivem Verhalten. Bei der emotional instabilen Persönlichkeit vom „Borderline-Typ" können die wiederholten emotionalen Krisen zu Suiziddrohungen oder autodestruktiven Handlungen führen.

Histrionische Persönlichkeit. Sie ist gekennzeichnet durch eine Dramatisierung und Neigung zu theatralischem Verhalten mit übertriebenem Ausdruck von Gefühlen. Egozentrik, Selbstbezogenheit wie auch Suggestibilität und leichte Beeinflußbarkeit werden angetroffen. Bestimmend ist ein dauerndes Verlangen nach Anerkennung, nach Spannung und Aktivität, bei der die betreffende Person im Mittelpunkt steht.

Anankastische Persönlichkeit. Persönlichkeiten dieser Struktur zeigen häufig Unentschlossenheit und übermäßige Vorsicht als Ausdruck persönlicher Unsicherheit. Diese wird kompensiert durch Perfektionismus und peinlich genaue Sorgfalt. Daraus resultiert eine unverhältnismäßige Leistungsbezogenheit. Vergnügen und die Fähigkeit zum Ausdruck warmherziger Gefühle sind eingeschränkt. Diese Menschen sind pedantisch, konventionell und rigide.

Ängstliche Persönlichkeit. Diese Menschen zeigen andauernde Gefühle von Anspannung und Besorgtheit. Sie sind oft befangen und fühlen sich unsicher und minderwertig. Sie suchen Zuneigung und wollen akzeptiert sein, wobei die Aufnahme von Beziehungen aber gleichzeitig sehr eingeschränkt ist. Sie neigen dazu, Gefahren oder Risiken überzubetonen. Dies führt bis zur Vermeidung bestimmter Aktivitäten.

Abhängige Persönlichkeit. Dieses Verhaltensmuster ist gekennzeichnet durch die Überlassung der Verantwortung für wichtige Bereiche des eigenen Lebens an andere. Dementsprechend werden die Wünsche anderer mit unverhältnismäßiger Nachgiebigkeit behandelt. Es fällt den Patienten schwer, eigene Ansprüche durchzusetzen. Sie erleben sich deshalb auch oft als hilflos, inkompetent und schwach. Mißgeschicke werden oft in die Verantwortung anderer gelegt.

Psychologische Testverfahren in der Zahnheilkunde

Psychologische Tests sind wissenschaftlich fundierte Verfahren zur Beurteilung unterschiedlicher Persönlichkeitsmerkmale, die zu einer quantitativen Aussage über den relativen Grad der Merkmalsausprägung führen [35]. Eine Testkonstruktion muß deshalb folgenden **Kriterien** genügen:

- **Objektivität,** d.h. eine Reihe von Untersuchern beurteilt und bewertet das Testergebnis in gleicher Weise. Zu unterscheiden sind dabei:
  - Durchführungsobjektivität, d.h. eine Untersucher-unabhängige Vorgabe. In der Regel ist dies die Schriftform.
  - Auswertungsobjektivität, d.h., die Antworten sind eindeutig auf einer Skala bestimmten Werten zuzuordnen. Dies erfüllen die Tests mit vorgegebenen Antworten oder Skalen.

- Interpretationsobjektivität, d.h., es hat eine Testnormierung an einer Eichstichprobe stattgefunden, so daß die individuelle Antwort im Vergleich zu einer Norm beurteilbar wird.

- **Reliabilität,** d.h. die Genauigkeit, mit der ein Test ein Merkmal mißt. Sie ist abhängig von Testimmanenten Ungenauigkeiten und Umgebungsvariablen wie Ermüdung des Probanden etc.
- **Validität,** dies meint den Grad der Genauigkeit, mit der ein Test das mißt, was er messen soll. Diese Unschärfe ist konstruktionsimmanent. Zur Testkonstruktion siehe KERLINGER [28].

Prinzipiell unterschieden werden Intelligenz- und Leistungstests von Persönlichkeits- und Einstellungstests [6, 7, 34]. Die klinischen Tests zur Beurteilung psychosomatischer oder psychopathologischer Erscheinungen gehören in letztere Gruppe.

Zu unterscheiden sind dabei Selbst- von Fremdbeurteilungsverfahren.

Beschwerden, Befindlichkeit und Stimmung sind Bereiche, die nur über die Selbstbeurteilung des Patienten zu erfahren sind. Auch für andere Bereiche wie Depressivität oder Ängstlichkeit liegen **Selbstbeurteilungsverfahren** vor. Sie haben den Vorteil des kurzen und ökonomischen Einsatzes und geben dem Untersucher einen guten Überblick. Sie sind ebenso zur Verlaufsuntersuchung geeignet. Ein Nachteil ist die Notwendigkeit von Kooperation und Motivation auf seiten des Patienten. Bewußte oder unbewußte „response sets" im Sinne von Antworttendenzen in Richtung sozialer Erwünschtheit oder einer Tendenz zur Mitte sind daher auch eine der Hauptfehlerquellen dieser Verfahren.

Fremdbeurteilungsverfahren verlangen eine längere Beschäftigung mit dem Patienten, sind somit kostenintensiver und erfordern eine zusätzliche Schulung des Untersuchers. Für den Einsatz in der zahnärztlichen Praxis sind sie weniger geeignet.

Deutschsprachige spezifische Verfahren für die Zahnheilkunde sind bisher nur im Bereich der Schmerz- und Angstdiagnostik zu finden. Zu nennen sind hier z.B. die Graded Chronic Pain Scale von V. KORFF [30], deutsch in TÜRP und STRUB [60] und die Dental Anxiety Scale von CORAH [9].

Für die Erfassung psychosomatischer oder psychopathologischer Merkmale kann auf die etablierten Meßverfahren aus der Klinik [72] zurückgegriffen werden. Zu nennen sind hier:

- **Beschwerdelisten** (Beschwerdeliste [B-L]) von V. ZERSSEN [75], Gießener Beschwerdebogen [GBB] von BRÄHLER und SCHEER [8]),
- **Befindlichkeitsskalen** (Befindlichkeitsskala [Bf-S] von V. ZERSSEN [74], Eigenschaftswörterliste [EWL] von JANKE und DEBUS [25]),
- **Depressionsskalen** (Depressionsskala [D-S] von V. ZERSSEN [73], Becksches Depressionsinventar [BDI] von BECK et al. [5]).

Dies stellt nur eine kleine Auswahl der vielfältigen Tests dar. Zum weiteren Überblick siehe [6, 7, 34].

Fallbeispiel:
Ein 32jähriger, kräftiger, gut aussehender Mann sucht unsere Ambulanz auf, um feststellen zu lassen, ob seine Amalgamfüllungen eine allergische Reaktion bei ihm auslösen. Er ist seit drei Jahren an Psoriasis erkrankt und deshalb auch arbeitslos geworden. Im Rahmen der Allergietestung auf zahnärztliche Materialien führen wir beim Verdacht auf phobische oder depressive Anteile am Krankheitsgeschehen auch eine testpsychologische Untersuchung durch. Die Testauswertung bei diesem Patienten ergab folgende Ergebnisse:

- BDI: Der Patient erreichte einen Gesamtscore von 32 Punkten bei 63 möglichen. Dies entspricht einer mittelgradig bis schweren Depression nach der Einteilung nach BECK [5]. Die hohen Werte körperbetonter Skalen trugen erheblich zum Gesamtscore bei.
- B-L: In der Beschwerdeliste von V. ZERSSEN [75] erreichte der Patient einen Summenscore von 46. Dies entspricht einer erheblichen Befindensstörung. Symptome, die auch für eine depressive Verstimmung sprechen, erhielten hohe Werte (Abb. 1, S. 176).
- STAI: Das State-Trait-Anxiety-Inventory [31] in der Vorgabe für Angst als Eigenschaft (Form X 2), ergab bei dem Patienten einen Wert von 38. Dieser Wert liegt knapp im Vertrauensintervall der Normstichprobe.
- FPI-R: Im Freiburger Persönlichkeits-Inventar beschreibt sich der Patient als sozial verantwortlich mit ausgeprägtem Bewußtsein für soziale Belange. Er ist leistungsorientiert und berufliches Engagement ist ihm wichtig. Demgegenüber steht die Unzufriedenheit mit dem derzeitigen Leben, die sich durch Grübeln und depressive Gedanken zeigt. Die inneren Konflikte und Probleme zeigen sich auch in den vielen körperlichen Beschwerden. Emotional ist er labil, launisch und oft verstimmt (Abb. 2, S. 177).

Insgesamt läßt sich daraus auf eine stark depressive Komponente bei diesem Patienten schließen, die einer Behandlung bedarf.

Internationale Diagnoseschlüssel: DSM-III-R, ICD-10

Das Konzept operationalisierter Diagnoseschemata, wie es das DSM-III-R [3] und das Kapitel V der ICD-10 [14, 69, 70, 71] für den Bereich psychischer Störungen darstellt, wird inzwischen weitgehend akzeptiert und stellt eine notwendige Grundlage für die Vergleichbarkeit der Diagnosestellung dar.

Der Ansatz dieser Diagnoseschlüssel ist atheoretisch. Dies beinhaltet, daß Begriffe wie Neurose, Psychose oder Psychosomatose aufgegeben wurden zugunsten eines gemeinsamen Begriffes „psychische Störung". Die Diagnostik orientiert sich an bestimmten diagnostischen Mustern und deren Verlauf und Schweregrad über die Zeit hinweg. Diesen Kategorien lassen sich nach bestimmten Verknüpfungsregeln sämtliche psychopathologischen Phänomene zuordnen.

Die Kategorien wurden mittels Multicenter-Studien [13, 57, 58] ermittelt, die die Reliabilität und Validität sichern sollten. Im Gegensatz zu den früheren Diagnoseschemata, in denen sämtliche Störungen unter eine Leitsymptomatik gestellt wurden, gilt jetzt das Komorbiditätsprinzip, d.h., mehrere Diagnosen sind gleichzeitig möglich. Weiterhin findet eine Beschreibung der Störung auf verschiedenen Ebenen, den sogenannten Achsen, statt. Im **DSM-III-R** werden fünf Achsen benannt:

- Achse I: klinische Syndrome,
- Achse II: Entwicklungs- und Persönlichkeitsstörungen,
- Achse III: körperliche Störungen und Zustände,
- Achse IV: Schweregrad psychosozialer Belastungsfaktoren,
- Achse V: Globalbeurteilung des psychosozialen Funktionsniveaus.

Für die **ICD-10** sind drei Achsen vorgesehen, wobei bislang nur Achse I ausformuliert ist.

- Achse I: klinische Diagnosen,
- Achse II: Behinderungen,
- Achse III: abnorme psychosoziale Situationen.

In beiden Klassifikationssystemen tritt der Begriff „psychosomatisch" wegen seiner unterschiedlichen Bedeutung in verschiedenen Schulrichtungen nicht mehr auf. Die Störungsbilder dieser früheren Entität sind unterschiedlichen Abschnitten zugeordnet. Diese werden im folgenden kurz dargestellt. Der Übersichtlichkeit halber beschränken wir uns auf die Darstellung der Störungsbilder in der ICD-10. Kategorien, die nur im DSM-III-R zu finden sind, werden gesondert aufgeführt.

Relevante Störungsbilder aus der ICD-10

Für den zahnärztlichen Bereich sind vor allem die somatoformen Störungen (F 45), die dissoziativen Störungen (F 44) und die Kategorie „Andere Persönlichkeits- und Verhaltensstörungen" (F 68) wichtig (Tabelle 8).

Somatoforme Störungen (F 45). Charakteristisch ist die wiederholte Darbietung körperlicher Symptome in Verbindung mit hartnäckigen Forderungen nach medizinischer Untersuchung trotz wiederholter negativer Ergebnisse und Versicherung der Ärzte, daß die Symptome nicht körperlich begründbar sind.

DD: Hypochondrischer Wahn.

Charakteristisch für **Somatisierungsstörungen (F 45.0)** sind multiple, wiederholt auftretende und häufig wechselnde körperliche Symptome, die meist bereits seit einigen Jahren bestehen. Typisch ist eine komplizierte Patientenkarriere. Häufig sind Depression und Angst zusätzlich vorhanden. Eine Beeinträchtigung familiärer und sozialer Funktionen resultiert aus dem Verhalten.

DD: Körperliche Störungen, affektive und ängstliche Störungen, hypochondrische Störungen und wahnhafte Störungen.

Fallbeispiel:
Die 59jährige Patientin stammt aus einer siebenköpfigen Familie. Als drittes Kind in der Geschwisterreihe und einzige Tochter heiratete sie schon früh mit 19 Jahren, da sie schwanger war. Danach bekam sie zwei weitere Töchter. Mit 31 Jahren wurde sie wieder von ihrem Mann geschieden. In der Folgezeit lebte sie in häuslicher Gemeinschaft mit der Mutter und den drei Töchtern. Seit ca. drei Jahren lebt sie allein.

Unsere Klinik suchte sie auf zur Mitbehandlung ihrer rezidivierenden Kiefer-Gesichtsschmerzen, die trotz vielfältiger therapeutischer Bemühungen seit mehreren Jahren bestanden. In der weiteren Exploration berichtet sie über neun weitere Kollegen, die sie wegen anderer Beschwerden aufgesucht hatte. Sie berichtet von retrosternalen Schmerzen, einem Gefühl des Abgeschnürtwerdens im Oberbauch, Schwierigkeiten beim Abhusten, dem Gefühl der inneren Austrocknung mit trockener schwerer Zunge, die manchmal wie gelähmt sei und Halsschmerzen. Auch die Drüsen seien ständig geschwollen und schmerzhaft. Schluckbeschwerden, Rückenschmerzen und ein Druckgefühl im Bereich des Kehlkopfes werden ebenso beschrieben.

Früher habe sie oft rezidivierende depressive Verstimmungen gehabt. Auch mache sie sich häufig Sorgen über die jüngste Tochter. Antriebsarmut und Schlaflosigkeit werden verneint.

Die bisherigen Therapieversuche medikamentöser Art sowie auch zwei Kieferhöhlenoperationen und ein Aufenthalt in einer Rehabilitationsklinik hätten nur vorübergehende Linderung verschafft.

Eine **undifferenzierte Somatisierungsstörung (F 45.1)** wird angenommen, wenn zahlreiche, hartnäckige körperliche Beschwerden vorliegen, das vollständige, typische Bild der Somatisierungsstörung aber nicht erfüllt ist.

Vorherrschendes Kennzeichen einer **hypochondrischen Störung (F 45.2)** ist die beharrliche Beschäftigung mit der Möglichkeit, an einer schweren körperlichen Erkrankung zu leiden. Dies manifestiert sich durch anhaltende körperliche Beschwerden oder ständige Beschäftigung mit der eigenen körperlichen Erscheinung. Depression und Angst

B-L

B ____________

Inst ____________ Stat ____________ Datum ____________ Wt ____________

I-Nr ____________ ICD-Nr ____________ Uhrzeit ____ / ____ Tz ____________

____________ V – IQ ____________

Ab hier vom Patienten auszufüllen:

Name S. Mädchenname ____________

Vorname A. Geburtsdatum ____________ Alter 32 Jahre

Beruf ____________ Geschlecht m/w

Bitte, füllen Sie diese Beschwerdenliste sorgfältig aus. Machen Sie ein Kreuz in eine der vier Spalten rechts entsprechend der Stärke Ihrer Zustimmung bzw. Ablehnung! Beantworten Sie alle Punkte, lassen Sie keinen aus!

Ich leide unter folgenden Beschwerden:	stark	mäßig	kaum	gar nicht
1. Kloßgefühl, Engigkeit oder Würgen im Hals			X	
2. Kurzatmigkeit			X	
3. Schwächegefühl		X		
4. Schluckbeschwerden			X	
5. Stiche, Schmerzen oder Ziehen in der Brust		X		
6. Druck- oder Völlegefühl im Leib			X	
7. Mattigkeit		X		
8. Übelkeit		X		
9. Sodbrennen oder saures Aufstoßen		X		
10. Reizbarkeit	X			
11. Grübelei		X		
12. Starkes Schwitzen	X			
13. Kreuz- oder Rückenschmerzen	X			
14. Innere Unruhe	X			
15. Schweregefühl bzw. Müdigkeit in den Beinen		X		
16. Unruhe in den Beinen		X		
17. Überempfindlichkeit gegen Wärme		X		
18. Überempfindlichkeit gegen Kälte				X
19. Übermäßiges Schlafbedürfnis		X		
20. Schlaflosigkeit	X			
21. Schwindelgefühl		X		
22. Zittern		X		
23. Nacken- oder Schulterschmerzen			X	
24. Gewichtsabnahme		X		

Abb. 1 Beschwerdeliste (B-L) des Patienten A.S., 32 Jahre (aus [75]).

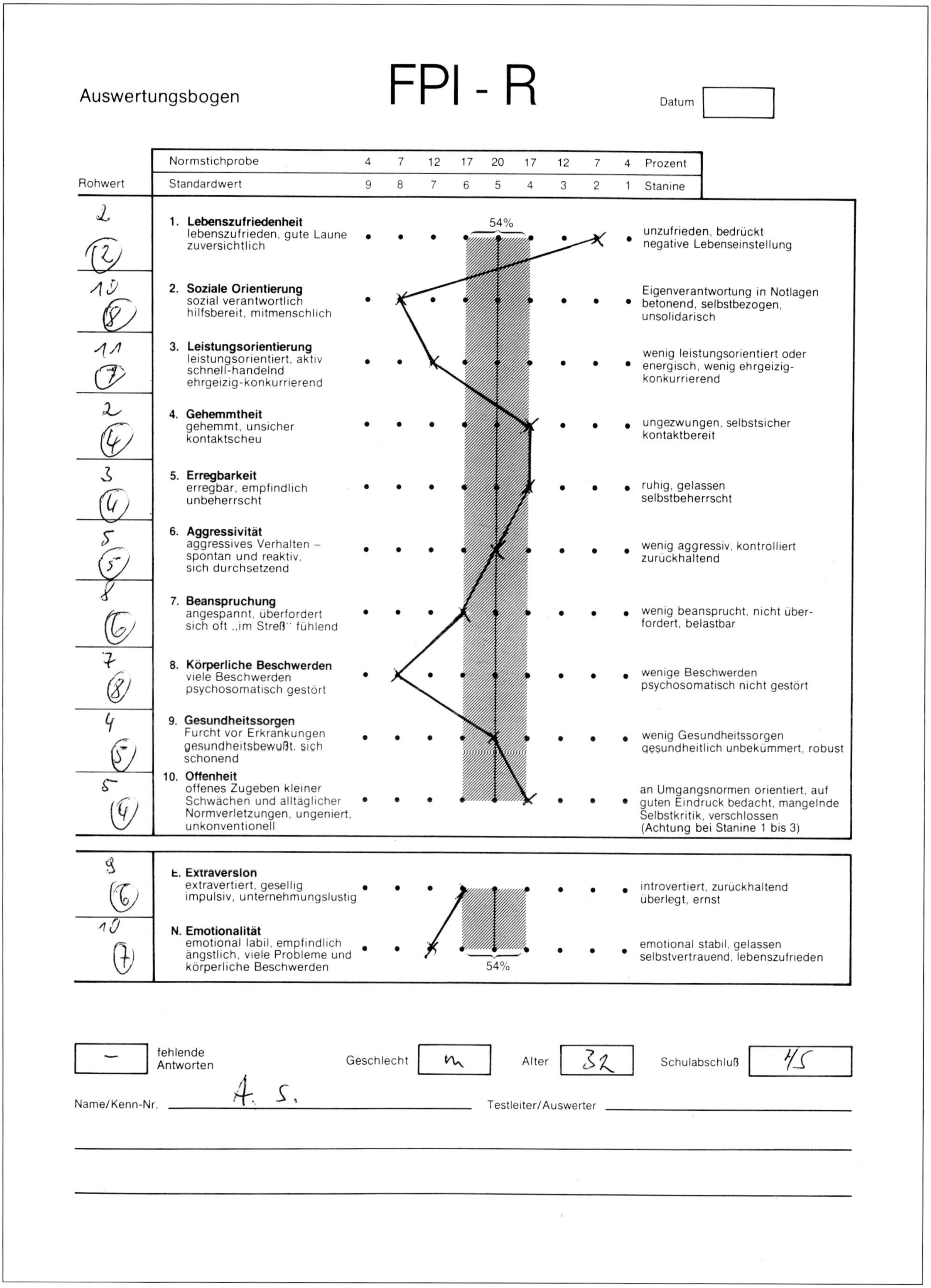

Auswertungsbogen **FPI - R** Datum

Rohwert	Normstichprobe / Standardwert	4 / 9	7 / 8	12 / 7	17 / 6	20 / 5	17 / 4	12 / 3	7 / 2	4 / 1	Prozent / Stanine
2 (2)	**1. Lebenszufriedenheit** lebenszufrieden, gute Laune zuversichtlich										unzufrieden, bedrückt negative Lebenseinstellung
10 (8)	**2. Soziale Orientierung** sozial verantwortlich hilfsbereit, mitmenschlich										Eigenverantwortung in Notlagen betonend, selbstbezogen, unsolidarisch
11 (7)	**3. Leistungsorientierung** leistungsorientiert, aktiv schnell-handelnd ehrgeizig-konkurrierend										wenig leistungsorientiert oder energisch, wenig ehrgeizig-konkurrierend
2 (4)	**4. Gehemmtheit** gehemmt, unsicher kontaktscheu										ungezwungen, selbstsicher kontaktbereit
3 (4)	**5. Erregbarkeit** erregbar, empfindlich unbeherrscht										ruhig, gelassen selbstbeherrscht
5 (5)	**6. Aggressivität** aggressives Verhalten – spontan und reaktiv, sich durchsetzend										wenig aggressiv, kontrolliert zurückhaltend
8 (6)	**7. Beanspruchung** angespannt, überfordert sich oft „im Streß" fühlend										wenig beansprucht, nicht überfordert, belastbar
7 (8)	**8. Körperliche Beschwerden** viele Beschwerden psychosomatisch gestört										wenige Beschwerden psychosomatisch nicht gestört
4 (5)	**9. Gesundheitssorgen** Furcht vor Erkrankungen gesundheitsbewußt, sich schonend										wenig Gesundheitssorgen gesundheitlich unbekümmert, robust
5 (4)	**10. Offenheit** offenes Zugeben kleiner Schwächen und alltäglicher Normverletzungen, ungeniert, unkonventionell										an Umgangsnormen orientiert, auf guten Eindruck bedacht, mangelnde Selbstkritik, verschlossen (Achtung bei Stanine 1 bis 3)
9 (6)	**E. Extraversion** extravertiert, gesellig impulsiv, unternehmungslustig										introvertiert, zurückhaltend überlegt, ernst
10 (7)	**N. Emotionalität** emotional labil, empfindlich ängstlich, viele Probleme und körperliche Beschwerden										emotional stabil, gelassen selbstvertrauend, lebenszufrieden

54%

– fehlende Antworten Geschlecht m Alter 32 Schulabschluß HS

Name/Kenn-Nr. A. S. Testleiter/Auswerter

Abb. 2 Auswertungsbogen des FPI-R, Patient A.S., 32 Jahre (aus [18]).

Tabelle 8 Störungsbilder der Internationalen Diagnoseschlüssel ICD-10 und DSM-III-R.

Relevante Störungsbilder aus der ICD-10

- Somatoforme Störungen (F 45):
  Somatisierungsstörung (F 45.0)
  Undifferenzierte Somatisierungsstörung (F 45.1)
  Somatoforme autonome Funktionsstörung (F 45.3)
  Anhaltende somatoforme Schmerzstörung (F 45.4)
  Andere somatoforme Störungen (F 45.8)
- Dissoziative Störungen (F 44)
  Dissoziative Störungen der Bewegung und Empfindung (F 44.4 - F 44.7)
- Andere Persönlichkeits- und Verhaltensstörungen (F 68)
  Entwicklung körperlicher Symptome aus psychischen Gründen (F 68.0)
  Artifizielle Störung (F 68.1)
- Andere näher bezeichnete Verhaltens- und emotionale Störung mit Beginn in der Kindheit und Jugend (F 98.8)

Störungsbilder des DSM-III-R

Körperdysmorphe Störung (300.70)

sind häufig. Fixierte Wahnvorstellungen über körperliche Funktionen oder die Körperform können vorhanden sein.

DD: Somatisierungsstörung, depressive Störungen, wahnhafte Störungen, Angst- und Panikstörungen.

Fallbeispiel:
Eine Patientin, 51 Jahre, stellte sich mit folgenden Beschwerden in unserer Klinik vor:

Die Prothese im Ober- und Unterkiefer passe nicht, sie habe deshalb zwei völlig kaputte Kiefergelenke. Ein Ziehen vor und hinter dem Ohr, ein Verschieben des Kiefers und ein Hochrutschen des Mundbodens und der Zunge nehme ständig zu. Nicht auszuhalten seien dabei die starken Schmerzen im Kopf- und Halsbereich. Des weiteren gibt sie Konzentrationsschwierigkeiten und Merkfähigkeitsprobleme, „so, wie wenn das Gedächtnis nach hinten weggeht", an.

In der Vorgeschichte findet sich eine über 15 Jahre gehende zahnärztlich-kieferchirurgische Behandlung, die ursprünglich wegen einer chronischen Osteomyelitis durchgeführt wurde. Nach und nach wurden die Zähne extrahiert, mehrere Prothesen angefertigt und letztlich auch Implantate eingesetzt. Obwohl eine erhebliche psychische Überlagerung der Symptomatik zu erkennen war, hatte sich die Patientin bislang nicht auf eine psychotherapeutische Behandlung einlassen können.

Bei der Aufnahme wirkt die Patientin agitiert, mit angespanntem Gesichtsausdruck. Teilweise ist sie unkoordiniert, Psychomotorik und Antrieb sind gesteigert, eine innere Unruhe ist festzustellen. Ihr Bericht, der von einem starken Redefluß geprägt ist, dreht sich immer wieder im Kreise. Eine Strukturierung ist schwierig.

Im Verlauf der häufigen Konsultationen wurden wiederholt ausführliche Untersuchungen (Röntgentomogramme der Kiefergelenke, Knochenscan, CT, Kernspintomogramm, Funktionsanalysen etc.) durchgeführt. Diese waren jeweils ohne auffällige Befunde. Die Versicherung der behandelnden Ärzte, daß es sich bei ihrem Leiden um keine fortschreitende ernsthafte Erkrankung handle, sondern eine Konsolidierung eingetreten sei, wurde von der Patientin nicht angenommen.

In der weiteren Vorgeschichte lassen sich psychosoziale Konfliktsituationen erheblichen Ausmaßes eruieren. Eine Verschlechterung der Symptomatik ist oft damit konfundiert.

Im Fall einer **somatoformen autonomen Funktionsstörung (F 45.3)** werden die Symptome vom Patienten so geschildert, als beruhen sie auf der körperlichen Erkrankung eines Systems oder Organs, das weitgehend oder vollständig vegetativ innerviert und kontrolliert wird. Meist finden sich zwei Symptomgruppen. Die erste umfaßt Beschwerden, die objektivierbare Symptome der vegetativen Stimulation darstellen, wie etwa Herzklopfen, Erröten, Schwitzen oder Zittern. Die zweite Gruppe ist subjektiv und unspezifischer und besteht aus Gefühlen von Brennen, Schwere oder Enge. Diese Beschwerden werden vom Patienten einem bestimmten Organ zugeordnet. Psychische Belastungsfaktoren oder Schwierigkeiten, die einen Bezug zur Störung haben, sind festzustellen.

DD: Angststörungen, Somatisierungsstörung.

Fallbeispiel:
Die 78jährige Patientin W. P. sucht zum wiederholten Male die Klinik mit der Bitte um Austestung der Prothesenmaterialien auf das Vorliegen einer Allergie auf. Sie leidet seit Jahren unter einer Trockenheit der Mundschleimhäute. Weiterhin gibt sie ein Brennen im Mundraum an, das besonders auf der Zunge sehr unangenehm sei. Zusätzlich habe sie das Gefühl als ob die Zunge und die Lippen vibrierten. Sie selbst bezeichnet dies als „wumseln".

Keine der Beschwerden läßt sich in der Form verifizieren, der Speichelfluß erscheint etwas vermindert, der Speichel eher zäh. Auch durch längere Prothesenkarenztests läßt sich die Symptomatik der Patientin nicht beeinflussen. Hin und wieder ist ein das normale Maß leicht überschreitender Candida-Befall festzustellen, dessen jeweiligen Behandlung keinen Einfluß auf die Grundsymptomatik ausübt.

Seit dem Tod des Sohnes, der bei einem Bergunfall vor sechs Jahren ums Leben kam, haben sich die Beschwerden verschlechtert. Auch die Einsamkeit des Alleinlebens macht ihr zusätzlich zu schaffen. Arztbesuche sind eine der Möglichkeiten, Sozialkontakte zu pflegen.

Bei einer **anhaltenden somatoformen Schmerzstörung (F 45.4)** ist die vorherrschende Beschwerde ein andauernder, schwerer und quälender Schmerz, der durch einen physiologischen Prozeß oder eine körperliche Störung nicht vollständig erklärt werden kann. Emotionale Konflikte oder psychosoziale Probleme sind damit verbunden.
DD: Histrionische Verarbeitung organisch verursachter Schmerzen.

Fallbeispiel:
Frau B., 44 Jahre, leidet seit acht Jahren unter anhaltenden Schmerzen im Kiefer- Gesichtsbereich. Sie sieht die Ursache in einer zahnärztlichen Behandlung. Es wurden dabei im Ober- und Unterkiefer umfangreiche Sanierungen mit festsitzendem Zahnersatz vorgenommen. In der Folge kam es dann zu einer Reihe von zahnärztlichen Behandlungen bei wechselnden Kollegen ohne gegenseitige Information. Hinzu kamen Krankenhausaufenthalte in einer Kurklinik, in der Nervenklinik und im Schmerzzentrum Mainz.

Die Schmerzen begannen in zeitlicher Koinzidenz mit der Trennung von ihrem Ehemann. Sie hat drei Kinder, die sich nicht sehr um sie kümmern und lebt derzeit allein. Ihre berufliche und soziale Wiedereingliederung ist durch das Schmerzleiden nicht möglich. Mehrere Rehabilitationsversuche sind fehlgeschlagen. Ab und zu spitzt sich der Zustand krisenhaft zu. Oft sind zwischenmenschliche Probleme Auslöser für die Eskalation. Eine suizidale Gefährdung ist dann nicht auszuschließen. Dies führt dann zu weiteren Einweisungen in stationäre Behandlung.

Bei **anderen somatoformen Störungen (F 45.8)** sind die vorliegenden Beschwerden nicht durch das vegetative Nervensystem vermittelt und beschränken sich auf bestimmte Teile des Körpers. Belastende Ereignisse oder Probleme stehen in enger Verbindung mit der Störung.

Fallbeispiel:
Eine 54jährige Patientin klagt über ein Druckgefühl im Oberkiefer Seitenzahnbereich, das nach dem Einsetzen einer neuen Brücke vor zwei Jahren begonnen habe. Zusätzlich knirsche sie mit den Zähnen. Mehrfache Korrekturen an der Brücke, sowie eine Schienenbehandlung waren bisher nicht erfolgreich. Auf näheres Nachfragen ergibt sich ein deutlicher Zusammenhang mit aktuellen und früheren Belastungssituationen im familiären Umfeld. So hat sie auch schon früher bei der Scheidung von ihrem Mann Schwierigkeiten mit der damals angefertigten Brücke gehabt. Zwischenzeitlich hatte sich die Symptomatik wieder verloren. Aktualisiert wurde das alte Verhaltensmuster durch den Schlaganfall des Vaters. Diesen mußte sie in der Folgezeit betreuen und deshalb ihre Berufstätigkeit stark reduzieren. Zur selben Zeit wurde die letzte Brücke angefertigt und die Knirschsymptomatik begann von neuem.

Dissoziative Störungen (F 44). Das allgemeine Kennzeichen der dissoziativen oder Konversionsstörungen ist der teilweise oder völlige Verlust der normalen Integration, die sich auf Erinnerungen an die Vergangenheit, Identitätsbewußtsein und unmittelbare Empfindungen sowie die Kontrolle von Körperbewegungen bezieht. Es wird angenommen, daß die Fähigkeit zu bewußter und selektiver Kontrolle gestört ist. Es besteht eine nahe zeitliche Verbindung zu traumatisierenden Ereignissen, unlösbaren oder unerträglichen Konflikten oder gestörten Beziehungen. Patienten verleugnen oft auffallend ihre für andere oft ganz offensichtlichen Probleme.

Im Fall von **dissoziativen Störungen der Bewegung und Empfindung (F 44.4 – 44.7)** steht ein Verlust oder eine Veränderung von Bewegungsfunktionen oder Empfindungen, meist Hautempfindungen im Vordergrund. Die Symptome folgen häufig den Vorstellungen des Patienten von einer körperlichen Erkrankung, die von physiologischen und anatomischen Gegebenheiten abweichen können. Das Symptom dient dazu, einem unangenehmen seelischen Konflikt zu entgehen oder indirekt Abhängigkeit oder Verstimmung auszudrücken. Neben einem zentralen und konstanten Kern von Symptomen mit Bewegungsverlust oder Empfindungsstörungen ohne willentliche Kontrolle kann zusätzlich aufmerksamkeitssuchendes Verhalten vorkommen.

DD: Frühe Stadien progressiver neurologischer Störungen, insbesondere MS und systemischer Lupus erythematodes.

Fallbeispiel:
Der 65jährige Patient sucht zahnlos die Ambulanz in der Klinik mit der Bitte um Herstellung neuer Totalprothesen auf. Der gepflegte und vital erscheinende Patient, von Beruf Vertreter, kommt in Begleitung seiner Ehefrau. Sein Weg hierher führte über ein Gutachten, das besagt, daß der erst kürzlich eingegliederte Zahnersatz nicht funktionstüchtig sei.

Obwohl die zahnärztlichen Befunde unauffällig sind, klagte der Patient über periorale Spasmen und Schwierigkeiten, bereits beim alleinigen Tragen der Oberkieferprothese. Dabei träten zeitweise Schmerzen an verschiedenen Stellen auf. Dies führte sogar bis hin zu einer generellen Bewegungseinschränkung und Koordinationsstörung seiner Extremitäten.

Auffallend erscheint die überzeugende Darstellung seines Leidens, das nicht nur mit großer Sachkenntnis, sondern auch mit großer emotionaler Beteiligung zum Ausdruck gebracht wird. So führt er seine perioralen Mißempfindungen und die Schmerzsensationen ganz konkret auf die derzeitige Bißlage zurück, während er „seine" korrekte Bißlage demonstriert, indem er eine halbe Prämolarenbreite exzentrisch nach rechts zusammenbeißt. Mit dem Wechsel der Unterkieferposition ist auch eine Veränderung seiner emotionalen Grundstimmung vergesellschaftet, die dann zu einer Entspannung seiner schmerzverkrampften Körperhaltung führt.

In der ausführlichen Exploration lassen sich Zusammenhänge von psychosozialen Stressoren mit dem Beginn bzw. mit Eskalationsphasen der Prothesenproblematik eruieren. Vom Patienten selbst werden diese zeitlichen Zusammenhänge zwar erkannt, aber nicht in ursächlichem Zusammenhang gesehen.

Andere Persönlichkeits- und Verhaltensstörungen (F 68). Bei der **Entwicklung körperlicher Symptome aus psychischen Gründen (F 68.0)** handelt es sich um körperliche Störungen, die ursprünglich durch eine gesicherte Erkrankung verursacht wurden. Die Symptome werden aggraviert, und es entwickelt sich ein histrionisches Verhalten mit zusätzlichen Beschwerden nicht körperlichen Ursprungs.

Fallbeispiel:
Die 27jährige Patientin hatte vor drei Jahren einen Verkehrsunfall mit Gesichtsschädelfrakturen erlitten. Damals hatte sie auch eine Gelenkfortsatzfraktur des Unterkiefers links, die osteosynthetisch versorgt worden war. Wegen einer Osteomyelitis mußte das Gelenk in der Folge entfernt werden. Es wurde ein Jahr später mit einem Rippentransplantat erfolgreich rekonstruiert. Seither klagt die Patientin über eine Kieferklemme, sowie Schmerzen im Temporal- und Kiefergelenksbereich (Abb. 3). Aufgrund des starken Leidensdruckes und der emotionalen Beteiligung wurde die Patientin mehrfach stationär behandelt.

Entsprechende Medikation mit muskelrelaxierenden und schmerzstillenden Medikamenten, sowie krankengymnastische Übungsbehandlungen und Bestrahlung brachten keine Besserung des Befundes. Unter entsprechender Ablenkung und hypnotischer Tiefenentspannung konnte die Mundöffnung deutlich verbessert werden. Auch in Narkose war der Unterkiefer im Gelenk frei beweglich, eine Einschränkung durch mechanische Hindernisse war nicht festzustellen. Dieser Effekt war jedoch unter bewußter Kontrolle der Patientin nicht reproduzierbar.

Die **artifizielle Störung (F 68.1)** ist gekennzeichnet durch das absichtliche Erzeugen oder Vortäuschen von körperlichen oder psychischen Symptomen oder Behinderungen. Dies kann bis zur Selbstschädigung gehen. Wiederholte Untersuchungen und Operationen sind die Regel (Hospital Hopper Syndrome). Die Motivation ist unklar.

DD: Simulation in Belastungssituationen oder aus anderen äußeren Gründen.

Fallbeispiel:
Eine 50jährige Patientin wurde am Wochenende notfallmäßig mit einer Blutung aus dem Ohr in der Klinik aufgenommen. Die nachfolgenden Untersuchungen ergaben keinen Hinweis auf eine unfallbedingte Verletzung der Kiefer. Auch konnte die Patientin keine Angaben zum Hergang machen. Sie sei plötzlich vor dem Bett liegend aufgewacht und habe einen starken Schmerz im rechten Kiefer und Wangenbereich verspürt und sei daraufhin sofort mit dem Taxi zur Notaufnahme gefahren.

Die am nächsten Tag durchgeführte Hals-Nasen-Ohrenärztliche Konsiliaruntersuchung ergab eine Verletzung des Gehörganges, die sehr wahrscheinlich mit einem stumpfen Gegenstand (Wattestäbchen) zugefügt wurde. Watteresten ließen sich finden.

Andere näher bezeichnete Verhaltens- und emotionale Störungen mit Beginn in der Kindheit und Jugend (F 98.8). Hierher gehören Störungen wie Nägelkauen, Nasenbohren und Daumenlutschen. Voraussetzung ist eine exzessive Ausübung oder ein Persistieren über einen gewissen Zeitraum hinaus.

Störungsbilder des DSM-III-R

Das DSM-III-R bietet darüber hinaus noch eine Kategorie, die erwähnenswert erscheint und in der ICD-10 der hypochondrischen Störung zugeordnet wird. Die Spezifizierung, die im DSM-III-R vorgenommen wird, erklärt die Störungsbilder, die in der Zahnheilkunde vorkommen, zutreffender.

Körperdysmorphe Störung (300.70). Hauptmerkmal dieser Störung ist die ständige Beschäftigung mit einem eingebildeten, nicht vorhandenen Mangel in der körperlichen Erscheinung. Die häufigsten Klagen beziehen sich auf Schönheitsfehler im Gesicht, wie Falten, Hautflecken, Form der Nase, des Mundes, des Kiefers oder der Augenbrauen. In manchen Fällen ist eine unbedeutende körperliche Anomalie vorhanden. Die Bewertung durch die Person ist in hohem Maße übertrieben.

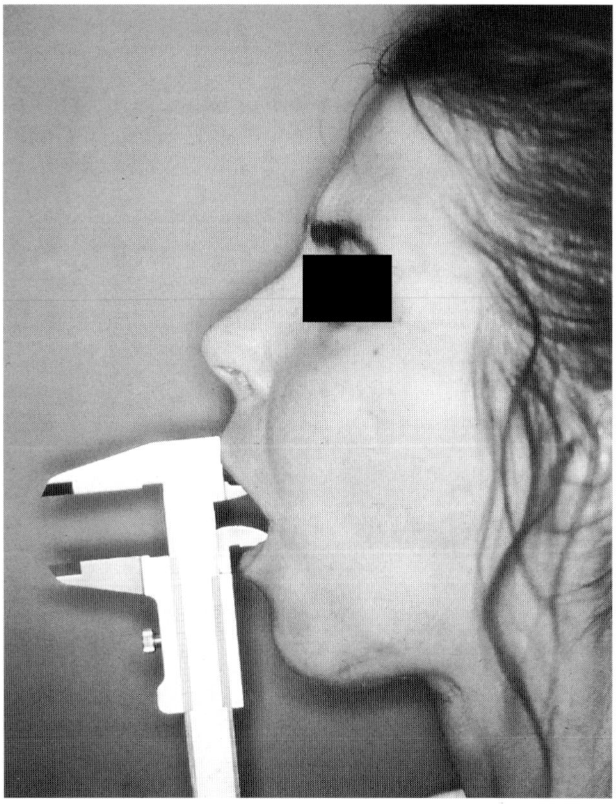

Abb. 3 Profilaufnahme der Patientin P. S., 27 Jahre. Die stark eingeschränkte Mundöffnung läßt sich klinisch und radiologisch nicht erklären.

DD: Beschäftigung mit kleinen körperlichen Fehlern während der Adoleszenz, depressive Störungen, selbstunsichere Persönlichkeit.

Fallbeispiel:
Eine 66jährige Patientin besucht die kieferorthopädische Sprechstunde mit der Bitte um Veränderung ihrer Frontzahnstellung. Seit einiger Zeit beobachte sie „starke Zahnwanderungen" im Oberkieferfrontzahnbereich. Sie könne dadurch auch nicht mehr korrekt sprechen, da ihre Lippe nach oben rutsche.

Der klinische Befund zeigt einen gut ausgeformten Oberkieferzahnbogen mit geringer Distorotation des Zahnes 12 bei korrektem Überbiß.

Bei der weiteren Exploration erwähnt die Patientin, daß auch ihr Ehemann meine, sie sehe durch diesen Zahn aus „wie eine Hexe" (Abb. 4).

Differentialdiagnostisch ist immer zu bedenken, daß auch affektive und wahnhafte Störungen sowie Erkrankungen aus dem schizophrenen Formenkreis körperliche Symptome produzieren können. Hier muß die Grundstörung diagnostiziert und behandelt werden (s. S. 245 ff. sowie die ausführlichen Handbücher zur ICD-10 bzw. dem DSM-III-R [3, 14, 69, 70, 71]). Das Flußdiagramm (in Abbildung 5) aus dem DSM-III-R wurde von uns auf die Belange der ICD-10 hin umgearbeitet. Es weist einen Weg zur diagnostischen Einordnung der genannten Störungen.

Organisation und Integration

In unserer Arbeit hat sich die Kombination von analytischem und verhaltenstheoretischem Vorgehen besonders bewährt. In letzter Zeit wurden zunehmend auch familientherapeutisch orientierte Vorgehensweisen in den Anamneseprozeß integriert.

Die einzelnen Sitzungen finden hierbei im zahnärztlichen Sprechzimmer statt. Dabei haben wir die Erfahrung gemacht, daß diese Umgebung keinen negativen Einfluß auf eine Kommunikation im psychosomatischen Sinne hat.

Als besonderer Vorteil hat sich im Laufe vieler Sitzungen die Exploration durch zwei Untersucher unterschiedlicher Schulrichtungen herausgestellt. Dabei können im wechselseitigen Befragen des Patienten unterschiedliche Schwerpunkte herausgearbeitet werden. Gleichzeitig findet eine Supervision durch den jeweils zuhörenden Kollegen statt. Diese Sitzungen werden auf Videoband aufgezeichnet und nachträglich aufgearbeitet.

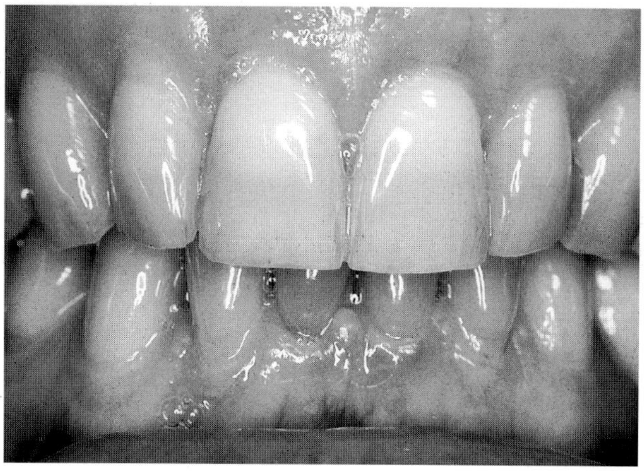

Abb. 4 Frontzahnstellung der Patientin mit dem „Hexenzahn". Eine minimale Distorotation des Zahnes 12 ist erkennbar.

Bedeutung für die tägliche Praxis

Psychosomatische Denkansätze und Vorgehensweisen stellen eine Erweiterung und Bereicherung zahnärztlichen Handelns dar. Die Zähne an sich, Veränderungen an ihnen oder gar vollständiger Zahnverlust haben eine zentrale psychische Bedeutung für viele Patienten. Insbesondere der Zahnverlust wird von ihnen als Zeichen des Älterwerdens, Verlust von Jugend und Minderung der Kraft und Potenz erlebt. Unsicherheit und Minderwertigkeitsgefühle können daraus entstehen [37].

Auch Angst und Schmerz sind wichtige Aspekte zahnärztlicher Behandlung, die die Interaktion von Zahnarzt und Patient erschweren können. Zwar hat die moderne Zahnheilkunde die Angst mit technischen und pharmakologischen Hilfen reduzieren können, ihre archaischen Anteile sind jedoch mit diesen Mitteln alleine nicht zu beheben. Hier ist nach wie vor menschliche Zuwendung und Empathie erforderlich. Werden diese Merkmale des patientenzentrierten Gesprächs in der täglichen Praxis berücksichtigt, so verändert sich oft unbemerkt neben dem „Praxisklima" auch der Führungsstil des Behandlers. Es entsteht eine konstruktive Arzt-Patient-Beziehung. Diese kann gerade im Vorfeld umfangreicher Sanierungsmaßnahmen wertvolle Ansätze für ein adäquates Therapiekonzept liefern. Gleichzeitig wird die Eigenverantwortlichkeit und Mitarbeit des Patienten gefördert. Schwerwiegenden Mißverständnissen und Dysharmonien, die oft zu einem Behandlungsabbruch oder Behandlerwechsel führen, kann so rechtzeitig begegnet werden. Folgeschäden und Nachteile für Patient, Behandler und Kostenträger werden dadurch vermeidbar.

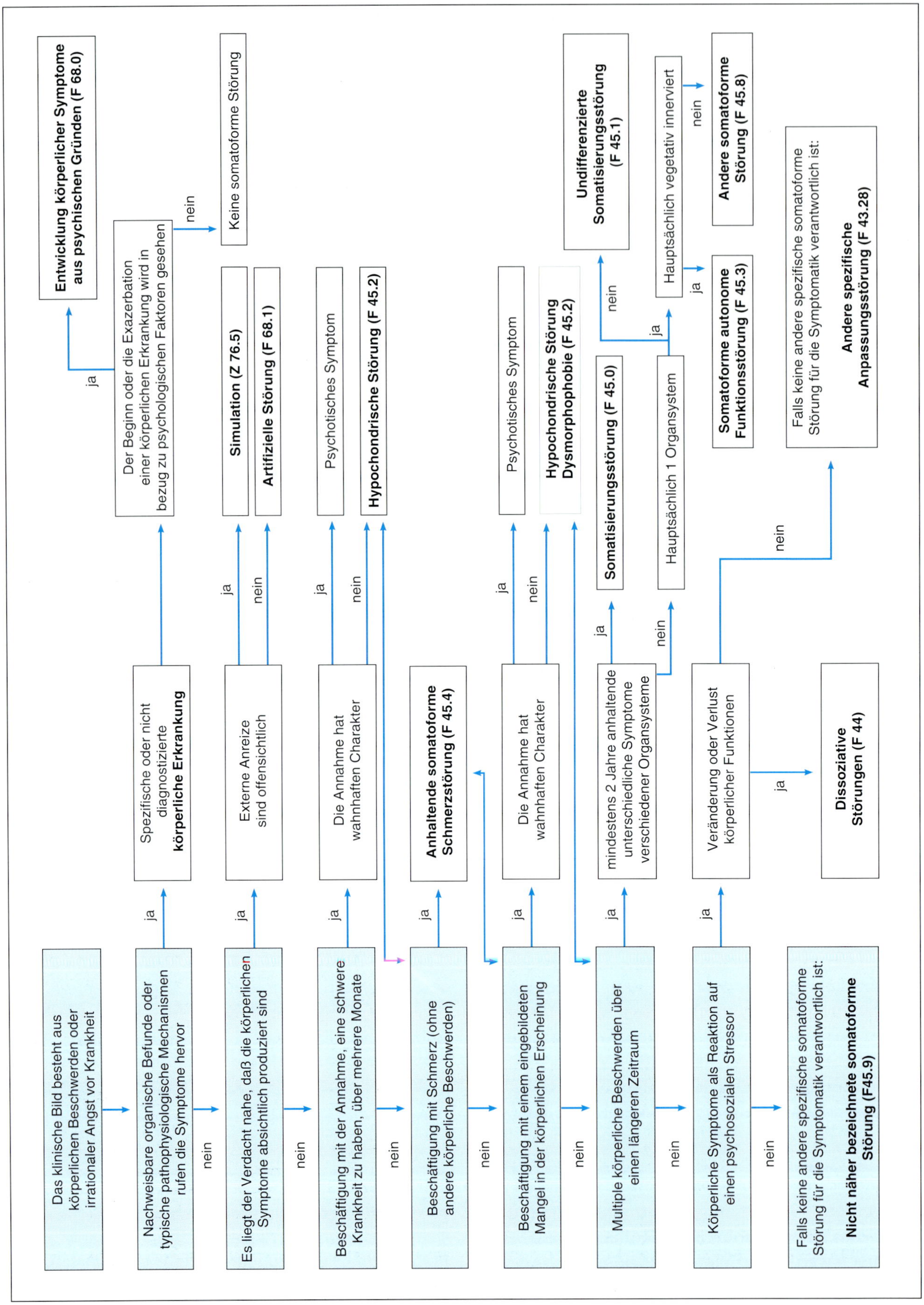
Das klinische Bild besteht aus körperlichen Beschwerden oder irrationaler Angst vor Krankheit
Nachweisbare organische Befunde oder typische pathophysiologische Mechanismen rufen die Symptome hervor
ja
nein
Spezifische oder nicht diagnostizierte körperliche Erkrankung
Der Beginn oder die Exazerbation einer körperlichen Erkrankung wird in bezug zu psychologischen Faktoren gesehen
ja
nein
Entwicklung körperlicher Symptome aus psychischen Gründen (F 68.0)
Keine somatoforme Störung
Es liegt der Verdacht nahe, daß die körperlichen Symptome absichtlich produziert sind
Externe Anreize sind offensichtlich
Simulation (Z 76.5)
Artifizielle Störung (F 68.1)
Beschäftigung mit der Annahme, eine schwere Krankheit zu haben, über mehrere Monate
Die Annahme hat wahnhaften Charakter
Psychotisches Symptom
Hypochondrische Störung (F 45.2)
Beschäftigung mit Schmerz (ohne andere körperliche Beschwerden)
Anhaltende somatoforme Schmerzstörung (F 45.4)
Beschäftigung mit einem eingebildeten Mangel in der körperlichen Erscheinung
Die Annahme hat wahnhaften Charakter
Psychotisches Symptom
Hypochondrische Störung Dysmorphophobie (F 45.2)
Multiple körperliche Beschwerden über einen längeren Zeitraum
mindestens 2 Jahre anhaltende unterschiedliche Symptome verschiedener Organsysteme
Somatisierungsstörung (F 45.0)
Hauptsächlich 1 Organsystem
Undifferenzierte Somatisierungsstörung (F 45.1)
Hauptsächlich vegetativ innerviert
Somatoforme autonome Funktionsstörung (F 45.3)
Andere somatoforme Störung (F 45.8)
Körperliche Symptome als Reaktion auf einen psychosozialen Stressor
Veränderung oder Verlust körperlicher Funktionen
Dissoziative Störungen (F 44)
Falls keine andere spezifische somatoforme Störung für die Symptomatik verantwortlich ist:
Andere spezifische Anpassungsstörung (F 43.28)
Falls keine andere spezifische somatoforme Störung für die Symptomatik verantwortlich ist:
Nicht näher bezeichnete somatoforme Störung (F45.9)

Integration psychosomatischer Diagnostik in die zahnärztliche Praxis

Mit Hilfe dieses integrativen Ansatzes ist es unseres Erachtens möglich, ein auf den individuellen Einzelfall zugeschnittenes Diagnosekonzept und ein darauf abgestimmtes therapeutisches Vorgehen zu finden [17]. Dies geschieht ganz nach pragmatischen Gesichtspunkten und berücksichtigt die individuellen Möglichkeiten des einzelnen. Subjektive Ressourcen des Patienten, reale Veränderungsmöglichkeiten und Fragen der Therapiemotivation werden ebenso berücksichtigt wie das Selbstkonzept des Patienten und die Einbettung der Symptomatik in das soziale Umfeld [47].

Voraussetzung ist eine gute Kooperation der am Diagnose- und Therapiewahlprozeß beteiligten Untersucher. Hierbei ist es jedem unabhängig möglich, seine Überlegungen einzubringen und zur Diskussion zu stellen. Dies ist sicherlich nur ein Kompromiß, der harten Validitätsansprüchen nur unzureichend gerecht werden kann, beugt aber der Beliebigkeit der Sinngehaltgebung in ausreichendem Maße vor.

Wie in der modernen Psychotherapie üblich, ist das diagnostische Vorgehen eng mit dem therapeutischen verbunden. Beide Anteile sind prozeßhaft ineinander verwoben und voneinander abhängig. Dies erfordert zumindest zu Beginn der Behandlung die Anwesenheit aller Beteiligten, was einen nicht unerheblichen Aufwand darstellt.

Durch die nahtlose Verknüpfung von zahnärztlicher Behandlung mit psychotherapeutischer Intervention, kann für einen Teil der Patienten eine oft lange Leidensgeschichte erfolgreich beendet werden, dies nicht zuletzt dadurch, daß die Komplexizität psychosomatischer Krankheitsbilder angemessen berücksichtigt wurde [17]. Überweisungen an andere Institutionen oder Fachärzte für Psychosomatik werden von den Patienten dagegen kaum akzeptiert und oft mit einem Behandlungsabbruch quittiert.

← *Abb. 5* Modifiziertes Flußdiagramm zur differentialdiagnostischen Einordnung der somatoformen Störungen (Original: DD der Somatoformen Störungen. DSM-III-R, Anhang B[3]).

Literatur

[1] Adler, R.: Schmerz. In: Uexküll, Th. v. (Hrsg.): Lehrbuch der psychosomatischen Medizin. Urban & Schwarzenberg, München 1986.

[2] Adler, R., Hemmeler, W.: Praxis und Theorie der Anamnese. Fischer, Stuttgart 1989.

[3] American Psychiatric Association: Diagnostic and statistical manual of mental disorder (3rd edition), revised (DSM III-R). APA, Washington DC, 1987. Deutsch: Diagnostisches und statistisches Manual psychischer Störungen: DSM III-R. Beltz, Weinheim 1989.

[4] Bandura, A.: Sozial-Kognitive Lerntheorie. Klett-Cotta, Stuttgart 1979.

[5] Beck, A.T., Rush, A.J., Shaw, B.F., Emery, G.: Kognitive Therapie der Depression. Urban & Schwarzenberg, München 1981.

[6] Brickenkamp, R. (Hrsg.): Handbuch psychologischer und pädagogischer Tests. Hogrefe, Göttingen 1975.

[7] Brickenkamp, R. (Hrsg.): Erster Ergänzungsband zum Handbuch psychologischer und pädagogischer Tests. Hogrefe, Göttingen 1983.

[8] Brähler, E., Scheer, J.W.: Der Gießener Beschwerdebogen (GBB) – Testhandbuch. Huber, Bern 1983.

[9] Corah, N.L.: Development of a Dental Anxiety Scale. J. dent. Res. 48, 596 (1969).

[10] Demmel, H.-J.: Die zahnärztliche Anamnese aus analytischer Sicht, Zahnärztl. Mitt. 81, 543 (1990).

[11] Deneke, F.W., Stuhr, U., Deneke, C., Bühring, B., Franz, A., Kruse, H.P.: Ein praxisnaher Ansatz zur Erarbeitung von Indikationskriterien für psychosomatische Patienten. In: Baumann, U. (Hrsg.): Indikation zur Psychotherapie. Urban & Schwarzenberg, München 1981.

[12] De Shazer, S.: Der Dreh. Auer, Heidelberg 1990.

[13] Dilling, H., Dittmann, V., Freyberger, H.J. (Eds.): ICD-10-field trial in German-speaking countries. Pharmacopsychiatry 23, 135 (1990).

[14] Dilling, H., Mombour, W., Schmidt, M.H.: Internationale Klassifikation psychischer Störungen. ICD-10, Kapitel V (F). Klinisch-diagnostische Leitlinien. Huber, Bern 1991.

[15] Ellis, A.: Die rational-emotive Therapie. Urban & Schwarzenberg, München 1977.

[16] Engel, G.L., Schmale, A.H.: Eine psychoanalytische Theorie der somatischen Störung. In: Overbeck, G., Overbeck, A. (Hrsg.): Seelischer Konflikt – körperliches Leiden. Rowohlt, Reinbek 1978.

[17] Fabinger, A., Röckl, J.: Zahnärztliche Behandlung als Leitschiene für psychotherapeutische Interventionen bei psychosomatischen Leiden im Mund-, Kiefer-, Gesichtsbereich. In: Sergl, H.G., Kreyer, W., Graber, G. (Hrsg.): Jahrbuch der Psychologie und Psychosomatik in der Zahnheilkunde, Bd. 3. Quintessenz, Berlin 1993.

[18] Fahrenberg, J., Hampel, R., Selg, H.: Das Freiburger Persönlichkeitsinventar FPI. Handanweisung. 4. rev. Aufl. Hogrefe, Göttingen 1984.

[19] Fenichel, O.: Prägenitale Konversionsneurosen (1932) in: Fenichel, O.: Psychoanalytische Neurosenlehre, Bd. II, Walter, Olten 1975.

[20] Fiedler, P.: Persönlichkeitsstörungen. Beltz-PVU, Weinheim 1994.

[21] Freud, S.: Die Abwehr-Neuropsychosen (1894), Studien über Hysterie (1895), Ges. Werke, Bd. 1, Fischer, Frankfurt 1966.

[22] Grawe, K.: Psychotherapieforschung zu Beginn der neunziger Jahre. Psycholog. Rundschau, 43, 132 (1992).

[23] Grawe, K., Caspar, F.M.: Die Plananalyse als Konzept und Instrument für die Psychotherapieforschung. In: Baumannn, U. (Hrsg.): Psychotherapie. Mikro- und Makroperspektive. Hogrefe, Göttingen 1984.

[24] Hall, E.T.: The hidden dimension. Doubleday, Garden City 1966.

[25] Janke, W., Debus, G.: Eigenschaftswörterliste (EWL). Hogrefe, Göttingen 1978.

[26] Janssen, P.L., Schneider, W. (Hrsg.): Diagnostik in Psychotherapie und Psychosomatik. Fischer, Stuttgart 1994.

[27] Kanfer, F.H., Saslow, G.: Behavioral diagnosis. In: Franks, C. (Ed.): Behavior therapy – appraisal and status. McGraw Hill, New York 1969.

[28] Kerlinger, F.N.: Grundlagen der Sozialwissenschaften, Bd. II, Beltz, Weinheim 1979.

[29] Kessler, B.H.: Behaviorale Diagnostik. In: Schmidt, L.R. (Hrsg.): Lehrbuch der klinischen Psychologie. Enke, Stuttgart 1984.

[30] Korff V., v.: Graded Chronic Pain Scale. Pain 21, 234 (1992).

[31] Laux, L., Glanzmann, P., Schaffner, P., Spielberger, C.D.: Das State-Trait-Angst-Inventar. Theoretische Grundlagen und Handanweisung. Beltz, Weinheim 1981.

[32] Lazarus, A.: Multimodale Verhaltenstherapie. Fachbuchhandlung für Psychologie, Frankfurt 1982.

[33] Lazarus, R.S., Folkman, S.: Stress, appraisal, and coping. Springer, New York 1984.

[34] Lehrl, S., Kinzel, W., Fischer, B., Weidenhammer, W.: Psychiatrische und medizinpsychologische Meßverfahren des deutschsprachigen Raumes. Vless, Ebersberg 1986.

[35] Lienert, G.A.: Testaufbau und Testanalyse. Beltz, Weinheim 1969.

[36] Luban-Plozza, B.: Praxis der Balint-Gruppen. Beziehungsdiagnostik und Therapie. Lehmanns, München 1974.

[37] Luban-Plozza, B., Pöldinger, W.: Der psychosomatisch Kranke in der Praxis. Editiones Roche, Basel 1972.

[38] Mahoney, M. J.: Kognitive Verhaltenstherapie. Pfeiffer, München 1977.

[39] Marty, P., de M'Uzan, M.: La pensée opératoire. Rev. franc. Psychoanal. 27, 345 (1963).

[40] Maturana, H.R.: Erkennen. Die Organisation und Verkörperung von Wirklichkeit. Vieweg, Braunschweig 1982.

[41] Meichenbaum, D.: Cognitive behavior modification. General Learning Press, Morristown 1974.

[42] Miltner, W., Birbaumer, N., Gerber, W.-D.: Verhaltensmedizin. Springer, Berlin 1986.

[43] Minuchin, S.: Familie und Familientherapie. Lambertus, Freiburg 1974.

[44] Morgan, W.L., Engel, G.L.: Der klinische Zugang zum Patienten. Huber, Bern 1977.

[45] Müller-Fahlbusch, H.: Psychosomatik. In: Horch, H., Hupfauf, H., Ketterl, W., Schmuth, G. (Hrsg.): Praxis der Zahnheilkunde, Bd. 7. Urban & Schwarzenberg, München 1986.

[46] Richter, H.E.: Eltern, Kind, Neurose. Rowohlt, Reinbek 1963.

[47] Röckl, J., Fabinger, A.: Die 30. Totalprothese. Ein kasuistischer Beitrag zur Psychopathologie der Prothesenunverträglichkeit. In: Müller-Fahlbusch, H., Sergl, H.G. (Hrsg.): Der psychopathologische Fall in der zahnärztlichen Beratung und Behandlung. Quintessenz, Berlin 1990.

[48] Satir, V.: Selbstwert und Kommunikation. Pfeiffer, München 1975.

[49] Schmidt, L.R., Kessler, B.H.: Anamnese. Methodische Probleme, Erhebungsstrategien und Schemata. Beltz, Weinheim 1976.

[50] Schulte, D.: Ein Schema für Diagnose und Therapieplanung in der Verhaltenstherapie. In: Schulte, D. (Hrsg.): Diagnostik in der Verhaltenstherapie. Urban & Schwarzenberg, München 1974.

[51] Schulte, D.: Verhaltenstherapeutische Diagnostik. In: DGVT (Hrsg.): Verhaltenstherapeutische Modelle und Methoden. dgvt-Verlagsabt., Tübingen 1988.

[52] Schur, M.: Comments on the Metapsychology of Somatization. The Psychoanalytic Study of the Child 10, 119 (1955). Deutsch: Zur Metapsychologie der Somatisierung. In: Overbeck G., Overbeck A. (Hrsg.): Seelischer Konflikt – körperliches Leiden. Rowohlt, Reinbek 1978.

[53] Selvini-Palazzoli, M., Boscolo, L., Cecchin, G., Prata, G.: Paradoxon und Gegenparadoxon. Klett-Cotta, Stuttgart 1977.

[54] Selye, H.: The general adaptation syndrome and the diseases of adaptation. J. clin. Endocr. 6, 117 (1946).

[55] Selye, H.: Streß – Bewältigung und Lebensgewinn. Piper, München 1974.

[56] Sifneos, P.E.: The prevalence of „alexithymic" characteristics in psychosomatic patients. Psychother. and Psychosom. 22, 255 (1973).

[57] Spitzer, R.L., Forman, J.B.W., Nee, J.: DSM III field trials: I. Initial interrater diagnostic reliability. Am. J. Psychiatry 136, 815 (1979).

[58] Spitzer, R.L., Forman, J.B.W.: DSM III field trials: II. Initial experience with the multiaxiale system. Am. J. Psychiatry 136, 818 (1979).

[59] Skinner, B. F.: About behaviorism. Knopf, New York 1974.

[60] Türp, J., Strub, J.R.: Der Freiburger Funktionsbogen für Patienten mit Funktionsstörungen des Kausystems (I). Quintessenz 45, 1443 (1994).

[61] Uexküll, Th. v. (Hrsg.): Lehrbuch der Psychosomatischen Medizin. 1. Aufl. Urban & Schwarzenberg, München 1979.

[62] Uexküll, Th. v., Adler, R., Herrmann, J.M., Köhle, K., Schonecke, O.W., Wesiack, W. (Hrsg.): Lehrbuch der Psychosomatischen Medizin. 4. Aufl. Urban & Schwarzenberg, München 1990.

[63] Uexküll, Th. v., Wesiack, W.: Wissenschaftstheorie und Psychosomatische Medizin, ein bio-psycho-so-

ziales Modell. In: Uexküll, Th. v., Adler, R., Herrmann, J.M., Köhle, K., Schonecke, O.W., Wesiack, W. (Hrsg.): Lehrbuch der psychosomatischen Medizin. 4. Aufl. Urban & Schwarzenberg, München 1990.

[64] Watson, J. B.: Behaviorism. University Press, Chicago 1924.

[65] Weiner, H.: Psychobiology and human disease. Elsevier, Amsterdam 1977.

[66] Weiss, T.: Familientherapie ohne Familie. Kösel, München 1989.

[67] Weizsäcker, V. v. : Der Gestaltkreis. Thieme, Stuttgart 1950.

[68] Wesiack, W.: Psychoanalyse und praktische Medizin. Klett-Cotta, Stuttgart 1980.

[69] World Health Organization: ICD-10, 1991 Draft of Chapter V (F), Categories F 00–F 99. Mental and Behavioural Disorders (including disorders of psychological development). Clinical-diagnostical Guidelines. WHO, Geneve 1991.

[70] World Health Organization: ICD-10, 1991 Draft of Chapter V (F), Categories F 00–F 99. Mental and Behavioural Disorders (including disorders of psychological development). Diagnostic Criteria for Research. WHO, Geneve 1991.

[71] World Health Organization: ICD-10, 1991 Draft of Chapter V (F), Categories F 00–F 99. Mental and Behavioural Disorders (including disorders of psychological development). Short Glossary. WHO, Geneve 1991.

[72] Zerssen v., D.: Klinische Selbstbeurteilungsskalen. Beltz, Weinheim 1976.

[73] Zerssen v., D.: Die Paranoid-Depressivitätsskala. Beltz, Weinheim 1976.

[74] Zerssen v., D.: Die Befindlichkeitsskala. Beltz, Weinheim 1976.

[75] Zerssen v., D.: Die Beschwerdeliste. Beltz, Weinheim 1976.

Psychogene Zahnersatzunverträglichkeit

von Bernd Wöstmann

Inhaltsübersicht

Einleitung

„... es gibt in der zahnärztlichen Praxis ein merkwürdiges Faktum: Trotz erstaunlicher Fortschritte in der Werkstoffkunde, trotz Anwendung neuer Erkenntnisse in der Gebißfunktion, gibt es Patienten, und es sind nicht wenige, die mit ihrem Zahnersatz nicht zurechtkommen, die über Schmerzen eigenartiger Qualität und Verteilung klagen, die offensichtlich echt leiden und völlig verzweifelt den Zahnarzt immer wieder aufsuchen, so lange, bis dieser fast ebenso verzweifelt ist. Dieses Phänomen ist mit dem Namen Prothesenunverträglichkeit gekennzeichnet worden.“ [32]

Jedem Zahnarzt mit praktischer Erfahrung sind die in dem obigen Zitat von MÜLLER-FAHLBUSCH so trefflich skizzierten Patienten bekannt, bei denen – allen sachgerechten ärztlichen Bemühungen zum Trotz – die Inkorporierung eines subjektiv befriedigenden Zahnersatzes nicht erreicht wird. Die Patienten pflegen vielfältige Einwände gegen den Zahnersatz vorzubringen, ohne daß hierfür vom behandelnden Arzt eine erkennbare Ursache auszumachen wäre oder weitergehende zahnärztliche Maßnahmen noch eine weitere Verbesserung der Situation versprächen.

Die vermeintliche Unverträglichkeit des Zahnersatzes wird von den betroffenen Patienten am häufigsten als ein Brennen der Mundschleimhaut, der Zunge oder des Gaumens beschrieben; andere klagen über Würgereiz, Wundgefühl oder Geschmacksbeeinträchtigungen. Für manche Patienten stehen nachhaltige störende Änderungen des Speichelflusses im Vordergrund, wobei wiederum ein hiermit korrelierbarer Befund in der Regel nicht zu erheben ist.

Von einer psychogenen Unverträglichkeit kann selbstverständlich nur dann die Rede sein, wenn eine somatische Ursache der vorgebrachten Beschwerden sicher auszuschließen ist. Gerade eine solche Ausschlußmöglichkeit ist indessen von vornherein nur in den seltensten Fällen gegeben.

So war z.B. bei Patienten mit psychisch bedingter Zahnersatzunverträglichkeit, die in der Forschungsstelle für Psychologie und Psychosomatik der Zahnklinik Münster vorstellig wurden, in bis zu 85% der Fälle durchaus ein somatischer Befund vorhanden [48]. Aber hierbei handelte es sich stets um Nebenbefunde, mit denen die Beschwerden nicht erklärt werden konnten. Wenn solche Nebenbefunde, wie es meistens zutrifft, prothetischer Art sind, wird die Beurteilung noch weiter erschwert. Oft werden dann vorschnell Kausalzusammenhänge zwischen den Nebenbefunden und den geklagten Beschwerden vermutet, woraus allzu leicht eine sachlich nicht gerechtfertigte diagnostische Erklärung resultiert.

Man kommt nicht umhin, diese Vorgänge auch als bedauerliche Folgen der modernen Hochleistungsmedizin zu interpretieren. Die mit der zunehmenden Technisierung der Medizin verbundene Spezialisierung bringt es mit sich, daß viele Ärzte – im gegebenen Zusammenhang vor allem auch Zahnärzte – sich eine zu sehr **eindimensionale Betrachtungsweise des Krankheitsgeschehens** zu eigen machen. Überzeugt von dem hohen Stellenwert der Technik in der Medizin betreiben sie eine rein biologisch-naturwissenschaftlich orientierte Diagnostik und Therapie und vernachlässigen dabei die geistig-seelische Dimension ihrer Patienten. Dies hat meist zur Folge, daß sich der Zahnarzt ausschließlich auf einen vorhandenen geringfügigen somatischen Befund konzentriert und diesen zum Anlaß für eine mehr oder weniger unnötige Therapie nimmt. Erst wenn der Patient nach der Durchführung verschiedener Maßnahmen anders als erwartet reagiert und die Beschwerden nicht rückläufig sind, sondern sich möglicherweise sogar verschlimmern, wird nach anderen – meist somatischen – Ursachen gesucht.

Eine derartige Reduktion der diagnostisch-therapeutischen Bemühungen auf rein biophysikalisch-chemische bzw. im konkreten Fall dentalmechanistische Aspekte führt unausweichlich in eine Sackgasse. Eine beginnende neurotische Entwicklung wird dann beinahe zwangsläufig übersehen und so die Chance verpaßt, ein sich möglicherweise anbahnendes psychopathologisches Geschehen schon während der Entstehung therapeutisch aufzufangen.

Das Krankheitsbild der „Psychogenen Zahnersatzunverträglichkeit“

Psychogene und psychophysische Faktoren der Zahnersatzunverträglichkeit

Über die Genese der psychogenen Unverträglichkeit von Zahnersatz existieren verschiedene Theorien. Am meisten verbreitet ist die Ansicht, daß der betroffene Patient herausnehmbaren Zahnersatz als eine Maske betrachtet, die sein Altern, seine Hinfälligkeit oder auch nur seine Unsicherheit verbergen soll, während ihm doch bei der täglichen Zahnpflege, beim Herausnehmen der Prothese aus dem

Mund, stets von neuem der unwiderbringliche **Verlust seiner körperlichen Integrität** vor Augen geführt wird [2].

Dementsprechend folgert man, daß eine psychogene Zahnersatzunverträglichkeit an herausnehmbaren Ersatz gekoppelt sei und spricht von Prothesenunverträglichkeit. Das ist jedoch eine unzulässige Verkürzung der Betrachtungsweise; denn der klinische Alltag zeigt – und verschiedene Untersuchungen bestätigen diesen Sachverhalt [37, 52] – daß eben nicht nur mit herausnehmbarem Zahnersatz versorgte Patienten an einer psychogenen „Prothesenunverträglichkeit" leiden, sondern daß eine gleichartige Symptomatik auch bei Patienten anzutreffen ist, die ausschließlich festsitzenden Ersatz tragen oder sogar „nur" konservierend versorgt sind. Da im zahnärztlichen Sprachgebrauch unter dem Wort „Prothese" aber meist fälschlich nur der herausnehmbare Zahnersatz verstanden wird, erscheint es zweckmäßig, nicht von psychogener Prothesenunverträglichkeit sondern allgemein von Zahnersatzunverträglichkeit zu sprechen.

Eine Definition dieses Krankheitsbildes könnte daher etwa wie folgt lauten:

Eine psychogene Zahnersatzunverträglichkeit liegt vor, wenn nicht objektivierbare Beschwerden vorgebracht werden, deren Entstehung der Patient dem Zahnersatz anlastet und für die ein korrelierbarer somatischer Befund nicht erhoben werden kann.

Dem in Rede stehenden Krankheitsbild wird man nur mit einer mehrdimensionalen Sichtweise gerecht. Wenn auch die bei der Mehrzahl der betroffenen Patienten vorhandenen prothetischen Befunde für die Beschwerden nicht ursächlich sind, so darf man doch nicht übersehen, daß vor allem **Mängel am Zahnersatz** zu einer Funktionsminderung nicht nur des Ersatzes – denn Zahnersatz muß ja nicht um seiner selbst willen funktionieren – sondern des gesamten stomatognathen Systems führen können und so die ohnehin vorhandene Konzentration des Patienten auf das Kauorgan noch erhöhen. So können Parafunktionen entstehen oder verstärkt werden, die ihrerseits wieder zu realen **Dysfunktionssymptomen** führen. Die damit einhergehenden Muskel- und Gelenkschmerzen werden insbesondere von Patienten, deren eigentliche Erkrankung nicht organischen Ursprungs ist, mitunter sehr dramatisch dargestellt [1], was die Diagnostik erheblich erschweren kann (Abb. 1).

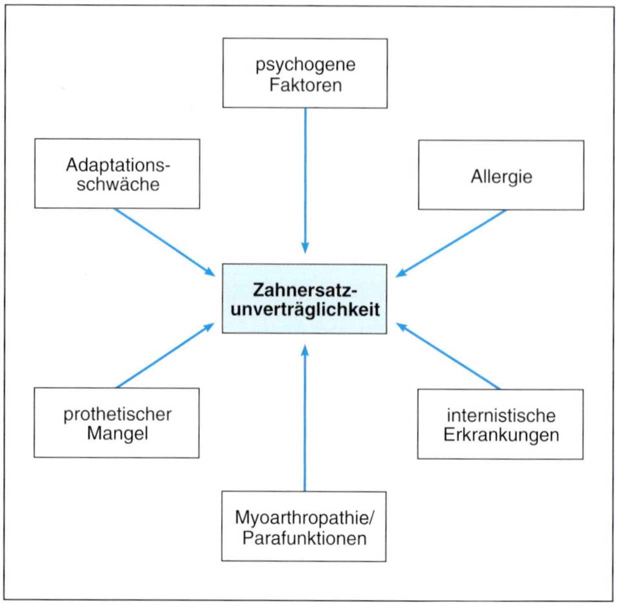

Abb. 1 Die Ursachen einer Zahnersatzunverträglichkeit können vielschichtig sein. Nur selten ist das Krankheitsgeschehen monokausal bedingt.

Die Therapie organischer Nebenbefunde – gleich welcher Provenienz –, die zweifellos Kofaktoren für das Krankheitsgeschehen darstellen, wird möglicherweise eine Linderung bringen, die zugrundeliegende Zahnersatzintoleranz läßt sich aber auf diesem Wege nicht beseitigen, da diese Befunde die Erkrankung nicht verursacht haben. So wichtig es selbstverständlich ist, auch diese Nebenbefunde zu therapieren, so falsch ist es aber, diese Therapie unreflektiert und vorschnell durchzuführen und den Patienten so in seiner schon vorgefaßten Meinung, daß der Zahnersatz die alleinige und ausschließliche Ursache „allen Übels" sei, noch zu bestärken.

Diagnostische Kriterien

Ärztliches Gespräch

Das wichtigste diagnostische Hilfsmittel zur Erkennung einer psychogenen Zahnersatzunverträglichkeit ist das ärztliche Gespräch. Leider ist die Zahnmedizin in ihren restaurativen Tätigkeitsbereichen immer noch stark mechanistisch geprägt, und so fallen die betreffenden Patienten in der zahnärztlichen Praxis nur selten sofort auf. Da – wie erwähnt – in der Regel irgendwelche zahnärztlichen Befunde vorliegen, glaubt der Zahnarzt meistens potentielle Ursachen für die Beschwerden des Patienten zu finden und behandelt diese, ohne zuvor eine ausführliche Anamnese erhoben zu haben. Dies trifft insbesondere für solche Patienten zu, die mit totalen Prothesen versorgt sind, da sich gerade diese Art des Ersatzes ohne jeglichen Eingriff in die körperliche Integrität des Patienten manipulieren und verändern läßt.

Dabei wird allerdings leicht übersehen, daß man damit dem „Memento primum nil nocere“ nicht gerecht wird, denn dieses umfaßt selbstverständlich nicht nur die physische, sondern auch die seelisch-geistige Seite des Menschen. Um jeden Preis ist man bemüht, mögliche somatische Ursachen sicher auszuschließen, um ja keinen „Kunstfehler“ zu begehen. Daß der „Kunstfehler“ aber gerade in diesem Bemühen liegen könnte, wird leider viel zu oft noch übersehen.

Es lohnt daher in jedem Fall, den Patienten nicht allein nach seinem Begehr zu fragen, und die Anamneseerhebung nicht nur – möglicherweise sogar mit Hilfe eines entsprechenden Formblattes – auf das Notwendigste zu beschränken, sondern sich Zeit zu einem Gespräch zu nehmen.

Klagt jemand über seinen Zahnersatz, so ist stets zu eruieren, wie lange die Beschwerden bestehen. Selbst wenn man dabei erfährt, daß dies seit der Eingliederung der prothetischen Konstruktion der Fall ist und der Kausalzusammenhang damit evident erscheint, darf man sich mit einer solchen Auskunft nicht zufrieden geben. Vielmehr ist solange gezielt nachzufragen, bis der Zeitpunkt des Beginns der bestehenden Beschwerden auszumachen ist. Im allgemeinen hält sich der dafür benötigte Zeitaufwand in Grenzen.

Hilfreich ist es, sich in jedem anamnestischen Gespräch die von Müller-Fahlbusch [30] vorgeschlagenen **fünf Kriterien** zu vergegenwärtigen, die in ähnlicher Form auch von anderen Autoren [1, 12] vorgestellt worden sind. Die konsequente Betrachtung dieser im folgenden zu beschreibenden Kriterien erlaubt es gegebenenfalls sehr schnell, den Verdacht auf eine psychogene Beschwerdeverursachung zu erhärten.

Diskrepanz zwischen dem Befund und dem Befinden. Wenn sich die vom Patienten vorgebrachten Beschwerden nicht einem eindeutigen Befund zuordnen lassen, der seiner Ausprägung nach die Klagen zweifelsfrei erklärt, ist bereits erhöhte Aufmerksamkeit geboten. Oftmals geben die Patienten diesen Sachverhalt unbewußt selbst zu erkennen, indem sie die Redewendung „es ist als ob“ gebrauchen, weil sie anders die Art des empfundenen Schmerzes nicht beschreiben können [28].

Nun ist es aber eine bekannte Tatsache, daß manche pathologischen Prozesse, etwa chronische Pulpitiden, eine Schmerzsymptomatik hervorrufen können, die sich weder vom Patienten noch vom Behandler zweifelsfrei einem bestimmten Zahn zuordnen läßt. Zur Klärung empfiehlt sich in diesen Fällen die Durchführung eines **Ausschaltversuchs** mit einem Lokalanästhetikum. Können die Beschwerden durch gezielte Anästhesiemaßnahmen – an einem einzelnen Zahn etwa mittels intraligamentärer Anästhesie – wiederholt und reproduzierbar ausgeschaltet werden, so ist eine primär psychogene Schmerzverursachung unwahrscheinlich (ex iuvantibus).

Lassen sich die Schmerzen auf diese Weise aber nicht beseitigen oder decken sie sich nicht mit dem Versorgungsgebiet der verantwortlichen sensiblen Nerven bzw. der bekannten Projektionsfelder (Head-Zonen), so spricht dieses Kriterium eher für eine psychogene Schmerzverursachung.

Diagnose „ex non iuvantibus“. Die Äußerung eines Verdachts auf das Vorliegen einer psychogenen Zahnersatzunverträglichkeit „ex non iuvantibus“ ist die Umkehrung des uralten ärztlichen Prinzips der Diagnosestellung „ex iuvantibus“:

> Nicht die Tatsache, daß eine Therapie erfolgreich war, sondern vielmehr der Umstand, daß zahllose Maßnahmen ergebnislos verlaufen sind, läßt in diesem Fall den Rückschluß auf die Ursache der Erkrankung zu.

Ein Patient, der schon eine Vielzahl Prothesen aus jüngerer Zeit vorzuweisen hat, mit denen er allesamt nicht zurecht kommt, sollte Nachdenklichkeit hervorrufen. Selbst wenn jede der vorgezeigten Prothesen Unzulänglichkeiten aufweist, gilt es dem Patienten gegenüber sachlich zu reagieren. Keinesfalls darf man ihn in seiner vorgefaßten Meinung bestätigen, wonach alle seine Prothesen grob fehlerhaft seien und seine Feststellung, daß er damit selbstverständlich nicht zurechtkommen könne, über jeden Zweifel erhaben sei! Selbst gravierende Mängel einer Prothese haben bezeichnenderweise oft nicht von Anfang an vorgelegen.

Primär lege artis angefertigter Ersatz kann im Laufe der Zeit durchaus schlechter werden, wenn die Patienten immer wieder in der Praxis erscheinen und der Zahnarzt in seiner Ratlosigkeit und in Erfüllung der Erwartungshaltung des Patienten irgendwelche, im Grunde ziellosen Manipulationen am Zahnersatz vornimmt [7].

Sofern herausnehmbarer Zahnersatz bemängelt wird, ist ein **Karenzversuch** dringend anzuraten. Bleiben die Beschwerden nach mehrtägiger konsequenter Prothesenkarenz bestehen, so ist es unwahrscheinlich, daß sie vom Zahnersatz hervorgerufen werden. Gleichzeitig ergibt sich so bereits ein erster therapeutischer Ansatz: Einige Patienten lassen sich nach einem erfolglosen Karenzversuch davon überzeugen, daß der Zahnersatz zumindest nicht der Hauptverursacher ihrer Beschwerden ist.

Die Durchführung eines solchen Karenzversuches muß mit dem Patienten genau besprochen werden. Dieser soll selbst entscheiden, wann er sich einige Tage Zeit nehmen und ohne den Zahnersatz auskommen will, damit er nicht gezwungen wird, seiner Umgebung und seinen Mitmenschen „ohne Zähne" gegenüberzutreten, wenn er dies vermeiden möchte. Es ist deshalb auch nicht nur psychagogisch sehr ungeschickt, sondern darüber hinaus auch in forensischer Hinsicht fragwürdig, die Prothese in der Praxis einzubehalten. Wenn jemand nach einem ausführlichen Gespräch jedoch nicht Willens ist, einen Karenzversuch durchzuführen und einige Tage ohne Prothese auszukommen, gleichwohl aber über „fürchterliche Schmerzen" klagt, so ist bereits in diesem Verhalten eine gewisse Unstimmigkeit festzustellen.

Fluktuation der Beschwerden. Ausbreitung und Verlauf vorwiegend organisch bedingter Schmerzen sind an den aus der Anatomie und Pathologie bekannten Gegebenheiten orientiert und können daher vom Patienten regelmäßig konkret beschrieben werden. Dies ist bei primär psychogen ausgelösten Symptomen nicht der Fall. Bezeichnenderweise wird hierbei die Lokalisation der Schmerzen nur vage und vor allem unterschiedlich und wechselnd dargestellt [1].

Fallbeispiel:
Herr M. klagt nach dem Einsetzen von zwei Brücken im Oberkiefer (16-13-11 und 21-23-26) über unerträgliche Schmerzen am Zahn 23, der beim Kältetest sensibel reagiert und nicht klopfempfindlich ist. Da die Schmerzen kontinuierlich zunehmen, wird dieser Zahn schließlich devitalisiert und wurzelgefüllt. Kurze Zeit später ist der Zahn 16 betroffen, der schließlich ebenfalls wurzelgefüllt wird. Gleichzeitig beginnt wieder der linke obere Eckzahn Beschwerden zu machen, der nach einer erfolglosen Revision der Wurzelfüllung wurzelspitzenreseziert wird. Einige Tage später verlagert sich die Problematik auf den völlig unbeteiligten und bisher nur mit einer kleinen Füllung versehenen Zahn 47.

Sofern die drei bisher vorgestellten Kriterien im Verlauf der Anamneseerhebung negativ beantwortet werden konnten, kann mit der Befunderhebung fortgefahren werden. War aber nur ein Punkt positiv zu bewerten, so ist es unbedingt ratsam, das anamnestische Gespräch zu vertiefen, da in diesem Fall das Vorliegen einer psychosomatischen Störung nicht ausgeschlossen werden kann [33].

Mitbeteiligung der Persönlichkeit am Krankheitsgeschehen. Ob Eigenarten der Persönlichkeit des Kranken die Entstehung einer psychogenen Zahnersatzunverträglichkeit eventuell gefördert haben könnten, läßt sich am besten aus der Lebensgeschichte des Patienten herleiten. Man braucht deshalb die Anamnese durchaus nicht von den Kinderkrankheiten an aufzurollen. Meistens kann schon durch einige gezielte Fragen eine übermäßige Mitbeteiligung des Patienten am Krankheitsgeschehen erkannt werden.

Es gilt dabei zunächst herauszufinden, welchen **Stellenwert** die Beschwerden im Leben des Patienten haben:

- Sind seine Zähne oder sein Zahnersatz schon fast zum Mittelpunkt des Lebens geworden?
- Werden dadurch mitmenschliche Beziehungen beeinflußt?

Eine in diesem Zusammenhang typische Äußerung ist etwa die Feststellung des Patienten, „nicht mehr unter Menschen gehen zu können". Sofern die Relationen zur Umwelt durch das Tragen des Zahnersatzes gestört sind oder andere unklare Beschwerden vorgebracht werden, die das stomatognathe System nicht berühren, liegt die Annahme einer psychogenen Unverträglichkeit des Zahnersatzes nicht fern.

Konkordanz des Auftretens der Beschwerden mit biographisch situativen Ereignissen. Ein letzter in diesem Zusammenhang zu nennender Aspekt betrifft das zeitliche Zusammentreffen zwischen dem erstmaligen Auftreten der Beschwerden und einer Veränderung in der Lebenssituation des Patienten.

Psychagogisch ungeschickt und auch wenig erfolgversprechend ist es, den Patienten etwa zu fragen, ob er „damals Probleme gehabt" habe. So kann die Chance, das Vertrauen des Patienten zu gewinnen, sehr schnell verspielt werden. Gerade Patienten, die schon viele Ärzte konsultiert haben und die den „leidigen“ Hinweis auf die möglicherweise psychogene Komponente ihrer Beschwerden bereits kennen, gewinnen dann meist den Eindruck, daß auch dieser Arzt „sie nicht ernst nimmt“ und „alles auf die Psyche schiebt“.

Es sind nicht nur negative oder vom Patienten als negativ empfundene Veränderungen in seinem Leben, die beim zeitlichen Zusammenfallen mit der Neuanfertigung von Zahnersatz die Entstehung einer psychogenen Zahnersatzunverträglichkeit begünstigen können [33].

Fallbeispiel:
Frau S. klagt über Zungen- und Gaumenbrennen, das seit der Anfertigung einer partiellen Prothese vor zwei Jahren besteht. Die Prothese habe von Anfang an nicht gepaßt. Zuvor hatte der Zahnarzt mehrere Zähne extrahiert. Die Patientin fragt sich nun, ob diese Maßnahme richtig gewesen sei. Vorher trug sie nämlich festsitzenden Zahnersatz, mit dem sie gut zurecht gekommen war. Schließlich habe sie den Zahnarzt gewechselt und sich neu versorgen lassen. Die neue Prothese habe gut gesessen; nur das Brennen am Gaumen und an der Zungenspitze sei geblieben.

Es stellte sich heraus, daß die Patientin kurz vor der Anfertigung des ersten Ersatzes aus Altersgründen aus ihrem Beruf ausgeschieden war. Jetzt sitze sie ständig allein zu Hause und wisse nicht, wie sie den Tag verbringen solle. Den Zahnersatz nimmt sie „so oft es geht“ aus dem Mund, weshalb sie sich zunehmend isoliert fühlt, da sie sich ohne Prothese nicht unter Menschen traut.

Wenn mindestens drei der vorgestellten **fünf Fragenkomplexe,**
- Diskrepanz zwischen Befund und Befinden,
- „ex non iuvantibus“,
- Fluktuation der Beschwerden,
- Mitbeteiligung der Persönlichkeit am Krankheitsgeschehen,
- Konkordanz mit Lebensereignissen,

positiv zu beantworten sind, ist zunächst davon auszugehen, daß die Ursache des Leidens primär nicht somatischer, sondern psychogener Natur ist. In dieser Situation ist es unbedingt ratsam, Behandlungsmaßnahmen nur in soweit durchzuführen, als unzweifelhaft ein somatischer Befund vorhanden ist, dessen Therapie nicht aufgeschoben werden darf (etwa die Inzision eines Abszesses oder die Beseitigung erkennbarer Druckstellen).

Abgrenzung zur „Adaptationsschwäche“

Die Abgrenzung einer psychogenen Zahnersatzunverträglichkeit gegen eine Adaptationsschwäche ist oft schwierig, da die Übergänge fließend sind. Die Adaptation von Zahnersatz ist ein sehr komplexer Vorgang. Er erfordert Lernfähigkeit, Fähigkeit zur muskulären Feinkoordination, orale Stereognosie sowie eine positive Einstellung des Patienten zum Ersatz.

Ein gutes **Lernvermögen** ist erforderlich, um motorische Fähigkeiten entwickeln bzw. schon vorhandene anpassen zu können, die zur „Hand“habung des Ersatzes notwendig sind. Dies beginnt bei der manuellen Geschicklichkeit, die erforderlich ist, um z.B. den herausnehmbaren Teil einer Kombinationsarbeit aus der Mundhöhle zu entfernen und wieder einzugliedern und reicht bis zur Neustrukturierung extrapyramidal gesteuerter Bewegungsabläufe der **oralen Muskulatur,** die zur Stabilisierung des Ersatzes in der Mundhöhle beitragen.

Die Fähigkeit zur dreidimensionalen Wahrnehmung von Körpern innerhalb der Mundhöhle, die als **orale Stereognosie** bezeichnet wird, steht in engem Zusammenhang mit der Bahnung der erforderlichen neuen Bewegungsmuster [21, 24], weil das Zentralnervensystem, um die Muskulatur steuern zu können, über die räumliche Ausdehnung des Fremdkörpers Prothese informiert werden muß.

Smink [45] konnte zeigen, daß die Ausprägung des oralen Wahrnehmungsvermögens direkt mit der Adaptationsfähigkeit korreliert ist. Gewöhnung bedeutet in diesem Zusammenhang die stetige Verminderung der Reaktion des Organismus auf einen kontinuierlichen oder sich stetig wiederholenden Stimulus [9].

Der Prozeß der Gewöhnung ist ein fundamentaler biologischer Mechanismus, der ein Individuum davor schützt, stets von neuem auf sich ständig wiederholende und biologisch letztlich irrelevante Reize reagieren zu müssen. Ohne den Mechanismus der Gewöhnung ist die Adaptation insbesondere von Totalprothesen nur schwer vorstellbar.

Solange die zahlreichen, von der Prothesenbasis auf das Tegument ausgeübten Reize noch in das Bewußtsein des Prothesenträgers vordringen, wird dieser den Zahnersatz als störend empfinden. Aus neurophysiologischer Sicht ist es für den Prozeß der Gewöhnung von großer Bedeutung, daß die Stimuli stets gleich sind und der jeweils vorhergehende Reiz noch im Kurzzeitgedächtnis gespeichert ist [8, 47].

So wird auch unmittelbar verständlich, daß die Gewöhnung mit **zunehmendem Alter** infolge des nachlassenden Kurzzeitgedächtnisses immer mehr Zeit in Anspruch nimmt. Erschwerend kommt hinzu, daß auch ein Nachlassen der Lernfähigkeit, des oralen Stereognosievermögens und der Fähigkeit zur muskulären Feinkoordination typische Begleiterscheinungen des höheren Lebensalters sind.

Neben den beschriebenen neurophysiologischen Gegebenheiten wird die Adaptation in erheblichem Maße auch von psychologischen Faktoren mitbestimmt. Die **Einstellung** des Patienten zum Zahnersatz, die Akzeptanz der **ästhetischen Wirkung** des Ersatzes durch seine Umwelt, das Ausmaß seines Vertrauens in die Fähigkeit des Zahnarztes und natürlich sein funktionelles Zurechtkommen mit der Prothese sind in dieser Hinsicht von Bedeutung [42]. So wird verständlich, daß die psychische Adaptation des Zahnersatzes mit der physischen untrennbar verbunden ist.

Die **Zeitspanne,** die Patienten zur vollständigen Adaptation von Zahnersatz benötigen, ist sehr unterschiedlich. Sie hängt von der Art und dem Umfang des Ersatzes sowie dem biologischen Alter des Patienten ab. Generell ist aber festzustellen, daß kleinere Restaurationen und festsitzender Zahnersatz vergleichsweise schnell adaptiert werden und daß ältere Patienten mehr Zeit für das Adaptieren benötigen als junge. Insbesondere wenn es sich um Totalersatz handelt, kann sich die Adaptationsphase über ein Jahr erstrecken. Bis sich ein Patient soweit an den Totalersatz gewöhnt hat, daß er mit dessen Funktion voll zufrieden ist, kann noch mehr Zeit vergehen (Abb. 2 und Abb. 3).

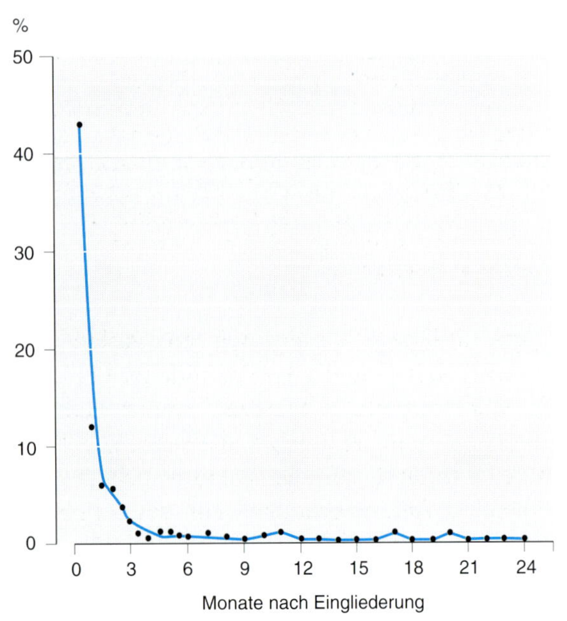

Abb. 2 Zeitlicher Verlauf des Auftretens von Druckstellen nach der Anfertigung von Totalersatz (n = 882 Prothesen) (nach [3]).

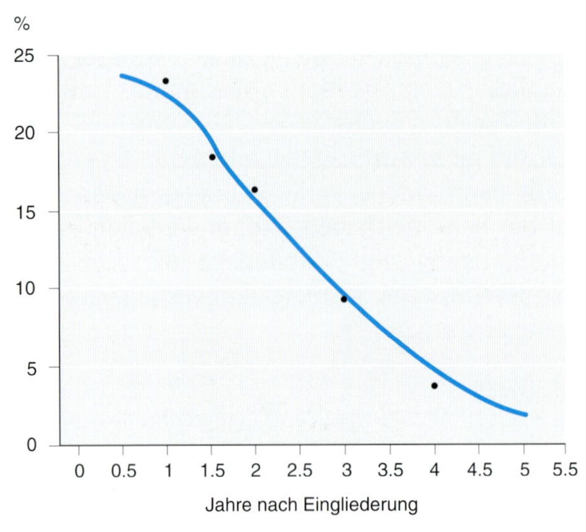

Abb. 3 Anteil der Patienten unter den Trägern von totalem Zahnersatz, die anläßlich von Routinenachuntersuchungen über eine funktionelle Beeinträchtigung klagten (n = 546) (nach [3]).

Sofern die auf Adaptationsschwierigkeiten beruhenden Beschwerden des Patienten durch Fehlreaktionen der an der Behandlung Beteiligten chronifiziert werden – wenn etwa der Zahnarzt sich durch den „querulierenden" Patienten belästigt fühlt und nicht mehr sachlich und verständnisvoll, sondern emotional und abweisend reagiert oder wenn der Patient selbst mehr und mehr auf vermeintlichen Mängeln des Zahnersatzes beharrt –, ist die Gefahr der Entwicklung einer psychogenen Zahnersatzunverträglichkeit ernstlich gegeben.

Auf der anderen Seite führen vorschnelle Gefälligkeitsbehandlungen, für die keine Indikation besteht, ebenfalls nicht zum Ziel. Durch ständige Manipulationen am Zahnersatz wird es dem Patienten mit reduziertem Adaptationsvermögen nur noch schwerer gemacht, sich an die immer wieder veränderte Form der prothetischen Arbeit zu gewöhnen. Der in Abbildung 4 dargestellte Teufelskreis stellt sich damit unausweichlich ein.

Verdeckte somatische Befunde

Genauso fatal wie die Nichterkennung einer psychogenen Zahnersatzunverträglichkeit kann es sich auswirken, wenn diese Diagnose voreilig gestellt wird und verdeckte somatische Befunde unerkannt

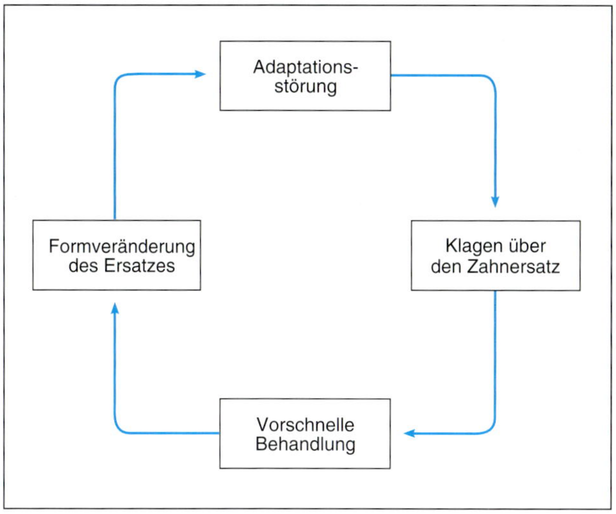

Abb. 4 „Gefälligkeitsbehandlungen“ verschlimmern beim Vorliegen einer Adaptationsstörung die Symptomatik.

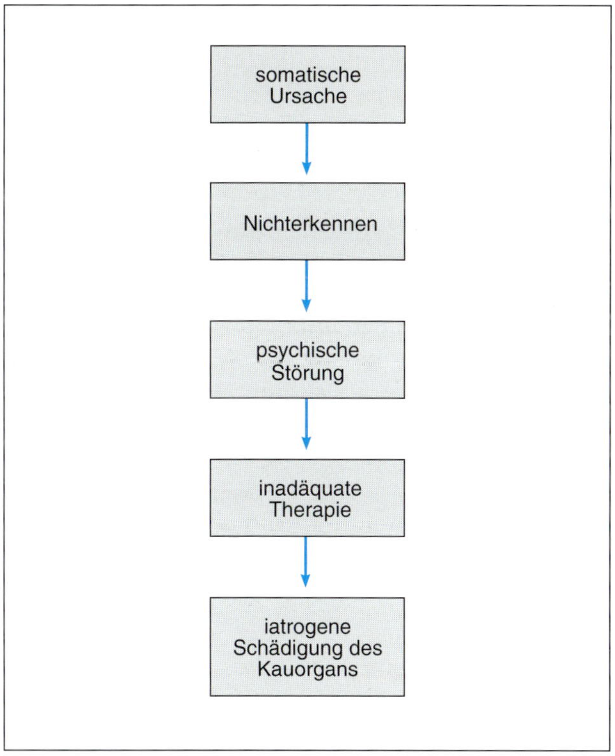

Abb. 5 Folgen der Nichterkennung eines somatischen Befundes.

bleiben. Neben primär nicht erkennbaren zahnärztlichen Befunden sollte stets auch an internistische Erkrankungen (z.B. Zungenbrennen infolge von Vitamin-B_{12}-Mangel) gedacht und ggf. der Hausarzt des Patienten um Abklärung gebeten werden.

Je länger die eigentliche, nämlich somatische, Ursache der Beschwerden nicht gesehen und dem Patienten stattdessen gesagt wird, sein Leiden müsse psychisch bedingt sein oder er mit vagen Erklärungen und Verdachtsdiagnosen vertröstet wird, desto größer ist die Gefahr, daß er tatsächlich psychisch auffällig wird und anschließend nicht mehr befundgerecht behandelt wird (Abb. 5).

Fallbeispiel:
Eine 36jährige Patientin litt unter unklaren Gesichtsschmerzen, die sich einige Wochen nach der definitiven Eingliederung einer Brücke von 44 nach 47 eingestellt hatten. Die Hauszahnärztin hatte eine Versorgung der schon seit mehreren Jahren bestehenden Lücke empfohlen, da die Antagonisten zu elongieren begannen. Vor der Eingliederung der Brücke bestanden keine Beschwerden im stomatognathen System, die Provisorien hatten keine Probleme verursacht und auch die Brücke war von der Patientin einige Zeit komplikationslos probegetragen worden. Plötzlich seien aber im Bereich der rechten Gesichtshälfte ziehende Schmerzen aufgetreten. Zunächst hatte man der Patientin offenbar gesagt, „das würde sich wieder geben“, was aber nicht der Fall gewesen sei. Schließlich wollte die Patientin die Brücke wieder entfernt haben, aber ihre Zahnärztin lehnte ab. Die Patientin ging daraufhin noch zu zwei anderen Zahnärzten, die angeblich eine Abnahme der Brücke aber ebenfalls mit dem Hinweis ablehnten, daß die Brücke noch neu und überdies sehr gut sei. Auch röntgenologisch ließen sich keine Besonderheiten erkennen. Als sich die Patientin nicht mehr zu helfen wußte, suchte sie einen Heilpraktiker auf, der verschiedene Materialien testete und ihr dann sagte, daß sie eine Allergie gegen das Metall der Brücke habe. Jetzt fürchtete die Patientin „vergiftet“ zu werden und wollte die Brücke nun auch aus diesem Grund umgehend entfernt haben.

Die klinische Inspektion zeigte tatsächlich eine in technischer Hinsicht sehr gut gearbeitete Brücke, die sich funktionell störungsfrei in den Kauflächenkomplex einfügte. Da die Schmerzen nach einer intraligamentären Anästhesie weitgehend zurückgingen, entschlossen wir uns dazu, die Brücke abzunehmen. Danach stellte sich bald heraus, daß die distale Wurzel des Zahnes 47, in der der Stiftaufbau verankert war, eine röntgenologisch nicht erkennbare Fraktur aufwies, die auch klinisch bisher unerkannt geblieben war, da die Krone auf diesem Zahn die Segmente zusammenhielt. Nach der Hemisektion dieses Zahnes und der Entfernung der frakturierten Wurzel war die Patientin beschwerdefrei.

Der geschilderte Fall zeigt, wie ein Patient durch Nichterkennen somatischer Befunde psychisch auffällig werden kann. Gleichzeitig wird aber auch deutlich, in welcher problembehafteten Situation sich der Zahnarzt befindet, wenn er primär keinen somatischen Befund erheben kann und zu einer abklärenden Diagnostik bereits solche zahnärztlichen Maßnahmen vornehmen muß, die ihrerseits neuerliche Behandlungsmaßnahmen zwingend nach sich ziehen.

In dem geschilderten Fall war es zwar nach dem positiv verlaufenen **Ausschaltversuch** wahrscheinlich, keineswegs aber gewiß, daß die Ursache am

Zahn 47 zu suchen war. Die Erfahrung im Umgang mit psychosomatisch Kranken zeigt immer wieder, daß ein solcher Ausschaltversuch auch falsch positiv verlaufen kann (Placeboeffekt). Aus diesem Grund ist es in Zweifelsfällen ratsam, den Ausschaltversuch mit einer **Placebolösung** (z.B. NaCl-Lösung) als „Anästhetikum" zu wiederholen.

Allergien

Beim Auftreten von Zahnersatzunverträglichkeitserscheinungen wird in der Praxis oft zuerst an eine Allergie gegen die verwendeten Materialien gedacht. Diese Vermutung mag zwar auf einige Fälle zutreffen [19], doch ist sie in den meisten Fällen falsch [23]. Dennoch sollte bei Vorliegen zweifelhafter Befunde ein Allergietest durch einen Allergologen durchgeführt werden. Nur so ist eine Allergie als Ursache sicher auszuschließen.

Um eine verläßliche Aussage zu erhalten, müssen die Materialien, die zur Herstellung des Zahnersatzes verwendet wurden, bzw. bei einer Abklärung im Vorfeld, bei einer Neuanfertigung verwendet werden sollen, in verarbeitetem Zustand getestet werden. So darf z.B. die Testung der Verträglichkeit von Kunststoff nicht mit dem Monomer erfolgen, da dieses als solches toxisch ist und schon allein deshalb im Epikutantest zu einer Hautrötung führt. Vielmehr muß eine auspolymerisierte und polierte Probe geprüft werden. Wenn eine Metallunverträglichkeit ausgeschlossen werden soll, sollte ein vergossenes, ausgearbeitetes und – sofern es sich um eine Aufbrennlegierung handelt – verblendetes Metallplättchen geprüft werden.

Häufigkeit und Geschlechtsverteilung

Über die Häufigkeit des Auftretens von Zahnersatzunverträglichkeitserscheinungen ist wenig bekannt. Wessling ermittelte einen Anteil von 5,9% an den in der prothetischen Ambulanz der Zahnklinik Münster vorstellig gewordenen Patienten [54]. Insgesamt dürften die Zahlen aber bedeutend niedriger liegen, da 80% dieser Patienten gerade wegen des Verdachts auf eine psychogene Zahnersatzunverträglichkeit überwiesen worden waren.

Es sind fast ausnahmslos **ältere Patienten** und dabei vorwiegend **Frauen,** die an einer psychogenen Zahnersatzunverträglichkeit erkanken. Ein Vergleich der Altersstruktur der 1980 bis 1988 in der Forschungsstelle für Psychopathologie und Psychosomatik der Zahnklinik Münster mit einer psychogenen Zahnersatzunverträglichkeit vorstellig gewordenen Patienten mit der 1988 in der Bundesrepublik Deutschland gegebenen Altersstruktur (Abb. 6) [46] zeigt dies deutlich.

Das relativ hohe Alter der Patienten erklärt sich zwanglos aus der Natur der Erkrankung, da Prothesenträger überwiegend ältere Menschen sind. Zum anderen werden auch psychische Alterationen be-

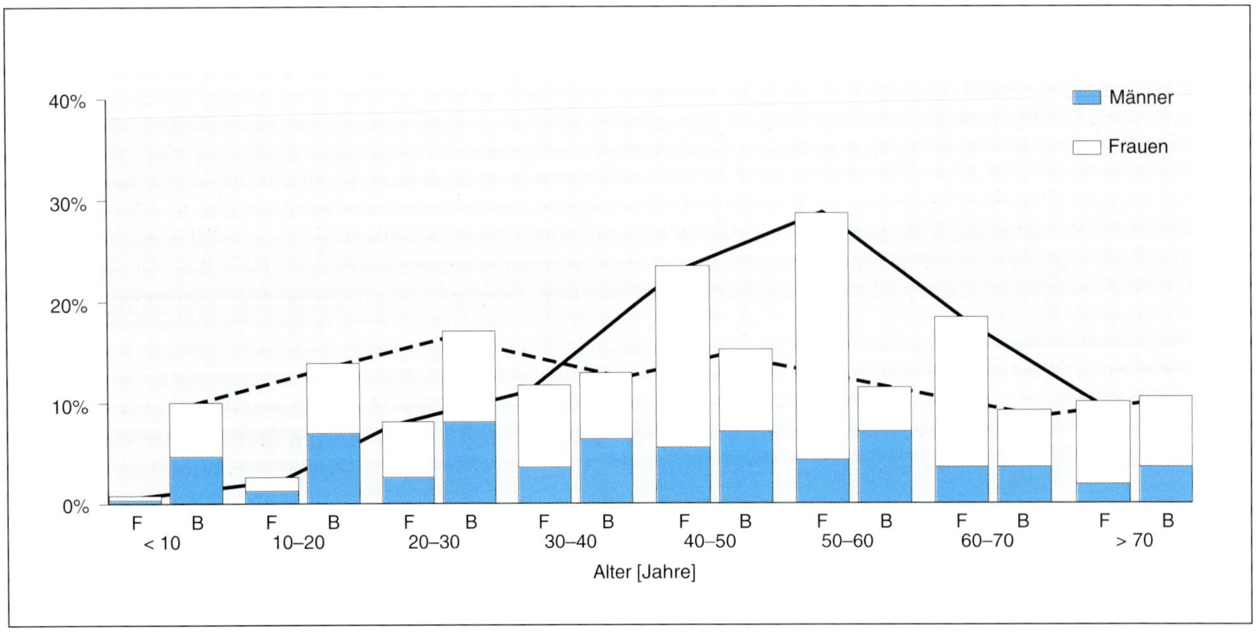

Abb. 6 Altersstruktur der Patienten der Forschungsstelle für Psychologie und Psychosomatik in der Zahnheilkunde der Universität Münster (F) und der Bundesrepublik Deutschland 1988 (B). N*F* = 1312, N*B* = 62 Mio.; sign., Chi-Quadrat Anpassungstest, p < 0,01.

vorzugt in höherem Alter beobachtet [50]. Das bei den Patienten anzutreffende Geschlechterverhältnis von männlich zu weiblich 1:4 stimmt mit den Angaben anderer Autoren überein [44]. Bis heute ist nicht geklärt, wie es zu diesem Überwiegen weiblicher Patienten kommt. Das Faktum aber ist unbestritten. Es ist allerdings zu berücksichtigen, daß in der Wohnbevölkerung der Bundesrepublik Deutschland bei den über 60jährigen ein Zahlenverhältnis „männlich“ zu „weiblich“ von 1:2 besteht.

Möglichkeiten und Grenzen zahnärztlicher Therapie

Vermeidung von Polypragmasie

Patienten, die unter einer psychogenen Prothesenunverträglichkeit leiden, erwarten vom Zahnarzt oft die Durchführung aufwendiger Behandlungsmaßnahmen. Nicht selten sind sie auch bereit, den Zahnersatz selbst zu bezahlen, wenn ihre Krankenversicherung keine weiteren Kosten für prothetische Behandlungen mehr übernimmt. Allein aus dieser Bereitschaft, nicht unerhebliche Summen für den Zahnersatz auszugeben, wird der real vorhandene Leidensdruck erkennbar, der nicht unbeachtet bleiben darf.

Wenn die Patienten auch mit Nachdruck immer wieder auf einer Behandlung bestehen und so den Arzt einem erheblichen emotionalen Druck aussetzen, sollte man sich dennoch nicht zu voreiligen Maßnahmen hinreißen lassen. Gelingt dies, so ist der erste Schritt in Richtung einer sinnvollen Therapie schon getan. Nicht der Anspruch des Patienten, daß eine spezifische Therapie an ihm durchgeführt wird, sondern erst die Übereinstimmung von Patientenwillen und ärztlich gestellter Indikation rechtfertigt die „Körperverletzung“, als die bekanntlich jeder ärztliche Eingriff vor dem Gesetz zunächst einmal zu gelten hat (§ 226a StGB). Der Bundesgerichtshof hat diesen Sachverhalt in mehreren Urteilen klar zum Ausdruck gebracht [39].

Die scheinbare Hilfe, die dem Patienten mit der Durchführung unnötiger bzw. mehr oder weniger unsinniger Maßnahmen gegeben wird, kann langfristig gesehen die bestehende Symptomatik nur noch verschlimmern, da Mundhöhle und Zahnersatz als potentielle Ursachen für die Beschwerden immer stärker in das Bewußtsein des Patienten gerückt werden. Eine solche iatrogen provozierte Fixierung des Patienten auf die vermeintliche somatogene Krankheitsursache verschlechtert die ohnehin nur beschränkten therapeutischen Möglichkeiten beim Vorliegen einer psychogenen Zahnersatzunverträglichkeit sowie deren Prognose noch weiter.

Fallbeispiel:
Bei Frau F. bestehen orale Beschwerden schon seit mehr als zehn Jahren. Anfänglich habe sie ständig unter Gesichtsschmerzen gelitten, deren Ursache aber nicht auszumachen gewesen sei. Mehrere Zähne wurden erfolglos wurzelbehandelt. Schließlich wurden die wurzelgefüllten Zähne extrahiert und die entstandenen Lücken durch Brücken geschlossen. Danach trat im Bereich des rechten Oberkiefers ein Fremdkörpergefühl auf, aufgrund dessen ein kieferchirurgischer Eingriff erfolgte. Ein Jahr darauf setzten brennende Schmerzen im Mund ein, die sich auch auf den Unterkiefer ausbreiteten. Weitere Zähne wurden extrahiert und partieller Zahnersatz angefertigt. Nun ließ das Brennen zwar nach, stattdessen bekam Frau F. beim Essen „Hamsterbacken“, weil die Speisen an den Außenflächen der Prothesen „kleben blieben“. Eine Umstellung der künstlichen Zähne blieb erfolglos; im Gegenteil, jetzt wurde angeblich die Zunge eingeengt und das Brennen begann wieder. Frau F., die danach in der Zeitung einen Beitrag über die Giftigkeit von Palladium gelesen hatte, sah die Ursache ihrer neuerlichen Beschwerden in der Palladiumbasislegierung, aus der der metallische Anteil des kombinierten Zahnersatzes hergestellt worden war. Als der Zahnarzt sich weigerte, die Konstruktion neu anzufertigen, suchte sie einen anderen Behandler auf. Dieser versorgte sie mit neuen Prothesen, diesmal aus einer hochgoldhaltigen Legierung. Zunächst schien alles gut, aber nach kurzer Zeit stellten sich zunächst das Kleben der Speisen und dann auch das Brennen wieder ein. Zusätzlich konnte die Patientin nun auch nicht mehr abbeißen, da „die Zähne viel zu stumpf waren“. Mittlerweile schläft sie nachts nicht mehr, weil ihre Zähne sie „völlig fertig machen“.

Dieses Beispiel zeigt eindringlich, wie gefährlich Polypragmasie bei der Behandlung psychisch labiler Patienten ist.

> Psychogene Erkrankungen können nicht durch irgendwelche Maßnahmen unter Bezug auf vordergründige somatische Sachverhalte behandelt werden.

Nach der Extraktion eines fälschlich für krank gehaltenen Zahnes wird bald der nächste Zahn angeschuldigt werden, und zu den bestehenden Beschwerden gesellt sich dann mit der Zeit eine zunehmende Verstümmelung des Kauorgans, die naturgemäß ihrerseits neue Schwierigkeiten aufwirft.

Wie aber kann man einer psychogenen Zahnersatzunverträglichkeit therapeutisch wirksam begegnen? Wichtigstes Ziel muß es sein, dem Patienten die Einsicht zu vermitteln, daß es nicht der

Zahnersatz ist, der ihn krank werden läßt sondern seine eigene, ihn belastende Lebenssituation. Er muß dahin geführt werden zu erkennen, daß er nicht an einer lokalen Sache erkrankt ist sondern, daß er als „**Gesamtperson**" leidet.

Dazu sollte der Zahnarzt unbedingt den Mut aufbringen, dem Patienten in angemessener, taktvoller Weise zu sagen, daß bei ihm eine körperlich begründete Ursache seiner oralen Beschwerden nicht erkennbar ist. Nur so besteht die Chance, daß sich der Patient nicht weiter in seine ohnehin schon fest gefügten Vorstellungen von der somatischen Genese seiner Erkrankung verstrickt, sondern daß er den **geistigen Abstand** von sich selbst gewinnt, der es ihm erlaubt, zu der für ihn entscheidenden Einsicht in die Zusammenhänge zwischen seinem sensorischem Erleben und innerpsychischen Vorgängen zu gelangen.

Diese Einsicht ist unabdingbare Voraussetzung für eine erfolgreiche Therapie. Der Patient muß akzeptieren, daß sein Leiden allein nicht durch ärztliches Tun und schon gar nicht durch technische Manipulationen an seinem Zahnersatz heilbar ist, sondern daß in erster Linie er selbst sich um seine Gesundung bemühen muß.

Wenn bereits viele vergebliche Behandlungsversuche unternommen wurden, ist es sehr zweifelhaft, ob es dem Zahnarzt allein gelingen kann, beim Patienten diese Einsicht zu erreichen. In dieser Situation sollte eine Zusammenarbeit mit einem Psychosomatiker, einem Psychiater und/oder einem Psychotherapeuten angestrebt werden.

Nicht immer ist es einfach, einen Patienten an einen entsprechenden Mitbehandler zu überweisen, da sehr viele – insbesondere ältere Menschen – eine psychogene Erkrankung als etwas Verwerfliches, Schuldhaftes ansehen. Selbst wenn die Betroffenen bereit sind, die psychogene Komponente ihrer Erkrankung vor sich selbst einzugestehen, scheuen sie sich doch, ihren Mitmenschen diesen Sachverhalt zu offenbaren. Um zum Ziel zu gelangen, muß man ihnen behutsam erklären, daß seelische Störungen durchaus einer körperlichen Erkrankung gleichzusetzen sind und keine **Schuldzuweisung** rechtfertigen [34]. Denn obwohl sich die Erkrankung im Kern der Persönlichkeit selbst ereignet, wurde sie doch nicht „vom Patienten gemacht" und ist deshalb seiner willentlichen Kontrolle nicht mehr ohne weiteres zugänglich. Auf keinen Fall sollte man bei Kranken, die eine nervenärztliche Behandlung ablehnen, sich dazu bereit finden, diese selbst in die Hand zu nehmen. Guter Wille kann Sachkenntnis nicht ersetzen [11]!

Leider ist festzustellen, daß ein Teil der betroffenen Patienten trotz fachärztlicher Betreuung nicht zu der für die Therapie notwendigen Einsicht gelangt. In solchen Fällen ist eine Heilung nicht zu erwarten. Zahnärztliche Therapiemaßnahmen sollten dann nur insoweit durchgeführt werden, wie dies durch einen über jeden Zweifel erhabenen und therapiewürdigen Befund gerechtfertigt erscheint.

Sinnvolle Behandlungsmaßnahmen

Aus den bisherigen Ausführungen geht schon hervor, daß die Behandlung psychogen bedingter Zahnersatzunverträglichkeit vielschichtig ist. Ziel der Therapie ist es zunächst, das subjektive Befinden des Patienten zu verbessern.
Hilfreiche Faktoren können sein:
- Pharmakotherapie,
- ärztliches Gespräch (Psychotherapie),
- zahnärztliche Eingriffe (sofern objektivierbare zahnärztliche Befunde vorliegen),
- Zeit.

MARXKORS [25] hat die Gesamtheit dieser Maßnahmen als **aufschaukelnde** bzw. **integrierende Therapie** bezeichnet (Abb. 7).

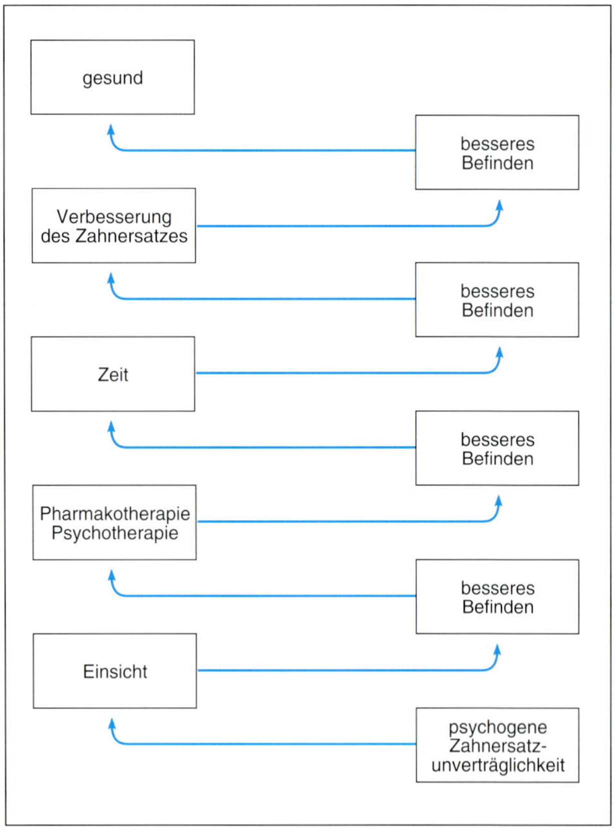

Abb. 7 Prinzip der mehrdimensionalen Therapie bei psychogener Zahnersatzunverträglichkeit (nach [25, 34]).

Pharmakotherapie

Der Nutzen einer Pharmakotherapie im Zusammenhang mit der Behandlung einer psychogenen Zahnersatzunverträglichkeit wird unterschiedlich beurteilt.

Die Gegner der Pharmakotherapie weisen neben der damit verbundenen Suchtgefahr vor allem auf die Beeinträchtigung der Arzt-Patienten-Beziehung durch die psychodynamische Wirkung entsprechender Pharmaka hin [5]. Auch besteht kein Zweifel, daß Psychopharmaka, gleich welcher Art, ungeeignet sind, seelische Probleme zu lösen. Dennoch können sie in manchen Fällen bei der Behandlung einer psychogenen Zahnersatzunverträglichkeit wertvolle Dienste leisten.

So sind etwa **Benzodiazepine** hilfreich bei Patienten, bei denen die Anfertigung einer Totalprothese aufgrund eines übersteigerten Würgereizes nicht möglich ist, weil sie nicht einmal die notwendigen Abformmaßnahmen tolerieren [15]. In Situationen, in denen übermäßige Parafunktionen die Adaptation an den Zahnersatz erschweren, können neben Benzodiazepinen alternativ **pflanzliche Kombinationspräparate** (z.B. Sedariston®) eingesetzt werden.

Selbstverständlich müssen alle Pharmaka mit äußerster Sorgfalt verordnet werden. Sofern es sich nicht um eine einmalige Gabe – etwa zur Ermöglichung einer Abformung – handelt, sondern die Verordnung über einen längeren Zeitraum angestrebt wird, ist die Hinzuziehung eines ärztlichen Kollegen anzuraten, der über entsprechende Kenntnisse sowohl der Pharmakologie als auch der pathophysiologischen Differentialdiagnostik psychogener Erkrankungen verfügt.

Psychotherapie

Hinsichtlich der prinzipiellen Möglichkeiten der Psychotherapie sei auf den Beitrag *Psychotherapie in der zahnärztlichen Praxis* (S. 263 ff.) verwiesen.

Selbst wenn der Zahnarzt die Entscheidung getroffen hat, die psychische Behandlung seines Patienten in die Hand eines entsprechend Ausgebildeten zu geben, so kommt man nicht umhin festzustellen, daß die Übergänge zwischen Psychotherapie und Psychagogik (s. S. 205 ff.) fließend sind und jeder Arzt gewollt oder ungewollt Psychotherapie betreibt [33]. Es seien deshalb an dieser Stelle einige Aspekte beleuchtet, die mit der psychogenen Zahnersatzunverträglichkeit in unmittelbarem Zusammenhang stehen.

Wie schon erwähnt, ist die **Einsicht des Patienten** in die psychophysischen Zusammenhänge seiner Krankheit notwendige Voraussetzung für eine langfristig erfolgreiche Therapie der psychogenen Zahnersatzunverträglichkeit. Aus diesem Grund sollten nur solche psychotherapeutischen Verfahren angewandt werden, die darauf abzielen, Einsicht herbeizuführen. Gegen suggestiv wirkende Verfahren seitens des Arztes (Hypnose, Suggestivtherapie) – so sinnvoll sie an richtiger Stelle eingesetzt sein mögen [22] – müssen deshalb nicht nur aus medizinischer, sondern auch aus juristischer Sicht Bedenken erhoben werden, weil sie sich mit der ärztlichen Aufklärungspflicht nur schwer in Einklang bringen lassen. Überdies zeigt die langjährige Erfahrung unserer Forschungsstelle, daß die Anwendung solcher Verfahren als therapeutische Maßnahme bei den hier in Rede stehenden Patienten wenig aussichtsreich ist [33].

Gelegentlich ist die Anwendung **übender Verfahren** erfolgversprechend. Dies trifft typischerweise für Patienten mit einem übersteigerten Würgereflex zu: Der Patient erhält einen Abformlöffel und soll diesen zu Hause selbst, zunächst nur für kurze Zeit, in den Mund einführen und, sobald ihm das gelingt, den Löffel für einige Minuten in der Mundhöhle behalten. Gegebenenfalls können diese Übungen medikamentös unterstützt werden. Mit dieser Vorgehensweise wurden sehr gute Erfahrungen gemacht.

Für den Zahnarzt bleibt als therapeutische Möglichkeit im wesentlichen das ärztliche Gespräch. Immer wieder sollte ein auf Verständnis und Vertrauen gründendes Gespräch gesucht werden, um dem Patienten stets den berechtigten und überzeugenden Eindruck zu vermitteln, daß sein Problem ernst genommen und er nicht allein gelassen wird.

Zahnärztliche Behandlung

Eine grundsätzlich notwendige zahnärztliche Behandlung – erst recht die Anfertigung von neuem Zahnersatz – soll bei bestehender psychogener Zahnersatzunverträglichkeit keinesfalls am Anfang, sondern viel eher am Ende der therapeutischen Bemühungen stehen.

Verbesserungsmaßnahmen zur Eliminierung offensichtlicher Mängel können freilich schon in einer früheren Phase erfolgen. Erst wenn erkennbar wird, daß dem Patienten der „Ausstieg" aus der psychischen Erkrankung gelingt, ist die Durchführung umfangreicher Behandlungsmaßnahmen indiziert. Dabei kann es sogar im Einzelfall empfehlenswert sein, Zahnersatz selbst dann neu anzufertigen, wenn einfache Wiederherstellungsmaßnahmen an sich ausreichend wären. Auf diese Weise erspart man es dem Patienten, seiner Umwelt die seelische Natur seines Leidens einzugestehen. MÜLLER-FAHLBUSCH und MARXKORS [31] sprechen in diesem Zusammenhang von einem **Paravent-Effekt:** Der Patient kann sich gewissermaßen „hinter einem Paravent umkleiden" und anschließend geheilt hervortreten.

Fallbeispiel:
Die 62jährige Frau H., die seit etwa zehn Jahren Totalersatz trägt, möchte neue Prothesen haben. Sie klagt über fluktuierende Schmerzen in beiden Gesichtshälften und ein erhebliches Gaumenbrennen, das auch bei mehrtägiger Prothesenkarenz nicht nachläßt. Die Beschwerden waren etwa ein Jahr zuvor aufgetreten, nachdem sie aus Süddeutschland nach Westfalen umgezogen war. Mehrere Neuanfertigungen und Unterfütterungen, darunter auch mit weichbleibenden Materialien, hatten zu keiner Besserung geführt. Die gesamte Symptomatik deutet auf eine psychogene Prothesenunverträglichkeit hin, zumal der von Frau H. getragene Ersatz weitgehend korrekt gestaltet ist.

Erst nachdem es in interdisziplinärer Zusammenarbeit gelungen ist, der Patientin zu der Einsicht zu verhelfen, daß nicht ihre Prothesen, sondern der soeben vollzogene Wohnungswechsel wesentlichen Anteil an ihrer Erkrankung hat, wird der Zahnersatz neu angefertigt. Kurze Zeit später lassen die Beschwerden vollständig und auch dauerhaft nach.

Zeit

Dem Faktor „Zeit" kommt bei der Therapie der psychogenen Zahnersatzunverträglichkeit eine Bedeutung zu, die vielfach unterschätzt wird. Weder pharmakologisch noch durch Psychotherapie – und erst recht natürlich nicht durch übereilt durchgeführte zahnärztliche Behandlungsmaßnahmen – läßt sich ein Behandlungserfolg erzwingen.

Gerade bei solchen seelischen Störungen, die einen eindeutigen zeitlichen, in der **Biographie des Patienten** erkennbaren Anfang erkennen lassen und bei denen ein psychotherapeutischer Behandlungserfolg erwartet werden kann, sollte die zahnärztliche Therapie nicht zu früh erfolgen. Einerseits nimmt man sich so die Möglichkeit, die somatischen Behandlungsmaßnahmen im Sinne des Paravent-Effektes auch noch psychotherapeutisch nutzen zu können. Andererseits wird eine Störung mit prinzipiell guter Prognose durch die Wahl eines ungünstigen Behandlungszeitpunktes möglicherweise chronifiziert.

Sofern die Lebensgeschichte des Patienten durch ein ständiges Kränkeln wie von einem roten Faden durchzogen wird, wird man kaum auf ein Ende der Befindlichkeitsstörungen hoffen dürfen. In diesem Fall sollten notwendige Behandlungsmaßnahmen nicht lange aufgeschoben werden, um einer Verschlimmerung des Leidens durch bestehende somatopathologische Prozesse vorzubeugen. Aus diesem Grund muß die Differentialdiagnose seelischer und psychosomatischer Krankheiten bei der zeitlichen Einordnung der Therapiemaßnahmen unbedingt berücksichtigt werden.

Enossale Implantate

Die Ansicht, eine psychogene Zahnersatzunverträglichkeit durch das Einsetzen enossaler Implantate und die anschließende Anfertigung von festsitzendem Zahnersatz heilen zu können, ist ein immer noch weit verbreiteter Irrtum, der auf der unzutreffenden Annahme beruht, eine psychogene Zahnersatzunverträglichkeit sei an herausnehmbaren Ersatz gebunden. Da die Herausnehmbarkeit des Ersatzes allerdings nicht notwendige Bedingung dieser Erkrankung ist, sondern lediglich einen potentiellen Kristallisationskeim darstellt, ist durch eine bloße Umwandlung der Form des Zahnersatzes auch kein therapeutischer Erfolg zu erwarten.

> Die Prognose der Verträglichkeit einer prothetischen Versorgung hängt nicht von der Art der Versorgung, sondern vielmehr von der einer eventuellen Zahnersatzunverträglichkeit zugrundeliegenden psychischen Konstellation ab.

Ohne Zweifel läßt sich durch eine Implantation der orale Komfort und damit auch die psychische Situation von solchen Patienten verbessern, die aufgrund ungünstiger oraler anatomischer Verhältnisse mit konventionellen prothetischen Mitteln nur unzureichend versorgt werden können. Doch darf nicht übersehen werden, daß oftmals der „unverträgliche" Zahnersatz nur das vom Patienten „vorgezeigte" Objekt seiner Beschwerden ist, während diese in Wirklichkeit eine ganz andere Ursache haben.

Fallbeispiel:
Der 57jährige Herr S. wurde in unserer Klinik vorstellig, um sich vier im Oberkiefer befindliche Implantate entfernen zu lassen, da er vorgab, die Schmerzen, die diese Implantate verursachten, nicht mehr aushalten zu können. Angefangen hatten die Beschwerden etwa drei Jahre zuvor, nachdem im Oberkiefer mehrere Zähne extrahiert werden mußten und Herr S. erstmals eine herausnehmbare Prothese erhielt. Diese war mit Teleskopkronen auf den bei-

den noch verbliebenen Eckzähnen sowie einem Molaren verankert. Seit der Eingliederung dieses Zahnersatzes, mit dem er an sich gut zurecht gekommen war, bemerkte Herr S. einen verstärkten Speichelfluß mit Bläschenbildung unter der Gaumenplatte. Der Speichel sei geradezu klebrig gewesen und habe starke Fäden gezogen. Der Zahnarzt habe aber keine Ursache dafür feststellen können. Eine weitgehende Reduktion der den Gaumen bedeckenden Prothesenbasis habe nicht den gewünschten Erfolg gebracht, vielmehr seien die Beschwerden noch schlimmer geworden, so daß die Gaumenplatte wieder angebracht wurde. Daraufhin sei er mit seinem Zahnarzt übereingekommen, im Oberkiefer mehrere Implantate einsetzen zu lassen und eine festsitzende Brücke anzufertigen. Die Implantation verlief problemlos. Anschließend wurde eine bedingt abnehmbare Brücke angefertigt. Mit der Eingliederung des Zahnersatzes verschlechterte sich das Befinden von Herrn S. erneut. Die Bläschenbildung ließ nicht etwa nach, vielmehr schoben sich die Bläschen jetzt beim Sprechen unter den Brückengliedern durch. Kurze Zeit später stellte sich ein Spannungsgefühl an den Implantaten ein und schließlich traten Schmerzen auf.

Herr S. hat deshalb inzwischen schon mehrere Universitätszahnkliniken aufgesucht, in denen ihm nach teilweise umfangreichen Untersuchungen stets mitgeteilt wurde, daß der Zahnersatz vollkommen korrekt gestaltet und die Implantate reizlos im Knochen eingeheilt seien.

Nicht nur dieses Beispiel zeigt, daß vor einer übereilten Durchführung von implantologischen Maßnahmen Abstand zu nehmen ist. Besonders auch die Untersuchungen von Kromminga [17, 18] weisen eindringlich darauf hin, daß eine psychisch begründete Prothesenunverträglichkeit nicht durch Insertion von Implantaten beseitigt werden kann.

Seelische und psychosomatische Störungen, die häufig Grundlage einer psychogenen Zahnersatzunverträglichkeit sind

Die Diagnose einer psychogenen Zahnersatzunverträglichkeit kann zwar allein durch den Zahnarzt gestellt werden, doch ist es nicht dessen Aufgabe, eine psychiatrische Differentialdiagnostik durchzuführen. Dies obliegt dem Psychiater (vgl. S. 245 ff.).

Gleichwohl ist die Kenntnis der Besonderheiten der einzelnen in Betracht zu ziehenden Krankheitsbilder im Hinblick auf die psychisch bedingte Unverträglichkeit von Zahnersatz zur Bewertung der zahnärztlichen Therapiechancen sehr hilfreich.

Gestörte Persönlichkeitsentwicklung

Patienten mit einer gestörten Persönlichkeitsentwicklung können z.B. durch lebenslanges „Kränkeln" auffallen. Sie eilen von Arzt zu Arzt, von Zahnarzt zu Zahnarzt. Sie fühlen sich in den Praxen gleichsam wie zu Hause, aber niemand kann ihnen wirklich helfen. Dementsprechend tragen sie nicht selten ganze Sammlungen von für sie angefertigten Prothesen bei sich, mit denen sie allesamt nicht zurechtgekommen sind und mit denen sie deutlich machen, daß alle zahnärztlichen Bemühungen bei ihnen versagt haben.

Man muß sich, wie schon ausgeführt wurde, darüber im klaren sein, daß diesen Patienten mit ausschließlich zahnärztlichen Maßnahmen nicht zu helfen ist. Im Gegenteil, durch eine voreilige, durchaus gut gemeinte Neuanfertigung des Zahnersatzes reiht man sich in aller Regel lediglich in die Kette der gescheiterten Vorbehandler ein, und die zugrundeliegende Problematik wird eher verschlimmert. Die einzige therapeutische Chance besteht darin, diesen Sachverhalt dem Patienten nahezubringen. Dies wird aber, besonders wenn dessen Verhalten durch Aggressivität und Querulantentum gekennzeichnet ist, nur schwer gelingen.

Diese Patienten neigen dazu, sich der ärztlichen Führung von vornherein zu entziehen, jede Eigenverantwortung für ihre Gesundheit abzulehnen und immer andere für ihren Zustand verantwortlich zu machen. Eine psychogene Komponente ihres Leidens weisen sie meistens weit von sich. Dementsprechend schwierig ist es oftmals, sie von der Notwendigkeit der Konsultation eines Psychosomatikers oder Psychiaters zu überzeugen. Sie sehen im Arzt nicht selten nur den Erfüllungsgehilfen, der die von ihnen avisierte somatische Therapie auszuführen hat.

Werden ihrem Wunsch entsprechend Therapiemaßnahmen durchgeführt, so können diese naturgemäß **keinen langfristigen Heilerfolg,** sondern bestenfalls eine kurzfristige Besserung bewirken. In der Regel ist dann der alte Leidenszustand bald wieder erreicht, und der Behandler wird von seinem Patienten in den Kreis derjenigen einbezogen, die angeblich durch ihre unsachgemäße Behandlung das Leiden zwar nicht unbedingt verschlimmert, aber eben auch nicht beseitigt haben.

Der Teufelskreis besteht darin, daß die erfolgte somatische Behandlung in der Tat falsch gewesen war; „falsch" nicht in dem vom Patienten verstandenen, sondern in dem Sinne, daß keine Indikation zur Behandlung bestanden und der Arzt letztlich dem Drängen des Patienten nachgegeben hat. Auf diese Weise gesellt sich zu der bestehenden psychogenen Störung, von der der Patient durch die Konzentration auf vermeintliche somatische Sachverhalte immer mehr abgelenkt wird, noch eine zunehmende, letztlich iatrogene Schädigung des

Kauorgans und die Chance zu einem Ausbruch aus dem Teufelskreis (Abb. 8) wird mehr und mehr verspielt.

Fallbeispiel:
Bei einer 78jährigen, nunmehr zahnlosen Patientin bestehen Unverträglichkeitserscheinungen schon seit der Eingliederung der ersten Brücke vor mehr als drei Jahrzehnten. Nachdem diese mehrfach ohne Erfolg neu angefertigt worden war, suchte Frau W. einen renommierten Prothetiker an einer Universitätszahnklinik auf, um sich neu versorgen zu lassen. Aber auch dieser konnte ihr nicht langfristig helfen. Zunächst war zwar alles gut verlaufen, aber beim definitiven Einzementieren der Brücke sei der Zement falsch angerührt worden, so daß anschließend der Biß nicht mehr gestimmt habe. In den folgenden Jahren eilte Frau W. von Zahnarzt zu Zahnarzt und von Universitätsklinik zu Universitätsklinik, ohne daß ihr nachhaltig geholfen werden konnte. Die Brücken wurden erneuert, Wurzelfüllungen durchgeführt, Zähne wurzelspitzenreseziert und schließlich extrahiert. Nach 15 Jahren war sie zahnlos. Nun begannen die Beschwerden mit dem Totalersatz. Mehrere Prothesenneuanfertigungen brachten nicht den gewünschten Erfolg. Statt dessen traten zusätzlich spezifische stereometrische Vorstellungen hinzu: Einem Zahnarzt sei bei der Abformung der Löffel verrutscht. Dieser habe einen Nerv getroffen, und nun gehe der Kiefer immer weiter zurück. Eine weitere Prothesenneuanfertigung hatte nur den Effekt, daß „feste Speisen nun nicht mehr durch die Speiseröhre gehen", weil der „Biß zu weit nach hinten gedrückt ist".

Auch diese Patientin wies im Gespräch eine mögliche psychogene Komponente ihrer Zahnersatzunverträglichkeit weit von sich und hatte dafür – wie sie glaubte – gute Gründe. Mittlerweile war sie nämlich dazu übergegangen, die Zahnärzte nach dem zwangsläufigen Scheitern der Behandlung auf Schadensersatz und Schmerzensgeld zu verklagen. Dabei war sie mehrfach erfolgreich gewesen, da die beteiligten Gutachter nur den Zustand des Zahnersatzes bewertet hatten, ohne dessen Entstehungsgeschichte zu berücksichtigen.

Dieser Fall zeigt in aller Eindringlichkeit, wie verhängnisvoll die Durchführung zweifelhafter Therapiemaßnahmen sein kann. Man tut deshalb gut daran, Patienten mit einer gestörten Entwicklung des Gesundheitsempfindens ausschließlich in **interdisziplinärer Zusammenarbeit** zu behandeln und ihren Behandlungswünschen nicht nachzugeben. Denn obwohl diese Kranken ihr Leiden gewöhnlich sehr wort- und bildreich vortragen, ist es doch meistens nicht sehr tiefgehend [35].

Depressiver Formenkreis

Phasische Depression – Melancholische Phase

Im Gegensatz zu den Umständen bei gestörter Persönlichkeitsentwicklung läßt sich bei Patienten, die sich in einer depressiven Phase befinden, ein **Beginn der Beschwerden** eindeutig festlegen. Auch ist ihr Leidensdruck relativ groß.

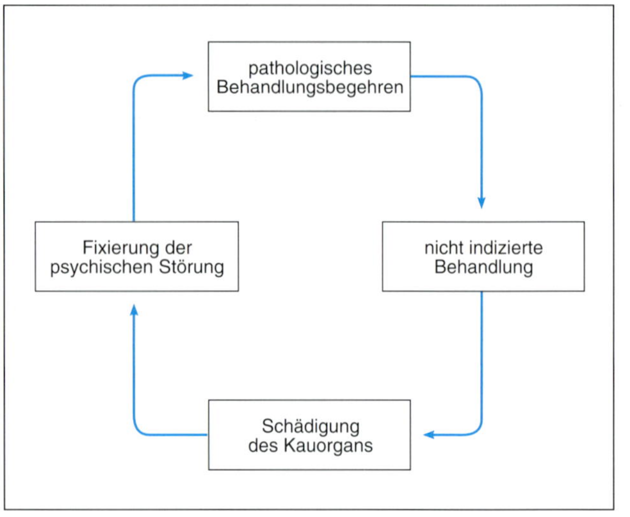

Abb. 8 Die Durchführung nicht indizierter Behandlungsmaßnahmen kann bei Patienten mit gestörter Persönlichkeitsentwicklung in einen Circulus vitiosus münden.

Vor Beginn der depressiven Phase sind sie lebenstüchtig, nicht oft krank gewesen und haben meist gern und viel gearbeitet. Nun ist „alles nicht mehr so wie früher". Nicht selten wird eine solche depressive Phase durch **biographisch situative Ereignisse** provoziert. So etwa, wenn ein Wohnortwechsel oder das Ausscheiden aus dem Beruf bevorstehen. Wird im Umfeld einer solchen ohnehin belasteten Lebenssituation Zahnersatz angefertigt und kommt es zu einer depressiven Reaktion, so ist die Chance recht groß, daß der Patient in dem Bestreben eine „plausible" Erklärung für seine Beschwerden zu finden, diese dem neu eingegliederten Zahnersatz anlastet, der so zum Kristallisationskeim für eine sich anbahnende seelische Störung wird [35, 55].

Psychogene Zahnersatzunverträglichkeiten, die in Zusammenhang mit einer phasischen (endogenen) Depression stehen, sind prognostisch prinzipiell günstig zu beurteilen. Es ist vor allen Dingen wichtig, die psychogene Ursache rechtzeitig zu erkennen, den Patienten vor ärztlicher Polypragmasie zu bewahren und ihn nach Möglichkeit an einem entsprechenden Facharzt zu überweisen.

Chronifizierter depressiver Zustand

Wenn der depressive Zustand nicht rechtzeitig erkannt wird und stattdessen falsche Behandlungsmaßnahmen erfolgen, wird die Chance verpaßt, den Patienten frühzeitig in fachärztliche Behandlung zu überweisen.

Es besteht nun die ernstliche Gefahr, daß der Patient die vermeintliche somatische Ursache seines

Leidens mehr und mehr fixiert. Auf diesem Wege kann die depressive Verstimmung chronifiziert werden. Je mehr die Entwicklung in dieser Richtung verläuft, desto ungünstiger wird die Prognose.

Fallbeispiel:
Eine 65jährige Patientin klagt über Brennen im Mund, „es brennt überall". Auch wenn sie den Zahnersatz – eine totale Prothese – herausnimmt, hört das Brennen nicht auf.

Die Anamnese zeigt, daß die Patientin sonst nicht häufig erkrankt war. Die Problematik begann, nachdem sie aus Altersgründen ihr Geschäft aufgegeben hatte. Danach begab sie sich zum Zahnarzt, um ihr Gebiß sanieren zu lassen, da sie zuvor nicht dazu gekommen war. Es wurde im Oberkiefer eine partielle Prothese angefertigt. Kurze Zeit später begann das Brennen und es stellten sich Schmerzen im Bereich des Oberkiefers ein. Mehrfache Unterfütterungen der Prothese blieben erfolglos. Auch die Devitalisation und Wurzelbehandlung der drei im Oberkiefer noch vorhandenen Zähne brachten keine Besserung. Mit jeder Maßnahme verstärkten sich die Schmerzen. Schließlich wurden die Zähne extrahiert. Danach hörten die Schmerzen zwar auf, das Brennen aber war um so stärker.

Kennzeichnend für depressive Patienten ist eine sehr geringe, die Umgewöhnung erschwerende Flexibilität im Umgang mit situativen Veränderungen. Dies erklärt auch, daß selbst objektiv entlastende Situationsveränderungen negative Folgen nach sich ziehen können [50].

Larvierte Depression

Bei manchen Patienten stehen die Klagen über Gesundheitsstörungen so stark im Vordergrund, daß sie die Symptome der eigentlichen psychischen Erkrankungen überdecken. Dies gilt insbesondere dann, wenn tatsächlich Befunde zu erheben sind, die zumindest eine gewisse Zuordnung zu der vorhandenen Symptomatik erlauben.

Der Begriff „larvierte Depression" (masked depression) bezeichnet daher weniger die Erkrankung als solche, die in der Regel den Melancholien zuzurechnen ist, sondern das durch die Vielzahl der körperlichen Klagen entstehende **diagnostische Problem** [50, 55].

Fallbeispiel:
Herr G. klagt über ein Brennen im Mund, das sich vor drei Monaten eingestellt hatte, nachdem einige Zeit zuvor neuer totaler Zahnersatz eingegliedert worden war. Die behandelnde Zahnärztin habe an der Zunge ein verändertes Schleimhautareal gefunden und die Ansicht geäußert, es könne sich möglicherweise um einen Tumor handeln. Ein Hals-Nasen-Ohrenarzt konnte diesen Verdacht glücklicherweise nicht bestätigen. Statt dessen vermutete er eine Allergie. Seit dieser Zeit kränkelt der zuvor jahrelang gesunde Herr G. Wegen unklarer Magenbeschwerden wurde bei ihm eine Gastroskopie durchgeführt. Da der Befund aber nicht klar war, wurde ein Urologe eingeschaltet, der schließlich im Dickdarm einen mikrobiellen Befund erhob, der die gastrointestinalen Beschwerden zumindest erklären konnte. Psychopathologisch war eine depressive Verstimmung nicht sicher erkennbar, auch biographisch-situative Koinzidenzen waren nicht nachzuweisen.

Bedingt durch die Schwierigkeit der Diagnostik wird die eigentliche psychische Erkrankung oft erst dann erkannt, wenn zahlreiche Behandlungsversuche erfolglos geblieben sind **(ex non iuvantibus)**. Gerade dieses Krankheitsbild weist deshalb in aller Eindringlichkeit auf die Bedeutung einer sorgfältigen Anamneseerhebung auch in solchen Fällen hin, in denen der anfänglich erhobene Befund klar erscheint.

Phobien

Dysmorphophobien

Patienten, deren Zahnersatzunverträglichkeit auf einer krankhaften Angst vor gestaltlichen Fehlbildungen an oder in ihrem Körper (Dysmorphophobie) beruht, leiden in der Regel unter der zwanghaften Vorstellung, die Kieferregion sei durch die prothetische Versorgung morphologisch verändert worden, bzw. der Ersatz trage einer schon bestehenden Veränderung nicht Rechnung.

Das typische **ausgeprägte Durchsetzungsvermögen** dieser Patienten bedingt eine bemerkenswerte Aufdringlichkeit, mit der sie die Erfüllung ihrer prothetischen und mitunter sogar chirurgischen Korrekturwünsche zu erreichen versuchen. So gelingt es ihnen erstaunlich oft, die Aufmerksamkeit des Zahnarztes in einem solchen Maße auf sich zu lenken, daß dieser sich schließlich zur Durchführung im Grunde überflüssiger Behandlungsmaßnahmen bereitfindet.

Fallbeispiel:
Die 56jährige Frau G. leidet seit ungefähr 25 Jahren an einer Prothesenunverträglichkeit. Nach der Eingliederung des ersten herausnehmbaren Zahnersatzes hätten sich Nackenschmerzen eingestellt, die sich mit jeder neuen prothetischen Versorgung gesteigert hätten. Im Laufe der Zeit habe sich dadurch der Oberkiefer gedreht, und die Kiefergelenke hätten sich verschoben. Frau G. berichtet, sie habe im Laufe der Zeit mindestens zehn verschiedene Zahnärzte aufgesucht, aber deren Versuche, die „Verschiebung" zu korrigieren, seien alle fehlgeschlagen, weil niemand die „linke Seite" berücksichtigt habe, auf der ein Stück vom Kiefer fehle. Dieses Knochenstück sei bei einer Zahnextraktion vor bereits 35 Jahren „abgebrochen", und damit habe die Drehung des Oberkiefers begonnen.

Erfahrungsgemäß ist eine derartig **lange psychopathologische Entwicklung,** die mit fixierten, objektiv nicht nachzuvollziehbaren stereometrischen Vorstellungen verbunden ist, hinsichtlich der Möglichkeiten einer prothetischen Rehabilitation prognostisch extrem ungünstig.

In diesen Fällen muß eine enge Zusammenarbeit mit einem Psychiater angestrebt werden. Dies ist oft nicht leicht zu verwirklichen, denn die meisten dieser Patienten weisen eine psychische Ursache ihres Leidens weit von sich, weil sie den wahren Grund ihres Leidens in der vermeintlichen Mißgestaltung des Kieferbereichs sehen.

Um helfen zu können, bleibt deshalb meist keine andere Möglichkeit, als zunächst auf die dysmorphophoben Vorstellungen des Patienten einzugehen; ihn ernst zu nehmen und ihm in einem ausführlichen Gespräch behutsam die Chancen – richtiger: die Chancenlosigkeit – der von ihm avisierten Therapie klarzumachen. Da die eigentliche Ursache des Leidens nicht im stomatognathen System zu suchen ist, kann von herkömmlichen zahnärztlichen Behandlungsmaßnahmen kein Erfolg erwartet werden.

Ionophobien

Ionophobien sind nur selten isoliert zu beobachten. Meistens stehen sie in Zusammenhang mit einem der anderen schon beschriebenen Krankheitsbilder. Ihre Zahl ist im Ansteigen begriffen, was sich in erster Linie aus den in den letzten Jahren sich häufenden Warnungen vor einer angeblichen Gefährlichkeit von Amalgam oder von Legierungen auf der Basis von Palladium erklären dürfte.

So wenig Relevanz den behaupteten Gesundheitsschädlichkeiten aus toxikologischer Sicht zukommen mag, so sehr werden doch mehr und mehr Patienten vor allem durch den Einfluß der Medien verunsichert die in grober und nicht zulässiger Vereinfachung Restaurationen aus Amalgam oder Palladium – neuerdings sogar auch Füllungswerkstoffe auf Kompositbasis – als permanente Giftquelle hinstellen.

Der dieser Verunsicherung zugrundeliegende Mechanismus ist immer der gleiche. Einer in größeren Mengen unzweifelhaft giftigen Substanz werden unspezifische Symptome wie Initiativverlust, Abgeschlagenheit usw. zugeordnet, wie sie auch für viele psychische Erkrankungen typisch sind [50].

Fallbeispiel:
Frau B. schildert, daß sich die Wangenschleimhaut „oben links" anfühle, „wie rohes Fleisch". Auch die Zunge brennt: „es ist, als ob da Strom drin ist". Angefangen haben diese Sensationen nach dem Einsetzen einer Brücke im rechten Oberkieferseitenzahnbereich. Nachdem verschiedene Nachbesserungsmaßnahmen die Beschwerden nicht zum Verschwinden brachten, machte Frau B. sich selbst kundig. Sie gelangte zu der Überzeugung, daß es sich um eine Metallunverträglichkeit handeln müsse, die insbesondere von dem „billigen Material", das „die Kassen den Patienten zukommen lassen und das in der Schweiz verboten ist" verursacht sei. Frau B. ließ sich deshalb die Brücke entfernen und durch ein Kunststoffprovisorium ersetzen. Aber die Beschwerden bestanden unvermindert fort. Dennoch ist Frau B. nicht davon zu überzeugen, daß der Zahnersatz als Beschwerdeverursacher ausscheiden muß: „Das giftige Metall ist ja noch in meinem Körper vorhanden!"

Das Beispiel zeigt, wie verhängnisvoll die Verbreitung wissenschaftlich nicht oder zumindest nicht ausreichend begründeter Hypothesen ist. Die Patienten verlieren das Vertrauen in ihren Arzt, der hilflos zusehen muß, wie sie sich mehr und mehr die ihnen angebotenen Theorien zu eigen machen und das Leiden sich so zusehends chronifiziert. Übrigens berichteten nahezu alle von einer Ionophobie betroffenen Patienten, bei denen schließlich eine Metallentfernung vorgenommen wurde, eher über eine Verschlimmerung als über eine Besserung der vorher beklagten Befindlichkeitsstörung [38].

Abnorme Erlebnisreaktion

Bei der abnormen Erlebnisreaktion handelt es sich nicht um ein eigenständiges psychiatrisches Krankheitsbild, sondern um einen häufigen **Auslösemechanismus** für eine psychogen bedingte Zahnersatzunverträglichkeit. Infolge einer Störung des Lebensrhythmus der Patienten im zeitlichen Umfeld der zahnärztlichen Behandlung entsteht eine psychogene Reaktion, die sich verschieden äußern kann (Adaptationsstörungen, Angstreaktionen, myoarthropathische Beschwerden, Melancholien, Unverträglichkeitserscheinungen). Bei den Störfaktoren handelt es sich meistens um Ereignisse, die schon für sich allein genommen eine erhebliche psychodynamische Wirkung entwickeln können **(life stress)**.

Der stets auf der Suche nach einer somatogenen Ursache seines Leidens befindliche Patient greift die ihm gebotenen Erklärungsmodelle gern auf, weil sie ihn mehr oder weniger unbewußt, aber auf willkommene Weise von der eigentlichen Ursache seiner Beschwerden ablenken.

Fallbeispiel:
Herr S. klagt über ein Brennen im Bereich der rechten Gesichtshälfte, das sich nach der Eingliederung einer partiellen oberen Prothese eingestellt hat. Ein ursächlicher Zusammenhang mit dem Zahnersatz ist nicht erkennbar. Zuvor hat er längere Zeit ein einfaches Kunststoffprovisorium problemlos getragen. Bei der Vertiefung der Anamnese ist zu erfahren, daß Herr S. seit einiger Zeit beruflich stark belastet ist. Dadurch habe er Probleme mit seiner Frau bekommen, die ihn deshalb verlassen habe. Der Patient akzeptiert den Hinweis, daß sein Leiden möglicherweise nicht somatischer Natur sei und erklärt, daß er auch schon „darüber nachgedacht" habe. Herr S. hatte selbst schon erwogen, einen Psychotherapeuten aufzusuchen.

Leider gestaltet sich die Therapie nicht immer so problemlos wie in dem geschilderten Fall. Daß die Behandlung des Herrn S. vergleichsweise einfach war, dürfte zu einem erheblichen Teil auf das konsequente Verhalten seines Hauszahnarztes zurückzuführen sein, der sich nicht in Polypragmasie verstrickte, sondern nachdem er zahnärztlicherseits keine Ursache für die bestehenden Beschwerden zu erkennen vermochte, den Patienten unmittelbar an unsere Forschungsstelle überwies, ohne zuvor dessen Aufmerksamkeit auf vermeintliche somatische Ursachen (Allergie, Metallunverträglichkeit etc.) zu lenken, um so das vermeintliche Fehlschlagen seiner Behandlung zu rechtfertigen.

Zahnersatzunverträglichkeiten, die durch eine abnorme Erlebnisreaktion ausgelöst wurden, haben eine gute Prognose, sofern nicht durch ein Fehlverhalten des Behandlers eine Chronifizierung eingeleitet wird [43].

Gruppe der Schizophrenien

Zahlreiche seelische Erkrankungen, die in ihrem Erscheinungsbild und ihrer Prognose sehr unterschiedlich sein können, zählen zur Gruppe der Schizophrenien. Für die psychogene Unverträglichkeit von Zahnersatz sind von den hier in Betracht kommenden Erkrankungsformen die eigentlich sekundären Symptome **Wahn** und **Halluzination** relevant [55]. Diese Patienten fallen durch die offensichtliche Absurdität ihrer Beschwerdeschilderung meistens sofort auf.

Fallbeispiel:
Frau D. hat seit vier Jahren immer wieder Last mit ihrer totalen Prothese. Sie fühlt feine Plastikspäne im Mund, die von der Prothese abgesondert werden. Diese Späne, auf die sie unverrückbar fixiert ist, „überziehen zum Teil die Zunge und die Wangenschleimhaut und wandern zum Teil auch unter die noch vorhandenen Zähne im Unterkiefer". Frau D. hat sich, wie sie selbst schildert, schon mit ihren Verwandten angelegt, weil diese ihr ihre Schilderung nicht abnehmen wollten. Sie würde „eine Million" geben, wenn sie beweisen könnte, daß die Plastikspäne tatsächlich vorhanden seien.

Ein Versuch, dem schizophrenen Patienten seine Wahnideen auszureden, hat wenig Chancen; er kann sogar das Arzt-Patient-Verhältnis empfindlich stören. Vielmehr empfiehlt es sich, die Wahnvorstellungen im Gespräch zu ignorieren und sich so zumindest den Zugang zum Patienten zu erhalten. Andererseits müssen „Gefälligkeitsbehandlungen", die im Ergebnis die Wahnvorstellungen noch weiter festigen könnten, unbedingt unterbleiben. Eine erfolgreiche Therapie ist – wenn überhaupt – nur dem Psychiater möglich.

Glücklicherweise ist der Anteil der Schizophrenen unter den Patienten mit psychogener Zahnersatzunverträglichkeit nur gering (< 5%, Abb. 9) [16, 52].

Psychagogik

Der Begriff Psychagogik beschreibt den psychologisch richtigen Umgang mit dem Patienten, genauer gesagt dessen richtige seelisch-geistige Führung bei der Behandlung.

Grundlage der Psychagogik ist das auf Verständnis und Respekt ausgerichtete **Arzt-Patient-Gespräch.** Da ein Gespräch im allgemeinen im Verlauf der zahnärztlichen Behandlung nicht zustande

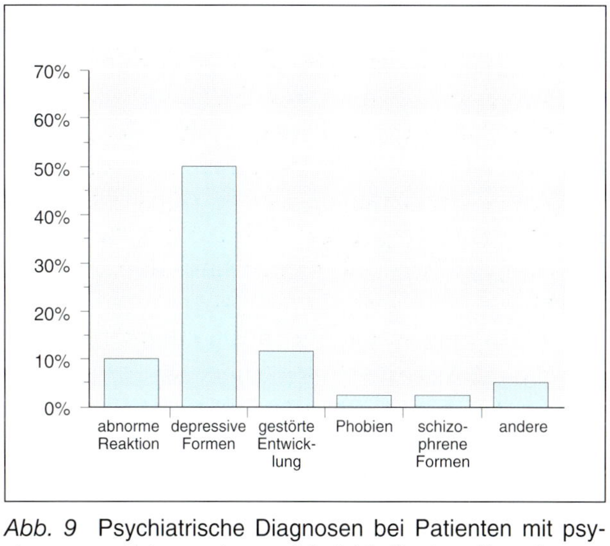

Abb. 9 Psychiatrische Diagnosen bei Patienten mit psychogener Zahnersatzunverträglichkeit der Forschungsstelle für Psychologie und Psychosomatik der Universität Münster in den Jahren 1978–1980.

kommen kann, muß es vorher stattfinden. Gerade wenn es um die Anfertigung von Zahnersatz geht, ist eine gründliche Orientierung über die Wünsche und Vorstellungen des Patienten unbedingt erforderlich, um etwaigen falschen Vorstellungen des Kranken von vornherein angemessen begegnen zu können. Dies betrifft sowohl Aspekte des in Rede stehenden Ersatzes als auch das gesamte Umfeld der Behandlung (Art und Dauer der provisorischen Versorgung, Unannehmlichkeiten bei der Behandlung usw.) und nicht zuletzt den erforderlichen Zeitaufwand, über den keine Unklarheit bestehen darf.

Niemals darf sich der Patient „überrumpelt" [31] fühlen. Ein autoritäres Übergehen des Patienten, das darüber hinaus auch juristisch sehr kritisch zu beurteilen ist, kann unmittelbar in eine psychogene Zahnersatzunverträglichkeit einmünden, mag der eingegliederte Zahnersatz noch so perfekt sein.

Fallbeispiel:
„Hätte ich doch nicht ja gesagt zu den neuen Prothesen ..." So beginnt die sehr selbstbewußte ältere Dame das Gespräch, in dem sie ihre „guten alten" Prothesen vorzeigt, denen sie offensichtlich nachtrauert und die ihr nun nicht mehr passen. Ein Jahr zuvor hatte ihr der Zahnarzt zu einer Neuanfertigung des Zahnersatzes (obere totale und untere partielle Prothese) geraten, obwohl sich die Patientin eigentlich nur eine Unterfütterung ihrer Totalprothese gewünscht hatte. Seitdem leidet sie unter Zungenbrennen und einem wunden Gefühl an der Oberlippe.

Ist der Patient nach dem aufklärenden Gespräch von der vorgeschlagenen Behandlung nicht überzeugt, so empfiehlt es sich abzuwarten. Keinesfalls darf man ihm eine Therapie aufdrängen. Wenn er selbst keinen (neuen) Zahnersatz zu benötigen gaubt, so ist schon a priori die notwendige Adaptation an den Ersatz ernstlich gefährdet. Ein Herauskehren ärztlicher Autorität ist dabei in keinem Fall von Nutzen, vielmehr wird dadurch eher eine ablehnende Haltung provoziert. Ebenfalls ist es psychagogisch ungünstig, eine zuvor als unerläßlich dargestellte Maßnahme auf Drängen des Patienten wieder fallen zu lassen.

Sofern ein Patient im Zuge einer prothetischen Versorgung den Wunsch nach der Verwendung einer bestimmten Legierung oder eines anderen bestimmten Materials äußert, muß diesem Wunsch nicht nur aus psychagogischen, sondern auch aus elementaren forensischen Erwägungen entsprochen werden. Sieht man sich dazu – aus welchen Gründen auch immer – nicht in der Lage, und beharrt der Patient nach entsprechender Aufklärung auf seinem Wunsch, so ist es ratsam, ihn an einen anderen Behandler zu verweisen. Auf keinen Fall darf ohne Einverständnis des Patienten das von ihm abgelehnte oder ein ähnliches Material (etwa eine Legierung der gleichen Zusammensetzung eines anderen Herstellers) verwendet werden.

Verhalten beim Ausbleiben des Erfolgs

Kommt ein Patient nach der Anfertigung von Zahnersatz mit diesem nicht zurecht, so sollte man zunächt die eigene Arbeit sehr gewissenhaft überprüfen.

Manchmal sind es Äußerlichkeiten, Fragen des persönlichen Geschmacks, die dem Patienten nicht behagen, die er aber nicht äußern mag oder kann. Viele scheuen sich, vermeintliche Kleinigkeiten zu artikulieren und schildern stattdessen diffuse, nicht verifizierbare Beschwerden. Vielleicht ist es nur die Stellung der Zähne oder die Zahnfarbe, über die vorher lange nachgedacht wurde und die nun doch nicht so ausgefallen sind, wie sie sich der Patient vorgestellt hatte.

Wenig hilfreich ist es in dieser Situation, sofort eine psychosomatische Störung zu vermuten und die Äußerungen des Patienten in diesem Sinne zu deuten. Vielmehr muß versucht werden, den Grund für die Unzufriedenheit aufdecken und bei der weiteren Behandlung zu berücksichtigen [26].

Fallbeispiel:
Frau W. hat im Ober- und Unterkiefer neuen Zahnersatz, nämlich subtotale, auf den Eckzähnen im Ober- und Unterkiefer teleskopierend verankerte Prothesen, bekommen. Danach klagt sie anfänglich mehrere Male über Druckstellen, die zunächst auch erkennbar sind. Nach einigen Korrekturen am Zahnersatz aber stellt sich die Schleimhaut vollständig reizlos dar. Trotzdem klagt die Patientin weiter über Druckstellen. Bei weiterem Nachfragen ist zu erfahren, daß ihrem Mann die Stellung der oberen Frontzähne nicht gefällt. Diese waren nämlich auf ausdrücklichen Wunsch der Patientin sehr gleichmäßig aufgestellt worden. Auch der Speichel sei zähflüssig geworden. Eine kritische Untersuchung des Zahnersatzes ließ keine Mängel erkennen; alle dennoch vorgenommenen Manipulationen hätten den Zustand objektiv nur verschlechtern können. Um der Patientin entgegenzukommen, wurden die oberen Frontzähne neu aufgestellt, und zwar so wie es dem früheren Aussehen entsprach. Bei ihren weiteren, in immer größeren Abständen erfolgenden Besuchen zur Beseitigung von (vermeintlichen) Druckstellen schien Frau W. mit jedem Mal zufriedener.

Beim Vorliegen mangelnder Adaptationsfähigkeit als Ursache der Beschwerden zeigt sich retrospektiv ganz besonders deutlich, wie wichtig ein ausführliches aufklärendes Gespräch vor Beginn der Behandlung ist.

Psychagogisch wenig hilfreich ist es, dieses Gespräch erst nach erfolgter Behandlung zu führen und dem Patienten mitzuteilen, daß es sich bei den Beschwerden um Adaptationsprobleme handle, mit denen er eben leben müsse, da solche in seinem Alter nun einmal aufträten! Noch folgenschwerer ist es, wenn etwa dem Träger einer partiellen Prothese, mit der dieser nicht zurechtkommt, von seinem Zahnarzt prophezeit wird: „Wenn Sie erst einmal eine totale Prothese haben, wird alles noch schlimmer."

Allein die Vorstellung des Patienten, sein Zustand werde sich demnächst nach dem Verlust der letzten ihm noch verbliebenen Zähne weiter verschlechtern, läßt in ihm Aversionen gegenüber der totalen Prothese aufkommen, und er wird dem Zeitpunkt, zu dem dieser „letzte" Zahnersatz unausweichlich nötig wird, angstvoll entgegensehen. Die Chancen für die Adaptation des Totalersatzes lassen sich durch ein solches psychagogisches Fehlverhalten leicht verspielen. Günstiger sind die Aussichten auf eine Adaptation, wenn es gelingt, dem Patienten klarzumachen, daß es für ihn darauf ankommt, die Prothese nicht als ein unausweichliches „Schicksal" zu sehen, sondern sie eher als eine Aufgabe zu begreifen, die es zu bewältigen gilt.

Falsche „Erklärungen"

Sofern man sich das Ausbleiben des Behandlungserfolgs nicht erklären kann, sollte man diesen Sachverhalt auch dem Patienten mitteilen, statt ihm irrelevante Hypothesen vorzutragen. Ein solches Verhalten wirkt sich prognostisch stets ungünstig aus.

Fallbeispiel:
Frau F. trug im Oberkiefer seit etwa 20 Jahren zwei Seitenzahnbrücken, deren Gerüste aus einer Edelmetall-Legierung gearbeitet waren. Im Laufe der Zeit waren die Kunststoffverblendungen der Brücken „verbraucht". Die Seitenzähne im Unterkiefer waren mit Amalgamfüllungen versehen, die ebenfalls bereits zehn Jahre alt waren. Mit diesem Befund suchte die Patientin ihren Zahnarzt auf, der ihr die Brücken erneuern sollte. Kurze Zeit nachdem die erste Brücke eingesetzt war, traten unklare Gesichtsschmerzen auf, für die der Zahnarzt keine Ursache fand. Der Patientin erklärte er: „Die Schmerzen kommen von den Amalgamfüllungen im Unterkiefer, die sich mit dem Edelmetall der Brücken nicht vertragen. Das ist eine Batterie, da fließen Ströme. Die Amalgamfüllungen müssen durch Goldinlays ersetzt werden. „So geschah es. Die Beschwerden ließen aber nicht nach, sie wurden vielmehr stärker. „Wir müssen die andere Seite ja auch noch versorgen." Die zweite Brücke wurde angefertigt; die Schmerzen indessen nahmen weiter zu. Die Amalgamfüllungen der Gegenseite wurden ebenfalls durch Inlays ersetzt; nun waren die Schmerzen unerträglich.
Die Behandlung in unserer Klinik gestaltete sich im folgenden außerordentlich schwierig. Bei der Patientin hatte sich eine Metallophobie herausgebildet, und sie war nicht mehr bereit, irgendwelche Metalle in ihrer Mundhöhle zu dulden. Es bedurfte großer Geduld, sie von der Widersinnigkeit der ihr von ihrem Zahnarzt dargebotenen Erklärung zu überzeugen.

Die von der Darstellung sachlich nicht begründeter Zusammenhänge als Erklärungshypothese für das Scheitern der Behandlung ausgehende psychagogische Gefahr tritt in dem Fallbeispiel klar hervor. Der Behandler hätte gut daran getan, der Patientin zu sagen, daß er für die Beschwerden keine Erklärung habe, anstatt unreflektiert zu argumentieren. Es hätte ihn nachdenklich stimmen müssen, daß die gleiche Metallkombination über zwei Jahrzehnte komplikationslos von der Patientin getragen worden war. Die Patientin wiederum hat die ihr gebotene Hypothese offenbar bereitwillig angenommen, um intuitiv vermutete andere Gründe zu verbergen.

Das Eingeständnis, daß der Arzt nicht alles weiß, und daß er ein bestimmtes Phänomen nicht deuten kann, wird vom Patienten für gewöhnlich nicht negativ beurteilt. Er ist im Gegenteil geneigt, die Ehrlichkeit des Arztes als positive Charaktereigenschaft zu nehmen und das Vertrauen in dessen Fähigkeit uneingeschränkt beizubehalten.

Psychagogik bei der Überweisung

Bei einer Überweisung an einen anderen Arzt sollte dem Patienten keine Diagnose bzw. Verdachtsdiagnose mitgeteilt werden, um die diagnostischen und therapeutischen Maßnahmen des Nachbehandlers nicht zu belasten. Gegebenenfalls sollte man den nachbehandelnden Kollegen in Abwesenheit des Patienten entweder schriftlich oder telefonisch über die selbst angestellten diagnostischen und therapeutischen Überlegungen informieren. Andernfalls hat der Überwiesene womöglich wenig Verständnis dafür, wenn – problembezogen – andere diagnostische Maßnahmen vorgenommen werden sollen. Zusätzlich werden Verunsicherungen des Patienten aufgrund möglicherweise unterschiedlicher Auffassungen seiner ihn behandelnden Ärzte vermieden.

Bei nicht wenigen der in unserer Klinik vorstellig gewordenen, psychagogisch falsch beeinflußten Patienten war es nicht der Zahnarzt, sondern der Hausarzt, der ihnen wegen fehlender medizinischer Befunde erklärt hatte, ihre Beschwerden müßten wohl von den Zähnen herrühren. Wenn ein solcher Patient – froh darüber, nun endlich die Ursache seines Leidens zu kennen – zum Zahnarzt geht, so kann es leicht geschehen, daß Arzt und Patient vorschnell und unkritisch die Mundhöhle als vermeintliches Ursachenfeld ansehen.

Fallbeispiel:
Eine knapp 50jährige Patientin klagt seit mehreren Jahren über, wie sie sagt, rheumatische Beschwerden. Sie hat zahlreiche Ärzte aufgesucht, die ihr aber alle nicht helfen konnten. Die Ärzte hätten ihr jeweils gesagt, „es müsse wohl von den Zähnen kommen“. Der Zahnarzt, den sie daraufhin aufsuchte, zog ihr die Zähne und fertigte eine Prothese an, mit der sie aber von Anfang an nicht zurechtgekommen ist. Sie gibt an, daß überall im Mund ein Brennen zu verspüren sei. Zusätzlich sei noch ein Metallgeschmack vorhanden und auch die Schmerzen seien jetzt noch schlimmer als zuvor.

Psychagogisch falsches Verhalten gleich welcher Art, führt fast immer in eine Sackgasse. Der Patient nimmt die ihm angebotene Erklärung nur zu gern an und macht die ihm offerierte somatische Ursache zur Basis seines auf die Krankheit bezogenen Handelns. Anschließend wird er womöglich nicht mehr befundgerecht behandelt, weil die sich anbahnende psychogene Störung nicht erkannt wird. Unter Umständen werden so erst recht Beschwerden hervorgerufen bzw. schon vorhandene noch verstärkt. Im Ergebnis kann so das Leiden verschlimmert und chronifiziert werden.

Übertriebene Erwartungshaltung des Patienten

Der Mißerfolg einer prothetischen Behandlung kann auch auf einer zu hohen Erwartungshaltung des Patienten beruhen. In einem solchen Fall muß versucht werden, dem Patienten die mit dem Ersatz gegebenen **Einschränkungen** klarzumachen.

Viele Patienten erwarten von der Medizin mit einer erstaunlichen Selbstverständlichkeit die Beseitigung all ihrer Beschwerden und sind dann zutiefst enttäuscht, wenn sie zur Kenntnis nehmen müssen, daß ihre Vorstellungen zu optimistisch waren. Neben der Fehleinschätzung kosmetisch-ästhetischer Möglichkeiten der Prothetik erwarten viele Patienten hinsichtlich der Wiederherstellung ihrer Kaufähigkeit eine Restitutio ad integrum. Selbst Totalprothesenträger sind gelegentlich nicht bereit zu akzeptieren, daß sich mit dem Zahnersatz im allgemeinen die Qualität des verlorengegangenen Originals nicht wieder erreichen läßt [29].

Nicht selten ist es der Zahnarzt selbst, der solch übertriebene Vorstellungen hervorruft. Vor der Neuanfertigung von Zahnersatz sollte man grundsätzlich eher weniger in Aussicht stellen als man für erreichbar hält. Der vom Behandlungsergebnis positiv überraschte Patient wird die neue Prothese psychisch und so auch physisch eher adaptieren als der wegen seiner zu hohen Erwartungen vom Ergebnis enttäuschte.

Außenseitermedizin

Dem auf dem Boden der modernen, „wissenschaftlichen“ Medizin stehenden Arzt fehlt es häufig an Zeit, sich mit den Sorgen seiner Patienten zu befassen, und er ist der Gefahr ausgesetzt, den kranken Menschen lediglich als Behandlungsfall, als biologisches Objekt zu sehen.

So ist der Aufschwung, den die alternative Medizin derzeitig erlebt, sicherlich kein Zufall. Vor allem Menschen, deren Erkrankung nicht primär somatischer Natur ist, fühlen sich oft mißverstanden und suchen Zuflucht in der Außenseitermedizin [13].

Verminderung der Einsichtsfähigkeit

Manche alternative Behandlungsmethoden mögen als solche gut und nützlich sein, aber nur allzu leicht übersehen deren Anwender doch den Schaden, den sie mit ihrer Therapie bei Patienten mit seelischen Störungen anrichten. Im Glauben an die Wirksamkeit der von ihnen verordneten Maßnahmen oder in der Überzeugung dem Patienten auf dem Wege der Suggestion Heilung zu verschaffen, werden mit mehr oder weniger fragwürdigen Testmethoden Material- und Medikamentenverträglichkeiten geprüft und so der Patient von den realen Zusammenhängen mehr und mehr abgelenkt.

Statt dessen kommt es auch in diesen Fällen darauf an, dem Patienten die eigentliche Ursache seines Leidens ins Bewußtsein zu bringen und ihm durch kluge und richtige seelische Führung zu der Einsicht zu verhelfen, daß die von ihm vorgebrachten Ängste bzw. Beschwerden nichts Verwerfliches beinhalten, diese nur durch sein eigenes Zutun gemindert oder sogar beseitigt werden können und daß es nicht erst die Verletzung der körperlichen Integrität ist, die ihn wahrhaft „krank“ werden läßt. Je früher er dies erkennt und akzeptiert und je weniger ihm zuvor eine somatische Ursache des Leidens suggeriert wurde, desto günstiger ist die Prognose. Unzutreffende Diagnosestellungen aber, gleich welcher Provenienz, vermögen die Einsichtsfähigkeit des Patienten in seelische und psychosomatische Zusammenhänge der Störungen im somatognathen System in erheblicher Weise zu schwächen [36].

Herd- und Störfeldtheorien

Im gegebenen Zusammenhang sei abschließend noch auf die negativen Einflüsse hingewiesen, die die Diagnose von „Herden“ und „Störfeldern“ hervorrufen kann. Dabei geht es nicht um die sachlich begründete Lehre von den möglichen Auswirkungen einer – röntgenologisch lokalisierbaren – Fokalinfektion, die keinem Zweifel unterzogen werden soll.

Vielmehr geht es um eine andersartige „Herdtheorie", die insbesondere von seiten der Alternativmedizin stark propagiert wird und die ernste antipsychagogische Auswirkungen haben kann. Pars pro toto seien hier die **Elektroakupunktur** nach VOLL (EAV) [14] sowie das **Grundregulationssystem** nach PISCHINGER [40] erwähnt.

Letzteres basiert auf der Annahme, daß alle Zellen innerhalb eines Organismus über Leitungsbahnen miteinander verknüpft seien. Erst durch dieses Postulat wird die den verschiedenen „Herden" zugeschriebene Fernwirkung auf spezifische Zielorgane erklärbar gemacht.

Der zur Zeit vor allem von THOMSEN [49] und TÜRK [51] propagierte EAV-Test soll unter anderem dazu dienen, die vermeintlichen „Herde" auch dann noch aufzuspüren, wenn sie mit den Methoden der „wissenschaftlichen" Medizin nicht zu finden sind [49]. Bemerkenswert ist, daß die EAV noch nicht einmal unter den Anwendern unkonventioneller Methoden als unumstritten gilt [41]; darüber hinaus konnte gezeigt werden, daß dieses Verfahren einer kritischen Überprüfung ganz und gar nicht standhält [10].

Prophylaxe

Zur Beantwortung der Frage, wie der psychogenen Zahnersatzunvertraglichkeit prophylaktisch begegnet werden kann, sind im Rahmen der dem Zahnarzt gegebenen Möglichkeiten vor allem zwei Aspekte zu diskutieren:

Der eine Aspekt betrifft die **Schaffung von Kristallisationskeimen** durch die zahnärztliche Behandlung, die unbedingt vermieden werden muß. Zahlreiche Krankengeschichten deuten nämlich darauf hin, daß die zahnärztliche Behandlung häufig in angespannten Lebenssituationen des Patienten stattfindet. Es ist deshalb von großer Wichtigkeit, bei der Planung einer prothetischen Neuversorgung das psychische Umfeld des Patienten mit zu berücksichtigen.

Der zweite Aspekt richtet sich auf die **Früherkennung** der gefährdeten Personen. Bei einem Teil der Patienten mit psychogenen Zahnersatzunverträglichkeitserscheinungen läßt sich schon aus der Anamnese deren Neigung zum „Kränkeln" herauslesen. Solche Patienten nehmen bereits die geringste Befindlichkeitsstörung zum Anlaß, einen Arzt aufzusuchen. Bei ihnen können sich vorschnelle Behandlungsmaßnahmen geradezu psychotoxisch auswirken, da das vorhandene neurotische Potential nun ärztlicherseits autoritativ verstärkt wird [53]. Es kommt darauf an, die Betreffenden möglichst frühzeitig als solche zu identifizieren, damit der sich anbahnenden psychogenen Störung wirksam entgegengewirkt werden kann.

Prophylaxe während der Behandlung

Psychische Konditionierung

Sofern man bei der Befunderhebung erkennt, daß relativ viele Zahnextraktionen oder sogar Totalersatz notwendig werden dürften, empfiehlt es sich, den Patienten hierauf sorgsam vorzubereiten und zunächst seine **Einstellung zu der bevorstehenden Behandlung** zu ergründen.

Meist läßt sich durch einige vorsichtige Fragen sehr schnell in Erfahrung bringen, ob der Patient eher ängstlich oder gelassen reagieren wird. So kann man im allgemeinen schon von vornherein einen **Therapievorschlag** unterbreiten, der mit großer Wahrscheinlichkeit vom Patienten akzeptiert werden wird. Sofern dieser z.B. dem totalen Zahnersatz ängstlich entgegensieht, ist zu erwägen, ob man ihm nicht die Anfertigung einer Aufbauprothese vorschlagen sollte, um ihm auf diesem Wege **Zeit** zu geben, sich mit dem Gedanken an die Zahnlosigkeit vertraut zu machen und ihm die spätere psychische Adaptation zu erleichtern. So wird der Patient nicht verschreckt, und die Aussicht, die Behandlung erfolgreich abzuschließen, steigt.

> Auch nach Beginn der eigentlichen Behandlung ist es ratsam, den Patienten über alle anstehenden Behandlungsschritte zu informieren, da sich sonst sehr leicht Mißverständnisse einstellen können.

Ergibt sich etwa im Rahmen einer prothetischen Neuversorgung die Notwendigkeit, korrigierende Schleifmaßnahmen am Restgebiß durchzuführen, sollte dieser Behandlungsschritt der Eingliederung des Zahnersatzes vorausgehen. Unbedingt empfiehlt es sich, dem Patienten die Notwendigkeit des Einschleifens als unentbehrlichen Bestandteil der vorgesehenen Therapie vor der Anfertigung des Ersatzes zu erläutern. Andernfalls kann das Vertrauen des Patienten zum Zahnarzt empfindlich gestört werden. In diesem Fall wäre dann selbst z.B. schon von nur geringfügigen Rekonturierungen der Antagonisten zu befürchten, daß diese beim Patienten den Eindruck hervorrufen, als habe der Zahnarzt den Zahnersatz auf Kosten der Antagonisten passend gemacht.

Einbettung der Behandlung in den Zeitplan des Patienten

Erfordert die gegenwärtige oder unmittelbar bevorstehende Lebenssituation des Patienten – zumindest aus seiner Sicht – eine möglichst störungsfreie und ästhetisch befriedigende Funktion seines Kauorgans oder stehen Veränderungen seiner Lebenssituation (z.B. Ausscheiden aus dem Beruf, Umzug, Heirat usw.) an, so sollte – wenn möglich – die Behandlung erst zu einem späteren Zeitpunkt erfolgen.

In diesem Zusammenhang scheint erwähnenswert, daß nach den Ergebnissen verschiedener epidemiologischer Studien bei etwa 15–20% der Bevölkerung in der Bundesrepublik Deutschland ohnehin leichtere psychische Störungen ohne akuten Krankheitswert festzustellen sind [6]; bei älteren Menschen stehen dabei depressive Verstimmungen im Vordergrund [4].

Die Wahrscheinlichkeit, es mit Patienten zu tun zu haben, bei denen schon eine gewisse Prädisposition zur Verschlimmerung der latent vorhandenen Störung vorliegt, ist in der zahnärztlichen Praxis also vergleichsweise groß. Wenn die Zahl der sich tatsächlich manifestierenden psychogenen Zahnersatzunverträglichkeiten auch verhältnismäßig klein sein mag, so gilt doch hier wie überall in der Medizin der Grundsatz, daß Prophylaxe stets besser als Therapie ist.

Kleine Behandlungsschritte

Was die Adaptation des Patienten an neu angefertigten Zahnersatz betrifft, so ist es meist zweckmäßig, die Behandlung – wenn möglich – in mehreren Schritten vorzunehmen. Falls sowohl im Ober- als auch im Unterkiefer neuer Zahnersatz angefertigt werden muß, sollte man prüfen, ob sich die Behandlung nicht in zwei Schritten durchführen läßt, um so dem Patienten die Adaptation zu erleichtern.

> Gerade bei älteren Patienten mit reduziertem Adaptationsvermögen sollten Veränderungen am Zahnersatz grundsätzlich immer nur in kleinem Umfang vorgenommen werden [20, 27].

Wenn der Patient alten, nicht mehr akzeptablen Zahnersatz trägt und prothetisch neu versorgt werden muß, ist zu prüfen, ob nicht eine schrittweise Aufarbeitung des getragenen und bereits vom Patienten adaptierten Ersatzes möglich ist. Mit dem schrittweisen Aufarbeiten von getragenem Zahnersatz wurden bisher sehr gute Erfolge erzielt. Adaptationsprobleme treten dabei extrem selten auf.

Wichtig ist es allerdings, dem Patienten die Vorteile dieser Vorgehensweise vorher ausführlich zu erläutern und ihm zu erklären, weshalb die prothetischen Arbeiten in kleinen Schritten erfolgen sollen und daß er im Endergebnis vollwertigen neuen Zahnersatz erhalten wird. Gerade der auf eine Neuanfertigung seines Zahnersatzes fixierte Patient wird sonst möglicherweise den falschen Eindruck gewinnnen, es solle ihm etwas vorenthalten werden.

Prophylaxe durch Erkennen gefährdeter Patienten

Psychogene Prothesenunverträglichkeit – nicht Folge der prothetischen Versorgung, sondern Ergebnis eines lange Zeit gestörten Gesundheitsempfindens

Bei über 1300 Patienten, die sich zwischen 1980 und 1988 in der Forschungsstelle für Psychopathologie und Psychosomatik der Universitätszahnklinik in Münster vorstellten, wurde der bei der Aufnahme erhobene zahnärztliche Befund mit den Aufnahmebefunden verglichen, die bei 11 100 zufällig ausgewählten Patienten einer Kontrollgruppe erhoben wurden, die in demselben Zeitraum in derselben Klinik behandelt worden waren.

Dabei zeigte sich, daß bei den Patienten der ersten Gruppe, also dem Kollektiv psychosomatisch Kranker, die Zahl der vorhandenen kariösen Zähne deutlich geringer war als bei den Patienten der Kontrollgruppe.

Dagegen überwog bei der ersten Gruppe die durchschnittliche Zahl konservierend versorgter sowie insbesondere fehlender Zähne signifikant im Vergleich mit der Kontrollgruppe (Abb. 10). Dementsprechend waren die Patienten auch erheblich öfter prothetisch versorgt (Abb. 11).

Diese Beobachtung deutet darauf hin, daß das Auftreten einer psychosomatischen Störung in vielen Fällen nicht erst durch eine Versorgung mit Zahnersatz ausgelöst oder begünstigt wird, sondern daß der Zahnersatz oft die Folge **vorausgehender polypragmatischer zahnärztlicher Behandlung** ist. Die Annahme eines solchen Kausalzusammenhangs erklärt auch den verhältnismäßig geringen Anteil an kariösen Läsionen und den relativ hohen Grad prothetischer Versorgung bei der Gruppe der psychosomatisch Kranken.

Wenn nämlich bei einem Patienten mit unklaren Beschwerden ein wirklich behandlungswürdiger Befund nicht vorliegt, der Patient aber dennoch auf Abhilfe drängt, besteht grundsätzlich die Gefahr, daß sich der behandelnde Zahnarzt zur Durchführung unnötiger Behandlungsmaßnahmen bewegen läßt. Mit einer solchen Entscheidung wäre aber bereits der falsche Weg beschritten, ein Weg, der sich grob folgendermaßen beschreiben läßt: Zunächst werden gewöhnliche Füllungen erneuert, dann Zähne wurzelbehandelt und schließlich extrahiert. Danach wird Zahnersatz angefertigt, erst festsitzend, dann herausnehmbar. Am Ende ist der Patient zahnlos.

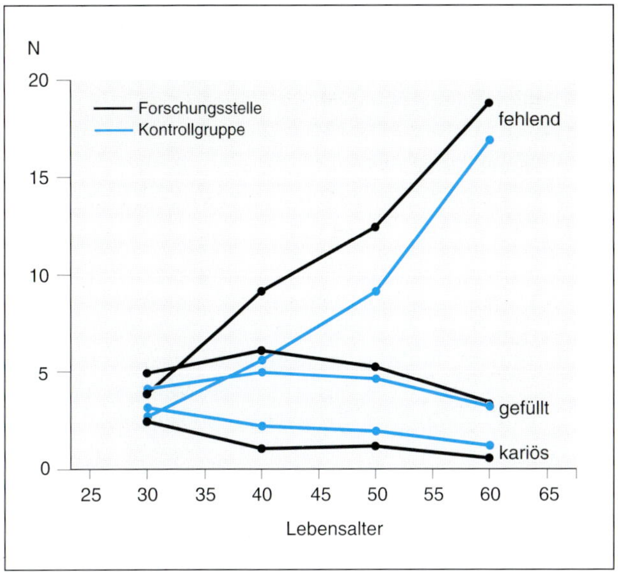

Abb. 10 Fehlende, gefüllte und kariöse Zähne bei Patienten der Forschungsstelle (n = 1130) und einer Kontrollgruppe (n = 11100) zufällig ausgewählter Patienten der Zahnklinik der Universität Münster im Zeitraum von 1980 bis 1991.

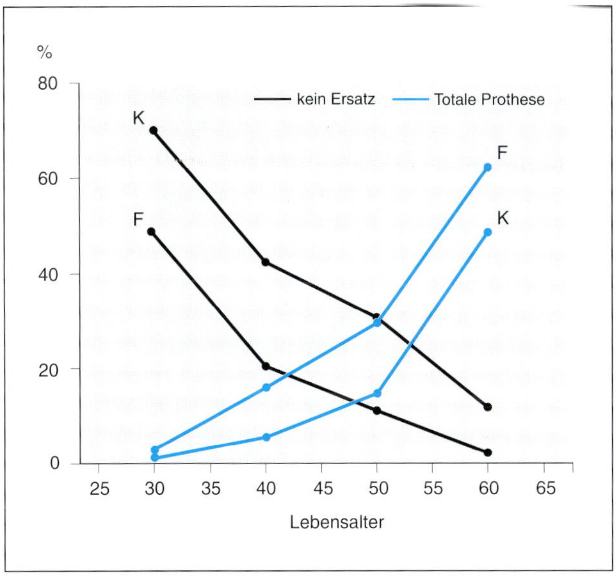

Abb. 11 Anteil der Patienten ohne jeden Zahnersatz und mit mindestens einem zahnlosen Kiefer unter den Patienten der Forschungsstelle der Zahnklinik der Universität Münster (n = 1130) und einer Kontrollgruppe (n = 11100) zufällig ausgewählter Patienten derselben Klinik im Zeitraum von 1980 bis 1991.

Der Antrieb für viele Zahnärzte, diesen falschen Weg einzuschlagen, dürfte wesentlich in der Tatsache gründen, daß Zahnmedizinstudenten während ihres Studiums und in ihrer praktischen Ausbildung in der Regel nur gelernt haben, organisch faßbare Krankheitsabläufe – und nur solche – zu erkennen und ggf. zu beseitigen. Gerade dieser auf Handlung ausgerichtete Charakter der Zahnmedizin dürfte viele Patienten, die ihrer Persönlichkeitsstruktur nach zu psychisch bedingten Befindlichkeitsstörungen neigen, die sie als solche aber nicht realisieren können oder wollen, zum Zahnarzt treiben, da sie dort die vermeintliche Bestätigung für die somatische Bedingtheit ihrer Beschwerden bekommen. Der Bedeutung therapierelevanter psychogener bzw. psychosomatischer Aspekte wird in der zahnärztlichen Ausbildung erst seit kurzem ernsthaft Rechnung getragen [53]. Im wesentlichen trifft dieser bedauerliche, sich nur langsam verbessernde Mißstand mehr oder weniger auf die gesamte Zahnmedizin zu, deren Denkweise auch heute noch vielfach stärker in den mechanistischen Vorstellungen des 19. Jahrhunderts verwurzelt ist, als sie es sich selbst eingestehen mag.

Angesichts einer solchen Vielzahl von Behandlungsschritten ist es nicht verwunderlich, daß der betroffene Patient sich mehr und mehr auf seine Überzeugung von der somatogenen, dentalen Ursache seiner Beschwerden versteift. Daß die psychogene Komponente seines Leidens nicht schon eher zutage tritt und erst zu einem späteren Zeitpunkt eine Zahnersatzunverträglichkeit diagnostiziert wird, dürfte am ehesten vor dem Hintergrund des hohen Behandlungs- und Kostenaufwandes einer prothetischen Behandlung zu verstehen sein: Bemängelt ein Patient lediglich eine Füllung, so wird sich der behandelnde Zahnarzt relativ leicht zu deren Neuanfertigung entschließen können, auch wenn er von der Notwendigkeit dieser Maßnahme selbst nicht vollständig überzeugt ist. Anders ist es, wenn es sich um eine umfangreiche prothetische Arbeit handelt. In diesem Falle kommt es beinahe zwangsläufig zum Konflikt zwischen Arzt und Patient: das krankhafte Behandlungsbegehren und die psychogene Leidenskomponente, bei der es sich inzwischen eben um eine Zahnersatzunverträglichkeit handelt, werden endlich realisiert.

Abschließend sei deshalb die schon mehrfach ausgesprochene dringende Empfehlung wiederholt, grundsätzlich bei jedem Patienten, der über Beschwerden klagt, die nicht eindeutig einem pathologischen somatischen Befund zuzuordnen sind, mit der Behandlung zurückhaltend zu sein und sich nicht zu einem polypragmatischen Vorgehen verleiten zu lassen. Schon diese Zurückhaltung ist Prophylaxe, die dem Patienten viel Leid und der Gesellschaft Kosten erspart.

Literatur

[1] Adler, R.: Schmerz. In: Uexküll, Th. v. (Hrsg.): Psychosomatische Medizin. 3. Aufl. Urban & Schwarzenberg, München–Wien–Baltimore 1986.

[2] Alvi, H. A., Agrawal, N. K., Chandra, S., Rastogi, M. R.: A study of the adjustment of patients in relation to their prosthodontic problems, J. prosth. Dent. 61, 242 (1989).

[3] Balkenhol, M.: Überlebenszeit und Nachsorgebedarf bei totalen Prothesen. Med. Diss., Münster 1994.

[4] Balzer, D. G.: Depression in late life. Mosby, St. Louis 1982.

[5] Danckwardt, J. F.: Psychopharmaka – ein Problem für Psychotherapeuten. Prax. Psychother. Psychosom. 25, 99 (1980).

[6] Dilling, H. Weyerer, S., Enders, I.: Patienten mit psychischen Störungen und ihre psychiatrische Überweisungsbedürftigkeit. In: Häfner, H. (Hrsg.): Psychiatrische Epidemiologie. Springer, Berlin–Heidelberg–New York 1978.

[7] Drost, R.: Sogenannte Prothesenunverträglichkeit (oder: Die nichtakzeptierte Prothese). Psychosomatische Aspekte. I. Teil . Zahnärztl. Welt 87, 848 (1978).

[8] Fisch, S. F.: Adaptation and Habituation to full Dentures. Brit. dent. J. 127, 19 (1969).

[9] Glaser, E. M.: The Physiological Basis of Habituation. Oxford University Press, London 1966.

[10] Gloerfeld, H.: Elektroakupunktur nach Voll (EAV) – Ein Beitrag zur kritischen Einschätzung eines unkonventionellen Verfahrens. Med. Diss., Marburg 1987.

[11] Haneke, E.: Klinik und Differentialdiagnose des Zungenbrennens. Dtsch. zahnärztl. Z. 40, 978 (1985).

[12] Johnke, G.: Psychogen bedingte Prothesenunverträglichkeit – Ursachen und Diagnosemöglichkeiten. Schweiz. Mschr. Zahnmed. 101, 1438 (1991).

[13] Köhle, K., Joraschky, P.: Die Institutionalisierung der psychosomatischen Medizin im klinischen Bereich. In: Uexküll, Th. v. (Hrsg.): Psychosomatische Medizin. Urban & Schwarzenberg, München 1986.

[14] Kramer, F.: Lehrbuch der Elektroakupunktur. Haug, Heidelberg 1976.

[15] Kreyer, G.: Fortschritte der Dentalpsychologie. Z. Stomatol. 86, 123 (1989).

[16] Kreyer, G.: Zur Frage der Prothesenunverträglichkeit. Österr. Z. Stomatol. 78, 404 (1981).

[17] Kromminga, R., Buchholz, G.: Klinische und katamnestische Beobachtungen zur Therapie mit Implantaten bei Patienten mit psychosomatischen Störungen. In: Sergl, H. G., Müller-Fahlbusch, H. (Hrsg.): Jahrbuch der Psychologie u. Psychosomatik. Quintessenz, Berlin 1991.

[18] Kromminga, R., Habel, G., Müller-Fahlbusch H.: Mißerfolg zahnärztlicher Implantate bei psychosomatischen Störungen im somatognathen System – eine klinisch-katamnestische Studie. Dtsch. Stomatol. 41, 233 (1991).

[19] Küttning, B., Brehler, R.: Klinisch relevante solitäre Palladiumallergie. Hautarzt 45, 176 (1994).

[20] Landt, H. Hedegård, B.: Die orale Funktion beim alternden Menschen. In: Schön, F., Singer, F. (Hrsg.): Europäische Prothetik heute. Quintessenz, Berlin 1985.

[21] Landt, H., Fransson, B., Alin, L.: Oral recognition of forms and oral muscular coordination ability. A longitudinal study in young adults. J. oral Rehabil. 6, 279 (1979).

[22] Lohmann, R.: Suggestive und übende Verfahren. In: Uexküll, Th. v. (Hrsg.): Psychosomatische Medizin. 3. Aufl. Urban & Schwarzenberg, München 1986.

[23] Marx, H., Bork, K., Schubert, A.: Zur Epikutantestung bei Allergie auf Prothesenkunststoff, Dtsch. zahnärztl. Z. 37, 783 (1982).

[24] Marxkors, R.: Gerontoprothetik. Quintessenz, Berlin 1994.

[25] Marxkors, R.: Lehrbuch der zahnärztlichen Prothetik, Hanser, München–Wien 1991.

[26] Marxkors, R.: Verhalten beim Ausbleiben des Erfolges. Zahnärztl. Welt 91, Heft 8, 44 (1982).

[27] Marxkors, R.: Besonderheiten bei der prothetischen Versorgung alter Menschen. Dtsch. zahnärztl. Z. 44, 17 (1989).

[28] Marxkors, R., Müller-Fahlbusch, H.: Zur Diagnose psychosomatischer Störungen in der zahnärztlich-prothetischen Praxis. Dtsch. zahnärztl. Z. 36, 787 (1981).

[29] Meyer, E.: Der sogenannte „schwierige" Patient in der prothetischen Praxis. Zahnärztl. Welt 95, 104 (1986).

[30] Müller-Fahlbusch, H.: Psychosomatik. In: Hupfauf, L. (Hrsg.): Totalprothesen. Praxis der Zahnheilkunde, Bd. 7. Urban & Schwarzenberg, München–Wien 1987.

[31] Müller-Fahlbusch, H., Marxkors, R.: Zahnärztliche Psychagogik. Hanser, München–Wien 1981.

[32] Müller-Fahlbusch, H.: Psychosomatik und zahnärztliche Therapie. Vortrag auf dem 19. Bayerischen Zahnärztetag 1978. Schriftenreihe der Bayerischen Landeszahnärztekammer München (1978).

[33] Müller-Fahlbusch, H.: Ärztliche Psychologie und Psychosomatik in der Zahnheilkunde. Thieme, Stuttgart–New York 1992.

[34] Müller-Fahlbusch, H.: Therapie nach erkannter psychosomatischer Störung. Dtsch. zahnärztl. Z. 47, 157 (1992).

[35] Müller-Fahlbusch, H.: Nervenärztliche Befunde bei Prothesenunverträglichkeitserscheinungen. Zahnärztl. Welt 84, 574 (1975).

[36] Müller-Fahlbusch, H., Stolte, J.: Herd- und Störfeldgeschehen im stomatognathen System oder psychosomatischer Störung? Zahnärztl. Welt 12, 954 (1985).
[37] Müller-Fahlbusch, H., Sone, K., Struckmeyer, D.: Ganzheitliche und mehrdimensionale Diagnostik und Therapie in der Zahnheilkunde. Dtsch. zahnärztl. Z. 39, 194 (1984).
[38] Müller-Fahlbusch, H., Wöhning, T.: Psychosomatische Untersuchung der mit Amalgamfüllungen in Verbindung gebrachten Beschwerden. Dtsch. zahnärztl. Z. 38, 665 (1983).
[39] Pelz, F. J.: In welchem Umfang folgt der Richter in seinem Urteil den Richtlinien ärztlichen Handelns? Zahnärztl. Welt 94, 872 (1985).
[40] Pischinger, A.: Das System der Grundregulation. Grundlagen für eine ganzheitsbiologische Theorie der Medizin. Haug, Heidelberg 1981.
[41] Rost, A.: Zur Problematik der Herddiagnostik. Zahnärztl. Mitt. 71, 796 (1981).
[42] Schneller, Th., Bauer, R., Micheelis, W.: Psychologische Aspekte bei der zahnprothetischen Versorgung. Deutscher Ärzte Verlag, Köln 1992.
[43] Schonecke, O. W., Herrmann J. M.: Psychophysiologie. In: Uexküll, Th. von (Hrsg.): Psychosomatische Medizin. 3. Aufl. Urban & Schwarzenberg, München–Wien 1986.
[44] Schröder, H.: Zahnärztliche und nervenärztliche Aspekte des Schleimhautbrennens bei Prothesenträgern. Zahnärztliche Aspekte. Zahnärztl. Welt 88, 201 (1978).
[45] Smink, L.: Tests zur oralen Sterognosie und zur oralen muskulären Koordination im Hinblick auf eine mögliche Prognose bei der Behandlung zahnloser älterer Patienten. Med. Diss., Münster 1985.
[46] Statistisches Bundesamt: Statistisches Jahrbuch 1988 für die Bundesrepublik Deutschland. Kohlhammer, Stuttgart 1988.
[47] Storer, R.: The Effect of the Climacteric and of Ageing on Prothetic Diagnosis and Treatment Planning. Brit. dent. J. 119, 349 (1965).
[48] Struckmeyer, D.: Wieviele Patienten der Forschungsstelle für Psychologie und Psychosomatik in der Zahnheilkunde haben zahnärztliche Nebenbefunde? Med. Diss., Münster 1983.
[49] Thomsen, J.: Können „vitale“ Zähne am Herdgeschehen beteiligt sein? Zahnärztl. Mitt 64, 280 (1974).
[50] Tölle, R.: Psychiatrie. 9. Aufl. Springer, Berlin–Heidelberg–New York 1991.
[51] Türk, R.: Herddiagnostik und Herdtherapie – Ein Problem für jede Praxis. Zahnärztl. Prax. 24, 406 (1973).
[52] Wellmer, H. H.: Merkmale und Beschwerden von Patienten mit seelischen und psychosomatischen Erkrankungen im Bereich der Zahnmedizin. Med. Diss., Aachen 1994.
[53] Wesiack, W.: Psychosomatische Medizin in der Praxis des niedergelassenen Arztes. 3. Aufl. Urban & Schwarzenberg, München–Wien 1986.
[54] Weßling, G.: Häufigkeit und Besonderheiten bei Patienten mit psychosomatischen Störungen im stomatognathen System im Rahmen einer zahnärztlich-prothetischen Ambulanz. Med. Diss., Münster 1986.
[55] Winnberg, G. Forberger, E.: Psychologie in der Zahnarztpraxis. 2. Aufl., Hüthig, Heidelberg 1992.

Psychosomatische Reaktion, Störung und Erkrankung – orale Parafunktionen und ihre Folgen

von Anne-Marie Kluge und Gabriele Blumenthal-Barby

Inhaltsübersicht

Psychosomatische Phänomene in der Medizin und Zahnmedizin

Theoretische Überlegungen zur Terminologie

Um das Verständnis psychosomatischer Phänomene in der Zahnmedizin zu erleichtern, soll zunächst erläutert werden, was unter den Begriffen psychosomatische Reaktion, psychosomatische Störung bzw. Funktionsstörung und psychosomatische Erkrankung zu verstehen ist, und warum die Unterscheidung dieser Begriffe für den Therapeuten wichtig ist.

Jedem ist vielleicht noch die Beklemmung in Erinnerung, die ihn vor einer Prüfung befiel und die sich auch in einem unangenehmen Herzklopfen äußern konnte. Daß es sich hierbei nicht um ein rein somatisches Phänomen handelte, bedarf bei dem eindeutigen Zusammenhang mit der als bedrohlich erlebten Situation keines weiteren Beweises. Man spricht von einer **psychosomatischen Reaktion.** Fühlte sich der Prüfling dadurch in seinem Leistungsvermögen nicht beeinträchtigt, muß man diese Reaktion als normal bezeichnen.

Tritt jedoch während der belastenden Situation keine Beruhigung ein und es ergibt sich daraus eine starke Beeinträchtigung, wird dies als **psychoreaktives Symptom** bzw. **psychosomatische Reaktion mit Krankheitswert** bezeichnet.

Klingt die Erregung auch nach überstandener Situation nicht sofort ab und treten solche Reaktionen öfters auf, so ist von einer **psychosomatischen Funktionsstörung** zu sprechen. Oft tritt dabei ein sog. Generalisierungseffekt ein: Auch Anlässe, die keinen Zusammenhang mit der Belastung erkennen lassen, führen nun bereits zum Symptom. Neben der auslösenden Situation spielen hier sicher auch konstitutionelle und erworbene, disponierende Faktoren eine Rolle.

Bleibt das System dauerhaft gestört (z.B. permanenter Hypertonus), besteht die Gefahr pathologischer Veränderungen am Gefäßsystem. Als Folge anhaltender Streßbelastung kann sich auf diese Weise ein organpathologischer Zustand entwickeln: eine **psychosomatische Krankheit.**

Die Begriffe, um die es in diesem Kapitel gehen wird, wurden anhand von Erscheinungen eingeführt, die jeder kennt und deren psychosomatischer Charakter nicht zu bezweifeln ist.

Um die Termini auf die Zahnmedizin zu übertragen und weiter zu klären soll im folgenden ein Fall analysiert werden, der jedem Zahnarzt in seiner Sprechstunde begegnen kann:

Fallbeispiel:
Ein 32jähriger Patient kommt mit einer seit gut einer Woche bestehenden Kieferklemme in die Sprechstunde. Das Symptom ist erstmalig aufgetreten und hat sich im Lauf der Woche schon leicht gebessert. Klinische und röntgenologische Untersuchungen zeigen keinen Befund, der auf einen entzündlichen Prozeß hinweist. Jedoch fällt sofort eine erhebliche Abrasion, besonders der Frontzähne, auf. Außerdem ist eine starke Druckempfindlichkeit der Temporalis-Sehnen und des M. masseter beidseitig vorhanden.

Aus der Anamnese erfahren wir, daß der Patient hin und wieder morgens mit einem gewissen Spannungsgefühl in den Wangen aufwacht und ihm mitunter auch die Zähne wehtun. Von seiner Freundin hat er gehört, daß er nachts manchmal mit den Zähnen knirscht. Er selbst hat das noch nicht bemerkt. Von seiner Mutter weiß er aber, daß er und sein Bruder als Kinder geknirscht haben. Der Patient erklärt, er sei der Meinung gewesen, daß das Knirschen sich verloren habe, bis seine Freundin ihn wieder darauf aufmerksam gemacht habe. Nach ihren Angaben trete das Knirschen aber nicht jede Nacht auf.

Für den Arzt und den Patienten stellt sich natürlich die Frage, warum die nächtliche Hyperaktivität nur hin und wieder auftritt und warum jetzt die Kieferklemme hinzukommt. In den folgenden Gesprächen wird deutlich, daß der Patient einen Zusammenhang mit seiner beruflichen Belastung sieht. In Phasen von „Streß auf der Arbeit", sagt der Patient, verstärke sich das Spannungsgefühl. Morgens mache er dann ein paar „Mundübungen hin und her" (Laterotrusionen), damit der Mund wieder richtig aufgehe. Nach dem Frühstück sei dann wieder „alles okay".

Warum entstand die „Blockierung"? Ist auch hier eine situationsabhängige Symptomentstehung zu vermuten? Das Gespräch über den Tagesablauf unmittelbar vor der Blockierung bekräftigt diese Vermutung.

Fallbeispiel:
Der Vater, so berichtet der Patient weiter, liege seit ca. zehn Tagen in der Unfallchirurgie. Infolge eines schweren Verkehrsunfalls sei er mit Mehrfachbrüchen und einem Schädel-Hirn-Trauma auf die Intensivstation gekommen, drei Tage dort geblieben und zur weiteren Versorgung in die Chirurgie verlegt worden. Der Patient habe ihn dort täglich besucht, es gehe dem Vater jetzt zunehmend besser.

Vor einigen Tagen habe ihn der Vater gebeten, den Unfallwagen abzuschleppen. Am Unfallort angekommen, habe er „seinen Augen nicht getraut". Das Fahrzeug sei bis zur Unkenntlichkeit zusammengeschoben gewesen. Hätte er nicht den Vater in relativem Wohlbefinden gesehen, würde er nicht für möglich gehalten haben, daß jemand diesen Unfall überlebt haben könne.

Es drängt sich die Vermutung auf, daß der Anblick des Unfallwagens und die ständig um den Unfall kreisenden Gedanken und Phantasien den Patienten dazu geführt haben, in der folgenden Nacht besonders intensiv mit den Zähnen zu pressen und unkontrollierte Pro- und Laterotrusionsbewegungen auszuführen. Das mit großem Druck ausgeführte Zähnepressen war vermutlich der Grund für eine Kohäsion zwischen Capitulum und Discus articulare. Durch eine plötzliche Bewegung wurde dann der mit dem Gelenkköpfchen „verbundene" Diskus nach anterior verschoben. So war eine Diskusdislokation entstanden, die der Patient natürlich nicht sofort bemerkte. Erst am nächsten Morgen beobachtete er eine Mundöffnungsbehinderung. Das Gelenk war blockiert.

Diese Erklärung liegt nicht zuletzt auch deshalb nahe, weil in den Anamnesegesprächen bereits deutlich wurde, daß Vorstufen derartiger Verlagerungen innerhalb des Kiefergelenks bei dem Patienten schon des öfteren aufgetreten waren. Mit einigen „Hinundherbewegungen" kurz nach dem Aufwachen habe er den Diskus immer wieder an die richtige Stelle „schieben" können. Diesmal aber sei ihm das nicht gelungen.

Die beschriebenen Erscheinungen lassen sich folgendermaßen in ein begriffliches Schema einordnen (Tabelle 1):

Bei der Kieferklemme handelt es sich um ein psychoreaktives Symptom. Es entstand aufgrund eines bestimmten Ereignisses (Gedanken und Phantasien beim Anblick des Unfallwagens). Die Voraussetzung

Tabelle 1 Übersicht zum Patientenbeispiel.

Kieferklemme	
Ursache	traumatische Bewegung auf der Basis des Bruxismus
Charakteristik	situationsabhängig, phasenhaft, reversibel
Klassifikation (Terminologie)	psychoreaktives Symptom
Therapieangebote	Aufklärung und Information, Verhaltenshinweise, Physiotherapie (Wärme, Übungsbehandlung)
Schmerz-Dysfunktionssyndrom	
Ursache	Bruxismus
Charakteristik	situationsabhängig, phasenhaft, reversibel; Generalisierungseffekt (Auftreten auch unabhängig von der Situation)
Klassifikation (Terminologie)	psychosomatische Störung
Therapieangebote	Aufklärung und Information, Physiotherapie (Wärme, Übungsbehandlung) kognitive Verhaltenstherapie (Kontrolle oraler Parafunktionen, Streßbewältigung lernen und üben)
Abrasionsgebiß (exzessiver Verlust von Zahnhartsubstanz)	
Ursache	Bruxismus
Charakteristik	irreversibler organpathologischer Zustand
Klassifikation (Terminologie)	psychosomatische Krankheit
Therapieangebote	Aufklärung und Information, kognitive Verhaltenstherapie (Kontrolle oraler Parafunktionen, Streßbewältigung lernen und üben) parallel: prothetische Versorgung

dafür, daß es gerade in jener Nacht zu einer Blockierung kam, bildet der nächtliche Bruxismus. Er führt zu einer phasenhaften Verspannung bzw. Verkrampfung der Kau- und Gesichtsmuskulatur, die durch ihre diskoordinierende Wirkung eine Störung des Muskel-Gelenk-Funktionsmusters verursacht. Der gestörte Bewegungsablauf wirkt sich schließlich traumatisch aus und hat die Verlagerung des Diskus innerhalb des Kiefergelenks zur Folge.

Da der Patient, wie der Anamnese zu entnehmen ist, hin und wieder Spannungsgefühle und leichte Schmerzen in den Wangen und an allen Zähnen (infolge der parafunktionellen Belastung) bemerkt hatte, muß hier die Diagnose Schmerz-Dysfunktionssyndrom lauten. Der oben beschriebenen Terminologie entsprechend handelt es sich dabei um eine psychosomatische Funktionsstörung.

Schließlich müssen die starken Abrasionen im gesamten Gebiß als irreversibler organpathologischer Zustand bewertet werden. Sie sind im Kontext der beschriebenen psychosomatischen Phänomene eine psychosomatische Erkrankung.

Während bei den Funktionsstörungen, die in der Regel reversibel sind, die Therapie auf physiotherapeutische Maßnahmen (warme Kompressen, Übungsbehandlung zur Entspannung der Kaumuskulatur) und Verhaltenstherapie (Selbstbeobachtung/Selbstkontrolle oraler Parafunktionen) ausgerichtet ist, muß bei organpathologi schen Zuständen zusätzlich eine somatisch orientierte Behandlung (Bißhebung, Überkronung etc.) einsetzen.

Psychosomatische Zusammenhänge

„Unter Psychosomatischer Medizin", so schreibt VON UEXKÜLL, „versteht man eine Richtung in der Heilkunde, welche die Bedeutung seelischer Vorgänge für die Entstehung und Fortdauer körperlicher Krankheiten untersucht". Wenn man danach fragt, um welche Krankheiten es sich dabei handelt, werden u.a. genannt: Gastritis, Magengeschwür, Colitis ulcerosa, Asthma, Herzrhythmusstörungen, Angina pectoris, Neurodermitis.

Für alle genannten Erkrankungen gilt, daß das betreffende Beschwerdebild auch von eindeutig identifizierbaren somatischen Ursachen ausgelöst sein kann. Die Wahrscheinlichkeit aber, daß verursachende seelische Vorgänge dahinter stehen, ist bei diesen Erkrankungen besonders hoch. In den meisten Fällen muß man von einem **Ursachen-Wirkungs-Gefüge** ausgehen, in dem der psychische Anteil von Fall zu Fall verschieden, aber insgesamt relativ hoch ist. Das schließt nicht aus, daß auch bei anderen Krankheiten, die nicht zu den klassischen psychosomatischen Erkrankungen zählen, ein psychischer Anteil, wenn auch ein geringerer, enthalten ist.

In der Zahnmedizin werden auch von Fachleuten psychosomatische Erkrankungen kaum vermutet. Der aufgeschlossene Zahnarzt aber kann sehr wohl solche Bilder benennen. In erster Linie ist dabei das Kiefergelenk-Schmerz-Dysfunktionssyndrom (Myoarthropathie) zu nennen. Aber auch andere chronische Schmerzzustände und insbesondere das Zungen- und Schleimhautbrennen (Burning-Mouth-Syndrom) werden erwähnt. Diskutiert werden die psychischen Anteile bei Gingivitis, Stomatitis und Parodontopathien.

Vorstellungen zur Pathogenese

Wenn die vermuteten Zusammenhänge tatsächlich existieren, was sich nicht bei allen Annahmen bestätigt hat, stellt sich die Frage, wie es, ausgehend von einem seelischen Vorgang, zu einem somatischen Befund kommen kann.

Eine wichtige Schaltstelle zwischen psychischen Vorgängen, z.B. einer Emotion, und somatischen Prozessen liegt im Stammhirn, wo in den Strukturen des **limbischen Systems** die Umschaltung stattfindet. Über die bekannten Steuerungsmechanismen des vegetativen Nervensystems und des humoralen Systems werden wichtige Körperfunktionen reguliert.

Ein Erklärungsweg führt über das **Gefäßsystem.** Danach führt eine psychische Dauerbelastung über das Vegetativum zu Gefäßspasmen. Diese führen zu einer Störung des Zellstoffwechsels als Folge der Mangeldurchblutung des Gewebes und damit zu einer erhöhten Anfälligkeit für Noxen.

Ein zweites Erklärungsmodell setzt am **Muskeltonus** an, der ebenfalls zentral gesteuert wird und entsprechend den emotionalen Zuständen des Menschen variieren kann. Unter psychischer Dauerbelastung entsteht eine Muskelverspannung, deren Folgen Ischämie und Gewebsazidose sind. Daraus resultieren Schmerzen und eventuell auch Gewebeschäden. Dieses Modell dient sehr gut zur Erklärung von Rücken- und Nackenscherzen, von Weichteilrheumatismus und – im zahnmedizinischen Bereich – dem Kieferglenk-Schmerz-Dysfunktionssyndrom. Da in diesem Kontext die Parafunktionen des stomatognathen Systems eine wesentliche Rolle spielen, sollen diese im weiteren besonders berücksichtigt werden.

Psychosomatisches Denken in der Zahnmedizin

Ähnlich wie in der psychosomatischen Medizin existieren auch in der Zahnmedizin unterschiedliche Erklärungsmodelle. Sie sind jedoch nicht im entferntesten so zahlreich und differenziert. Die wichtigsten Modelle sollen hier dargestellt werden, weil die Kenntnis der Entwicklung psychosomatischen Denkens in der Zahnmedizin dazu beiträgt, zu verstehen, warum es auch heute noch schwierig ist, viele in der Medizin bereits selbstverständliche Denkweisen in die Zahnmedizin zu übernehmen. McNeill [36] charakterisierte diese Sachlage folgendermaßen: „Bedauerlicherweise befaßt man sich in der Zahnheilkunde nur zögerlich mit dem biopsychosozialen Modell der chronischen orofazialen Schmerzen und mit der von diesem Modell gestützten Methodik der Behandlung solcher Störungen."

Die naturwissenschaftliche Betrachtungsweise von Gesundheitsstörungen und damit das monokausale Denkmodell (lineares Ursache-Wirkungs-Prinzip) steht auch heute noch im Zentrum der traditionellen Zahnmedizin.

Am Beispiel des Schmerz-Dysfunktionssyndroms, der vielleicht häufigsten Form einer psychosomatischen Funktionsstörung des stomatognathen Systems in der zahnärztlichen Praxis, kann diese Problemsituation erläutert werden. Schon die Bezeichnungen für dieses Syndrom sind sehr verschieden: Costen-Syndrom, Arthropathia deformans, Kiefergelenk-Schmerz-Dysfunktionssyndrom, Myoarthropathie u.a. Die Hauptsymptome (Schmerzen und Empfindlichkeit der Kaumuskeln und Kiefergelenke, Kiefergelenkgeräusche bei Bewegung, eingeschränkte Mundöffnung = „diagnostische Triade" [3]) sind jedesmal annähernd die gleichen. Hinter dieser unter verschiedenen Bezeichnungen auftretenden Symptomenkonstellation stehen auch heute noch überwiegend eindimensionale, somatische bzw. organpathologische Erklärungsmodelle. Bestenfalls wird eine Mitverursachung durch psychologische Faktoren eingeräumt.

Zunehmend gewinnt ein **mehrdimensionales, biopsychosoziales Ätiologiemodell** an Bedeutung. Allerdings ist die Diskussion nach wie vor kontrovers und wird von Vertretern der verschiedenen Richtungen leidenschaftlich geführt. Warum dem mehrdimensionalen Modell der Vorzug zu geben ist, wird im folgenden deutlich.

Epidemiologische Untersuchungen an unterschiedlichen Bevölkerungsgruppen stellen alle monokausalen Konzepte in Frage: Übereinstimmend berichten alle Untersucher, daß Zeichen und Symptome einer Dysfunktion bei 50–88% aller Menschen vorkommen, ohne daß diese Personen eine Behandlung anstreben, ihre Symptome also offensichtlich für sie keinen Krankheitswert haben. Das trifft für alle Altersstufen und Personen beiderlei Geschlechts gleichermaßen zu. Weniger als 25% der zahnärztlichen Patienten sind nach der Ansicht von Solberg symptomfrei [56].

Hier muß zwangsläufig die Frage entstehen, unter welchen Umständen diese bereits objektiv vorhandenen Zeichen einer Dysfunktion zu einem subjektiven Leidenszustand führen und zu welchem Zeitpunkt das geschieht. Solberg nennt dieses Problem eine „heimtückische Art der Symptomatologie" und fordert, daß der Übergang von latenten Anzeichen zur aktiven symptomatischen Phase besser erforscht werden müsse.

Auch war festzustellen, daß der Anteil der Okklusionsstörungen bei beiden Geschlechtern gleich groß ist, obwohl, „längst bekannt und wenig beachtet", Frauen häufiger erkranken als Männer [25]. In der Literatur wird von drei- bis neunfacher Erkrankungshäufigkeit gesprochen.

Ähnliches trifft auch auf die Kondylenposition zu, die von einem Teil der Fachvertreter als wichtigster Kausalfaktor betrachtet wird. Ramfjord weist auf die große Variationsbreite der Lage der Kondylen auch unter den „Normalpersonen" hin. Bei einem Drittel bis zur Hälfte der Personen sei diese nach distal verschoben, bei einem weiteren Drittel nach mesial, und nur bei einem Drittel befinde sie sich dort, wo der Forscher sie erwartet [42]. Auf diese statistischen Beobachtungen läßt sich keine der herkömmlichen Verlagerungs-Theorien stützen.

Es ist also eindeutig, daß es bisher nicht gelungen ist, bestimmte organische Befunde als alleinige Faktoren für das Zustandekommen der Symptomatik zu identifizieren, da diese sowohl bei Patienten als auch bei gesunden Personen vorkommen.

Über den **Stellenwert des „psychischen Faktors"** bei der Symptomentstehung herrscht ebenfalls weitgehende Uneinigkeit. In der Vergangenheit wurde versucht, bestimmte Persönlichkeitsstrukturen herauszufinden, die zu einer Dysfunktion prädisponieren. Dabei wurden zwar Zusammenhänge beobachtet, ein einheitlicher Persönlichkeitstyp konnte jedoch nicht gefunden werden. Streß, Anspannung, Konflikt oder langandauernde emotionale Belastungszustände werden von vielen Autoren als zusätzlich verursachende, auslösende oder verstärkende Faktoren akzeptiert.

Umfangreiche Untersuchungen der letzten Jahre haben gezeigt, daß eine zentral induzierte Hyperaktivität der Kiefermuskeln, besonders der Schließmuskeln, für Dysfunktions-Patienten charakteristisch ist. Experimentell wurde nachgewiesen, daß Patienten bereits einen signifikant **höheren Ruhetonus** und eine höhere Tonussteigerung unter mentaler Belastung haben. Im Verlauf der Belastung erfolgt eher noch ein weiterer Anstieg, nicht aber eine Abnahme wie bei den Kontrollpersonen [53].

Die Kau- und Gesichtsmuskulatur reagiert im Sinne eines »oralen Primates« zuerst und am stärksten [24]. In Verbindung mit einer Senkung der Reizschwelle setzen emotionale Reize gerade die Kaumuskulatur in erhöhte Aktivitätsbereitschaft [5].

Mehrdimensionales Ätiologiemodell

In neuerer Zeit gewinnt, wie schon erwähnt, der mehrdimensionale Ätiologieansatz an Bedeutung. Die Einbeziehung der psychosozialen Einflußebene macht den Krankheitsentstehungsprozeß besser verständlich, insbesondere auch die auffällige, vielfach zu beobachtende Periodizität der Beschwerden (Wechsel zwischen schmerz- und beschwerdefreien Intervallen).

Die **ganzheitliche Betrachtungsweise,** von Rognant [45] als „psychosomatischer Ansatz" bezeichnet, ist ein übergreifendes Denkmodell, das die Wechselbeziehungen zwischen biologischen, psychischen und sozialen Einflüssen bei der Krankheitsentstehung berücksichtigt. Diese Betrachtungsweise ist zugleich die einzige Chance, so Rognant, die der Medizin bleibt, um ihre Einheit zu wahren und sich nicht in eine Vielzahl von Technologien aufzuspalten. Gerade der dysfunktionelle Patient müsse in seiner psychosomatischen Ganzheit betrachtet werden, und man dürfe sich nicht allein auf die – wenn auch sehr detaillierte – Analyse der Merkmale der Dysfunktion beschränken.

Die wachsende Bedeutung des psychischen Faktors hängt vermutlich mit den Veränderungen in den menschlichen Lebensvollzügen zusammen. Urbanisierung, Informationsstrom und -dichte, berufliche Ausbildungsanforderungen komplizieren die psychosozialen Verhältnisse des Menschen und führen an die Grenzen der psychophysischen Adaptationsmöglichkeit. Daraus resultieren emotionale Dauerbelastungen und konflikthafte soziale Beziehungen und damit vermehrter Streß.

„Mehrdimensional" bedeutet Berücksichtigung der Wechselbeziehungen zwischen biologischen, psychischen und sozialen Faktoren, kein bloßes Konstatieren des Zusammenkommens einzelner Faktoren.

Trotz sog. „latenter Zeichen" [56], die offensichtlich im Grenzbereich zwischen normal und pathologisch liegen, also innerhalb der Adaptationsbreite des Individuums, befindet sich das stomatognathe System – besser: der Mensch mit seinem stomatognathen System – normalerweise im Gleichgewichtszustand. Jede Änderung auf nur einer Ebene kann das Gleichgewicht zum Kippen bringen. Um erneut einen stabilen Zustand zu erreichen, muß vom Organismus eine Adaptationsleistung vollbracht werden (neue habituelle Okklusion bei Frühkontakt als Beispiel für gelungene Adaptation auf der biologischen Ebene).

Kritische **Veränderungen im System** (beispielsweise die Neueingliederung einer Prothese, rekonstruktive prothetische Maßnahmen, Zahnextraktionen u.ä. – innerhalb der biologischen Ebene) können Ausgangspunkte für eine mißlungene Adaptation werden. In bezug auf das mastikatorische Bewegungsmuster ist mit jeder solcher Veränderung ein **Umlernen** verbunden. Das motorische Muster der Mastikation verändert sich.

Fällt der Lernprozeß (Adaptationsversuch) in eine Phase hoher emotionaler Belastung, verbunden mit einer Hyperaktivität der Kaumuskulatur, kann es zum Auftreten der Symptomatik kommen.

Das psychosomatische Bindeglied ist die Parafunktion. Intensivierung bereits vorhandener oder Entwicklung neuer Parafunktionen stören durch ihre diskoordinierende Wirkung das Bewegungsmuster und erschweren den Lernvorgang. Die Hypertonizität der Muskulatur im Rahmen des Streß-Adaptations-Mechanismus und die erniedrigte Reizschwelle führen schließlich zum Symptom.

Der zeitliche Zusammenhang zwischen Veränderungen auf der biologischen Ebene (z.B. Entfernung eines Weisheitszahnes) und Gesichtsschmerzen wird dann häufig vom Patienten fehlinterpretiert: die Operation sei wohl „schiefgegangen", daher die Schmerzen. Obwohl keinerlei pathologische Veränderungen nachweisbar sind, ist der Patient nur schwer davon zu überzeugen, daß hier kein kausaler Zusammenhang in der von ihm vermuteten Weise existiert.

Liegen außerdem noch disponierende somatische Faktoren, wie z.B. Okklusionsanomalien, vor, bei denen es zu einer permanenten Überlagerung der Aktivitätsmuster einzelner Kaumuskeln kommt, kann das den Ausbruch der Symptomatik begünstigen.

Das gleiche gilt für alle anderen möglichen Faktoren. Zahnextraktionen, prothetische Neuversorgung u.a. werden in der Regel problemlos überstanden, ohne daß eine Symptomatik ausgelöst wird. Warum z.B. ein Patient ständig die Zunge an die obere Prothesenbasis preßt, die Zähne aufeinander beißt und damit einen erheblichen Muskelkontraktionsschmerz in den Wangen und im Hals auslöst, läßt sich nicht allein durch einen mangelnden Saugeffekt der Prothese erklären. Negative Erfahrungen bei Familienmitgliedern, mangelndes Selbstwertgefühl („Prothesenträger"), Reaktionen der sozialen Umwelt, durchlebte problematische Situationen (Prothese lockerte sich beim Lachen in größerer Gesellschaft) u.a. sind potentielle pathogene Elemente. Jedes für sich führt in der Regel nicht dazu, daß sich exzessive Parafunktionen entwickeln, die dann symptomauslösend sind. Erst im Bedingungsgefüge der verschiedenen Einflußebenen entsteht die Funktionsstörung.

Die einzelnen Faktoren richtig zu bewerten ist der Arzt allein nicht in der Lage, er muß sich mit seinem Patienten gründlich beraten. Er muß sich immer wieder die Frage stellen, wieso bei dem Patienten gerade jetzt das Symptom auftritt, obwohl er z.B. schon jahrelang Prothesenträger ist. Die Antwort darauf sollte für beide Partner plausibel sein. Für eine erfolgversprechende Therapie genügt es keineswegs, daß der Arzt die Zusammenhänge glaubt verstanden zu haben.

Daß okklusale Interferenzen lange Zeit unbemerkt, in Zeiten mit großem psychischen Streß aber als starke Störung empfunden werden, geht auch aus einer Untersuchung von Ramfjord und Ash hervor. Sie beobachteten bei Studenten, daß der Bruxismus in Examensperioden „viel schlimmer ist als zu anderen Zeiten". Okklusale Diskrepanzen von weniger als 0,02 mm wurden bereits bemerkt, und es war äußerst schwierig, diese zu eliminieren [43].

Orale Parafunktionen haben eine Schlüsselstellung bei der Symptomentstehung. Sie sind das Ergebnis eines Lernprozesses in Form der klassischen bzw. der operanten Konditionierung.

Bei der **klassischen Konditionierung** findet eine Bedeutungskopplung eines neutralen, für sich genommen völlig wirkungslosen Reizes an einen für die Reaktion charakteristischen Auslöser statt. Dieser Vorgang des zufälligen Zusammentreffens zweier Reize kann, wenn er mehrmals passiert, dazu führen, daß der vorher neutrale Reiz jetzt die Reaktion auslöst. Jedoch können über dieses Prinzip nur vorhandene Verhaltensprogramme abgerufen werden. „Zähne zusammenbeißen!" bei Angst ist ein entwicklungsgeschichtlich altes Muster. Durch Konditionierung kann dieses Verhaltensprogramm als Reaktion an einen neutralen Reiz gekoppelt sein und deshalb in unterschiedlichen Situationen auftreten. Im Sinne der Reizgeneralisierung können auch ähnliche Reize die Reaktion auslösen.

Bei dem Vorgang des **operanten Konditionierens** spielt der Zustand nach erfolgter Reaktion eine entscheidende Rolle. Wird das zufällig ausgeführte Verhaltensmuster (z.B. Pressen) dadurch verstärkt, daß die Situation „mit zusammengepreßten Zähnen besser ertragen wird", kann daraus eine Gewohnheit entstehen. Möglicherweise wird das Zähnepressen auch dadurch erworben, daß es bereits den kleinen Kindern vorgemacht wird, wenn ein schmerzhafter Eingriff, z.B. eine Impfung, erwartet wird. Dieses Lernen am Modell kann durchaus auch unbewußt geschehen, im Sinne von Lernen durch Beobachtung.

Schließlich ist darauf hinzuweisen, daß das Zähnepressen bzw. Zähnefletschen zu den **angeborenen Verhaltensmustern** in einer Kampfsituation gehört und in ähnlichen Lagen unbewußt abgerufen werden kann, beispielsweise auch im Schlaf.

Parafunktionen mit pathogener Potenz sind manchmal auch bei symptomlosen Personen anzutreffen. Durch Intensivierung bereits vorhandener oder Entwicklung zusätzlicher Parafunktionen, verbunden mit psychisch verursachtem erhöhtem Ruhetonus der Kau- und Gesichtsmuskulatur, kann die Symptomatik entstehen (Abb. 1): Muskelkon-

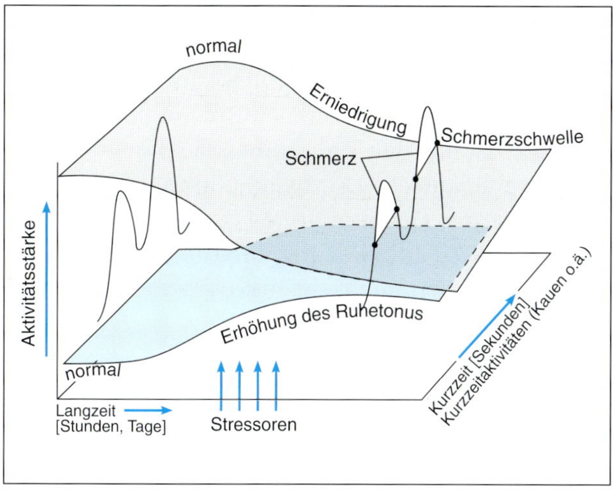

Abb. 1 Die erniedrigte Schmerzschwelle in Verbindung mit einer Intensivierung der parafunktionellen Hyperaktivität und einem erhöhten Ruhetonus unter emotionaler Belastung führt zum Symptom: Während Kurzzeitaktivitäten (Kauen) in Phasen der Entspannung keine schmerzhafte Reaktion in der Muskulatur auslösen, führen sie in Phasen der Anspannung zu Schmerzattacken.

traktionsschmerz, pathologische Muskel-Gelenk-Funktionsmuster, Kiefergelenkstörungen durch innere Verlagerungen und Kondylendislokation, Kopfschmerz, insbesondere im Schläfenbereich, können ebenfalls hinzukommen.

Bei normalen Okklusionskontakten sind diese Symptome, auch die pathologische Verlagerung der Kondylen, nicht zu erwarten. Eine Schädigung der Gelenkgewebe kann nur entstehen, wenn infolge parafunktioneller Aktivitäten wiederholt nicht-physiologische Positionen eingenommen werden.

Zu einer Bewertung der Parafunktion, d.h., ob sie tatsächlich für vorhandene Beschwerden verantwortlich ist, ist nur der Patient selbst in der Lage. Der Arzt muß ihn dazu befähigen, die Parafunktionen durch intensive und konsequente Selbstbeobachtung zu erkennen und, wenn möglich, ihren Zusammenhang mit den auslösenden Bedingungen zu verstehen.

Orale Parafunktionen – Begriffsbestimmung, Vorkommen und Folgeerscheinungen

Parafunktionen sind stereotype, unterschiedlich lang dauernde, sich mehr oder weniger häufig wiederholende Bewegungsabläufe bestimmter Muskelgruppen, die keine physiologischen Funktionen mehr ausüben. Der gesamte Vorgang läuft unbewußt ab, er ist also der Selbstkontrolle des Kranken entzogen [15].

Orale Parafunktionen sind verantwortlich für eine große Zahl organpathologischer Prozesse, die im stomatognathen System auftreten. Sie sind in hohem Maße an der Entstehung von psychosomatischen Reaktionen, Störungen und Erkrankungen beteiligt. Obwohl Parafunktionen für alle zahnärztlichen Fachgebiete eine nicht unbedeutende Rolle spielen, werden sie in der zahnmedizinischen Wissenschaft eher vernachlässigt.

Die Bedeutung oraler Parafunktionen für die Entstehung der „Zahnbetterkrankungen" erkannte wohl als erster Karolyi. Er hatte beobachtet, daß durch Knirschen und Pressen der Zahnhalteapparat geschädigt wird. Später sprach man in diesem Zusammenhang vom „Karolyi-Effekt".

In der angloamerikanischen Literatur gibt es den Begriff Bruxismus („bruxism"), den Miller in die Zahnmedizin einführte. Er verstand darunter ausschließlich das nächtliche Knirschen und Pressen mit den Zähnen im Gegensatz zur Bruxomanie, der parafunktionellen Aktivität tagsüber. Heute hat man allerdings den Eindruck, daß diese Unterscheidung nicht mehr vorgenommen wird.

Drum führte 1950 den Begriff Parafunktion in die deutschsprachige Literatur ein [7]. Er machte auf deren großes traumatisches Potential aufmerksam und charakterisierte deshalb diesen Vorgang als Autodestruktionsprozeß [8]. Die Bezeichnung „Parafunktion" hat sich durchgesetzt bzw. wird derzeit am häufigsten verwendet.

Hupfauf war der Auffassung, daß die fehlgesteuerte, unkoordinierte Motorik der Kaumuskulatur, die er als bedeutsamen ätiologischen Faktor bei Kiefergelenkbeschwerden ansah, sprachlich besser mit dem Begriff „motorische Unart" erfaßt wird. Er wollte damit aus seiner Sicht die Fehlleistung der Kaumuskulatur besonders hervorheben und sich außerdem den in der Psychologie benutzten Termini sprachlich annähern. Er hatte beobachtet, daß solche motorischen Unarten im Zusammenhang mit Kiefergelenkbeschwerden besonders bei seinen jungen Patientinnen auftraten. Deren seelische Unausgeglichenheit, so glaubte er, hatte entscheidenden Einfluß auf die Kiefergelenksymptomatik [26]. Demgegenüber empfahl Uhlig, daß man die „ungezügelten Kontakte" zwischen den Zähnen, die vor allem nachts auftreten, besser als „Leermastikation" bezeichnen sollte [60].

Krogh-Poulsen hat sich ebenfalls mit oralen Parafunktionen und deren Folgezuständen beschäftigt. Er nannte sie „Pathofunktion“ und verband damit die Vorstellung, daß dabei auch immer Strukturveränderungen der Gewebe vorhanden sein müssen [30].

In der kieferorthopädischen Literatur wird auch häufig der Begriff „orofaziale Dyskinesie“ benutzt, den der Psychotherapeut Langen für „abnorme Vorgänge im Bereich des Mundes“ anzuwenden empfahl. Er wollte damit auf neuroanatomisch-neurophysiologische Vorgänge aufmerksam machen, ohne sich von einer psychosomatischen Betrachtungsweise, die sich in seinen Therapieempfehlungen auch deutlich widerspiegelt, abzuwenden [31].

Graber führte dann Anfang der 80er Jahre den Begriff „fronto-lateraler Bruxismus“ ein [20]. Schulte sprach wenig später von der „exzentrischen Okklusion“ [51]. Beide hatten eine besondere Form parafunktioneller Aktivität vor Augen, die in verschobener Unterkieferposition ausgeführt wird.

Nicht unerwähnt bleiben soll der Terminus „Habit“. Dieser Begriff wird hauptsächlich in der Kieferorthopädie verwendet und bezeichnet komplexere Fehlverhaltensmuster, wie z.B. die Lutschgewohnheiten der Kinder.

Zusammenfassend läßt sich feststellen, daß auch heute noch in der zahnärztlichen Literatur für derartige Fehlverhaltensweisen unterschiedliche Begriffe verwendet werden. Am gebräuchlichsten sind die Bezeichnungen: „Parafunktion“, „Bruxismus“, „Habits“ und „orofaziale Dyskinesie“.

Klassifikation oraler Parafunktionen

Im wesentlichen werden Parafunktionen nach zwei Aspekten geordnet:

- Art der Bewegungsabläufe,
- ätiologische Gesichtspunkte.

Einteilung der Parafunktionen nach Art der Bewegungsabläufe

Man unterscheidet okklusale und nonokklusale Parafunktionen.

Zu den **okklusalen Parafunktionen** gehören das Zähnepressen, das Zähneknirschen (mit dem typischen Geräusch) und das Zähnereiben.

Nonokklusale Parafunktionen sind Preß- und Saugphänomene, die durch entsprechende Aktivitäten der Muskulatur der Lippen, Wangen oder der Zunge entstehen. Ebenfalls zu dieser Gruppe gehören die für die Kieferorthopädie wichtigen schädlichen Gewohnheiten (Habits) im Kindesalter. Dabei handelt es sich um „parafunktionelle Aktivitäten“ im Bereich des Mundes und seiner Umgebung, wie z.B. das Lutschen an Fingern, an anderen Körperteilen bzw. Gegenständen. Es kommt zu wechselnder An- und Entspannung der Kau- und Zungenmuskulatur, und durch Kraftübertragung auf die Gewebestrukturen zu erheblichen Formveränderungen des Kieferknochens sowie zu Stellungsanomalien der Zähne.

Andere kieferorthopädisch bedeutsame Dysfunktionen sind die sogenannten **„hypotonen Phänomene“**, wie z.B. die Haltungsschwäche der Gesichtsmuskulatur beim offenen Biß mit der schlaffen Zunge zwischen den Zahnreihen [12].

Die schematische Einteilung in okklusale und nonokklusale Parafunktionen erfaßt bei weitem nicht alle Möglichkeiten parafunktioneller Aktivitäten, insbesondere nicht deren Kombinationen.

> In der Regel treten „zahngeführte“ und „nichtzahngeführte“ Parafunktionen kombiniert auf.

Einteilung der Parafunktionen nach ätiologischen Gesichtspunkten

Drum schlug bereits in den 60er Jahren eine Einteilung nach ätiologischen Gesichtspunkten vor:

- psychisch motivierte Parafunktionen (neurotische Erscheinungen),
- streßbedingte Parafunktionen (durch Streß ausgelöst, nicht neurotisch),
- habituelle Parafunktionen (Angewohnheiten, die z.B. mit dem Beruf zusammenhängen),
- endogene Parafunktionen (Begleitsymptom einer Erkrankung, z.B der Epilepsie),
- exzessive kompensatorische Parafunktionen (als Folge von Okklusionsstörung).

Jede dieser Formen erfordert eine eigene Therapiestrategie. Diese Klassifikation wurde jedoch vor allem deshalb kritisiert, weil sie okklusale und psychogene Kausalfaktoren streng voneinander trennte [10].

Daneben existieren aber auch Klassifikationsvorschläge, die sich ausschließlich an psychischen Faktoren orientieren [14]. Beispielsweise wird die Bedeutung der Parafunktionen für den Patienten in einer der folgenden Funktionen gesehen:

- Trostfunktion,
- kontrollierende Funktion (Kontrollzwang),
- Aggressionsfunktion.

Diese einseitig auf die psychische Ebene eingeschränkte Betrachtungsweise ist insofern problematisch, als andere ätiologische Faktoren dabei völlig unberücksichtigt bleiben.

Eigene Klassifikationsempfehlung

Wie oben erwähnt, gehen wir bei unserem Vorschlag von den Beobachtungen der Patienten aus. Durch die Analyse der protokollierten Selbstbeobachtungsergebnisse ergab sich eine Unterscheidung von **sieben Parafunktionstypen** [28].

- **Pressen:** „Zähne gepreßt", „Kiefer gepreßt, fest zusammen, fest geschlossen, prall geschlossen, zusammengedrückt", „Gebiß fest aufeinander", „Zähne fest", „Schneidezähne übereinandergepreßt", „Eckzähne gepreßt".
- **Knirschen:** „Zähne mahlend", „Backenzähne reiben aufeinander", „Schneidezähne schleifen übereinander, knirschen, leise hin und her".
- **Zungenpressen:** „Zunge drückt nach vorn, rechts, links, gegen Vorderzähne, Gaumen, oben fest angedrückt, stößt an Unterzähne, Oberzähne, gegengepreßt".
- **Pro- und Laterotrusion:** „Kiefer rechts, links, außermittig", „Schneidezähne aufeinander", „Zähne mahlend", „wechselseitig Unterkiefer vor Oberkiefer", „Kiefer verkantet, rhythmisch nach rechts und links verschoben", „Ausknacken", „wieder Vorschub".
- **Wangenspannung:** „Wange rechts, links zurückgezogen, fest verkniffen", „Wangen fest, verkrampft, rhythmisch angespannt", „Kiefer verkrampft", „Kiefer steif", „Gesicht fest, hart, wie taub, dick".
- **Saug- und Beißphänomene der Zunge und Wange:** „Zunge saugt durch Zahnlücke, vorn an den Innenzähnen angesaugt", „Wange zwischen den Zähnen, zwischen den Backenzähnen".
- **Lippenparafunktionen:** „Lippen zusammen gepreßt, fest zusammen, zusammengedrückt, aufeinandergedrückt, verkniffen, eingezogen".

Bei der Auswertung konnte nicht nur festgestellt werden, daß die Patienten sich sehr genau beobachten, sondern auch, daß sie durchaus in der Lage sind, primär unbewußte Bewegungsabläufe zu registrieren. Der größte Teil der Patienten beobachtete mehrere Fehlverhaltensweisen im Sinne von Parafunktions-Kombinationen. Die Registrierung nur einer Parafunktion war eher die Ausnahme.

Langjährige Erfahrungen zeigen, daß die vorgestellte Klassifikation als Grundlage für die Diagnostik und Therapie oraler Parafunktionen empfohlen werden kann.

Vorkommen und Häufigkeit von oralen Parafunktionen werden in der Literatur sehr unterschiedlich angegeben; die Angaben bewegen sich zwischen 5 und 90%. In einer epidemiologischen Studie registrierten Jenni et al. als Ergebnis einer Befragung 24,4% Zungenpressen, 27,2% Lippen- und Wangenbeißen und 24,8% Pressen [27]. Sassen et al. gaben ähnliche Zahlen an: 33,5% seiner männlichen Probanden und 29,5% der Probandinnen litten unter Knirschen und Pressen [47]. Aufgrund nächtlicher EMG-Ableitungen bzw. aufgrund von Schliffflächenhäufigkeiten kommen einige Autoren zu der Aussage, daß nahezu 90% aller Menschen orale Parafunktionen aufweisen [51].

Tabelle 2 Auswertung von 190 Selbstbeobachtungsprotokollen von Schmerzpatienten zur Diagnostik oraler Parafunktionen (die Patienten hatten in der Regel mehrere Parafunktionen bei sich beobachtet).

Parafunktion bei Schmerzpatienten		Häufigkeit (%)
Pa 1	Pressen	94
Pa 2	Knirschen	10
Pa 3	Zungenpressen	44
Pa 4a	Protrusion	54
Pa 4b	Laterotrusion	38
Pa 5	Wangenspannung	45
Pa 6	Saug- und Beißphänomene	14
Pa 7	Lippenparafunktionen	22

Die Differenzen zwischen den Angaben entstehen durch die fließenden Übergänge zwischen normalem und pathologischem Verhalten sowie durch die methodischen Unterschiede und Ungenauigkeiten bei der Erfassung dieser Fehlverhaltensmuster.

Ähnlich stark streuen deshalb auch die quantitativen Angaben über das Vorkommen von Parafunktionen bei „Dysfunktionspatienten": z.B. gab Laskin 77% Parafunktionen (oral habits) an [33], Graber 61% [19], Gernet 16% für Knirschen und 29% für Pressen [18]. In einer eigenen Erhebung bei Schmerzpatienten ergaben sich die in Tabelle 2 genannten Häufigkeiten.

Ergebnisse, die auf der Basis von Fragebogenauswertungen gewonnen wurden, sind problematisch, weil Patienten vor einem diesbezüglichen Gespräch mit ihrem Zahnarzt selten oder gar nicht über eigene Parafunktionen Bescheid wissen: Von 51 befragten Patienten, die mit einem Schmerz-Dysfunktionssyndrom unsere Klinik aufsuchten, hatten nur acht „hin und wieder" bestimmte Bewegungsabläufe bei sich bemerkt [28].

Organpathologische Zustände als Folge oraler Parafunktionen

Nicht jede Parafunktion führt zu sichtbaren organpathologischen Veränderungen, eine pathogene Potenz ist jedoch immer vorhanden. Wenn die parafunktionelle Belastung ausreichend lange und intensiv an den Strukturen des stomatognathen Systems wirkt, sind Veränderungen zu erwarten. Allerdings reagieren die Strukturen zunächst mit Anpassung. Wenn beispielsweise abrasive Vorgänge an der Zahnhartsubstanz extreme Ausmaße annehmen, kommt es von seiten der Pulpa zu einer schützenden Sekundärdentinbildung, bis auch diese Fähigkeit erschöpft ist und die Pulpa abstirbt.

In welcher Form organpathologische Veränderungen entstehen, hängt wesentlich von disponierenden Faktoren der Gewebestruktur ab. Auch die Art und Weise der Parafunktion hat Einfluß darauf. Abrasionsmuster sind beispielsweise häufiger an den Gebissen zu beobachten, dagegen sind Muskelhypertrophien – als Folge isometrischer Anspannung – sehr viel seltener.

Folgeschäden an den Zähnen

Die Abnutzung der Zahnsubstanz an exponierten Zahnflächen stellt wohl die häufigste organpathologische Folge oraler Parafunktionen dar. Sie wird im Gegensatz zu der physiologischen Abnutzung, der Attrition, als **Abrasion** (Abb. 2 und Abb. 3) bezeichnet. Die Grenze zwischen physiologischem Abrieb und pathologischer, exzessiver Abnutzung der Zahnsubstanz ist fließend. Abrasionen an den Zähnen sagen über den Zeitpunkt ihrer Entstehung wenig aus. Sie können auch das Ergebnis schon lange zurückliegender Aktivitäten sein.

Zur Gruppe der Zahnhartsubstanzverluste gehören auch die sogenannten **keilförmigen Defekte** (Abb. 4), die hinsichtlich ihrer Pathogenese in der zahnärztlichen Literatur widersprüchlich bewertet werden. Jedoch wird den oralen Parafunktionen auch hier eine zentrale Rolle zugeschrieben. Insbesondere das Zähnepressen führt zu Gefügeauflockerungen des Zahnschmelzes und anschließend zum Defekt.

Weitere mögliche pathologische Auswirkungen oraler Fehlgewohnheiten sind Zahnfrakturen, Schmelzrisse, Pulpareaktionen, Wurzelresorptionen und Hyperzementosen.

Folgeschäden am Zahnhalteapparat

Die Bedeutung der oralen Parafunktionen im Zusammenhang mit der Entstehung von **Parodontopathien** wird heute uneingeschränkt anerkannt (insbesondere bei Zahnlockerung, Gingivarezessionen an Einzelzähnen oder Zahngruppen, McCall-Girlanden und Stillman-Spalten). Parafunktionelle Fehlbelastungen können zu Zahnwanderungen („Wanderungsparodontose“) und damit zu sekundären Zahnstellungsanomalien führen. Auch auf die primäre Entstehung von Kiefer- und Zahnstellungsanomalien aufgrund von Habits und Parafunktionen sei in diesem Zusammenhang nochmals hingewiesen.

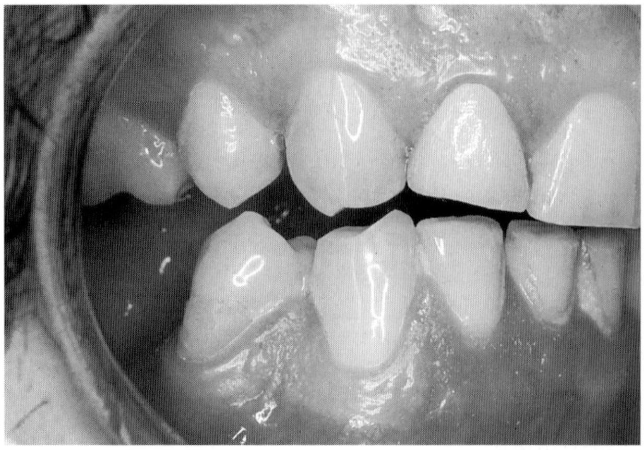

Abb. 2 Schliffacetten.

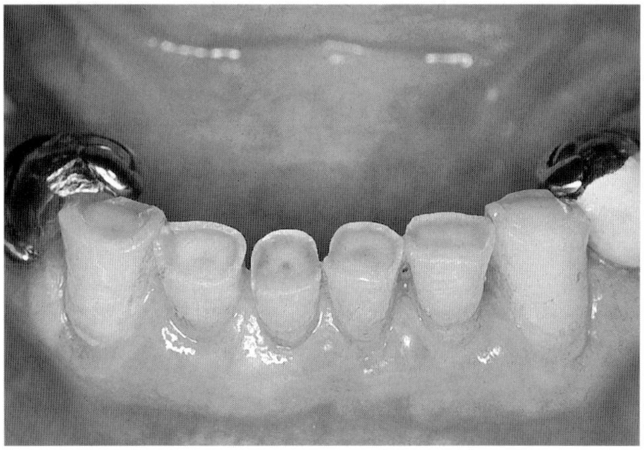

Abb. 3 Abrasionsgebiß.

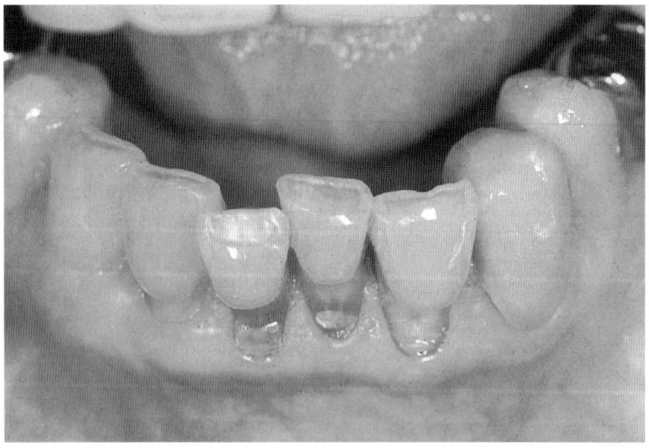

Abb. 4 Keilförmige Defekte

Folgeschäden in der Muskulatur

- Bei langandauernder Hyperaktivität werden im Muskelgewebe algetische Substanzen freigesetzt. Es entsteht eine Ischämie und als Folge davon eine Myalgie, der sog. „Muskelkater".
- Verspannungen (und Trismus) entstehen, wenn physiologische Entspannungsphasen fehlen. Die Folge sind Koordinationsstörungen des Muskel-Gelenk-Funktionsmusters.
- Myogelosen sind druckschmerzhafte Knötchen, die bindegewebig infiltriert werden können (Myofibrose).
- Als Folge ausgeprägter Verspannungszustände kann die Elastitzität der Muskulatur verloren gehen, eine Kontraktur und in deren Folge eine Kieferklemme entstehen.
- Hypertrophie (Abb. 5 und Abb. 6) ist eine Volumenzunahme des Muskelgewebes, vorwiegend als Folge isometrischer Muskelarbeit, wie sie beim Zähnepressen entsteht.
- Bei der Myositis handelt es sich um eine abakterielle Entzündung des Muskels infolge anhaltender Ischämie.
- Die ausgeprägten Myopathien werden oft gleichzeitig von schmerzhaften Tendopathien begleitet, die sich in den Sehnen der Muskeln abspielen können, vergleichbar dem Weichteilrheumatismus (weiterführende Literatur in [4]).

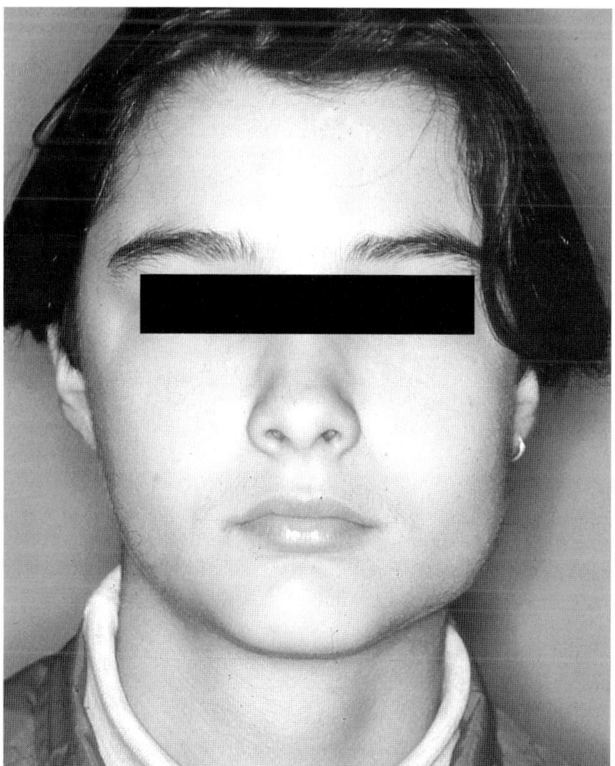

Abb. 5 Masseterhypertrophie.

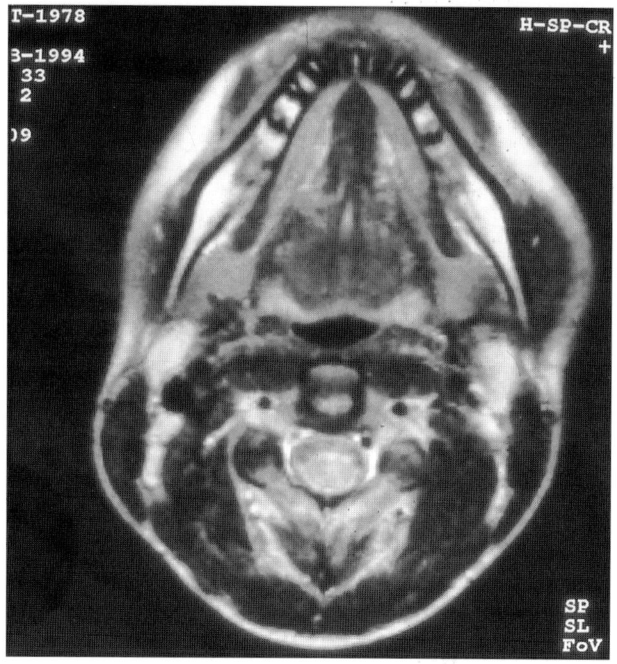

Abb. 6 MRT der Masseterhypertrophie von Abbildung 5.

Folgeschäden an den Kiefergelenken

Durch parafunktionelle Bewegungsabläufe können hohe Druck- und Zugbelastungen auf die Strukturen der Kiefergelenke einwirken. Es kommt zu einer veränderten anatomischen Relation zwischen Diskus und Kondylus, die in der Literatur mit den Termini Stellungsänderung, innere Verlagerung oder **Dislokation** bezeichnet wird. Von der Dislokation können entweder der Diskus oder der Kondylus betroffen sein. Die klinischen Symptome sind Schmerzen, Gelenkknacken, Kieferklemme bzw. Kiefersperre.

Als Folge von Fehl- und Überbelastung der Kiefergelenke können **degenerative Veränderungen** am Kondylus, am Diskus und an der Fossa articularis entstehen:

- erosive Veränderungen im Bereich der Knorpelbedeckung,
- Arthropathia deformans (degenerative Umbauprozesse im Gelenkkopf),
- Diskopathien (Ausdünnung, Perforation),
- Arthritis microtraumatica (umschriebene abakterielle Entzündung des Kiefergelenks, die auch in der Synovia und an den Ligamenti zu finden ist).

Folgeschäden an der Mundschleimhaut

Orale Parafunktionen führen auch an der Mundschleimhaut zu sichtbaren Veränderungen, wie Wangenschleimhautleisten (Abb. 7), Morsicatio buccarum, Reizfibromen oder Zungenrandimpressionen (Abb. 8).

Fallbeispiel:
Die 65jährige Patientin, die unter Zungenimpressionen litt (s. Abb. 8), erzählte (nach einigen Gruppenstunden), daß vor vielen Jahrzehnten ihr Verlobter ihr Gesicht zu breit gefunden habe und daß sie sich seither für nicht besonders schön halte. Damals habe sie sich angewöhnt, ihre Wangen zwischen die Zähne zu ziehen. Erst in der Therapie wurde ihr der Zusammenhang zwischen dieser Angewohnheit und einem ständigen Zungenpressen bewußt.

Andere Gewohnheiten, wie das ständige Beißen auf die Unterlippe, führen manchmal sogar zur Bildung von Ulzera. UHLIG beschrieb ausführlich die Auswirkungen der Leermastikation an der Schleimhaut von Prothesenträgern [60]. Prothesendruckstellen sind demnach nicht immer durch schlecht sitzenden Zahnersatz verursacht, sie können ebenso Folge von Parafunktionen sein.

Orale Parafunktionen werden auch bei einer Reihe von Mundschleimhauterkrankungen (z.B. dem oralen Lichen) als ein Faktor betrachtet, der diese Erkrankungen zwar nicht unmittelbar auslöst, der aber den Krankheitsverlauf manchmal verstärken kann.

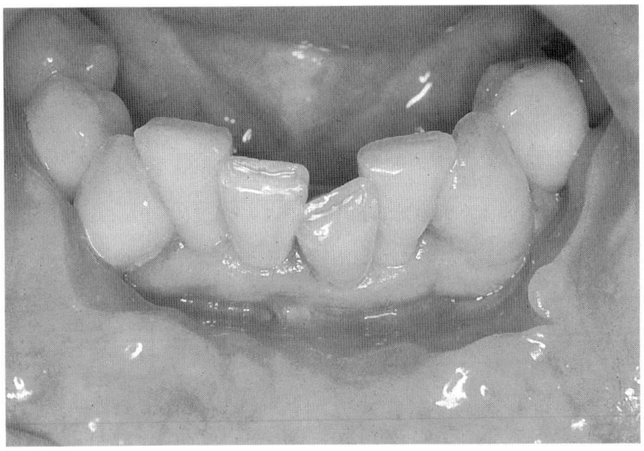

Abb. 7 Wangenleisten.

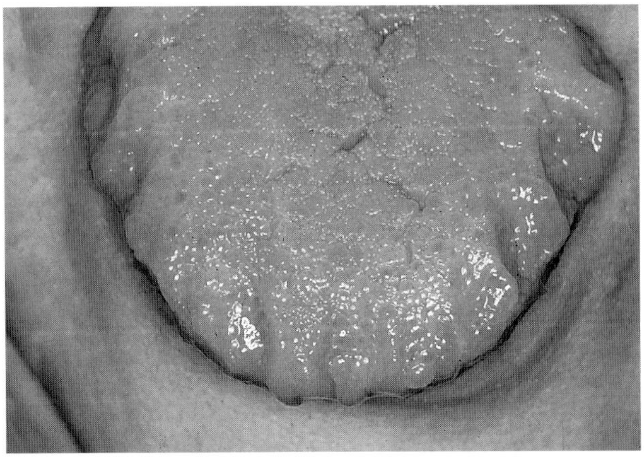

Abb. 8 Zungenimpressionen.

Therapiemethoden

Die Behandlung von Patienten, die unter Parafunktionen leiden bzw. aufgrund solcher Fehlverhaltensweisen eine Symptomatik entwickelt haben, ist immer noch vorwiegend auf Okklusionskorrekturen (Einschleifen, Kauflächengestaltung) ausgerichtet. Dabei gibt es schon seit den 50er Jahren Therapiekonzepte, die Entspannungstechniken sowie psychotherapeutisch orientierte Einzel- und Gruppentherapien vorsehen.

Aufbißschienen

Aufbißbehelfe oder Aufbißschienen sind seit Anfang der 60er Jahre das wichtigste Therapieinstrument (Übersicht in [37]).

Die in Tabelle 3 wiedergegebene Auswahl der gebräuchlichen Schienentypen ist keineswegs vollständig. Die Flut unterschiedlicher Therapieempfehlungen und technischer Raffinessen verunsichert heute jeden Behandler, der vor der Frage steht, für welchen Schienentyp er sich entscheiden soll. Die ideale Schiene für alle Indikationsbereiche scheint es nicht zu geben, obwohl manche Autoren angeblich mit Erfolg immer wieder den gleichen Typ verwendet haben [16]. Zu diesem Thema existieren zahlreiche wissenschaftliche Arbeiten (Literaturübersicht in [37, 51]).

Die Aufbißbehelfe sollen in der Regel okklusale Interferenzen ausschalten, die für das Zustandekommen der Parafunktionen und die damit verbundene Symptomatik verantwortlich gemacht werden. Gleichzeitig werden sie aber auch wegen ihrer entspannenden Wirkung, die durch EMG-Kontrolle mehrfach nachgewiesen wurde, als **Initialtherapie** empfohlen.

Einige Autoren bezweifeln, daß solche Schienen tatsächlich hartnäckige Parafunktionen beseitigen können. Sie haben beobachtet, daß Patienten auf der Schiene erst recht bruxieren, und halten einen Therapieerfolg deshalb für mehr oder weniger zufällig [10, 15]. Hinzu kommt, daß die ätiopathogenetische

Tabelle 3 Gebräuchliche Schienentypen.

- Platte nach Hawley
- Platte nach Sved
- Platte nach Immenkamp
- Interzeptor nach Schulte
- Frontzahn-Jig von Lucia
- Pivotplatte nach Sears
- Miniplastschiene nach Drum
- modifizierte Drum-Schiene
- Matthews-Schiene
- Kesling-Schiene
- Michigan-Schiene nach Ramfjord und Ash
- Schiene nach Gerber
- Kaupfadplatte nach Shore
- Schiene mit Frontschild

Rolle okklusaler Disharmonien seit Jahren in Frage gestellt wird, nicht zuletzt deshalb, weil viele Menschen derartige Interferenzen haben, ohne orale Parafunktionen zu entwickeln. Außerdem wurde schon häufig darauf hingewiesen, daß Muskelspasmen und Schmerz als mögliche Folgezustände das Kieferbewegungsmuster immer wieder verzerren und damit neue Interferenzen hervorbringen [41, 44].

Wenn eine Schienentherapie hilft, muß man sich fragen, welcher Faktor für den Effekt verantwortlich war. Bisher wird das ganze Problem nur mechanisch erklärt. Es ist aber mit klinischen Daten zu belegen, daß auch durch Eingliederung von „Placebo-Schienen" (Gaumenplatten, die die Okklusion überhaupt nicht beeinflussen) beachtliche Therapieerfolge erzielt werden können [34]. Das gleiche gilt für Scheinmedikamente: Ein Placebo mit stark suggestivem Namen – beispielsweise Myolax – führt ebenfalls zu positiven Resultaten, wenn es in einer guten Arzt-Patient-Beziehung mit optimistischen Begleitworten verabreicht wird [34].

Man muß sich angesichts derartiger Therapieerfolge darüber im klaren sein, daß hier andere Mechanismen wirksam sind. Es ist der psychologische Einfluß der Arzt-Patient-Beziehung, der eine Reduktion von Angst und Spannung und damit eine Unterbrechung des Angst-Spasmus-Schmerz-Zyklus bewirkt, was dann in der Regel zu einer Verbesserung der Synchronie der Muskelaktivität innerhalb des Funktionsmusters führt.

Vergessen werden darf in diesem Zusammenhang auch nicht die Periodizität zwischen Schmerz- und schmerzfreien Intervallen, die mit dem „okklusalen Denkmodell" nicht erklärt werden kann. Der Zahnarzt sollte über seinen engeren Kreis hinausblickend auch die physiologischen und psychologischen Einflußfaktoren menschlicher Schmerzkrankheit berücksichtigen [34].

Zungendornen

Die von Langlois [32] empfohlene „Aversionstherapie" zur Bekämpfung pathologischer Zungenfunktionen, mit der der Autor „sensationelle Resultate" erzielt haben will, ist mit größter Zurückhaltung zu betrachten. „Sorgfältig beschliffene spitze Dornen" wurden mit Hilfe von Metallbändern an der lingualen Fläche der unteren Zähne bzw. palatinal im Oberkiefer angebracht. Es versteht sich, daß dadurch jegliche Zungenbewegungen behindert werden, nicht nur die pathologischen!

Psychotherapeutisch orientierte Therapiekonzepte

Neben der bereits in den 50er Jahren angewendeten **psychoanalytisch orientierten Einzeltherapie** [38] werden seit den 70er Jahren auch **Gruppenverfahren** beschrieben, die die Patienten befähigen sollten, Parafunktionen zu erkennen und zu vermeiden [9, 40].

In Gesprächen ermuntern die Therapeuten ihre Patienten, über Krisensituationen in ihrem Leben zu sprechen. Die Patienten sollen während dieser Therapie die Zusammenhänge zwischen wechselndem psychischen Spannungszustand und Symptom erkennen. Am Anfang der Therapie sieht das Konzept für alle Patienten eine Information über Zusammenhänge zwischen Streß und Muskelspannung, Kieferschmerz, Kopfschmerz und anderen psychophysiologischen Funktionsstörungen vor. In den weiteren Sitzungen steht der Streß im täglichen Leben im Zentrum der Gespräche.

Es fiel auf, daß sowohl Psychoneurotiker als auch „Normalpersonen" die Therapie als sehr hilfreich und auch notwendig beurteilten, während von den sog. „Hypernormalen", die jegliche emotionalen Schwierigkeiten verneinten, nur ca. 60% die Therapie beendeten. Die Besserung ihrer Beschwerden habe, so betonten diese Patienten immer wieder, absolut nichts mit der Therapie zu tun. Da sie ja keine persönlichen Probleme hätten, gebe es auch nichts zu diskutieren. Die Gruppensitzungen verliefen schleppend, die Patienten nutzten sie lediglich dazu, ihre Normalität und Kompetenz unter Beweis zu stellen.

Auch **Hypnose,** psychoanalytisch ausgerichtete **Familientherapie** und **Lebensstilanalyse** wurden erfolgreich durchgeführt [17, 35, 57].

Es scheint jedoch, daß die Patienten eine reine, persönlichkeitszentrierte Psychotherapie, losgelöst vom somatischen Symptom, nur sehr schwer akzeptieren können. Da sie ja in der Regel eine organische Erkrankung, d.h. eine Entzündung der Zähne oder des Kiefergelenks, vermuten, suchen sie in erster Linie den Zahnarzt auf und erwarten von ihm Hilfe. Die Empfehlung, eine Psychotherapie in Anspruch zu nehmen – so richtig dieser Vorschlag im Einzelfall auch sein mag – wird von seiten der Patienten fast immer mit großen Widerständen beantwortet. Sie fühlen sich falsch verstanden und „abgestempelt". („Ich bin zwar nervös, einfach fertig, aber das steht auf einem anderen Blatt. Mit den Schmerzen hat das nichts zu tun, die kommen von der Prothese.") Vermutlich ist für diese Patienten, wie für so viele Menschen (darunter leider auch Ärzte und Zahnärzte!) mit einer psychisch verursachten Krankheit eine Abwertung verbunden.

Der Zugang über das körperliche Symptom ist deshalb immer hilfreicher als jeder gutgemeinte Vorschlag, eine Psychotherapie in Anspruch zu nehmen, insbesondere dann, wenn er dem Patienten bereits während der ersten Begegnungen gemacht wird. Eine dadurch gestörte Arzt-Patient-Beziehung wieder zu einem echten Arbeitsbündnis zu machen, ist schwierig und gelingt nur, wenn einfühlendes Verstehen und Wertschätzung des Arztes den Patienten davon überzeugen, daß man ihm wirklich helfen will.

Methodenpluralismus als notwendige Implikation eines mehrdimensionalen Ätiologiemodells

An Stelle der beschriebenen rein psychotherapeutisch orientierten Behandlungsmethoden [9, 17, 35, 40, 57], entscheidet sich heute eine zunehmende Zahl von Therapeuten für Therapiekonzepte im Sinne des Methodenpluralismus. Kombinationen von physiotherapeutischen Trainingsprogrammen, physikalischen Methoden der Schmerzbeeinflussung, aufklärenden (Counseling) und auch stützenden Gesprächen, mit Entspannungstechniken, Selbstbeobachtung und Selbstkontrolle oraler Parafunktionen werden beschrieben (Literaturüberblick in [28]).

Als **Entspannungstechniken** werden empfohlen das autogene Training [21, 31, 52], die progressive Muskelentspannung und die Entspannungstechnik mittels rhythmischen Atmens nach Fuchs (s. in [12]).

Transkutane elektrische Nervenstimulation (TENS) und EMG-Feedback werden ebenfalls angewendet [1, 13]. Durch letztgenannte Therapieform können gerade Patienten mit psychosomatischen Funktionsstörungen, die im Sinne des Alexithymiekonzeptes Zusammenhänge zwischen psychischen und physischen Vorgängen nicht wahrnehmen können, zu einem besseren Problemverständnis kommen [54].

Selbstbeobachtung oraler Parafunktionen wurde seit den 50er Jahren mit Erfolg angewendet [41, 42, 50, 52].

Differenzierte **physiotherapeutische Trainingsprogramme** in Abhängigkeit vom klinischen Befund wurden ebenfalls entwickelt [48, 49, 62]. Im wesentlichen handelt es sich dabei um Mundöffnungsübungen, isometrische Spannungsübungen und Selbstmassage der Kaumuskulatur. Die Bedeutung dieser Übungen wird allgemein anerkannt.

Während Schulte auf die Notwendigkeit schriftlicher Anleitungen in Form von Merkblättern hinweist [48, 49], sehen andere Autoren darin eher eine Gefahr der Fehlinterpretation durch den Patienten und betonen die mündliche und praktische Unterweisung [22]. In unserer Klinik wurde viele Jahre ein Merkblatt mit Hinweisen zur Durchführung solcher Mundöffnungsübungen und Selbstmassage der Kau- und Gesichtsmuskulatur verwendet. Seit diese Techniken jedoch innerhalb der spezialisierten zahnärztlichen Gruppentherapie (s. S. 235 ff.) vermittelt und geübt werden, wird zunehmend auf die schriftliche Form verzichtet.

Über die Notwendigkeit **aufklärender Gespräche** gibt es heute keinen Zweifel mehr, Ziele und Inhalte aber variieren. Autoren mit einem mehrdimensionalen Ätiologiemodell sehen im Gespräch den entscheidenden Einstieg in die Therapie, der bei vielen Patienten ohne weitere Behandlungsmaßnahmen bereits zum Erfolg führen kann [63]. Viele Patienten berichten, auch in der Vergangenheit, mitunter Jahre zurückliegend, schon einmal ähnliche Beschwerden gehabt zu haben, die „wie von selbst" verschwunden seien. In solchen Fällen würde man von einer Spontanremission sprechen, die beim Schmerz-Dysfunktionssyndrom gar nicht selten ist.

Große Unklarheit besteht nach wie vor darüber, welchen Patienten **Psychotherapie** (im engeren Sinne von persönlichkeitszentrierter Therapie) anzuraten ist. Rugh und Solberg [46] vermuten, daß dies bei ca. 5–10% der Patienten notwendig sei. Es werden in der Literatur aber auch wesentlich höhere Prozentsätze angegeben [11].

In der Regel wird davon ausgegangen, daß erst eine erfolglose Somatotherapie den nachfolgenden Einsatz psychotherapeutisch ausgerichteter Methoden oder eine Überweisung zum Neurologen rechtfertige. Viele Autoren sehen deshalb im Mißerfolg einer Behandlung mit der Aufbißschiene den Nachweis für die psychosomatische Natur des Krankheitsgeschehens und empfehlen erst dann die Anwendung von Akupunktur, Neuraltherapie usw.

Umgekehrt wird im Erfolg einer Aufbißschienentherapie eine ätiopathogenetische Bestätigung für die Annahme eines okklusalen Kausalfaktors gesehen. SCHULTE schlägt vor, „psycholytisch“ wirkende Medikamente anzuwenden. Der Patient solle aber nach Möglichkeit keine Kenntnis von deren Wirkung erhalten. Tritt Besserung ein, spreche das für einen bisher nicht faßbaren psychischen Kausalfaktor [51].

Daraus ist unverkennbar der Wunsch vieler Behandler abzuleiten, von Anbeginn der Therapie Gewißheit darüber zu haben, ob das Symptom bzw. die Störung eher psychisch oder somatisch verursacht ist. Dieser Frage mit einer Entweder-Oder-Entscheidung begegnen zu wollen, wird dem psychosomatischen Ansatz jedoch nicht gerecht. Der Behandler bliebe dabei „im dualistischen Vorurteil gefangen“ und damit in seinen therapeutischen Handlungen eingeschränkt [59]. Es kommt vielmehr auf das biopsychosoziale Bedingungsgefüge an, in dem ein, sich innerhalb der normalen Adaptationsbreite befindender, somatischer Befund zu einem symptomauslösenden Faktor wird. Erst Bedingungen machen einen Faktor zur Ursache und lösen dann notwendigerweise den Krankheitsprozeß aus.

Schon RAMFJORD und ASH stellten fest, daß ein und dieselbe Interferenz einerseits völlig ohne Bedeutung sein, andererseits in Zeiten hoher Streßbelastung unerträgliche Beschwerden verursachen kann. Die Patienten seien in solchen Situationen unfähig, sich an eine nicht ganz ideale Okklusion anzupassen. Eine Grenze zwischen normal und pathologisch zu ziehen, sei unmöglich [43].

Sowohl situationsabhängiges Fehlverhalten in Form oraler Parafunktionen, als auch deren somatische und psychosoziale Folgezustände müssen therapeutisch beeinflußt werden. Dabei geht es vor allem auch um die Auffindung und Beseitigung von äußeren und inneren Bedingungen, die für jedes Individuum unterschiedlich zu pathogenetisch wirksamem Fehlverhalten geführt haben. Der Behandler muß versuchen, alle Einflußebenen gleichzeitig im Auge zu behalten und ihre Wertigkeit im Ursachen-Bedingungs-Wirkungsgefüge zu beurteilen, um insbesondere Chronifizierung zu vermeiden.

Nicht erst eine erfolglose Somatotherapie, während der der Patient möglicherweise über Wochen oder Monate einseitig auf organische Ursachen fixiert wurde, darf den Arzt zum Nachdenken über psychotherapeutische Möglichkeiten veranlassen. Der psychosoziale Krankheitsanteil muß von Anfang an so exakt wie möglich exploriert werden.

Das kann nur schrittweise geschehen, wobei auch die Bedingungen für Symptomverstärkung und -verminderung beachtet werden müssen. Gezielte Fragen nach „besonderen körperlichen oder seelischen Belastungen im letzten halben Jahr“ führen oft nicht zum Ziel. Alexithymes Verhalten wird von psychosomatisch Erkrankten nur schwer aufgegeben. Patienten wehren sich oft, solche Zusammenhänge anzunehmen.

Zu Beginn der Therapie sollte unbedingt vermieden werden, den Patienten mit allzu optimistischen Worten auf eine okklusale Ursache zu fixieren („Das kriegen wir schnell wieder in Ordnung, daran ist die Brücke schuld!“), um ihn dann bei Mißerfolg als psychisch gestört zu überweisen. Besonders gefährlich sind vorgefaßte Meinungen, die zu zynischen und kränkenden Bemerkungen führen müssen: Die unter Gesichtsschmerz Leidenden seien immer derselbe Typ älterer Frauen am Beginn oder während des Klimakteriums, die psychogene Schwierigkeiten haben und versuchen, durch eine Krankheitserscheinung auf sich aufmerksam zu machen. „Wir nennen es die Flucht in die Krankheit.“ Diese Patientinnen isolierten sich schließlich selbst, weil die Umgebung das dauernde Klagen nicht mehr hören wolle. [55] Derartige Denkweisen erklären sich wohl aus der Hilflosigkeit des Arztes gegenüber psychosomatisch Erkrankten. Sie „nützen“ jedoch bestenfalls dem Behandler, niemals dem Patienten.

Über den Zeitpunkt, zu dem die zahnärztlich-rekonstruktive Therapie, wenn nötig, erfolgen soll, ist man sich weitgehend einig: Sie sollte erst bei länger anhaltender Symptombesserung in Angriff genommen werden. Primäres Einschleifen ist abzulehnen. Es wird als Therapieform ohnehin sehr zurückhaltend beurteilt. Auf die möglichen Folgen in Form der sog. „Okklusionsneurose" muß ausdrücklich hingewiesen werden [51].

Wird ein Leiden im Sinne einer psychiatrischen Erkrankung vermutet, so darf weder eine Einschleiftherapie noch eine definitive Rekonstruktion begonnen werden.

In diesem Fall muß das Gesprächsziel in erster Linie Motivation zu einer psychiatrischen Therapie sein. Erst nach einer Beratung mit dem Psychiater, der den Patienten weiterbehandelt, sollte überhaupt eine zahnärztliche Therapie erwogen werden. Unzählige zahnärztliche „Problempatienten" sind dadurch entstanden, daß diese Behandlungsgrundsätze verletzt und in ärztlicher Unwissenheit um die Grunderkrankung beispielsweise immer neue Prothesen angefertigt wurden.

Es ist zu empfehlen, daß alle zahnärztlichen Maßnahmen, auch solche, die innerhalb einer psychosomatisch orientierten Therapie notwendig werden, weiterhin Aufgabe des „Hauszahnarztes" bleiben sollten. Dabei ist eine Zusammenarbeit mit einer psychotherapeutisch orientierten Einrichtung im Interesse des Patienten anzustreben.

Methode der systematischen Selbstbeobachtung oraler Parafunktionen

Selbstbeobachtung bzw. Selbstkontrolltechnik ist die Beobachtung und Registrierung von eigenen offen sichtbaren oder versteckten Verhaltensweisen [23].

Die Technik der Selbstbeobachtung und Selbstkontrolle ist eine diagnostisch orientierte verhaltenstherapeutische Methode, die in der psychosomatischen Medizin zur Therapie von Eßstörungen und anderen Erkrankungen angewendet wird. Die Selbstbeobachtung oraler Parafunktionen wurde bereits in älteren Arbeiten erwähnt [41, 42, 50, 52]. In der angloamerikanischen Literatur wurde schon in den 50er Jahren vorgeschlagen, die Patienten auf das Vorkommen, die Häufigkeit und Konsequenzen des oralen Fehlverhaltens aufmerksam zu machen und eine „willentliche Kontrolle" darüber anzustreben [38].

Die Technik der Selbstbeobachtung basiert auf drei Schritten [6]:

- **Selbstbeobachtung:** Der Patient beobachtet sein Verhalten bewußt und führt darüber ein Protokoll.
- **Selbstbewertung:** Der Patient bewertet sein Verhalten als fehlerhaft und erarbeitet Korrekturmöglichkeiten.
- **Selbstverstärkung:** Die positive Beeinflussung seiner Beschwerden motiviert den Patienten, noch stärker aktiv mitzuarbeiten.

Anleitung zur systematischen Selbstbeobachtung

Wie kann es erreicht werden, daß der Patient unbewußt ablaufende fehlerhafte Gewohnheiten an sich selber beobachtet, und wie gelingt es, diese zu beeinflussen?

Nach Anamnese, klinischer Untersuchung und Ausschluß eines organpathologischen Befundes wird der Patient über den „funktionellen Charakter" seines Krankheitsbildes aufgeklärt. Dabei sollte in der Gesprächsführung berücksichtigt werden, daß die Patienten häufig fest davon überzeugt sind, daß die bestehende Symptomatik durch einen organpathologischen Prozeß (Entzündung, Tumor) ausgelöst wird. Der Gedanke daran beunruhigt die Patienten stark, und der Behandler muß entsprechend darauf eingehen.

Im weiteren Gespräch wird dem Patienten erklärt, daß klinische Zeichen, wie druckschmerzhafte Kaumuskulatur, deutliche Abrasionen der Zähne und Zungenimpressionen, Hinweise auf orale Parafunktionen sind. Im Anschluß daran wird er zur Durchführung einer systematischen Selbstbeobachtung motiviert. Dabei ist folgendes zu beachten:

- Der Patient muß von der Notwendigkeit und Nützlichkeit der Selbstbeobachtung überzeugt werden.
- Der therapeutische Effekt muß betont werden.
- Zusammenhänge mit der Symptomatik müssen dem Patienten transparent werden.
- Seine Verantwortung für eigene aktive Mitarbeit muß dem Patienten klar werden, und das hängt wesentlich vom Leidensdruck ab: Wer unter seinem Symptom nicht leidet, wird nicht üben (Abb. 9).
- Wie und was soll er dokumentieren? Zeitpunkt, Dauer und Häufigkeit der Beobachtungen müssen festgelegt werden.
- Der Patient soll sich klarmachen, unter welchen Bedingungen Fehlverhalten vermehrt auftritt.
- Situationen, in denen der Patient kein Fehlverhalten bei sich beobachtet, sollten ebenfalls aufmerksam beobachtet werden.

- Sichtmarkierungen, Merkpunkte als „Konditionierungshilfe“ sind zu empfehlen.
- Der Therapeut muß durch Rückfragen überprüfen, ob der Patient die Methode verstanden hat.

Sinnvoll ist die Verwendung eines Anleitungsblattes zur Selbstbeobachtung (Abb. 10a, S. 234), das dem Patienten helfen soll, die wesentlichen Inhalte und Hinweise des Gespräches mit dem Arzt zu erinnern und bei der Planung seiner „Hausaufgabe“ zu berücksichtigen. Dieses Anleitungsblatt sollte Satz für Satz mit dem Patienten durchgesprochen werden, bevor er es mit nach Hause nimmt. Es ist nicht zu empfehlen, dem Patienten das Blatt unbesprochen mitzugeben!

Die Verwendung von **Merkpunkten oder Erinnerungsmarkierungen** zu Beginn der Selbstbeobachtung ist sehr wichtig. Sie helfen dem Patienten, sich die unbewußten Bewegungs- und Anspannungsmechanismen der Kau- und Gesichtsmuskulatur bewußt zu machen. In dem Moment, in dem der Patient den roten Punkt, Aufkleber, Knoten im Taschentuch oder ähnliches wahrnimmt, soll er sich sofort an seinen Auftrag erinnern und sich fragen: „Wie halte ich in diesem Moment meine Kiefer, Zunge ...?“

Oft erkundigen sich Patienten nach der „normalen Stellung“ des Unterkiefers, der Zähne und der Zunge. Darauf muß im Gespräch unbedingt eingegangen werden. Insbesondere der Zustand der **physiologischen Ruheschwebe** muß erklärt werden. Nicht selten empfinden Patienten den intensiven Kontakt zwischen Ober- und Unterkieferzähnen als „richtige Haltung“ und sind sehr erstaunt, daß mit einer solchen Fehlhaltung ständig ein angespannter Zustand der Muskulatur erzeugt wird.

Die im Anleitungsblatt formulierten Hinweise auf Beobachtungsergebnisse von Mitpatienten helfen bei der Registrierung eigener Fehlverhaltensweisen und sind gleichzeitig Formulierungsvorschläge. Am Schluß des Anleitungsblattes erscheint dann der konkrete Auftrag. Auch die vorbereitete Tabelle hat Aufforderungscharakter. Eventuell kann dem Patienten auch ein Protokollbeispiel gezeigt werden (Abb. 10b, S. 234). Am Schluß des Gesprächs sollte noch über die Integration der Selbstbeobachtung in den Tages- und Arbeitsablauf des Patienten gesprochen werden.

Etwa nach einer Woche wird der Patient zur Auswertung bestellt und das schriftliche Protokoll mit ihm durchgegangen. Im Zweifelsfall kann der Patient auch aufgefordert werden, die beobachtete Parafunktion vorzuführen. Besonderes Augenmerk

Abb. 9 Viele Patienten leiden sehr unter ihrem Kiefergelenkknacken, andere scheinbar gar nicht.

muß dabei auf das Verhältnis von angespannter und entspannter Haltung gelegt werden. Nachdem der Patient erkannt hat, welche „Gewohnheiten“ bei ihm zum Symptom führen, wird es wichtig, über auslösende Bedingungen nachzudenken. Dabei geht es weniger um die Situation an sich als um deren subjektive Bewertung. Dazu folgendes Beispiel aus einem Selbstbeobachtungsprotokoll und die Fragen, die sich daraus im Gespräch mit dem Patienten ergeben:

Fallbeispiel:
Patientenprotokoll: „Autofahren – Zähne zusammengepreßt“
Therapeut: „Waren Sie unter Zeitdruck?“
„Fuhren Sie durch eine fremde Stadt?“
„Ist es das Autofahren an sich?“
„Bewegten Sie andere Gedanken, die Ihnen während der Autofahrt durch den Kopf gingen?“

Die äußeren Gegebenheiten allein führen selten zur parafunktionellen Hyperaktivität der Kaumuskulatur. Nur wenn es gelingt, dem Patienten sowohl äußere als auch innere auslösende Bedingungen verständlich zu machen, wird er das weitere Therapieangebot annehmen.

Die Einbeziehung **körperbezogener Redewen-**

Anleitung zur Selbstbeobachtung

Im Gespräch mit Ihrem Arzt wurde darauf hingewiesen, daß Ihre Beschwerden nicht auf entzündliche Vorgänge im Gewebe oder auf Abnutzung zurückzuführen sind (Röntgenbild vom Kiefergelenk und von allen Zähnen).

Es sollte deshalb überprüft werden, ob eventuell „Gewohnheiten" eine Rolle spielen könnten, die mit Anspannung und Verkrampfung der Kau- und Gesichtsmuskulatur einhergehen. Solche „Gewohnheiten" können teilweise auch die Ursache dafür sein, daß Knackgeräusche bei der Mundöffnungsbewegung entstehen und daß Sie Ermüdung und Schmerzen in der Muskulatur (ähnlich dem Muskelkater) bemerken.

Wir empfehlen Ihnen deshalb, in den nächsten zwei bis drei Tagen möglichst oft bei den verschiedensten Gelegenheiten, am Arbeitsplatz, bei Hausarbeiten, beim Fernsehen, beim Zeitunglesen usw., aufmerksam zu kontrollieren, ob Sie solche Gewohnheiten beobachten können. Wir haben Ihnen unter der Ziffer 1–7 die wichtigsten Beobachtungsergebnisse von Mitpatienten, die an den gleichen oder ähnlichen Beschwerden leiden, aufgeschrieben.

Um die Beobachtung richtig durchführen zu können, müssen Sie unbedingt Erinnerungsmarkierungen oder Merkpunkte verwenden, auf die Sie Ihr Arzt im Gespräch ausdrücklich hingewiesen hat.

Beobachtungsergebnisse von Mitpatienten:
1. Zähne gepreßt, Kiefer fest zusammengepreßt, zusammengedrückt, Gebiß fest aufeinander, Schneidezähne übereinander.
2. Backenzähne reiben aufeinander.
3. Zunge drückt gegen Vorderzähne, gegen Gaumen.
4. Schneidezähne aufeinander, Kiefer verkantet, nach rechts oder nach links verschoben, wieder Vorschub.
5. Wangen fest verkrampft, rhythmisch angespannt, Gesicht wie fest.
6. Zunge saugt durch Zahnlücke, Wange zwischen den Zähnen.
7. Lippen zusammengepreßt, fest zusammen und verkniffen, Lippen eingezogen, zwischen den Zähnen.

Damit Sie Ihre Beschwerden günstig beeinflussen können, ist es sehr wichtig, auf diese Gewohnheiten aufmerksam zu werden und sich immer wieder zu fragen:
Wie halte ich in diesem Moment meine Zähne, Zunge, Wangen, Lippen, Kiefer?
Versuchen Sie bitte, Ihre Beobachtungsergebnisse in die auf der Rückseite vorbereitete Tabelle einzutragen.

a

Zähne	Zunge	Wangen	Lippen	Kiefer
locker aufeinander	an den vorderen Schneidez hnen	locker	locker aufeinander	locker
Backenz hne zusammengedr ckt	am Inlay	gespannt	zusammengepre t	angespannt
Z hne zusammengebissen	am Gaumen	gespannt	zusammengepre t	gespannt
	am Inlay			
Backenz hne fest aufeinander	Zunge am Inlay	fest	zusammengepre t fest aufeinander	nach rechts verschoben fest
	Zunge an den oberen Schneidez hnen am Inlay	gespannt	locker aufeinander zusammengepre t	nach vorn verschoben nach rechts verschoben
Backenz hne fest aufeinander	Zunge am Gaumen		Lippen fest aufeinander	Kiefer angespannt
Z hne fest zusammen	Zunge am Gaumen	fest	zusammengepre t	fest

b

Abb. 10a und b Beispiel eines Selbstbeobachtungsprotokolls.

dungen erleichtert oft das psychotherapeutisch orientierte Gespräch.
- „Beiß die Zähne zusammen, da muß man durch!"
- „Probleme durchkauen."
- „Sich durchbeißen, sich festbeißen."
- „Verbissen sein, verbissen aussehen."
- „Zerknrischt sein."
- „Die Zunge im Zaum halten, sich auf die Zunge beißen."
- „Auf dem Zahnfleisch gehen."

Verhaltenstherapeutisches Vorgehen zielt nicht nur auf die Veränderung äußerer, direkt beobachtbarer Verhaltensweisen ab, sondern soll auch Einstellungen des Patienten zu den auslösenden Faktoren (Streß) und sein Umgehen mit diesen Faktoren verändern. Das wird schrittweise in der spezialisierten **zahnärztlichen Gruppentherapie** erreicht.
- Untersuchungen zur Compliance zeigten, daß doppelt soviele Patienten eine systematische Selbstbeobachtung durchführen, wenn sie ein Anleitungsblatt im Sinne einer Gedächtnisstütze zur Verfügung haben. Dabei gab es keine Unterschiede zwischen jüngeren (Durchschnittsalter 32 Jahre) und älteren Patienten (Durchschnittsalter 62 Jahre) [2].
- 54% der Patienten berichten bereits in der ersten Vorstellung nach Anwendung der Selbstbeobachtung über positive Beeinflussung ihrer Beschwerden [2].
- Einige Patienten lehnen die Selbstbeobachtung, insbesondere die schriftliche Protokollierung mit der Begründung ab, daß durch die Konzentration darauf die Spannung in der Gesichtsmuskulatur erst recht steigt. In diesen Fällen sollte man sehr zurückhaltend sein (Kontraindikation für die Methode der Selbstbeobachtung).

Beeinflussung nächtlicher Parafunktionen

Erfahrungsgemäß lassen sich auch nächtliche Parafunktionen beeinflussen. Dies ist aber für den Patienten ungleich schwieriger als die Selbstkontrolle am Tage und verlangt eine größere Disziplin sowie ein höheres Maß an Überzeugung, daß auch hier eine Selbstkontrolle möglich ist. Die entsprechende Überzeugung wird in den Gruppengesprächen vorwiegend durch bereits erfolgreich behandelte Patienten vermittelt (s.u.).

Zu empfehlen sind dem Patienten formelhafte Vorsatzbildungen in der Einschlafphase (z.B. „Mein Kiefer ist locker und entspannt"), ähnlich dem posthypnotischen Auftrag. Diese Form ist jedoch nicht bei allen Patienten erfolgreich.

„Spezialisierte zahnärztliche Gruppentherapie" – kognitive Verhaltenstherapie zur Beeinflussung oraler Parafunktionen

Koordinierung des Bewegungsmusters und Entspannung der Kau- und Gesichtsmuskulatur, verbunden mit einer Verminderung unbewußter Parafunktionen, sind Voraussetzung dafür, daß die Symptomatik beseitigt werden kann. Dabei spielen Selbstbeobachtung und Selbstkontrolle (s. S. 232) sowie das Bewußtwerden „funktionaler Beziehungen zwischen Symptom und Umweltbedingungen" [58] durch ein psychotherapeutisch orientiertes Gespräch eine zentrale Rolle.

In unserer Klinik wurde eine besondere Form der Gruppentherapie entwickelt, die ein therapeutisches Eingreifen auf allen drei Ebenen des ganzheitlichen Krankheitsprozesses gestattet. Wir nennen sie „spezialisierte zahnärztliche Gruppentherapie" [28]. Sie stellt gegenüber den herkömmlichen, im wesentlichen zahnärztlich orientierten Maßnahmen eine neue Behandlungsmethode dar. Ihre **Hauptbestandteile** sind:
- Selbstbeobachtung und Selbstkontrolle,
- gruppentherapeutische Vermittlung eines physiotherapeutischen Trainingsprogramms zur Korrektur des gestörten Muskel-Gelenk-Funktionsmusters und Vermittlung von Entspannungstechniken,
- gruppentherapeutisches Gespräch mit dem Ziel, das innere Krankheitsentstehungsmodell des Patienten zu korrigieren und ihn zum Erlernen von Selbstbehandlungstechniken zu befähigen.

Es wird das Prinzip der **geschlechtshomogenen offenen Gruppe** angewendet: Es werden ständig neue Teilnehmer einbezogen, während erfolgreiche ausscheiden. Ein Kern von ca. acht bis zwölf Patienten bleibt über mehrere Sitzungen erhalten. Die Gruppenstunde findet einmal wöchentlich statt. Hier erlernen die neuen Patienten das Trainingsprogramm, sprechen miteinander und mit den Therapeuten über Übungsschwierigkeiten, Probleme mit dem Einhalten der Übungszeit, über Übungsfehler, aber auch und gerade über eigene Beobachtungen zur Situationsabhängigkeit der Beschwerden, über Zusammenhänge mit anderen funktionellen Beschwerden u.a.

Durch Information über das Wesen funktioneller Störungen und über die Bedeutung psychosozialer Faktoren im Bedingungsgefüge der Symptomentstehung wird für den Patienten ein besseres Problemverständnis möglich. Die Betonung der Phasenhaftigkeit der Beschwerden (Wechsel von Schmerzphasen mit beschwerdefreien Zuständen) macht dem Patienten die Reversibilität der Störung verstehbar.

Die Patienten werden angeregt, darüber nachzudenken, ob sie in letzter Zeit beschwerdefreie Zustände bzw. Symptomverstärkungen beobachten konnten und welche Bedingungen möglicherweise dazu geführt haben. So wird ihnen die Situationsabhängigkeit oraler Parafunktionen zunehmend bewußt. Gleichzeitig werden sie sensibilisiert für „Spannungsgebiete“ auch in anderen Regionen ihres Körpers, und sie erkennen zunehmend, daß diese somatischen Zustände Reaktionen auf Anspannung sind. Die belastende Situation, aber auch permanente Daueranspannung mit vorzeitiger Erschöpfbarkeit, herabgesetzter Konzentrationsfähigkeit und Leistungsabfall müssen nicht nur erkannt, sondern als Ursachen der Beschwerden akzeptiert werden.

In dieser Phase bestimmen Berichte über Unruhe und Nervosität, mangelnde Beherrschung und Steuerungsschwäche im sozialen Bereich das Gruppengespräch („Im Betrieb nimmt man sich zusammen, aber zu Hause ...“). Die Patienten erkennen auch, daß veränderte Bedingungen zur Verbesserung des Befindens und der Entspannung beitragen („Im Urlaub war nichts, jetzt gehen die Schmerzen wieder los.“). In diesem Zusammenhang muß auf das Problem der „Schonhaltung“ therapeutisch eingegangen werden: Therapieerfolg ist bei normaler beruflicher Belastung anzustreben.

Im Verlauf des Gruppenprozesses verstehen die Patienten die Notwendigkeit ihres aktiven Anteils und übernehmen Verantwortung dafür. Der therapeutische Effekt der Selbstbeobachtung und des regelmäßigen Trainings muß immer wieder betont werden, um Vorurteile gegenüber dieser „ungewöhnlichen“ Behandlungsmaßnahme abzubauen.

Die Patienten werden auch angeregt, über eigene Erfahrungen mit der Therapie zu berichten. Jeder Patient erlebt dadurch mehrere Behandlungsverläufe mit ihren Erfolgen und Schwierigkeiten. Durch Lernen am Erfolg der Mitpatienten wird jeder zusätzlich zum „Durchhalten“ motiviert. Solche positiven Erfahrungen werden durch den Therapeuten bekräftigt und besonders zur Motivierung neu hinzukommender Patienten genutzt.

Dabei darf der Therapeut jedoch nicht in einen Monolog verfallen, sondern muß auf Verhaltensänderungen aufmerksam machen, die sich möglicherweise direkt positiv auf die Beschwerdesituation ausgewirkt haben. Hierbei ist auch der Hinweis wichtig, daß für den einzelnen mitunter erst mit der Lösung einer emotional sehr belastenden Konfliktsituation endgültiger Therapieerfolg zu erwarten ist. Bereits vorher aber tragen Übung und Entspannung zur Schmerzbeeinflussung bei. Der Therapieerfolg ist von inneren und äußeren Bedingungen abhängig.

Um das gemeinsame Ziel, Stabilisierung der Gesundheit, zu erreichen, müssen unter den Gruppenmitgliedern Offenheit, Aufrichtigkeit, Respekt vor der Persönlichkeit des anderen und Freiwilligkeit zur aktiven Teilnahme am Gespräch gewährleistet sein.

Neue Gruppenmitglieder beteiligen sich erfahrungsgemäß am Gespräch zunächst zurückhaltend. Das ist verständlich. Die Patienten werden ja mit einem Krankheitsentstehungsmodell (biopsychosoziales Modell) konfrontiert, das z.T. immer noch im Widerspruch zum eigenen Denken steht. Möglicherweise haben sie auch in ihrem Wunsch nach Hilfe den Therapievorschlag des Arztes vorerst nur formal akzeptiert. Während der ersten Gruppenstunde stellen sie entgegen ihrer Erwartung fest, daß es sich nicht um einen „Übungskurs“ handelt, und einige Patienten bauen Widerstände auf, die vermutlich auch den Hauptgrund für den durchaus vorkommenden Ausstieg aus der Gruppentherapie bilden. („Wenn ich das hier höre – die Patienten haben alle Probleme, ich ja nicht. Ich habe Mann, Kind, Haus, alles da – nur die Migräne seit Jahr und Tag, und jetzt diese Schmerzen im Gesicht!“) Knapp 20% Abbrüche werden nach den (kritischen) ersten Gruppenstunden verzeichnet [28].

Argumente für eine Gruppentherapie sind:
- gemeinsames Ziel: Stabilisierung der Gesundheit,
- Austausch von Erfahrungen,
- gegenseitige Einflußnahme,
- Wettbewerb im positiven Sinne,
- die Gruppe als ganzes bemüht sich um die Beseitigung von Unklarheiten,
- Lernen am Erfolg der Mitpatienten,
- Ermutigung bei Schwierigkeiten, mitmenschliches Interesse,
- jeder erlebt mehrere Lernverläufe mit Erfolgen und Schwierigkeiten.

In den weiteren Gruppenstunden bekommen die Patienten Verständnis füreinander, weil sie merken, daß die Gleichartigkeit der Symptomatik sie verbindet und ihr individueller Leidenszustand von der Gruppe verstanden und anerkannt wird. Alle haben das gleiche Ziel: aktive Beeinflussung der Beschwerden, wenn möglich Beschwerdefreiheit. Konfliktschilderung am eigenen aktuellen Beispiel läßt die Mitpatienten erkennen, daß sie sich in **analogen Konfliktsituationen** befinden: Selbstüberforderung, klassisches weibliches Rollenverhalten, Verdrängung sozialer Konflikte u.a.

Auch die offene Schilderung bereits überwundener Problemsituationen hilft anderen Patienten, über sich selbst nachzudenken. Sie werden aktiver im Gespräch, überwinden Scheu und Mißtrauen und suchen Rat bei den Mitpatienten. Die Gruppenstunde wird zum Bedürfnis, an ihr nimmt jeder mit Interesse und Gewinn teil. Das zeigt sich daran, daß jetzt weniger Patienten die Therapie abbrechen, fehlen, zu spät kommen oder sich keine Zeit zum Üben genommen haben. Im Gegenteil, sie üben länger und intensiver zu Hause und auf der Arbeitsstelle und berichten auch darüber.

Die Gruppe bietet **Schutz,** wenn Situationen, in denen eigenes Fehlverhalten erlebt wurde, aber nicht korrigiert werden konnte, als Versagen oder Rückfall empfunden werden. („Ist mir ähnlich passiert, habe mich so aufgeregt und dabei gemerkt, wie ich gepreßt habe. Mit den Schmerzen konnte ich mich dann überhaupt nicht mehr wehren.“)

In den Zeitintervallen zwischen den einzelnen Gruppenstunden erfolgt die kognitive Verarbeitung alles dessen, was in der Gruppenstunde von Mitpatienten und Therapeuten gesagt wurde. Das wiederum motiviert den Patienten, das physiotherapeutische Training regelmäßig als Hausaufgabe durchzuführen und dabei Erfahrungen anderer auszuprobieren.

Die Bereitschaft, die eigenen Sichtweisen mit denen anderer zu vergleichen, führt zu neuen Wertungen. Dabei werden auch sehr häufig eigene Entschuldigungen für mangelhafte Disziplin überdacht, und die Einstellung wird zugunsten regelmäßiger Übungszeit korrigiert („Ich stehe in Leistung, habe keine Zeit zum Üben.“ – „Frage mich jetzt, ob es wirklich Zeitmangel war oder mein Mißtrauen gegenüber der Behandlung.“).

Bei Erfolg steigt die Übungszeit. Wer keinen Erfolg hat, übt nicht, übt zu wenig oder falsch und erzeugt damit zwangsläufig wieder Mißerfolg. Dieser Widerspruch löst sich auf, wenn der Patient durch das Gruppengespräch motiviert wird, im Vertrauen auf den Therapieerfolg Zeit und Mühe zu investieren. Er wird dann auch in der Lage sein, plötzlich auftretende Schmerzverstärkung als Antwort auf psychosoziale Auslöser zu erkennen und aktiv etwas dagegen zu tun.

Stagnieren die Beschwerden längere Zeit, obwohl sich der Patient offenkundig ernsthaft um seinen Gesundungsprozeß bemüht, ist ein Einzelgespräch zwischenzuschalten. Es ist notwendig, die Diagnose noch einmal zu überprüfen und, wenn nötig, noch intensiver zu explorieren. Durch die Gruppengespräche ist auch die Arzt-Patient-Beziehung intensiver und tragfähiger geworden, und der Patient ist jetzt möglicherweise bereit, Probleme auszusprechen, die er vorher ängstlich zurückgehalten hat.

Es folgt ein Ausschnitt aus einem Gruppengespräch, an dem entsprechend dem Prinzip der offenen Gruppe Patientinnen mit unterschiedlicher Gruppenerfahrung teilnahmen:

Fallbeispiel:

Frau K. (4. Gruppenstd.): Ich bin noch nicht beschwerdefrei, übe wie immer regelmäßig. Meine Zunge ist noch immer an die oberen Zähne gepreßt. Früh mit den Umschlägen ist es sehr angenehm. Ich wache aber fast jeden Morgen mit zusammengepreßten Zähnen auf. Ich weiß nicht, wie ich das ändern soll.

Frau H. (7. Gruppenstd.): Mir geht es seit Mittwoch der letzten Woche schlechter. Ich hatte eine kleine Operation am Hals. Der Arzt hatte es sich gar nicht richtig angesehen, und dann gab es noch Theater. Das Messer fiel runter, kein zweites war da und dann das Problem mit dem Nähen. Danach tat mir alles weh, besonders der Kiefer, als ob ich wochenlang wieder gepreßt hätte. Die verspannte Situation ist noch heute. Früher wäre ich gleich zum Arzt gerannt, jetzt weiß ich aber, woher sowas kommen kann.

Frau M. (7. Gruppenstd.): Ich bin ehrlich auch viel ruhiger geworden, hatte mich auch wieder verspannt und es aber gleich gemerkt. Sofort habe ich warme Umschläge gemacht, und die Schmerzen sind gar nicht erst gekommen.

Frau Kı. (4. Gruppenstd.): Ich schaffe das nicht. Bei mir ist alles unverändert. Kann die Brücke nicht doch schuld sein? Es krabbelt wie tausend Ameisen in meiner Wange, und dann soll ich nicht an die Wange denken, sagt der Arzt. Ich bin richtig verzweifelt. Nur wenn ich ganz doll abgelenkt bin, sind die Schmerzen zu ertragen. Die Schmerzen machen mich verrückt im Kopf. Ich möchte endlich schmerzfrei werden, habe keine Geduld mehr. Vor einem Jahr war ich ein ganz anderer Mensch.

Therapeutin: Ich verstehe, daß Sie verzweifelt sind, aber wir brauchen Geduld, wenn es besser werden soll.

Frau A. (6. Gruppenstd.): Ich habe versucht, damit fertig zu werden, was ich nicht ändern kann. Seitdem geht es mir besser. Ich glaube, man kann das nicht erzwingen. Üben tue ich immer noch regelmäßig.

Frau P. (3. Gruppenstd.): Ich konnte in der letzten Woche nicht regelmäßig üben, meine Enkeltochter war da. Trotzdem hatte ich keine Schmerzen.

Therapeutin: Das ist ja wunderbar! Haben Sie sich überlegt, warum Sie in dieser Zeit keine Schmerzen hatten?

Frau P.: Ich soll in mich reinhören, hat letztesmal die eine Patientin gesagt, meine Empfindungen wahrnehmen, meinen Sie das?

Frau G. (4. Gruppenstd.): Ich habe mich letztesmal so geärgert, ich meine nicht hier, in der Gruppe. Mir ging es furchtbar. Jetzt geht es wieder gut, ich stelle mich darauf ein, ich weiß jetzt was los ist. Ich denke nicht mehr nach, was Leute über Schmerzen sagen und nicht sagen. Hier ist die einzige Gelegenheit, wo man darüber sprechen kann, wo es akzeptiert wird. Trotzdem möchte ich in der nächsten Woche nicht mehr kommen. Ich weiß über alles Bescheid. Die anderen Patientinnen haben mir sehr geholfen. Darf ich mich melden, wenn es mir wieder schlechter geht?

Therapeutin: Eigentlich möchten wir, daß die Patienten die Gruppe erst verlassen, wenn sie beschwerdefrei sind – aber es ist Ihre Entscheidung ...

Frau Sch. (5. Gruppenstd.): Ich habe kaum noch Beschwerden. Wenn meine Brille drückt – die sitzt hier an der Seite ganz eng an der Schläfe –, dann weiß ich, daß ich wieder gepreßt habe. Sonst erwische ich mich nicht mehr sehr oft dabei, und auch die Zunge ist nicht mehr am Gaumen. Ich lasse jetzt den Unterkiefer hängen, das konnte ich vorher gar nicht.

Frau A. (2. Gruppenstd.): Ich lasse auch meinen Unterkiefer hängen beim Erdbeerenpflücken. Dann habe ich aber solche Schmerzen, daß ich zwischendurch aufhören muß und Umschläge mache. Aber vielleicht hängt er gar nicht. Ich bin nämlich immer so: Wenn ich höre, jetzt gehts los, verkrampfe ich mich immer, wie „inneres Strammstehen". Die Gruppe ist Trost für mich, weil immer gesagt wird: Bei dir ist alles nervlich.

Frau F. (3. Gruppenstd.): Nur die Zähne auseinander ist ja nicht gleich ohne Spannung. Ich dachte, das Problem ist gelöst, wenn ich nicht mehr die Zähne aufeinander habe. Bei Bewegung locker sein kann ich gar nicht. Was ich vorn locker lasse, strenge ich hinten wieder an.

Therapeutin: Frau S., Sie haben sich das alles hier angehört. Wir hatten ja zusammen über die Gruppe gesprochen. Wie geht es Ihnen?

Frau S. (1. Gruppenstd.): Ich bin heute neu hier, habe Schmerzen in der ganzen rechten Gesichtshälfte, war beim HNO-Arzt, beim Orthopäden, habe Massagen und Einreibungen bekommen. Die Beschwerden sind geblieben. Die meisten Beschwerden habe ich beim Essen und Gähnen.

Frau F.: Ich hatte auch immer Schmerzen beim Gähnen und immer die Zunge gepreßt. Haben Sie denn schon mal darauf geachtet? Nach der Selbstbeobachtung klappte es dann besser. Mein Mann dachte ja, ich spinne. Er hatte überhaupt kein Verständis dafür. Das Thema durfte nicht berührt werden.

Frau H. (1. Gruppenstd.): Ich bin heute auch neu hier. Ich bin völlig erschöpft. Habe einen Schonplatz, bin aber trotzdem in der „Mühle", schaffe das Programm nicht. Mein Allgemeinbefinden ist am Boden, total nervös. Schmerzen sind wie „Zahnreißen". Andere gehen „auf die Palme", ich „kaue" eben, habe keine Kraft, mich zu wehren.

Frau G.: Nach außen ruhig wirken und die Probleme in sich reinfressen!

Vorteile der gruppentherapeutischen Anwendung dieses Konzeptes bestehen vorwiegend darin, daß jeder Patient nicht nur seinen eigenen Therapieprozeß erlebt. Fehlerquellen in der Übungstechnik werden häufiger angesprochen, und die Korrektur und Information durch den Therapeuten sind lehrreich für die ganze Gruppe.

Die Gruppe ihrerseits bietet Erfahrung und Anleitung. Sie erzieht zur **Selbsthilfe** und zum Nachdenken über Lebensführung und Lebensgestaltung. Erfolgreiche Patienten werden zum Modell, an dem sich andere orientieren.

Therapieerfolg schließt bessere Streßbewältigung im Alltag ein. Das belegen Worte eines 48jährigen Patienten: „Ich bin ein ganz anderer geworden. Arbeit und Pflichterfüllung ist nach wie vor das Wichtigste, aber ich bin nicht mehr so hektisch, rege mich nicht gleich auf, bin einfach sachlicher geworden. Das habe ich hier in der Gruppe gelernt, das war für mich das Wichtigste hier."

Psychosomatische Krankheitsbilder als Folge oraler Parafunktionen

In diesem Abschnitt sollen psychosomatische Krankheitsbilder (Funktionsstörungen und Krankheiten) besprochen werden, bei denen die Symptomatik wesentlich durch parafunktionelle Aktivitäten hervorgerufen wird. Oft ist es jedoch sehr schwierig, die Krankheitsbilder voneinander zu trennen. In diesem Zusammenhang sei an die Worte MÜLLER-FAHLBUSCHS erinnert, der nach vielen Jahren Arbeit mit psychosomatisch kranken Patienten zu dem Schluß kam, daß hier die Überschneidungen größer sind, als er anfänglich vermutet hatte [39].

Es ist deshalb zu empfehlen, die Diagnose von der **Hauptsymptomatik** abhängig zu machen.

- Steht der Schmerz als Folge eines gestörten Muskel-Gelenk-Funktionsmusters im Vordergrund, verbunden mit „Kiefergelenkstörungen", wird diese psychosomatische Funktionsstörung als **Schmerz-Dysfunktionssyndrom** bezeichnet.
- Ist hingegen ein Brennen der Mundschleimhaut das vordergründige Symptom, sprechen wir von einem **Burning-Mouth-Syndrom** (BMS).
- Wird der Schmerz beispielsweise in einen direkten Zusammenhang mit der Neueingliederung eines Zahnersatzes gebracht, mit dem – obwohl keinerlei Mängel zu erkennen sind – der Patient nicht zurecht kommt, so haben wir es mit einer **Prothesenunverträglichkeit** zu tun.
- Die Hypertrophie der Muskulatur ist eher eine Sonderform. Die permanente Anspannung der Muskulatur führte zu einer Reaktion des Gewebes. Man spricht dann von **Masseterhypertrophie** bzw. Temporalishypertrophie.

Hinweise zur Diagnostik und Therapie

Die folgenden Hinweise zur Diagnostik und Therapie treffen in ähnlicher Weise für alle noch zu schildernden Krankheitsbilder zu:

Zunächst muß eine intensive **klinische Untersuchung** erfolgen, die in der Regel mit einer extraoralen Inspektion beginnt. Es folgt die palpatorische Untersuchung der Kau- und Kauhilfsmuskulatur sowie beider Kiefergelenke. Bei positiven Befunden entsteht bereits eine Verdachtsdiagnose, die durch weitere Untersuchungen gesichert werden muß. Dazu gehören unverzichtbar die Beurteilung des Muskel-Gelenk-Funktionsmusters und der Okklusion sowie die Suche nach Zeichen innerhalb des orofazialen Systems, die Rückschlüsse auf parafunktionelle Aktivitäten zulassen. Abschließend muß eine röntgenologische Untersuchung durchgeführt werden, um die Alveolarfortsätze einschließlich aller Zähne und die knöcherne Struktur der Kiefergelenke beurteilen zu können.

Sind organische Erkrankungen sicher auszuschließen, sollte die folgende Konsultation dazu genutzt werden, mit dem Patienten **alle erhobenen Befunde durchzusprechen.** Es sollte in diesem Gespräch ausdrücklich betont werden, daß keine Hinweise auf eine entzündliche Erkrankung vorliegen, insbesondere keine Anzeichen einer „Geschwulstbildung" bestehen. Man kann immer wieder feststellen, daß die Angst vor Krebs nur sehr selten vom Patienten selbst angesprochen wird, obwohl sie/er davon schon seit langem gequält wird. Der Zahnarzt sollte deshalb ausdrücklich versichern, daß Krebs im vorliegenden Falle auszuschließen ist. Mitunter ist diese Mitteilung allein schon so heilsam, daß der Patient zu einer weiteren Vorstellung gar nicht mehr erscheint bzw. sich wesentlich gebessert fühlt.

Im Fall eines Schmerz-Dysfunktionssydroms beispielsweise, sollte mit Hinweis auf die druckschmerzhafte Muskulatur und weiterer Befunde, die einen Verdacht auf orale Parafunktionen nahelegen, gemeinsam überlegt werden, wie der Schmerz beeinflußt werden kann und ob eine Selbstbeobachtung durchgeführt werden sollte. Es konnte festgestellt werden, daß sich zu Anfang feuchte Wärme in jeder Form (Kompressen, Spülungen, Sauna, Vollbäder usw.) schmerzlindernd auswirkt und daß diese positive Wirkung dazu beiträgt, die Patienten vom Charakter der Störung zu überzeugen (verspannte Muskulatur ist schmerzhaft, Wärme entspannt). Gleichzeitig sollte man auch Verhaltenshinweise geben, wie z.B. harte Speisen oder Kaugummi zu meiden und jede maximale Mundöffnung (Gähnen, Singen, Schreien, usw.) zu unterlassen.

War der Patient zu einer systematischen Selbstbeobachtung bereit und hat sie erfolgreich durchgeführt, sollte man in einem der folgenden Gespräche das Problem der Situationsabhängigkeit der Phänomene ansprechen. Dazu eignet sich der Hinweis auf körperbezogene Redewendungen. Viele Patienten verstehen sofort, was gemeint ist.

Jetzt beginnt die **Phase der Selbstkontrolle,** in der die Patienten versuchen, das beobachtete Fehlverhalten zu vermeiden, und auch bemerken, daß dies in bestimmten Situationen schwerer ist als in anderen. Zu diesem Zeitpunkt bieten wir die spezialisierte Gruppentherapie an, wobei wir über Ablauf und Ziel informieren. Sehr überzeugend ist es auch, wenn die Patienten einen Ausschnitt aus einem „Gruppenvideo" sehen. In der Regel überlegen sie sich dieses Angebot bis zur nächsten Konsultation.

In einer Untersuchung zum Therapieerfolg konnte nachgewiesen werden, daß mehr als 80% der Patienten geheilt sind, wenn sie die Gruppe verlassen. Der große Vorteil dieser Behandlungsform besteht darin, daß sie Informationen über das Wesen funktioneller Störungen und Selbsthilfetechniken vermittelt, die der Patient auch bei erneut auftretender Symptomatik anwenden kann.

Orofaziales Schmerz-Dysfunktionssyndrom

Die häufigste psychosomatische Funktionsstörung des stomatognathen Systems, mit der heute jeder praktisch tätige Zahnarzt konfrontiert wird, ist das Schmerz-Dysfunktionssyndrom. Es ist gekennzeichnet durch folgende **Hauptsymptome:**

- Schmerzen und Empfindlichkeit der Kaumuskulatur und der Kiefergelenke,
- Kiefergelenkgeräusche bei Bewegung,
- eingeschränkte Mundöffnung.

Nicht jeder Patient hat gleichzeitig alle Symptome. In der Regel ist es der Schmerz, der den Patienten veranlaßt, einen Zahnarzt aufzusuchen. Mitunter strahlen die Schmerzen aber über die ganze Gesichtshälfte bis in den Hals und in die Schläfe aus, so daß der Patient unsicher ist, zu welchem Arzt er eigentlich gehen sollte. Wir konnten anhand von Überweisungen feststellen, daß ca. 25% unserer Patienten bereits beim HNO-Arzt und jeder Zehnte beim Nervenarzt gewesen waren, ehe sie unsere Sprechstunde aufsuchten (Fallbeispiel s. S. 217).

Burning-Mouth-Syndrom (BMS)

Unter Zungen- und Schleimhautbrennen leiden vorwiegend Frauen im mittleren und höheren Alter. In der Regel ist bei diesen Patientinnen trotz intensiver klinischer Untersuchung des gesamten orofazialen Systems kein pathologischer Befund zu erheben [61]. Das Symptom tritt anfangs meist **phasenhaft** auf und ist **später permanent** vorhanden. Es macht die Patienten hilflos. Sie können keinen anderen Gedanken mehr fassen. Das Symptom steuert das Erleben und Verhalten im Alltag. Es lähmt jede Aktivität – die Lust am Essen, an der Unterhaltung, am Leben allgemein geht verloren. Zunehmend glauben sie nicht mehr an Heilung und halten auch nicht für möglich, daß sie selbst etwas zur Besserung ihres Leidens tun könnten.

Fallbeispiel:
Frau M., 57 Jahre alt, Lehrerin im Vorruhestand, wird von ihrer Zahnärztin überwiesen. Die Patientin möchte, daß eine neue Prothese angefertigt wird, die Zahnärztin ist aber unsicher geworden, weil Frau M. über ein ständiges Schleimhautbrennen im frontalen Bereich des unteren Alveolarfortsatzes klagt.

Bei der klinischen Untersuchung stellt sich heraus, daß die untere Prothese einen mangelhaften Saugeffekt hat. Jedoch erklärt das nicht die Symptomatik, insbesondere nicht, warum die Intensität des Brennens von Tag zu Tag schwankt.

Gespräche zur psychosozialen Situation der Patientin verliefen von Anfang an in einer unerwartet offenen Atmosphäre. Frau M. war, wie sich später herausstellte, wegen Alkoholentzug in einer Gruppenpsychotherapie gewesen. In einem der Gespräche offenbarte sie, daß sie sich vor einem Jahr vorgenommen habe, ihren ebenfalls alkoholabhängigen Mann von der Notwendigkeit einer Therapie zu überzeugen. Bisher habe sie jedoch nichts erreicht, unterdessen habe er einen Schlaganfall bekommen.

Hoffnung und Enttäuschung bestimmten in ständigem Wechsel ihr Leben. In Abhängigkeit von ihrer „Nervosität", hatte sie durch Selbstbeobachtung festgestellt, sauge sie mit der Zunge die Prothese an und drücke im selben Augenblick dagegen, daß sie wieder locker werde. Das ginge mitunter den ganzen Tag so, besonders wenn sie zu Hause auf ihren Mann warte, der unbedingt allein Einkaufen gehen wollte.

Allein die systematische Selbstkontrolle dieses symptomauslösenden Fehlverhaltens machte die Patientin innerhalb kurzer Zeit beschwerdefrei, so daß mit der geplanten Neuanfertigung der Prothese begonnen werden konnte. Allerdings rieten wir der Patientin auch, sich noch einmal mit ihrem früheren Psychotherapeuten über das belastende Problem zu unterhalten.

An dieser Stelle muß nachdrücklich darauf hingewiesen werden, daß keineswegs jeder Fall von Zungen- und Schleimhautbrennen auf Parafunktionen zurückgeführt werden kann.

Prothesenunverträglichkeit

Auch für die Prothesenunverträglichkeit gibt es sehr verschiedene Ursachen (s. S. 187 ff.). Die Entwicklung von Parafunktionen in Zusammenhang mit der Eingliederung von Zahnersatz ist aber nicht ungewöhnlich. Normalerweise verschwinden sie während des Adaptationsprozesses bzw. gehen auf ein geringes Maß zurück. Bleiben sie jedoch bestehen und lösen eine Symptomatik aus, obwohl der Zahnersatz keinerlei Mängel aufweist, so erfordert der entstandene Krankheitszustand eine spezielle Therapie.

Fallbeispiel:
Eine 58jährige Patientin hat seit Eingliederung einer Oberkieferfrontzahnbrücke vor ca. einem Jahr Schmerzen im Mittelgesicht, besonders in der Oberlippe. Sie hatte deshalb ihren Zahnarzt gebeten, die Brücke wieder abzunehmen. Da dieser jedoch keinerlei Mängel feststellen konnte – er hatte sogar einen Gutachter eingeschaltet – weigerte er sich, der Forderung nachzukommen. Inzwischen war die Patientin bei zwei weiteren Zahnärzten und einem Internisten (Frage: Allergie?) gewesen, ohne daß ihr ein Arzt hatte helfen können.

Während des vergangenen Jahres habe sich ihr Leben, so berichtete die Patientin weiter, vollständig verändert. Sie gehe nicht mehr gern unter Menschen, auch weil sie festgestellt habe, daß sie zu Hause weniger Schmerzen habe. Sie sei alleinstehend, seit zwei Jahren „Frührentnerin" und sehr unglücklich, nicht mehr im Beruf tätig zu sein. „Ihr Büro" fehle ihr sehr. 20 Jahre lang sei sie als Sekretärin für alle der Ansprechpartner gewesen, alles habe sich „bei ihr abgespielt".

Nachdem wir in einer intensiven klinischen und röntgenologischen Untersuchung keinerlei Befunde erheben konnten – auch die Brücke schien uns funktionstüchtig –, empfahlen wir der Patientin, eine Fango-Packung anzuwenden, und verschrieben zunächst eine Mundsalbe, weil wir das Gefühl hatten, hier sehr vorsichtig beginnen zu müssen. Nach wenigen Tagen kam Frau K. wieder und meinte, die Salbe kenne sie schon, die helfe sowieso nicht, aber die Packung habe ihr gutgetan. Endlich habe sie wieder einmal kurzzeitig eine Besserung erlebt. Auf dieser Erfahrung aufbauend, beschäftigte sich das folgende Gespräch mit der Wirkungsweise von Wärmebehandlung auf die Muskulatur, verbunden mit Informationen über den muskulären Aufbau der Mundregion, um den Behandlungserfolg zu erklären. Am Ende dieses Gesprächs erzählte die Patientin fast nebenbei, daß sie an dem Tag, an dem die Brücke eingegliedert worden war, zu Hause erst richtig in den Spiegel gesehen habe und über die „Länge der Zähne" sehr erschrocken sei. Wenige Tage danach habe sie in „ihrem Büro" einen Besuch gemacht. Alle Kollegen hätten sofort zu ihr gesagt: „Wie siehst Du denn aus?!" Zum Schluß habe sie sich kaum noch zu sprechen getraut. Später, wenn sie mit Leuten zusammen gewesen sei, habe sie sich ständig bemüht, die Lippe herunterzuziehen, damit die falschen Zähne nicht zu sehen seien.

Erst jetzt fiel der Ärztin auf, daß die Patientin sehr gehemmt und „verkniffen" sprach, und sie äußerte sich über diese Beobachtung. Plötzlich wurde beiden auch verständlich, warum sich Frau K. zu Hause noch am wohlsten fühlte: Der Drang, die unvorteilhaften Zähne zu verstecken, bestand hier nicht. Folglich entspannte sich die Lippe, und die Beschwerden wurden geringer.

Durch systematische Selbstbeobachtung erkannte die Patientin eine permanente Anspannung des gesamten Mittelgesichtes und nahm auch überraschend schnell das Gruppentherapieangebot an. Sie fehlte dort keine Stunde und lernte langsam, den Zahnersatz so, wie er war, anzunehmen.

Masseterhypertrophie

Eine Muskelhypertrophie als Folge oraler Parafunktionen ist eher ein seltenes Phänomen, sogar häufig nur ein Zufallsbefund. Manchmal nimmt die Krankheit aber auch einen ganz anderen Verlauf [29]:

Fallbeispiel:
Ein 14jähriges Mädchen wurde uns von einem bekannten Radiologen mit einer starken Schwellung der rechten Wange überwiesen. Sie war seit einem Vierteljahr in einer „Tumordiagnostik" (CT, MRT und Probeexzision). Da alle Befunde negativ waren, kam dem Röntgenologen der Verdacht, daß es sich hier um eine einseitige Masseterhypertrophie handeln könne (s. Abb. 5 und Abb. 6).

Wir besprachen mit dem Mädchen die Technik der Selbstbeobachtung, und sie führte den Auftrag sehr gewissenhaft aus. In einem der weiteren Gespräche, in denen es um die Situationsabhängigkeit von Parafunktionen ging, berichtete sie, daß sie in der Schule ständig Angst habe, „wieder mit ‚Hamsterbacke' angequatscht zu werden". Schon in Erwartung solcher Bemerkungen presse sie dauernd die Zähne zusammen, „um nicht zu heulen".

Es dauerte sehr lange, bis es der Patientin annähernd gelungen war, dieses Fehlverhalten ein wenig zu beeinflussen. Ungefähr ein Vierteljahr lang passierte gar nichts, dann ging die Hypertrophie langsam zurück.

Literatur

[1] Beemsterboer, P.L., Clark, G.T., Rugh, J.P.: Treatment of bruxism using nocturnal biofeedback with an arousal task. IADR Abstracts 1978/Nr. 1166.

[2] Blumenthal-Barby, G., Kluge, A.: Selbstbeobachtung oraler Parafunktionen – eine verhaltenstherapeutische Methode. In: Sergl, H. G., Kreyer, G., Graber,G. (Hrsg.): Jahrbuch der Psychologie und Psychosomatik in der Zahnheilkunde, Bd. 3. Quintessenz, Berlin 1993.

[3] Carlsson, G.E.: Langzeitauswirkungen der Behandlung craniomandibulärer Störungen. Phillip J 3, 141 (1988).

[4] Clark, G.T., Solberg, W.K., Monteiro, A.A.: Neue Entwicklungen in der klinischen Behandlung, in Forschung und Lehre. In: Clark, G.T., Solberg, W.K. (Hrsg.): Perspektiven der Kiefergelenkstörungen. Quintessenz, Berlin 1988.

[5] Csernay, A., Graber, G., Pfändler, U.: Psycho-emotionaler Einfluß auf die Funktion des stomatognathen Systems - eine Studie an Untersuchungsgefangenen. Schweiz. Mschr. Zahnmed. 94, 274 (1984).

[6] Demuth, W.: Klinische Praxis in der Verhaltenstherapie. Enke, Stuttgart 1981.

[7] Drum, W.: Über Parafunktionen insbesondere über unbewußte (Karolyi)-Funktionen des Gebisses. Zahnärztl. Rdsch. 45, 257 (1950).

[8] Drum, W.: Parafunktionen und Autodestruktionsprozesse. Quintessenz, Berlin 1969.

[9] Dworkin, S., Marbach, J.: Group therapy with chronic MPD patient. J. dent. Res. Chicago, spec. issue, 126 (1974).

[10] Eismann, D.: Parafunktionen – Phänomen, Symptom oder Kausalfaktor? Dtsch. zahnärztl. Z. 17, 1134 (1962).

[11] Fallschüssel, G.K.H.: Persönlichkeitsprofil und Persönlichkeitsentwicklung von Patienten mit Funktionsstörungen im Kausystem. Dtsch. zahnärztl. Z. 38, 670 (1983).

[12] Fleischer-Peters, A., Scholz, U.: Psychologie und Psychosomatik in der Kieferorthopädie. Hanser, München 1985.

[13] Flor, H., Hermann, C.: Psychophysiologische Verfahren (Biofeedbackverfahren) in der Behandlung chronischer Schmerzsyndrome. In: Geissner, E., Jungnitsch, G. (Hrsg.): Psychologie des Schmerzes. Psychologie Verlags Union, Weinheim 1992.

[14] Forsberg, A., zit. in: Winnberg, G., Forberger, E.: Psychologie in der Zahnarztpraxis. Hüthig, Heidelberg 1992.

[15] Fröhlich, E.: Die Parafunktionen – Symptomatologie, Ätiologie und Therapie. Dtsch. zahnärztl. Z. 21, 356 (1966).

[16] Gausch, K.: Schmerzpatient, Schmerzprojektion und initiale Funktionstherapie. Dtsch. zahnärztl. Z. 35, 587 (1980).

[17] Gerlicher, K.: Zahn-Mund- und Kieferprobleme aus der Sicht psychoanalytisch orientierter Familientherapie. Fortschr. Kieferorthop. 43, 224 (1982).

[18] Gernet, W.: Symptomatik und Diagnose von Kiefergelenkerkrankungen. Zahnärztl. Welt/Reform 93, 806 (1984).

[19] Graber, G.: Neurologische und psychosomatische Aspekte der Myoarthropathien des Kauorgans. Zahnärztl. Welt/Reform 80, 997 (1971).

[20] Graber, G.: Psychomotorik und fronto-lateraler Bruxismus. Dtsch. zahnärztl. Z. 35, 592 (1980).

[21] Greene, C.S., Laskin, D.M.: Long-term evaluation of treatment for myofascial pain-dysfunction syndrome: a comparative analysis. J. Amer. dent. Ass. 107, 235 (1983).

[22] Hansson, T., Honee, W., Hesse, J.: Funktionsstörungen im Kausystem. Hüthig, Heidelberg 1990.

[23] Hautzinger, M.: Selbstbeobachtung (Self-Monitoring). In: Linden, M., Hautzinger, M. (Hrsg.): Psychotherapie-Manual: Sammlung psychotherapeutischer Techniken und Einzelverfahren. Springer, Berlin–Heidelberg–New York 1981.

[24] Heggendorn, H., Vogt, H.P., Graber, G.: Experimentelle Untersuchungen über die oralen Hyperaktivitäten bei psychischer Belastung, im besonderen bei Aggression. Schweiz. Mschr. Zahnheilkd. 89, 1148 (1979).

[25] Hollmann, K.: Kiefergelenk und Okklusion. Österr. Z. Stomatol. 59, 185 (1962).

[26] Hupfauf, L.: Sogenannte motorische Unarten als Ursache von Kiefergelenkerkrankungen und ihre Behandlung. Dtsch. zahnärztl. Z. 19, 13 (1964).

[27] Jenni, M., Schürich J.R., E., Geering, A.H.: Symptome funktioneller Störungen im Kausystem – eine epidemiologische Studie. Schweiz. Mschr. Zahnmed. 97, 1357 (1987).

[28] Kluge, A.: Empirische Untersuchungen zum Schmerz-Dysfunktionssyndrom des stomatognathen

Systems auf der Grundlage eines mehrdimensionalen Ätiologiemodells. Med. Habil.-Schr., Berlin 1990.
[29] Kluge, A.: Zungen- und Schleimhautbrennen – Organpathologischer Zustand oder psychosomatisches Phänomen? Zahnärztl. Mitt. 85, 50 (1955).
[30] Krogh-Poulsen, W.: Die Bedeutung der Okklusion für Funktion und Dysfunktion des Kiefers. In: Solberg, W.K., Clark, G.T. (Hrsg.): Das Kiefergelenk – Diagnostik und Therapie. Quintessenz, Berlin 1983.
[31] Langen, D.: Die orofazialen Dyskinesien in medizinisch-psychologischer Sicht. Zahnärztl. Welt/Reform 2, 50 (1980).
[32] Langlois, P.: Funktionsmechanismus der „Zungendornen" in der Kieferorthopädie. Inf. Orthod. Kieferorthop. 3, 341 (1978).
[33] Laskin, D. M.: Etiology of the pain-dysfunction syndrome. J. Amer. dent. Ass. 79, 147 (1969).
[34] Laskin, D.M., Greene, C.S.: Influence of the doctor-patient relationship on placebo therapy for patients with myofascial pain-dysfunction (MPD) syndrome. J. Amer. dent. Ass. 85, 892 (1972).
[35] Lowental, U.: Stress, anxiety and the dental patient – the missing specification. Int. dent. J. 31, 193 (1981).
[36] McNeill, Ch.: Richtlinien für die Betreuung von Patienten mit temporomandibulären Störungen. Inf. Orthod. Kieferorthop. 26, 175 (1994).
[37] Motsch, A.: Die Vorbehandlung des funktionsgestörten Kauorgans mit Schienen. In: Drücke, W., Klemmt, B. (Hrsg.): Kiefergelenk und Okklusion. Quintessenz, Berlin 1980.
[38] Moulton, R.E.: Psychiatric consideration in maxillofacial pain. J. Amer. dent. Ass. 51, 408 (1955).
[39] Müller-Fahlbusch, H.: Ärztliche Psychologie und Psychosomatik. Thieme, Stuttgart–New York 1992.
[40] Pomp, A.M.: Psychotherapy for the myofascial pain-dysfunction syndrom, a study of factors coinciding with symptom remission. J. Amer. dent. Ass. 89, 629 (1974).
[41] Ramfjord, S.P.: Die Ziele einer idealen Okklusion und Unterkieferstellung. In: Solberg, W.K., Clark, G.T. (Hrsg.): Kieferfunktion – Diagnostik und Therapie. Quintessenz, Berlin 1985.
[42] Ramfjord, S.P.: Diskussionsbemerkung. In: Solberg, W.K., Clark, G.T. (Hrsg.): Kieferfunktion – Diagnostik und Therapie. Quintessenz, Berlin 1985.
[43] Ramfjord, S.R., Ash, M.M.: Physiologie und Therapie der Okklusion. Quintessenz, Berlin 1968.
[44] Ramfjord, S.R., Ash, M.M.: Individuelle optimale Okklusion. Quintessenz, Berlin 1993.
[45] Rognant, J.: Die psychologischen Faktoren des Schmerzes und die Dysfunktion des Kauapparates. Inf. Orthod. Kieferorthop. 4, 427 (1987).
[46] Rugh, J.D., Solberg, W.K.: Psychologische Aspekte bei Schmerzen und Dysfunktion des Kiefergelenks. In: Zarb, G.A., Carlsson, G.E. (Hrsg.): Physiologie und Pathologie des Kiefergelenks – Grundlagen und Praxis von Diagnose und Therapie. Quintessenz, Berlin 1985.
[47] Sassen, H., Zeisler, J., Windecker, D.: Zur Notwendigkeit klinischer Funktionsdiagnostik. Dtsch. zahnärztl. Z. 40, 177 (1985).
[48] Schulte, W.: Zur funktionellen Behandlung der Myo-Arthropathien des Kauorgans – ein diagnostisches und physio-therapeutisches Programm. Dtsch. zahnärztl. Z. 25, 422 (1970).
[49] Schulte, W.: Gezielte Funktionsanalyse und Physiotherapie – Erfahrungen bei 442 Patienten mit Myoarthropathien. Dtsch. zahnärztl. Z. 27, 779 (1972).
[50] Schulte, W.: Die Selbstbeobachtung zur Objektivierung der Parafunktionen. Dtsch. zahnärztl. Z. 35, 608 (1980).
[51] Schulte, W.: Die exzentrische Okklusion. Quintessenz, Berlin 1983.
[52] Schultz, J.H.: Psyche und Parafunktion. Dtsch. zahnärztl. Z. 16, 1459 (1961).
[53] Schumann, N.-P., Nebrich, A.: Quantitative elektromyographische Untersuchungen der Kaumuskeln in Ruhe und unter psychischer Belastung bei gesunden Probanden und Patienten mit Kiefergelenkdysfunktionssyndrom. Med. Diss., Jena 1985.
[54] Schwarz, D.: Verhaltenstherapie. In: Uexküll, Th. v.: Psychosomatische Medizin. 3. Aufl. Urban & Schwarzenberg, München 1986.
[55] Sellach, J.: Zur Diagnostik und Therapie des neuralgiformen Gesichtsschmerzes. Zahnärztl. Welt/Reform 80, 304 (1971).
[56] Solberg, W.K.: Für die Behandlung von Kiefergelenkstörungen relevante epidemiologische Erkenntnisse. In: Clark, G.T., Solberg, W.K. (Hrsg.): Perspektiven der Kiefergelenkstörungen. Quintessenz, Berlin 1988.
[57] Staats, J.: Individualpsychologische Beratung bei Patienten mit Kiefergelenkbeschwerden. In: Schneller, Th., Fleischer-Peters, A. (Hrsg.): Anwendung psychologischer Methoden in der Zahnmedizin. Fachbuchhandl. f. Psychologie, Frankfurt a. M. 1985.
[58] Strauß, E.-H.: Neuere Probleme und Fortschritte der Verhaltenstherapie. In: Helm, J., Kasielke, E., Mehl, J. et al. (Hrsg.): Neurosenpsychologie. Verlag der Wissenschaften, Berlin 1981.
[59] Uexküll, Th. v., Wesiack, W.: Wissenschaftstheorie und Psychosomatische Medizin, ein bio-psychosoziales Modell. In: Uexküll, Th.v. (Hrsg.): Psychosomatische Medizin. 3. Aufl. Urban & Schwarzenberg, München 1986.
[60] Uhlig, H.: Zahnersatz für Zahnlose. Quintessenz, Berlin 1970.
[61] van der Waal, I.: Mundschleimhautbrennen – Das Burning-Mouth-Syndrom. Deutscher Ärzte-Verlag, Köln 1992.
[62] Wissner, F.: Zur Technik physio-therapeutischer Übungen und Selbstmassagen bei Myoarthropathien. Dtsch. zahnärztl. Z. 27, 822 (1972).
[63] Zarb, G.A., Speck, J.E.: Die Behandlung der mandibulären Dysfunktion. In: Zarb, G.A., Carlsson, G.E. (Hrsg.): Physiologie und Pathologie des Kiefergelenks – Grundlagen und Praxis von Diagnose und Therapie. Quintessenz, Berlin 1985.

Psychopathologische Krankheitsbilder und ihre Bedeutung für den Zahnarzt

VON GERHARD KREYER

Inhaltsübersicht

Einleitung

Mehr noch als in anderen Teilgebieten der Medizin fällt es schwer, eine klare Grenze zwischen „Normalität" und „Abnormität" dort zu ziehen, wo es um den innersten Bereich des Menschseins geht, um die menschliche Psyche. Dementsprechend stehen z.T. sehr unterschiedliche theoretische Konzepte der diagnostischen Einordnung und Therapie psychopathologischer Phänomene und Verhaltensweisen in Konkurrenz zueinander.

Der Zahnarzt, der sein Arbeitsfeld in der – aus vielerlei Gründen – besonders sensiblen, persönlichkeitsnahen Intimzone der Oralregion seiner Patienten hat, wird dabei in höherem Maße, als es in anderen ärztlichen Teildisziplinen der Fall ist, mit psychischen Auffälligkeiten seitens seiner Patienten konfrontiert, die ihm als „nicht der Norm entsprechend" imponieren.

Andererseits erscheint es auch wesentlich, darauf hinzuweisen, daß sich auch bei den Ärzten selbst ein relativ hoher Prozentsatz psychopathologischer Auffälligkeiten findet. Amerikanische Untersuchungen sprechen z.B. von einer Alkoholproblematik bei 7–8% der amerikanischen Ärzte, einer gegenüber der Durchschnittsbevölkerung um das 30- bis 100fache erhöhten Suchtrate und einer doppelt so hohen Suizidhäufigkeit [10]. Eine kürzlich in Österreich durchgeführte Studie weist in die gleiche Richtung [8].

Es erscheint also sinnvoll, die Bedeutung psychopathologischer Krankheitsbilder für den Zahnarzt nicht nur aus rein unipolarer Perspektive zu betrachten, sondern vielmehr zu versuchen, diese auch als komplexes Interaktionssystem sich gegenseitig beeinflußender Arzt-Patient- und Umfeldvariablen zu begreifen.

Der Krankheitsbegriff in der Psychopathologie

Man kann „Krankheit" definieren als angeborene oder erworbene Störung der normalen körperlichen oder psychischen Funktionen. „Gesund" wäre demnach ein Mensch, bei dem keine derartigen Störungen vorliegen.

Diesem Konzept fehlt allerdings einerseits die Dimension des persönlichen und sozialen „Wohlbefindens", andererseits auch ein wesentlicher dynamischer Aspekt, der Gesundheit als ausgewogenen Gleichgewichtszustand, als Homöostase aller zum jeweiligen Zeitpunkt auf das Individuum einwirkenden Faktoren versteht. ANTONOWSKY [1] stellt in diesem Sinne dem medizinischen Begriff der „Pathogenese" jenen der „Salutogenese" gegenüber, bei dem es um die Entstehung und Erhaltung der Gesundheit geht. Danach ist Gesundheit kein Kapital, das man aufzehren kann, sie muß – wie auch VON UEXKÜLL [15] in seinem Modell des Funktions- und Situationskreises betont, ständig neu erzeugt werden. Wird sie nicht mehr erzeugt, ist der Mensch bereits krank.

Für den Bereich der Psychopathologie gibt es dementsprechend sehr verschiedene Betrachtungsweisen oder Paradigmen. Die Wahl des Paradigmas hat entscheidenden Einfluß darauf, wie man psychopathologisches Verhalten definiert, diagnostiziert und behandelt. Als wesentlichste **Paradigmen der aktuellen klinischen Psychologie** lassen sich folgende abgrenzen:

- Das **„physiologische Modell"** sieht die Ursache für abnormes Verhalten in gestörten biochemischen Prozessen im Bereich des Zentralnervensystems, mit entsprechenden Konsequenzen für Diagnose und Therapie.
- Das **„psychoanalytische Modell"** geht letzten Endes auf SIGMUND FREUD zurück und stellt ins Zentrum der Überlegungen Mechanismen des Unbewußten, wie etwa Verdrängungen, die ihren Ursprung in ungelösten frühkindlichen Konflikten haben.
- Das **„lerntheoretische Modell"** legt die Annahme zugrunde, daß abweichendes Verhalten durch klassische Konditionierung, operante Konditionierung oder Modellernen entsteht.
- Das **„kognitive Modell"** erklärt Abnormität als Folge eines differenten Wahrnehmungs- und Interpretationsmechanismus des jeweiligen Individuums.
- Das **„humanistische Modell"** postuliert demgegenüber, daß der Mensch a priori gut und gesund sei, und daß psychopathologische Entwicklungen erst dann auftreten, wenn es zur Blockade oder Verleugnung der eigenen Wertgefühle kommt [11].
- Das **„Diathese-Streß-Modell"** schließlich nimmt an, daß Menschen aufgrund ihrer eigenen, jeweils spezifischen Disposition auf bestimmte exogene und endogene Streßfaktoren unangemessen reagieren. Diese Diathese kann nun – wie etwa bei der Schizophrenie – konstitutioneller Art sein, oder aber – wie etwa bei der Phobie – auf psychologische Faktoren zurückgehen.

Jedes dieser Paradigmen impliziert also gewisse Annahmen über Merkmale und Wesen psychopathologischen Verhaltens, ohne aber eine umfassende

Erklärung anbieten zu können. Einmal wird die Ursache in gestörten Körperfunktionen gesehen, ein anderes Mal in ungünstigen Erfahrungen.

Eine Definition schlägt als Kriterium der Abnormität statistische Seltenheit vor, was bei der Einstufung von Schwachsinnszuständen im Sinne einer Intelligenzvalorisierung sinnvoll sein mag, in anderen Bereichen aber in Abhängigkeit vom Vergleichskollektiv zu inakzeptablen Fehlschlüssen verleiten kann. Andere Definitionen ziehen die Grenze zur Pathologie dort, wo persönliches Leiden beginnt, oder wo soziale Normen bedroht sind. Offensichtlich bestehen also große Schwierigkeiten, zu einer einheitlichen Definition des Psychopathologiebegriffs zu gelangen.

Die **„Internationale Klassifikation psychischer Störungen"** (ICD) der Weltgesundheitsorganisation (WHO) vermeidet in ihrer aktuellen 10. Revision den Begriff „Erkrankung" oder „Krankheit" weitgehend und zieht sich auf den an sich unexakten und flexiblen Terminus: „Störung" bzw. „disorder" zurück.

Aus der pragmatischen Sicht der Zahnmedizin wird man dann von „psychopathologischen Patienten" sprechen können, wenn aufgrund der psychischen Gesamtsituation des Patienten die zahnärztliche Diagnostik, die zahnärztliche Therapie oder das Arzt-Patienten-Verhältnis in erheblichem Maße beeinträchtigt ist.

Im Unterschied dazu kann eine pathologische Arzt-Patient-Interaktion auch dann vorliegen, wenn die Ursache dafür nicht nur auf seiten des Patienten, sondern auf seiten des Arztes oder des Patientenumfeldes liegt.

Systematik psychopathologischer Krankheitsbilder (nach ICD – 10. Revision)

Zur Klassifikation und Einteilung psychopathologischer Zustandsbilder wurden in der Vergangenheit zahlreiche, z.T. erheblich divergierende Systeme vorgeschlagen. Die beiden namhaftesten aktuellen Versuche einer umfassenden, international akzeptierten Systematisierung stellen zur Zeit einerseits das „Diagnostic and Statistical Manual of Mental Disorders" kurz „DSM-III-R" (Revision der 3. Auflage der American Psychiatric Association, 1987) dar, sowie andererseits das System der „International Classification of Diseases" (ICD) der Weltgesundheitsorganisation, das zur Zeit in seiner 10. Revision vorliegt [3].

Aufgrund der für die Belange der Zahnmedizin klinisch unbefriedigenden Beschreibung der psychischen Störungen durch das „DSM-III-R" wird im folgenden auf das „ICD-10-System" Bezug genommen, wobei dort, wo es aus didaktischen Überlegungen für zahnärztliche Fragestellung sinnvoll erschien, vereinzelt auch Definitionen aus „ICD-9" beibehalten wurden.

Die angeführten psychiatrischen Krankheiten werden vor allem durch **deskriptive Kriterien** wie Symptome, Verhaltensähnlichkeiten oder den Krankheitsverlauf definiert und setzen eine genaue Beobachtung des Kranken und seiner Symptome voraus.

Im folgenden eine grob-systematische Übersicht über die wesentlichsten psychopathologischen Krankheitsbilder in Anlehnung an die Einteilung nach ICD-10:

- **F 0: Organische, einschließlich symptomatische psychische Störungen.**
  Demenzen:
  F 00: Demenz bei Alzheimer-Krankheit,
  F 01: vaskuläre Demenz,
  F 02: Demenz bei sonstigen Krankheiten (Pick-Krankheit, Jakob-Creutzfeldt-Syndrom, Chorea Huntington, Parkinson-Krankheit, Demenz durch das HIV-Virus),
  F 06: Persönlichkeits-, Verhaltens- oder sonstige psychische Störungen,
  F 07: Störungen aufgrund einer Krankheit, Schädigung oder Funktionsstörung des Gehirns oder einer körperlichen Krankheit.
- **F 1: Psychische Verhaltensstörungen durch psychotrope Substanzen.**
- **F 2: Schizophrenie, schizotype und wahnhafte Störungen.**
  F 20: Schizophrenie:
  - F 20.0: paranoide Schizophrenie,
  - F 20.1: hebephrene Schizophrenie,
  - F 20.2: katatone Schizophrenie,
  - F 20.6: Schizophrenia simplex.

  F 25: Schizo-affektive Störungen:
  - F 25.0: schizo-manische Störung,
  - F 25.1: schizo-depressive Störung,
  - F 25.2: gemischte schizo-affektive Störung.
- **F 3: Affektive Störungen.**
  F 30: Manische Episode,
  F 31: bipolare affektive Störung,
  F 32: depressive Episode,
  F 33: rezidivierende depressive Störungen,
  F 34: anhaltende affektive Störungen:
  - F 34.0: Zyklothymie
  - F 34.1: Dysthymie.

- **F 4: Neurotische Belastungs- und somatoforme Störungen.**
  F 40: Phobische Störung,
  F 41: sonstige Angststörung: z. B. Panikstörung,
  F 42: Zwangsstörung,
  F 43: Reaktionen auf schwere Belastungen und Anpassungsstörungen:
  - F 43.0: akute Belastungsreaktion,
  - F 43.1: posttraumatische Belastungsstörung,

  F 45: somatoforme Störungen.
- **F 5: Verhaltensauffälligkeiten mit körperlichen Störungen und Faktoren.**
  - F 50.0: Anorexia nervosa,
  - F 50.2: Bulimia nervosa,

  F 51: nichtorganische Schlafstörungen,
  F 55: Mißbrauch von nicht abhängigkeitserzeugenden Substanzen.
- **F 6: Persönlichkeits- und Verhaltensstörungen.**
  - F 60.0: Paranoide Persönlichkeitsstörung,
  - F 60.1: schizoide Persönlichkeitsstörung,
  - F 60.2: dissoziale Persönlichkeitsstörung,

  F 63: abnorme Gewohnheiten und Störungen der Impulskontrolle: Kleptomanie, Pyromanie, Trichotillomanie,
  F 65: Störungen der Sexualpräferenz.
- **F 7: Intelligenzminderung.**
  F 70: Leichte Intelligenzminderung,
  F 71: mittelgradige Intelligenzminderung,
  F 72: schwere Intelligenzminderung,
  F 73: schwerste Intelligenzminderung,
  F 78: sonstige Intelligenzminderung,
  F 79: nicht näher bezeichnete Intelligenzminderung.
- **F 8: Entwicklungsstörungen.**
  F 80: Störungen des Sprechens und der Sprache,
  F 84: tiefgreifende Entwicklungsstörungen:
  - F 84.0: Autismus,
  - F 84.4: überaktive Störungen mit Intelligenzminderung und Bewegungsstereotypien.
- **F 9: Verhaltens- und emotionale Störungen mit Beginn in der Kindheit und Jugend.**
  F 90: Hyperkinetische Störungen,
  F 91: Störungen des Sozialverhaltens,
  F 93: emotionale Störungen des Kindesalters,
  F 95: Ticstörungen.

Obwohl bei jedem dieser psychopathologischen Zustandsbilder nach ICD auch zahnmedizinische Probleme auftreten können, bei denen sich ein Konnex zur Grundkrankheit herausarbeiten läßt, kommt doch nur einer Minderheit tatsächliche zahnärztlich-klinische Relevanz zu.

Organisches Psychosyndrom

Das „organische Psychosyndrom" [2] ist ein psychopathologisches Erscheinungsbild, das man bei chronisch diffusen Hirnschäden findet. Davon zu unterscheiden ist das „hirnlokale Psychosyndrom", das bei Hirnläsionen unterschiedlichster Ursache und Lokalisation zu finden ist. Dabei kommt es in unterschiedlichem Ausmaß zu Stimmungsverschiebungen, zu Antriebsveränderungen, aber auch zu unvorhersehbaren Aggressionsäußerungen, während beim chronisch diffusen organischen Psychosyndrom neben einer Persönlichkeitsveränderung auch eine zunehmend allgemeine Hirnleistungsschwäche tritt.

Bedeutung für die Zahnmedizin. Die Vernachlässigung der Mundhygiene führt vermehrt zu Karies und Parodontopathien (Abb.1). Eine teilweise vegetative Symptomatik kann Parafunktionen oder Veränderungen der Speichelsekretion (Sialorrhoe, Sialopenie) auslösen. Die mögliche Compliance-Problematik äußert sich in erschwerter Zugänglichkeit und reduzierter Motivierbarkeit. Ebenso können psychogene Prothesenunverträglichkeit oder „psychogene Prothesenverträglichkeit" auftreten. Auch Beziehungen zum „psychodentalen Begleitsyndrom" (s. S. 255) sind möglich [9].

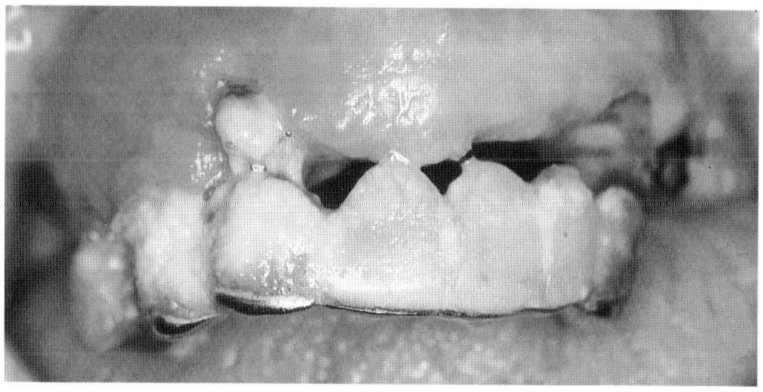

Abb. 1 Vernachlässigtes Gebiß bei einem 52jährigen Akademiker mit hirnlokalem Psychosyndrom nach neurochirurgischer Entfernung eines Glioblastoma multiforme.

Senile und präsenile organische Psychosen

Mit ansteigender Lebenserwartung der Bevölkerung wird die Bedeutung gerontostomatologischer, sowie auch gerontopsychiatrischer Fragestellungen zunehmen. Es handelt sich dabei in erster Linie um verschiedene Formen von organisch bedingten, im späteren Leben erworbenen irreversiblen Intelligenz- und Persönlichkeitsdefekten. Dazu zählen:

- Präsenile Formen:
  - Alzheimer-Krankheit,
  - Pick-Krankheit,
  - Jakob-Creutzfeldt-Syndrom,
  - Chorea Huntington.
- Senile Formen:
  - senile Demenz,
  - zerebral-arteriosklerotische Formen.

Während es sich bei der reinen senilen Demenz um einen progressiven Abbau aller intellektuellen Funktionen handelt, sind bei zerebral-arteriosklerotischen Formen manche dieser Fähigkeiten ausgespart und oft in erstaunlichem Ausmaß erhalten („Scheinwerfertyp").

Bedeutung für die Zahnmedizin. In der Regel setzt eine zunehmende Vernachlässigung von Gebiß und Zahneratz (Zahnverlust, Parodontopathien, Stomatitiden) ein (Abb. 2), eine Kommunikations- und Compliance-Problematik ist ebenso festzustellen, wie Schwierigkeiten bei Abdrucknahme, Registrierung und Relationsbestimmung (cave: Verschlukken von Abdruckmaterial, Aspirationsgefahr). Es besteht ebenfalls die Möglichkeit der psychogenen Prothesenunverträglichkeit bzw. „psychogenen Prothesenverträglichkeit" (Abb. 3).

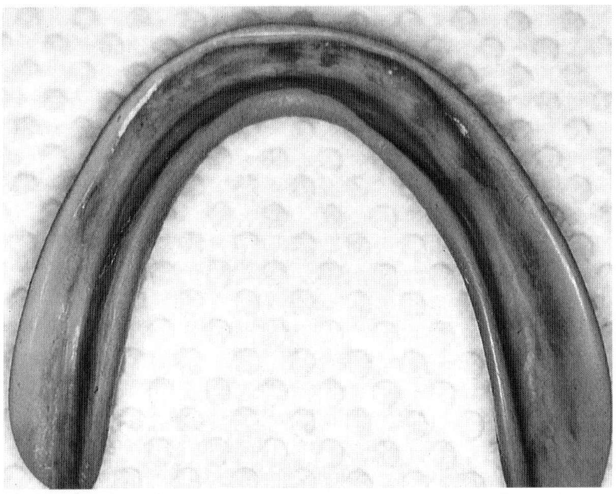

Abb. 2 Insuffiziente Prothese einer senil-dementen, 78jährigen Patientin.

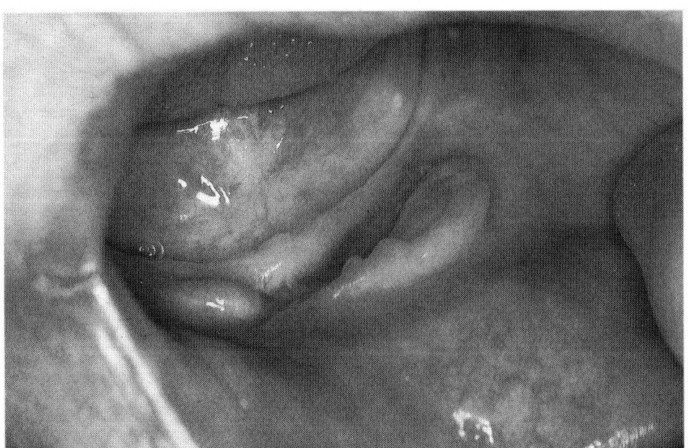

Abb. 3 Intraoraler Befund zu Abbildung 2: „Psychogene Prothesenverträglichkeit" [9] bei seniler Demenz.

Bei diesen gerontopsychiatrischen Patienten erscheint es von ganz besonderer Bedeutung, Totalprothesen nach Möglichkeit nicht a priori im Gefolge von Serienextraktionen anzufertigen, sondern sie allmählich, auf dem Umweg über jeweils umgebaute Teilprothesen an die Totalprothese heranzuführen. Es gilt also das Prinzip der **„allmählichen Heranführung an die Totalprothese"** [5, 6, 7]. In Extremfällen absoluter Prothesenintoleranz kann man gelegentlich gezwungen sein, auf einen Zahnersatz gänzlich zu verzichten und mit dem prothetisch unversorgten, zahnlosen Kiefer vorliebzunehmen.

Diese Patienten sind jedenfalls soweit zahnärztlich zu sanieren, daß dem Prinzip von „Schmerzfreiheit, Entzündungsfreiheit und Fokusfreiheit" Rechnung getragen wird.

Schizophrene Psychosen

Die Psychopathologie der schizophrenen Psychosen umfaßt eine familiengeschichtliche, eine soziologische und in besonderem Maße eine somatologische Dimension.

Die Kernproblematik besteht darin, daß im Zuge der Krankheit der **Strukturzusammenhang der Persönlichkeit** verloren geht: Denken, Affekt und Erleben sind sowohl voneinander, als auch im Zusammenhang der Einzelkomponenten gespalten. Es handelt sich dabei also um eine Gruppe von Psychosen mit einer tiefgehenden Persönlichkeitsstörung, charakteristischen Denkstörungen, wie z.B. dem Gefühl, von fremden Kräften kontrolliert zu werden, irrationalen Wahnideen, Affektabnormität oder Autismus (affektive Teilnahmslosigkeit).

Deskriptiv-psychopathologisch unterscheidet man im wesentlichen:

- **Hebephrene Form:** Jugendform, Beginn meist zwischen 15. und 25. Lebensjahr.
- **Katatone Form:** Im Vordergrund stehende Störung der Psychomotorik, die zwischen den Extremen einer ausgeprägten Starrheit bzw. Steifheit (Stupor) und eindrucksvollen Erregungszuständen (Raptus catatonicus) wechseln können.

- **Paranoide Form:** Wahnideen (z.B. Verfolgungswahn), die von Halluzinationen begleitet sein können, beherrschen das klinische Bild.
- **Schizo-affektive Psychose:** Eine Psychose, bei der sich manische und depressive Symptome mit denen der Schizophrenie vermischen.

Bedeutung für die Zahnmedizin. Es besteht eine nicht objektivierbare (psychogene!) Oralsymptomatik (Pseudoschmerzen, Prothesenunverträglichkeit. Behandlungsschwierigkeiten sind insbesondere bei katatonen und autistischen Formen (Cave: Raptus catatonicus: Gefahr schwerer Eigen- und Fremdverletzungen [4]) möglich. Auch die forensische Folgeproblematik (Kunstfehlerprozesse etc.) verdient, besonders bei paranoiden Formen (Cave: Implantate), Beachtung.

Affektive Psychosen

Affektive Psychosen sind zu definieren als sich häufig wiederholende, zyklische psychische Störungen mit Vorliegen einer ausgeprägten Affektstörung, wobei entweder Depression und Angst oder Erregung und gehobene Stimmung vorherrschen können.
Je nach der Leitsymptomatik wird unterschieden:

- **Endogene Manie:** Gehobene Stimmungs- bzw. Erregungslage, die im Mißverhältnis zur tatsächlichen Situation des Patienten steht (z.B. Größenideen, unkontrollierte Einkäufe, Schulden etc.).
- **Endogene Depression:** Depressive Verstimmung mit Angst und Agitiertheit oder Hemmung und Verlangsamung mit körperlicher Begleitsymptomatik (Durchschlafstörung, Obstipation, Mundtrockenheit) sowie häufige Tagesschwankungen mit morgendlichem Pessimismus.
- **Zyklische Verlaufsform einer manisch-depressiven Psychose:** Manische und depressive Phasen treten entweder alternierend oder durch ein symptomfreies Intervall voneinander getrennt auf.

Bedeutung für die Zahnmedizin. Die nicht objektivierbare (psychogene) Organsymptomatik kann sich auch im Rahmen von durch dominierende körperliche Symptome verschleierten Verlaufsformen („larvierte Depression") äußern: **Pseudoschmerzen halten sich oft nicht an Organgrenzen.** Weitere Aspekte sind psychogene Prothesenunverträglichkeit [12], Sialopenie, Mundtrockenheit, Rhagaden, Zungenbrennen, Lippenbrennen, Dysgeusie (Veränderung der Geschmacksempfindung), Veränderung der Temperaturempfindung, Schluckbeschwerden, Brechreflexe, Ekelgefühle. Im Falle der Manie besteht auch die Gefahr evtl. uneinbringlicher Honorarforderungen.

Wo immer es möglich ist, zahnärztliche Behandlungsabläufe im voraus zu planen, sollte dies nicht dem Zufall überlassen werden: Die Planung wichtiger Behandlungsschritte, wie z.B. die Anfertigung eines Zahnersatzes, sollte grundsätzlich in beschwerdefreie oder beschwerdearme Phasen verlegt werden: Man bezeichnet dies als „**Psychokonkordanzprinzip**" [5, 6, 7]. Viele Fälle sog. „psychogener Prothesenunverträglichkeit" gehen auf Nichtbeachtung dieses Prinzips zurück. Dieses Prinzip gilt allgemein, gewinnt aber bei psychopathologischen Fällen besondere Bedeutung (s. S. 259 ff.).

Paranoide Syndrome

Darunter versteht man nicht als Schizophrenie klassifizierbare akute oder chronische Psychosen, bei denen fixierte, systematisierte Wahnideen (z.B. verfolgt, negativ beeinflußt, ungerecht behandelt zu werden) im Vordergrund stehen. Dies gilt für die Paranoia (logisch systematisierter Wahn ohne Halluzinationen und Denkstörungen, z.B. Größenwahn, (Prophet), Verfolgungswahn und den Querulantenwahn.

Bedeutung für die Zahnmedizin. Bei den paranoiden Syndromen sind vor allem die Compliance-Problematik sowie die forensischen Komplikationen (bes. bei Querulantenwahn) zu beachten.

Neurotische Störungen

Unter Neurosen versteht man **psychische Störungen ohne organische Grundlage,** bei denen ohne adäquaten Anlaß willentlich nicht beeinflußbare Angstzustände, Verhaltensweisen oder vegetative Veränderungen solcher Intensität auftreten, daß dadurch das psychophysische Gleichgewicht als gestört empfunden wird.

Die Leitsymptomatik besteht in Angst, hysterischen Symptomen, Phobien, Zwangssymptomen oder depressiven Erscheinungen.

Unter Aufgabe des Neurosenkonzepts als Organisationsprinzip unterscheidet ICD-10 nunmehr:

Phobische Störungen („Phobien")

Das Leitsymptom Angst wird durch klar definierte, zumeist objektiv ungefährliche Situationen oder Objekte außerhalb des Patienten hervorgerufen (z.B. Agoraphobie: Angst vor offenen Plätzen, Klaustrophobie: Angst vor geschlossenen Räumen,

Tierphobien, übersteigerte Examensangst, Akrophobie: Höhenangst, Dentistophobie: Angst vor dem Zahnarztbesuch).

Panikstörungen

Wiederkehrende, nicht vorhersehbare, meist kurzdauernde Attacken von schweren Angstgefühlen mit vegetativer Begleitsymptomatik.

Generalisierte Angststörungen („Angstneurosen")

Im Unterschied zu den Phobien besteht das wesentliche Symptom in einer generalisierten und anhaltenden Angst, die nicht auf bestimmte Situationen der Umgebung beschränkt ist. Die Angst ist „frei flottierend". Daneben besteht zumeist eine ausgeprägte vegetative Begleitsymptomatik (Zittern, Muskelspannungen, Herzklopfen, Schwitzen, Schwindelgefühle, Blutdruckschwankungen, Mundtrockenheit etc.).

Zwangsstörungen („Anankastische Störungen")

Hauptkennzeichen sind wiederkehrende Zwangsgedanken (z.B. Zwangsgedanken, das geliebte Kind töten zu wollen; Grübelzwang) und Zwangshandlungen (Zwangsrituale: z.B. Waschzwang), die vom Patienten zumeist als quälend erlebt werden.

Reaktionen auf schwere Belastungen und Anpassungsstörungen

Primärer und kausaler Faktor dieser Art von Störung ist immer eine exogene akute schwere Belastung oder ein kontinuierliches exogenes Trauma.

Im Fall einer akuten Belastungsreaktion ist die – meist nach zwei bis drei Tagen wieder abklingende – Symptomatik unterschiedlich. Oft besteht zu Beginn eine Art „Betäubung" mit Bewußtseinseinengung oder aber ein Unruhezustand mit Überaktivität. Eine posttraumatische Belastungsstörung tritt als Reaktion auf ein belastendes Ereignis ein.

Die Anpassungsstörung wird definiert als nach einem belastenden Lebensereignis auftretende Zustände subjektiven Leidens und emotionaler Beeinträchtigung, die soziale Funktionen und Leistungen behindern.

Konversionsstörungen (dissoziative Störungen, Hysterie, Konversionshysterie)

Als Konversionsstörung wird der Verlust der normalen Integration von Erinnerungen, des Identitätsbewußtseins, der Körperempfindungen sowie der Kontrolle der Körperbewegungen bezeichnet. Es besteht eine zeitliche Verbindung zu traumatisierenden Ereignissen, ungelösten Konflikten oder gestörten Beziehungen. Unter Konversion wird die Umsetzung eines durch einen unlösbaren Konflikt hervorgerufenen, negativen Affekts in ein körperliches Symptom verstanden. Klinisch kann man Zustände von Starrheit oder Trance finden, aber auch Lähmungen, Sensibilitätsstörungen oder Krampfanfälle (hysterischer Anfall).

Somatoforme Störungen

Das Charakteristikum besteht in der Präsentation körperlicher Symptome mit der permanenten Forderung nach ärztlicher Untersuchung, trotz wiederholt negativer Ergebnisse und Ausschluß einer körperlich begründbaren Ursache. Je nach Leitsymptomatik kann dabei jede Körperregion – auch die Oralregion inklusive allfällig vorhandenen Zahnersatzes – betroffen sein.

Das Bild möglicher Beschwerden im Mund-Kieferbereich reicht von Mißempfindungen, Geschmacksstörungen, Brechreiz und Übelkeit, Zungenbrennen, bis hin zu einer ausgeprägten Schmerzsymptomatik. Neben einer affektiven Störung (insbesondere einer Depression) liegt hier eine der häufigsten Ursachen psychogener Prothesenunverträglichkeit. Andere bevorzugte Erfolgsorgane sind das autonome Nervensystem, das Herz-Kreislauf-System, der Verdauungstrakt, das Atmungssystem, die Haut sowie der Urogenitaltrakt.

Bedeutung für die Zahnmedizin.

- **Phobische Störungen:** Hier ist in erster Linie die Dentistophobie zu nennen, ein etwas unglücklich gewählter Begriff für eine neurotisch übersteigerte Furcht vor dem Zahnarztbesuch, besser zu bezeichnen als „Zahnbehandlungsphobie".
- **Generalisierte Angststörungen** („Angstneurose"): Die dabei vorherrschende stark erhöhte, allgemeine Angstbereitschaft stellt die Ursachen für den zahlenmäßig größten Anteil von „Angstpatienten" in der zahnärztlichen Praxis dar. Die Behandlung dieser Patienten kann zu einer erheblichen Belastung für alle Beteiligten werden. Besonders wesentlich für die zahnärztliche Praxis erscheint die Beherrschung und Anwendung praktikabler Techniken des Angstabbaus durch den Zahnarzt, wobei mit unipolaren Verfahren oftmals kein ausreichender oder ausreichend rascher Erfolg zu erzielen ist, so daß nach unserer Ansicht einer integrierten Vorgehensweise („integrative Anxiolyse") der Vorzug zu geben ist.

- **Belastungsreaktionen** sollten sowohl bei der Diagnostik psychogener Schmerzzustände, als auch bei der Unverträglichkeit vom Zahnarzt differentialdiagnostisch ins Auge gefaßt werden.
- **Konversionsstörungen:** Ihre Bedeutung für die Zahnmedizin liegt zum einen in der gelegentlichen Dramatik der Inszenierung der Beschwerden in der Praxis („sekundärer Krankheitsgewinn“) und dem damit verbundenen Zeitaufwand, zum anderen aber auch im diagnostischen Bereich, wo es gilt, die geäußerten subjektiven Beschwerden (Schmerzen, Sensibilitätsstörungen, Krämpfe, Brechreiz etc.) von objektivierbaren Befunden abzugrenzen. Darüber hinaus besteht bei diesem Patientengut ein erhebliches Risiko forensischer Komplikationen. Erlernung und Anwendung geeigneter Gesprächs- bzw. Kommunikationstechniken erscheinen hier besonders wichtig.
- **Somatoforme Störungen:** Dabei kann in besonderem Maß auch das stomatognathe System betroffen sein. Manche Patienten wandern jahrelang von Arzt zu Arzt („doctor shopping“, „Koryphäen-Killer-Syndrom“, „pain games“), ohne daß der psychogene Charakter der geschilderten Beschwerden erkannt worden wäre. Es erscheint daher wesentlich, daß auch im zahnärztlich-gutachterlichen Alltag die Erkenntnis Platz greift, daß es psychogene orofaziale Schmerzzustände gibt, psychogene orafaziale Sensibilitäts- und Funktionsstörungen, psychogene Unverträglichkeit von Zahnersatz, aber auch eine psychogen bedingte Verträglichkeit von insuffizientem Zahnersatz [9].

Verhaltensauffälligkeiten mit körperlichen Störungen und Faktoren

Dazu zählen in erster Linie Eßstörungen und nichtorganische Schlafstörungen.

Eßstörungen

Anorexia nervosa. Eine meist bei heranwachsenden Mädchen und jungen Frauen auftretende pathologische Reduktion der Nahrungsaufnahme. Charakteristikum ist ein absichtlich selbst herbeigeführter bzw. aufrechterhaltener Gewichtsverlust. Ursächlich wird eine Interaktion sozio-kultureller, biologischer sowie unspezifisch-psychologischer Mechanismen angenommen. Ähnliches gilt für:

Bulimia nervosa. Leitsymptom sind wiederholte Anfälle von Heißhunger (Eßattacken) und anschließende übertriebene Maßnahmen zur Kontrolle des Körpergewichts (z.B. selbstinduziertes Erbrechen). Dadurch kann es zu Elektrolytstörungen und körperlichen Symptomen wie z.B. Tetanie, epileptischen Anfällen, Herzrhythmusstörungen kommen.

Bedeutung für die Zahnmedizin. Es besteht ein erhöhtes Risiko für Kreislaufkomplikationen bzw. Krampfanfälle (tetanische Krämpfe, epileptische Anfälle). Durch die Übersäuerung des Mundmilieus im Gefolge des Erbrechens (Magensäure) kann es zu charakteristischen Entmineralisationen bzw. kariösen Defekten besonders an den Palatinalseiten der oberen Frontzähne kommen. Neben entsprechender psychischer Führung sind hier kurze Recall-Intervalle (viermal jährlich) und lokale Fluoridierungsmaßnahmen sinnvoll.

Nichtorganische Schlafstörungen

Hierzu zählen z.B. Schlafwandeln (Somnambulismus), Pavor nocturnus (nächtliche Furcht- und Panikepisoden) und Alpträume (Angstträume).

Persönlichkeits- und Verhaltensstörungen

Dabei handelt es sich um tief verwurzelte, anhaltende Verhaltensmuster, die sich in starren Reaktionen auf unterschiedliche persönliche und soziale Lebenslagen zeigen und durch deutliche Abweichungen im Wahrnehmen, Denken, Fühlen und in den Beziehungen zu anderen gekennzeichnet sind.

Spezifische Persönlichkeitsstörungen

- **Paranoide Persönlichkeitsstörung:** Übertriebene Empfindlichkeit, Neigung zu Groll, Streitsucht, Mißtrauen (z.B. der sexuellen Treue des Partners gegenüber).
  Bedeutung für die Zahnmedizin. Gelegentlich erhebliche Compliance-Problematik mit möglicherweise forensischen Konsequenzen (Paranoia querulans, Querulantenwahn). Es empfiehlt sich bestmögliche Dokumentation der Behandlungsabläufe (Röntgenaufnahmen, Fotos, Kartei, Zeugen).
- **Schizoide Persönlichkeitsstörung:** Emotionale Kühle, Distanziertheit, Affektverflachung, starke Introversion.
- **Dissoziale Persönlichkeitsstörung** (Psychopathie): Es besteht eine auffällige Diskrepanz zwischen den geltenden sozialen Normen und dem Verhalten des Patienten. Eine geringe Frustrationstoleranz korreliert mit einer niedrigen Schwelle für aggressives, gewalttätiges Verhalten (evtl. „antisoziale Gewissensbildung“).

Bedeutung für die Zahnmedizin. Es handelt sich dabei oftmals um straffällig gewordene Patienten, psychisch auffällige Rechtsbrecher, gegenwärtige oder ehemalige Insassen von Strafanstalten. Es besteht eine besondere Bereitschaft zu aggressivem Verhalten, weswegen einer reizwortfreien, de-eskalierenden Vorgehensweise bei deren Behandlung besondere Bedeutung zukommt. Wegen des häufigen Vorkommens von Homosexualität in Gefängnissen besteht ein erhöhtes Risiko einer Infektion mit dem HIV-Virus (cave: AIDS) oder einer Hepatitisinfektion.

- **Anankastische Persönlichkeitsstörung:** Übermäßige Gewissenhaftigkeit, Perfektionismus, Pedanterie und Eigensinn.
  Für den Zahnarzt kann die übertriebene Pedanterie, ausufernde Frageweise, gelegentlich auch Besserwisserei, zu einer Belastung werden [8].
- **Abnorme Gewohnheiten und Störungen der Impulskontrolle:** Pathologisches Glücksspiel (Spielsucht), pathologische Brandstiftung (Pyromanie), pathologisches Stehlen (Kleptomanie). Cave: Diebstahl von Gegenständen, Füllfedern, Zeitschriften, Vasen etc. aus Praxis oder Wartezimmer.

Intelligenzminderung (Schwachsinn, Oligophrenie)

Darunter versteht man eine sich in der Entwicklung manifestierende, stehengebliebene oder unvollständige Ausbildung der geistigen Fähigkeiten mit besonderer Beeinträchtigung von Fertigkeiten, die zum Intelligenzniveau beitragen, wie z.B. Kognition, Sprache, motorische oder soziale Fähigkeiten. Intelligenzgeminderte Personen können darüber hinaus an allen anderen psychischen Störungen erkranken, wobei die Prävalenzrate dafür etwa dem drei- bis vierfachen der Rate der Durchschnittsbevölkerung entspricht.

Je nach Schweregrad unterscheidet man unter Bezug auf standardisierte Tests zur Erfassung des Intelligenzquotienten (IQ):

- leichte Intelligenzminderung (Debilität): IQ 50–69,
- mittelgradige Intelligenzminderung (Imbezillität): IQ 35–49,
- schwere Intelligenzminderung (Idiotie): IQ 20–34,
- schwerste Intelligenzminderung (Idiotie): IQ unter 20 bzw. nicht bestimmbar.

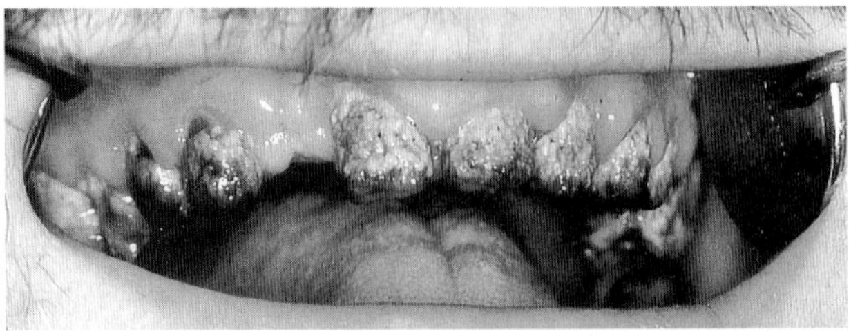

Abb. 4 Gebißzustand bei einem 29jährigen oligophrenen Patienten.

Bedeutung für die Zahnmedizin. Die Problematik der Behandlung von Oligophrenen in der zahnärztlichen Praxis ist vielgestaltig.

Aufgrund der mangelnden Einsicht und Mitarbeit der Patienten bzw. der technischen Unmöglichkeit zur Durchführung einer adäquaten Mundhygiene besteht zumeist eine starke Neigung zu Karies und Parodontalerkrankungen (Abb. 4). Wesentlich erscheint hier auch die Aufklärung und Instruktion des betreuenden Personenkreises bezüglich individueller Mundhygienemöglichkeiten und Ernährungsverhalten evtl. anhand von Speicheluntersuchungen (Streptococcus mutans, Lactobacillus acidophilus, Speichelfließrate, Pufferkapazität etc.). Sinnvoll sind lokale bzw. bei Kindern gegebenenfalls zusätzlich systemische Fluoridierungsmaßnahmen.

Das Risiko von Zwischenfällen und Komplikationen ist bei dieser Patientengruppe ebenfalls erheblich. Ein **allgemeinmedizinisches Risiko** ergibt sich durch die psychische Behinderung sowie aufgrund der häufig vorhandenen Polymorbidität bzw. infolge eingeschränkter diagnostischen Möglichkeiten (schwierige oder unmögliche Eigenanamnese, Probleme bei Röntgenaufnahmen, EKG etc.).

Im Zusammenhang mit der psychischen Behinderung können sich Zwischenfälle ereignen, die zu einem erhöhten **zahnmedizinischen Risiko** beitragen. Durch unkontrollierte Spontanbewegungen können Verletzungen entstehen (Weichteilverletzungen, Fingerbiß, Kanülenbruch, Fremdkörperaspiration z.B. von Abdruckmaterial, Prothesenteilen, Füllungsresten etc.), es sind ausbruchsartige Affektentladungen (Raptus) sowie epileptische Anfälle (Grand Mal, Petit Mal, Zungenbiß) möglich.

Besondere Bedeutung kommt daher der **Prävention** von Zwischenfällen zu:

- möglichst exakte Anamnese (Eigen- bzw. Fremdanamnese),
- exakte psychiatrisch-neurologische Diagnose,
- diagnosespezifisches zahnärztliches Vorgehen,

- entsprechende Medikation bzw. Prämedikation in Abhängigkeit von der Grunddiagnose (z.B. antiepileptische Einstellung, Tranquilizer etc.),
- spezielle Anästhesieformen: vasokonstriktorfreie Hyaluronidase-Anästhesie [6], Neuroleptanalgesie,
- psychische Führung, psychokonkordantes zahnärztliches Prozedere, effektive psychologische Techniken (z.B. „integrative Anxiolyse").

Die **prothetische Versorgung** psychisch Behinderter, insbesondere von Oligophrenen stellt besondere Anforderungen an die Kompetenz des gesamten Behandlungsteams. Wenngleich zuzugeben ist, daß sich manche Patienten als einer prothetischen Versorgung unzugänglich erweisen, trifft dies für die große Mehrzahl der leicht bis mittelgradig Behinderten nicht zu. Bei routinierter Technik, individuell optimierter Vorgehensweise und **psychokonkordanter Abstimmung** [7] der Behandlungsschritte sind z.T. verblüffende Erfolge möglich.

Beschränkte finanzielle Möglichkeiten und aus praktischen Gründen erforderliche Limitierungen des sinnvolleren Behandlungsaufwandes lassen es bisweilen angeraten erscheinen, von der Maxime, nach der Patienten mit psychischen Störungen grundsätzlich zahnärztlich ebenso zu versorgen sind wie Normalpatienten, abzweichen. In solchen Fällen kann es – nicht zuletzt auch aus psychologischen Gründen – sinnvoll sein, das Konzept der allmählichen Heranführung an die Totalprothese zu wählen: Dabei konzentriert man die finanziellen und kapazitiven Möglichkeiten auf die Erhaltung prothetisch besonders wichtiger Pfeilerzähne – wie etwa die Eckzähne und die ersten Molaren – und läßt die Totalprothese dann durch Ersatz des letzten Zahnes bzw. der letzten Pfeilerzähne entstehen.

Diesem Konzept der **„allmählichen Heranführung an die Totalprothese"** kommt bei folgenden psychischen Störungen besonderere Bedeutung zu:

- leichte bis mittelgradige Oligophrenie,
- arteriosklerotische Demenz,
- senile Demenz,
- Alzheimer-Krankheit,
- Pick-Krankheit,
- schwer verlaufende affektive Störungen des manisch-depressiven Formenkreises,
- schwer verlaufende psychische Störungen des schizophrenen Formenkreises (insbesondere paranoide Schizophrenie, katatone Schizophrenie).

Es gibt allerdings psychische Störungen, bei denen alle prothetischen Bemühungen zum Scheitern verurteilt sind, nämlich die Gruppe der „prothetischen Resignation":

- schwerste Oligophrenie (IQ unter 20 bzw. nicht bestimmbar),
- schwerste Formen der Schizophrenie (insbesondere autistische Formen),
- fortgeschrittene senile und präsenile Demenzzustände (Alzheimer-Krankheit, Pick-Krankheit),
- fortgeschrittene organische Persönlichkeitsstörungen,
- verschiedene andere schwere Krankheitsbilder.

Bei diesen Patienten wird man sich in manchen Fällen entschließen müssen, auf jeglichen Zahnersatz zu verzichten und sich darauf zu beschränken, für **Schmerzfreiheit, Fokusfreiheit** und **Entzündungsfreiheit** [6, 7] Sorge zu tragen.

Entwicklungsstörungen

Dazu zählen Entwicklungsstörungen der Sprache, der schulischen Fähigkeiten sowie eine Reihe tiefgreifender Entwicklungsstörungen (z.B. frühkindlicher Autismus).

Bedeutung für die Zahnmedizin. Von Interesse sind hier vor allem Störungen des Sprechens und der Sprache, insbesondere im Hinblick auf kieferorthopädische und myofunktionelle Behandlungen.

Verhaltens- und emotionale Störungen mit Beginn in der Kindheit und Jugend

Dazu zählen hyperkinetische Störungen, Störungen des Sozialverhaltens, emotionale Störungen, Tics, Enuresis, Enkopresis, Bewegungsstereotypien sowie das Stottern.

Besondere zahnärztliche Problemfälle

Psychodentales Begleitsyndrom [9]

Darunter wird ein Symptomenkomplex zahnmedizinischer Auffälligkeiten verstanden, der gehäuft bei neuropsychiatrischen Diagnosen gefunden wird:

- Entzündungszeichen im Bereich des Parodonts von wenigstens 50% der vorhandenen Zähne,
- erhöhte Kariesanfälligkeit: gesteigerte Aktivität von Streptococcus mutans und Lactobacillus acidophilus,
- erhöhte Speichelviskosität,
- herabgesetzte Speichelmenge („trockener Mund"), reduzierte Pufferkapazität,
- orofaziale Parafunktionen: Bruxismus, Zungenpressen, Lippenpressen, Lippenbeißen, Zungen-, Lippen- und Wangendyskinesien etc.,
- Abrasionszeichen an wenigstens 50% der vorhandenen Zähne unter Einbeziehung allfälligen Zahnersatzes,

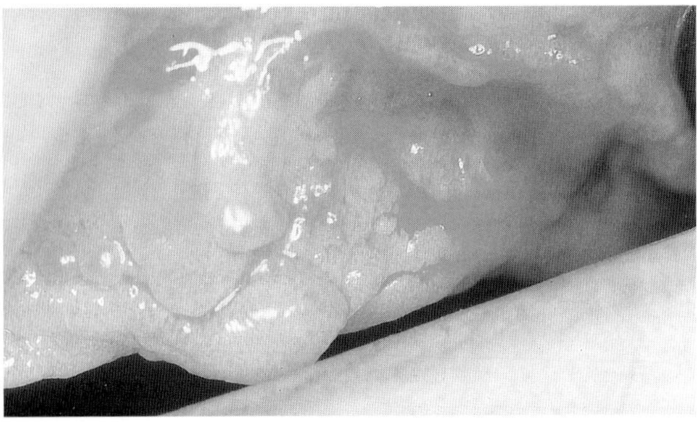

Abb. 5 Psychodentales Begleitsyndrom mit „psychogener Prothesenverträglichkeit": Jahrelang toleriertes, ausgeprägtes Prothesenulkus bei 71jähriger Patientin mit seniler Demenz.

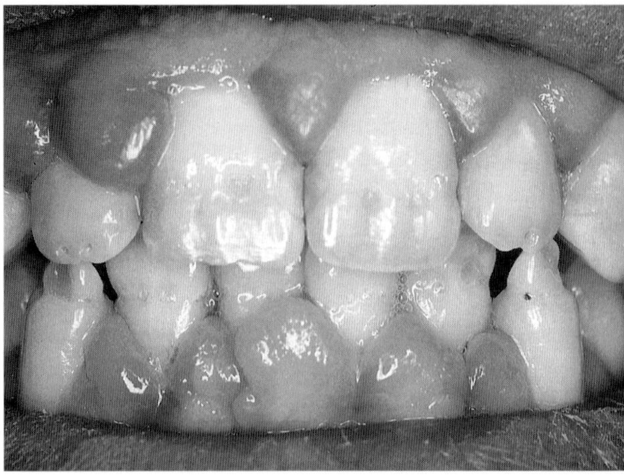

Abb. 6 Hydantoingingivitis eines 28jährigen Epileptikers.

- protrusive Wanderungstendenz der Oberkiefer- und/oder Unterkieferfrontzähne,
- Über- und Unterzahl von Zähnen, Zahn- oder Kieferfehlbildungen,
- psychogene Prothesenunverträglichkeit,
- „psychogene Prothesenverträglichkeit" (Abb. 5).

Um die Diagnose „psychodentales Begleitsyndrom" zu stellen, sollten wenigstens vier der oben genannten zahnmedizinischen Symptome mit einem der folgenden psychiatrisch-neurologischen Befunde zusammentreffen:

- affektive (manisch-depressive) Psychose,
- schizophrene Psychose,
- Oligophrenie,
- senile und präsenile Demenz,
- Down-Syndrom,
- hirnorganisches Psychosyndrom,
- neurotische Störung,
- Drogen- bzw. Medikamentenabusus,
- andere.

Epilepsie

Die Zahnbehandlung von Epileptikern (Grand Mal, Petit Mal) folgt im Prinzip den Kriterien der Zahnmedizin, wie sie für Normalpatienten gelten. Besonderes Augenmerk liegt auf der **Anfallsprävention.** Wichtige Aspekte sind:

- sorgfältige medikamentöse antiepileptische Einstellung (Abb. 6),
- ggf. entsprechende Prämedikation,
- vasokonstriktorfreie Anästhesieformen.

Kommt es dennoch zu einem Anfall, sollte man primär versuchen, den Patienten vor Verletzungen zu schützen (Zungenbiß, Sturzverletzung, etc.). Meist klingt der Krampfanfall nach relativ kurzer Zeit von alleine ab. Bei schweren, andauernden Krämpfen (Status epilepticus) ist die i.v. Gabe eines Benzodiazepinpräparats (z.B. Valium®) angezeigt und für rasche Klinikeinweisung Sorge zu tragen.

Bei der **prothetischen Versorgung** von Epileptikern ist festsitzender Zahnersatz zu bevorzugen und ein balanciertes Okklusionskonzept zu beachten. Bei abnehmbarem Zahnersatz kommen die Prinzipien der **Epileptikerprothese** [6, 7] zum Tragen: maximale Basisausdehnung, maximale Abstützung, balancierte Okklusion sowie weitgehend bruchsichere Materialien.

Down-Syndrom (Mongolismus, Trisomie 21)

Das Down-Syndrom wird definiert als eine durch eine autosomale Chromosomenaberration (Trisomie 21) bedingte Oligophrenie meist mittleren Grades (IQ: 40–55) mit charakteristischen äußeren Merkmalen wie Kleinwuchs, Kugelschädel, kurze, stumpfe Nase, schräg stehende Lidspalten, Lidfalte („Epikanthus") und allgemeine Muskelhypotonie.

Bedeutung für die Zahnmedizin. Häufig festzustellen ist eine verzögerte Dentition, oft eine übergroße Zunge, herabgesetzter Zungen- und Lippentonus sowie eine frühzeitig beginnende protrusive Wanderungstendenz der Oberkiefer- bzw. Unterkieferfrontzähne (Abb. 7).

Zur Stärkung des Tonus der Lippen- und Wangenmuskulatur sowie zur Einstellung einer korrekten Zungenposition, insbesondere während des Schluckaktes, sind Versuche mit **„Mongoloiden-Myofunktionsplatten"**, die in verschiedenen Variationen individuell gestaltet und fortlaufend adaptiert werden, angezeigt [6, 7]. Hier geht es einerseits darum, einen konkreten Reiz (Kunststoffring) für Idealpositionierung der Zunge beim Schluckakt zu erzielen, nämlich hinter den oberen Frontzähnen, ande-

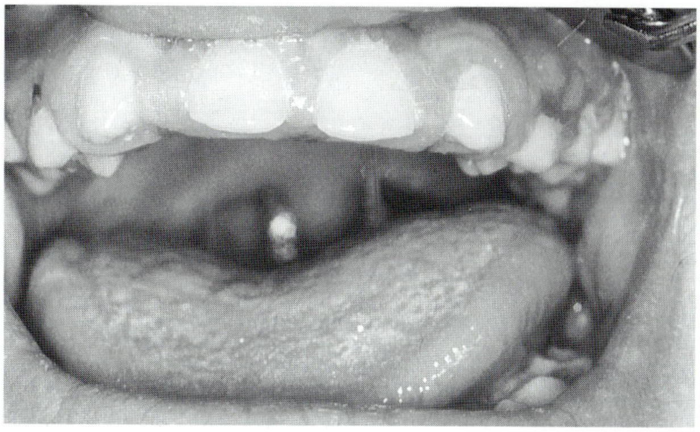

Abb. 7 Protrusive Wanderungstendenz der Oberkiefer-frontzähne mit Aplasie beider seitlicher oberer Schneidezähne bei einer 18jährigen mongoloiden Patientin.

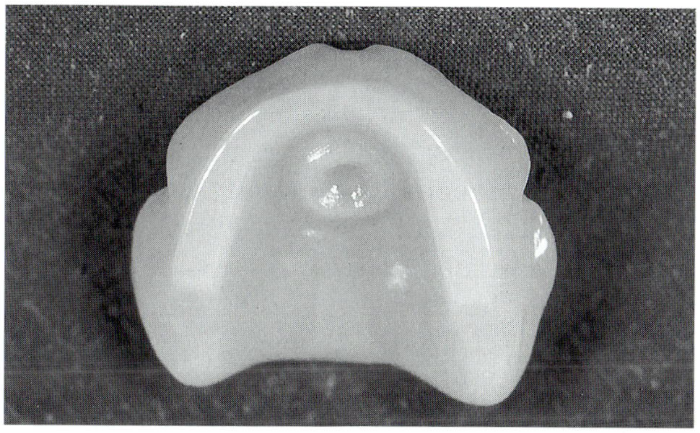

Abb. 8 Kleinkinder-Mongoloiden-Myofunktionsplatte (modifiziert nach Kreyer).

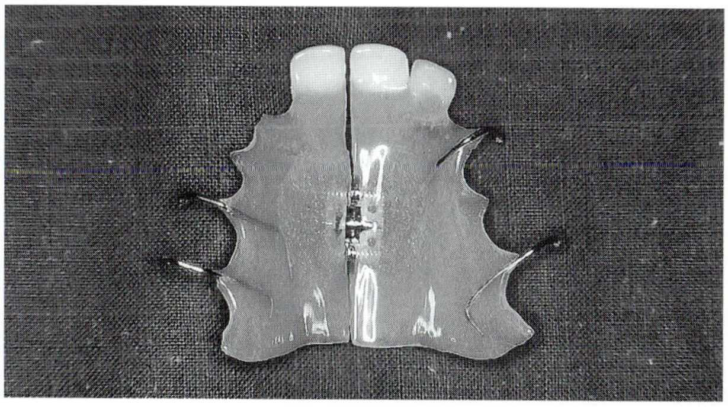

Abb. 9 „Mitwachsende Kinderprothese".

rerseits darum, durch mit Hilfe der Platte indiziertem „Lippenturnen" eine Stärkung des Tonus der perioralen Muskulatur zu erreichen (Abb. 8).

Häufig ist bei mongoloiden Patienten auch ein ausgeprägtes „psychodentales Begleitsyndrom" zu finden.

Gelegentlich kommt es bei oligophrenen Kindern infolge ausgedehnter kariöser Defekte oder durch Verletzungen zu vorzeitigem Verlust bleibender Frontzähne. Neben der ästhetischen Problematik sind dadurch auch negative Effekte für Gebiß- und Sprachentwicklung zu erwarten. Da in solchen Fällen noch nicht abgeschlossenen Kieferwachstums sowohl brückenprothetische als auch konventionelle Konzepte abnehmbaren Zahnersatzes an ihre Grenzen stoßen, wurde die **„mitwachsende Kinderprothese"** [5, 6] entwickelt. Dabei handelt es sich im wesentlichen um eine Kombination einer abnehmbaren, aktiven kieferorthopädischen Platte mit einer Kunststoffprothese, die in regelmäßigen Abständen nachaktiviert wird. Dabei sind auch kleinere Zahnkorrekturen der Restzähne möglich (Abb. 9).

Drogenabhängigkeit

Von der Persönlichkeitsstruktur her handelt es sich bei diesem Patientenkreis einerseits um ausgesprochen kontaktscheue, empfindsame, introvertierte Persönlichkeiten, häufig asthenisch-leptosomer Konstitution, die aufgrund ihrer oft auffälligen Gewissenhaftigkeit unter der Diskrepanz zwischen ihrem Leistungswunsch und ihrem tatsächlichen Leistungsvermögen leiden. Andererseits finden sich auch passive, bequeme Persönlichkeiten mit „geringer Frustrationstoleranz", Stimmungslabilität, erhöhtem Reizhunger, die auf die ständige Wiederholung des Drogeneffektes angewiesen sind. Es kann also nicht von einer „typischen Drogenpersönlichkeit" gesprochen werden.

Bedeutung für die Zahnmedizin. Bei diesen Patienten ist oftmals ein reduziertes Körperbewußtsein und damit eine reduzierte Mundhygiene festzustellen, was zu einer Häufung von Karies und Parodontopathien führt. Besondere Merkmale dieser Patienten sind Angst, Hypersensibilität und eine geringe Frustrationstoleranz. Auch ist bei der Behandlung eine mögliche Entzugsproblematik zu beachten („Intervallbehandlung").

Dem Verlangen nach Rezepten sollte erhöhte Aufmerksamkeit gelten, da diese Patienten auf diese Weise versuchen könnten, an Drogen zu gelangen, auch Rezeptdiebstahl ist in diesem Zusammenhang möglich.

Besondere Beachtung ist der **Infektionsproblematik** (Geschlechtskrankheiten, Tuberkulose, Hepatitis, AIDS etc.) zu schenken. Drogenabhängige Patienten stellen ein ausgesprochenes Hochrisikokollektiv der Übertragung einer HIV-Virus-Infektion dar, die in der Folge zum Ausbruch der erworbenen Immunschwächekrankheit AIDS führen kann. Es ist damit zu rechnen, daß manche Patienten bewußt das Vorliegen einer Infektion verschweigen. Sowohl bei bekannter, als auch bei vermuteter Infektiösität sind strengste **Sicherheitsvorkehrungen** (Doppelhandschuhe, Schutzkleidung, Mund- und Gesichtsschutz etc.), umfangreiche **Hygienemaßnahmen** sowie Vorkehrungen für allfällige Zwischenfälle zu treffen. Darüber hinaus ist es aber ein Gebot ärztlicher Ethik, dieser bedauernswerten Patientengruppe nicht nur umfassende zahnärztliche, sondern insbesondere auch menschliche Zuwendung angedeihen zu lassen.

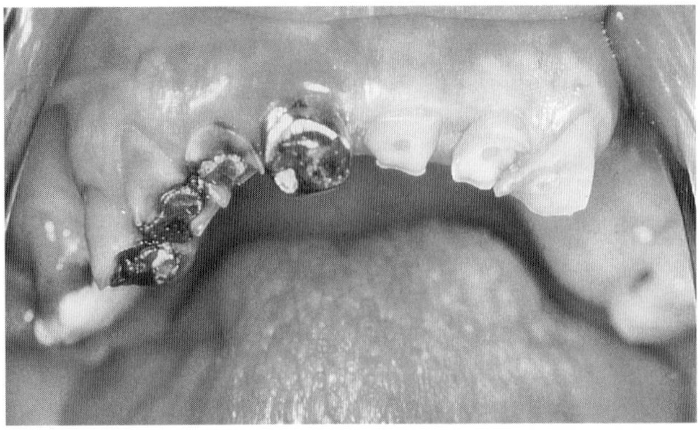

Abb. 10 Massive Abrasionen bei einem 31jährigen oligophrenen Patienten.

Die Psychosomatik der Psychopathologie aus zahnärztlicher Sicht

Manifestationen psychosomatischer oder psychopathologischer Mechanismen finden sich im Bereich des Kauorgans:
- an Zähnen und Zahnhalteapparat,
- im Bereich der Mundschleimhaut,
- am Zahnersatz.

Zähne und Zahnhalteapparat

An den Zähnen selbst können angstinduzierte Vermeidungsmuster und **Vermeidungsstrategien** dazu führen, daß erforderliche Behandlungen unterbleiben, hinausgeschoben oder erschwert werden und daß es dadurch zu erheblichen, z.T. irreparablen, Schäden am Kauorgan kommt.

Angst, Streß, Aggressionen können als besondere Form des Spannungsabbaus **autodestruktive Prozesse** im Gebiß zur Folge haben. Die Symptomatik reicht vom Zähneknirschen, Zähnepressen, über Lippenpressen, Lippenbeißen, Wangenbeißen bis hin zu massiv autodestruktiver Morsicatio, wie sie sich bei Oligophrenen gelegentlich findet (Abb. 10).

Fehlfunktionen im Mund-Kiefer-Gesichtsbereich können beispielsweise infolge eines „paradoxen Schluckapparates", aufgrund einer neurologischen Störung (z.B. extrapyramidale Dyskinesien, Chorea Huntington, etc.) oder als Teilaspekt einer entsprechenden Psychostruktur (Daumenlutschen, Nägelbeißen, Bleistiftkauen etc.) zu Veränderungen der Zahnstellung, zu Zahnwanderungen, Zahnlockerung und letztlich zum Zahnverlust führen.

Psychosomatische, psychopathologische, aber auch **medikamentöse Einflüsse** können über eine Veränderung der Speichelzusammensetzung, der Speichelviskosität, der Speichelmenge sowie der Pufferkapazität des Speichels (Menge und pH-Wert) zu einer erhöhten Anfälligkeit für kariöse Defekte, aber auch für die Entstehung von Plaque und Konkrementen beitragen.

Besondere Bedeutung kommt dem bei sehr **ängstlichen Patienten** und manchen Neuroseformen zu. Hier können leichte Angstreize allerdings auch eine initiale Sialorrhoe bewirken. Besonders auffällige Veränderungen von Speichelqualität und -quantität findet man bei affektiven Psychosen sowie als vegetative Nebenwirkung der meisten neuroleptisch oder antidepressiv wirkenden Medikamente.

Eine Mitbeteiligung psychosomatischer Faktoren bei der Entstehung atrophischer bzw. dystrophischer Parodontopathien nicht entzündlicher Genese im Sinne von Psychosomatosen des Magen-Darm-Traktes, die über eine Darmdysbiose zu Resorptionsstörungen von Mineralien und Spurenelementen führen können, wird diskutiert [5].

Mundschleimhaut

Durch psychisch bedingte Veränderungen der Immunlage kann es zu Exazerbationen bestehender entzündlicher Prozesse im Bereich des Parodontiums kommen, aber auch zum Neuauftreten von intra- oder perioralen Manifestationen wie etwa Aphthen oder Fieberblasen.

Auch eine subjektive Symptomatik wie Schmerzen im Bereich des Mundes, Zungenbrennen, Brechreflexe, Ekelgefühle oder Veränderungen der Temperatur- oder Geschmacksempfindung lassen sich gelegentlich auf psychogenen Ursprung zurückführen. Dies kann z.B. im Gefolge eines besonders belastenden Ereignisses („Live event") auftreten – wie etwa der Tod einer nahestehenden Person, Scheidung, Verlust des Arbeitsplatzes oder derglei-

Psychotherapie in der zahnärztlichen Praxis: Möglichkeiten der Integration und Kooperation

von Klaus Hertrich und Peter Joraschky

Inhaltsübersicht

Psychotherapie in der zahnärztlichen Praxis?

Vor über 90 Jahren schon beantwortete SIGMUND FREUD die Frage, ob Psychotherapie bei der ärztlichen Behandlung Berücksichtigung finden müsse. In einem Vortrag vor dem Wiener medizinischen Doktorenkollegium sagte er:

„Wir Ärzte, Sie alle, treiben also beständig Psychotherapie, auch wo Sie es nicht wissen und nicht beabsichtigen; nur hat es einen Nachteil, daß Sie den psychischen Faktor in Ihrer Einwirkung auf den Kranken so ganz dem Kranken überlassen. Er (der psychische Faktor) *wird auf diese Weise unkontrollierbar, undosierbar, der Steigerung unfähig“ [17].*

Mit der Vervollkommnung zahnärztlich-technischer Möglichkeiten ist es gelungen, bei genügend hohem Aufwand an Zeit und Geldmitteln, dem Kauorgan weitgehend perfekte mechanische und ästhetische Eigenschaften zu verleihen. Mit prothetischen, kieferorthopädischen, chirurgischen oder zahnerhaltenden Behandlungsmaßnahmen können Erkrankungen des stomatognathen Systems gezielt behandelt werden, wenn sie auf organische oder mechanische Ursachen zurückführbar sind. Da trotz allem immer wieder Mißerfolge oder auch Unverträglichkeiten auftreten, ist erkennbar geworden, daß es weitere entscheidende Faktoren gibt, die Krankheitssymptome am Kauorgan verursachen und Probleme bei einer Behandlung bewirken können [53, 55–57].

Wie auch bei anderen Erkrankungen, beispielsweise dem Herzinfarkt, entsprechen auch die des stomatognathen Systems oftmals nicht monokausalen linearen Ursache-Wirkung-Modellen sondern den Gesetzen komplexer Regelkreise. Neben biologischen, nehmen hier psychosoziale Faktoren erheblichen Einfluß auf Entstehung und Verlauf der Erkrankungen sowie auf die Therapiemöglichkeiten [5, 9, 16, 19, 24, 26, 36, 37, 39, 44, 45, 54, 63].

Die orale Zone als sensibler Bereich ist als ein Ausdrucksorgan für alle Affekte, insbesondere Angst und Aggression, anzusehen (s. S.1 ff.). Die besondere Bedeutung dieses Ausdrucksorgans für Selbstwertregulation und die soziale Akzeptanz kommt in einem mechanistischen Modell nicht zum Ausdruck. Funktionsstörungen im stomatognathen System zeigen diese Zusammenhänge besonders charakteristisch [27]. Indem die Funktionen der Kaumuskulatur außer durch körperliche Einflüsse auch durch seelische Anspannungen beeinflußt werden, finden sich häufig Spannungsschmerzen mit den bekannten Ausstrahlungsbereichen als psychosomatisches Korrelat vielfältiger Krankheitsbilder [12, 13]. Die Verarbeitung seelischer Belastungen und Konflikte findet nicht selten auf diesem Wege psychosomatisch ihren Ausdruck [48].

Auf der anderen Seite können sich psychische Erkrankungen wie Depressionen, Angstkrankheiten, Neurosen und Psychosen auf ähnliche Weise im Hinblick auf das Kauorgan und die zahnärztliche Versorgung so negativ auswirken, daß Mißerfolge der Behandlung vorprogrammiert sind [30, 35]. Darüber hinaus können solche Erkrankungen zu nicht organisch begründeten Mißempfindungen und Wahrnehmungsstörungen führen [23]. Auch die Wahrnehmung der eigenen Person und des eigenen Körpers ist nicht selten beeinträchtigt. Sowohl die zahnärztliche Behandlung als auch die Psychotherapie dieser Patienten ist besonders problematisch, weil es bei ihnen schwierig ist, die erforderliche Psychotherapie einzuleiten oder sie entsprechend zu überweisen.

> Wenn die einseitige Grundüberzeugung des Patienten von einer organisch-funktionellen Ursache seiner Beschwerden durch einen Wechsel seines Standpunktes nicht verändert werden kann, ist jeder Therapieversuch, sowohl der zahnärztliche als auch der psychotherapeutische von vornherein zum Scheitern verurteilt.

Integrierte psychosomatische Medizin

Diese Erkenntnisse führen zu der in anderen medizinischen Fächern längst erhobenen Forderung nach einer Integration von psychotherapeutischen Behandlungsmaßnahmen in die medizinische und zahnärztliche Behandlung. „Integrierte Psychosomatische Medizin erhebt den Anspruch, den heutigen Dualismus einer Medizin für seelenlose Körper und einer Medizin für körperlose Seelen zu überwinden.“ [62]. In diesem Sinne sollten körperliche, seelische und soziale Probleme unserer zahnärztlichen Patienten gleich ernst genommen werden.

MARXKORS und MÜLLER-FAHLBUSCH [34] betonen, daß der Zahnarzt beispielsweise die psychogene Prothesenunverträglichkeit nicht nur diagnostizieren soll, sondern sich darüber hinaus an der Psychotherapie beteiligen muß [10, 11]. Patienten, die aus psychologischen oder psychosomatischen Gründen mit einer zahnärztlichen Behandlung nicht zurechtkommen, ist mit Redensarten wie „Sie sind eben überempfindlich“ nicht geholfen. Im Gegenteil kann dadurch bei anfälligen Patienten die psychosomatische Störung verstärkt werden, weil das Arzt-Patient-Verhältnis beeinträchtigt wird.

Auch die unvorbereitete Überweisung zum Nervenarzt oder Psychologen zu Differentialdiagnose und Therapie kommt nicht ohne weiteres in Frage. Weil der erstbehandelnde Zahnarzt oder „Hauszahnarzt“ in der Regel für den Patienten der Arzt des Vertrauens ist, wird am ehesten von ihm Hilfe erwartet und er könnte sie deshalb auch am ehesten leisten [38].

Dieses anzustrebende enge Arzt-Patient-Verhältnis wird neben den äußerlichen Bedingungen einer stressorenarmen Praxisumgebung und günstiger Sitzanordnung bei Besprechungen oder Gesprächen [42] wesentlich von der Persönlichkeit des Arztes, seiner Empathie und Gesprächsführung, also der Bereitschaft und Fähigkeit auf den Patienten einzugehen, geprägt. Kurz gesagt, sollte ein partnerschaftliches Arzt-Patient-Verhältnis angestrebt werden.

Der zahnärztliche Wunsch, Mißerfolge und weiteres Leiden des Patienten trotz fehlerloser zahnärztlicher Behandlung zu verhindern, führt zur notwendigen Konsequenz, daß psychotherapeutische Maßnahmen die zahnärztliche Behandlung entsprechender Patienten begleiten sollten, die sonst aufgrund des Konfliktpotentials zu Problempatienten werden können (Abb. 1). Bei der aus anderen medizinischen Fachgebieten bekannten Häufigkeit psychischer und psychosomatischer Störungen [2] sollten auch in der Zahnmedizin entsprechende Behandlungsmöglichkeiten und Behandlungsstrategien bekannt sein und im Einzelfall zur Verfügung stehen [47].

Eine „vom Zahnarzt geschickt geführte Unterhaltung“ kann zwar über manche Unebenheiten hinweghelfen, doch zur Lösung tieferliegender Probleme kann sie nur einen kleinen Beitrag leisten [15]. Auch kann es nicht mehr als ausreichend an-

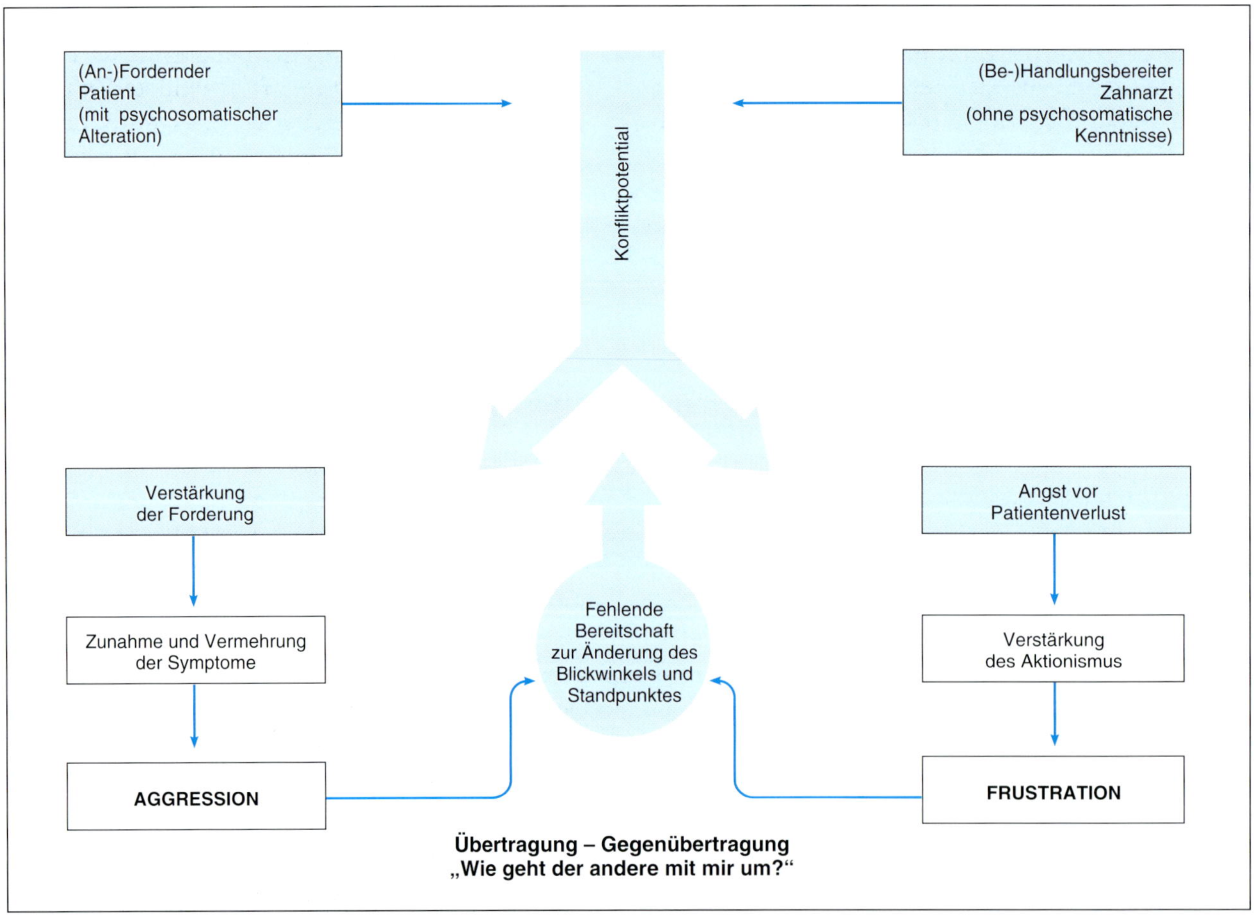

Abb. 1 Beispiel für einen Maladaptionszirkel im zahnärztlichen Grundverhaltensmuster.

gesehen werden, der Psychotherapie lediglich die Rolle des Angstabbaus zuzuschreiben [4].

Die Auswahl von psychotherapeutischen Verfahren wird bestimmt durch die situativen Möglichkeiten in der Praxis einerseits und andererseits durch Art und Schweregrad der Problematik. Vielfach wird die endgültige Entscheidung nicht so sehr von der Diagnose abhängen, als von den Persönlichkeiten und Möglichkeiten von Arzt und Patient. Man kann davon ausgehen, daß es für jeden Menschen gute und weniger ideale psychotherapeutische Ansätze gibt.

In diesem Zusammenhang wird gefordert, daß psychologische und zahnärztliche Methoden aufeinander abgestimmt werden, wobei die Art der Mitbeteiligung psychischer Faktoren berücksichtigt werden sollte. In Abhängigkeit vom Ausmaß des psychischen Konflikts reichen die psychologischen Methodenangebote von fundierten pädagogischen Maßnahmen bis hin zum Psychotherapieangebot [46].

Zwar sind die vielfältigen psychologischen Zusammenhänge heute diagnostisch klarer geworden und gut beschrieben, wie jedoch der Transfer in ein therapeutisches Versorgungskonzept gelingen kann, ist vielfach noch unklar. Ähnlich wie andere handlungsorientierte Fächer, etwa die Hals-Nasen-Ohren-Heilkunde, die Urologie u.a., tut sich die Zahnheilkunde mit der konservativen ganzheitlichen Führung ihrer Patienten, vor allem jener mit psychosomatischen Problemen, schwer. Anders als etwa in der inneren Medizin oder Allgemeinmedizin, wo die Vielzahl von Patienten mit funktionellen Störungen bei Situationsbewältigungsproblemen im Rahmen der psychosomatischen Grundversorgung behandelt werden müssen, stehen einer Ergänzung der „Be-Handlungs-Stunde“ durch eine „Sprech-Stunde“ in der Zahnmedizin noch innere und äußere Hindernisse entgegen. So ist das Hauptproblem nicht so sehr die Kenntnis entsprechender Funktionsstörungen oder der Mangel an prinzipiellen Behandlungsmöglichkeiten in Form bestimmter Psychotherapiemethoden, sondern die Frage, wie diese Therapiemethoden zum Nutzen des Patienten in die Praxis des Zahnarztes integriert werden können.

Integration psychotherapeutischer Verfahren in der zahnärztlichen Praxis

Fragestellung

Welche Art von Psychotherapie, bei welchem Patienten, mit welchen Symptomen, ist in der Praxis des Zahnarztes realisierbar? Es ist aus den dargestellten Krankheitsbildern deutlich geworden, welche Vielzahl psychosomatischer und somatopsychischer Zusammenhänge sich gerade in der Mundregion darstellen.

Es ergeben sich folgende Fragestellungen:

- **Wie könnte das psychotherapeutische bzw. psychagogische Grundwissen eines jeden Zahnarztes aussehen?**
  In der Allgemeinmedizin hat sich das Konzept der psychosomatischen Grundversorgung bewährt. Dabei geht es um grundsätzliche Probleme. In der Zahnarztpraxis entspräche dies etwa dem Angstabbau, dem Umgang mit Streßreaktionen, der stützenden Führung chronisch Kranker, der Förderung der Krankheitsbewältigung bei Spaltenpatienten u.a.
- **Welche weitergehenden Aufgaben könnten erfüllt werden?**
  Der psychologisch und psychotherapeutisch interessierte und engagierte fortgebildete Zahnarzt hätte als Aufgabenbereich die Vielzahl schwieriger Patienten, bei denen sich psychische und somatische Probleme eng verknüpfen. Neben den Problemen der schwierigen Betreuung solcher Patienten ergibt sich die Aufgabe der allmählichen Motivierung für eine fachpsychotherapeutische Behandlung. Der Zahnarzt steht also vor der Frage, wieviel Psychotherapie kann er in seine Praxis integrieren und wie kann er die Verbindung zum Psychotherapeuten oder Nervenarzt herstellen und den Patienten dafür motivieren.

Bei einem integrativen psychosomatischen Ansatz kann es nicht um die Schaffung eines zusätzlichen zahnärztlichen Psychotherapiespezialisten gehen, sondern um die Förderung eines psychosomatisch engagierten und qualifizierten Zahnarztes, der sich in einer Schwerpunktfortbildung mit verschiedenen Therapietechniken vertraut gemacht hat. Seine Qualifikation wäre nach dem Durchlaufen eines entsprechenden Curriculums festzustellen [8].

Psychosomatische Grundversorgung

Es soll hier praxisnah vor allem die psychosomatische Grundversorgung in den Mittelpunkt gestellt werden, da sie als erster Schritt in eine integrative Versorgung erscheint. Voraussetzung hierfür ist allerdings, daß der zeitliche Einsatz pro Patient realisierbar und honorierbar ist.

Bei der Integration psychotherapeutischer Erkenntnisse in das zahnärztliche Handeln geht es um mehr als besonders aufgeschlossen, bereit und intuitiv begabt zu sein. Es geht um die Anwendung gesprächstherapeutischer, verhaltenstherapeutischer und tiefenpsychologischer Interventionstechniken, für die unterschiedliche Indikationsbereiche vorliegen.

Für eine Vielzahl psychosomatischer Störungen und psychophysiologischer Fehlsteuerungen im Mund-Kiefer-Bereich gibt es heute bereits erfolgversprechende Therapieansätze. Das Dilemma aber ist, daß die Psychotherapeuten, die diese Therapien beherrschen, von den Patienten nicht aufgesucht werden und daß die Zahnärzte, die seelische Zusammenhänge mehr und mehr erkennen, diese Patienten nur im Ausnahmefall ausreichend therapeutisch betreuen können (bzw. dürfen). Die psychosomatische Grundversorgung beinhaltet ein möglichst frühzeitiges Erkennen der Verknüpfung zwischen psychischen und somatischen Krankheitsfaktoren und die Gewichtung der pathogenen Bedeutung dieser Faktoren im Rahmen einer biopsychosozialen Gesamtdiagnose. Neben die organmedizische Diagnose tritt die Beziehungsdiagnose.

Die **Ziele** der psychosomatischen Grundversorgung können folgendermaßen definiert werden [61]:
- Symptombeseitigung (Minderung),
- Einsichtsvermittlung in die pathogenen Zusammenhänge (Zwiespältigkeiten, Konflikte),
- Verständnis für die das Zustandsbild auslösenden Situationen,
- prophylaktische Umorientierung des Patienten und seiner nächsten Bezugspersonen (Änderung der Lebensweise, Überwinden von Hemmungen, Vermeiden von Konfliktfeldern).

Die **Grundbausteine** der psychosomatischen Grundversorgung sind:
- diagnostisch-therapeutisches Erstgespräch, psychosomatische Anamnese,
- Motivierung des Patienten zur Einbeziehung psychosozialer Aspekte,
- Vorbereitung psychologisch begründeter Körpertherapie oder verbaler Psychotherapie,
- falls keine Überweisung vom Patienten akzeptiert wird, der Versuch psychotherapeutische Ansätze in der Betreuung des Patienten zu berücksichtigen.

Indikationsstellung

Bei der Frage der Indikation psychotherapeutischer Methoden ergibt sich die Schwierigkeit, daß nicht jedem psychosomatischen Symptom ein bestimmter psychotherapeutischer Ansatz entsprechen kann. So kann z.B. die Vernachlässigung der Mundhygiene ein rein pädagogisches Problem darstellen. Sie kann im Extremfall jedoch auch hochgradig autodestruktiven Persönlichkeitszügen entspringen. Die Diagnose der Verwahrlosung, aufgrund von Dressur- und Gewalterfahrung in der Kindheit, setzt Kenntnisse in abnormen Entwicklungen voraus. Um diese beeinflussen zu können, sollten beispielsweise Anzeichen von Abhängigkeit in der Persönlichkeit diagnostiziert werden können.

Ebenso kann es bei einer Patientin mit Prothesenunverträglichkeit darum gehen, daß sie im Rahmen einer vorübergehenden Selbstwertkrise durch den Auszug der Kinder eine reaktive Depression entwickelt hat, die vorübergehender Natur ist. Es kann sich jedoch auch um eine Selbstwertkrise mit existentieller Leere nach einem Verlusterlebnis handeln. Eine Neuorientierung ist in einem solchen Fall extrem schwierig. Die Depression führt zu sozialem Rückzug und Isolation, und die Integration neuer sinnerfüllender Aufgaben bedeutet einen langen beschwerlichen Weg. Hier stellt es schon einen Erfolg dar, ständig neue falsche Hoffnungen auf eine einfache Lösung zu vermeiden und Enttäuschungen sowie häufigen Arztwechsel zu verhindern.

Bei der Therapie-Indikation können folgende Problembereiche unterschieden werden:
- Handelt es sich um eine **Streßreaktion,** also um eine kurzzeitige Konflikt- oder Belastungsreaktion, die für den Patienten potentiell bewältigbar ist?
- Liegt eine längerfristige schwer zu bewältigende **Belastungssituation** vor, etwa ein Beziehungskonflikt, der z.B. ungelöste Kindheitskonflikte reaktiviert, im Sinne eines neurotischen maladaptiven Zirkels?
- Spielen **Lernvorgänge** und Habituationen eine Rolle?
- Ist die Persönlichkeitsstörung als **Komorbidität** einzustufen?

Für die Klärung dieser Fragestellungen ist ein diagnostisches Interview, eine biographische Anamnese, die Einschätzung der Offenheit des Patienten für psychotherapeutische Interventionen sowie die Beurteilung der Arzt-Patient-Beziehung notwendig.

Biographische Anamnese (unter tiefenpsychologischen Aspekten)

Obwohl die diagnostische Funktion der biographischen Anamnese im Vordergrund steht, ist die gründliche Kenntnis der Lebensgeschichte eines Menschen auch äußerst hilfreich zur Festigung der therapeutischen Arzt-Patient-Beziehung, die einen wichtigen Faktor in der Therapie darstellt.

Objektive und subjektive Informationen vom Patienten sollen eine möglichst umfassende Vorstellung von seinem Leben ermöglichen. Die Beschwerden sollen möglichst vollständig erfaßt werden und möglichst auch die auslösenden Situationen mit den dazugehörigen Beziehungskonstellationen und Konflikten. Eine klare und plausible Strukturierung solcher Anamnesegespräche findet man bei ADLER und HEMMELER [1], die einen Lösungsweg für die „unmögliche" Aufgabe der Anamnese-Erhebung aufzeigen. Die **strukturierte Anamnese** wird in einzelne Schritte gegliedert:
- Vorstellen, Begrüßen,
- Schaffen einer günstigen Situation,
- Landkarte der Beschwerden,
- jetziges Leiden (zeitliches Auftreten, Qualität, Intensität, Lokalisation und Ausstrahlung, Begleitzeichen, intensivierende/lindernde Faktoren, Umstände),
- persönliche Anamnese,
- Familienanamnese,
- psychische Entwicklung,
- Soziales,
- Systemanamnese,
- Fragen/Pläne.

Es ist nützlich, zwischen offen und geschlossen formulierten Fragen zu unterscheiden. „Haben Sie Schmerzen am linken oberen Eckzahn?" ist ein Beispiel für geschlossene Fragen, die nur Ja-/Nein-Antworten erlauben. „Was führt Sie in meine Sprechstunde?" ist demgegenüber eine offen formulierte Frage, die es dem Patienten ermöglicht, unterschiedliche Themen anzuschneiden.

Während die **geschlossene Frage** arztzentriert ist und für eine Differentialdiagnostik wertvolle Hinweise liefern kann, ist die **offene Frage** patientenzentriert und fördert ein gutes Arzt-Patient-Verhältnis, in dem die Anliegen des Patienten in großem Umfang Berücksichtigung finden.

Beziehungsdiagnostik

Der beziehungsdiagnostische Ansatz bedeutet die Reflexion sog. Übertragungs- und Gegenübertragungsprozesse, d.h. die Reflexion dessen, was der Patient mit einem macht, welche Gefühle er induziert, und wie er auf das eigene Reagieren wiederum reagiert (s. Abb. 1). Diese Beziehungszirkel zu beobachten, wird durch die Einbeziehung eines Dritten, etwa eines Supervisors, oder einer Balint-Gruppe erleichtert.

Motivierungsarbeit für die Psychotherapie

Die Einsicht in den Stellenwert psychosozialer Faktoren zu wecken, kann ein sehr schwieriges Unterfangen sein. FABER und HAARSTRICK [14] fanden, daß nach einem einmaligen Gespräch nur 5% der Menschen mit behandlungsbedürftigen psychosomatischen Problemen diese Hilfe akzeptieren konnten. Nach fünf Gesprächen waren es jedoch bereits 26%, so daß dringend für längere Motivierungsbemühungen plädiert werden muß.

Ziele der psychotherapeutisch angeleiteten Gesprächsführung sind [61]:
- Motivierung des Patienten zur Innenschau,
- Vermittlung emotional getragener Einsichten in die psychosomatischen Zusammenhänge eines Krankheitsgeschehens,
- dem Patienten die Bedeutung krankmachender Konflikte erhellen.

Die psychosomatische Grundversorgung ist prophylaktisch orientiert. Es soll eine rasche Besserung der Symptome herbeigeführt werden und einer Chronifizierung vorgebeugt werden. In diesem Sinne kann man ganz allgemein Psychotherapie als die Gesamtheit der Verhaltensweisen bezeichnen, die mit rein kommunikativen Mitteln günstige Wirkung auf kranke Menschen haben. Hierzu gehören:
- Die **Wertschätzung** des anderen und seiner Individualität.
- Die Bedeutung einer **therapeutischen Arbeitsbeziehung**, das Eingehen auf das „Angebot" des Patienten. Wichtig ist dabei das Ernstnehmen scheinbar bizarrer Symptome oder Äußerungen. Gerade sie sind es oft, die die subjektive Welt erschließen helfen.
- **Zuhören:** Der Zeitdruck durch das „volle Wartezimmer" und die Vielzahl der Arbeitsaufgaben führen oft dazu, daß Ärzte in ihren „Sprechminuten" häufig die alltäglichen Höflichkeitsregeln des Zuhörens mißachten. So wird z.B. im Durchschnitt die erste Schilderung des Patienten nach weniger als 20 Sekunden unterbrochen. Für die Auswirkungen der Beschwerden auf die Person des Kranken und seine Umwelt sowie für seine subjektive „Krankheitstheorie" zeigen viele Zahn-

ärzte kaum Interesse. Das Zuhören geht im sog. „Hören mit den dritten Ohr“ über die Aufmerksamkeitsbereitschaft hinaus, so daß der Arzt wahrnimmt, wie der Patient etwas ausdrückt und auch was er nicht zur Sprache bringt.
- **Signalisieren von Verständnis** und Anteilnahme, Trösten und Unterstützen. Zusammenhänge aufzeigen und zu mehr Klarheit beitragen, helfen bei der Vorsatzbildung und dem Durchführen von Veränderungen.

Vieles was hier zur allgemeinen Psychotherapie dargestellt wurde, klingt ganz selbstverständlich. Viele Ärzte sind auch der Meinung, daß sie diese Kriterien in ihrer Tätigkeit erfüllen. Empirische Untersuchungen zum ärztlichen Gespräch zeigen jedoch gravierende Verzerrungen und in der Regel eine ausgesprochene Asymmetrie der Kommunikation [28]. In dieser verzerrten Selbstwahrnehmung liegt auch der Grund für die Forderung nach Selbsterfahrung und Balint-Gruppenarbeit in der psychosomatischen Grundversorgung.

Psychotherapeutische Verfahren

Verfahren der psychosomatischen Grundversorgung werden in der Regel in übende und verbale Methoden eingeteilt. Diese können hier nur kurz skizziert werden. Ausgewählt wurden die Methoden auch unter dem Aspekt, inwieweit sie zumindest teilweise in der zahnärztlichen Praxis erprobt wurden.

Die dem theoretischen Ansatz entsprechenden psychotherapeutischen Verfahren werden eingeteilt in:
- übende Verfahren (systematische Selbstbeobachtung, autogenes Training, progressive Muskelrelaxation nach Jacobson, Biofeedback),
- hypnotherapeutische Verfahren
- körperorientierte Verfahren,
- Gesprächstherapie,
- tiefenpsychologische Verfahren (Psychoanalyse),
- Verhaltenstherapie.

Übende Verfahren

Systematische Selbstbeobachtung

Die systematische Selbstbeobachtung kann beispielsweise am Beginn der Behandlung von Myoarthropathien eingesetzt werden [6, 51]. Sie dient dazu, unbewußte Parafunktionen oder auch andere Angewohnheiten ins Bewußtsein zu rufen.

Mehrmals täglich soll sich der Patient z.B. fragen, „Welche Spannung hat meine Kaumuskulatur und Gesichtsmuskulatur?“, „Wo liegt meine Zunge?“. Aber auch Körperhaltung, Schmerzzustände und anderes mehr können Gegenstand der Selbstbeobachtung sein. Das Ergebnis dieser Beobachtungen soll der Patient aufzeichen. Versehen mit der Uhrzeit und dem Datum dient es bei der Kontrollsitzung als Diskussionsgrundlage.

Damit die Beobachtungszeitpunkte nicht vergessen werden, soll sich der Patient in seinem Umfeld, der Wohnung (z.B. Haustüre, Spiegel etc.), am Arbeitsplatz (z.B. Monitor, Schreibtisch etc.) optische Signale anbringen, die ihn daran erinnern. Die Aufzeichnungen sollten über mehrere Tage, eventuell Wochen hindurch fortgeführt werden, um periodische Schwankungen der Befindlichkeit erkennen zu können. Abhängig von der Tätigkeit, vom Arbeitstag oder Wochenende, findet man nicht selten erste Hinweise auf den wahren Kern der Störung.

Für den zahnärztlichen Patienten ist es ungewöhnlich, am Prozeß der Diagnose und der Therapie selbst aktiv mitzuwirken. Doch gerade bei psychisch bzw. psychosomatisch verursachten Erkrankungen kann, wie schon mehrfach erwähnt, erst durch die Selbsterkenntnis der erste Schritt zur Heilung erfolgen. Im weiteren Gespräch mit dem Patienten kann er die Einsicht gewinnen, daß beispielsweise beim Schmerz-Dysfunktionssyndrom die Parafunktionen durch Streßfaktoren ausgelöst werden. Schließlich kann sich bei günstigem Verlauf aufklären, daß sogar Schmelzabrasionen, Schmerzen oder auch Zahnfehlstellungen und Zahnwanderungen in diesem Sinne psychisch verursacht wurden [7].

Autogenes Training

Von den Patienten gut akzeptiert ist das autogene Training (AT), das sogar als Kurs in Volkshochschulen angeboten wird. Das AT ist ein übendes Verfahren, das in Gruppen von sechs bis zwölf Teilnehmern erlernt werden kann. Es ist als eine Art Autohypnose anzusehen [50]. Die Vorteile liegen darin, daß man die Therapie gut delegieren kann und damit der psychotherapeutischen und zahnärztlichen Behandlung verfügbar macht.

Zu bedenken ist jedoch, daß die körperliche Anspannung häufig als zentrale Bewältigungsstrategie eingesetzt wird. Falls dem Patienten keine Ersatzmöglichkeiten zur Verfügung stehen und auch nicht in einer weitergehenden Therapie angeboten werden können, kann es zur Ablehnung des AT kommen.

Tabelle 1 Grundstufen des autogenen Trainings.

Ruhetönung	„Ich bin ganz ruhig«
1. Schwere-Übung	„Rechter Arm ist ganz schwer“
Generalisierung	z.B. „Arme sind schwer“
2. Wärme-Übung Generalisierung	„Rechter Arm ist ganz warm“ z.B. „Arme sind warm“
3. Atem-Übung	„Atem geht ruhig und regelmäßig“
4. Herz-Übung	„Herz schlägt ruhig und kräftig“
5. Sonnengeflecht-Übung	„Sonnengeflecht ist strömend warm“
6. Stirn-Kühle-Übung	„Stirn ist angenehm kühl“
Zurücknehmen	z.B. „Arme fest“

Das autogene Training wurde von SCHULTZ [52] eingeführt. Es handelt sich um ein aktives Einüben von vegetativen Abläufen, deren ausgeprägtestes psychisches Ergebnis eine allgemeine Entspannung und Ruhe darstellt. Während der zehn oder 15 Sitzungen, die die Einführung in die Grundstufe umfassen, nimmt der Patient zunächst eine entspannte Haltung ein (meist die sog. „Droschkenkutscher-Haltung“). Die Übungen beginnen mit der Vorstellung von Schweregefühl in den Armen und Beinen, es folgen Wärmegefühle, dann wird gewöhnlich zu Wärmevorstellungen in der Magengegend übergegangen. Es folgt die Konzentration auf das ruhig schlagende Herz und auf die entspannte Atmung. Die Übungen enden meist mit der Vorstellung von angenehmer Kühle im Kopf. Zwischen die Übungen können formelhafte Vorsätze eingeschaltet werden, z.B. „tiefer – schwer“ (Tabelle 1).

Nach intensivem Training genügt in der Regel eine kurze Konzentration auf die bestimmte Übung, um fast schlagartig die gewünschte Reaktion hervorzurufen. Der Vorteil des Verfahrens ist, daß die **konditionierten Reaktionen** ein wirksames Mittel zur raschen Entspannung und Ruhefindung darstellen. Um eine dauerhafte Entspannung zu gewährleisten, müssen die Übungen ein bis zwei Jahre regelmäßig durchgeführt werden. Der Nachteil des Verfahrens ist, daß gerade bei neurotisch angespannten Patienten, die des Effekts am dringendsten bedürften, die Übung in der Praxis am schlechtesten trainierbar ist. In diesen Fällen hat sich das Verfahren nach JACOBSON in der Praxis besser bewährt.

Progressive Relaxation

Im Unterschied zum autogenen Training handelt es sich bei der progressiven Relaxation um eine Selbstentspannung auf der Grundlage einer psychophysiologischen Technik, die insbesondere beim Bruxismus und Myoarthropathien indiziert ist, da sie direkt an der Muskelspannung ansetzt.

Von JACOBSON [25] entwickelt, besteht die progressive Relaxation aus „willkürlich fortgesetzter Reduktion des Tonus oder der Aktivität von Muskelgruppen und von motorischen oder assoziierten Teilen des Nervensystems“. Bestimmte Muskeln werden zunächst willentlich angespannt und dann entspannt. Von lokaler Muskelentspannung ausgehend kann die Methode durch tägliches Üben zu verschiedenen Hauptgruppen der Körpermuskulatur ausgedehnt werden mit dem Ziel, das systematische Erleben von muskulären Entspannungszuständen herzustellen. Ist die Relaxation erreicht, so soll sie „am besten automatisch und mit wenig oder nicht deutlich bewußter Führung weitergehen“.

Die Übungen werden im Liegen mit geschlossenen Augen und halbschwebender Aufmerksamkeit durchgeführt. Man beginnt mit einer Entspannung der Gliedmaßen, ihren einzelnen muskulären Anteilen und größeren Muskelgruppen und schreitet fort zu den Muskeln von Brust, Stirn, Augen, Zunge, Lippen, Kehle und Kehlkopf. In der einfachsten Form besteht die Arbeit lediglich in einer Anleitung zur Entspannung solcher Partien, die dem Arzt besonders verkrampft erscheinen, ohne daß das aufwendige allgemeine Training stattfindet. Dieser **lokale Zugang** könnte gerade im zahnärztlichen Bereich besonders attraktiv sein.

Biofeedback

Unter Biofeedback versteht man die Rückmeldung und Bewußtmachung einer Körperfunktion wie z.B. des Muskeltonus, der Atemfrequenz oder der Hautdurchblutung. Diese Rückmeldung der Körperfunktionen geschieht mit Hilfe einer Meßapparatur, die die biologischen Signale in wahrnehmbare physikalische Reize, wie z.B. Töne, Licht übersetzt. Damit können diese bewußt wahrgenommen werden. In einem zweiten Schritt wird dann gelernt, sie gezielt zu beeinflussen. Es wird ein Spannungs-Sollwert vorgegeben, die Annäherung des Meßwertes an den Sollwert wird als Verstärker verstanden. Es handelt sich damit im Kern um einen **operanten Konditionierungsvorgang.**

Besonders bei der Behandlung von Spannungskopfschmerzen ist die Wirksamkeit der symptomspezifischen Anwendung des Biofeedbacks mehrfach empirisch überprüft worden [49]. Durch EMG-Feedback der Muskelfunktion kann sowohl zu einer lokalisierten, wie einer generellen muskulären Entspannung beigetragen werden.

Die verschiedenen übenden Verfahren können in der Wirksamkeit als gleichwertig betrachtet werden. Die Differential-Indikation ergibt sich aus dem individuellem Ansprechen des Patienten und der Akzeptanz des jeweiligen Verfahrens.

Hypnotherapeutische Methoden

Als Hypnose wird die aktive Herbeiführung eines schlafähnlichen Zustandes bezeichnet, der aber eine verbale Kommunikation mit dem Patienten zuläßt. Während dieses Zustandes ist es möglich, dem Patienten eine Reihe von beruhigenden, entspannenden und stabilisierenden Suggestionen und Verhaltensanweisungen zu geben.

Hypnotische Verfahren zur Heilung und Beeinflussung des Menschen gehören zu den ältesten psychotherapeutischen Verfahren in der Medizin, dabei ist immer noch nicht exakt bekannt, was Hypnose eigentlich ist. Unter sehr verschiedenartigen Bezeichnungen wurden Verfahren angewandt, deren Wirkung der bei einer Hypnose entsprachen.

Während der Trance lassen sich im EEG in der Regel Alphawellen ableiten, die für eine „ruhende Aufmerksamkeit" sprechen. Die hypnotische Trance unterscheidet sich sowohl vom Wachzustand, als auch vom Schlafzustand. Aufmerksamkeit und Körperwahrnehmung sind verändert. Man ist sich weitgehend einig, daß Hypnose kein klar umrissener Bewußtseinszustand ist. Vielmehr stehen im hypnotischen Zustand besondere Fähigkeiten zur Verfügung, so werden äußere Reize kaum noch wahrgenommen, der Hypnotisierte weilt in einer Welt der Imagination (ähnlich wie es z.B. beim Lesen eines Buches auftreten kann) [50].

Von großer Bedeutung für den klinischen Einsatz ist, daß der Gefühlszustand des Patienten durch Suggestionen stark veränderbar wird. Doch bleibt jede Trance eine Form der Autosuggestion, die durch den Therapeuten lediglich verstärkt wird [58].

Die Vorbereitung des Patienten für eine Hypnose ist verhältnismäßig zeitaufwendig und insofern kostenintensiv. Es wird daher die Delegation dieser Vorbereitung an eine Hypnoseassistentin empfohlen.

Als Alternative zur individuellen Hypnose, vor allem wenn vom Patienten keine Hypnose gewünscht wird, können **Entspannungstonbänder** zum Einsatz kommen. Die günstigste Wirkung ist festzustellen, wenn eine unspezifische Hintergrundmusik zusammen mit verbaler Führung eingesetzt wird. Ohne entsprechende Einleitung im Sinne einer Tranceinduktion bleibt es bei einer einfachen Entspannung des Patienten, die unangenehme Geräusche in den Hintergrund treten und die zahnärztliche Behandlung weniger unangenehm erscheinen läßt.

Unter Anleitung von Zahnärzten mit einer Hypnoseausbildung kann mit dem Einsatz hypnosuggestiver Methoden erreicht werden, daß Extraktionen, Präparation von Zähnen und parodontologische Eingriffe ohne Lokalanästhesie schmerzfrei durchführbar werden [43].

Körperorientierte Verfahren

Funktionelle Entspannung

Die funktionelle Entspannung (FE) nach FUCHS basiert auf der Grundthese, daß sowohl psychische als auch physische Ursachen Körperspannungen verursachen können, die eine spezifische Form der Abwehr im „Erleben des Körpers" darstellen. Als Grundprinzip der FE gilt das Bestreben, gestörte Beziehungen zum Körper wahrnehmbar werden zu lassen und diese Beziehungen zu normalisieren. Der Ein- und Ausatmungsrhythmus bildet hierfür die Basis, indem der Patient die atmungsbegleitenden körperlichen Veränderungen zu spüren sucht.

Über eine neue, **veränderte Körperbeziehung** soll der Weg zu psychischen Problemen frei werden und patienteneigene Antriebskräfte sollen neue Lösungen für diese Probleme ermöglichen. Diese autonomen Antriebe werden in der funktionellen Entspannung gestärkt, das **Selbstgefühl** kann sich neu entwickeln.

Eine solche Therapie sollte mit einer besseren Beziehung des Arztes zu seinem eigenen Körper beginnen. Davon ausgehend ist eine einfühlende, selbstkritische und daher kontrollierte Beziehung zum Patienten möglich [18].

Gesprächstherapie

Die Gesprächspsychotherapie wurde von ROGERS [40] entwickelt. Sie stellt eine patientenzentrierte

Methode dar, bei der dem Patienten keine Ratschläge erteilt werden sollen. Sie beruht vielmehr auf einem Beziehungsangebot des Therapeuten. Die Einstellungen und Gefühle des Patienten stehen im Zentrum und der Therapeut fungiert als Katalysator für positive Entwicklungstendenzen. In einer angstfreien Atmosphäre soll der Patient die Möglichkeit finden, ohne von einem Therapeuten gelenkt zu werden, seinen eigenen Standpunkt zu seiner persönlichen Situation zu überdenken und ihn neu zu finden. Der Therapeut soll sich in die Gefühls- und Erlebniswelt des Patienten einfühlen. Einfühlung oder Empathie stellen dem Patienten die notwendige Sicherheit zur Verfügung, die er alleine nicht realisieren kann, aber für einen Standpunktwechsel benötigt. **Basisvariablen** für die Gesprächstherapie nach ROGERS sind [40]:

- Empathie (einfühlendes Verstehen),
- unbedingte Wertschätzung (uneingeschränktes Akzeptieren),
- Selbstkongruenz (Echtheit).

Als **Zusatzvariablen** sind zu nennen:

- Konkretheit und Spezifität des Ausdrucks,
- Unmittelbarkeit in der zwischenmenschlichen Beziehung,
- Selbsteinbringung des Therapeuten,
- Konfrontation des Patienten mit Widersprüchen in seinem Verhalten,

Auf der Basis der Beziehung zwischen Therapeut und Patient können Erfahrungen vom Patienten zugelassen werden, die zuvor nicht in das Selbstkonzept integriert werden konnten.

Der Begriff **Selbstkonzept** stammt aus der Persönlichkeitstheorie von ROGERS. Das Selbstkonzept ist demnach definiert, als die Summe der Erfahrungen über die eigene Person. Falls das Selbstkonzept durch negative Lernerfahrungen rigide geworden ist, können in ungünstigen Fällen neue Erfahrungen nicht mehr in dieses Selbstkonzept integriert werden und stehen im Widerspruch dazu. Aus diesen Widersprüchen entstehen Ängste und Schuldgefühle. Die nichtintegrierbaren Erfahrungen werden auf solche Weise abgewehrt.

Gelingt es dem Patienten, diese Abwehr zu überwinden, können Klärungsprozesse des Patienten gezielt gefördert werden, wobei die Beziehung zum Therapeuten dem Patienten die dafür nötige Sicherheit bietet. Empathie, unbedingte Wertschätzung und Kongruenz sind zentrale Bedingungen für diese Methode [32].

Die Behandlung findet im Sitzen statt, der Blickkontakt mit dem Therapeuten ist gewünscht. Die aufrecht sitzende Position des zahnärztlichen Behandlungsstuhles wäre also prinzipiell geeignet, um ein therapeutisches Arrangement (setting) herzustellen.

Für diese Methode ist eine sorgfältige Ausbildung erforderlich, die neben der theoretischen und praktischen Ausbildung Selbsterfahrung mit der Methode und die Supervision ausführlich dokumentierter Behandlungsfälle beinhaltet.

Tiefenpsychologische Verfahren

Die Einbeziehung tiefenpsychologischer Kenntnisse bedeutet, unbewußte Konflikte, Wünsche, die abgewehrt werden und die zu Symptomen, Ängsten oder Schmerzen führen können, schrittweise bewußt und lösbar zu machen. Dies bedeutet, daß der „psychosomatisch ausgebildete Zahnarzt" versuchen muß, Einsicht in die Krankheitsentwicklung und in die Probleme zu eröffnen.

Hierbei ist besondere Sensibilität für Konflikte innerhalb der Arzt-Patient-Beziehung wichtig. Auf der anderen Seite bedeutet der reflektierte Umgang mit Patienten auch eine Bereicherung für das Selbstverständnis und eine Möglichkeit zu persönlichen Erfolgserlebnissen für den Zahnarzt.

Individualpsychologischer Ansatz nach ADLER

Die individualpsychologische Methode hat sich im zahnärztlichen Bereich als praxisnahe Form erwiesen, psychische Kofaktoren bei der Ätiologie von Myoarthropathien gemeinsam mit dem Patienten zu entdecken und aufzuarbeiten [59].

Grundlage der Individualpsychologie ist die Vorstellung, daß der Mensch als ganzes, unteilbares Wesen empfindet und handelt. Durch sein individuelles Verhalten und seine Einstellungen wird der persönliche „Lebensstil" geprägt. Dieser beschreibt die unbewußten Ziele, nach denen sich alle Entscheidungen, bewußte und unbewußte, orientieren.

Eine vererbte oder erworbene Schwäche einzelner Organe, in Form anatomischer oder funktioneller Anomalien, macht störungs- und krankheitsanfällig. Eine körperliche Störung oder Krankheit verursacht eine individuelle Gefühlslage des körperlichen Unwohlseins und ist in der Regel rein somatisch zu therapieren.

Anders, wenn dieses Unwohlsein in enge Beziehung zum individuellen Lebensstil tritt. Es wird dann als mehr oder weniger geeignetes Mittel zur Erreichung der unbewußten Ziele eingesetzt. Wenn sich diese Symptome verselbständigen und dem persönlichen Ziel nicht mehr dienlich sind, werden sie um so hartnäckiger eingesetzt. Allem Anschein nach sind die Symptome dann noch dem Organ zugeordnet, doch in Wahrheit ist, wie bei konditionierten Reflexen, eine Wechselwirkung zwischen einem aus dem Lebensstil entstammenden Auslösereiz und einer körperlichen Antwort entstanden. Am Beispiel des Bruxismus kann diese Reaktion als Ablaufschema dargestellt werden (Abb. 2).

Mit der sog. **individualpsychologischen Frage:** „Wenn alle Symptome (z.B. Schmerzen) plötzlich verschwinden würden, was würde sich in Ihrem Leben ändern?" kann man erfahren, wogegen das spezielle Symptom gerichtet ist. Die Antwort gibt bei entsprechender psychischer Problematik auch Auskunft, wogegen das Symptom als Mittel unbewußt eingesetzt wird. Es wird z.B. klar, ob der Patient bestimmte Aufgaben meidet, oder sich ihnen überhaupt entzieht.

Auf der Basis von Empathie, einer partnerschaftlichen Arzt-Patient-Beziehung und einer biographischen Anamnese ist es das Ziel der Therapie, gemeinsam mit dem Patienten „seinen Lebensstil" zu formulieren, was nach Untersuchungen von Staats und Graber fünf bis zehn Therapiestunden dauerte [59].

Diese Erkenntnis kann dem Patienten eine objektivere Einsicht in sein eigenes Verhalten ermöglichen. Zunächst sollte er bei dem am meisten Erfolg versprechenden Problem eigene Alternativen entwickeln, und andere, zweckdienlichere Verhaltensweisen trainieren. Falls sich diesbezüglich kein Therapieerfolg einstellt, ist trotzdem mit einer wesentlichen Verbesserung des Vertrauensverhältnisses zwischen Zahnarzt und Patient zu rechnen. Wegen der oftmals langen Leidensgeschichte sind die Patienten für das intensive Gespräch dankbar.

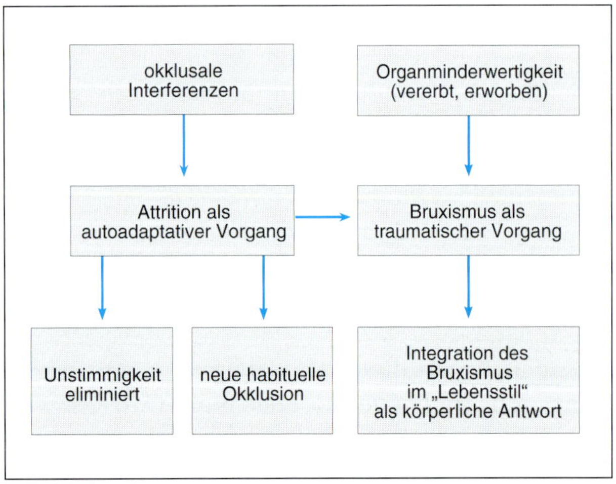

Abb. 2 Somatischer und psychosomatisch-pathologischer Reaktionsablauf am Beispiel des Bruxismus [33].

Verhaltenstherapie

Verhaltenstherapeutische Methoden beziehen sich in der Regel stark auf Lerntheorien, denen zufolge das (menschliche) Verhalten als erlernt und wieder verlernbar angenommen wird. Um die gewünschten Verhaltensänderungen zu erreichen werden häufig übende Verfahren eingesetzt.

In der Zahnmedizin werden solche Elemente bereits zur Karies- und Parodontoseprophylaxe angewandt [22]. Auch die systematische Desensibilisierung zum Angsabbau beruht auf verhaltenstherapeutischen Grundsätzen.

Der Ursprung der Verhaltenstherapien liegt in der Entdeckung des bedingten Reflexes durch Pawlow, woraus später das Konzept des sog. **„klassischen Konditionierens"** abgeleitet wurde. Ähnlich wie bei den bekannten Experimenten Pawlows geht man davon aus, daß bei zeitlicher Koppelung eines gewöhnlichen unbedingten Reflexes mit einem zunächst neutralen Reiz, durch Lernvorgänge ein bedingter (erlernter) Reflex entsteht. Der zuvor neutrale Reiz kann nun gleichfalls diesen Reflex auslösen. So ist es möglich, daß ohne kausal-anatomischen Zusammenhang auf reflektorischem Wege Symptome und körperliche Zustände wie Schmerzen oder Übelkeit ausgelöst werden. Ziel einer Therapie ist es, solche bedingten Reflexe wieder zu verlernen.

Ein weiterer Weg zur Verhaltensänderung führt über Belohnung und Erfolg. Eine aufgrund dieser Erkenntnis entwickelte Methode ist das **„instrumentelle Konditionieren"**. Über die Kontrolle der Konsequenzen aus einem Verhalten in Form der „positiver Verstärker" genannten Belohnung oder dem „negativer Verstärker" genannten Fortfall von Bestrafung, wird das gewünschte Verhalten antrainiert [31].

Die Einzelschritte der kognitiven Verhaltenstherapie bestehen aus:
- Problembeschreibung,
- Problemanalyse,
- Zielanalyse,
- Veränderungsplanung,
- Handlungsevokation,
- Bewertung (im Sinne einer Rückkopplung).

Möglichkeiten und Grenzen psychotherapeutischer Verfahren

Alle psychotherapeutischen Verfahren bedeuten für den Zahnarzt neben der Notwendigkeit zu einer adäquaten Ausbildung einen großen Zeitbedarf. Dieser – auch wirtschaftliche – Aufwand steht in der Zahnarztpraxis auf Dauer nur dann in einer vernünftigen Relation zum Erfolg, wenn effiziente Selektionsmöglichkeiten angewendet werden. So wird der Hauszahnarzt, der den begründeten Verdacht auf eine biopsychosoziale Störung hat, sich zunächst auf die somatische Therapie akuter objektivierbarer Aspekte der Erkrankung beschränken. Zur weiteren Differentialdiagnostik der häufig chronischen Anteile der Erkrankung könnte er den Patienten – im Idealfall – an einen Zahnarzt mit nachgewiesenen psychotherapeutischen Kenntnissen überweisen. Falls dies nicht möglich ist, da derzeit noch kein offizieller Ausbildungsgang hierfür eingerichtet wurde und nur wenige Zahnärzte über die entsprechenden Zusatzkenntnisse verfügen, wird die Prognose für den Therapieverlauf ungünstig. Je nach Schweregrad der Störung ist es ratsam, einen Psychotherapeuten als Konsiliarius um Rat zu fragen. Danach kann dem Patienten zu einem Beratungsgespräch bei einem psychosomatisch orientierten Psychotherapeuten bzw. Psychiater geraten werden (Abb. 3).

Psychotherapie im zahnärztlichen Setting wird vorwiegend in den Fällen zum Einsatz kommen müssen, in denen noch keine Einsicht in die Ursachen der Erkrankung erreicht werden konnte. Häufig sind Patienten erst dann in der Lage der

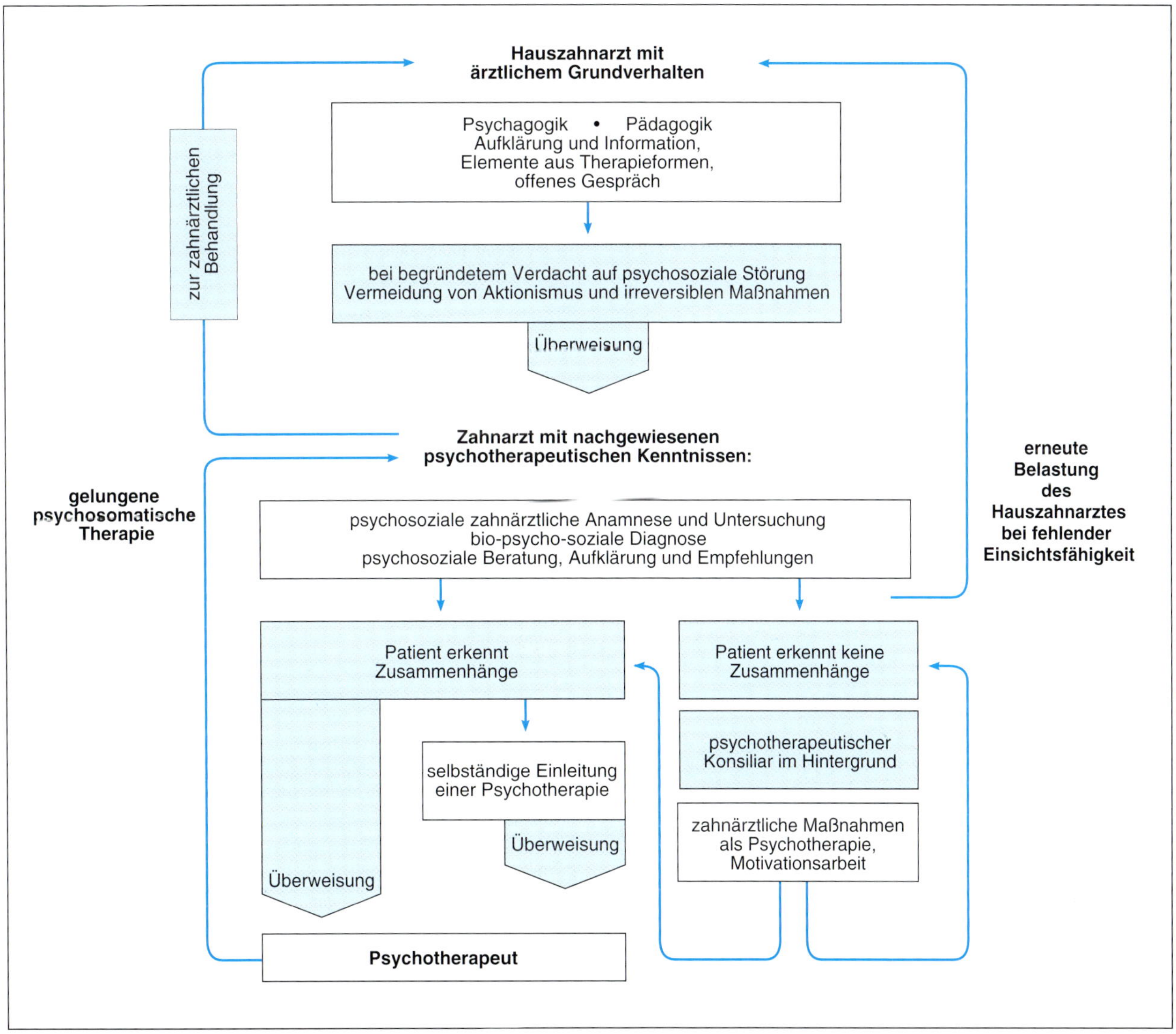

Abb. 3 Möglichkeiten für den Umgang mit psychischen Erkrankungen in der zahnärztlichen Praxis [60].

Überweisung zu einem Psychotherapeuten Folge zu leisten, wenn die Zusammenhänge einer Erkrankung mit psychosozialen Faktoren eingesehen und akzeptiert werden können.

Stufenweiser Einsatz verschiedener Methoden

Die Integration der beschriebenen Methoden wird sich – dem Ausbildungsstand entsprechend – auf einige wenige Methoden beziehen, mit denen der behandelnde Therapeut Erfahrungen sammeln konnte. Dabei ist es in der Praxis meist notwendig, die Verfahren stufenweise zum Einsatz zu bringen [29].

So können zum Angstabbau zunächst einmal vertrauensbildende Maßnahmen im ärztlichen Gespräch – auf gesprächspsychotherapeutischer Grundlage – die Basis darstellen. Im Rahmen dieses Gesprächs können erste Hypothesen über Konflikte, Belastungen, Lösungsprozesse gewonnen werden. Bestehen bei dem Patienten erhebliche Zweifel und Widerstände gegenüber einem damit angedeuteten Krankheitsmodell, so kann eventuell mit einem übenden Verfahren ein erster Zugang gewonnen werden. Auch über Gruppenprozesse und den Austausch mit anderen Patienten kann hier die Abwehr gegenüber psychotherapeutischen Verfahren reduziert werden.

Je nach Problemstellung kann dann anschließend eher ein tiefenpsychologisch orientierter Zugang, etwa bei einem Konversionsschmerzpatienten, vorgeschlagen werden oder aber zum Angstabbau eine verhaltenstherapeutische Desensibilisierung durchgeführt werden. In der Kinderbehandlung können psychagogische Ansätze, die Einbeziehung der Eltern und sogar Familientherapien notwendig werden.

Kooperation

Fallbeispiele

In drei Fallbeispielen soll dargestellt werden, wie verschiedene Formen der Kooperation aussehen können:

- supportive Psychotherapie des Zahnarztes, die den Patienten für eine konfliktbearbeitende Psychotherapie beim Psychotherapeuten motiviert,
- parallel durchgeführte Schmerztherapie beim Zahnarzt und Psychotherapeuten,
- Psychotherapie durch den Zahnarzt unter der Supervision des Psychotherapeuten.

Supportive Haltung des Zahnarztes

Fallbeispiel:
Eine Patientin klagte über starke, zeitweise unerträgliche Spannungsgefühle nach dem Eingliedern einer Brücke. Die 55jährige Patientin, deren familiäre Situation dem Zahnarzt bekannt war, berichtete über den Auszug ihrer einzigen Tochter zur Aufnahme des Studiums. Die Patientin konnte ihre Lebenssituation und die damit verbundenen Gefühle darstellen und den Verlust sofort verstehen. Die zum gleichen Zeitpunkt stattgefundenen Frühberentung ihres Mannes führte trotz positiver emotionaler Bindung zu vielfältigem „Klemmen" in der Aufgabenverteilung und zu Veränderungen des jeweiligen Rollenverständnisses. Hier gelang es, die engagierte Patientin und ihren Mann zu Paarberatungen beim psychotherapeutischen Kollegen zu motivieren, wo die Neuorientierung in dieser Lebensphase bearbeitet werden konnte.

Wichtig war das frühzeitige Ansprechen der Spannungssituation durch den Zahnarzt und das Verständlichmachen des psychosozialen Kontextes, insbesondere des erlittenen Verlustes. Die Konflikte waren in diesem Fall bewußtseinsnah, und die Patientin konnte zu ihren Gefühlen rasch Zugang finden. Auf die Beschwerden hatten verschiedene Faktoren Einfluß. Entspannende Gespräche führten zu einer gewissen Besserung, während Alleinsein die Schmerzen und die Hilflosigkeit verstärkten. Hier konnte sich die Patientin durch eine Verbesserung der Kommunikation und des Kontaktverhaltens selbst aus ihrem Rückzugsverhalten herauslösen. Die Spannungsgefühle, die sie durch die Brücke erlebt hatte, verschwanden dauerhaft.

Gescheiterte Kooperation bei parallel durchgeführter Therapie

Fallbeispiel:
Anders war es bei einer ebenfalls 55jährigen Patientin, die nach über eineinhalb Jahre dauernden, mehrfach gescheiterten Versuchen, ihren Zahnarzt drängte, eine weitere Unterkiefer-Vollprothese anzufertigen. Immer wiederkehrende „Druckstellen" ließen ihr das Tragen der letzten, technisch-medizinisch einwandfreien prothetischen Versorgung unerträglich erscheinen. Der verzweifelte Kollege rief den Psychotherapeuten zu Hilfe, weil sich die Patientin, die jede Woche über mehrere hundert Kilometer zu ihm fuhr, bei ihm „einzunisten" drohte.

Durch die Überweisung fühlte sich die Patientin entwertet und beim Psychiater deplaziert. Nachdem ihre Angst, „abgeschoben" zu werden, angesprochen wurde und vor allem die Folgen der Prothesenunverträglichkeit in den Mittelpunkt gestellt wurden, reagierte die Patientin mit einem ungeheueren Redeschwall. Sie stellte einen „gierig verschlingenden" Beziehungskontext her. Sie konnte aber auch ihre Vereinsamungsgefühle, das Gefühl des Abgeschobenwerdens aus der sozialen Gemeinschaft, ihre Tendenz zur Selbstisolation sowie den Vertrauensverlust als Folge des Verlustes durch den Tod ihres Ehemanns und anderer Verluste im Leben verstehen. Sie spaltete immer wieder ihre Kontakte auf in solche zu Menschen, denen sie mißtraute, und in die wenigen zu Menschen, denen sie vertrauen konnte. Die Konfrontation mit dem Gedanken, daß sie mit ihrem starken Wunsch nach Vertrauen gerade Zahnärzte als Vertrauenspersonen benötigte, diese jedoch mit ihren übergroßen Wünschen auch wegstieß, konnte sie nicht akzeptieren. Sie erlebte diese Deutung als schuldinduzierend. Sie fühlte, daß ihre Bindung zu den Zahnärzten in Gefahr gebracht werden würde. So war der „Brückenschlag" zum Psychotherapeuten erfolglos, die Patientin fürchtete die Trennung und das Abgeschobenwerden und vermied weitere Kontakte zum Psychotherapeuten und suchte fortan andere Zahnärzte auf.

Dies beleuchtet die besondere, sensible Situation bei sog. „Problempatienten", die Beziehungsproblematik und die Schwierigkeit, einen „Brückenschlag" zu leisten. An diesem Beispiel wird auch klar, wie aufwendig eine Kooperation durch die wiederholt notwendigen Besprechungen ist.

Kooperation und Supervision durch den Psychotherapeuten

Fallbeispiel:
Ein 42jähriger Mann leidet seit Jahren unter orofazialen Gesichtsschmerzen und Okklusionsproblemen. Der Patient erlebt einen bestimmten Zahn als „vorstehend" und übt immer wieder Fingerdruck auf ihn aus. Dadurch entstehen nach kurzer Zeit Schmerzen, die in die linke, zeitweise auch in die rechte Gesichtshälfte ausstrahlen. Zusätzliche Schmerzen über der Stirn und im Nackenbereich „machen ihn rasend", so daß er seinen Beruf nachmittags nicht mehr ausüben kann. Wegen der Kopfschmerzen ist er in neurologischer, internistischer und HNO-ärztlicher Behandlung. Der Leidensdruck führt zu nachdrücklich geforderten Untersuchungen. Er leidet unter extremen Körperängsten, ohne diese Ängste psychisch zulassen zu können. Lediglich Tranquilizer lindern seine Schmerzen, so daß er in kurzer Zeit tranquilizerabhängig wird. Eine Entzugsbehandlung hat bei dem Patienten ein schweres Entzugsdelirium zur Folge, das ihn in psychiatrische Behandlung führt. Durch die rasche Besserung der deliranten Symptomatik kann er ein sehr gutes Vertrauensverhältnis aufbauen. Die ständigen Arztbesuche können gestoppt werden, zusätzlich wird ein funktionstherapeutisch tätiger Zahnarzt hinzugezogen.

Der Patient hat sich in der früheren rigorosen Therapie die okklusalen Flächen aller Zähne völlig plan schleifen lassen. Nach langem Gespräch akzeptiert er zunächst eine Aufbißschiene für die Nacht. Sensible Dentinflächen die unter den durchgeschliffenen Kronen freiliegen, werden mit Glasionomerzement abgedeckt. Es wird schrittweise erreicht, daß der Patient unterschiedliche Schmerzursachen unterscheiden lernt.

Das Delirium stellt für ihn einen erschütternden Einschnitt in seinem Leben dar. Er kann dadurch seine beruflichen Engagements relativieren und zum ersten Mal „kürzertreten". Wir konnten herausarbeiten, daß er sich maximal unter Druck setzt, weil er den Familienbetrieb, der für ihn eine Nummer zu groß ist, unbedingt erhalten will. Er erlebt sich in Teilbereichen als erfolgreich, insgesamt aber wirkt er überfordert und der Situation nicht gewachsen. Er löst ausgeprägte Gegenübertragungsgefühle bei beiden Therapeuten aus, indem er seinerseits Druck macht: „Ich wäre zu allem bereit, sie können mich Tag und Nacht auf den Kopf stellen, aber in drei Monaten spätestens muß der Schmerz weg sein". Es fällt ihm schwer, seine gesamte Lebenssituation darzustellen. Ständig muß bei ihm irgend etwas passieren und es darf keine Ruhepause eintreten. Der „Rubel muß rollen", sagt er.

Durch die Zweigleisigkeit der Betreuung durch den Psychotherapeuten und den psychosomatisch arbeitenden Zahnarzt sowie durch das scheinbar beiläufige Besprechen der Lebenssituation, kommt der Patient etwas näher an die Problematik seiner Hektik und Überaktivität heran. Mit Hilfe von Entspannungsübungen können erste Ansätze gefunden werden, durch die der Patient zumindest zeitweise schmerzfrei ist.

Für diese Behandlung waren sehr aufwendige Absprachen zwischen Zahnarzt und Psychotherapeut im Sinne einer Feinabstimmung notwendig, da der Patient seine Hilflosigkeitsgefühle abwehrte, indem er den anderen hilflos machte, zur sinnlosen Pseudohandlung zwang und schließlich das dahinter stehende Aggressionsproblem durch Entwertung ausagierte. Bildhaft bedeutete das für die Behandler, dem Druck standhalten zu müssen, „Unebenheiten" zu ertragen und nicht scheinbar zur vorschnellen Glättung überzugehen.

Aufbau einer interdisziplinären Zusammenarbeit am Beispiel der Bulimie

Der Zahnarzt kann aufgrund der typischen, durch Einwirkung der Magensäure entstandenen Schmelzerosionen die Verdachtsdiagnose einer psychogenen Eßstörung stellen. Daher kommt ihm häufig bei der Vermittlung einer adäquaten Psychotherapie eine zentrale Rolle zu [20]. „Hier ist der Zahnarzt (...) in seiner Beratungsfunktion über sein eigenes Fachgebiet hinaus gefordert." [41]

Sowohl aus psychiatrischer als auch aus zahnärztlicher Sicht kann der Zahnarzt die Verdachtsdiagnose erhärten und die Überweisung zur Differentialdiagnose durch den Arzt für Psychiatrie und Psychotherapie oder einen entsprechend ausgebildeten Allgemeinarzt vornehmen. In Kooperation mit dem Psychotherapeuten gilt es, einen günstigen Zeitpunkt für die zahnärztliche Sanierung der Schmelzschäden innerhalb der Gesamttherapie zu finden.

Zur Psychotherapie sind fundierte Kenntnisse und Erfahrungen mit den Besonderheiten von Eßstörungen erforderlich. Ohne eine entsprechende körperliche Untersuchung und psychiatrische Diagnostik ist bei eßgestörten Patienten der sofortige Beginn von mehr oder weniger professionellen „Gesprächen" als Kunstfehler anzusehen [41].

Stellung des Zahnarztes in einem Team

Am ehesten finden Patienten mit eindeutiger Zuordnungsmöglichkeit ohne größere Umwege zu einer adäquaten Therapie. Doch häufig kann man nicht genau trennen, ob den Problemen zahnärztlicher Patienten psychische Störungen zugrunde liegen, oder ob durch die Probleme mit der zahnärztlichen Behandlung psychische Störungen verursacht werden. Besonders problematisch sind enge Verflechtungen psychischer und somatischer Störungen in Verbindung mit sozialen Schwierigkeiten. Aus diesem Grund ist es notwendig, daß für den fachgerechten Umgang mit diesen Patienten ein **interdisziplinäres Team** aufgebaut wird.

Für die interdisziplinäre Zusammenarbeit sind **gemeinsame Konzepte** sowohl in bezug auf die Differenzierung von Krankheitsbildern als auch auf die Methoden der Untersuchung sowie die Behandlungsstrategien erforderlich.

Der Zahnarzt einerseits muß soviel über Psychodiagnostik und psychotherapeutische Möglichkeiten wissen, daß er den Patienten diesbezüglich zumindest adäquat untersuchen und beraten kann. Der Psychotherapeut oder Psychiater andererseits sollte die zahnärztliche Problematik kennen, die oft durch die übertriebene Erwartungshaltung des Patienten bestimmt wird.

Besondere Berücksichtigung sollte hierbei die Tatsache finden, daß die Normen für die Behandlung des stomatognathen Systems im wesentlichen den mechanischen Bedingungen der Verzahnung sowie ästhetischen Idealvorstellungen folgen, die aber nur in Ausnahmefällen voll erfüllt sein können. Die vielfältigen Einflußparameter (parodontale Stabilität, Kariesanfälligkeit, Form und Farbe der Zahnkronen, Anatomie der Zahnwurzeln, Konfiguration der Kiefer und des Gesichtes, Parafunktionen) erfordern eine Adaptation an die Gegebenheiten, so daß das „individuelle Optimum" nicht selten von den Normen der Gesellschaft und zahnmedizinischen Idealvorstellungen abweicht.

Eine Teilnahme der Teampartner an derselben Balint-Gruppe könnte die Ausgangsbasis für ein gutes wechselseitiges Verständnis sein. Auch ein längeres Kennenlernen in Arbeitsgesprächen bereitet eine produktive Zusammenarbeit vor. Da die Wahl der psychotherapeutischen Methode weniger von der Diagnose als von den individuellen Gegebenheiten abhängt, ist die dem Anschein nach schwierige Wahl des psychotherapeutischen Mitbehandlers eher nach praktischen Gesichtspunkten (wie örtlicher Nähe und Bereitschaft zur Auseinandersetzung mit dem Thema) zu treffen.

In Absprache mit dem behandelnden Psychiater können dann in der Praxis die zahnärztlich erforderlichen Behandlungsmaßnahmen im Vordergrund stehen. Der Therapieablauf wird von der Art und dem Schweregrad der psychischen Erkrankung bestimmt.

Ausbildungsmöglichkeiten

Die Ausbildung in psychotherapeutischen Methoden beinhaltet **theoretische Kenntnisse** der prinzipiell möglichen Therapieansätze. Hierüber kann man sich in entsprechenden Lehrbüchern, sowie in Fortbildungsseminaren informieren. Entsprechende Arbeitsgruppen, Institute und Seminare sind:

- regionale Balint–Gruppen,
- Deutsches Kollegium für Psychosomatische Medizin – Arbeitskreis Zahnmedizin,
- Deutsche Gesellschaft für Zahn-, Mund- und Kieferheilkunde – Arbeitskreis Psychologie und Psychosomatik in der Zahn-, Mund- und Kieferheilkunde,
- Symposium „Psychosomatisches Denken in der Zahmedizin – Bukow/Märkische Schweiz",
- Deutsche Gesellschaft für Medizinische Psychologie,
- Symposien und Fortbildungen der zahnärztlichen Fortbildungsinstitute,
- Psychotherapieverband für Gesprächspsychotherapie: „Gesellschaft für wissenschaftliche Gesprächspsychotherapie" (GwG),
- Milton-Erickson-Gesellschaft für Hypnose.

Ein weiterer wesentlicher Bestandteil besteht in der sog. **Selbsterfahrung,** in der der zukünftige Therapeut an sich selbst die Therapie erlebt, ohne daß eine Notwendigkeit zur Psychotherapie besteht. Die Selbsterfahrung hat zum Ziel, spezielle Methoden detailliert kennenzulernen, aber auch eigene Probleme aufzuarbeiten und die eigene Persönlichkeit für die therapeutische Tätigkeit zu stärken.

Balint-Gruppe

Die Balint-Gruppenarbeit kann als Einstiegsmöglichkeit zu einer entsprechenden Ausbildung genutzt werden. Sie kann das Verständnis für die dem Zahnarzt ungewohnten Denkweisen von Psychotherapeuten und Psychologen erleichtern.

MICHAEL und ENID BALINT [3] entwickelten in den Fünfzigerjahren innerhalb eines Forschungsseminares eine Methode zur Gruppenarbeit für jeweils etwa acht bis zehn Ärzte verschiedener Fachrichtungen unter Teilnahme von ein oder zwei Psychiatern. Die ursprüngliche Zielsetzung, „... eine Pharmakologie der Droge ‚Arzt' zu entwerfen ..." basiert auf der Erkenntnis, daß das am häufigsten verwendete Heilmittel der Arzt selbst sei, nämlich die Art und Weise, wie Medikamente verschrieben werden, die Atmosphäre, in der die Medizin verabreicht und genommen wird.

Die Ärzte berichten in der Gruppe möglichst frei über die Erfahrungen mit ihren Patienten. Mit dem Fallbericht soll möglichst eine umfassende Schilderung der eigenen affektiven Reaktionen auf den betreffenden Patienten oder affektives Mitbeteiligtsein an dessen Problemen gegeben werden. Die Diskussion in der Gruppe unter Anleitung eines Psychiaters soll es dem Arzt erlauben, pathologische Prozesse im Arzt-Patient-Verhältnis, sowie deren diagnostische Anzeichen rechtzeitig zu erkennen. Auf diese Weise kann neben einer verständnisvollen Ko operation mit anderen medizinischen Disziplinen eine schrittweise Verbesserung im ärztlichen Umgang mit Patienten erreicht werden, die unter anderen Umständen zu Problempatienten würden.

Selbsterfahrung

Da für psychotherapeutische Interventionen vor allem die Beziehungsdiagnostik sowie die Übertragungs- und Gegenübertragungsprozesse entscheidende Grundlage sind, ist eine Selbsterfahrung des psychotherapeutisch Tätigen unumgänglich. Hierbei sollten eigene Konflikte, Beziehungsmuster und Bewältigungsstile, sowie Persönlichkeitsfaktoren herausgearbeitet werden.

In der Regel wird eine Psychotherapie unter dem Aspekt der Selbsterfahrung ohne eine spezielle Indikation durchgeführt. Sie dient dem Kandidaten, die Wirkprinzipien zu erfassen und die Auswirkungen zu spüren.

Supervision

Die Supervision ergänzt die Balint-Gruppenarbeit und die Selbsterfahrung durch die systematische Erarbeitung von Interaktionsmustern, die sich im Umgang mit bestimmten Patienten einstellen. Hierbei genau zu erfassen sind die eigene Konfliktbereitschaft und maladaptive Muster, nach denen bestimmte Persönlichkeitsfaktoren des Patienten (etwa der abhängige, der passive oder der fordernde Patient) schwierige Gegenübertragungsprozesse auslösen, die dann zum Stillstand der Therapie führen können. In der Supervision sind ergänzend zur psychodynamischen Erfassung wie sie in der Balint-Gruppe geübt wird, die genauen Prozeßabläufe der Interaktion festzuhalten und zu bearbeiten

Auch wenn sich die Autoren darüber im klaren sind, daß psychotherapeutische Ansätze in der Zahnmedizin noch auf tönernen Füßen stehen und vieles fragmentarisch ist, sind doch sowohl im diagnostischen Bereich als auch für eine adäquate Therapie ausreichend fundierte Kenntnisse vorhanden. Deren Umsetzung tut dringend not.

Literatur

[1] Adler, R., Hemmeler, W.: Praxis und Theorie der Anamnese. 2. Aufl. Fischer, Stuttgart–New York 1989.

[2] Adler, R., Herrmann, J.M., Köhle, K., Schonecke, O.W., Uexküll, Th.v., Wesiack, W. (Hrsg.): Psychosomatische Medizin. 4. Aufl. Urban & Schwarzenberg, München–Wien–Baltimore 1990.

[3] Balint, M.: Der Arzt, sein Patient und die Krankheit. 8. Aufl. Klett-Cotta, Stuttgart 1993.

[4] Bell, W.E.: Recent concepts in the management of temporomandibular joint dysfunctions. J. oral Surg. 28, 596 (1970).

[5] Birner, U.: Psychologie in der Zahnheilkunde. Quintessenz, Berlin 1993.

[6] Blumenthal-Barby, G., Kluge, A.: Selbstbeobachtung oraler Parafunktionen – eine Studie zur Compliance. In: Sergl, H.-G., Müller-Fahlbusch, H. (Hrsg.): Jahrbuch der Psychologie und Psychosomatik in der Zahnheilkunde, Bd. 2. Quintessenz, Berlin 1992.

[7] Blumenthal-Barby, G., Kluge, A.: Selbstbeobachtung oraler Parafunktionen – eine verhaltenstherapeutische Methode. In: Sergl, H. G., Kreyer, G., Graber, G. (Hrsg.): Jahrbuch der Psychologie und Psychosomatik in der Zahnheilkunde. Bd 3. Quintessenz, Berlin 1993.

[8] Demmel, H.-J. (Hrsg.): Beiträge für die Begründung einer qualifizierenden psychosomatischen Fortbildung für Zahnärzte. Mitteilungen an die Mitglieder des Deutschen Kollegiums für Psychosomatische Medizin e.V. Sonderheft Nr. 25 a, Marburg 1994.

[9] Demmel, H.-J., Lamprecht, F.: Zahnheilkunde. In: Adler, R., Herrmann, J.M., Köhle, K., Schonecke, O.W., Uexküll, Th.v., Wesiack, W. (Hrsg.): Psychosomatische Medizin. 4. Aufl. Urban & Schwarzenberg, München–Wien–Baltimore 1990.

[10] Drost, R.: Sogenannte Prothesenunverträglichkeit (oder: Die nichtakzeptierte Prothese). Psychosomatische Aspekte. I. Teil. ZWR 18, 848 (1978).
[11] Drost, R.: Sogenannte Prothesenunverträglichkeit (oder: Die nichtakzeptierte Prothese). Psychosomatische Aspekte. Fortsetzung und Schluß. ZWR 19, 907 (1978).
[12] Egle, U. T., Hoffmann, S. O.: Der Schmerzkranke. Schattauer, Stuttgart–New York 1993.
[13] Ermann, M., Neuhauser, W.: Der orofaziale Schmerz. Quintessenz, Berlin 1990.
[14] Faber, F.R., Haarstrick. R.: Kommentar, Psychotherapierichtlinien. 2. Aufl. Jungjohann, Neckarsulm–Stuttgart 1991
[15] Fichtner, J.: Zur kausalen Therapie funktionsbedinger Arthropathien. Dtsch. zahnärztl. Z. 23, 862 (1996).
[16] Fleischer-Peters, A., Scholz, U.: Psychologie und Psychosomatik in der Kieferorthopädie. Hanser, München 1985.
[17] Freud, S.: Schriften zur Behandlungstechnik (Ergänzungsband). 110, Fischer, Frankfurt a. M. 1975.
[18] Fuchs, M.: Funktionelle Entspannung bei kieferorthopädischen Problempatienten. Fortschr. Kieferorthop. 44, 48 (1983).
[19] Graber, G.: Der Einfluß von Psyche und Streß bei dysfunktionsbedingten Erkrankungen des stomatognathen Systems. In: Hupfauf, L. (Hrsg.): Funktionsstörungen des Kauorgans, Praxis der Zahnheilkunde, Bd. 8. 2. Aufl. Urban & Schwarzenberg, München 1989.
[20] Graehn, G., Ehle, G., Gertich, K.: Säureerosion der Zahnhartsubstanzen. 2. Mitteilung: Orale Komplikationen bei Patienten mit psychogenen Eßstörungen. Dtsch. Stomatol. 41, 500 (1991).
[21] Hertrich, K., Fleischer-Peters, A., Joraschky, P.: Zur Dysmorphophobie in der Zahnheilkunde. Dtsch. zahnärztl. Z. 45, 387 (1990).
[22] Heigl-Evers, A., Heigl, F., Ott, J.: Lehrbuch der Psychotherapie. Fischer, Stuttgart–Jena 1993.
[23] Hendriks, J., Schneller, T.: Patientenführung, Beratung und Motivierung in der Zahnarztpraxis. Quintessenz, Berlin 1992.
[24] Ingersoll, B.D.: Psychologische Aspekte der Zahnheilkunde. Quintessenz, Berlin 1987.
[25] Jacobson, E.: Progressive relaxation. Univ. of Chicago Press, Chicago 1938.
[26] Kent, G.G., Blinkhorn, A.S.: Psychologie in der Zahnheilkunde. Hanser, München 1993.
[27] Kluge, A.: Das Schmerz-Dysfunktionssyndrom, ein Problemfeld der Zahnmedizin. In: Sergl, H.-G., Müller-Fahlbusch, H. (Hrsg.): Jahrbuch der Psychologie und Psychosomatik in der Zahnheilkunde, Bd. 2. Quintessenz, Berlin 1991.
[28] Köhle, K., Joraschky, P.: Die Institutionalisierung der Psychosomatischen Medizin im klinischen Bereich. In: Adler, R., Herrmann, J.M., Köhle, K., Schonecke, O.W., Uexküll, Th.v., Wesiack, W. (Hrsg.): Psychosomatische Medizin. 4. Aufl. Urban & Schwarzenberg, München–Wien–Baltimore 1990.
[29] Kreyer, G.: Erfahrungen im Umgang mit psychiatrischen Patienten – Das Wiener Konzept der Integrativen Anxiolyse. In: Sergl, H.-G., Müller-Fahlbusch, H. (Hrsg.): Jahrbuch der Psychologie und Psychosomatik in der Zahnheilkunde, Bd. 1. Quintessenz, Berlin 1991.
[30] Kreyer, G.: Das psychodentale Begleitsyndrom. In: Sergl, H.G., Kreyer, G., Graber, G. (Hrsg.): Jahrbuch der Psychologie und Psychosomatik in der Zahnheilkunde, Bd. 3. Quintessenz, Berlin 1993.
[31] Leibing, E., Rüger, U.: Verhaltenstherapie/Verhaltensmodifikation. In: Heigl-Evers, A., Heigl, F., Ott, J.: Lehrbuch der Psychotherapie. Fischer, Stuttgart–Jena 1993.
[32] Leibing, E., Rüger, U.: Die klientenzentrierte Gesprächspsychotherapie. In: Heigl-Evers, A., Heigl, F., Ott, J.: Lehrbuch der Psychotherapie. Fischer, Stuttgart–Jena 1993.
[33] Louis, V.: Systematik psychosomatischer Symptome und ihre Beziehung zur Psychotherapie. In: Beiträge zur Individualpsychologie, 92–98, Reinhardt, München, Basel 1978.
[34] Marxkors, R., Müller-Fahlbusch, H.: Psychogene Prothesenunverträglichkeit. Hanser, München 1976.
[35] Müller-Fahlbusch, H., Sergl, H.G.: Der psychopathologische Fall in der zahnärztlichen Beratung und Behandlung. Quintessenz, Berlin 1990.
[36] Müller-Fahlbusch, H.: Psychosomatik. In: Hupfauf, L. (Hrsg.): Totalprothesen. Praxis der Zahnheilkunde, Bd 7. 3. Aufl. Urban & Schwarzenberg, München 1991.
[37] Müller-Fahlbusch, H.: Ärztliche Psychologie und Psychosomatik in der Zahnheilkunde. Thieme, Stuttgart–New York 1992.
[38] Müller-Fahlbusch, H., Marxkors, R.: Zahnärztliche Psychagogik. Vom Umgang mit dem Patienten. Hanser, München 1981.
[39] Raith, E., Ebenbeck, G.: Psychologie für die zahnärztliche Praxis. Thieme, Stuttgart–New York 1986.
[40] Rogers, C.R.: Therapeut und Klient. Grundlagen der Gesprächspsychotherapie. Fischer, Frankfurt 1983.
[41] Scheutzel, P., Meeermann, R.: Anorexie und Bulimie aus zahnärztlicher Sicht. Urban und Schwarzenberg, München 1994.
[42] Schmidt, M.: Braucht der Zahnarzt ein Sprechzimmer? In: Müller-Fahlbusch H., Sergl, H.G. (Hrsg.): Der psychopathologische Fall in der zahnärztlichen Beratung und Behandlung. Quintessenz, Berlin 1990
[43] Schmierer, A., Schmierer, G.: Möglichkeiten der Hypnose für die zahnärztliche Praxis. Zahnärztl. Praxis 41, 178 (1990).
[44] Schneller, Th., Fleischer-Peters, A. (Hrsg.): Anwendung psychologischer Methoden in der Zahnmedizin. Fachbuchhandlung für Psychologie, Frankfurt a.M. 1985.
[45] Schneller, T., Bauer, R., Micheelis, W.: Psychologische Aspekte bei der zahnprothetischen Versorgung. 2. Aufl. Deutscher Ärzteverlag, Köln 1992.
[46] Scholz, U.: Psychologische Konzepte und Methoden in der Kieferorthopädie. In: Schneller, T., Fleischer-Peters, A. (Hrsg.): Anwendung psychologischer Methoden in der Zahnmedizin. Fachbuchhandlung für Psychologie, Frankfurt a. M. 1985.

[47] Schors, R.: Veränderte Anforderungen an den Zahnarzt: Psychosomatik. In: Institut der deutschen Zahnärzte (Hrsg.): Interprofessionelle Zusammenarbeit in der zahnärztlichen Versorgung. Dokumentation FDI-Symposium Berlin, September 1992. Broschürenreihe Bd. 4. Deutscher Ärzteverlag, Köln 1993.

[48] Schors, R.: Diagnostik aus der Sicht des Psychotherapeuten. In: Egle, U.T., Hoffmann, S.O. (Hrsg.): Der Schmerzkranke. Schattauer, Stuttgart–New York 1993.

[49] Schüssler, G., Linden, M.: Biofeedback in der ärztlichen Praxis. In: Hand, I., Wittchen, U.: Verhaltenstherapie in der Medizin. S. 174–181, Springer, Berlin 1989.

[50] Schüssler, G., Rüger, U.: Hypnose und Autogenes Training. In: Heigl-Evers, A., Heigl, F., Ott, J. (Hrsg.): Lehrbuch der Psychotherapie. Fischer, Stuttgart–Jena 1993.

[51] Schulte, W.: Die Selbstbeobachtung zur Objektivierung der Parafunktion. Dtsch. zahnärztl. Z. 35, 608 (1980).

[52] Schultz, J.H.: Das Autogene Training. Thieme, Stuttgart 1979.

[53] Sergl, H. G., Müller-Fahlbusch, H. (Hrsg.): Angst und Angstabbau in der Zahnmedizin. Quintessenz, Berlin 1989.

[54] Sergl, H. G.: Psychologische Aspekte der kieferorthopädischen Behandlung. In: Schmuth, G. (Hrsg.): Kieferorthopädie I. Praxis der Zahnheilkunde, Bd. 11. 2. Aufl. Urban & Schwarzenberg, München 1990.

[55] Sergl, H. G., Müller-Fahlbusch, H.: Jahrbuch der Psychologie und Psychosomatik in der Zahnheilkunde, Bd. 1. Quintessenz, Berlin 1991.

[56] Sergl, H. G., Müller-Fahlbusch, H.: Jahrbuch der Psychologie und Psychosomatik in der Zahnheilkunde, Bd. 2. Quintessenz, Berlin 1992.

[57] Sergl, H. G., Kreyer, G., Graber, G.: Jahrbuch der Psychologie und Psychosomatik in der Zahnheilkunde, Bd. 3. Quintessenz, Berlin 1993.

[58] Staats, J.: Hypnotherapie bei Myoarthropathien. In: Sergl, H. G., Müller-Fahlbusch, H. (Hrsg.): Jahrbuch der Psychologie und Psychosomatik in der Zahnheilkunde, Bd. 2. Quintessenz, Berlin 1992.

[59] Staats, J., Graber, G.: Myoarthropathien unter individualpsychologischen Aspekten. Schweiz. Mschr. Zahnheilk. 92, 922 (1982).

[60] Staehle, I.: Persönliche Mitteilungen 1994.

[61] Tress, W.: Psychosomatische Grundversorgung. Schattauer, Stuttgart–New York 1994.

[62] Uexküll, Th. v.: Integrierte Psychosomatische Medizin in Praxis und Klinik. 2. Aufl. Schattauer, Stuttgart–New York 1992.

[63] Winnberg, G., Forberger, E.: Psychologie in der Zahnarztpraxis. 2. Aufl. Hüthig, Heidelberg 1992.

Nachwort: Anmerkungen zur Betriebspsychologie

Dem aufmerksamen Leser wird vielleicht aufgefallen sein, daß ein Aspekt bisher unerwähnt geblieben ist. Der Zahnarzt arbeitet in und mit einem Team von Mitarbeitern, Zahnarzthelferinnen, Zahntechnikern, Sekretärin, Lehrlingen. Dabei können, wie in jedem Betrieb, betriebspsychologische Probleme auftreten. Betriebspsychologie ist ein Teil der angewandten Psychologie.

In diesem Buch wurde auf ein eigenes Kapitel deswegen verzichtet, weil die Fragen, die sich in diesem Zusammenhang stellen, bereits in anderen Beiträgen ausführlich behandelt wurden. Vieles von dem, was zum zwischenmenschlichen Verhältnis im Umgang mit Patienten ausgeführt wurde, gilt in ähnlicher Weise auch für den Umgang mit Mitarbeitern. Insbesondere ist der Abschnitt Konfliktvermeidung und Konfliktlösung im Kapitel „Zahnarzt-Patient-Beziehung" unmittelbar auch auf das Praxisteam anwendbar. Die Ausführungen über Motivation im Kapitel „Compliance" und im Kapitel „Erziehung zur Mundgesundheit" oder über die Regeln der Kommunikation gelten analog auch für die Mitarbeiterführung. Und was in verschiedenen Kapiteln zur Psychodiagnostik erklärt wurde, kann auch bei einem Einstellungsgespräch von Nutzen sein.

So kann der Herausgeber mit einigen wenigen zusätzlichen Bemerkungen auch das Kapitel Betriebspsychologie in der Zahnarztpraxis „abhaken".

Im Zentrum betriebspsychologischer Bemühungen steht die Mitarbeiterführung. Hier sollte es mit einer positiven Grundeinstellung gelingen, einen **partnerzentrierten, sozialintegrativen Führungsstil** zu praktizieren, der sich durch Respekt vor der Person des Mitarbeiters, durch ein partnerschaftliches Verhältnis, durch gezeigtes Wohlwollen und Fairneß auszeichnet. Mitarbeiter, denen man so begegnet, denen man darüber hinaus anspruchsvolle Aufgaben anvertraut (Delegieren und Kontrollieren), denen man auch für ihren Einsatz Anerkennung zollt, sind bereit, sich noch mehr zu engagieren.

Die Persönlichkeit des Zahnarztes ist ein wesentlicher Faktor. Wer nicht selbst begeistert ist, kann nicht andere begeistern. Positives Denken, Aktivität, Fröhlichkeit sind ansteckend und reißen andere mit, Pessimismus und schlechte Laune, des Zahnarztes ebenso wie einzelner Mitarbeiter, können das ganze Klima verderben. Dagegen muß rechtzeitig etwas unternommen werden. Von daher kommt den Ausführungen im Kapitel „Zahnarzt-Patient-Beziehung" zur Persönlichkeit des Zahnarztes, zum Burn-out-Syndrom und zur Psychohygiene weitere Bedeutung zu.

Wichtig ist, daß der Zahnarzt sich von Zeit zu Zeit reflektierend darüber klar wird, wie die innerbetriebliche Situation ist, und mit Entschlossenheit die Initiative ergreift. Konflikte, auch zwischen einzelnen Mitarbeitern, müssen rechtzeitig erkannt und in klärenden Gesprächen mutig angegangen werden. Der Zahnarzt sollte sich schließlich auch nicht vor der Einsicht verschließen, daß manchmal Probleme nur dadurch gelöst werden können, daß man sich von einem Mitarbeiter trennt.

Register

B

C

D

E

F

G

H

I

J

K

L

M

N

O

P

Q

R

S

T

U

V